세계교회사

ROLAND H. BAINTON

Christendom

A Short History of Christianity

and

Its Impact on Western Civilization

크리스챤신서 54

세계교회사

롤란드 베인턴
박희석 감수
이길상 옮김

크리스챤
다이제스트

차례

제1장 기독교의 배경 ·········· 13

그리스도의 탄생 ·········· 13
유대교 ·········· 14
조상 아브라함 ·········· 16
모세 ·········· 18
출애굽 ·········· 18
약속의 땅 ·········· 19
다윗과 솔로몬 ·········· 22
바벨론 유수 ·········· 25
알렉산더 대왕 ·········· 27
헤롯 대왕 ·········· 34
메시야 대망 ·········· 36

제2장 그리스도의 사역과 교회의 출현 ·········· 38

예수님의 유아기 ·········· 39
예수님의 교훈 ·········· 40
제자들 ·········· 41
배척 ·········· 42
음모 ·········· 47
수난과 죽음 ·········· 49
부활 ·········· 51

초대 그리스도인들 ·· 51
　　사도 바울 ·· 53

제3장 그리스도 대(對) 가이사 ·································· 60

　　로마의 신들 ·· 61
　　초기 교회 ·· 64
　　그리스도인들에 대한 로마의 시각 ······························ 65
　　그리스도인들의 생활 방식 ······································· 67
　　박해 ··· 70
　　영지주의 ·· 72
　　신조와 정경 ··· 74
　　로마 교회 ·· 79
　　순교자들 ·· 81
　　비교(秘敎)들 ·· 82
　　기독교 절기와 성례 ·· 84
　　교부들 ··· 85
　　사죄 ··· 88
　　신플라톤주의 ·· 91
　　켈수스 ··· 92
　　기독교가 로마 사회에 끼친 영향 ······························ 94

제4장 기독교 로마 제국 ·· 96

　　디오클레티아누스의 박해 ······································· 96
　　콘스탄티누스 ·· 98
　　도나투스파 ·· 103
　　아리우스파 ·· 104
　　니케아 공의회 ·· 106

비잔틴 제국 ·· 108
배교자 율리아누스 ································ 108
기독교 국가 ··· 109
동방의 수도원주의 ································ 110
제롬 ·· 112
제2의 로마 ·· 114
유스티니아누스 ···································· 117
비잔틴 문화 ··· 117
슬라브인들 ·· 123

제5장 야만족들의 회심 ·························· 126

어거스틴 ··· 127
야만족들의 침입 ·································· 137
야만족들의 회심 ·································· 140
서방의 수도원주의 ······························· 141
교황청과 국가 ····································· 144
아일랜드 ··· 148
갈리아 ·· 150
사회 관습 ··· 152
아일랜드의 수사들 — 콜룸바누스와 콜룸바 ······ 156
영국 제도 ··· 157
이슬람교 ··· 158

제6장 질서에 대한 갈망 ·························· 160

권력의 강화 ·· 160
샤를마뉴 ··· 164
이른바 암흑 시대 ································ 167

클뤼니회 ……………………………………………… 172
서임권 논쟁 …………………………………………… 177
제1차 십자군 운동 …………………………………… 182

제7장 중세 기독교 세계 …………………………… 186

대학교들의 등장 ……………………………………… 187
스콜라주의 …………………………………………… 188
기사도 ………………………………………………… 191
아벨라르와 엘로이즈 ………………………………… 193
시토회와 클레르보의 베르나르 ……………………… 194
고딕 양식 ……………………………………………… 199
법과 정의 ……………………………………………… 205
인노켄티우스 3세 …………………………………… 207
프란체스코와 도미니쿠스 …………………………… 210
중세의 경제 …………………………………………… 214
이단들 ………………………………………………… 216
종교재판소 …………………………………………… 221
토마스 아퀴나스 ……………………………………… 222
단테 알리기에리 ……………………………………… 224

제8장 교황권의 쇠퇴 ……………………………… 227

민족들의 대두 ………………………………………… 227
아비뇽 ………………………………………………… 231
성전 기사단 …………………………………………… 231
교회의 수입 …………………………………………… 233
대분열 ………………………………………………… 237
존 위클리프 …………………………………………… 240

얀 후스 ··· 242
　　바젤 공의회 ··· 244
　　르네상스 ·· 245
　　인문주의 ·· 246
　　르네상스 시대의 교황들과 군주들 ·································· 251
　　르네상스 예술 ·· 254
　　신비주의자들 ·· 257

제9장 종교개혁 시대 ·· 291

　　에라스무스 ·· 293
　　스페인의 개혁 ·· 297
　　루터 ··· 298
　　츠빙글리 ·· 321
　　재세례파 ·· 324
　　존 칼빈 ·· 328
　　헨리 8세 ·· 332

제10장 신앙고백의 시대 ··· 338

　　관용과 승인 ·· 338
　　스페인과 신세계에서의 종교개혁 ·································· 340
　　이탈리아의 개혁과 숙정(肅正) ······································ 342
　　프로테스탄트의 숙정(肅正) ·· 343
　　위그노 ··· 345
　　네덜란드의 스페인 종교재판소 ····································· 346
　　스코틀랜드의 종교개혁 ·· 347
　　엘리자베스 1세 ·· 349
　　삼십년 전쟁 ·· 350

프랑스의 절대주의 ·················· 353
데카르트 ·························· 355
파스칼 ···························· 355
프랑스의 종교적 절대주의 ············ 356
영국의 종교 사조 ··················· 358
영국의 분파들 ····················· 361
신앙의 자유 ······················· 366
크롬웰 ··························· 371
불관용의 부활 ····················· 377
관용령 ··························· 379
청교도들의 신세계 정착 ············· 380
청교도들의 경제 ··················· 383
청교도들의 사회 생활 ··············· 384
바로크 예술 ······················· 385

제11장 계몽사상과 부흥운동 ············ 387

종교적 평화 ······················· 387
자연적 윤리의 추구 ················· 390
탐구 정신 ························· 391
이신론 ··························· 392
과학과 철학 ······················· 395
기독교 신앙 대 이성 ················ 399
부흥운동 ························· 403
독일의 부흥운동 ··················· 405
영국의 부흥운동 : 감리교 ············ 409
뉴잉글랜드의 부흥운동 ·············· 415

제12장 19세기의 확장과 사회 개혁 ········ 419

신세계의 부흥운동 ·· 420
옥스퍼드 운동 ·· 422
존 메이슨 닐 ··· 425
존 헨리 뉴먼 ··· 426
해외 선교 ·· 427
해외의 기독교 교회들 ··· 433
사회 개혁 ·· 435
기독교 반전주의 ·· 440
알콜 중독 ·· 442
형법 개혁 ·· 443
인구 과잉과 산업화 ·· 444
교육 ··· 446
노동 ··· 446

제13장 기둥들의 붕괴와 묵시적 소망 : 20세기 ············· 451

현대의 교회와 국가 ·· 451
미국의 종교 ·· 456
교회와 국가의 분리 ·· 456
러시아 교회 ·· 458
공산주의 ·· 460
파시즘과 국가 사회주의 ·· 463
퇴보와 재통합 ·· 466
현대의 가톨릭 교회 ·· 469
신앙과 이성의 종합 ·· 471
교회의 재통합 ·· 480
하나님 나라에 대한 소망 ··· 485

주(註) ··· 487

제1장

기독교의 배경

그리스도의 탄생

 "이때에 가이사 아구스도가 영을 내려 천하로 다 호적하라 하였으니 이 호적은 구레뇨가 시리아 총독 되었을 때에 첫번 한 것이라. 모든 사람이 호적하러 각각 고향으로 돌아가매 요셉도 다윗의 집 족속인고로 갈릴리 나사렛 동네에서 유대를 향하여 베들레헴이라 하는 다윗의 동네로 그 정혼한 마리아와 함께 호적하러 올라가니 마라아가 이미 잉태되었더라. 거기 있을 그때에 해산할 날이 차서 맏아들을 낳아 강보로 싸서 구유에 뉘었으니 이는 사관에 있을 곳이 없음이러라.
 "그 지경에 목자들이 밖에서 밤에 자기 양떼를 지키더니 주의 사자가 곁에 서고 주의 영광이 저희를 두루 비춰매 크게 무서워하는지라. 천사가 이르되 무서워 말라. 보라 내가 온 백성에게 미칠 큰 기쁨의 좋은 소식을 너희에게 전하노라. 오늘날 다윗의 동네에 너희를 위하여 구주가 나셨으니 곧 그리스도 주시니라. 너희가 강보에 싸여 구유에 누인 아기를 보리니 이것이 너희에게 표적이니라 하더니"(눅 2:1-11).
 사가(史家) 누가는 이러한 말로 서양 세계가 역사 구분의 기점을 삼는 그 사건을 기록한다. 서양 세계의 연대기는 그리스도의 탄생을 그 기점과 내용으로 잡는다. 그의 탄생을 기점으로 이전의 모든 시대는 내려가는 순서로 기록하고, 이후의 시대는 올라가는 순서로 기록한다. 고대 수메르인들과 앗수르인들과 바벨론인들과 페르시아인들과 그리스인들과 로마인들이, 만약 자기들의 역사가 기념비나 연대기에 한 자도 기록할 가치가 없는 하찮은 동네에서 발생한 사건을 기준으로 평가받게 된다는 말을 들었다면 얼마나 황당했을까! 아우구스투스(Augustus, 아구스도)가 로마 제국 설립자로서보다 이 아기가 태어날 때 재위한 황제로 더 명성을 얻게 되리라는 고지를 받았다면 얼마나 놀랐을까! 구레뇨도 오로지 그 사건과 관련되었다는 이유만으로 시리아의 역대 총독들 중에서 가장 많이 기억될 것임을 미리 알았다면 얼마나 놀랐을까!

아우구스투스와 구레뇨는 자기들을 역사적 인물로 만들어 줄 그 아기가 유대인이라는 말을 들었다면 놀라는 데 그치지 않고 큰 충격을 받았을 것이다. 황제를 신으로 존경하지 않으려 한 민족은 유대인들뿐이었기 때문이다. 예수님은 유대인의 대 절기들을 지키러 예루살렘에 올라가고 안식일에 규칙적으로 회당에 참석한 유대인이었다. 그는 유대인의 율법을 멸하러 오지 않고 완성하러 왔다고 공언하셨다. 예수님을 이해하려면 그가 그 안에서 자라난 종교를 이해해야 하며, 따라서 기독교를 이해하려면 유대교에서부터 시작해야 한다.

유대교

유대인들은 소수 지파들로 느슨하게 구성된 집단으로 시작하여 훗날 정치적 독립을 얻었으나, 그것은 대 제국들이 몰락했다가 일어서기 전의 정체기에만 가능했던 일이다. 그들은 굉장한 치적을 증거하는 기념비조차 변변히 남기지 못한 민족이다. 이집트인들처럼 피라미드를 건축하지도 않았고, 수메르인들처럼 지구랏(ziggurat)을 건축하지도 않았다. 히브리 왕들의 묘지에서는 세련된 금 장식 화관을 쓰고 보석으로 장식한 전차를 탄 왕의 모습을 구경할 수 없다. 크레타와 미케네 왕들이 짓고 살던 그런 왕궁과 요새도 없다. 팔레스타인에서 그렇게 많은 고고학 탐사가 이루어졌어도 다윗과 솔로몬의 조상(彫像) 하나 발굴되지 않았고, 발굴된 것이라고 해봐야 고작 리브가 아브라함의 종들의 약대들에게 물을 줄 때 사용한 그런 물항아리들이나, 룻이 이삭을 줍는 동안 보아스가 곡식을 벨 때 사용한 그런 낫들뿐이다.

그러나 고대 히브리인들은 동시대인들의 눈에는 별볼일없는 민족이었지만 왕궁과 피라미드를 능가하는 어떤 것을 내놓았다. 성경(Holy Scripture)이라는 문학이 바로 그것이다. 스무여덟 권으로 구성되고, 전통적으로 율법, 예언, 성문서(writing)로 분류되는 이 책은 그리스도가 나시기 한 세기 전에 정경(正經)으로 확정되었다('정경'에 쓰이는 '캐논'〈canon〉이란 단어는 자〈尺〉를 뜻하는 헬라어에서 유래했다. 정경이 된 그 저작들은 계량된 것들이었다). 이렇게 모인 저작들은 더러는 저자들 당대의 사건들을 다루는 반면에, 더러는 거의 천년 동안 입으로 전해진 전승들을 기록하는데, 종종 놀라우리만큼 정확하다.

    그리스도인들이 구약(the Old Testament)이라고 부르는 이 저작들은 매우 독특하다. 가장 초기에 해당하는 저작들이 레반트인들(the Levant, 시리아, 레바논, 이스라엘 등 지중해 동부의 연안국들)이 상상하지도 못했고 그리스인들이 훗날에야 비로소 근접한 그런 역사 철학을 제시한다. 히브리인들에게 역사란 선민(選民)에게 초점을 둔 하나님의 계획으로서, 그들의 연약이 오히려 하나님의 권능을 드러내는 데 훨씬 더 기여를 하는 그런 역사이다. 그들이 온갖 부침(浮沈)을 겪는 동안 하나님은 그들을 인도하고 계셨다. 그들이 온갖 재난을 당하는 동안 그들을 연단하고 계셨다. 그들이 온갖 고통을 당하는 동안, 장차 여호와의 집으로 와서 시온 산에서 율법을 받을 이방인들에게 빛이 될 수 있도록 그들을 쓰고 계셨다. 히브리인들에게 역사란 미래에 강한 소망을 입힌 드라마였다.

    유대교는 역사의 종교이며, 그런 점에서 자연 종교나 사색 종교와 대조할 수 있다. 자연 종교들은 인간을 둘러싼 우주 안에서 신(神)을 본다. 예를 들면, 천체의 질서잡힌 운행에서, 혹은 초목이 죽었다가 소생하는 반복된 주기에서 말이다. 이 주기를 신(a god)의 죽음과 소생으로 해석하고서, 숭배자가 다양한 의식 행위를 통해 그 체험에 참여할 수 있고 또한 그로써 자신도 신과 불멸의 존재가 될 수 있다고 믿는다. 이런 종교에서는 과거가 중요하지 않다. 계절의 순환이란 올해나 내년이 똑같기 때문이다.

    다른 편 극단에 자리잡은 사색 종교들은 물질 세계를 영혼의 장애로 간주하고서, 영혼이 감각적인 것들로부터 빠져나와 사색에 의해 신과 합일해야 한다고 믿는다. 시간에 대한 개념도 초월해야 하므로, 여기서도 역사란 중요하지 않다.

그러나 유대교 같은 역사 종교들은 "인간의 자손들 가운데서 행하신 그의 능하신 행위들" 속에서 하나님을 발견한다. 그런 종교는 기억과 소망의 혼합체이다. 눈을 과거로 돌려 하나님이 이미 행하신 일들을 바라본다. 유대교 절기들은 주로 기념에 의미를 둔다. 이를테면 유월절은 유대인들이 애굽의 종살이에서 해방된 사건을, 부림절은 아하수에로 왕 시절에 유대인들을 박멸코자 한 하만에게 에스더가 승리를 거둔 사건을, 수전절(Hanukkah)은 안티오쿠스 에피파네스(Antiochus Epiphanes)가 더럽힌 성전을 정결케 한 사건을 기념한다. 그리고 이 종교는 믿음으로 미래를 내다본다. 과거를 기억할 때마다 하나님이 자기 백성을 버리지 않으신다는 확신을 갖는다. 유대교의 신앙은 하나님이 때로 내용을 쇄신하고 확대하신 언약에 의해 자기 백성과 결속되어 있다는 신념을 닻으로 삼았다.

조상 아브라함

첫 언약은 히브리인들의 시조 아브라함과 맺어졌다. 성경은 그가 갈대아인들(티그리스 강과 유프라테스 강 사이에 살던 사람들로, 훗날 바벨론으로 알려짐)의 우르에서 팔레스타인으로 이주했다고 전한다. 그것은 주전 2000년에서 1700년 사이에 있었던 일이다. 히브리인들은 갈대아인들의 종교와 문화적으로 밀접한 관계를 맺고 있었을 것이다. 예를 들어, 구약성경에 기록된 창조와 홍수 기사들과 그밖의 전래 이야기들은 틀림없이 바벨론 신화들과 관계가 있으며, 십계명은 함무라비 법전을, 바벨탑은 우르에 있는 지구랏을 생각나게 한다.

그러나 히브리인들은 이 고대의 자료들을 얼마나 훌륭하게 변화시켰는가! 히브리인들의 창조 기사에서는 하늘의 신과 땅의 여신의 결합도, 출산과 관련된 어떠한 유추도 발견할 수 없다. 지극히 장엄하신 하나님은 신비의 장막에서 "빛이 있으라"(창 1:3)고 말씀하셨고, 태양이나 달이 있기 전에 이미 빛이 있었다. 아무것도 없는 데서 하나님의 뜻에서 나온 명령으로 현존하는 만물이 존재하기 시작했다. 히브리인들의 홍수 기사에서는 홍수의 원인이 인간의 악함에 있다. 그러나 허다한 악인들 중에서 하나님은 의인 한 사람과 그의 모든 권속을 택하시고, 이 소수를 가지고 그 시대에 대한 자신의 뜻을 성취하셨다. 그리고 함무라비 법전과 십계명을 비교해 보면, 조건문 ― "만약 누가 도적질하면 …" ― 에서 명령문 ― "도적질하지 말지니라" ― 으로 넘어가는 것을 본다.

아브라함의 하나님 ― 그분은 엘(El)이라 불리셨고, 그 성호가 벧-엘(Beth-El)과 이스라-엘(Isra-El) 같은 합성어에 남아 있다 ― 은 아브라함에게 아비 집을 떠나 그에게 지시할 땅으로 가라고 명령하셨다. 성경은 아브라함과 그의 자손들이 팔레스타인으로 알려질 가나안 땅으로 여행했다고 전한다. 이들은 아마 가나안의 농토나 도시에 정착하지 않고 매년 가축떼를 끌고 목초지를 찾아 옮겨다니는 반(半) 유목민이었을 것이다. 하나님은 아브라함과 언약을 맺으셨다. 그와 그의 후손이 가나안 땅을 차지할 것과, 그들이 물질과 자손으로 큰 복을 받아 하늘의 별이나 바닷가의 모래처럼 헤아릴 수 없게 될 것을 약속하셨다. 아브라함은 이삭을 낳았고, 이삭은 야곱을 낳았고, 야곱은 다시 열두 아들을 낳았으며, 이들에게서 이스라엘의 열두 지파가 생겼다. 이스라엘이라는 칭호는 '하나님과 겨루는 자'라는 뜻으로서, 야곱이 밤새 천사와 씨름하고 복을 받은 뒤에 받은 이름이다(참조. 창 32:28). 후대 역사에서 그 이름은 북쪽의 열 지파에게 적용된 반면에, 유다라는 이름(여기서 유대인〈Jew〉이란 단어가 유래함)은 팔레스타인 남쪽 사람들에게 적용되었다. 그러나 주전 8세기에 열 지파가 포로로 끌려가 역사의 무대에서 사라진 뒤, 이스라엘이라는 이름은 확대되어 오늘날은 이스라엘인, 히브리인, 유대인이 다 같은 뜻으로 쓰인다.

족장 시대에 팔레스타인 전역은 애굽의 지배를 받았는데, 주기적으로 기근이 발생하던 그 땅에 다시 기근이 발생했을 때 그곳 거민들은 비옥한 나일 계곡으로 양식을 구하러 갔다. 히브리인들만 간 게 아니라, 이웃 부족들도 함께 갔다. 히브리인들은 자신들의 이주를 하나님의 계획의 일환으로 해석했다. 하나님의 섭리로 요셉이 형제들의 손에 애굽에 종으로 팔렸을 뿐 아니라, 그뒤 기근이 발생할 바로 그 때에 요셉이 바로의 궁정에서 곡물 배급 담당관으로 승진해 있었기 때문이다.

모세

기근을 피해온 그 난민들은 애굽에 정착해 살다가 어떤 바로 — 아마 람세스 2세(주전 1304-1237) — 의 통치를 받게 되었다. 그는 히브리인들을 지독하게 종으로 부려먹었고, 그 정도가 극에 달하자 그들의 지도자 모세가 바로 앞에 서서 "내 백성을 보내라"고 말했다. 하나님이 열 가지 재앙으로 애굽을 치신 뒤에야 비로소 바로는 동의했다. 마지막 재앙으로 애굽인들의 장자가 다 죽을 때 하나님은 히브리인들의 자녀들을 아끼셨다 — "넘어가셨다"(pass over, 유월). 이 사건을 기념하기 위해 제정된 유월절은 오늘날 기념하는 가장 오래된 종교 절기들 중 하나일 것이다.

출애굽

그뒤 바로가 굴복했을 때 모세는 자기 백성을 이끌고 광야로 들어갔다. 백성의 수가 얼마나 되었는지는 확인할 길이 없다. 애굽의 연대기들은 히브리인들의 체류(the Sojourn)나 출애굽을 언급하지 않기 때문에 그것을 가지고 성경 기록을 확증할 수는 없으나, 백성의 수가 많았을 가능성은 없다. 모든 히브리인들이 다 애굽으로 온 것이 아니고, 애굽에 체류하던 모든 히브리인들이 다 팔레스타인으로 돌아간 것도 아니기 때문이다.

수가 많으니 적으니 하는 이런 문제를 접어두더라도, 모세가 그들을 이끌고 시내 산 자락에 섰을 때, 그리고 구름 덮인 시내 산 정상에서 아브라함과 이삭과 야곱의 하나님이 새 이름으로 자신을 모세에게 드러내셨을 때 이스라엘 종교는 전혀 새로운 특성을 지니게 되었다. 그 이래로 하나님은 여호와(Jehovah) 혹은 좀더 정확한 발음으로는 야훼(Yahweh)라고 불리신다. 하나님은 그곳에서 이스라엘과 새 언약을 맺으셨다. 그것은 단순한 번성과 다산(多産)의 언약이 아니라, 모세를 통해 이스라엘에게 전달된 십계명(출 20:1-17; 신 5:6-21)을 포함한 율법을 지켜야 하는 의무가 딸린 언약이었다. 야훼께서는 이렇게 말씀하셨다: "세계가 다 내게 속하였나니 너희가 내 말을 잘 듣고 내 언약을 지키면 너희는 열국 중에서 내 소유가 되겠고 너희가 내게 대하여 제사장 나라가 되며 거룩한 백성이 되리라"(출 19:5-6). 이러한 개념의 언약이 히브리인들을 역사상 독특한 방법으로 그들의 하나님과 관계를 맺어 놓았다. 하나님은 그들의 공로를 보고서 그들을 택하신 게 아니라, 순전히 자신의 은혜로 그들을 자신의 목적을 이루는 도구로 사용하시기 위해서 택하신 것이다.

약속의 땅

출애굽 사건 뒤에 성경은 이스라엘이 광야에서 방랑한 사건과, 40년에 걸친 시련과 징계가 끝난 뒤인 주전 13세기 말이나 12세기 초에 여호수아의 인도로 가나안 — 아브라함이 언약으로 받은 '약속의 땅' — 을 정복한 사건을 전한다. 가나안 정복 사건은 여호수아서와 사사기에 신속하고 유혈 낭자하고 격렬했던 사건으로 묘사된다. 여리고 성벽이 나팔 소리에 기적으로 무너졌다. 가나안인들의 도성들이 드센 정복의 바람에 휩쓸릴 때, 그 거민들은 승승장구하는 이스라엘 전사들의 칼에 무참히 쓰러졌다.

이 사건을 전하는 성경 기록의 어떤 점들은 정확하지 않다. 가나안인들은 분명히 멸절되지 않았다. 성경 다른 곳에서 말하듯이 그들은 그후 여러 세기 동안 이스라엘에게 눈엣가시 같은 존재로 남았기 때문이다. 이 정복이 문자 그대로 군사적인 정복이었는지, 아니면 이스라엘 백성이 그 땅에 점진적으로 정착해 가는 과정이었는지는 딱 잘라 말하기 어렵다. 여리고는 여호수아 시대 전에 멸망했고, 따라서 여호수아로서는 그 도성의 폐허를 점령하기만 하면 되었을 것이다. 또한 말이 끄는 전차를 보유하지 못한 이스라엘 백성들로서는 그런 전차들을 앞세워 방어하던 가나안 도성들을 충분히 공략할 만큼 전술이 발달되어 있지 못했다는 주장도 제기되어 왔다. 심지어 훨씬 후대에 블레셋인들로부터 말을 탈취하여 타던 다윗 시대에도 그들은 말을 군사적 목적으로 사용하지 않았다.[1]

어쨌든 히브리인들은 팔레스타인에 정착했다. 후대의 기독교 역사의 관점에서 볼 때 그 사건은 그것이 발생한 방법보다 그 자체가 더 중요하다. 비록 여호수아서에 상술된 그 사건의 방법은 그 정복이 단지 하나님이 명령하셨다는 이유 하나만으로 정의롭고 심지어 거룩한 침략 전쟁으로 묘사된다는 점에서 커다란 의미를 갖고 있긴 하지만 말이다. 하나님의 뜻을 거역한 원수는 저주를 받았고 그로써 한 사람도 살려두지 않으려는 집요한 열정과, 군사력보다 하나님의 기적적인 지원에 의해서 철저히 도륙당했다. 하나님은 언약궤라고 하는 궤에 실려 전쟁터에 임재하시는 분으로 믿어졌다. 이러한 전쟁관이 그로부터 2천 년 뒤 기독교 십자군 운동에서 구약성경에 직접 호소하는 방식으로 되살아나게 된다.

초기에는 히브리인들이 팔레스타인을 온전히 점령하지 못했던 게 틀림없다. 가나안인들이 남아 있었고, 히브리인들이 맞서 싸워야 했던 다른 호전적인 족속들이 있었다. 그들은 요단 강 동편에 왕국을 세운 모압과 에돔과 암몬 족속들로서, 몇몇 경우에는 기독교 시대까지 존속했다. 북쪽 시리아에는 아람인들이 왔고, 아라비아에 접경을 둔 남쪽에는 미디안인들이 있었다. 이들은 마치 가나안인들이 말과 전차로 그랬듯이 낙타를 가지고 히브리인들을 곤경에 빠뜨렸다. 아마 수 세기에 걸친 더딘 정복 과정 끝에야 비로소 이스라엘 지파들은 이 땅과 이곳 많은 사람들을 제압했을 것이다.

구약성경에서 가나안인들은 이스라엘처럼 많은 지파들을 거느린 아모리 족속과 히위 족속과 기르가스 족속과 여부스 족속(성곽을 갖춘 예루살렘을 차지하고 있던) 등으로 종종 불린다. 히브리인들은 가나안인들에게서 농경과 도시 거주 방법에 관해서 많은 것을 배웠다. 이 시기에 히브리인들은 자신들의 아람어를 가나안 방언에 접목시켰고, 그로써 구약성경의 많은 부분을 기록하는 데 쓰인 고전 히브리어를 만들어 냈다. 훗날 그들은 아람어로 되돌아갔고, 구약의 일부는 이 언어로 기록되었으며, 훗날 예수께서도 이 언어를 쓰시게 된다. 히브리인들은 페니키아인들 — 팔레스타인 북부 해안에 자리잡고 살던 가나안 일족 — 에게서도 그들의 가장 찬란한 창제물을 취했다. 그것은 그리스와 로마와 서방 세계 나머지 지역에도 전래된 알파벳이었다.

그러나 히브리인들은 가나안 문화의 일면 곧 종교에 대해서는 동화되려고 하지 않았다. 가나안인들은 지역에 따라 많은 형태로 등장하는 바알(Baal)이라고 하는 신과, 어린이 제사와 종교 매춘이 섞인 의식으로 숭배된 아스다롯(Astarte)이라는 여신의 다산(多産) 숭배를 시행하고 있었기 때문이다. 구약성경에서 하나님이 아들 이삭을 제사로 드리려고 하던 아브라함의 손을 가로막으신 이야기는 히브리인들이 어린이 제사를 한번도 시행하지 않았거나 그 의식을 배척하게 되었음을 암시하는 듯하다. 그리고 성적 의식과 종교를 연결하는 것이 그들에게는 너무나 가증한 것이었다. 이스라엘에게 가장 중대한 위험은 그 자손들이 배교하는 것이라기보다 야훼를 바알로 전환하여 숭배하는 것이었다. 이런 일을 막기 위해서 바알림(the Baalim, 바알의 복수형)을 그 땅에서 근절했다.

  히브리인들이 가나안을 정복하는데 북쪽과 동쪽과 남쪽에서 대치해야 했던 대적들이 있었지만, 더 가공할 대적인 블레셋인들이 서쪽에서 그들을 위협했다. 이들은 아마 일루리아계(Illyrian origin)로서 주전 13세기 말부터 해안 평야를 침공했다. 그 땅에 이름을 준 사람들은 바로 그들이었다: 팔레스타인(Palestine)이란 단어는 필리스티아(Philistia, 블레셋)의 변형이다. 그들은 내륙으로 깊숙이 밀고 들어오면서 히브리인들의 땅을 야금야금 지배하기 시작했다. 야훼의 신이 몇몇 지도자를 감화하사 백성에게 일어나 싸우도록 소집케 하실 때에야 비로소 결집하던 지파들의 느슨한 연방 체제를 가지고는 그런 공세에 대항할 수 없었다. 그런 절차란 너무나 임시 방편적인 것이었다. 그러므로 선견자 사무엘은 야훼의 신에 감화를 받은 사울에게 기름을 부어 왕으로 세웠다. 그러나 사무엘 자신은 이 과정을 겪으면서 크게 염려하여 백성에게 경고하기를, 왕정(王政)이 그들에게 모진 부담을 안겨줄 것이라고 하였다.

  그보다 훨씬 더 심각했던 문제는 왕의 통치가 하나님의 통치와 대립될 조짐이 있다는 데 있었다. 이 시점까지 이스라엘은 신정 국가(神政國家)였다. 신정(theocracy)이라는 단어 자체는 훗날 유대인 사가 요세푸스(Josephus, 주후 37-95?)가 선견자들과 선지자들로 그 뜻을 전달하는 방식으로 하나님께 통치를 받던 이 백성을 묘사하기 위해서 만든 용어였다.[2] 왕정이 시작되기 전까지는 승리가 인간의 무용(武勇)이 아닌 하나님의 손에 달려 있다는 것을 증명하기 위해 의도적으로 군인수를 감축한 기드온의 군대와 같은 영감을 받은 전사들이 하나님의 뜻을 실행했다. 이러한 체제 대신에 상비군과 조세를 골자로 한 체제가 들어서려고 하고 있었다. 순수주의자의 눈으로 볼 때 그중에서 최악의 사태는 외국과의 동맹이었는데, 그 이유는 정치 동맹에 으레 종교 동맹이 따라오기 마련이었기 때문이었다. 군사 조약을 맺은 쌍방이 서로의 신들을 인정할 것은 당연한 일이었다. 야훼를 외국 신들과 혼합하여 섬기지 않겠다는 이스라엘의 결의는 내적 분열과 외적 고립의 근원이 될 것이었다. 유대인들에게는 하나님께 대한 결연한 충성이 그들의 비극인 동시에 영광이었다.

주전 2천년이 저물어 갈 무렵 사무엘이 사울에게 기름을 부은 사건은 훗날 서유럽의 정치 이론에 대단히 중요하다. 이 기름부음은 세속적 왕이 아닌 신앙적 왕을 세운다는 것을 뜻했다. 그러나 그 안에는 모호한 점이 담겨 있었다. 왕권이 하나님에 의해 직접 수여되는가, 아니면 땅에서 하나님을 대리하는 제사장이나 선지자를 통해서 수여되는가? 사무엘은 사울에게 기름을 부음으로써 그에게 왕권을 수여했는가, 아니면 단지 하나님이 사울에게 이미 자기 신(神)을 보내사 행하신 일을 재가했을 뿐인가? 왕권에 대한 이 두 가지 이론은 기독교 중세에 많은 논쟁을 불러 일으켰다.

다윗과 솔로몬

사울은 블레셋을 몰아내지 못했다. 그것은 블레셋인들 밑에서 무리를 끌고 용병(傭兵) 생활을 하던 지도자 다윗의 몫이었다. 블레셋인들은 다윗이 유다 지파의 왕이 되어야 한다고 생각했다. 그렇게 하면 이스라엘 지파들이 분열될 것이라고 믿었기 때문이다. 그러나 다윗은 그들의 뜻과는 달리 이스라엘 전체 지파의 왕이 되었고(주전 1005-970년 재위), 블레셋의 권세에 치명적인 타격을 가하는 데 성공했다. 그의 왕국은 북쪽으로는 갈릴리까지 뻗어나갔다. 남쪽에서 그는 여부스인들에게서 예루살렘을 탈취하고서 이 도성을 온 히브리 지파들의 종교 중심지로 만들었다. 그 선택은 매우 현명한 것이었다. 왜냐하면 기존에 어느 지파에 자리잡은 성소를 택했더라면 나머지 지파들이 받아들이지 않았을 것이기 때문이다. 다윗은 언약궤를 예루살렘으로 옮겨 놓았다. 이로써 야훼를 공간 안에 모셔 두었지만, 그분을 육체로 묘사하지도 않았고, 물질로 만들지도 않았으며, 지상의 어떤 형태로도 묘사하지 않았다.

다윗의 위를 솔로몬(주전 970-930)이 계승했는데, 그의 히브리어 이름에는 '평화'라는 뜻의 어근 샬롬이 담겨 있다. 이것은 매우 적절한 칭호인데, 왜냐하면 솔로몬은 전쟁을 그치고 영토 확장을 꾀하지 않고, 그 대신 자신의 영토를 예루살렘 대 성전 같은 값진 건축물들로 치장했기 때문이다. 그러나 전쟁도 동맹국들의 힘을 빌어 치러졌듯이 평화도 그들의 힘을 빌어 유지되었으며, 이러한 동맹은 외국 왕실과의 연혼 정책을 수반했고, 그것은 결국 야훼 대신 다른 신들의 신전이 들어서는 결과를 가져왔다. 솔로몬은 바로의 딸과 두로 왕의 딸, 그리고 그밖의 여러 나라 공주들과 결혼했다. 야훼의 성전을 건축한 장본인이 이 허다한 외국 아내들의 신들을 위해서 감람산에 신전들을 건축했다. 그러나 다른 어떤 건물보다 사치스러웠던 건물은 건축하는 데 13년이나 걸린 솔로몬 자신의 왕궁이었다. 예루살렘에 웅장한 전을 건축한 두 사람은 그 정신이 본질상 세속적인 사람들이었다. 첫째는 솔로몬이었고, 둘째는 헤롯 대왕이었다. 유대인 성경에서 가장 종교적 색채가 덜한 잠언, 전도서, 아가, 그리고 외경의 지혜서(the Book of Wisdom)가 솔로몬의 저작으로 돌려지는 것은 조금도 이상한 일이 아니다!

이런 사치스런 건물을 지으려면 그만한 돈이 필요했고, 그 돈은 모두 세금으로 거둬들였다. 솔로몬 치하에 백성은 무거운 짐에 짓눌려 신음했고, 그가 죽을 때 결국 그들의 분노가 터져나왔다. 솔로몬의 아들 르호보암은 하나님이 다윗 왕조에 왕정(王政)을 허락하셨다고 믿게 된 유다에서 그의 계승자로 인정되었다. 그러나 이스라엘의 열 지파는 옛 연방의 이데올로기를 상당 부분 그대로 간직하고 있었다. 그들은 언약의 원칙을 왕조가 아닌 왕권에 적용했고, 그로써 왕권에 몇 가지 제약을 가했으며, 르호보암에게 경제적인 부담을 덜어줄 것과 자기들이 지금까지 고통을 겪어온 강제 노역을 면케 해줄 것을 요구했다. 르호보암은 자기 아버지가 그들을 막대기로 다스렸다면 자기는 전갈로 다스릴 것이라고 대답했다. 그 결과 그들은 여로보암을 자기들의 왕으로 초빙했고, 그로써 이스라엘은 북왕국과 남왕국으로 분열되었다.

주전 1000년에서 몇 세기가 지나면서 고개를 드는 세력이 있었으니, 그것은 메소포타미아에서 일어난 앗수르로서, 사방의 이웃 민족들을 위협한 무자비하고 호전적인 민족이었다. 히브리인들이 이들의 위협을 예리하게 느끼기 시작한 것은 디글랏빌레셀 3세(Tiglath-pileser Ⅲ)가 왕좌에 오른 주전 745년이었다. 북왕국 이스라엘은 앗수르 대군을 막기 위해 다메섹과 손을 잡았다. 유다 왕 아하스가 이 동맹에 참여하기를 거부하자 나머지 둘이 유다를 포위했고, 아하스가 앗수르에게 원조를 요청하자 앗수르는 대군을 끌고와서 이스라엘을 짓밟아 버렸다. 그뒤 주전 721년 이스라엘이 반기를 들자 대 사르곤(the great Sargon)이 이끄는 앗수르인들이 열 지파의 지배 귀족층을 포로로 잡아가고 그 지역에 메소포타미아에서 데려온 사람들을 정착시켰다.

이스라엘의 농민들은 그 땅에 남았고, 이 두 민족이 한데 섞이면서 훗날 사마리아인들로 알려진 사람들이 생겼다. 얼마 지나지 않아 메소포타미아 이민들은 야훼를 자기들의 신으로 받아들였다. 유다는 성전 문들에서 벗겨낸 금을 조공으로 바친 뒤에 조공국으로 남도록 허락되었다. 그러나 그러기 위해서 앗수르인들의 신의 제단을 예루살렘에 있는 야훼의 제단 곁에 세워두어야 했다. 히스기야 왕은 이교 성소를 파괴했으나, 앗수르의 산혜립이 와서 "양우리를 덮치는 이리처럼" 휩쓸자 히스기야는 전에 제거했던 제단을 다시 세울 수밖에 없었다.

주전 7세기에 바벨론이라는 신흥 제국이 일어나 앗수르를 위협하자, 앗수르의 오랜 적국이었던 애굽은 세력 균형을 유지하기 위해 앗수르의 원조 요청에 응하였다. 기라성 같은 주변국들 사이에 이러한 대립의 조짐이 보이자, 유다 왕 요시야는 그 기회를 포착하여 앗수르의 지배를 떨쳐버리려고 했다. 예루살렘에서 우상에 관한 가증한 것들을 깨끗이 제거하고, 얼마 전에 성전에서 발견된 '율법책' 곧 신명기의 계명들을 반포했다. 바로 느고(Pharaoh Necho)가 앗수르를 지원하기 위해 팔레스타인을 지나가려 할 때 요시야는 그의 길을 가로막았다. 이렇게 해서 주전 609년 므깃도에서 역사적인 전투가 벌어졌고, 개혁 왕 요시야는 전사한 몸으로 병거에 실려 예루살렘으로 돌아갔다(참조. 왕하 23:30).

그러나 느고는 세력 균형을 복원하는 데 실패했고, 자신도 바벨론 왕 느부갓네살(Nebuchadnezzar)에게 짓밟혔다. 그 뒤에는 유다의 차례였다. 주전 587년 예루살렘은 바벨론인들에게 함락되었다. 유다의 마지막 왕 시드기야는 아들들이 살해되는 것을 본 뒤 두 눈을 빼인 채 목숨만 부지했다(참조. 왕하 25:7). 유다의 귀족들은 바벨론을 향해 기나긴 유수의 길에 올랐고, 솔로몬 성전은 파괴되었으며, 언약궤는 영원히 사라졌다. 결국 남북조 연합 왕국의 왕정은 두 세기 반 동안 지속되었고, 유다는 조공국으로서 다윗가(家)의 왕을 한 세기 반 더 섬긴 셈이다. 그뒤로 4세기 동안은 히브리인 왕이 다시 서지 못했다.

바벨론 유수

포로로 끌려간 유대인들은 바벨론 강가에 앉아서 울었다. 야훼께서 왜 자기 백성을 버리셨는가? 시편 저자가 노래한 대로 "내 하나님이여 내 하나님이여 어찌 나를 버리셨나이까?"(시 22:1). 일찍이 앗수르가 압제를 막 시작할 때 선지자 이사야는 그 재난이 이스라엘의 죄에 대한 징벌이며 앗수르인들은 하나님의 진노의 막대기라고 주장함으로써 이 애가에 대답한 바 있다. 하나님이 언약을 저버린 소수 지파들을 징계하려고 이 대 제국을 쓰고 계신다고 하는 것은 대범한 주장이었다. 이스라엘은 자신을 세계사의 중심에 두었고, 그렇게 함으로써 하나님을 온 세계의 하나님으로 생각했으며, 세계의 강력한 제국들을 하나님의 계획 중 선민을 위한 장치에 지나지 않은 것으로 여겼다.

이사야의 설명은 이스라엘이 음란히 이방을 좇을 때(참조. 겔 23:30; 레 17:7; 호 4:12, 9:1)는 설득력이 있었다. 그러나 가증한 것들을 말끔히 제거한 선한 왕 요시야가 시체로 병거에 실려 돌아왔을 때 뭐라고 말해야 했을까? 예루살렘이 폐허 더미가 되고 야훼의 언약궤가 사라진 것이 징벌이었던가? 야훼께서 의인이 고통당하도록 허락하실 수 있을까? 욥은 개인 차원에서 그 문제에 부닥쳤으나, 모진 고통 속에서 그가 얻은 대답은 전능자의 불가해한 뜻 앞에 부복하라는 것이었다.

바벨론에서는 제2이사야로 알려진 또 다른 선지자가 민족 전체의 시련이라는 관점에서 그 문제를 보았다. "너희는 예루살렘의 마음에 닿도록 말하며 그것에게 외치라 그 노역의 때가 끝났고 그 죄악이 사함을 받았느니라 그의 모든 죄로 말미암아 여호와의 손에서 벌을 배나 받았느니라 할지니라 하시니라"(사 40:2). 배나 받았다니! 징계를 넘어서는 고통의 의미가 무엇인가? 바로 이 선지자가 고난의 종, 즉 죄가 없는데도 매를 맞고 고난을 당하고, 어깨에 "우리 무리의 죄악"을 짊어지고 채찍에 맞음으로 우리를 낫게 한 종에 관해서 말했다(참조. 사 53:5, 6). 무고한 자의 고난이 이로써 유죄한 자들의 구속을 이룰 수 있었다. 선지자의 마음에 그 '종'은 이스라엘을 의인화한 대상일 가능성이 있었지만, 그리스도인들은 항상 이 인물을 그리스도의 예표로 보았다. 그러나 어쨌든 유죄한 자들의 운명이 무엇인가? 그 죄악에 대해서 영원히 속죄해야 하는가? 여기서의 대답은 구약성경을 관통하여 울려퍼지는 신적 용서의 선언이었다: "너희의 죄가 주홍 같을지라도 눈과 같이 희어질 것이요 진홍 같이 붉을지라도 양털 같이 희게 되리라"(사 1:18); "악인은 그의 길을, 불의한 자는 그의 생각을 버리고 여호와께로 돌아오라 그리하면 그가 긍휼히 여기시리라 우리 하나님께로 돌아오라 그가 너그럽게 용서하시리라"(사 55:7).

바벨론 유수는 그런 질문과 대답을 촉진한 것 말고도 유대교에 새로운 특성을 가져다 주었다. 성전이 파괴되었기 때문에 예루살렘은 유배자들에게는 갈 수 없는 곳이 되었고, 제사 제도가 말살되었기 때문에 경건의 초점은 토라(the Torah) 곧 모세오경(the Pentateuch)이라고 하는 구약성경 처음 다섯 권을 구성할 율법에 맞춰졌다. 율법은 이제 설명되고 확대 해석되었으며, 종교는 그 계명에 순종하는 것을 골자로 삼게 되었다. 이 방대한 해석학 체계가 결국 훗날 유대인들의 민법이자 교회법인 탈무드(the Talmud)가 되었다.

율법에서는 특히 두 가지 점이 강조되었다. 첫째 점은 안식일 준수였다. 창세기의 창조 기사 편집자는 하나님께서 친히 안식일을 지키셨다고 기록했다. 이는 엿새 동안 세상을 창조하시고 일곱째 날에는 안식하셨기 때문이다. 또 한 가지 점은 할례가 언약의 증표로서 가진 중요성을 새로이 강조한 것이었다. 이 의식은 유대인들을 기존의 셈족과 애굽인들로부터 구별해 주지는 않았지만(셈족과 애굽인들에게도 비록 형태는 다르나 할례 의식이 있었다 — 역자주), "할례받지 않은 블레셋인들"과는 처음부터 그들을 구별해 주었고, 이제 바벨론인들과도 구별해 주었으며, 훗날 그리스인들과 로마인들로부터도 구별해 줄 것이었다. 이렇게 율법을 강조하게 된 상황과 성전으로부터 멀리 떨어져 있게 된 상황 때문에 공예배와 율법 교육을 위한 다른 장소를 정하지 않으면 안 되었다. 회당이 그 대답이었다. 회당의 존재에 관한 현존하는 최고(最古)의 증거는 주전 3세기 말 애굽에서 유래한다.

바벨론 유수 기간은 예루살렘 성전 재건을 기점으로 거꾸로 계산해서 전통적으로 칠십 년으로 간주되어 왔다(좀더 정확히 말하면 칠십이 년). 그러나 유배자들의 운명은 페르시아 제국의 등장과 주전 538년 페르시아 왕 고레스(Cyrus)가 바벨론을 함락시킨 사건으로 전환점을 맞이했다. 유대인들은 페르시아인들을 해방자들로 간주했고, 대개 그렇듯이 정복자들은 비교적 관대했다. 그들은 피정복민들의 언어를 존중했고, 적어도 이 기간만큼은 그들의 종교에 간섭하지 않았다. 고레스는 유대인 유배자들이 팔레스타인으로 돌아가서 성전을 재건해도 좋다는 조서를 내렸다. 그뒤 즉시 착수된 재건 작업은 그의 후임자 다리오(Darius) 때인 주전 515년에 완공되었다. 유배자 전원이 다 팔레스타인으로 돌아가지는 않았다. 당시에 바벨론에 조성된 유대인 촌이 중세까지 남아 있었다. 느헤미야는 귀환한 자들의 지도자가 되었고, 그의 지휘하에 백성은 예루살렘 성벽을 재건했다. 또 한 사람의 지도자인 에스라는 팔레스타인에 사는 유대인들에게 바벨론에서 발전시킨 토라를 엄격히 지키도록 했다. 이렇게 율법에 헌신한 사람들은 종교적 순결을 지키기 위해서 율법을 등한시하는 사람들과 결혼하지 않았다.

알렉산더 대왕

페르시아 왕조는 주전 333년 이수스 전투(the Battle of Issus)에서 알렉산더 대왕(Alexander the Great)에게 패한 뒤로 막을 내렸다. 이 사건은 유대인들의 주변 세계와의 관계에 새로운 시대를 가져다 주었다. 알렉산더는 인류의 통일을 꾀했다. 적어도 그리스와 페르시아의 문화를 혼합할 것을 주창했다. 이것은 서양을 동양화하고, 동양을 헬라화하자는 뜻이었다. 따라서 유대인들이 연루되지 않을 수가 없었다.

알렉산더는 아리스토텔레스(Aristotle)에게 배운 사람으로서 헬레니즘을 속속들이 알았다. 헬레니즘 정신의 특징들 중 한 가지는 호기심이었다. 그리스인들은 별들과 식물들과 인체 등 세계에서 자기들과 관련된 모든 것과, 의학뿐 아니라 물리학에도 관심이 있었다. 겉모양 이상의 것에 관심이 있었다. 사물의 관계들을 파악하려고 했다. 그리스인들은 기하학을 발견했다. 물질의 본질과 자연의 본질과 신(神)의 본질을 연구했다. 히브리인들은 오로지 하나님의 뜻을 아는 데만 관심이 있었다. 그리스인들 가운데는 우주에서 질서의 원칙을 보고 아름다움을 조화로운 비율의 관점에서 정의한 철학자들이 있었다.

그러니 그리스 철학자들이 인류 통일의 이상을 위한 이론적 근거를 발견한 것은 조금도 이상한 일이 아니다! 스토아 학파(the Stoics)는 이미 그런 통일체가 있다고 가르쳤다. 이성을 부여받은 인간은 우주의 합리적 질서에 참여하고 있고, 무력 충돌에 의해서보다 정신들을 수합하는 합리적인 방법으로 각자의 차이들을 해결할 수 있다고 했다. 인간은 이성적 존재이므로 우주에 도덕 질서와 자연 법칙과 인간의 모든 법률들을 위한 규범이 있다는 것을 알 수 있다고 했다. 이 철학에 따르면 이성(理性)이라는 선물은 인종과 관계 없이 모든 인간에게 수여되었다고 한다. 따라서 헬라인들과 야만인들의 차이는 그리스인과 비그리스인 간의 인종적 차이가 아니라 교육 받은 자와 받지 못한 자의 차이가 되기에 이르렀다. 사람은 모두 평등하게 창조되었으므로 사회적 지위가 관심 거리가 되지 못했다. 한때 노예 제도도 사유 재산도 전쟁도 없던 황금 시대가 있었다. 이런 제도들이 생긴 것은 인간의 타락 때문인데, 그러나 이 타락이 인간의 사유(思惟) 능력을 흐려놓지는 않았다. 인간은 우주 질서에 참여하고 있기 때문에 우주의 시민으로, 사해동포로 간주되어야 한다. 이런 이념들은 기독교 사상에 깊은 영향을 끼쳤다.

또 다른 그리스적 이상 곧 깨인 사람들이 서로 대화를 나누는 유익한 삶을 계발하기 위해 서로 모일 수 있는 폴리스(polis) 곧 아테네 같은 도시가 필요했다. 그리스인들에게 도시란 성채(城砦)라기보다는 고지대가 삭막하게 성벽이 둘려 있지 않고 비류없이 우아한 신전들이 면류관처럼 얹혀 있는 일종의 광장이요 아름다움의 장소였다. 이런 도시들이 레반트(the Levant, 시리아, 레바논, 이스라엘 등 지중해 동부의 연안국들)에 도입되었다. 이곳 도시들은 신전들과 정원들뿐 아니라 운동경기장들과 극장들과 경주장들로 장식되었다. 팔레스타인에 이런 양식의 도시들이 등장했을 때, 그 도시들은 정통파 유대인들에게 문젯거리가 되었다. 그들은 운동경기장에서 육상선수들이 나체로 뛰는 모습을 곱지 않은 시선으로 보았던 것이다.

그러나 헬라 문화와 유대 문화는 너무나 복잡해서 서로 일치하는 점들도 많았지만 다른 점도 많았다. 스토아 학파가 그린 황금 시대의 상은 아담과 하와의 타락을 전하는 창세기 기록과 잘 어울린다. 범신론적 표준으로 생각한 스토아 학파는 신(the divine)을 우주에 있는 합리성의 원칙과 동일시했다. 그들이 만민에게 유효하다고 주장한 자연 법칙은 십계명의 윤리적 요구와 쉽게 조화되었고, 하나님의 율법으로 쉽게 바꾸어 말할 수 있었다. 자연 과학과 인과율에 관심이 있던 아리스토텔레스는 신(神)을 존재하는 만물의 제1원인이자 운동하는 모든 것의 제1동인으로 간주했다. 플라톤주의자들은 신을 우주에 질서를 부여하는 궁극적 지성(the ultimate intelligence)이라고 했다.

이런 표현들은 의지하시고 행동하시고 말씀하시는 히브리인들의 하나님 상(像)과 낯설지 않다. 만민이 평등하게 창조되었다는 스토아 학파의 신념은 히브리적 사고와는 동떨어진 것이었지만, 유대인만큼 보통 사람에게 불의가 자행되는 것에 분개하는 사람도 없다. 예를 들어 다윗 왕이 밧세바와 결혼하려고 그녀의 남편을 전방으로 배치하여 전사하게 했을 때, 선지자 나단은 왕에게 한 가지 이야기를 해주었는데, 그것은 손님을 대접하려고 자기의 많은 양들을 놔두고 가난한 사람의 암양을 잡은 부자 이야기였다. 다윗이 이 부자가 죽어 마땅하다고 말하자, 선지자는 "당신이 그 사람이라!"고 호통을 쳤다(삼하 12:7). 다른 고대 문학에는 이것과 비교할 만한 장면이 없다.

헬라인들과 히브리인들간의 삶의 자세에 나타나는 차이는 사실상 두 문화 내의 다양한 집단들간의 차이보다 작은 경우가 종종 있었다. 예를 들어 에피쿠로스 학파(the Epicurians)는 불멸을 부정했고, 스토아 학파는 개인 영혼이 죽을 때 영적 세계로 흡수된다고 믿었으며, 플라톤 학파는 썩을 육체와 구분되는 영혼 불멸을 믿었다. 나중에 살펴보겠지만, 히브리인들 중에서는 영혼과 육체 모두의 불멸을 주장한 바리새인들과 둘 다 부정한 사두개인들이 있었다.

재산과 가난에 대한 헬라인들과 히브리인들의 견해는 서로 달랐지만, 둘 다 훗날 기독교 사상에 중대한 영향을 끼쳤다. 그리스인들 중에서 가령 플라톤은 「국가론」(the Republic)에서 재산의 공동 소유를 이상적인 형태로 간주한 반면에, 스토아 학파는 지나간 황금 시대에는 사유 재산이 일절 없었다고 믿었다. 그러나 아리스토텔레스는 사유 재산을 인정했다. 견유학파(the Cynics)는 가난을 주로 마음의 평정을 보장하는 장치로 보고 그것을 숭배했다. 부자가 난세를 만나 노예로서 최후를 마치지 말라는 보장이 없으므로, 잃을 수 있는 것을 죄다 미리 포기하면 평정을 얻을 수 있다고 했다. 그들의 이상은 개처럼 단순하게 사는 것이었다. 견유(犬儒, Cynic)라는 칭호는 '개'에 해당하는 헬라어에서 유래했다. 도구들은 아주 실용적인 용도로만 만들어야 하고, 칼자루에 보석 장식을 할 필요가 없으며, 탁자에 상아 다리를 붙일 필요가 없다고 했다. 고대 히브리인들에게서는 지파가 재산을 소유한 경우는 볼 수 있어도 가난을 숭배한 경우는 볼 수 없다. 그들에게 재산은 하나님의 은혜의 표식이었고 가난은 징계이거나 믿음의 시련이었다.

그리스 철학자들은 호메로스(Homeros)의 만신전(萬神殿, pantheon)에 속한 신들의 신인 동성동형설(anthropomorphism)과 불멸성을 배격했지만, 신들에 대한 풍유적 묘사는 존속시켰다. 예를 들어, 크로노스(Kronos) 신은 자기 자녀들을 잡아먹었다고 한다. 철학자들은 크로노스가 존재케 한 것들을 도말해 버리는 시간의 신 크로노스(Chronos)와 동일시해야 한다고 말했다. 마찬가지로 그리스 로마 세계의 다양한 의식(儀式)들이 영적으로 해석되었다.

앞에서 말했듯이, 히브리인들은 하나님을 위해 하나님의 지휘하에 싸우되 대적을 철저히 도륙한다는 전쟁관을 도입했다. 그리스인들은 정의를 증명하고 평화를 회복하되 폭력을 최대한으로 줄이는 정의로운 전쟁 개념을 내세웠다. 플라톤은 성벽을 헐고 과수원을 훼파하는 행위에 반대하고, 적군 중에서 무죄한 자들과 유죄한 자들을 구분했다.

그리스와 유대의 전승과 사상은 사실상 어떤 단계에 이르러서는 혼합될 수 있을 정도로 서로 공통된 내용이 많았다. 오랫동안 이방의 환경에서 살던 유대인들 사이에서는 철학적 헬레니즘과의 혼합이 대단히 자연스럽게 이루어졌다. 그리스도가 나시기 수세기 전에 디아스포라(the Diaspora), 즉 유대에서 멀리 흩어진 유대인들이 있었던 것이다. 바벨론에 유대인촌이 존속했다는 것은 앞에서 이미 살펴 보았다. 이집트의 엘레판틴에는 주전 5세기에 유대인촌이 있다가 다음 세기에 사라졌으나, 다른 지역에 다른 유대인촌들이 들어섰다. 폼페이우스(Pompey)는 예루살렘을 점령했을 때 허다한 유대인들을 로마에 노예로 팔아넘겼다. 로마에 간 그들은 안식일에 일하지 않고 특정 음식들을 먹지 않으려고 했으므로 노예로서는 신통치 않았다. 그러나 탁월한 사교술을 발휘하여 많은 이들이 곧 자유를 되찾고 제국 수도에서 유력한 집단을 구성했다.

기독교 시대 무렵에 유대인들은 소아시아와 지중해 연안의 많은 지역에 흩어져 살고 있었고, 바울은 그 지역들을 따라 여행하면서 그들을 만났다. 이집트에서는 그들의 인구가 백만 명이 넘었고, 알렉산드리아에 집중되어 있었다고 한다. 이 유대인들은 헬라어를 사용했다. 그중 더러는 히브리어를 알고 있었지만, 성경 대부분이 주전 200년경에 헬라어로 번역되었다. 이 구약성경 번역본은 칠십 명의 학자가 이루어낸 작업으로 추정되기 때문에 칠십인역(the Septuagint)이라는 이름을 얻었다.

기독교 제1세기에 알렉산드리아의 유대인들 가운데는 필로(Philo)라는 세련된 학자가 활동했는데, 그는 철학자들이 호메로스(Homer)에게 적용하던 것과 같은 해석 방법, 즉 알레고리(allegory)를 사용하여 구약성경을 헬레니즘화했다. 그는 구약성경에서 그리스 철학과 유사한 많은 내용을 발견했다. 이런 해석 방법이 유대교에 조금도 위험하다고 보지 않았다. 플라톤이 모세보다 나중 시대에 살았으므로 모세에게서 자신의 모든 사상을 끌어갔다고 믿었기 때문이다. 필로는 이러한 사상을 견지하면서도 유대인 율법을 계속해서 지켰다. 그리스 사상을 유대교 교훈과 조화시키려던 그의 노력은 훗날 기독교 신학이 형성되는 데 이바지했다.

유대교와 헬레니즘간의 대충돌은 헬라 왕들이 스스로를 신(神)으로 자임할 때 발생했다. 이것은 서양이 동양화해 가던 한 국면으로서, 먼저 동양

사상을 흡수한 다음 그것을 서양식으로 변형하여 동양인들에게 부과하는 방식으로 진행되었다. 공화정 시대의 로마인들은 인간이 신으로 격상되는 것을 무엄한 일로 여겼다. 그리스인들은 그것을 휘브리스(hybris) 곧 건방진 혹은 무례한 짓이라고 했다. 그러면서도 그리스인들은 이미 오래 전에 죽은 자기들의 도시 국가 설립자들이 땅에 내려온 신들이었다고 간주했다. 이집트에서는 살아 있는 바로들이 신들로 자임했고, 페르시아인들은 군주 앞에서 부복하는 정교한 의식을 개발했다. 이런 요소들을 알렉산더의 후계자들은 황제 숭배 형태로 융합했고, 이것을 결국 로마인들이 채택하여 모든 제국민들에게 강요했다. 바로 여기에 그리스도와 가이사가 충돌하게 된 뿌리가 있다. 유대인들은 이미 로마가 팔레스타인을 침공하기 전에 그 문제에 부닥친 적이 있었다.

그 갈등은 알렉산더의 후계자들 중 동방을 차지하여 시리아와 훗날 팔레스타인의 왕들을 배출한 셀레우코스가(家)의 왕들과 더불어 찾아왔다. 안티오쿠스 에피파네스(Antiochus Epiphanes, 이 이름 자체가 '현시된 신'이란 뜻이다) 치하에 유대를 헬라화하려는 결정적인 시도가 있었다. 유대인들 가운데 정통파는 그 시도를 못마땅하게 바라보았지만, 나머지 유대인들은 기꺼이 헬라적인 관행에 동조했다. 심지어 일부 제사장들은 성전에서 예복을 입고 성무를 수행한 다음 운동경기장에 가서 나체로 운동을 했다. 그러던 중 안티오쿠스는 제사 제도에 간섭하기 시작했고, 주전 167년 반대에 부닥치자 예루살렘 성전에서 돼지를 잡아 제사를 드림으로써 성전을 더럽혔다. 유대인들에게 사형으로써 유대교를 금하는 대신 이교 제사를 강요했다.

사태가 이렇게 진행되면서 왕과 새 법률에 동조하는 특정 유대인들이 다른 유대인들에 의해 살해되는 사건이 발생했다. 이런 갈등은 유대인들과 셀레우코스 압제자들간의 전쟁으로 발전하게 되었다. 살해자들은 하스모네가(家) 사람들(Hasmoneans)로서, 이들이 반란을 주도했다. 이 가문 사람들은 그 지도자들 중 마카베오('쇠망치')라고 하는 유다(Judah)의 이름을 따서 마카베오가(家, Maccabees)라고도 알려진다. 이 열정적인 유대인 전사들은 비록 무기는 변변치 않았지만 여호수아와 기드온의 정신으로 무장하고서 셀레우코스 왕조의 세력을 예루살렘에서 몰아내고 결국 다윗 왕국을 회복했다.[3]

셀레우코스 왕조의 세력이 이미 그전부터 기울고 있었던 게 사실이지만, 그렇다고 해서 마카베오가의 무용을 과소평가해서는 안 된다. 그들은 어떤 책 한 권에 큰 감화를 받았는데, 이 책은 바벨론 유수 때 기록된 것으로 되어 있지만, 사실은 안티오쿠스의 명령으로 성전이 더럽혀진 뒤에 기록되었다. 이 책은 종교적인 비타협 때문에 사자굴에 던져진 다니엘과, 자기 상(像) 앞에 절하라는 느부갓네살의 명령에 불복하다가 풀무불에 던져진 히브리 세 청년이 겪은 일들을 전한다. 그들은 자기들의 하나님이 자기들을 건져낼 수 있다고 하면서(실제로 하나님은 그들을 건져내셨다), 혹시 그렇게 하시지 않는다 할지라도 결코 절할 수 없다고 주장했다.

마카베오가 사람들은 이 비밀스런 이야기에서 느부갓네살이 안티오쿠스 에피파네스를 상징한다는 것과, 다니엘과 세 친구가 건짐을 받은 것이 유대인들이 그의 세력에서 건짐을 받을 것을 예고한다는 것을 잘 알았다. 처음에는 묵시 문학으로 분류된 이 다니엘서는 유대인들의 영적 삶에 소망과 구원에 관한 함축된 메시지로 강렬한 색깔을 칠했고, 박해를 당하던 초기 그리스도인들에게도 큰 힘이 되어 주었다.

예루살렘이 해방되면서 주전 165년 기슬래(Kislev, 오늘날 달력으로는 대개 12월에 해당함) 25일에 성전이 정결케 되어 재봉헌되었는데, 유대인들은 이 날을 여전히 하누카(Hanukkah, 수전절) 첫날로 지킨다. 종교적 목적은 달성되었다. 하스모네가 사람들은 이것으로 만족하지 않고 왕국 국가로 세력을 확장하고 유지하려고 힘썼다. 그러자니 다시 외세와 동맹을 맺지 않을 수 없었다. 하스모네가의 정책에서 발을 빼고 군주제 자체가 야훼의 주권과 상충된다고 느낀 유대인들 중 순수주의자들은 바리새인들(the Pharisees)로 알려지게 되었다. 헬라화주의자들로서 하스모네가와 손을 잡은 제사장파는 사두개인들(the Sadducees)이었다. 주전 103년 사두개파 대제사장으로서 방탕하고 야만적인 인물인 알렉산더 얀네우스(Alexander Jannaeus)가 왕으로 자임하고 나서자, 바리새인들은 그를 사형에 처해야 한다고 주장했다. 그는 이에 대한 보복으로 첩들을 데리고 대중 연회를 배설한 자리에서 바리새인 중 8백 명을 십자가에 달아 죽였다. 이로써 피비린내 나는 내전이 시작되었고, 이 내전은 폼페이우스(Pompey)가 주전 63년 셀레우코스 왕국을 멸하고 시리아와 팔레스타인에 로마의 통치를 수립할 때에야 비로소 끝났다.

헤롯 대왕

23년간의 정치적 격동이 끝난 뒤 옛 마카베오 왕국의 영토는 에돔인 헤롯 대왕(Herod the Great)이라고 하는 분봉왕(vassal king)에게 맡겨졌다. 그는 매력적이고 치밀하고 통이 크고 잔인한 사람이었다. 반(半) 유대인으로서 하스모네가 여성을 아내로 맞이했으나, 팔레스타인 곳곳에 헬라식 도시들을 세우고 이교 신전들을 건축했다. 가이사랴에서는 인공 항구가 딸린 도시를 건설했는데, 이 도시는 훗날 그 지역의 로마 수도가 되었다. 서로 신호를 주고 받을 수 있는 간격을 두고 요새들을 세워 예루살렘 길목을 지켰다.

그러나 헤롯의 모든 업적 가운데 예루살렘에 재건한 성전만큼 웅장한 것이 없었다. 헬라 예술이 제공할 수 있었던 모든 것이 유대인 성전에 아낌 없이 쏟아부어졌다. 불순한 것이 조금이라도 끼어들어 성소를 욕되게 할까봐 천 명의 제사장들을 석공, 목수, 장식가로 훈련시켰다. 헤롯은 제사장 가문 출신이 아니었기 때문에 지극히 거룩한 경내에는 들어가기를 삼갔다. 유대인들의 양심을 존중했기 때문에 주화(鑄貨)에 자기 형상을 새겨 넣는 것도 삼갔다. 헤롯이 죽고 성전이 완공되었을 때 8만 명이 일자리를 잃었다. 성전은 호화롭게 장식되어 문들에는 금을 입혔고, 문앞에는 무늬가 새겨진 바벨론산 휘장을 드리웠고, 상인방 위에는 금으로 장식한 거대한 포도덩굴 문양을 두었다. 분향단에서, 통으로 붙은 일곱 촛대에서, 번제단에서 연기가 솟았다. 매일 짐승을 잡아 제사를 드렸고, 제단은 비린내 나는 피와 내장과 파리들로 뒤덮였다.

그러나 내실 한 곳은 화려함뿐 아니라 지저분함에서도 동떨어진 컴컴하고 텅 빈 곳, 즉 유실된 언약궤를 대치한, 지극히 높은 분의 거처인 지성소로서, 이 안에는 대제사장만 일년에 대속죄일 하루만 들어갈 수 있었다. 헤롯은 이 기념비적인 건물을 하나님의 영광을 위해서라기보다 자신의 영원한 명성을 위해서 지었지만, 불과 한 세기 반도 못되어 돌 하나에 돌 하나도 서 있지 못하는 운명을 맞고 말았다.

헤롯은 성전보다 더 높은 궁전을 건축했고, 궁전보다 더 웅장한 요새를 건축했다. 성전, 궁전, 요새, 이것이 그의 가치 척도였다. 그러나 헤롯은 주로 자기 권좌를 위협할 우려가 있는 다윗가(家)의 싹을 잘라버리기 위해서 베들레헴의 아기들을 학살한 일로 기억된다. 어찌 그런 짓을 자행했겠는가 싶지만 충분히 그럴 수 있는 사람이었다. 아내 열 명 중 한 명과, 장모와 아들 중 셋을 처단한 무자비한 사람이었다. (아우구스투스는 헤롯의 아들이 되느니 차라리 그 집 돼지가 되는 게 낫다고 말했다.) 그러나 헤롯이 유대인들의 종교를 존중함으로써 민란을 예방하고 그 결과 로마군의 침공을 예방한 점은 높이 사주어야 한다.

그러나 건축 사업에 너무 많은 재정을 쏟아붓는 바람에 그 지역을 가난하게 했고 즉위 초보다 민심이 훨씬 이반되게 만들었다. 헤롯이 즉위하게 전에 유대인들은 로마의 내전에 휩쓸렸고, 그중 십만 명이 자기들과는 상관없는 전장에서 스러진 바 있다. 헤롯이 죽자 왕권을 놓고 치열한 갈등이 벌어졌다. 이로 말미암은 불확실한 상황 속에서 예루살렘에서 민란이 일어나 3천 명이 학살당했다. 예수님이 자라고 계시던 갈릴리에서는 사도행전에 언급된 유다라는 사람이 추종자들을 규합하여 권력 체체에 반기를 든 뒤 이방인들뿐 아니라 유화적인 유대인들까지도 죽였다.

시리아의 로마 총독이 이 반란을 진압한 뒤 산채와 사막 동굴들에 들끓던 2천 명의 폭도들을 붙잡아 십자가에 달아 죽였다. 그들에게 동조하던 자들 가운데 "야훼 한 분만 왕이시다"라고 외친 젤롯당(the Zealot, 열심당)이 등장했다. 그밖의 분당들에는 어떠한 군주에게도 협조한 사두개파와, 율법을 지키면서 하나님의 신원(伸寃)을 기다리던 바리새파, 그리고 바리새파보다 훨씬 엄격한 에세네파(the Essenes)가 있었다. 추측건대 에세네파 중 일부가 최근에 사해 두루마리의 발견으로 드러난 쿰란 공동체의 구성원들이었을 것이다. 이들은 청빈에 뜻을 두고서 옛 이스라엘처럼 광야로 나가 사해 언덕에 거처를 마련하고, 그곳에서 하나님이 빛의 아들들(the Sons of Light)을 통해 흑암의 아들들(the Sons of Darkness)을 이기실 날을 기다렸다.

로마는 헤롯 이후의 왕위 계승을 둘러싼 정치 문제를 다각도로 다루었다. 헤롯의 영토 중 북부는 헤롯의 두 아들에게 분봉왕(tetrach)이라는 칭호를 주어 신하 군주로서 다스리게 했다. 그중 한 사람이 갈릴리의 헤롯 안디바스(Herod Antipas)였다. 그러나 남부의 경우는 유대와 인접 지역들을 로마 속주로 만들고, 가이사랴에 본부를 둔 총독(procurator, 황제가 파견한 군인 총독; proconsul은 원로원이 파견한 민간인 총독)의 치리하에 두었다. 예루살렘에서는 대제사장이 산헤드린(the Sanhedrin)이라고 하는 귀족 회의와 손잡고 실질상의 자율권을 누렸다. 이 회의는 동료 유대인들에게 사형을 언도할 수 있었지만, 실제 집행은 로마 당국에 위임해야 했다. 때때로 총독들이 예루살렘에 왔으나 그들은 헤롯만큼 유대교를 많이 이해하지 못했다. 그중 가장 잘 알려진 본디오 빌라도는 한때 신격화된 가이사의 초상이 그려진 군기를 든 군대를 예루살렘에 파견하기도 했다. 그때 유대인들이 빌라도의 총독부가 있는 가이사랴로 몰려가 거룩한 성을 모독한 일에 대해 시위를 벌였는데, 빌라도는 시위 군중을 몰살하겠다고 위협했으나, 유대인들이 죽일 테면 죽이라는 식으로 일제히 고개를 땅에 대고 기다리자 포기하고 말았다.

메시야 대망

유대인 다수는 민족의 해방자를 기대하면서 울분을 삭였다. 그는 지상적 인물 곧 다윗 계열의 왕 메시야(기름부음을 받은 자)일 가능성도 있고 천상적 인물일 가능성도 있었다. 천상적 인물로는 다니엘서에서 인자(the Son of Man) 같은 이로 등장한다. 후기 유대 묵시 문학에서는 선재(先在)한 천상적 해방자로 묘사된다. 이스라엘의 역사 내내 민족의 운명이 지극히 위태로울 때는 하늘로부터의 구원에 대한 소망이 강렬히 달아올랐다. 옛 선지자들이 회개치 않는 백성에게 멸망을 외쳤을 때, 그 선지자들이나 그들의 편집자들은 하나님이 사죄하시고 회복시켜 주실 것이라는 위로의 확신으로 그 선고를 완화해 주었다. 불신자들이 그 땅을 점령한 가운데 메시야 대망이 무산된 채 여러 세기가 흘러가면서 투쟁은 우주적인 성격을 띠었다. 지상의 원수를 천상에서 사악한 세력의 도구로 간주했다. 종국에는 야훼께서 모든 원수를 물리치시고, 마귀적인 적들을 무저갱에 던져 버리신 뒤 죄인들의 이를 부러뜨리시고, 강한 왕들을 불 붙은 골짜기에 던지시고, 그 심복들의 시체를 독수리 밥이 되게 하실 것으로 보았다. 예수께서 태어나실 무렵 이스라엘의 분위기가 대체로 이러했다.

제2장

그리스도의 사역과 교회의 출현

　헤롯이 죽을 때 로마는 충직한 행정가를 잃은 것을 애석해 했다. 예수님이 탄생하신 것을 로마는 전혀 몰랐다. 1백 년이 넘도록 어떠한 로마의 사가도 예수님을 언급하지 않았다. 예수님의 생애에 관한 현존하는 정보는 마태, 마가, 누가, 요한이 쓴 네 복음서와 신약성경 나머지 책들에 실린 몇몇 언급들, 그리고 초기 문서들에서 발췌한 아그라파(agrapha)라고 하는 대수롭지 않은 어록들에서 유래한다. 우리는 심지어 예수님이 탄생한 정확한 연대조차 모른다.
　마태에 따르면 헤롯 대왕이 죽기 전인 주전 4년 무렵이었다고 하고, 누가는 구레뇨(Quirinius)의 인구 조사 때라고 기록하는데, 그 인구 조사는 주후 6년에 있었다. 그러나 또한 누가에 따르면, 예수님은 디베료(Tiberius)의 재위 15년(주후 28년 8월 — 29년 8월)에 서른살이셨다고 한다. 이 말대로라면 예수님은 전통적인 기독교 시대의 원년에 매우 근접한 시기에 탄생하신 셈이다. 탄생의 자세한 정황은 마태복음과 누가복음에만 기록되어 있다. 두 복음서는 비록 마리아와 요셉이 나사렛에서 살긴 했어도 예수께서 다윗의 후손으로서 다윗의 고향 베들레헴에서 나셨다는 점에서 일치한다. 자기 고향으로 가서 호적하라는 인구 조사령에 따라 그 가족이 베들레헴에 왔을 때 마리아가 해산하게 된 것인데, 요셉은 베들레헴 출신이었다.
　복음서 기록 중에서 마태와 누가만 예수의 동정녀 탄생을 언급한다. 바울의 저작들은 그가 이 사실을 들은 적이 있음을 조금도 암시하지 않는다. 마가복음은 세례 기사로 시작한다. 요한에 따르면, 태초에 하나님과 함께 계시던 말씀(the Word) — 헬라어로는 로고스(Logos)로서, 스토아 학파가 말한 내재적 이성(reason) — 이 성육신하셨다고 한다.

탄생 기사들은, 사실이든 전설이든 신화든간에, 하늘에서는 축하를 받고 땅에서는 배척을 받는다는 두 가지 주제를 간직한다. 천사들은 구주의 탄생을 찬송했으나, 사관에 있을 곳이 없었기 때문에(눅 2:7) 구주께서는 외양간에서 태어나 구유에 누우셔야만 했다. 성경에 따르면 박사들이 갓 태어난 유대인의 왕께 경배하려고 동방에서 먼 길을 마다 않고 왔지만, 예루살렘에 있던 군주들은 아무도 찾아오지 않았다. 오히려 헤롯 왕은 "아기를 찾아 죽이려"(마 2:13) 했다. 그 백성 가운데서 오직 목자들만 구유 곁에 모였다. "자기 땅에 오매 자기 백성이 영접지 아니하였으나"(요 1:11)라는 요한복음의 말씀 그대로였다. 탄생부터 수난이 예고되었던 셈이다.

예수님의 유아기

예수님은 유아기를 가난하게 보내셨다. 예수님이 베푸신 비유들은 동전 한 닢을 잃거나 옷에 좀이 생기거나 도구가 녹스는 것이 집안의 큰 불행이 되는 가난한 생활 환경을 묘사한다. 그 집 가장 요셉은 목수였고, 예수님도 이 기술을 배우셨을 것이다. 위경 복음서들은 예수님이 나무 판자가 너무 짧을 때 그것을 기적으로 늘리실 수 있었다고 전하지만, 정경 복음서들은 보잘 것없는 목공의 불우한 형편을 펴게 하기 위한 어떠한 신적 개입 사례도 기록하지 않는다. 예수님이 어릴 때부터 율법을 잘 알고 계셨다는 것은 열두 살 때 예루살렘 성전에서 랍비들에게 묻고 답하는 것으로 그들을 깜짝 놀라게 하셨다는 누가복음 기사가 암시한다. 예수님의 유년기에 관해서는 그 이상 알려지지 않는다.

예수께서 순회 랍비 사역에 나서기로 하신 그 결심의 이면에 무엇이 있었는지 우리로서는 알 수 없다. 이 사역은 예수께서 서른살에 요단 강에서 세례자라고 하는 이종사촌 요한에게 세례를 받으심으로써 시작되었다. 요한은 광야의 금욕자로서, 아마 쿰란 공동체 출신인 듯하다. 그는 이스라엘 백성에게 "독사의 자식들"(마 3:7)이라고 하면서 그들 앞에 하나님의 진노의 날이 당면했음을 선포했다. 구원을 받으려면 아브라함의 자손이라는 명분에 기대지 말고 생활을 고쳐야 한다고 했다. 그리고 자기보다 큰 이가 하나님의 심판의 대행자로서 자기 뒤에 올 것을 예언했고, 예수님을 만났을 때 그가 바로 그 인물이라는 것을 알았다.

예수님의 교훈

예수님의 첫 설교는 요한의 설교와 너무나 흡사했다. 고향 갈릴리로 돌아가신 뒤에는 시골을 두루 다니시면서 산이나 해변에서, 회당과 집에서 무리에게 가르치시되, "하나님 나라가 가까왔으니 회개하고 복음을 믿으라"(막 1:15)고 하셨다. 하나님 나라란 하나님의 통치 혹은 주권을 뜻했다. 물론 하나님은 언제나 주재(主宰)이시지만, 예수님의 말씀은 하나님의 주권이 현재(現在)할 뿐 아니라 하나님이 극적으로 역사 안에 들어오심으로써 곧 나타날 것이라는 뜻이었다.

이 사건을 준비하시는 과정에서 예수님은 요한과 마찬가지로 이스라엘이 생활을 고치고 하나님의 주권을 지금 당장 인정해야 한다고 선포하셨다. 하나님께 절대 복종할 것을 요구하셨다: "너희는 먼저 그의 나라와 그의 의를 구하라"(마 6:33).

절대 복종에는 절대 신뢰가 따른다는 것을 가르치셨다: "목숨을 위하여 무엇을 먹을까 무엇을 마실까 몸을 위하여 무엇을 입을까 염려하지 말라. 목숨이 음식보다 중하지 아니하며 몸이 의복보다 중하지 아니하냐. 공중의 새를 보라. 심지도 않고 거두지도 않고 창고에 모아 들이지도 아니하되 너희 천부께서 기르시나니 너희는 이것들보다 귀하지 아니하냐. 너희 중에 누가 염려함으로 그 키를 한 자나 더할 수 있느냐. 또 너희가 어찌 의복을 위하여 염려하느냐. 들의 백합화가 어떻게 자라는가 생각하여 보라. 수고도 아니하고 길쌈도 아니하느니라. 그러나 내가 너희에게 말하노니 솔로몬의 모든 영광으로도 입은 것이 이 꽃 하나만 같지 못하였느니라. 오늘 있다가 내일 아궁이에 던지우는 들풀도 하나님이 이렇게 입히시거든 하물며 너희일까 보냐. 믿음이 적은 자들아"(마 6:25하-30).

이 말씀은 그런 시대에 그토록 가난하던 그 땅에서는 참으로 놀라운 말씀이었다. 당시의 상황을 예수님은 틀림없이 잘 알고 계셨다. 그런데도 하루하루 살아가는 게 공중의 새와 들의 백합보다 그다지 안전하지 못한 그들에게 예수님은 하나님을 절대 의지하고, 그 나라의 요구에 대해서는 지극히 적은 소유라도 버리려는 태도를 가지라고 권고하셨다.

이것은 광야 동굴로 물러나 살아야 한다는 말씀이 아니었다. 반드시 가족 생활을 포기해야 한다는 말씀도 아니었다. 예수님은 갈릴리 가나에서 벌어진 혼인 잔치에 참여하심으로써 그리고 직접 하신 말씀으로써 혼인을 인정하셨다. 재산이 많은 사람들을 싸잡아 정죄하시지도 않았다. "과부의 가산을 삼키는"(막 12:40) 부자들을 비판하셨다. 그러나 한 사람에게는 "가서 네 있는 것을 다 팔아 가난한 자들에게 주라"(막 10:21)고 하셨다. 이 사람은 자기 세상 재물을 과도하게 아꼈기 때문이다. 예수님이 재산을 우려하신 이유는 사람이 재산 때문에 천국에 헌신하지 못하게 될 수 있기 때문이었다. "약대가 바늘귀로 나가는 것이 부자가 하나님의 나라에 들어가는 것보다 쉬우니라"(막 10:25)고 예수님은 말씀하셨다.

돈을 벌려고 노심초사하는 게 곧 하나님을 의지하는 마음이 없다는 증거라고 단언하셨다. 어느 날 밤이고 영혼이 데려감을 당할지도 모르는 상황에서 사람이 돈만 자꾸 모으는 것을 개탄하셨다(참조. 눅 12:20). 이것은 견유학파적인 가난 숭배도 아니고, 육체의 안락을 배척하는 금욕주의자의 태도도 아니다. 다만 엄격한 의무를 감안하여 초탈한 생활을 강조하신 것뿐이다. 모든 사람이 다 절대적으로 재산을 포기해야 한다고 말씀하신 적이없다. 하지만 하나님 나라에 주로 충성하려면 재산과 부모와 처와 자녀 등 친족을 버려야 하는 일이 생길 수도 있다고 하셨다.

제자들

예수님은 몇몇 사람들에게 모든 것을 버리고 자기를 따라 순회 전도자가 되라고 부르셨다. 전승에 따르면, 사도라 불리운 초기 제자들은 열두 명이었다고 한다. 이들은 가지각색 사람들로 구성된 집단이었다. 맨 처음 부르심을 받은 어부 베드로는 쾌활한 사람이었다. 세베대의 아들들인 야고보와 요한은 어부 출신 제자들과 마찬가지로 "우뢰의 아들"이라 불리웠다. 아마 주님과 자기들을 영접하지 않은 사마리아의 어느 고을에 하늘로서 불을 내리게 해달라고 청했기 때문에 이런 별명이 붙었을 것이다. 이 두 사람은 야심을 가지고서 예수께 청하기를, 그 나라에 들어가실 때 하나는 그의 우편에, 하나는 좌편에 앉게 해달라고 했다. 사도 나다나엘은 남을 얕잡아보는 기질이 있어서, 예수께 관해 맨 처음 들었을 때 나사렛에서 무슨 선한 것이 나겠느냐고 말했다. 도마는 의심이 많은 사람이었고, 가롯 유다는 배반자였다. 안드레와 바돌로매는 그리 인상적인 인물들이 아니었고, 세리 — 로마인들을 위해 일한 유대인 세금 징수자 — 마태는 팔레스타인에서 가장 천시되던 직업을 갖고 있었다. 사도들 중에서 읽고 쓸 줄 알던 사람은 마태뿐이었을 것이다. 세금 자료를 기록하기 위해서는 읽고 쓸 줄 알아야 했다. 아울러 그는 사도들 중에서 복음서 저자로 명기된 유일한 사람이다. 베드로는 문맹이었던 것으로 보인다. 왜냐하면 그의 회고록을 마가가 받아 적었고, 그것이 마가의 이름을 따서 마가복음이 되었다고 전해지기 때문이다. 재산과는 거리가 멀고, "만물의 찌끼" 같던 이 집단 구성원들이 얼마 되지 않아 사랑과 충성과 믿음으로 뜨겁게 타올라 세상을 정복했다.

이 열두 사람만 제자의 전부가 아니었다. 한번은 예수께서 칠십 인을 파송하셨다. 예수를 따르던 자들 가운데는 여자들도 많았다. 그중 한 사람은 거리의 여자로서, 그녀가 바로 눈물로 주님의 발을 씻기고 머리털로 닦아 준 여자였다. 십자가 현장에 있었고 부활하신 주님을 맨 처음 만난 갈릴리 출신 여자를 대개 그녀와 동일시한다. 그 이름은 막달라 마리아였다.

배척

그러나 예수님은 이렇게 추종자들을 두고 계시긴 했지만, 대체로는 사람들에게 배척을 당하셨다. 당대의 대다수 사람들은 그분의 가르침을 듣고서 물러갔다. 로마에 대항하여 폭력 혁명을 일으키려고 하던 열심당원들은 다음과 같은 예수님의 말씀에 배여 있던 무저항 정신을 비웃었다: "또 눈은 눈으로, 이는 이로 갚으라 하였다는 것을 너희가 들었으나 나는 너희에게 이르노니 악한 자를 대적지 말라. 누구든지 네 오른편 뺨을 치거든 왼편도 돌려대며 또 너를 송사하여 속옷을 가지고자 하는 자에게 겉옷까지도 가지게 하며." "또 네 이웃을 사랑하고 네 원수를 미워하라 하였다는 것을 너희가 들었으나 나는 너희에게 이르노니 너희 원수를 사랑하며 너희를 핍박하는 자를 위하여 기도하라"(마 5:38-48).

　동시에 사두개인들을 멀리하셨다. 이미 앞에서 살펴보았듯이 그들은 육체와 영혼의 부활을 다 부정하던 자들이다. 헬라주의자들로서 그리스와 로마의 주인들과 거리낌 없이 손을 잡았다. 예수께서 "저 여우"(눅 13:32)라고 하신 갈릴리 분봉왕 헤롯 안디바스의 도당 중에도 그들이 포함되어 있었다.

　바리새인들은 예수께서 공통점을 가장 많이 갖고 계시던 파였지만, 그렇게 가장 비슷하게 보이는 점들을 놓고 가장 첨예한 갈등이 빚어진 경우가 종종 있었다. 예수님은 이스라엘이 유대인 율법을 지켜야 하고 원수 갚는 일을 하나님께 맡겨야 한다는 점에서는 바리새인들과 일치하셨지만, 율법을 지키는 일에 내포된 의미에 관해서는 견해가 전혀 달랐다. 바리새인들은 열정적인 서기관들과 장로들이 오랜 세월 동안 율법에 첨가한 규율들 — 이를테면 안식일에 난 계란을 먹지 못하게 하는 것 같은 — 을 빠짐없이 지키려고 노력한 파였다.[1]

　예수님은 그들로부터 왜 안식일에 사람을 낫게 하느냐고 비판을 받았을 때 "안식일은 사람을 위하여 있는 것이요 사람이 안식일을 위하여 있는 것이 아니니"(막 2:27)라고 대답하셨다. 아들이 부모를 봉양할 돈으로 성전에 내는 것을 허용하는 율법 해석은 부모를 공경하라는 계명에 뚜렷이 위배된다고 하셨다. 손과 주발과 잔과 그릇을 씻는 모든 규례들은 하나님의 계명이 아니라 사람의 유전이라고 잘라 말하셨다. 사람은 밖에서 오는 것으로 더러워지지 않고 안에서 나오는 생각으로만 더러워진다고 하셨다(참조. 막 7:15). 그러므로 예수님은 부정하다고 취급되던 사람들을 멀리하지 않으셨다. 쿰란 공동체에 은둔하여 순결을 지키는 일 따위는 아예 하지 않으셨다.

　동시에 율법과 선지자를 멸하러 오신 게 아니라, 더 높은 의의 요구를 통해서 그것들을 완성하러 오셨다고 하셨다. 살인하지 말라는 계명을 넘어서서 분조차 내지 말라고 가르치셨고, 간음을 하지 않는 것은 물론이고 욕정까지 품지 말라고 가르치셨다. 방향을 긍정적인 면으로 돌려 개인의 원수든 민족의 원수든 원수를 포함한 모든 사람을 사랑하라고 하셨다. 이 더 높은 의의 배후에 있는 동기는 이스라엘을 구원하거나 사적 보상을 바라는 소망이 아니라, 단지 하나님께 드리는 충성뿐이었다.

물론 상 개념이 복음서들에 전혀 없는 것은 아니지만, 말끔하게 행위와 보상을 동일시하는 경우란 없고, 의도적으로 공로를 쌓는 일도 있을 수 없다. 모든 것이 하나님의 은혜에 달려 있다. 심판 날에 상을 고지받는 자들은 뜻밖의 일에 놀라 "주여 우리가 어느 때에 주의 주리신 것을 보고 공궤하였으며"(마 25:37하)라고 말할 것이다. 열한시에 고용되는 노동자가 낮의 무더위 속에서 일한 자들과 같은 상을 받을 것이다(참조. 마 20:12). 하나님은 지극히 적은 자들을 인자로 여겨 먹이고 입히고 따뜻하게 해준 자들에게 상을 주실 것이다. 하나님의 자비는 측량할 수 없다. 이 사람에게는 그에게 돌아갈 몫을 주시고, 저 사람에게는 받을 자격이 없는데도 풍성히 주신다. 이런 사상은 대중의 경건과 정 반대되었다.

많은 선량한 사람들이 예수님의 행위를 보고서 분개했다. 착취로 재산을 늘리던 세리들과 교제하시고, 창녀들을 만나시고, 심지어 그들의 죄를 사하신다고까지 하셨기 때문이다. 예수님은 이렇게 하심으로써 악인들에게 은택을 금하지 않으시고 햇빛과 비를 선인과 악인에게 다 내리시는 하나님의 본을 따르셨다(참조. 마 5:45).

한번은 고향 나사렛을 방문하실 때 회중 앞에서 자기가 왜 가버나움 — 주로 이방 도시로서 자신의 고향이 아니었음 — 에서 병자를 고치셨는지를 설명하셨다. 그러면서 엘리야 시대에 이스라엘에 많은 과부들이 있었으나 선지자가 시돈의 이교 도시에 사는 어느 과부를 도와주었고, 엘리사 시대에 이스라엘에 많은 문둥병자들이 있었으나 고침을 받은 사람은 시리아 사람 나아만뿐이었다는 점을 상기시키셨다. 이렇게 구약성경의 예를 들어 하나님의 자비가 이스라엘과 율법을 따르는 자들에게만 국한되지 않는다는 사실을 예시하셨다. 나사렛 사람들은 그 말씀을 듣고 분개한 나머지 예수님을 절벽으로 떨어뜨리려고 했다. 그러나 예수님은 어떤 방법으로인지 그 상황을 면하셨다(참조. 눅 4:23-30).

유대 민족의 자긍심을 건드리신 일은 종교적 신념이 그리 강하지 않던 사람들의 비위도 거슬렸고, 헤롯 성전이 돌 하나에 돌 하나도 남아 있지 않을 날이 올 것이라는 예언(참조. 막 13:2)을 듣고는 팔레스타인의 모든 파벌들이 분개했다. 물론 예수님을 왕으로 삼으려 하던 자들도 있었지만, 그것은 그분의 목표를 오해했기 때문이었을 뿐이다. 자기들이 오해했음을 깨달은 뒤에는 "저를 십자가에 못박으소서!" 하고 얼마든지 외칠 수 있는 사람들이었다.

예수께서 사람들에게 배척을 당하신 뒤에 하나님께서 신원해 주실 것을 기대하셨던가? 예수님은 일찍이 하나님 나라가 가까이 왔다고 선포하셨다. 앞에서 살펴 본 대로, 이것은 이미 현재하여 즉각적인 충성을 요구하는 하나님의 통치가 곧 권능으로 나타날 것이라는 뜻이었다. 전쟁과 전쟁의 소문, 그리고 지진과 기근에 뒤이을 큰 사건이 있을 것이다. 해가 빛을 잃고 달이 피빛으로 변하며 달이 하늘에서 떨어질 것이다. 그런 뒤에 인자가 큰 권능과 영광을 입고 구름을 타고 와서 선택된 자들을 불러 모을 것이다. 이 모든 일이 그 세대 안에 발생할 것이다. 물론 정확한 때는 하나님만 아시지만 말이다.

예수께서 당시에 살아 있던 자들 중 더러가 하나님 나라를 볼 것이라고 하신 것은 무슨 뜻이었을까? 제자들은 틀림없이 예수님이 로마 군대를 격퇴하고 다윗과 마카베오 왕국을 회복할 일을 염두에 두고서 그 말씀을 하셨다고 생각했을 것이다. 십자가 사건 이후 엠마오로 내려가던 제자들은 자기들의 소망이 산산히 부서졌다고 느꼈다. 누가가 술회하듯이 그들은 "이 사람이 이스라엘을 구속할 자라고" 바랐었다(눅 24:21). 또한 예수께서 부활하신 뒤에 제자들에게 나타나셨을 때도 그들은 "주께서 이스라엘 나라를 회복하심이 이 때니이까" 하고 물었다(행 1:6).

그들은 예수께서 메시야라고 확고히 믿었으나, 과연 그분도 자신을 그렇게 생각하셨을까? 시몬 베드로가 예수를 그리스도(메시야에 해당하는 헬라어)라고 고백했을 때, 예수님은 그를 칭찬하셨지만 그럼에도 불구하고 그와 모든 제자들에게 이 일을 비밀로 부쳐 두라고 단단히 타이르셨다(마

16:20). 어떤 성격의 메시야이기에 선포해서는 안 되었던가? 인자가 하늘 구름을 타고 오실 큰 날까지 기다리라는 것이 그 말씀의 요지였을까? 과연 예수께서는 자신이 다윗의 씨로 난 지상적 메시야일 뿐 아니라 천상적 인자이기도 하다고 믿으셨을까? 제자들은 그렇게 믿었고, 그 칭호를 자연스럽게 예수께 사용한 사례들이 있다: "인자는 머리 둘 곳이 없다"(마 8:20); "인자의 온 것은 섬김을 받으려 함이 아니라 도리어 섬기려 하고"(막 10:45).

그러나 또한 그 용어가 다른 이를 가리키는 듯한 단락들도 있다: "누구든지 나와 내 말을 부끄러워하면 인자도 자기와 아버지와 거룩한 천사들의 영광으로 올 때에 그 사람을 부끄러워하리라"(눅 9:26); "또 누구든지 말로 인자를 거역하면 사하심을 얻되 누구든지 말로 성령을 거역하면 이 세상과 오는 세상에도 사하심을 얻지 못하리라"(마 12:32). 예수님이 실제로 자신을 인자와 동일시했을 가능성이 크다. 그러나 몇 십년이 흐른 뒤 제자들이 복음서를 쓸 때 예수님과 인자를 동일시하여 예수께 그 칭호를 사용했을 가능성도 있다. 이런 의문은 역사적인 해결을 회피한다.

그러나 더욱 중요한 것은 예수께서 과연 어떤 종류의 메시야, 어떤 종류의 인자, 어떤 종류의 하나님 나라를 내다보셨는가 하는 것이다. 열심당원들은 철장으로 침략자들을 파쇄할 메시야를 기다렸다. 다니엘서와 그밖의 유대 묵시문학에서 인자는 원수가 불에 던지운 뒤에 통치한다. 이런 개념이 예수님의 정신에 얼마나 낯선 것인가! 원수를 사랑하는 것이 이스라엘 나라를 회복시켜 줄 것인가? 그런 방식으로는 오히려 어떠한 나라라도 자멸하고 말지 않겠는가? 예수님은 추종자들이 자기를 억지로 왕으로 삼으려고 할 때 산으로 피하셨다. 남을 다스리는 자리에 서고자 하던 자들의 정신을 책망하셨다: "이방인의 임금들은 저희를 주관하며 그 집권자들은 은인이라 칭함을 받으나 너희는 그렇지 않을찌니 너희 중에 큰 자는 젊은 자와 같고 두목은 섬기는 자와 같을찌니라"(눅 22:25-26).

예수님은 자신의 역할을 이스라엘 구속에서 독특한 것으로 생각하셨지만, 전통적으로 구속자를 가리키던 칭호들은 틀림없이 오해의 소지가 있었기 때문에 꺼리셨을 것이다. 예수님의 말씀과 행위를 종합할 때 떠오르는 상은 선지자 이사야가 묘사한, "멸시를 받아서 사람들에게 싫어 버린 바 되었으며

… 그가 채찍에 맞음으로 우리가 나음을"(사 53:3-5) 얻는 고난의 종의 상과, 선지자 스가랴가 예언한, 겸손하여서 나귀를 타고, 이방 사람에게 화평을 전할(슥 9:9,10) 왕과 가장 잘 부합한다.

이미 많은 사람들에게 배척을 받았으되 아직 하나님께 신원을 받지 못한 상황에서 예수님은 어떤 길을 걸으셔야 했겠는가? 이방 땅으로 물러나셨을 것이다. 실제로 두로와 시돈으로 잠시 나가셨다. 그러나 곧 돌아와 예루살렘으로 가셨는데, 그 이유는 아마 충실한 유대인으로서 오순절 순례를 빠뜨리지 않기 위해서였을 것이다. 그러나 예수께서 위기를 의도적으로 재촉하셨음을 암시하는 점들이 있다. 유월절 전 주일에 예수님은 스가랴의 예언을 생각나게 하는 방식으로 나귀를 타고 예루살렘에 들어가셨다. 군중들은 "호산나 찬송하리로다. 주의 이름으로 오시는 이여"(막 11:9)라고 환호하면서 종려나무 가지를 예수님이 가시는 길에 깔았다.

다음 날 예수님은 성전에 들어가셨다. 그곳에서 환전상들을 보셨다. 그들은 해외에서 온 유대인들에게 성전 주화를 팔고 있었다. 제사드릴 짐승을 사려면 그 주화만 사용해야 했던 것이다. 거룩한 곳을 더럽히는 이들을 보고 분개하신 예수님은 탁자를 엎으시고 상인들을 쫓아내셨다(참조. 막 11:15-17). 예루살렘은 흥분의 분위기로 충일했을 것이다. 그런 행위는 메시야의 행위이자 주의 큰 날의 서곡으로 얼마든지 해석할 수 있었기 때문이다. 그러나 사실상 예루살렘을 다스리던 제사장들은 이 행위를 자기들의 권위를 모독한 것으로밖에 볼 수 없었다. 그리고 그 주간 첫날 환호작약하던 군중도 둘째 날, 셋째 날에 그 이상 아무 일도 발생하지 않는 것을 보고서 차갑게 식었을 것이다. 로마인들을 쫓아내기 위해 하늘에서 천사들의 군단을 불러 내리는 대신에, 예수님은 성전에 앉아 가르치는 것 외에 아무런 극적인 일도 하지 않으셨다.

음모

하지만 그 순간에도 예수님은 대중의 지지를 받고 있었던 까닭에 유대인 당국자들로서는 구체적인 죄목 없이 그분을 체포하기가 두려웠다. 따라서 헤롯당원들과 바리새인들은 음모를 꾸몄다. 견원지간이던 두 집단이 공적 앞에서야 비로소 손을 잡을 수 있었다. 그들은 로마법에 의해 산헤드린이 예수를 사형에 처할 수 없다는 것과, 로마 정부가 처형할 수 있는 죄목도 오직 내란과 정치적 범죄뿐이라는 것도 잘 알았다. 그러나 예수님에게 어떠한 내란죄도 성립시킬 수 없었다. 그러나 선동죄가 남아 있었다. 음모자들은 책을 잡기 위해서 예수께 다가와 "가이사에게 세를 바치는 것이 가하니이까"(막 12:14)라고 물었다. 예수께서 그렇다고 대답하시면 열심당원들이 떨어져 나갈 것이었다. 아니라고 대답하시면 로마 총독 본디오 빌라도 앞에서 유죄 판결을 받게 되실 수 있었다.

예수님은 덫에 걸리지 않으셨다. 데나리온 한 닢을 가져 오라고 하셨다. 그것은 팔레스타인 바깥에서 발행된 은전으로서 황제 티베리우스의 얼굴과 그를 신(神) 아우구스투스의 아들이라 선언한 문구가 새겨져 있었다. 엄수파 유대인들은 이 은전을 만지지도 않았다. 따라서 질문자들이 은전을 하나 가지고 왔을 때 그것을 만진 정도에 한해 그들 스스로가 반역죄를 저지른 것이 분명했다. 예수께서는 "이 화상과 이 글이 뉘 것이냐?" 하고 물으셨다. 그들은 "가이사의 것이니이다" 하고 대답했다. 그러자 예수님은 "가이사의 것은 가이사에게, 하나님의 것은 하나님께 바치라"고 말씀하셨다. 은전을 가져옴으로써 타협을 했다면 당연히 세를 바쳐야겠지만, 최고의 의무는 하나님께 대한 꾸밈없는 충성이라는 의미가 그 말씀에 담겨 있었다. 질문자들을 당혹케 한 대답이었지만, 동시에 예수를 궁지에 빠뜨릴 만한 대답이기도 했다. 그 소문이 전해지면 열심당원들이 분노할 것이고, 로마인들과 그들의 도당도 불쾌하게 여길 것이기 때문이었다.

화요일 밤에 예수님은 제자들과 저녁 식사를 하셨다. 그 자리에서 자신이 이런 저런 구실로 처형을 당하게 될 것을 예고하셨다. 제자 하나가 자기를 배반할 것과 모두가 자기를 버릴 것을 예언하셨다. 시몬 베드로는 비록 죽을지라도 주님을 버리지 않겠다고 장담했지만, 예수님은 닭이 울기 전에 베드로가 자기를 모른다고 세 번 부인할 것이라고 예언하셨다.

네 복음서가 다 최후의 만찬 기사를 전하지만, 교회 전례(liturgy)의 기초로 쓰이는 것은 사도 바울이 전하는 기사이다. 그 기사는 이렇게 되어 있

다: "내가 너희에게 전한 것은 주께 받은 것이니 곧 주 예수께서 잡히시던 밤에 떡을 가지사 축사하시고 떼어 이르시되 이것은 너희를 위하는 내 몸이니 이것을 행하여 나를 기념하라 하시고 식후에 또한 그와 같이 잔을 가지시고 이르시되 이 잔은 내 피로 세운 새 언약이니 이것을 행하여 마실 때마다 나를 기념하라 하셨으니 너희가 이 떡을 먹으며 이 잔을 마실 때마다 주의 죽으심을 그가 오실 때까지 전하는 것이니라"(고전 11:23-26).

수난과 죽음

만찬이 끝난 뒤 그들은 감람산 자락에 있는 겟세마네 동산으로 갔다. 제자들이 자고 있는 동안 예수님은 멀찍이 떨어진 곳으로 가서 기도하셨다: "아바 아버지여 아버지께는 모든 것이 가능하오니 이 잔을 내게서 옮기시옵소서. 그러나 나의 원대로 마옵시고 아버지의 원대로 하옵소서"(막 14:36). 그런 뒤 제사장들이 보낸 무장 병력이 예수를 잡기 위해서 배반자 유다를 앞세우고 왔다.

유다는 과연 무슨 비밀을 누설했을까? 그가 예수께서 계신 곳을 누설했다는 것이 일반적인 추측이지만, 예수께서 매일 성전에서 가르치셨다는 점을 감안하면 꼭 그렇지는 않았을 것이다. 유다는 메시야에 관한 비밀을 누설하고 그로써 폭동죄를 뒤집어 씌울 만한 근거를 제공했을 가능성이 있다. 첫 심문은 대제사장 앞에서 이루어졌다. 예수께서 뜰로 끌려가실 때 제자들은 모두 도망쳤다. 그러나 가장 용감한 베드로는 끝까지 예수님 뒤를 따라가 제사장 관저 뜰에 서 있었다. 아마 심문 내용을 들을 수 있었을 것이다. 대제사장 가야바는 예수께 "네가 그리스도냐"고 물었다. 예수님은 "내가 그니라"고 대답하셨다(막 14:61-62). 가야바는 참람하다고 소리치며 겉옷을 찢었고, 예수님은 사형에 해당한 자라는 선고를 받으셨다.

그동안 모닥불 빛에 드러난 얼굴을 보고 누가 베드로를 예수의 추종자로 알아보았다. 베드로는 그 말을 부인했다. 이런 일이 두번째 세번째 생겼고, 베드로는 절대로 그 사람을 모른다고 맹세했다. 그때 닭이 울었고, 베드로는 밖으로 나가 비통하게 울었다. 복음서들에 기록된 이 일화는 고대 문학에서 찾아볼 수 없는 독특한 것이다. 그리스인들과 로마인들이었다면 촌사람의 회고를 농담으로 취급하고 말았을 것이다. 기독교는 전에 없던 새로운 감수성을 도입한 셈이다.

제사장들은 직접 사형 판결을 내릴 수 없었기 때문에 예수님을 빌라도에게 넘겼다. 빌라도는 예수께 "네가 유대인의 왕이냐"고 물었다(요 18:33). 예수님은 수수께끼처럼 "네 말이 옳도다" 하고 대답하시고는 더 이상 말씀하려고 하지 않으셨다(막 15:2). 복음서들에서 빌라도는 고소자들의 간계를 간파하고 매년 유월절에 유대인들에게 내렸던 특전, 곧 그들이 선택한 죄수를 석방하는 관행을 활용하여 예수를 구해 보려고 하던 모습으로 그려진다. 빌라도는 민란 때 수비대원을 죽인 바라바와 예수를 놓고 택일하도록 했고, 그들은 바라바를 외쳤다. 예수께 대해서는 "그를 십자가에 못 박게 하소서!" 하고 외쳤다. 빌라도가 그들을 설득하려 하자, 그들은 왕을 자임한 자에게 은전을 베푸는 자는 가이사의 편이 아니라고 말했다. 빌라도는 풀이 죽어 예수에게 십자가형을 선고했다. 이것은 먼저 채찍질을 한 다음 집행하는 치욕스러운 사형 방식으로서, 로마 시대에는 대개 노예들과 국사범들과 반란자들에게나 적용하던 것이었다.

예수님은 채찍질을 당하시고 가시 면류관을 쓰시는 수욕을 당하시고 직접 십자가 형틀을 지고 가시다가 그 무게에 짓눌려 주저앉으시자 다른 사람이 강제에 의해 대신 그것을 지고 갔다. 형 집행지는 예루살렘 외곽의 골고다라 하는 곳으로서, 그 지명을 풀자면 해골의 장소라는 뜻이었다. 그들은 두 강도 사이에 예수님을 십자가에 못박았다. 사람들이 그리로 지나가면서 욕을 했고, 대제사장들은 "이스라엘의 왕 그리스도가 지금 십자가에서 내려와 우리로 보고 믿게 할찌어다"고 조롱했다(막 15:32). 예수님은 "아버지여 저희를 사하여 주옵소서. 자기의 하는 것을 알지 못함이니이다"라고 기도하셨다(눅 23:34). 사람들이 몰약을 섞은 포도주를 주었지만 예수님은 받지 않으셨다. 시편 22장 첫절을 인용하사 "나의 하나님, 나의 하나님, 어찌하여 나를 버리셨나이까"(막 15:34)라고 외치셨고, 그로써 자기 백성의 해묵은 고뇌에 동참하셨다. 그런 뒤 큰 소리로 부르짖으신 뒤 영혼이 떠나셨다. 금요일 오후 늦게 무덤에 안치되셨다.

부활

　마가복음에 따르면 일요일 이른 아침에 막달라 마리아를 포함한 몇몇 여자들이 무덤에 왔다가 무덤이 비어 있는 것을 발견했다. 예수께서 십자가에 달려 죽으신 뒤 다시 나타나신 일은 여러 다른 기사들로 전해진다. 어떤 전승에 따르면, 빈 무덤 앞에 선 여자들에게 맨 처음 나타나셨다고 한다. 다른 전승에 따르면, 그 사건이 발생한 곳이 갈릴리 해변이었다고 한다. 사도 바울은 주께서 맨 처음 베드로에게 나타나셨다고 하되, 장소는 언급하지 않는다. 그 뒤에 열두 사도에게 보이신 다음 오백 여 형제에게 단번에 보이셨고, 주의 동생 야고보에게, 그리고 마지막으로 바울 자신에게 보이셨다고 한다(참조. 고전 15:5-8). 복음서 기사들은 부활하신 그리스도께서 말씀하시고 음식을 드시고 만질 수도 있는 분이었다고 묘사한다. 바울은 자기가 부활하신 그리스도를 만난 일을 전하면서 "나를 은혜로 부르신 이가 그 아들을 … 내 속에 나타내시기를 기뻐하실 때에"라는 정도로만 말한다(갈 1:15-16).
　그러나 기사들에 어떤 다양한 점들이 있든지간에 한 가지 점은 분명하다. 즉, 제자들은 십자가에 달려 죽으셨던 그리스도가 죽은 자 가운데서 살아나신 그리스도이시라는 것을 확신했다는 것이다. 이 확신이 없었다면 기독교 교회란 존재하지 않았을 것이다. 주님이 국사범으로 처형되신 데에 낙담하고, 그분이 이스라엘 나라를 회복하시리라는 소망도 산산조각난 상태에서 가장 가까운 제자들마저 다 흩어졌었다. 그러나 그분이 부활하셨다는 믿음과 살아 임재해 계시다는 자각이 그들을 다시 모이게 했고 사귐체가 해체되는 것을 막아 주었다.

초대 그리스도인들

　예수께서 죽으신 뒤 처음 몇 세기 동안 기독교 신앙은 고대 세계 전역에 급속도로 퍼졌다. 유대교 내부의 작고 지역적인 운동이었던 것이 잘 조직되고 독특한 예배식을 갖춘, 여러 다른 민족들로 구성된 광범위한 집단으로 변모했다. 십자가 사건 이후 300년이 채 못되어 기독교는 대 로마 제국으로부터 공식적인 호의를 누리는 종교가 되었다.

장차 놀라운 열정으로 자라기 시작하게 될 유아기 교회의 시작은 그리스도께서 죽으신 이후의 오순절(유월절로부터 50일째 되는 날)로 잡는 것이 보통이다. 이 날에 제자들이 다락방에 모여 있을 때 마치 불의 혀 같은 것이 그들의 머리 위에 임하여 그들의 정신을 온통 사로잡았다(참조. 행 2:2-3). 교회의 출범일을 이 사건부터 잡는 것은 다소 인위적이다. 그러나 교회는 분명히 그날부터 회심자들을 얻었다. 그 날 베드로는 최초의 기독교 설교를 했다. 그의 메시지는 십자가에 달렸다가 부활하시고 하나님 우편으로 승천하신 주 예수를 믿으라는 것이었다. 새 공동체에 가입을 허락하는 표는 세례였고, 세례 뒤에는 성령 강림이라는 강렬한 정서적 체험이 따랐다. 사도행전에 따르면 그 날 베드로가 행한 설교를 듣고서 삼천 명이 회심했다고 한다.

그리스도가 이 땅을 떠나신 뒤 제자들의 상황은 자연스럽게 변했다. 과거에 그들은 예수를 이스라엘 나라를 회복할 메시야로 간주했었다. 이제는 그분을 미구에 다시 오사 하나님 나라를 출범시킬 천상적 인자로 간주하게 되었다. 그들은 기쁨으로 그분의 강림을 기다리면서, 그 동안 재산을 필요에 따라 공유하고, 율법을 지키고, 성전에 매일 나가며, "기쁨과 순전한 마음으로" 떡을 뗐다(행 2:46). "떡을 떼었다"는 것은 아가페(Agape, 애찬)라고 하는 공동 식사를 가리키는데, 이 식사에는 성찬(the Eucharist, '감사'라는 뜻)이라 하는 의식이 포함되었다. 이 의식은 뒤로는 최후의 만찬을 기념했고, 앞으로는 그리스도의 재림을 기대했다. 부활하신 그리스도와 함께하는 신자들의 사귐의 표가 되었다. 집회는 개인 집에서 가졌는데, 이것이 향후 오랜 세월 동안 예배당 역할을 계속해서 했다. 방 하나를 따로 구별하여 세례당으로 사용했을 가능성이 있다.

그리스도의 추종자들은 신실한 유대인들로 자임하고서 기본적인 모세 율법을 계속해서 지켰지만, 그럼에도 불구하고 정통파 유대인들이 배척하는 신조들과 의식들을 견지했다. 제자들의 설교가 큰 반향을 일으키고 예수의 이름으로 극적인 기적이 일어나자 예루살렘 당국자들은 깊은 우려의 시선으로 이들을 주시하게 되었다. 오순절 직후에 베드로와 요한이 체포되어 전도 금지령을 받았으나, 그들은 "하나님 앞에서 너희 말 듣는 것이 하나님 말씀

듣는 것보다 옳은가 판단하라"(행 4:19)고 대답했다. 다음 번 타격은 스데반에게 가해졌다. 스데반은 예수가 다시 와서 성전을 허물고 율법을 폐지할 것이라고 말했다는 이유로 신성모독죄로 고소를 당했다. 스데반이 고소자들에 대해 성령을 거스르는 "목이 곧고 마음과 귀에 할례를 받지 못한"(행 7:51) 사람들이라고 비판을 하자, 그들은 스데반을 돌로 쳐서 죽였다. 이로써 그는 최초의 기독교 순교자가 되었다.

이 급작스런 비극은 방대한 파급 효과를 미쳤다. 박해 앞에서 많은 제자들이 피난길에 올랐는데, 그들은 북쪽 안디옥으로 혹은 남쪽 이집트로 가면서 가는 곳마다 복음을 전했다. (복음이란 뜻의 영어 가스펠〈Gospel〉은 '좋은 소식'이란 뜻의 유앙겔리온에 해당하는 고대 영어 단어이다.) 전도자 빌립은 사마리아로 가서 복음을 전했고, 베드로와 요한이 그 뒤를 따랐다. 베드로의 필경사 마가는 전통적으로 이집트에서 사역한 전도자로, 사도 도마는 인도에서 사역한 전도자로 간주된다.

사도 바울

그러나 선교가 가장 광범위하게 팽창하게 될 지역은 서쪽 이방 세계였고, 이 지역을 맡게 될 사도는 주로 바울이었다. 베냐민 지파 유대인(바울은 그의 원명 사울의 헬라어식 이름이다)이었던 그는 열정적인 바리새인으로서 그리스도인들을 박해했고, 스데반이 돌에 맞아 죽을 때 그의 죽음을 당연히 여기면서 곁에 서 있었다. 예루살렘에서 기독교 혐의자들을 색출하는 일을 마친 사울은 대제사장에게 권세를 위임받아 회당에 잠입한 그리스도인들이 있는지 살피기 위해 다메섹을 향해 길을 떠났다. 그러나 다메섹에 가까이 이르렀을 때 중대한 사건을 만났다. "홀연히 하늘로서 빛이 저를 둘러 비추는지라 … 소리 있어 가라사대 사울아 사울아 네가 어찌하여 나를 핍박하느냐"(행 9:4). 박해자 사울은 거기서 그리스도를 뵙고난 뒤 사도 바울이 되었다. 그는 훗날 이 때의 일을 회고하면서, 그 만남이 자기를 그리스도의 부활을 목격한 다른 증인과 똑같은 증인으로 만들어 주었다고 주장했다.

훗날 바울은 초기 교회의 가장 위대한 신학자요, 기독교 역사를 통틀어 시대에 획을 그은 몇 안 되는 사람 중 하나로, 기독교 역사에서 예수에 버금가는 인물이 되었다. 사도의 역할에 대단히 적합한 인물이었다. 유대인이면서도 소아시아 길리기아의 헬라 도시 다소에서 자랐다. 예루살렘에 모인 군중에게는 그리스도께서 쓰신 언어인 아람어로 연설할 수 있었고, 이방인들에게는 헬라어로 연설할 수 있었다(그의 편지들은 이 헬라어로만 현존한다). 아울러 로마 시민이기도 했다. 그것은 재판을 거치지 않고는 채찍질을 당할 수 없다는 것과 로마에 상소할 권리를 갖는다는 것을 뜻했다. 아울러 그것은 사형을 당하더라도 십자가형이 아닌 참수형만 당할 수 있다는 것을 뜻했다.

바울이 볼 때 그리스도는 역사의 정점에 서 계셨다. 일찍이 하나님이 노아와 아브라함과 모세와 맺으신 언약들이 그분 안에서 완성되었다. 예레미야가 약속한 대로, 십계명처럼 돌판에 새겨지지 않고 사람 마음에 새겨진 새 언약이 있었다. 그것은 바리새인들이 가르친 것과 같은 엄격한 율법이 아니라, 율법을 대체하고 유대인과 이방인을 함께 감싸안는 새로운 경륜(dispensation)이었다. 바울은 이 새 언약이 그리스도 안에서 실현되었다고 보았다.

바울은 이방인들도 나름대로의 율법 곧 자연법을 가지고 있다고 인식했다. 아울러 마치 유대인들이 모세 율법을 지키지 못했듯이 그들도 자연법에 순종하지 못했다는 것을 알았다. 사람은 그런 법들을 지켜 가지고서 하나님의 호의를 얻을 수 없다. 왜냐하면 모든 사람이 아담의 타락으로 부패했기 때문이다. 구원은 어떤 법에 순종하더라도 얻을 수 없고, 다만 하나님의 자비를 통해서만 얻을 수 있다. 이 자비를 그리스도께서 얻어 주셨다. 그분은 하나님의 아들이셨으나 아버지와 동등됨을 취할 것으로 여기지 않으시고 여자에게 나셔서 십자가에 달려 죽는 고통을 자취하시더니(참조. 빌 2:7-8), 결국 그로써 사람들을 하나님과 화목시키고, 믿음을 통해 자신의 죽음과 부활에 참여케 하여 "새 생명 가운데서 행하게" 하셨다(참조. 롬 6:4). 그러나 그렇다면 왜 모든 사람이 다 회개하고 나오지 않는가? 하나님께서 일부 사람들만 구원하시기로 작정하셨기 때문이다. 바울은 이렇게 예정 교리를 소개하는데, 이것이 후대 기독교 사상에 극히 중요한 교리가 된다.

바울은 비류없이 위대한 선교사였다. 초기 기독교 전도자들이 이교 세계로 나갔을 때 매우 심각한 문제가 생겼다. 그리스도를 믿고 나온 이방인들에게 유대인 율법을 지키도록 강요할 것인가? 유대교 자체가 선교의 성격을 띤 종교였으나 이방인들 가운데서 그리 큰 열매를 얻지 못한 것은 그들에게 할례와 음식 규례를 요구했기 때문이다. 바울이 볼 때 이것은 대수롭지 않은 문제였다. 왜냐하면 율법은 심지어 유대인들에게라도 더 이상 구속력을 갖고 있지 않다고 보았기 때문이다. 그러나 베드로를 포함한 원 사도들은 바울이 율법의 멍에서 해방될 때 겪었던 내적 갈등을 다 겪지 않았다. 처음에는 이방인들과 교제할 생각조차 하지 않고 있었다. 그러나 베드로의 편견은 어떤 환상에 의해서 깨졌다. 과거에는 부정하다고 판단되는 것은 무엇이든 먹지 않았다. 그러나 환상 속에서 하나님이 깨끗게 하신 것을 부정하다고 여기지 말라는 음성을 들었다(행 10:15).

베드로는 이 환상을 어떠한 고기뿐 아니라 어떠한 사람도 하나님의 눈에는 부정하지 않다는 뜻으로 이해했다. 다음 날 어떤 로마 백부장으로부터 와서 복음을 설명해 달라는 청을 받고는 가서 이 이방인들을 믿음 안으로 받아들였다. 그뒤 예루살렘에 돌아가서 예수님의 동생이자 그곳 교회 지도자인 야고보에게 무할례자들과 떡을 뗀 일에 대해서 해명할 것을 요구받았으나, 그 취지를 대단히 설득력 있게 설명함으로써 오히려 질문자들로 하여금 "그러면 하나님께서 이방인에게도 생명 얻는 회개를 주셨도다"(행 11:18)고 선언하도록 만들었다. 이렇게 의식적 규례들과 할례가 더 이상 부과되지 않자, 기독교는 로마 세계의 이방인들에게 나가는 데 커다란 장애를 벗어던지게 되었다.

그러나 바로 이 문제 때문에 유대교와의 결별은 돌이킬 수 없는 현실이 되었고, 이 현실은 그리스도인들이 한 주일의 일곱째 날을 안식일로 지키지 않고 예수께서 죽은 자 가운데서 살아나신 첫째 날을 안식일로 지키면서 훨씬 더 공고해졌다. 이러한 변화가 정확히 어느 때에 발생했는지 분명치 않지만, 신약성경의 마지막 권인 계시록에는 "주의 날"에 대한 언급이 나온다(계 1:10). 산헤드린은 나사렛당 — 그리스도의 추종자들에게 이런 경멸조의 별명이 붙었다 — 에게 저주를 선언했다. 이 용어는 기독교가 유대 베들레헴에서 일어나지 않고 반(半) 이방 지역인 갈릴리에서 일어났음을 암시했다.

기독교 교회는 유대인의 대반란이 일어날 때까지 팔레스타인 땅에 불확실하게 남아 있었다. 이 반란이 일어나자 황제 티투스(Titus)는 주후 70년에 군대를 이끌고 와서 예루살렘을 함락하고 성전을 파괴했다. 헤롯의 그 대 건축물은 기초만 조금 남고 산산히 부서졌다. 메노라(Menorah, 일곱 가지가 달린 신성한 촛대)는 로마로 이송되었다(로마의 티투스 개선문에는 메노라가 묘사되어 있다). 주후 132-35년 하드리아누스(Hadrian)의 재위 때 바르 코크바(Bar Kochba)가 주도한 두번째 반란으로 유대국은 진멸당하여 현대 이스라엘이 수립될 때까지 다시는 서지 못했다. 반면에 오랜 전부터 로마 제국 전역에 흩어져 있던 회당들은 바울이 각 도시를 방문할 때마다 교두보가 되어 주었다. 그는 비록 회당의 대다수 구성원들에게 한결같이 배척을 당하긴 했지만, 가는 곳마다 헬라화한 유대인들 가운데서 회심자들을 얻었다.

기독교가 로마 제국 전역으로 확산되는 데에는 그밖에도 여러 가지 요인들이 크게 이바지했다. 알렉산더의 정복 사업으로 고대 세계에 새로운 사해동포주의가 소개되어 있었다. 다른 무엇보다도 코이네(Koine)라고 하는 헬레니즘 그리스어가 이탈리아에서 인도에 이르기까지 공용어로 널리 쓰이고 있었다. 바울이 서신들에서 사용한 언어가 바로 코이네 방언이었다. 가이사(Caesar, 케사르)와 옥타비아누스(Octavian)가 로마의 정복을 공고히 한 데 힘입어 방대한 제국은 3백 년간 지속된 평화 시대(Pax Romana)를 구가했다. 지중해는 폼페이우스가 해적들을 말끔히 소탕한 데 힘입어 로마의 호수가 되었다. 제국을 거미줄처럼 이은 탁월한 도로망은 강도의 위협이 비교적 적은 편이었다. 바울은 여로에 파선과 헐벗음과 추위와 배고픔과 "강도의 위험"을 만났지만(참조. 고후 11:23-27), 그러면서도 여전히 소아시아, 트라키아, 그리스, 이탈리아를 여행하면서 복음을 전할 수 있었다. 만약 순교하지 않았더라면 서바나(스페인)로 가려던 뜻을 충분히 이룰 수 있었을 것이다(참조. 롬 15:24). 바울은 로마 권력의 전복에 대해 언급하지 않는 한 회당이든 시장 거리든 가는 곳마다 로마의 관용 정책에 힘입어 기독교를 자유롭게 변증했다.

바울이 전도하고 다닌 이 차분한 세계는 비록 로마의 평화가 가져다 준 온갖 혜택을 누리긴 했지만, 그 저변에는 불만이 깊이 뿌리를 내리고 있었다. 정치적 독립은 물건너 갔다. 도시 국가들은 정치적 경제적 자율권을 점차 상실하여서 더 이상 거민들에게 애국심을 불러일으킬 수 없게 되었다. 사람들은 자기들이 너무나 넓어져 가는 세계에서 표류하고 있다고 느꼈고, 결국 종교 단체에서 발견할 수 있는 그런 내밀한 사귐을 갈망하게 되었다.

고독보다 더 나쁜 건 권태였다. 많은 사람들이 삶의 매력을 잃어버렸다. 이런 정서가 형성된 데에는 로마의 평화도 일조하였다. 전쟁뿐 아니라 평화도 나름대로의 악을 갖고 있기 때문이다. 제국의 수도는 속주들에서 착취한 부(富)로 호강했다. 게으르고, 하고 싶은 대로 다하고, 사치스럽고, 방탕한 귀족 계급이 등장했다. 수도에는 제국의 찌꺼기들이 포함된 잡다한 무리들도 몰려들었다. 군중은 빵과 서커스를 요구했고, 야수 대 야수 — 아프리카의 사자와 인도의 호랑이 — 인간 대 야수, 인간 대 인간의 결투를 요구했다. 큰 인공 호수를 만들어 거기에 전함들을 띄우고 실제로 해전을 벌이게 했다. 이런 현상 앞에서 식자층 가운데 그토록 저항이 없었다는 것이 참으로 이상하다. 세네카(Seneca)는 "인간에게 신성한 인간"[2]이 스포츠를 위해 살해되는 것을 비판했지만, 속주들로 번져가던 그 광란을 잠재우기 위해서 아무런 조치도 취하지 않았다. 올림포스 경기에 만족한 바 있던 그리스인들도 원형경기장들을 갖게 되었고, 갈리아와 그밖의 여러 속주 도시들에도 많은 수의 원형경기장들이 건설되었다. 사람들은 전쟁에서 해방되자 오락을 위해 피를 흘렸다.

이렇게 오락을 탐욕스럽게 추구한다는 것은 영혼이 중병을 앓고 있다는 증거였다. 유해한 초자연적 세력에 힘입어 인생의 기복들을 설명하던 사람들이 있었다. 팍스 로마나가 있기 전 숱한 내전이 벌어질 때 많은 사람들은 인생이 과연 운명의 여신 포르투나(Fortuna)의 변덕에 좌우되는 것인지 궁금해 했다. 그리스인들은 오래 전부터 심지어 신들까지도 훼방할 수 있는 모이라(Moira, 운명)와 티케(Tyche, 변덕)이라는 개념을 갖고 있었다. 그러나 고전 시대에는 이 운명이 자유를 멸하지는 않았다. 인간은 운명에 대응할 수 있었다. 이것이 그리스 비극(tragedy)의 정수였다. 운명은 오이디푸스(Oedipus)로 하여금 무심코 아버지를 죽이고 어머니와 결혼하도록 작정해 놓았지만, 오이디푸스는 자신의 의지로 모든 실마리를 풀어가다가 마침내 그 두려운 사실을 깨닫고는 스스로 죄책을 짊어진 채 자기 도시를 신들의 보복에서 구해냈다.

그러나 후대에는 그리스의 모이라가 바벨론의 점성술적 결정론과 결합하게 되었다. 인간의 운명이 별들의 결합에 의해 지배된다고 믿었다. 그러므로 결혼 같은 중대사를 앞두고는 길일(吉日)을 택해야 하고, 그러기 위해 자신의 천궁도에 의뢰했다. 유베날리스(Juvenal)는 어떤 여자가 눈이 가려워도 별들의 위치를 검토하기 전에는 안약을 바르지 않았다는 이야기를 전한다. 사람들은 자기들의 삶에 깃들지도 모르는 악한 영향력을 떨쳐버리기 위해서 주문과 부적을 사용하는 마술에 의지하기도 했다.

그러나 단지 악을 밀어내는 것은 생명을 붙잡는 것만큼 확실한 보장이 되지 못했다. 따라서 구속(redemption)을 표방하는 종교들에 많은 사람들이 몰렸다. 아마 오락에 힘입어 불안을 달래던 많은 사람들은 인생의 의미를 별로 생각지 않고 지냈겠지만, 더러는 깨달음과 소망이 내세에만 있다고 확신하기 시작했음에 틀림없다. 그런 생각이 자리잡은 사람들은 구원을 약속하는 동양의 종교들 — 기독교를 포함한 — 의 메시지가 마음에 들었다.

어느 때인가 바울은 여행 도중에 현세적 이교의 전형적인 예를 만났다. 소아시아 루가오니아 루스드라에서 바울은 바나바와 함께 정신 장애자를 고쳐 주었다. 그러나 그 도시 사람들은 즉각 바울과 바나바를 인간으로 변장한 신들로 단정했다. 바나바에게는 쓰쓰(제우스)라고 했고, 주로 말을 한 바울에게는 신들의 전령 허메(헤르메스)라고 했다. 제우스의 사제(司祭)가 이 신들에게 제사드리기 위해서 황소를 끌고 왔다. 로마의 "아시아" 속주 수도인 에베소에서 바울은 아데미(아르테미스, 다이아나)의 다산(多産) 종교와 부닥쳤다. 그곳 사람들은 아데미를 젖가슴이 많이 달린 작은 은신상들로 만들어 섬기고 있었다. 바울은 이 우상들이 신이 아니라고 주장했다. 그러자 직업에 위협을 느낀 은장색들은 폭동을 일으켰다.

갈라디아에서 바울은 특정한 날과 달과 계절과 해를 지킴으로써 우주의 악한 요소들을 막으려 하던 종교를 다루어야 했다. 아덴(아테네)에서는 새로운 사상을 갈망하는 청중들을 만났다. 바울에게 질문을 던진 스토아와 에피쿠로스 철학자들은 바울의 말을 귀담아 듣고 있다가 예수의 부활을 전파하자 더러 그를 조롱했다. 그도 그럴 것이 그들은 불멸을 믿지 않았기 때문이다. 영혼의 지속적인 삶을 믿은 플라톤주의자들을 만났다면 아마 다른 대접을 받았을는지 모른다.

바울은 소아시아와 마게도냐를 지나 그리스로 발길을 옮겼다. 로마에까지 가고 싶었다. 누가 세웠는지는 모르나 이미 그곳에는 기독교 교회가 있었다. 바울이 이 교회를 세우지 않은 것은 분명하며, 신약성경에는 그 교회를 베드로가 세웠다는 증거도 없다. 그러나 주후 51-52년경 황제 클라우디우스(Claudius, 글라우디오)는 '크레스투스'(Chrestus, 아마 크리스투스〈Christus〉였을 것임)라는 사람 때문에 생긴 소요 때문에 유대인들을 로마에서 추방했다(이 사건은 모호하긴 하나 수도에 사는 유대인들 가운데 기독교가 들어옴으로써 생긴 분란을 가리키는 듯하다). 추측건대 이 추방 때문에 브리스길라와 아굴라라는 그리스도인 유대인 부부가 고린도로 이주했다가 그곳에서 바울을 만난 듯하다. 아마 이들이 로마 기독교 회중의 설립자들이었을 것이다.

바울은 로마를 향해 서쪽으로 계속 진행하기 전에 이방 교회들이 예루살렘의 가난한 자들을 위해 준비한 연보를 전달하기 위해 예루살렘으로 갔다. 그곳에 있는 동안 이방인들을 성전에 데리고 들어간 혐의로 유대인들에게 고소를 당했고, 그로 인해 소요가 발생했을 때 로마 당국자들에게 체포되었다. 군인들이 채찍질로 자기를 '심문'하려고 하자 바울은 자신이 로마 시민임을 밝혔다. 군인들은 안전을 기하기 위해 그를 로마의 속주 수도 가이사랴로 호송했다. 속주 총독 베스도(Pestus)는 만약 바울이 직접 로마에 항소하지 않았다면 그를 석방했을 가능성이 있다.

바울은 로마의 정의를 확신했고 가이사의 법정이 자기에게 씌어진 죄목을 무혐의 처리할 것을 기대할 만한 충분한 이유를 갖고 있었다. 당시까지 로마 군주들은 기독교를 유대교의 분파로 간주했고, 같은 종교의 분파 사이에 분쟁이 일어날 때도 약한 측을 폭력에서 보호하려는 목적에서만 개입해 왔기 때문이다. 그럼에도 불구하고 바울이 로마에 항소한 사건은 오래 지체된 뒤에 네로 치하에서 그가 처형당하는 것으로 끝났다.

제3장

그리스도 대(對) 가이사

로마는 무슨 이유로 그리스도인들에 대한 견해를 수정했을까? 물론 네로는 이성적인 사람이 아니었다. 그럼에도 불구하고 자기보다 지혜로운 자들이 미처 파악하지 못하던 점, 즉 기독교가 새로운 종교라는 사실을 분명히 간파했다. 박해 사건 발생 50년 뒤에 붓을 든 타키투스(Tacitus)는 네로가 항간에 자기가 로마에 불을 질렀다는 소문이 파다하게 퍼져 그로 인해 생긴 반감을 딴 데로 돌리기 위해서 취한 조치를 이렇게 전한다:

[네로는] 그 범죄 행위들로 인해 대중에게 미움을 받던 그리스도인들이라 하는 자들을 질책하고 혹독하게 처벌했다. 그 이름은 황제 티베리우스와 충독 본디오 빌라도 치하에서 처형된 그리스도에게서 유래했다. 한동안 탄압을 받던 이 밉살스런 미신은 발상지인 유대에서뿐 아니라, 저급하고 수치스런 모든 것들이 한데 뒤섞여 유행하는 로마시에서도 다시 고개를 들었다. 그러므로 먼저 체포되어 자백한 자들이, 그리고 그들의 자백에 근거하여 체포된 허다한 무리가 방화죄가 아닌 인류에게 혐오감을 준 죄로 유죄 판결을 받았다. 이들의 사형식은 스포츠 방식으로 집행되었다. 어떤 자들에게는 짐승 가죽을 입혀 개들에게 찢겨 죽게 했다. 또 어떤 자들은 십자가에 달리거나 불태워 죽였고, 날이 캄캄해지자 횃불로 사용된 자들도 있다. 네로는 자기 정원을 공연장으로 꾸며 서커스를 제공했고, 직접 전사(戰士) 복장을 하고서 잡아다 놓은 그리스도인들 사이로 전차를 마구 몰고 다니다가 그들을 동정하는 분위기가 생기기 시작할 때에 비로소 그만두었다. 이들은 비록 중벌을 받아 마땅한 자들이긴 했으나, 사실상 공중의 선을 위해 고통을 당한 게 아니라 한 사람의 잔인성을 만족시키기 위해 고통을 당했다.[1]

비록 이 기사는 기독교의 발상지를 유대로 언급하지만, 그것말고는 기독교가 유대교의 부산물이었다는 암시가 없다. 이 기사는 다른 질문들도 일으킨다. 그리스도인들이 무슨 자백을 했을까? 그들이 도시에 방화를 했을까? 고문을 당하면 무슨 내용이든 자백하게 되는 법이다. 아니면 단순히 그리스도인이라는 이유로 박해를 당했을까? 만약 그런 경우라면 그들은 유대인들과는 구별된 사람들로 인식되었음에 틀림없고, 단지 그리스도인이라는 이유만으로 범죄자로 취급되었음에 틀림없다.

그러나 그들이 인류의 혐오 거리(odium humani generis)라는 죄목으로 유죄 판결을 받았다는 말은 무슨 뜻일까? 이교 세계에 기독교가 등장하면서 두 개의 강렬한 종교적 문화가 대립하게 되었다. 한 종교가 삶의 모든 부면을 충분히 포괄할수록 대립점은 그만큼 더 많아지는 법이다.

로마의 신들

그리스인들과 로마인들은 삶의 모든 부면 — 파종과 추수, 비와 바람과 모든 기후, 화산과 강, 탄생과 결혼과 죽음 — 에 해당하는 신들을 갖고 있었고, 조상들과 가정을 존중했다. 그러나 그리스도인들에게 이런 신들은 아무 것도 아니었으며, 이런 것들을 부정하는 게 이교도들에게 무신론으로 비쳤다. 이교도들은 신들이 그런 불손한 태도를 보고 진노하여 벌을 내리되 범죄자들에게만 내리지 않고 그 사회 전체에 내린다고 생각했다. 따라서 신들을 부정하는 자들을 무신론자일 뿐 아니라 인류의 적으로 간주했다.

유대인들도 이교 신들을 부정했고, 그 이유로 때때로 모진 박해를 당했다. 그러나 그리스도인들이 도처에 살면서 이방인들을 개종시키는 데 훨씬 더 주력한 반면에, 유대인들은 대체로 자기네들끼리만 살았다. 음식 규제법과 할례 때문에 이방 생활에서 더욱 고립되었고, 앞에서 본 대로 개종의 문턱이 매우 높았다. 더 중요한 것은 유대인들이 신격화된 황제 숭배에 참여해야 할 의무를 암암리에 면제받았다는 점이다. 만약 그리스도인들이 자기들은 유대인이 아니라고 주장한다면 이 면제 특권을 포기해야 했다.

또한 구애받지 않고 교세를 확장할 수 있는 특권이 유대교와 그밖의 선별된 종교들에게 허용되고 있었다. 로마 정부는 승인된 종교와 승인되지 않은 종교, 즉 렐리기오네스 리키타에(religiones licitae)와 렐리기오네스 일리키타에(illicitae)를 따로 취급했다. 제국 내의 모든 종교는 각자의 발상지에서는 관용을 받았다. 정부는 이를테면 어린이들을 몰록(Moloch)의 불에 바치던 페니키아(뵈니게)인들의 의식처럼 범죄 성격이 뚜렷한 의식을 진압할 때만 종교 문제에 개입했다. 주전 204년에 로마는 신의 도움으로 한니발(Hannibal)의 공격을 막아보기 위해서 심지어 동방에서 마그나 마테르(Magna Mater, 대모신〈大母神〉) 숭배를 도입한 적도 있다. 그러나 종교를 닥치는 대로 전파하는 것은 허용하지 않았다. 로마는 동방 종교들에 의해 서방이 동방화되는 것을 막으려 했지만, 그런데도 동방 종교들은 침투하여 야금야금 승인된 종교가 되어갔다. 유대교는 이러한 지위를 누렸지만, 만약 기독교가 유대교와 분리된 새로운 종교로 간주된다면 승인되지 않은 종교에 속하지 않을 수 없었다.

그보다 더 중요한 문제가 대두되고 있었다. 로마 정부는 특정 종교를 백성들에게 부과하기를 꺼렸지만, 제국 전역에 지역 종교들과 함께 공동으로 시행하여 응집력 역할을 할 하나의 공동의 종교를 절실히 필요로 했다. 로마 정부는 이 공동의 종교를 신격화된 군주 숭배에서 찾았다. 아우구스투스 때 황제 숭배는 제국의 종교적 띠가 되었다. 비록 아우구스투스는 애써 자신을 신으로 주장하지 않았지만, 그의 생시에 그의 게니우스, 즉 그의 신적 영혼에 대한 숭배가 국교가 되었다. 많은 사람들에게 이것은 황제 개인을 신으로 숭배하는 것을 뜻하는 종교였다. 그가 죽자 원로원은 그를 국가 신으로 선언했다.

후임 황제들은 이 종교를 대하는 태도가 개인에 따라 크게 달랐다. 티베리우스는, 원로원도 신격화되지 않는 한, 황제가 신격화되는 것을 원치 않았다. 비록 앞에서 본 대로 그는 자기 초상이 새겨진 주화에 자신을 신(神) 아우구스투스의 아들이라고 새겨 넣었지만 말이다. 그러나 칼리굴라(Caligula)는 황제 숭배를 매우 진지하게 받아들이고는 만용을 부려 예루살렘 성전에 자기 조상(彫像)을 세워 놓고 숭배하도록 지시했다. 이것이 주후 40년의 일이었다. 알렉산드리아의 유대인 철학자 필로(Philo)는 그 무렵 우연히 로마에 갔다가 그 문제로 황제에게 항의했다. 시리아와 팔레스타인의 총독 페트로니우스(Petronius)는 황제 숭배 지시를 강제 집행하지 못하겠다는 전갈을 황제에게 보냈다. 황제는 그에게 자살하라는 명령을 내렸으나, 다행히도 명령이 그에게 도달하기 전에 황제가 암살되었다는 소식을 들었다. 그 일이 있은 후 다시는 유대인들에게 황제 숭배를 강요하려는 시도가 있지 않았다. 그들은 제국에서 이러한 면제 특권을 누린 유일한 민족이었다.

그러므로 그리스도인들이 왜 로마 정부에게 유대인들로 간주되기를 바랐는지, 왜 복음서 저자 누가가 그리스도인들이 오직 모세와 선지자만 전한다고 주장하여 마치 부활하신 그리스도를 믿는 자들이 유일하게 참된 유대인들이라는 인상을 주었는지 넉넉히 이해할 수 있다. 그러나 이것은 그리스도인들만의 시각이었다. 로마의 눈으로 볼 때 기독교는 새로운 종교였고, 따라서 유대교가 산 사람이든 죽은 사람이든 사람을 신격화하는 데 반대하느라 치른 투쟁을 이제 그리스도인들이 다른 형태로 치르게 되었다. 유대교의 입장에서 그것은 야훼와 '신적' 군주 사이의 투쟁이었지만, 그리스도인들의 입장에서는 유일하신 하나님이 인간이 되신 그리스도와 적어도 이교 신이 되어가고 있던 인간 가이사 사이의 투쟁이었다. 이 쟁점이 과연 네로 시대에 벌써 극명하게 표출되어 있었는지는 매우 의심스럽다. 자기 시대에 이것이 매우 중요한 쟁점이었다는 것을 알았음에 틀림없는 타키투스는 네로 시대의 역사를 쓰면서 그 점을 언급하지 않는다. 네로의 뒤를 이은 황제들은 자기들의 신적 지위를 제국 전역에 강요하지 않았다. 베스파시아누스(Vespasian)는 사후 신화(神化)에 관한 농담을 했고, 임종 침상에서 기분이 어떠냐는 질문을 받고는 마치 신이 되어 가는 것 같은 느낌이 든다고 대답했다.

그러나 1세기 말엽에 도미티아누스(Domitian)는 전임자들과는 사뭇 달리 자신을 가리켜 도미누스 에트 데우스(dominus et deus) 곧 주(lord)와 신(god)이라 했다. 물론 그리스도인들은 그런 주장을 인정할 수 없었고, 단호히 황제 숭배를 거절했다. 그러자 도미티아누스는 이른바 비국교도들을 탄압했고, 로마는 성도들의 피에 취하게 되었다(참조. 계 17:6). 우리가 이 사건에 대해 갖고 있는 정보는 대부분 신약성경의 마지막 책, 즉 주후 95년에 기록된 계시록에서 나온 것이다. 계시록은 다니엘서처럼 박해 도중에 기록되었기 때문에 가려진 상징 체계를 사용할 수밖에 없었다. 이 책에서 로마는 새 바벨론 곧 일곱 산에 앉은 음녀로 묘사된다. 이 음녀를 멸하기 전에 죽음을 당하신 어린양(예수를 가리킨 말)이 그 큰 짐승을 먼저 무저갱에 던져야 한다. 그리고 나서야 새 예루살렘이 신부가 남편을 위하여 단장한 것 같은 모습으로 하늘에서 내려온다(참조. 계 21:2). 이렇게 첫 세기가 저물기 전에 그리스도와 가이사간의 대립이 이미 중요한 쟁점이 되어 있었다.

교회와 국가의 관계는 자연히 상황에 따라 달라졌다. 도미티아누스의 박해가 자행되던 1세기 말에 기록된 계시록이 로마를 모든 마귀적 세력과 동일시한 데 반해서, 바울이 죽기 전에 기록된 사도 행전은 그리스도인들을 보호하려는 로마의 태도를 강조한다. 바울은 로마서(13장)에서 중립적 입장을 취하여, 정부는 하나님이 세우신 것으로서 선인을 보호하고 악인을 벌하도록 칼을 받았다고 주장했다. 그리스도인들에게 법에 순종하고 세금을 내되, 처벌이 두려워 억지로 내지 말고 양심대로 내라고 교훈했다. 다시 말해서 바울은 국가 권력을 인정했다. 그러나 그리스도인들은 국가가 하나님의 법에 위배되는 명령을 할 때는 국가의 절대 권력을 인정하지 않았고, 베드로가 유대인 당국자들에게 했던, 사람보다 하나님께 순종하는 게 마땅하다는 말(행 4:19)로 로마 정부에 대답했다.

초기 교회

그러나 다른 점들에서 초기 그리스도인들은 당시의 정치적 사회적 제도를 상당 부분 인정했다. 그것은 주 예수의 신속한 재림으로 사회 질서 전체가 뒤바뀌리라는 신념 때문이기도 했다. 이런 신념 때문에 바울은 부자든 가난한 자든, 자유자든 노예든, 기혼자든 미혼자든 현재의 상태를 바꾸려고 애쓰지 말라고 권고했다. 바울은 결혼을 신성하게 생각했다. 비록 그 결합이 믿는 자 사이에서 이루어져야 한다고 생각했으나, 이미 결혼한 상태라면 배우자 한 쪽이 회심자이고 나머지 한 쪽이 이교도로 남아 있을지라도 이혼하지 말라고 조언했다. 결혼하지 않고 지내는 게 얼마 남지 않은 재림을 앞두고 전심으로 주님을 섬길 수 있어서 더 좋긴 하지만, 정욕을 절제할 능력이 없는 사람은 결혼하는 게 낫다고 했다. 이렇게 바울은 결혼을 장려했지만, 특정 상황들 때문에 독신을 좋아했다(고전 7장).

초기 교회의 조직은 처음부터 형식에 구애되지 않았다. 선지자(설교자), 사도(순회 전도자), 병 고치는 자, 교사, 다스리는 자(행정가) 등 성령으로 다양한 은사를 받은 사람들에 의해서 교회의 다양한 기능들이 수행되었다. 다행히도 그런 은사를 부여 받은 사람을 분별하는 은사를 받은 사람들이 있었다(참조. 고전 12장과 롬 12:6-8). 사실상 이것은 각 지역 교회에 의한 자치(自治), 즉 회중교회 체제(congregationalism)에 해당했다. 회중이 비중있는 회원들의 능력을 인정하고 따라가는 방식으로 교회가 유지되었기 때문이다. 어떤 사람들은 단순히 사람들에 의해 임명되었다. 예루살렘 교회가 이런 식으로 일곱 사람을 선출하여 가난한 자들을 구제하는 일을 맡겼다(이들은 훗날 집사라 불린 자들과 동일한 사람들로 추정된다). 목회 사역은 여러 사람이 할 수 있었고, 특정 교회들에는 연령상 장로(prsbyter 혹은 elder)로, 기능상 감독(주교⟨bishop 혹은 overseer⟩)으로 알려진 사람들에 의한 복수 정치(collegiate government)가 있었다는 암시들이 있다. 그러나 어느 시기에 이르러서는 오직 한 사람이 주의 만찬을 집례할 수 있었고, 아마 이런 필요 때문에 한 공동체에 단일 감독(주교)을 두는 제도가 생긴 듯하다.

비록 지교회들이 자치 단위들로서 회중교회 성격을 띠고 있긴 했으나, 여전히 예루살렘에서 모인 지도자 대회가 그리스도인은 유대인 율법으로부터 자유하다는 법령을 공포했다(참조. 행 15장). 이 절차는 성직자단이 여러 지역 회중들에 대한 관할권을 갖는 장로제를 암시한다. 바울이 자기가 세운 모든 교회들을 감독한 것은 결국 기능적으로 오늘날의 주교의 역할에 해당하며, 따라서 주교제를 암시한다. 그러므로 오늘날 기독교 교회들에서 시행되고 있는 세 가지 정치 체제의 요소들의 기원은 사도 시대 교회로 거슬러 올라가 찾을 수 있다.

그리스도인들에 대한 로마의 시각

2세기 초 기독교와 로마 정부와의 관계는 소아시아 비두니아의 로마 총독 플리니우스(Pliny)가 주후 111년부터 113년 사이에 황제 트라야누스에게 보낸 문서에 극명하게 나타난다. 그는 이렇게 썼다:

> 저는 그리스도인들을 재판하는 자리에 참석해 본 적이 없으므로 그들을 어떻게 심문하고 처벌해야 할지 모르겠습니다. 그들의 연령이나 체력에 차등을 두어야 할지, 기독교를 포기한 자들을 사면해야 할지, 다른 범죄 혐의 없이 오직 그 이름 자체나 그 이름과 관련된 범죄만으로 처벌해야 할지 무척 난처했습니다. 그러한 상황에서 저는 이렇게 실행했습니다. 먼저 피고에게 그리스도인인지를 물었습니다. 시인하면 처벌을 주지시키면서 재차 삼차 물었습니다. 끝까지 고집하는 자들은 처형하도록 명했습니다. 그들이 무슨 고백을 하든간에 그 지독한 완고 때문에라도 처벌받아야 마땅하다고 의심치 않았기 때문입니다. 그들과 똑같이 정신나간 자들이 있었습니다. 그들은 로마 시민들이었기에 로마로 송치했습니다. 여러 사람들의 이름이 적힌 익명의 투서가 제게 들어왔습니다. 그들을 소환한 뒤 그들 중 그리스도인이 아니고 그리스도인이었던 적이 없다고 말하고 나서, 제가 보는 앞에서 신들의 자비를 구하고 폐하의 상(像)에 술을 따르고 분향하는 자들, 특히 그리스도를 저주하는 자들은 즉시 방면했습니다. 참 그리스도인이 그런 소리를 하는 것을 들은 적이 없기 때문입니다.[2]

플리니우스는 계속해서 자세한 이야기를 적어가지만, 타락한 미신 이상의 더 악한 것을 발견할 수 없었다고 시인했다. 황제 트라야누스는 그리스도인들을 일부러 색출할 게 아니라, 사회의 주목을 받으면 플리니우스가 지적한 그런 방식으로 그들을 다루라고 대답했다. 익명의 고소들 — "시대의 저주" — 은 고려하지 말라고 했다.

플리니우스의 편지는 그가 새로운 정책을 시작했다는 것으로 들리지 않는다. 그 절차의 큰 맥락은 적어도 도미티아누스 때부터 시작했다고 추정할 수 있다. 이 정책은 언제 시작되었든간에 2세기 내내 제국이 그리스도인들을 다루는 방식을 결정했다. 기독교 자체를 범죄 단체로 간주하긴 했지만, 혐의자들을 일부러 색출하지는 않았고, 그리스도인들의 존재가 대중의 비난을 통해 사회의 지목을 받을 때만 박해를 가했다.

그리스도인들의 생활 방식

사람들은 이런 비난을 가할 준비가 언제든지 되어 있었다. 때로는 유대인들이 박해를 사주했다. 기독교로 개종한 유대인들이 더러 있긴 했으나, 디아스포라(Diaspora) 대다수는 산헤드린이 나사렛파에 가한 아나테마(저주)를 견지했기 때문이다. 이교도들 사이에서는 무신론이라는 해묵은 비난이 사라지지 않았으며, 그리스도인들이 공동 생활의 많은 부면에서 떨어져서 사는 현상이 갈수록 현저해짐에 따라, 심지어 그리스도인들을 가리켜 이교도도 아니고 유대인도 아닌 "제3의 인종"이라고 부르게 될 정도가 됨에 따라 그리스도인들에게 인류를 미워하는 죄가 있다는 대중의 확신도 더욱 강해졌다. 그리스도인들은 자기들의 시민권이 하늘에 있기 때문에 스스로를 어느 나라의 시민으로 간주하지 않는다고 시인함으로써 그런 비난에 어느 정도 빌미를 제공하기도 했다. 2세기 혹은 3세기에 익명의 그리스도인이 남긴 편지에는 이렇게 씌어 있다: "그들은 각자의 조국에서 체류객들로 살아갑니다. 모든 외국이 조국이고 모든 조국이 외국입니다."[3]

그럼에도 불구하고 그리스도인들은 큰 맥락에서는 사회 생활에 참여했다. 에세네파처럼 고립된 은둔지로 물러가지 않았다. 그러나 오히려 사회 한복판에 남아 있었기 때문에 특정 공동 관습과 활동에 참여하지 않는 것이 더욱 의심을 받았다.

그리스-로마 세계에 살던 그리스도인들은 도시 문화 속으로 들어감으로써 갈수록 더 많은 마찰을 겪었다. 헬레니즘과 로마 세계에서 그리스도인들은 시골 사람이라는 뜻의 파가누스(paganus)가 결국 이교도(pagan)를 뜻하게 될 정도로 도시와 많은 연관을 두고 살았다. 농부들은 가축을 손수 도살하여 고기를 얻지만, 도시인들은 시장에 가야만 고기를 구할 수 있었다. 당시에 시장에 내다파는 고기는 먼저 우상에게 제사로 드린 뒤에 진열대에 갖다 놓은 것이었기 때문에, 그리스도인들로서는 그 고기를 과연 먹어야 하는가 하는 의문을 갖게 되었다. 일찍이 바울은 우상은 아무것도 아니므로 고기도 오염되지 않는다고 가르친 바 있다. 그럼에도 불구하고 바울은 꺼림칙한 마음이 있는 사람들은 고기를 먹지 말아야 하고, 설혹 꺼림직한 마음이 없는 사람일지라도 남의 양심을 배려해야 하는 상황에서는 먹지 않는 것이 좋다고 말했다(참조. 고전 8장). 그리스도인들이 이렇게 고기를 먹지 않는 것을 보고서 이교도들이 어떤 인상을 받았을지 넉넉히 짐작할 수 있다.

그리스도인은 우상 숭배를 행해서도 안 되지만, 어떤 방식으로든 우상을 만드는 데 도움을 줌으로써 우상 숭배에 기여해서도 안 된다. 혹시 조각가일지라도 신상들을 조각해서는 안 된다. 그러므로 조각가로 일하던 그리스도인들은 묘지나 기념비를 장식하는 데로 활동 반경이 제한되었으나, 심지어 그 경우에 사자나 고래나 황소 등 어떤 형상을 묘사하더라도 그것이 신을 상징하지 않는 한도에서만 작업을 할 수 있었다. 황제의 제단에 향을 피우는 것은 물론 금지되었지만, 황제의 생일을 기념하는 것조차 그의 신성을 인정한다는 암시가 깔려 있으므로 타협적인 태도로 간주되었다.

학교 생활에도 어려움이 있었다. 학교에서는 이교 신들의 이야기가 실려 있는 호메로스(Homer)와 베르길리우스(Virgil, 버질)의 책들을 교과서로 사용했기 때문이다. 게다가 일반 교사들은 이 이야기를 철학자들의 방식대로 알레고리화하여 가르치지 않았다. 따라서 기독교 역사의 이른 시기부터 교구 학교의 필요가 생겼다. 병원은 그런 대로 걸리는 것이 없었지만, 이교 병원들은 치유의 신 아스클레피우스(Aesculapius)에게 봉헌되었다. 병원에서 이교 사제가 그리스도인들이 부정하는 신에게 주문을 외우면서 복도 계단을 내려오고 있는데 그리스도인이 병상에 그대로 누워 있을 수 있었겠는가? 그밖에도 교회는 불신자와의 결혼을 말렸고, 비록 바울이 믿음의 차이 때문에 별거하지 말라고 권고했음에도 불구하고 죽은 뒤 믿음이 다른 부부를 각기 다른 묘지에 묻을 수 있었다.

당시의 그밖의 관습들 중 그리스도인들이 윤리적인 근거에서 배척한 것도 있었다. 예를 들어 검투사 대결을 교회는 절대 금지했다. 비록 그 유혹은 그뒤에도 계속해서 상존했지만 말이다. 5세기 초에 어거스틴(Augustine)은 친구 알리피우스(Alypius) 이야기를 전하는데, 알리피우스는 동료의 간청을 못이겨 검투 경기장에 따라갔지만 눈을 감고 있겠다고 굳게 결심했다. 환성이 터지자 자기도 모르게 눈을 뜬 그는 어느 새 남들보다 크게 소리를 지르고 있었다. 그리스도인들은 사회 정의를 위한 일에조차 피흘리는 것(effusio sanguinis)을 가증히 여겼다. 사형을 판결하게 될 판사직은 맡을 수 없었다.[4]

전장에서 사람을 죽이는 것은 현존하는 저서들에 관한 한 콘스탄티누스(Constantine) 이전 시대의 모든 기독교 저자들이 한 목소리로 단죄했다. 그들은 전쟁이 원수를 사랑하라는 주님의 명령과 양립할 수 없다고 느꼈다. 또 다른 이유도 있었다. 2세기 말엽 기독교 신학자로서는 최초로 라틴어로 집필한 카르타고의 터툴리안(Tertullian)은 그리스도께서 베드로에게 검을 도로 꽂으라고 말씀하실 때 모든 군인에게 무장을 버리라고 말씀하신 것이라는 계율주의적인 입장을 견지했다. 국가가 검을 버릴 때 발생할 일에 관해서는 개의치 않았다. 그 결과는 하나님께 맡겨야 하며, 어떤 결과가 생기든간에 그 여파는 잠시로 그칠 것이라고 보았다. 터툴리안은 주의 급속한 재림을 여전히 믿고 있었기 때문이다. 마르키온(Marcion) — 그는 정통 그리스도인은 아닐지라도 큰 영향력을 행사한 인물로서, 차후에 좀더 자세히 다루게 된다 — 은 육체적인 것은 죄다 배척해야 할 것으로 간주했다. 전장에서 피흘리는 것에 대해서는 특히 더 그러했다. 3세기 초 알렉산드리아 그리스도인들의 지도자 오리겐(Origen)은 기독교가 승리함으로써 전쟁이 사라질 만큼 사회의 질을 바꾸어 놓을 것이라고 믿었다.[5]

그러나 어떤 그리스도인들은 교회 지도자들의 명령에도 불구하고 군복무를 했다. 이런 예외 경우들이 있긴 했지만, 그리스도인들의 군복무 거부는 너무 악명이 높아서 주후 180년경에 활동한 이교 비평가 켈수스(Celsus)는 만약 모든 장정이 그리스도인들처럼 된다면 제국은 불법한 야만족들에게 전복될 것이라고 주장했다.

그리스도인들이 다른 사람들에게 이상하게 보인 데에는 견유학파(Cynics)처럼 사치와 개인 치장을 거부한 것도 원인으로 작용했다. 기독교 지도자들은 자기 양들에게 외모에 신경을 쓰지 말라고 가르쳤다. 여성들에게는 눈가에 검은 화장을 하거나 볼에 연지를 바르거나 몸에 향수를 뿌리지 말라고 했고, 남성들에게는 털을 뽑지 말라고 했다. 옷에는 물감을 들이지 말라고 했는데, 이는 하나님이 자주색 옷을 좋아하셨다면 양들을 자주색으로 지으셨을 것이기 때문이라고 했다. 남녀가 옷을 크게 달리 입지 말라고 했다. 그냥 흰 옷이면 남녀 모두에게 족하다고 했다. 가발은 쓰지 말라고 했다.

장로가 가발에 손을 얹고 축복을 한다면 누구 머리에 복을 비는 것이 되겠는가? 섬세한 수를 놓은 이불은 잠이 잘 오게 하지 않고, 탁자에는 상아 다리가 필요치 않으며, 칼에는 보석박은 손잡이가 필요치 않다. 주 예수님은 제자들의 발을 씻기시기 위해 하늘에서 은대야를 가지고 내려오지 않으셨다.

이런 다양한 교훈은 견유학파의 주제들과 상통하지만 그 초점은 사뭇 달랐다. 그리스도인은 운명이 모든 것을 앗아갈 수 있기 전에 모든 것을 버림으로써 운명의 허를 찌르려고 하지 않았다. 주님을 더 자유롭게 따르기 위해서 세상을 부정하고 있었다. 그리고 터툴리안이 주장한 대로 순교를 위해 훈련하고 있었다. 터툴리안은 발찌를 착용한 발이 고문자의 차꼬를 차게 될 것이고, 목걸이로 장식한 목이 처형자의 도끼를 맞게 될 것이라고 했다.[6] 이교도들은 그리스도인들의 이런 모습을 보고서 더욱 더 그들을 '제3의 인종'으로 보게 되었다.

이러한 인상은 그리스도인들이 정상적이고 심지어 모범적인 가정 생활을 하고, 사회의 다른 사람들과 다름없이 농사와 노동을 하며 살아간 사실에 의해서 사라지지 않았다. 그리스도인들의 호의와 박애에도 불구하고, 전염병 환자가 생겨 이교도들이 도망칠 때 그들을 헌신적으로 보살펴 주었음에도 불구하고, 그리스도인들이 인류를 사랑한다는 많은 증거들에도 불구하고, 그들이 인류를 미워하는 자들이라는 고정 관념은 좀처럼 사라지지 않았다. 그리고 바로 여기에 대중의 박해가 있게 된 가장 깊은 이유가 있었다.

박해

2세기에는 박해가 산발적이고 변덕스럽게 발생했다. 처음 사례는 온건한 정책으로 두드러진 황제 트라야누스 때 발생했다. 희생자들 중 한 사람은 시리아 안디옥의 감독 이그나티우스(Ignatius)였다. 그는 사형지인 로마의 검투장으로 가고 있었다. 가는 도중에 호송관들이 기독교 교회들을 방문하여 체포되지 않은 교인들과 감독들을 만나도록 허용했다. 왜 이그나티우스는 체포되고 나머지는 체포되지 않았는지 의아한 생각이 들 것이다. 그는 틀림없이 공세적인 기독교 지도자였을 것이고, 비록 교회가 순교에 대한 지나친 열망을 권장하지 않았는데도 불구하고 — 교회의 조언은 "도피하지도 말고 자극하지도 말라"는 것이었다 — 이그나티우스는 그리스도 곁에 더 빨리 갈 수 있기 위해서 순교를 열망했다. 그는 맹수들이 주리지 않아 가만히 있다면 자기를 먹도록 재촉할 것이라고 공언했다.

이그나티우스는 서머나(스미르나)를 통과할 때 그곳 회중의 감독 폴리캅(Polycarp, 폴리카르푸스)에게 존경어린 영접을 받았다. 그뒤로부터 40년이 채 못 되어 폴리캅도 처형을 바라는 군중의 외침 속에서 똑같이 순교의 운명을 맞이했다. 그 사건 기사가 그가 처형된 직후에 그의 회중이 쓴 편지로 남아 있다. 검투장에서 폴리캅에게 신앙을 철회할 수 있는 기회가 부여되었다. 총독은 플리니우스가 정리한 절차대로 폴리캅에게 "무신론자들을 떠나라"고 했다. 그리스도인들을 떠나라는 말이었다. 그러나 폴리캅은 경기장에 모인 이교도들을 향해 "무신론자들을 떠나시오" 하고 외쳤다. 이것으로 더 이상의 절차가 필요 없게 되었으리라 생각할 수도 있지만, 총독은 다시 한번 "그리스도를 저주하라"고 말했다. 폴리캅은 "나는 여든여덟 해 동안 그분을 섬겼지만 그분은 내게 아무런 잘못도 하시지 않았소. 그런데 어찌 나를 구원하신 왕을 모독할 수 있겠소?" 하고 대답했다. 총독은 한번 더 "수호신 가이사의 이름으로 맹세하라"고 했다. 폴리캅은 "나는 그리스도인이오" 하고 대답했다. 총독이 그를 맹수들에게 던지겠다고 위협하자, 폴리캅은 "맹수들을 이리 데리고 오시오"라고 했다. 총독이 불태워 죽이겠다고 위협했으나, 폴리캅은 한 시간 사를 불은 영원한 형벌의 불과 비교할 수 없다고 충고했다. 그리고는 화형을 당해 죽었다. 주후 156년에 있었던 일이다. 그 긴 일생 동안 폴리캅은 사도 시대와 2세기 기독교 대 저자들의 시대를 잇는 중요한 고리 역할을 했다.

대 박해자들은 악독한 황제들이 아니라 비교적 선량한 황제들이었다. 고결한 인품을 지닌 마르쿠스 아우렐리우스(Marcus Aurelius)는 스토아 철학자였으면서도 국가의 안녕을 위해 거행하는 대중 의식들을 매우 진지하게 받아들였다. 그는 신들에게 바치는 일종의 화해 제물로서, 사형 선고를 받은 죄수들을 원형경기장에 끌어다 서로를 죽이게 했다. 이런 마르코만니족(the Marcomanni) 방식의 검투가 시작되기 전에 로마의 사제들에게 황소를 제물로 바쳐 자기 군대의 안전을 빌도록 했다. 마르쿠스 아우렐리우스의 눈에는 그런 의식에 참여하기를 거부하는 그리스도인들이 공공의 안전에 위험한 완고한 광신도로 비쳤다.

주후 177년 박해의 파도가 프랑스 남부의 리용과 근처 비인의 교회들을 덮쳤다. 군중은 그리스도인들을 근친상간과 식인(食人)의 죄로 고소했다. 대중에게 미움을 받는 데다 은밀히 집회를 갖는 집단은 난교(亂交)에 관한 비판을 받기 십상인 데다가, 그리스도인들 자신이 주의 만찬석에 비그리스도인들이 참여하는 것을 허락지 않은 것이 그런 고소를 받는 데 주된 요인으로 작용했다. 식인에 대한 고소도 이 의식과 연관되어 있었다. 왜냐하면 이교도들이 듣기에 그리스도인들이 누군가의 살과 피를 먹고 마신다고 했기 때문이다. 고소되어 잡혀간 자들 중 더러는 고문을 못이겨 신앙을 철회했지만, 그뒤에는 그리스도인으로서가 아닌 범죄자들로서 처벌을 받았다. 그럼에도 불구하고 그중 더러는 마침내 용기를 되찾고는 신앙을 위해서 죽었다. 박해의 노기는 곧 지나갔고, 회중은 다시 모일 수 있었다.[7]

이런 우발적인 박해는 그것이 멸하려던 것을 오히려 증진케 했다. 터툴리안이 말한 대로 "순교자의 피가 씨앗"이었던 셈이다.[8] 교회는 성장했고, 성장은 새로운 문제들을 일으켰다. 2세기 전반에 이르면 기독교가 확장하면서 자주 만나게 되었던 현상을 만나게 된다. 첫째, 교회는 자신이 뿌리를 내리고 회심자들을 찾으려는 그 문화에 적응해야 했다. 다음 단계는 동화(同化)였다. 이런 과정에서 기독교 공동체에 들어온 회심자는 자기 관점에 옛 것과 새 것을 혼합하게 마련인데, 그로써 관점이 풍부해지긴 하지만 거의 틀림없이 기독교를 왜곡시켜 놓고 만다.

영지주의

이러한 패턴이 기독교 영지주의의 대두로 극명하게 예시된다. 영지주의(靈智主義, Gnosticism)는 일종의 사색 종교로서, 물질 세계를 경시하고 육체로부터 해방됨으로써 구원을 모색했다. 영지주의에는 매우 다양한 체계와 사상이 있지만, 영지주의 신화의 핵심은 이와 같았다. 즉, 궁극적인 것은 부정적인 점들로만 — 알 수 없는 것, 이해할 수 없는 것, 잴 수 없는 것, 헤아릴 수 없는 것 — 묘사할 수 있는 존재의 거대한 심연이다. 이 심연은 역동적이고, 그 충만(플레로마) 속에서 발출(emanation)에 의해 상이한 것들이 발생한다. 그 발출된 것 중 하나가 지혜(Wisdom)이다. 지혜는 플레로마의 비밀을 알려는 과도한 호기심에 잔뜩 사로잡혀 있다가 고통 속에서 물질을 발산했는데, 이 물질이 데미우르고스(demiurge)의 도움으로 이 가시적인 세계로 조성되었다.

이것은 히브리인들의 창조관과 정 반대된다. 히브리인들의 창조관에 따르면 세계는 선하게 창조되었고, 악은 훗날 인간의 타락과 함께 나타났다. 영지주의 신화에서는 지혜의 타락이 먼저 왔고 그 결과로 창조가 뒤이었다. 그러므로 물질 세계는 타락의 산물이며, 따라서 악하다. 인간은 물질 안에 갇혀서 거기서부터 해방되려고 애쓰는 영혼으로 구성된 복합체이다. 이 점에서 지혜(Wisdom)의 역할이 뒤바뀌었다. 지혜는 자신의 잘못을 분명히 참회하고나서는 인간의 영혼이 육체에서 풀려나 승천하여 플레로마와 재결합할 수 있도록 인간에게 조명 곧 영지(靈智, Gnosis)를 줌으로써 그를 해방시키는 구속 원칙이 되었다. 물질이 구원에 장애일 뿐 아니라 시간도 구원의 장애이다. 구원은 그 힘겨운 순환에서 풀려나는 것을 뜻한다.

근동의 민간 신앙들과 그리스 철학의 혼합물인 영지주의는 기존의 종교 체제들과 매우 쉽게 결합했지만, 언제나 그 종교들의 신화 체계에 자체의 의미를 부여했다. 예를 들어 영지주의는 히브리 신화들을 흡수하되 철저히 그 가치관을 바꾸어 놓았다. 세계가 악하므로 세계를 창조한 야훼는 악한 데미우르고스임에 틀림없다. 하와에게 선악을 알게 하는 나무의 실과를 먹으라고 한 뱀은 구속자였다. 선악을 아는 지식은 곧 인간을 구원하는 영지이기 때문이다. 구약성경에서 칭찬된 모든 사람들은 악한 야훼의 악한 종들이며, 가인처럼 질책을 당한 자들은 조명을 받은 자들이었다.

영지주의가 기독교와 결합했을 때 그 결과는 적지 않은 왜곡을 가져다 주었다. 영지주의 그리스도인들은 그리스도를 구주로 믿었지만, 그의 기능은 인간을 육체의 속박에서 해방시키는 것이었기 때문에 그는 아무런 육체도 가질 수 없었다고 보았다. 단지 육체를 가진 것처럼 보인 것뿐이었다. 그의 육체는 존재하는 것처럼 보인 환영(幻影)이었다. 당연히 이 견해는 기독교의 성육신과 십자가 교리를 통채로 왜곡시켰다. 초기 교회에서 벌어진 가장 큰 투쟁은 그리스도의 신성을 확립하려는 투쟁이 아니라 인성을 확립하려는 투쟁이었다. 또한 성육신은 시간 안에서 발생한 사건이었지만, 영지주의자들이 추구하던 것은 시간으로부터의 해방이었다. 그러므로 영지주의는 역사에서 모든 의미를 벗겨냈다.

    2세기의 처음 몇 십년 동안 몇몇 저명한 지식인들이 영지주의와 기독교를 혼합하려고 시도했다. 그들은 자기들이 단순히 모든 진리를 통합하고 있다고 느꼈다. 기독교 영지주의자들은 그리스도께 최고의 존귀를 ― 심지어 지혜(Wisdom)보다 더 ― 드렸다는 점에서는 그리스도인들이었다. 그러나 그러한 사고로써 기독교의 히브리적 배경에 어떤 일이 발생했는가 하는 것이 감독의 아들이었던 마르키온(Marcion)의 경우에 극명하게 나타났다. 마르키온은 창조된 세계를 바라보는 태도에서는 영지주의자였다. 그는 세계가 악하며, 파리와 벼룩과 열병으로 가득하다고 했다. 이것을 지은 하나님 곧 창조주 하나님은 우리 주 예수 그리스도의 아버지이셨을 리가 없고, 오히려 악한 데미우르고스였다고 했다. 마르키온의 주장은 기독교가 그 모든 히브리적 선례들과 단절해야 하고, 구약성경을 배격해야 한다는 것을 뜻했다.

신조(信條)와 정경(正經)

    영지주의가 확산되면서 아직 조직이 변변치 않던 교회는 중대한 위기를 맞았다. 교회는 참 진리로 믿어온 것을 공식화하고, 진리로 믿지 않는 것을 배격해야 했다. 그리고 세례를 받을 자들에게 먼저 이 점들을 가르쳤다. 회심자들에게 세례를 베풀 때 신앙을 고백하도록 요구했다. 현존하는 최고(最古)의 신앙고백문은 옛 로마 신앙고백서(the Old Roman Symbol)라고 하는 것으로서, 훗날 우리가 사도신경(the Apostle's Creed)으로 알고 있는 것으로 발전했다:

    나는 전능하신 아버지 곧 천지를 만드신 분을 믿습니다. 그리고 그의 외아들

우리 주 예수 그리스도를 믿습니다. 그는 성령으로 잉태하사 동정녀 마리아에게서 나셨고, 본디오 빌라도에게 고난을 받으사 십자가에 못박혀 죽으시고 장사되시고 지옥으로 내려가셨으며, 사흘만에 죽은 자 가운데서 살아나사 하늘로 올라가셨으며, 전능하신 아버지 하나님 우편에 앉으셨습니다. 그는 장차 거기서 산 자와 죽은 자를 심판하러 오실 것입니다. 나는 성령과 거룩한 보편 교회와 성도의 사귐과 사죄와 몸의 부활과 영생을 믿습니다. 아멘.

이 신앙고백서는 영지주의의 개념과 정 반대되게 하나님이 물질 세계를 창조하셨다는 것과, 그리스도께서 실제로 육체로 나셨다는 것, 그리고 실제로 고통을 당하시되, 이것이 역사의 구체적인 시점에(본디오 빌라도 치하에) 발생했다는 것, 그가 실제 죽음을 당하셨다는 것을 강조한다. 이러한 주장들로써 교회는 신앙이 왜곡되는 것을 막았다. 물론 이것이 교회가 믿은 내용의 전부가 아니었지만, 적어도 이만큼은 믿어야 했고, 이것과 반대되는 것은 기독교를 고백하는 자들에 의해 배척되었다.

그리스도인들은 무슨 권위로 신앙을 그렇게 정의했을까? 무엇보다도 그들은 성경의 권위에 호소했다. 이때까지도 성경이라 하면 구약성경을 뜻했고, 구약성경에는 하나님이 세상을 선하게 창조하셨다는 교리가 담겨 있었다. 그러나 마르키온은 세상이 선하다고 가르치는 책의 증거를 신뢰할 수 없었다. 그는 세상이 악하므로 그 책이 선하지 않다고 주장했고, 야훼의 행위가 기독교 윤리와 정 반대된다는 것을 입증하기 위해서 구약에서 하나님의 보수(報酬)를 말하는 모든 단락들을 수집하였다. 보편 교회 성직자들은 마르키온의 이분법이 지나치다고 논박했다. 구약성경에서 야훼는 진노하실 뿐 아니라 "인내의 사랑으로 충만"하기도 하셨으며, 반대로 신약성경에서 예수님은 죄인들을 영원한 불로 보내는 대 심판을 약속하셨기 때문에 언제나 온유하시지만은 않았다고 했다.

교부들(the Church Fathers) — 이것은 주후 600년경에 기독교의 주요 저자들이 사용한 용어이다 — 은 구약의 요소들이 기독교와 양립할 수 없다는 주장을 물론 부정했다. 명백한 모순처럼 보이는 내용들은 필로(Philo)의 방식대로 알레고리(allegory, 풍유)로 설명했다. 예를 들어, 족장들의 일부다처제에 대해서 그들이 한 가지 이상의 덕(德)과 결혼했다는 뜻으로 해석했고,

아말렉 족속을 도륙한 것은 악들을 뿌리뽑은 것으로 해석했다.

그러나 구약성경에는 특정 기독교 교리들을 뒷받침하는 내용들도 있었지만 신약성경이 가르치지 않는 내용도 있었으며, 이런 내용을 다룰 기독교 문헌이 필요했다. 훗날 신약 정경(canon)에 포함된 책들 대부분은 1세기에 기록되었다: 네 복음서들과 사도행전과 바울이 여러 교회들에게 보낸 서신들과 개인들에게 보낸 서신들 ― 디모데전후서, 디도서, 빌레몬서. 두 서신은 베드로의 이름으로, 세 서신은 요한의 이름으로, 그리고 두 서신은 각각 야고보와 유다의 이름으로 기록되었다. 히브리서는 익명으로 기록되었다. 계시록은 앞에서 본 대로 요한이라는 인물이 기록했다. 이 자료 중 어떤 부분들이 저자로 인정되어 온 사람들에 의해 기록되었는지는 반드시 다 확인되지는 않는다. 하지만 2세기에 작성되었을 가능성이 있는 몇몇 부분들을 제외하고는 사실상 그 모든 내용이 1세기 기독교 공동체에서 유래했다는 데에는 의문의 여지가 없다.

이 모든 책이, 아니 오로지 이 책만이 구약성경과 나란히 놓거나 위에 놓을 만한 가치가 있었을까? 그 질문을 처음으로 본격적으로 다룬 사람이 마르키온이었다. 그가 좋아하는 사도는 바울이었다. 왜냐하면 바울은 구약의 율법을 철저히 배척했기 때문이었다. 그러므로 마르키온은 자신의 정경에 바울이 교회들에 보낸 서신들과 빌레몬에게 보낸 서신을 포함시키되, 디모데전후서와 디도서는 포함시키지 않았고, 나머지 중에서 오직 누가복음만 포함시켰다. 그가 왜 그 특정 복음서를 선정했는지 우리로서는 알 길이 없다. 아마 다른 복음서들보다 그의 고향 본도에서 더 친숙히 읽혔기 때문이었던 것 같다.

기독교 지도자들은 아울러 자기들이 권위 있는 저작들이라고 간주한 책들의 목록을 작성했다. 마르키온의 정경에 포함된 책들뿐 아니라 위에 언급한 다른 책들까지도 목록에 포함시켰다. 3세기 중엽에는 오늘날 신약성경으로 대표되는 모음집이 공통되게 신앙의 정경 곧 준칙으로 인정되었다. 한동안 논쟁을 거친 것은 불과 몇 권 되지 않았다. 요한복음이 갈등을 빚었는데, 그 이유는 그 복음서에 표기된 그리스도의 죽음과 부활의 날짜가 다른 복음서들과 달랐기 때문이었다. 요한복음은 예수님이 유대인의 니산 월 14일 곧 유월절 양을 잡는 날에 죽으신 것으로 기록한다. 따라서 살아서 유월절 식사를 하시지 못하신 셈이다. 이 복음서에는 주의 만찬 기사가 없다. 그러나 나머지 세 복음서들은 예수님이 제자들과 함께 유월절 식사를 드셨고, 따라서 15일인 다음 날 고난을 받으신 것으로 기록한다.

그밖에도 십자가일을 기념해야 하는가 부활일을 기념해야 하는가 하는 문제가 대두되었다. 요한복음의 연대기를 따르고 '콰르토데키만'들(Quartodecimans, 14일주의자들)이라 불리던 소아시아 교회들은 십자가일을 기념했다. 처음 세 복음서를 따르던 로마 교회는 부활일을 기념했다. 네 복음서 모두 예수께서 금요일에 죽으셨고 일요일에 살아나셨다는 데 일치했다. 그러나 주(週)의 고정된 날을 지켜야 옳은가, 아니면 월(月)의 고정된 날을 지켜야 옳은가? 로마인들과 아시아인들은 이 점에 대해 견해가 달랐으며, 그 결과 어떤 그리스도인들이 축제를 벌이고 있는 동안 다른 그리스도인들은 금식을 했다. 로마 교회는 월의 고정된 날보다 주(週)의 고정된 날을 지키는 관습을 확정하고, 그 날을 춘분 뒤 첫 만월 다음에 오는 첫 일요일로 잡았다. 아시아인들은 이 조치에 반대했고, 주후 190년경 로마 감독 빅토르(Victor)는 그 교회들을 파문했다. 그 논쟁은 결국 가라앉았고 로마의 관습이 모든 교회에 시행되게 되었다.

그 논쟁이 들끓고 있는 동안 아시아인들의 복음서를 배척함으로써 그들을 잘라내려는 움직임이 있었으나, 리용의 이레나이우스(Irenaeus) ─ 그 자신이 소아시아에서 갈리아로 간 이민이었다 ─ 는 평화를 설교하면서 요한복음을 옹호했다. 그는 주장하기를, 에스겔이 본 환상에 네 생물이 있었던 것처럼 복음서도 사람과 사자와 황소와 독수리에 해당하는 네 권이 있어야 한다고 했다. 이 재미있는 주장은 네 복음서 저자들에 대한 상징적 묘사에 기초가 되어서, 훗날 미술은 마태를 날개 달린 사람으로, 마가를 날개 달린 사자로, 누가를 날개 달린 황소로, 요한을 독수리로 묘사했다.

히브리서가 서방에서 한참만에 받아들여졌듯이, 계시록은 동방에서 매우 더디 받아들여졌다. 이 갈등을 중재한 인물은 콘스탄티누스(Constantine) 즉위 이후 로마에서 유배 생활을 한 바 있고 로마 교회로부터 지지를 받은 알렉산드리아의 감독 아타나시우스(Athanasius)였다. 그가 주후 367년에 쓴 절기 서신(Festal Epistle)은 신약 정경을 오늘날과 같은 27권으로 구성된 책으로 정의한 최초의 글로 공통된 평가를 받는다.

이 책들을 정경으로 받아들인다는 것은 나머지 책들을 배척한다는 뜻이었다. 이렇게 배척된 책들을 가리켜 신약성경 외경(Apocrypha)이라 한다. 이 책들은 예수님의 유아기, 예수님이 사단에게 갇혀 있던 영혼들을 풀어주기 위해 음부로 내려가신 기사, 베드로와 바울과 그외 사도들의 전도여행기, 시몬 베드로와 시몬 마구스(Simon Magus) 간의 기적 대립을 실은 여러 복음서들로 이루어져 있다. 그 대립에서 시몬 베드로는 마른 정어리를 헤엄치게 하고, 젖먹이로 하여금, 공중에서 뛰어다님으로써 자기 권능을 나타내 보인 다른 시몬에게 점잖게 아나테마를 선언하게 했다.

이런 문학은 광범위한 인기를 누렸으나, 교부들의 신중한 판단이 대중의 취향을 누르고 그것을 정경에서 배제했다. 그럼에도 불구하고 중세 미술은 정경 복음서들의 배경보다 외경 복음서들의 배경을 더 많이 소재로 다루었다.

신약 정경에 포함된 책들의 권위는 상당 부분 사도가 기록했거나 사도의 동료가 기록했다는 점에 근거를 두었다. 그러나 그러한 저자의 위상이 자동적으로 정경에 포함되게 하지는 않았다. 예를 들어, 3세기 초에 안디옥의 감독 세라피온(Serapion)은 회중에게 베드로 복음서(the Gospel of Peter)를 교회 예배 때 낭독해도 되느냐는 질문을 받았다. 그 책을 읽어본 적이 없던 그는 베드로가 쓴 것은 무엇이든 낭독할 만하지 않겠느냐고 생각하고서 허락했다. 그러나 그 책을 검토하면서 영지주의적인 색채를 발견하고는 그 책을 베드로가 썼을 리가 없고, 따라서 예배 때 낭독해서는 안 된다고 즉시 결론을 내렸다.[9]

만약 이렇게 책들 자체가 교훈의 진리성을 확증하지 못한다면 구전 전승(oral tradition)에 의지해야만 한다는 결론이 성립되는 셈이다. 이 책들은 사실상 무오한 척도를 제공하지 못했다. 영지주의자들은 비의(秘儀)적 지혜로 이루어진 자기들의 구전 전승을 주장했는데, 그들은 그것을 가리켜 예수께서 특정 제자들에게 은밀히 전달하신 것을 그 제자들이 다시 후계자들에게 전달한 것이라고 주장했다.

이레나이우스는 논박하기를, 만약 예수께서 그런 특별한 지혜를 갖고 계셨다면 그것을 자신이 가장 신뢰하던 제자들에게 위임하셨을 것이고, 그들도 다시 자기들이 가장 신뢰하는 자들에게 위임했을 것이라고 했다. 그리고 예수께서 가장 신뢰하시던 자들은 그분이 교회를 맡기신 자들이었다. 마찬가지로 제자들이 가장 크게 신뢰한 자들은 교회를 맡긴 자들이었을 것이다. 그러므로 참 전승을 발견하려면 임명된 감독들의 대가 끊이지 않은 사도적 기초에 선 교회들로 눈을 돌려야 한다.

로마교회

이레나이우스는 로마 교회를 두 분의 순교자 사도 베드로와 바울이 세우고 이름으로 알려진 감독들이 대를 끊이지 않고 주재한 가장 현저한 예로 지목했다.

2세기 말에는 세 가지의 권위 원천, 즉 정경과 신조와 구전 전승이 대두해 있었다. 처음 둘은 세번째에 의해 해석되었다. 교회는 이 세 가지 전부의 수호자로서, 그로써 살아 있는 권위의 원천으로서 역할을 하는 가운데 발전하고 있었다. 이 발전은 다시 두 가지 양상을 띠었다. 하나는 지교회나 지역의 수장으로서 감독(bishop, 주교)의 권위가 신장된 것이고, 다른 하나는 다른 교회들에 대한 로마 교회의 우월성이 신장된 것이다. 감독에 대해서 보자면, 이미 2세기 초엽에 그의 직위가 이전보다 훨씬 더 명쾌히 규명되어 있었고, 단일 회중에 대한 단일 감독제가 시리아와 소아시아에서 성행했다. 이그나티우스와 폴리캅은 이런 의미에서 감독들이었다. 이그나티우스의 원칙은 "감독 없이는 아무 일도 하지 말라"[10]는 것이었다.

훗날 권위의 좌소가 된 로마 교회의 초기 조직 상태는 분명치 않다. 비록 로마의 클레멘트(Clement)는 후대의 전승에서 로마의 셋째 감독이라 불리지만, 정작 본인은 고린도인들에게 보낸 서신(주후 95년경)에서 자신의 권위에 대해서도 언급하지 않고, 로마에 감독이 한 사람뿐이었다는 점도 분명히 말하지 않는다. 그러나 클레멘트는 교회 직분자들의 사도적 계승 개념을 언급한 최초의 인물이다. 주후 185년에 이르면 한 교회의 단일 감독 개념과 감독의 사도권 계승 개념이 이레나이우스의 논지에 뒤섞여 있는 것을 보게 된다. 그는 자기 시대까지 내려온 로마의 역대 감독들을 추적했다: 리누스(Linus), 아나클레투스(Anacletus), 클레멘트(Clement), 에바리스투스(Evaristus), 알렉산더(Alexander), 식스투스(Sixtus, 사도들 이후의 여섯째 감독), 텔레스포루스(Telesphorus), 히기누스(Hyginus), 피우스(Pius), 아니케투스(Anicetus), 소테르(Soter), 엘류테루스(Eleutherus).[11]

그러나 만약 식스투스가 여섯번째 감독이었다면 베드로는 첫번째 감독이었을 수가 없다. 이 점은 베드로가 사도이므로 그를 특별한 범주에 두는 방식으로 설명되어 왔다(그러나 이런 노선의 사유에 의해 바울은 초대 감독이 될 수가 있었다). 베드로는 주후 354년경 로마에서 리베리우스 표(the Liberian Catalogue)가 편찬될 때까지 로마의 초대 감독으로 명확히 거론되지 않았다. 그러나 이렇게 베드로를 초대 감독으로 본 것은 이전의 전승에 근거를 둔 것이다. 로마의 클레멘트에게 보내는 것처럼 되어 있고 연대도 3세기로 꾸민 어떤 편지는 베드로가 로마 회중에게 이렇게 말하는 것으로 쓴다: "나는 이 클레멘트를 여러분의 감독으로 임명합니다. 오직 그에게만 전파하고 가르치는 내 권좌를 위임합니다. 주께서 내게 부여하신 매고 푸는 권세를 그에게 부여하며, 따라서 그가 땅에서 명하는 것은 하늘에서도 명해질 것입니다."[12]

흥미롭게도 이 문서는 리누스나 아나클레투스를 언급하지 않는다. 동방에서 유래한 로마 감독 목록은 베드로를 로마 교회 설립자로 삼지만, 첫 감독으로 삼지는 않는다. 베드로가 로마에 있었고 로마에서 고난을 당했다는 것은 바울의 경우와 똑같이 강하게 입증된다. 그가 초대 감독이었다는 것은 역사적으로 증명해야 할 문제라기보다는 신앙의 문제이다. 그러나 네로의 박해 때부터 로마 교회는 두 순교 사도의 교회로 존경을 받을 수밖에 없었다. (베드로는 예수께서 베드로 곧 그 반석 위에 자기 교회를 세우시겠다고 하신 말씀 때문에 바울보다 우위에 두어졌다.) 이레나이우스가 지적한 대로, 주후 185년에 이르면 로마 교회가 이미 사도 전승의 수호자로서의 우월한 지위를 확보하고 있었다.

기독교 교리가 공식화하고 교회 조직이 강화되면서 기독교는 영지주의가 던진 그런 위협들을 막아 줄 보루를 갖게 되었다. 그러나 교세가 커지면서 로마 정부와의 관계도 바뀌었다. 3세기 전반에 세베루스가(家. the house of Severus) 황제들은 제국의 백성들을 통일하기 위해서 동방 종교들을 강조하는 방식으로 여러 종교들을 통합하는 정책을 펼쳤다. 그 가문의 초대 황제로서 주후 193년에 즉위한 셉티미우스 세베루스(Septimius Severus)는 시리아 에메사의 태양신 사제의 딸과 결혼했다. 알렉산더 세베루스(Alexander Severus)는 개인 예배실에 아브라함, 오르페우스(Orpheus), 그리스도의 조상(彫像)을 두고 있었다고 한다. 에메사에서 태어난 셉티미우스의 후계자는 태양신 엘라가발(Elagabal)의 대사제였기 때문에 엘라가발루스(Elagabalus〈Heliogabalus〉)라는 이름을 취했다. 그가 즉위함으로써 신격화한 황제에 대한 숭배는 황제 아우구스투스가 명령한 모든 규제 조항들을 벗고 노골적인 동방 종교가 되었다. 그리스도인들은 유대인들과 마찬가지로 이 종교를 받아들일 수 없었다. 세베루스가(家) 황제들은 그들에게 이 종교를 강요하려고 하지 않았다. 다만 202년 셉티미우스 세베루스가 유대교와 기독교로 개종하는 행위를 사형으로 금함으로써 이 비타협적인 두 종교의 확장을 막아보려고 생각했을 뿐이다.

순교자들

이 칙령 때문에 북아프리카에서 발생한 매우 감동적인 순교 이야기가 전해진다. 그때의 희생자들 중 한 사람인 페르페투아(Perpetua)가 박해의 원인을 그 칙령으로 밝힌다. 페르페투아는 스물두살의 귀족 여성으로서, 간수의 허락을 받고 젖먹이를 데리고 감옥에 갇혀 있었다. 곁에는 펠리키타스(Felicitas)라는 노예 소녀가 있었는데, 임신한 상태였으므로 남들과 함께 순교하지 못하게 될까봐 걱정하고 있었다. 로마 정부는 임신한 여성을 처형하지 않았기 때문이다. 재판날이 다가오자 페르페투아의 아버지가 신앙 때문에 죽기로 한 딸의 결심을 누그러뜨리기 위해서 찾아왔다. "애야, 내 흰머리가 가엾지 않니! 내게 아버지라 불리울 만한 가치가 있다면 네 아버지를 불쌍히 여겨다오 … 사람들에게 손가락질을 당하지 않게 해다오! … 네 아들을 생각해 보거라. 너 없으면 그 아이가 어떻게 살겠니. 자존심 때문에 우리 전부를 파멸시키지 말아다오." 페르페투아는 아버지 때문에 마음이 무척 무거웠다. 재판날이 왔을 때 총독은 그녀에게 이렇게 말했다. "네 아버지의 흰머리를 가엾게 여겨라. 네 자식의 앞날을 생각해라. 황제들의 안전을 위해 제사를 드려라." 그녀는 "싫습니다" 하고 대답했고, "네가 그리스도인인가?"라는 질문을 받고는 "그렇습니다" 하고 대답했다.

간수는 심성이 착한 사람인지라 죄수들에게 친구들의 면회를 허락했다. "경기장 행사가 임박했을 때 아버지가 오셔서 내 마음을 흔들어 놓으시더니 턱수염을 잡아뜯고 얼굴을 감싸쥐고는 살아온 날들을 저주하기 시작하셨고, … 나는 노년에 이런 불행을 끼쳐드려 너무나 슬펐다." 사형 판결을 받은 모든 죄수들은 펠리키타스가 동일한 소망의 길에서 낙오하지 않도록 기도했다. 펠리키타스는 진통이 찾아오자 소리를 질렀다. 그러자 간수 중 하나가 "이만한 고통에도 소리를 지르니 맹수들에게 던져질 때는 어떡할래?" 하고 말했다. 펠리키타스는 "지금 나는 내 고통을 당하지만, 그때에는 다른 분이 내 안에 계셔서 나를 위해 고통을 당해주실 거예요. 나도 그분을 위해 고통을 당할 거거든요" 하고 대답했다. 그리고는 딸을 낳았고, 자매들 중 한 사람이 데려가 친딸처럼 키웠다. 훗날 이 순교자들은 총독 앞을 지나가면서 "당신은 우리를 심판하지만, 하나님은 당신을 심판하실 겁니다" 하고 말했다. 그런 뒤 카르타고의 검투장에서 처형되었다.[13]

이 박해의 물결은 잠시 왔다가 지나갔고 광범위한 지역으로 확산되지 않았다. 주후 193년 셉티미우스 세베루스가 즉위할 때부터 주후 250년 데키우스(Decius)의 박해가 발생할 때까지 교회는 사실상 거의 중단 없는 평화를 누렸다.

비교(秘敎)들

이 기간 동안 동방 종교들, 특히 비교들(the Mysteries)도 번성했다. 3세기 후반에 황제 아우렐리우스가 태양신 숭배를 제국 종교로 만들려고 시도했을 정도로 3세기에는 비교들이 기독교의 주요 경쟁자가 되었다.

초기 교부들의 저서로 미루어 보건대, 그리스도인들은 비밀 종교들보다는 영지주의와 그보다 더 유서깊은 이교로부터 오는 위협에 더 관심을 두었다. 아마 어디에 가장 큰 위험이 있는지 미처 몰랐던 것 같다. 이 종교들을 가리켜 비교(秘敎)라고 하는 까닭은 그들의 의식이 비입문자들에게는 허락되지 않았기 때문이다. 이 종교들 대부분은 신의 죽음과 소생을 공통점으로 갖고 있었다. 주된 신들은 대부분 남녀 한 쌍을 이루었고, 하나는 죽고 다른 하나는 소생을 도왔다. 팔레스타인에서는 앞에서 살펴 본 바알(Baal)이 아쉬토레트(Ashtoreth)이라고 하는 여성 배우자를 두었다. 고대 그리스의 엘레우시스에서 성행한 비교들은 주된 쌍이 어머니와 딸로 구성되었다는 점에서 이 형태에서 벗어났다.

보다 공통된 구도는 바벨론의 탐무즈(Tammuz)와 이쉬타르(Ashtar); 시리아의 아도니스(Adonis)와 아스타르테(Astarte), 소아시아의 아티스(Attis)와 마그나 마테르(Magnamater〈大母〉)에게서 찾아볼 수 있다. 오르페우스 비교들에서는 주인공이 오르페우스(Orpheus)와 그의 죽은 아내 에우리디케(Eurydice)로서, 오르페우스는 아내를 찾으러 지옥으로 내려가서 아내를 이승으로 도로 데려온다. 이집트 종교에서는 오시리스(Osiris)가 형제에게 사지를 절단당하지만 아내이자 누이 이시스(Isis)에 의해 사지를 되찾고는 죽은 자들의 신이요 영혼들의 재판장이 된다. 그러나 그의 재생 기관들은 나일 강에 던져져 그 강은 이집트 땅을 비옥하게 만드는 강이 된다. 이시스는 찬란하고 아름다운 자연의 여신으로서, 시적 아름다움으로 묘사된다.

신의 죽음과 소생은 주로 춘분과 추분과 동시에 발생했다. 모든 비교(秘敎)들이 다산(多産)을 비는 요소들을 갖고 있었고, 아마 여신이 없었던 미트라교(Mithraism)조차 황소를 죽이는 미트라의 조상(彫像)들이 피를 보여주는 대신 상처난 옆구리에서 솟아난 곡식 줄기를 보여 준다. 그러나 이런 비교들은 단지 풍년을 비는 차원을 넘어섰다. 사람들은 그 의식을 거행하는 과정에서 그들도 자연처럼 죽은 뒤 다시 태어난다는 것과, 소생한 신과 결합함으로써 그들 자신도 신이 되고 그로써 불멸하게 된다는 것을 주지받았다.

이러한 결합은 다양한 방식으로 성취할 수 있었다. 디오니시오스교(Dionysian cult)에서는 신이 특정 짐승에 내주하다가 그 짐승이 죽을 때 곧 떠난다고 믿고서 짐승을 잡은 뒤 신속하게 먹었다. 마그나 마테르와 미트라교에서처럼 생명이 내재해 있다고 믿은 염소나 황소의 피로 세례를 주는 경우도 있었다. 신이 가득 내린 것으로 해석되는 엑스타시의 상태에 들어가기 위해 술과 성적 충동에 의존하는 경우도 있었다. 좀더 세련되게 신과 결합하는 방법에는 빵과 포도주 혹은 생선으로 이루어진 신성한 식사를 하는 것이나, 신에 관한 연극을 관람하는 것이나, 때로는 오르페우스교에처럼 음악을 연주하는 것이 있었다.

기독교와 비교(秘敎)들간의 대립은 상당히 컸으나, 양측은 특정 열망과 특정 의식에서 공통점을 갖고 있었다. 우선 필멸의 상태에서 구속되기를 바라는 열정에서 그랬고, 친숙한 집회 장소에서 나누는 친밀한 교제가 그랬으며, 노예와 자유민, 부자와 빈민이 동등하게 나누는 사회적 사귐이 그랬다. 특정 개념들은 쉽게 개조하여 기독교 신조와 의식에 넣을 수 있었다. 오시리스의 들판에 임하는 복을 새 예루살렘으로 전환할 수 있었고, 천상의 복된 여왕 이시스의 보호하에 임하는 안전을 레기나 코엘리(regina Coeli) 곧 하나님의 어머니 동정녀 마리아의 품에 숨는 것으로 전환할 수 있었다.

그러나 비교(秘敎)에서 기독교로 개종한 자들에게는 믿음을 왜곡시킬 우려가 있는 몇 가지 점들이 있었다. 그들은 더 이상 높은 신이 없는 죽음과 소생의 구주께 의식(儀式)의 초점을 두었기 때문에 성부 하나님께 대한 신앙을 침해할 우려가 있었다. 그보다 더 큰 위험은 그리스도께서 계절에 따라 죽었다가 소생하는 다산의 신으로 간주될 우려가 있다는 점이었다. 그분은 두말할 나위 없이 봄에 부활하셨기 때문이다.

기독교 절기와 성례

한동안 소아시아의 일부 그리스도인들은 3월 25일에 부활절을 지켰다. 이 날은 구력(舊曆)의 춘분으로서, 아티스(Attis, 소아시아인들이 믿던 신)가 죽었다가 소생한 날이기도 하다. 교회는 이 관습을 버리도록 했으나, 4세기에는 예수님의 탄생일을 1월 6일에서 12월 25일로 바꾸는 것을 허락했다. 그 날은 동지이자 태양신의 탄생일이었다. 이렇게 바꾼 이유는 기독교 회심자들이 이웃 이교도들과 뒤섞여 태양신 탄생일 기념 행사에 참여하는 것을 막기 위해 이 날을 대립 축일로 만들기 위함이었다. 여기에는 기독교 축일이 대립하고자 하는 축일과 너무 흡사하게 될 수 있다는 데에 위험이 있었다. 대체로 교회는 주변적인 문제에는 융통성을 발휘했고 핵심적인 문제에는 강경한 태도를 고수했다. 예를 들어 다산을 비는 특정 종교들의 상징물들 — 달걀과 토끼 — 이 부활절과 연계되는 것을 허용했지만, 예수님을 봄의 신화에 나오는 신이 아닌 역사적 인물로 경배할 것을 강하게 요구했다.

성례도 주의깊게 정의해야만 했다. 비교들은 사람이 불멸하기 위해서는 신과 합일해야 한다고 주장했고, 때로 그 결합이 음식을 통해 이루어진다고 했다. 기독교에서는 성찬(Eucharist)이 이 목적으로 쓰였지만, 조야하고 마술적인 방법으로 쓰이지 않고, 삶을 변화시키는 그리스도와의 연합, 그로써 사람이 새로운 피조물이 되는 연합에 그 의의를 두었다. 그러나 비교들에서처럼 성찬도 실제로 신을 먹는 행위로 해석될 소지가 있었다. 요한복음이 살을 먹고 피를 마셔야 한다는 예수님의 말씀을 적은 다음 "살리는 것은 영이니 육은 무익하니라"(요 6:63)는 말을 덧붙인 것은 그런 견해를 바로잡기 위함이었던 것으로 보인다.

교부들

세베루스 치하에서 비교적 느슨한 시기를 보낸 기독교 지도자들은 기독교의 지적 문제들에 더 큰 관심을 쏟을 수 있었다. 당대의 철학 전승들과 기독교 교훈과의 관계에 관해 기독교 사상가들이 강조한 내용에는 자연히 차이점들이 있었다. 카르타고에서 살던 터툴리안은 고전 철학과 기독교 전승을 조금이라도 뒤섞을 의향이 없던 사상가였다. 그는 이렇게 외쳤다: "아테네가 예루살렘과 무슨 상관이 있는가?"[14]

이렇게 아테네에 조금도 빚진 것이 없다고 주장하기는 했지만, 터툴리안은 예리한 사색 정신을 가지고 기독교 신조들을 체계화하고 정의했다는 점에서 그리스의 지적 전승의 후사요 전달자였다. 삼위일체(Trinity)라는 단어를 처음으로 만들고, 삼위(三位)가 하나의 본체로 통일되어 계시다는 교리를 공식화한 인물은 바로 그였다. 그는 또한 성자와 성부의 관계를 묘사하기 위해 공체적(consubstantial)이라는 단어를 도입했다. 이것을 좀더 흔한 용어로 말해서 성자가 성부의 존재에 참여하신다고도 할 수 있다.

그러나 기독교와 고전 문화가 융합된 중심지는 카르타고가 아니라 오랫동안 헬레니즘 유대교의 본산이었던 알렉산드리아였다. 3세기 전반에 이곳에서는 위대한 기독교 지도자 두 사람이 배출되었는데, 한 사람은 알렉산드리아의 클레멘트(Clement)이고, 다른 한 사람은 오리겐(Origen)이다. 이들은 그리스 철학에 빚지는 것에 당혹해 하지 않았다. 클레멘트는 그리스 고전 전승의 언어를 사용하고 당대의 모든 주의(ism)의 사상들에 세례를 베풀 용의가 얼마든지 있었다. 그에게 기독교란 지식 또는 조명이라는 의미에서 참 철학이요 참 영지(Gnosis)였다. 그는 그리스도인들을 각각 조명을 받은 단계에 따라 분류했다. 그러면서도 영지주의자는 아니었다. 예수님의 이야기를 우주적 신화로 변형하지 않았기 때문이다.

그는 신비주의 종교들의 언어를 사용했다: "참으로 성스러운 신비들이여! 훼손되지 않은 빛이여! 그 밝은 횃불에 힘입어 나는 하늘들과 하나님을 바라본다. 입문했으므로 거룩하게 된다. 주께서 친히 나를 가르치시고, 인을 치시고 그의 빛으로 인도하시며, 신자를 아버지께 의뢰하사 영원히 보호받게 하신다. 이것이 내 신비들에 대한 바카스교적인 주연(酒宴)이다. 뜻이 있으면 와서 입문하라. 천사들의 합창에 맞춰서 나음을 입지 않으시고 멸하실 수 없는 유일하고 참되신 하나님 주위를 돌며 춤 추라. 그러면 하나님의 말씀(the Word)께서 우리와 함께 찬송을 하실 것이다." 그러나 클레멘트는 기독교를 다산 종교로 변모시키지 않았다.[15]

그에게 기독교란 참 시(詩)였으며, 주 예수의 사역을 묘사할 때 시적 정신에 충일하다: "만물이 잠들지 않는 빛에 드러나며, 졌던 태양이 다시 솟아오른다. 재창조란 바로 이런 것이다. 우주라는 전차를 모는 이 곧 '의의 태양'은 마치 만물에 햇빛을 비추시고 그들 위에 진리의 이슬을 맺히게 하시는 그의 아버지처럼 온 인류를 공평히 찾아가시기 때문이다. 그는 십자가의 죽음을 생명으로 바꾸시고, 인간을 멸망에서 낚아채심으로써 일몰을 일출로 바꾸셨으며, 썩음을 썩지 않음으로 바꾸시고 땅을 하늘로 옮기심으로써 그들

하늘로 높이 끌어올리신다."[16] 그러나 클레멘트는 단순한 수사학자가 아니었다. 기독교 교육을 위해서 그리스 문화(파이데이아)를 사용하고 있었다.

클레멘트에게 참된 것은 그의 제자 오리겐에게도 참되었다. 방대한 분량의 글을 집필한 그는 알레고리에 의해서 유대교와 헬레니즘의 정수를 기독교로 종합해 낼 수 있었던 인물이었다.

당시에 교회에서 교육 받은 사람들이란 고대 세계의 철학 전승들에 동화할 수 있는 사람들이었다. 미술 분야는 그리스도인들 가운데 일반 대중이 주도했다. 음악에 대해서는 별로 말할 것이 없다. 골로새서는 시와 찬미와 신령한 노래에 관해 말하지만, 그 가사와 악보는 현존하지 않는다. 초기 기독교 미술은 프레스코 벽화(젖은 회벽에 수채로 그리는 벽화), 조각, 모자이크, 도자기로 보존되었다. 그럼에도 불구하고 교부들은 이런 것들을 인정하지 않았다. 터툴리안은 배와 십자가를 상징하는 닻과 신성한 물고기만 교회의 상징으로 인정했다. 알렉산드리아의 클레멘트는 견유학파의 전승에 서서 장식을 인위적인 것으로 배척했다. 그러나 대다수 그리스도인들은 카타콤(지하묘지)의 수많은 사례들이 입증하듯이, 이교 미술 기법을 사용하여 지하묘지(카타콤)에 그림을 남겼고, 묘지를 조각으로 장식했다. 교회에서 지도자들과 평민들 간의 이러한 견해 차이는 미술에만 국한되지 않고 보다 광범위한 현상을 가리키고 있다.

기독교 공동체에서는 한편으로는 감독들과 저술가들과 순교자들을 배출하던 엘리트 층과 다른 한편으로는 익명의 회중 층 간의 균열이 크게 벌어지고 있었다. 지도자들은 보다 엄격한 경향이 있어서 전쟁 참여와 개인 치장을 단죄했다. 양들은 종종 목자들의 음성에 귀 기울이지 않았다. 그 균열은 평신도와 성직자 간의 차이로 굳어지기 시작했다. 성직자들에게는 가정 생활과 사업과 정치에서 물러나는 독신과 가난이 기대된 반면에, 평신도들은 사업을 포함한 세속 직업에 종사할 수 있었다.

초기 교회에서는 가난이 보편적으로 미덕시되고 부자가 과연 구원을 받을 수 있을까 하는 회의적인 분위기가 지배적이었던 것에 반해, 알렉산드리아의 클레멘트는 부자도 구제에 힘쓰는 한에는 구원 받을 수 있다고 규정했다. 구제를 위해서는 재물이 꼭 필요했기 때문이다. 전반적인 추세는 초기의 엄격한 분위기가 느슨해지는 쪽으로 진행되었다.

사죄

처음 두 세기 동안 교회는 세 가지 죄를 하나님께는 용서받을 수 있으나 교회에게는 용서받을 수 없는 죄로 간주했다. 그것은 신앙의 부정과 성적 문란과 자살이었다. 이런 죄들에 대해서는 교회의 사귐에서 축출하고 하나님의 은혜가 전달되는 고유한 통로인 성찬을 금지하는 벌을 내렸다. 이그나티우스(Ignatius)는 그것을 가리켜 "불멸의 치유제요 죽음의 해독제"[17]라고 했고, 이레나이우스는 성찬물이 축성(consecration)된 뒤에는 큰 변화가 생기므로 더 이상 보통 음료로 간주해서는 안 되며, "성찬을 받을 때 우리 몸도 더 이상 썩지 않게 된다"[18]고 했다.

그러므로 수찬(受餐) 정지는 구원을 위태롭게 했고, 이런 징계를 받은 범죄자는 그런 엄혹한 조치를 완화해 주기를 갈망했다. 그러나 교회가 과연 순결을 더럽힐지 모르는 위험을 무릅쓰고서 염소들에게 양들과 사귐을 다시 갖도록 허용해야 할 것인가?

참회하는 죄인을 받아들이는 것을 교회의 공적 정책에 관한 문제로 받아들인 최초의 인물은 칼리스투스(Callistus)라고 하는 로마의 감독(주교)이었다. 그는 간음을 범했다가 돌아와 참회하는 자들을 여러 가지 근거에서 다시 받아들였다. 첫째, 교회는 정결한 짐승들뿐 아니라 부정한 짐승들도 들어갔던 노아의 방주와 같다. 둘째, 교회는 가라지가 밀과 함께 자라도록 방치된 밭과 같다. 셋째, 로마 교회는 베드로의 계승자인데, 예수께서는 그에게 매기도 하고 풀기도 하는 열쇠를 주셨다. (이것이 로마 감독이 이 단락을 기록으로 언급한 최초의 사례이다.) 터툴리안은 이 글을 받아보고 깜짝 놀라 "배교자들은 용서하지 않으면서 간음자들은 용서한단 말인가?" 하고 소리쳤다. 그러나 칼리스투스의 판결이 보편적으로 받아들여졌다.

음행과 간음을 범한 자들을 일단 교회에 다시 받아들이게 되자, 배교자들도 재가입을 허용해야 하지 않는가라는 질문이 대두되었다. 로마 정부가 기독교에 대한 관용책을 갑자기 포기하고서 체계적이고도 보편적인 박해를 가했을 때 배교가 특히 널리 확산된 바 있기 때문이다.

새로운 정책은 제국 내의 변화된 상황들의 산물이었다. 2세기부터 진행되어 오던 안정된 통치가 그 힘을 잃어가고 있었는데, 그 정도는 일부 사가들이 로마가 몰락하기 시작한 시점을 5세기로 잡지 않고 3세기로 잡을 정도였다. 제국은 존립이 위협받을 정도로 무정부 상태에 빠져들었다. 로마 군인들이 점차 득세했고 권력 투쟁을 통해 군인 황제들이 즉위와 폐위를 반복했다. 고통의 원인은 부분적으로는 경제에도 있었다. 무역과 산업이 지탱할 수 없을 만큼 조세 부담이 무거웠다. 공화정 시대에 로마인들은 소규모 농장에서 직접 노동하여 먹고 살았으나, 확장 전쟁으로 허다한 노예들이 유입되었다. 이러한 전쟁들이 벌어지고 있는 동안 그러니까 제정 초기에, 로마인들은 속주들에서 거둬들인 전리품들에 기대서 살았다. 그러나 세월이 흐르면서 이런 것들이 다 고갈했고, 더 이상 새로운 정복도 없었다.

군대가 뽑은 황제들은 생의 많은 부분을 국경 수비에 보낸 장군들로서, 제국 내의 불화나 불일치의 문제들을 관용에 호소하지 않고 칼을 들어 해결하던 거친 자들이었다. 그 시대 사람들과 마찬가지로 그들도 종교적이어서 제국의 불행을 파탄이나 경영 부실의 결과로 보지 않고, 로마를 대 제국으로 키워준 옛 종교를 소홀히 한 결과로 보았다. 따라서 그들은 황제 숭배를 중단하기는 커녕 옛 신들에 대한 숭배를 강조했다. 종교심이 커지면 로마가 옛 영광을 되찾을 것이라는 신념이 워낙 깊었기 때문에 주후 212년 황제 카라칼라(Caracalla)는 제국의 신들이 받음직한 기도를 드릴 사람들을 더욱 많이 확보하기 위해서 제국 전역의 자유민들에게 로마 시민권을 부여하였다.

데키우스(Decius)는 제국 전역에 옛 로마 신들을 숭배하라는 조서를 내린 최초의 황제였다. 다뉴브강 변방에서 복무하던 장군이었던 그는 어떠한 허튼 짓도 용납하지 않기로 작정했다. 그의 눈에는 완고한 그리스도인들이 무신론 때문에 신들에게 버림을 받은, 제국의 원수들로 비쳤다. 주후 249년 데키우스는 조서를 내리기를, 남자든 여자든, 그리스도인이든 이교도든 제국의 모든 시민들은 신들에게 공적 제사를 드림으로써 충성을 입증하라고 했다. 그러면 지역 관리들이 그들의 충성을 확인하고서 증명서를 발급해 줄 것이라고 했다. 일부 그리스도인들은 관리들의 묵인하에 공적 제사를 드리지 않고도 증명서를 받았다. 더러는 조서에 순복하여 제단으로 달려갔다. 더러는 신앙을 끝내 고집하다가 많은 수가 죽었다. 그 격렬한 박해는 데키우스가 자기 신들에게 버림을 받아 고트족과의 전투에서 전사한 주후 251년에 끝났다.

그 사건이 있은 뒤 교회에는 배교 죄를 범했던 자들을 다시 받아들일 것인가 하는 문제가 훨씬 더 첨예한 방식으로 제기되었다. 앞에서 본 대로 오랜 세월 평화를 누리는 동안 많은 그리스도인들은 신앙을 지켜 준 규율들을 느슨하게 만들어 왔다. 그들은 영적으로 제대로 준비를 갖출 여유도 없이 예기치 않은 시험에 부닥쳤다. 대제사장 관저 뜰에 섰던 베드로처럼, 그들은 주를 부인하고 나서 이제는 비통하게 울고 있었다. 교회에서 추방된다는 것의 의미가 과거보다 훨씬 더 명확하게 진술되고 있었기 때문에 그들은 훨씬 더 회복되기를 갈망했다. 앞에서 보았듯이 칼리스투스는 교회를 밖에서는 어떤 영혼도 구원을 받을 수 없는 노아의 방주에 비유했다. 카르타고의 감독 키프리안(Cyprian)은 "교회 밖에는 구원이 없다"고 잘라 말했고, "교회를 어머니로 모시지 않는 자는 하나님을 아버지로 모실 수 없다"[19]고 말했다. 그러므로 재가입을 허락해 달라는 요구가 빗발했다.

키프리안은 넘어진 자들에게 관용을 베풀자고 호소했다. "배교자들은 용서하지 않으면서 간음자들은 용서한단 말인가?"라는 터툴리안의 질문을 뒤집어서 "간음자들은 용서하면서 배교자들은 용서하지 않는단 말인가?" 하고 물었다.[20] 동시에 키프리안은 사안에 따른 차등 대접을 주장했다. 제사를 드리지 않은 채 증명서를 매입한 자들이 범한 죄는 실은 부정직의 죄로서, 그럼에도 불구하고 그들은 관리들에게 자기들이 그리스도인임을 밝혔다. 그들에게도 사면을 확대해야 하며, 아울러 모진 고문을 당한 뒤에 제사에 참여함으로써 영혼을 내주지 않고 육체를 내주었노라고 호소할 수 있는 자들에게도 사면을 확대해야 한다고 했다.

이러한 죄책의 등급을 다루는 과정에서 등급에 따른 고해 체계가 발전하게 되었는데, 범죄의 경중에 따라 교회 의식에 참여하지 못하는 햇수가 결정되었다. 고해(penance) 개념은 세례의 속편으로 발전한 것으로서, 고해로써 과거의 모든 죄를 씻어 버린다고들 믿었다. 세례는 반복할 수 없었기 때문에, 순교를 제2의 세례 곧 첫 세례 이후에 범한 모든 죄를 사하는 피의 세례로 간주했다. 이그나티우스 같은 사람이 순교자의 죽음을 그토록 갈망하고 자청했던 배후에는 바로 이런 신념이 깔려 있었다. 첫 세례를 받은 뒤에 죄를 범한 데다가 순교마저 받을 수 없는 사람들은 고해에 의지할 수 있었다. 이런 사상이 2세기 중엽 로마에서 씌어진「헤르마스의 목자」(The Shepherd of Hermas)에 제시되었다. 이 사상은 점차 발전하여 중세가 되기 전에 벌써 일반 그리스도인들은 — 비록 교회의 공적 가르침은 아니었을지라도 — 고해 행위를 통회의 증거 이상의 것으로 간주했다. 사실상 죄에 대해서 지불할 수 있는 공덕을 쌓는 것으로 간주했다. 구원이 하나님의 값없는 은혜의 선물이라는 바울의 가르침에서 얼마나 멀리 떨어진 견해였는가!

신플라톤주의

기독교를 뿌리뽑으려는 데키우스의 시도는 후임 황제들, 특히 발레리우스(Valerian)에 의해 반복되었다. 주후 258년 이 황제는 신들을 끌어들여 제국을 다양한 외적들에게서 보호해 보려고 진력을 기울였으나 허사였다. 그는 주후 260년 페르시아 원정 중에 생포되었다. 다음 황제 갈리에누스(Gallienus)는 박해 정책을 포기하고 주후 261년 사실상 관용령에 해당하는 조서를 내렸다. 사태가 이렇게 반전된 데 대한 한 가지 설득력 있는 설명은 갈리에누스의 태도가 데키우스처럼 야전 사령관의 태도와 달리 오히려 교양 있는 철학 옹호자의 태도였기 때문이라는 것이다. 당시에 유행하던 철학은 신플라톤주의(Neoplatonism)였다.

신플라톤 학파의 지도자 플로티누스(Plotinus)는 주후 244년경부터 270년까지 로마에서 활동했다. 그에게 종교란 영혼이 감각에 속한 것들로부터 해방되어 궁극적으로 황홀경 속에서 표현될 수 없는 지성(nous)과 결합하게 되기 위한 수단이었다. 따라서 물질 세계를 경시하면서도 신들에게 바치는 제사를 배척하지 않았다. 그는 기독교와 심지어 영지주의 기독교마저 배척했다. 그의 생도 포르피리우스(Porphyry)는 성경이 가르치는 창조, 타락, 성육신, 구속, 심판을 송두리째 배격했고, 박해 기간에 기독교를 겨냥하여 출판된 대단히 가공할 비판서들 가운데 한 권을 써냈다. 그러나 신플라톤주의자들은 종교적 묵종을 강요하기 위해서 제국의 군사력을 사용하는 데 반감을 가졌다. 이성적인 사람들이었던 그들은 논리와 비판에 의해서 기독교 교훈이 얼마나 불합리한가를 증명하는 것이 더 낫다고 느꼈다. 갈리에누스 재위 때 시행된 관용은 이러한 새로운 형태의 공격으로 전환해 가던 과정의 일부였음에 틀림없다.

이 기간에 기독교를 비판하는 방대한 분량의 저작들이 쏟아져 나왔는데, 오직 단편들만 현존한다. 그리스도인들은 생존을 위한 투쟁에 몰두해 있었던 터라 대적들의 주장에 불멸성을 부여하는 데 관심이 없었다. 그럼에도 불구하고 그 주장이 무엇인지 진술하지 않고서는 그들의 공격에 답변할 수가 없었다. 따라서 기독교 변증가들은 이교 비평가들의 글을 많이 인용한다. 포르피리우스가 기독교를 비판하기 위해 쓴 많은 저서들은 단편들만 남아 있지만, 그가 박식하고 예리하고 점잖은 사람이었음을 입증할 만큼은 충분히 남아 있다. 그는 야만적인 비판을 가하지 않고, 오히려 성경의 모순들을 지적했다. 예를 들어, 하나님이 어떻게 해와 달을 창조하시기 전에 빛을 창조하실 수 있었는지, 그리스도가 어떻게 제자들에게 더 이상 자기를 보지 못할 것이라고 말씀하고서는 동시에 그들과 항상 함께 있겠다고 할 수 있었는지를 물었다.

켈수스

기독교를 비판한 그런 문헌 중 자세한 내용이 현존하는 가장 오래된 것은 켈수스(Celsus)의 저작으로서, 그의 책 「참 강론」(Alethes logos. 주후 180년경)은 약 70년 뒤에 오리겐이 쓴 논박서에 상당 부분이 실려 보존되었다. 켈수스는 격렬하고 신랄한 사람이었다. 물론 그리스도인들이 근친상간과 식인을 저지른다는 대중의 비판을 답습할 정도로 경솔하지는 않았지만 말이다. 그러면서도 기독교 신조의 각 조항을 조롱하고 비방했다. 그는 하나님이 세상을 창조하시지 않았다고 말했다. 만약 하나님이 세상을 창조하셨다면, 그릇된 방향으로 나가지 않았을 더 나은 세상을 창조하셨을 것이라고 했다. 그러나 세상이 그릇된 방향으로 나갔다면 그것은 하나님이 세상을 바로잡는 데 관심이 없었다는 표라고 했다. 만약 관심이 있었다면 팔레스타인을 자기 땅으로 선정하셨을 리 만무하다고 했다. 아울러 그 땅에서 저급한 하층민들을 끌어모으고는 그들에게 이 동네에서 박해를 받으면 저 동네로 피하라고 가르친 사생아를 통해서 세상을 구원하려 하지도 않으셨을 것이라고 했다. (그 말은 "이 동네에서 너희를 핍박하면 저 동네로 피하라"〈마 10:23〉는 예수님의 말씀을 빗대어 한 말이다.)

"도대체 어떤 신이 자기를 배반할 사람을 제자로 선택한단 말인가? 화적패 두목이 차라리 그보다 더 통찰력이 뛰어났을 것이다. 예수는 중죄인으로서 십자가에 달렸다. 살아났다고 하지만, 그가 살아난 것을 누가 보았는가? 미친 여자와 넋나간 다른 사람들뿐이다." (이것은 예수께서 동산에서 막달라 마리아와 제자들에게 나타나신 일을 두고서 한 말이다.) 그리스도인들은 그리스도께서 자신의 부활을 예고하셨기 때문에 틀림없이 살아나셨다고 주장했지만, 켈수스는 제자들이 그 예언을 꾸며 기록에 삽입했을 가능성이 얼마든지 있다고 지적했다.

그리스도인들은 하나님이 불을 내려 이교도들을 사르되 그리스도인들은 그 불에 타지 않을 것이라고 주장하지만, 그 주장은 어리석기 짝이 없는 것이라고 켈수스는 썼다. 그는 그리스도인들이 사회 생활과 정치 생활에서 동떨어져 지낸다는 일반적인 비판을 반복했다. 우리는 앞에서 그리스도인이 군 복무를 하지 않으려 한다는 그의 비판과, 만약 모두가 다 그리스도인들 같다면 제국은 야만족에게 짓밟힐 것이라는 그의 주장을 언급한 바 있다. 만약 그리스도인들이 정치적 의무들을 떠맡지 않는다면 사회에서 떠나고 가정을 갖지 말아야 한다고 켈수스는 말했다.

기독교 저자들은, 군중들이든 황제들이든 철학자들이든 사람들이 자기들에게 가하는 비판에 대해서 포괄적인 논박을 내놓았다. 그들은 그리스도인들이 신들은 부정하되 단일신은 부정하지 않은 소크라테스(Socrates)와 같은 의미에서만 무신론자라고 답변했다. 그리스도인들은 부도덕하지 않으며, 그 회중은 마치 밤하늘의 횃불처럼 이교 세계에 우뚝 서 있다고 했다. 물론 시민 불복종의 죄가 있는 것은 사실이나 반란을 선동하지는 않는다고 했다. 그들은 더 높은 법에 충성한다고 했다.

    제자들이 기록을 위조했다는 켈수스의 비판에 대해서, 오리겐(Origen)은 다른 무엇보다도 그들이 거짓말을 위해서 죽음을 무릅쓰지는 않았을 것이라는 점을 지적했다. 그는 한층 더 예리하게 지적하기를, 위조자들은 자기들이 비판 받을 만한 내용을 꾸며내지 않는 법이라고 했다. 만약 그리스도인들이 유다의 배반과 베드로의 부인을 기록했다면, 단지 이교 세계에 대해 비위를 맞추려고 그랬던 것이란 말인가? 그들은 속임을 당했을지언정 속이는 자들이 아니었다. 한 세기 뒤에 알렉산드리아 감독 아타나시우스(Athanasius)는 이 마지막 점의 가능성에 대해서, 특히 부활에 관해서 변론했다. 그는 증인들의 신빙성이라는 시각에서 변론하지 않고 교회의 체험이라는 시각에서 변론했다. "지금도 사람들의 삶에 혁명을 일으키고 계신 그가 죽은 그리스도란 말인가?"[21]

기독교가 로마 사회에 끼친 영향

    기독교는 실로 변혁하는 개인들이었고, 한번 시련을 겪은 종교가 나중에는 시련을 가한 자들의 종교가 될 정도로 그 개인들을 통해서 사회에 영향을 끼쳤다. 그 절정의 문턱을 넘어서기 전에, 먼저 그리스도인들이 4세기 초까지 사회와 제국에 대해서 어떤 자세를 견지했는지를 되살피고, 그때까지 쟁취한 중요한 사항들에 대해서 그것을 쟁취하게 된 이유를 정리해 봄직하다. 주로 그리스도인들의 사회관은 이미 신약성경에 제시된 노선을 따랐다. 노예 제도에 관해서 교회측에서는 아무런 변화도 없었고, 노예들의 법적 지위 개선은 오히려 교회의 영향이라기보다는 스토아 철학의 영향을 받은 안토니우스가(家)의 업적이었다. 물론 성적 불륜에 대한 비판은 변함없이 지속되었다. 종말이 임박하다고 예상하고서 정절을 중시한 바울의 관점이 순교에 가족 유대가 방해된다는 새로운 이유에서 존속했다. 정치 사상은 왕들을 하나님이 세우신 자들로 여겨 순종하라는 바울의 교훈을 주로 따랐다. 로마 제국에 대해서는 종말에 앞서 발생할 혼돈을 억제하고 질서를 바로잡는 세력으로 평가했다.

동시에 신격화한 황제에 대해서는 적그리스도와 동일시했던 바, 어떤 그리스도인들은 재판받을 때 재판관들에게 그들이 그리스도의 법정에 서게 될 심판 날을 주지시키면서 거칠고 경멸하는 말을 퍼부었다. 교세가 특히 강했던 소아시아의 몇몇 감독들은 기독교와 로마 제국이 동시에 일어선 것을 하나님의 협력 사역으로 보았다. 기독교를 최초로 받아들인 왕은 3세기 초 에뎃사의 아브가르(Abgar)였다. 그 세기 말엽 콘스탄티누스(Constantine)보다 한발 앞서서 아르메니아의 티리다테스(Tiridates)가 나왔다. 아르메니아에서 사역한 대 선교사는 조명자 그레고리(Gregory the Illuminator)로서, 아르메니아 교회는 그의 이름을 따서 그레고리파(the Gregorians)라고도 불린다. 이 기간을 통틀어 제국에 대한 계시록의 적대적인 시각은 고트족의 침략을 박해자 로마에 대한 복수로 본 코모디아누스(Commodianus)의 시(詩)를 통해서만 표출되었다.

초기 기독교가 이 정도에 이를 만큼 성장하게 된 원인이 무엇인가를 묻는다면, 기독교가 폭넓은 계층에 호소력이 있었던 것을 한 가지 요인으로 제시할 수 있다. 유대교 배경을 가진 자들은 유일신론과 고도의 윤리를 높이 평가했을 것이다. 비교(秘敎)를 믿던 자들은 작은 집단이 마음에 편했을 것이다. 기독교의 예배식이 마음에 들었을 것이고 부활과 불멸에 대한 약속이 기뻤을 것이다. 지식인들은 기독교 신학의 미묘한 특성이 싫지 않고 마음에 들었을 것이다. 플로티누스 이후에는 시대의 대표적 지성들이 교회 안에 있었다. 순교자들의 용기는 때로 박해자들을 회심케 했다. 교회의 조직은 황제들에게도 감명을 주었다. 그리스도인들의 품행은 비방을 잠재우고 마지못한 경탄을 이끌어냈다. 콘스탄티누스 이후에 황제 율리아누스(Julian)가 이교를 되살리려고 시도한 적이 있는데, 그때 그는 백성이 그리스도인들의 삶이 갖는 기만적인 힘에 매료되어 있기 때문에 도저히 이교를 되살릴 수 없노라고 말했다. 기독교 변증가들은 주 예수께서 플라톤(Plato) 같은 철학자나 테미스토클레스(Themistocles) 같은 장군보다 더 매력있는 분이라고 증거했다. 그럼에도 불구하고 콘스탄티누스가 즉위할 무렵 그리스도인들의 인구는 제국 인구의 10분의 1이 채 되지 못했다. 그렇다면 과연 그 시점에서 누가 4분의 1세기 안에 기독교가 로마의 공인 종교가 되리라고 생각할 수 있었겠는가?

제4장

기독교 로마 제국

어떠한 선전도 기독교를 퍼뜨리는 데 박해보다 더 낫지 못했다. 3세기가 저물면서 종교적 쟁점은 갈수록 제국의 중대한 문제가 되어가고 있었다. 정부의 권한을 강화하기 위해서는 보편 종교가 필수적인 것처럼 보였으나, 그리스도인들은 요지부동이었다. 따라서 대안들이 나오지 않으면 안 되었다. 국가의 세속화 — 그것은 생각할 수도 없는 일이었다. 기독교의 근절 — 그것은 지금까지 성공을 거두지 못했다. 따라서 기독교가 제국 인구 대다수를 포괄하는 종교가 되어 주기를 바라고서 군주들이 기독교를 받아들이는 것밖에 다른 대안이 없었다.

디오클레티아누스의 박해

4세기 초 황제 디오클레티아누스(Diocletian)는 다시 한번 기독교를 뿌리뽑는 일에 착수했다. 그도 데키우스처럼 전방 사령관 출신으로서, 출신이 같은 부하 두 사람 갈레리우스(Galerius)와 막시미아누스(Maximian)와 손을 잡고 있었다. 데키우스처럼 이들도 한때 로마가 강성할 때 섬겼던 신들의 호의를 얻음으로써 제국의 영광을 되찾아 보려고 했다. 디오클레티아누스는 자기가 개인적으로 주피터(Jupiter)의 수호를 받고 있다고 믿었고, 막시미아누스는 헤라클레스(Heracles)의 수호를 받고 있다고 믿었다.

이들은 303년 교회 건물을 파괴하고 모든 성경 사본들을 공개리에 불사르라는 조서를 내림으로써 그리스도인들에 대한 박해를 시작했다. 그리스도인들은 사회적 지위를 상실하고 법의 보호를 박탈당했다. 그 뒤에 성직자들을 체포하라는 조서가 내려졌다. 셋째 조서는 사실상 뉘우치라는 권고였지만, 넷째 조서는 모든 그리스도인들을 죽이도록 명했다. 이때 목숨을 잃은 순교자들의 수는 그들의 명부를 만들어 일년 365일을 할애해도 다 기념할 수 없을 정도로 많았다. 디오클레티아누스는 305년 황제직을 물러났으나, 동방에서는 갈레리우스와 막시미누스 다자(Maximinus Daza), 그리고 그밖의 사람들의 주도로 박해가 잠깐씩의 소강 국면만을 거친 뒤 324년까지 지속되었다.

디오클레티아누스가 자발적으로 수도를 로마에서 동방으로 옮긴 것은 정부의 권한을 분산시키고 황제 계승의 질서를 확립함으로써 내전을 막고 행정을 안정시키려는 야심찬 시도의 일환이었다. 그는 제국을 동방과 서방이라는 두 개의 큰 관구로 분할하고, 각 관구를 아우구스투스(Augustus)라는 황제가 카이사르(Caesar)라고 하는 부황제의 도움을 받아 다스리도록 했다.

따라서 제국 수도는 두 곳이 되었다. 서방은 라인 강 근처에 자리잡은 트레베스(트리에르)가 수도였고, 동방은 유럽과 아시아 접경 지대에 자리잡은 니코메디아가 수도였다. 아울러 두 곳이 — 서방은 알프스 산맥 이남에 바로 붙은 밀라노, 동방은 다뉴브 강변의 시르미움 — 수도에 버금가는 도시가 되었다. 네 도시 모두 당시에 위협받던 변경을 지키기 위해 선택된 도시들이었다. 더 나아가 제국은 96개 속주로 세분되어 어떠한 속주 사령관도 비대한 군사력을 장악할 수 없도록 했다. 이러한 구분은 그 정치적 의미가 다 퇴색해 버린 오랜 뒤에도 교회의 행정 형태로 살아남았다. 동방의 디오클레티아누스와 서방의 막시미아누스가 초대 아우구스투스들이었다. 이들은 정해진 시간에 자발적으로 퇴임하고 각각의 카이사르 갈레리우스와 콘스탄티우스 클로루스(Constantius Chlorus, 콘스탄티누스의 아버지)에게 제위를 물려주기로 되어 있었다. 이 구도에 왕조의 성격이 하나 있다면 그것은 갈레리우스와 콘스탄티우스 클로루스가 두 아우구스투스의 딸들과 의무적으로 결혼하도록 하게 만든 것뿐이었다.

두 아우구스투스는 권력이 동등하지 않았다. 디오클레티아누스가 동방의 수도에서 최고의 권력을 유지하고 있었다. 디오클레티아누스가 은퇴하자 막시미아누스가 그 권력을 이어받았다. 두 카이사르는 아우구스투스가 되어 콘스탄티우스 클로루스는 서방을, 갈레리우스는 동방을 관할했다. 그들은 새 카이사르들을 임명하여 서방에는 세베루스(Severus)를, 동방에는 막시미누스 다자를 세웠다.

콘스탄티누스

이 구도는 완벽하게 작용하는 듯했다. 그러나 콘스탄티누스는 아버지가 죽자 브리튼과 갈리아에서 군을 장악한 뒤에 왕조의 원칙을 재도입한 채 자신을 아버지의 후임자로 인정해 줄 것을 요구했다. 갈레리우스는 동의했다. 그러자 막시미아누스의 아들 막센티우스(Maxentius)는 은퇴한 아버지의 위(位)에 스스로 올라 세베루스를 죽이고 로마에 좌정한 뒤 자신을 인정해 줄 것을 요구했다. 갈레리우스는 그 요구를 거절하고서 그 대신, 오늘날 유고슬라비아 서부에 해당하는 일뤼리쿰(일루리곤) 이외의 지역에서는 권세를 휘두를 수 없었던 리키니우스(Licinius)를 임명했다. 설상가상으로 막시미아누스가 아우구스투스 칭호를 재주장하고 나섰다. 따라서 제국을 통치하겠다고 나선 자가 6명이나 되었다. 디오클레티아누스가 막으려고 했던 바로 그 재앙이 현실로 발생하게 된 것이다. 그뒤 20년 동안 내전이 간헐적으로 발생했다.

동방과 서방의 대립 세력들은 몇 차례의 예비 대결을 거치면서 각각 자기 지역으로 물러갔다. 첫번째 대결은 서방에서 콘스탄티누스와 막센티우스 사이에 발생했다. 처음에 이 대결에서는 종교가 중요한 쟁점이 아니었다. 콘스탄티누스와 막센티우스 모두 이교도들이었지만, 둘 다 그리스도인들을 박해하지는 않았다. 막센티우스는 디오클레티아누스와 그의 동료들의 정책에 따라 헤라클레스를 자신의 수호신으로 받든 반면에, 콘스탄티누스는 아폴로(Apollo) 곧 태양신 헬리오스(Hellios)를 수호신으로 받들고, 그로써 주화에 태양 문양을 새겨 발행했다. 그러던 중 콘스탄티누스는 자신이 기독교 신앙으로 회심하는 깜짝 놀랄 만한 조치를 취했다.

그뒤로 콘스탄티누스는 자신의 군 전략가들의 조언과 상반되게 갈리아에서 이탈리아로 침공했고, 여세를 몰아 로마로 밀고 내려갔다. 이것은 경솔한 조치였을 수가 있었다. 막센티우스는 이미 로마 성곽에 들어가 있어서 오랜 포위 공격에도 견딜 수 있었기 때문이었다. 그러나 막센티우스는 오히려 성 밖으로 튀어나와 밀비아 다리로 티베르 강을 건너는 도중에 공격을 받고는 물에 빠져 죽었다. 콘스탄티누스를 제거하려고 공모했던 막시미아누스는 체포되어 자기가 선택한 방법으로 자살하도록 허용되었다. 이로써 312년에 콘스탄티누스는 서방의 패권자가 되었다. 그는 즉시 그 지역 교회의 내부 문제들에 대해서 부권적인 감독을 시작했다.

    동방에서는 종교적 쟁점이 그대로 남아 있었다. 디오클레티아누스는 더 이상 그 문제에 간섭하지 않았던 것이 분명하다. 그는 달마티아 해변에 마련한 개인 농장에서 양배추를 재배하고 있었다. 그러나 311년 그가 죽은 직후에 갈레리우스는 기독교 근절 정책이 실패로 끝났음을 인정했다. 그리고는 그리스도인들을 자기들의 이교 조상들의 신들 앞으로 불러올 수 없으므로 그들에게 자기들의 하나님을 섬기도록 허용한다는 내용의 조서를 내렸다. 제국이 심지어 기독교 신에게 바치는 기도로나마 약간의 유익을 얻게 되기를 바랐던 것이다. 그리고는 갈레리우스는 죽었다. 콘스탄티누스는 다음으로 리키니우스 문제를 처리해야 했다.

    두 사람은 313년에 밀라노에서 만나 제국의 모든 종교에게 평등권을 주는 정책에 합의했다. 각 사람이 자기가 원하는 종교를 믿을 수 있게 하여 어떤 신이든 제국에 호의적이도록 했다. 이 결정을 구체화한 조서는 기독교에게 어떠한 우월한 지위도 주지 않았고 기독교적 용어도 일절 쓰이지 않았다. 리키니우스는 여전히 이교도였던 것이다. 그럼에도 불구하고 몇년 뒤 리키니우스는 동방에서 여전히 그리스도인들을 박해하고 있던 막시미누스 다자와 접전하여 승리를 거둔 뒤에 그리스도인들의 옹호자가 되는 듯했으나, 다시 입장을 바꾸어 십년 뒤 콘스탄티누스와 최후 대결을 할 때는 박해를 재개했다. 이 대결 끝에 324년 콘스탄티누스는 승리를 거두어 제국의 유일한 군주가 되었다. 그는 지금까지 내내 십자가 군기 아래 승리를 거두었다.

    콘스탄티누스는 왜 기독교를 받아들였고, 자신이 행한 일을 얼마나 충분히 이해했을까? 정중하게 말하자면 그가 취한 노선은 매우 어리석어 보였음에 틀림없다. 왜냐하면 당시에 기독교는 서방 인구의 10분의 1도 안 되는 사람들의 종교였기 때문이다. 4분의 1세기 뒤에 주교(감독) 유세비우스(Eusebius)는 콘스탄티누스가 "이것으로써 정복하라"는 말과 함께 하늘에 나타난 십자가 환상을 보았다고 언급한 것을 술회했다. 그 이전에 활동을 한 또 다른 기독교 저자는 콘스탄티누스가 꿈을 꾸었었다고 말했다. 황제 자신은 어떠한 환상이나 꿈도 언급하지 않은 채 회심을 체험했노라고 간증했다.

그러나 콘스탄티누스가 기독교의 하나님이 자신을 궁극적 승리로 인도하실 것이라고 믿었다는 이야기에는 틀림없이 일말의 진실이 있다. 그의 말을 그대로 받아들여 그가 회심했다고 생각할 수도 있지만, 거기에다가는 그가 예수를 헤라클레스나 아폴로보다 더 강한 신으로 간주했음에 분명하다는 말을 덧붙여야 할 것이다. 그러나 그는 얼마나 깊이 회심했을까? 더러는 콘스탄티누스가 임종 침상에 뉘이기까지 세례를 받지 않았으므로 믿음이 매우 옅었다고 추정했다. 그러나 이것은 드문 예가 아니었다. 교회는 세례가 과거의 모든 죄를 씻는다고 가르쳤고, 콘스탄티누스 시대의 현명한 자들은 대개 모든 죄를 다 저지를 때까지 세례를 연기했던 것이다.

그의 회심의 본질과 깊이를 평가하기 더 어렵게 만드는 것은 그가 차후에 나타낸 모호한 행동들이다. 예를 들어, 그는 자기가 막센티우스에게 거둔 승리를 신적 충동으로 돌렸다. 그리고는 '신적 충동'(instictu divinitatis)이라는 글귀를 로마에 세운 자신의 개선문에 새겨 넣었다. 그러나 그것이 어떤 신이었던가? 그리스도였던가, 아니면 아폴로였던가? 아폴로에 대한 상징은 심지어 그가 리키니우스에게 승리한 뒤에 발행한 주화에도 그대로 남아 있었다. 이렇게 보는 이유는 그것을 실제 태양으로 해석할 수도 있고, 아니면 "날개로 치유하는 의의 태양으로" 해석할 수도 있기 때문이다. 물론 황제는 자신이 신이라는 주장은 분명히 포기했다. 교회 분쟁을 조정해 달라는 요청을 받고는 왜 동일하게 그리스도의 심판을 기다리고 있는 자신에게 심판을 청하는가 하고 물었기 때문이다.

그럼에도 불구하고 그는 자신을 "하나님의 사람", 신적 목적을 이루는 도구라고 부름으로써 하나님과 독특한 관계에 서 있었다. 그는 하나님이 그리스도 안에서, 특히 부활을 통해서 자신을 계시하신 역사의 주재(主宰)라고 믿었다. 기독교를 "불사를 위한 투쟁"이라고, 즉 그리스도의 부활로 사람들에게 약속된 불멸을 위한 투쟁이라고 묘사했다. 하나님이 인류를 위해서 베푸신 섭리적 보호는 비록 악인들에게 배척을 당했으나 순교자들 — 콘스탄티누스는 자신을 그들의 후계자로 여겼다 — 에 의해 입증되었다고 했다. 그들은 죽음으로써, 자신은 싸움으로써 승리자(Victor)라는 칭호 — 그는 이제 황제라는 칭호에 이 칭호를 덧붙였다 — 를 획득했다고 했다.

그는 입법을 통해서 과거에 이교 종교들이 누리던 특권들을 교회에 부여했다. 기독교의 예배처는 당연히 복구되게 했고, 교회는 법인 단체로서 재산을 소유할 수 있게 했다. 과거에 신전에서 그랬듯이, 이제는 교회에서 노예를 해방할 수 있었다. 성직자들은 이교 사제들과 마찬가지로 공민의 의무를 면제받았다. 미혼자들을 처벌하던 아우구스투스의 법은 두말할 나위 없이 독신에 대한 그리스도인들의 높은 관심을 반영하여 폐지했다. 주간의 첫날은 공휴일로 제정했다. 그러나 그 날을 주의 날(주일)이라고 하지 않고 태양의 날(일요일)이라고 불렀다. (흥미롭게도 이 태양신 숭배의 흔적이 앵글로색슨 계통 사람들을 포함한 북유럽 사람들 사이에 남아 있다. 이들은 일요일 〈Sunday〉이라고 하지만, 라틴 사람들은 주일〈Lord's Day: dimanche, domenica, domingo〉이라고 한다.) 콘스탄티누스의 경건은 십자가형을 폐지케 했으나, 검투 경기를 금하는 법은 제정되지 않았고, 노예 제도도 폐지되지 않았다. 콘스탄티누스는 고전 문화의 골격에 급진적인 변화를 일으키지 않았다.

교회에 관해서 그는 자신의 성실한 태도를 천명했고, 자신을 가리켜 "하나님이 교회 외적 문제를 감독하도록 임명하신 주교"라고 했다. 아마 자신은 사제가 아니며 따라서 성례를 집례할 수 없다는 뜻으로 한 말인 듯하다. 그러나 그가 교회 문제 중에서 그가 간섭하지 않으려고 했던 것은 없었다. 그는 자신이 새로 발견한 신앙에 국교의 지위를 부여하지 않았다. 기독교는 그의 백성 대다수가 신봉하는 종교가 아니었고, 콘스탄티누스도 기독교를 이교도들에게 강요할 생각이 없었다. 실제로 자신이 이교 종교들의 폰티펙스 막시무스(Pontifex Maximus, 대사제)라는 칭호를 한동안 그대로 사용했다. "불사를 위한 투쟁은 자유로워야 한다"고 그는 말했다. 그가 실질적으로 행했던 것은 잠정적으로 종교적 다원주의를 인정한 것이었다. 예를 들어, 군대에서는 이교 병사들이 기독교적 요소가 담기지 않은 모호한 기도문을 사용하는 것이 허용되었다. 그럼에도 불구하고 콘스탄티누스는 자신을 열정적인 기독교 신자라고 공언했고, 그로써 비잔틴 제국 발전에 초석을 놓았다.

콘스탄티누스는 교회가 정치적인 통합 세력이 될 줄로 기대했음에 틀림없다. 하지만 기독교가 제국 내의 문화적 불균형을 바로잡을 요인이 될 줄은 충분히 인식하지 못했을 것이다. 그리스도 이후 처음 3세기 동안 로마 세계 안에는 서로 균형이 맞지 않는 세 가지 영향력들이 작용하고 있었다. 그것은 야만족을 군대로 끌어들인 것과, 제국의 군사화와, 궁전의 동방화였다. 첫째 영향력을 놓고 볼 때, 기독교는 야만족 신참자들과 동일시되지 않았다. 기독교의 힘은 옛 로마인들의 중심지들에 있었다. 그러므로 콘스탄티누스는 이교도 리키니우스를 치기 위해 십자가 군기하에 행군하면서 로마니타스(Romanitas)의 수호자로서, 즉 그리스 로마 문화 유산의 수호자로서 자임할 수 있었다. 기독교는 군대의 정부 지배를 가로막는 요소로 작용했고, 그리스도인들은 야만족의 위협이 상존하는 변경에서 멀리 떨어진, 제국에서 가장 평화로운 지역에 몰려 살았으며, 원칙에 입각하여 오랫동안 전쟁에 참여하기를 거부했다. 마지막으로, 그리스도인들은 황제의 신성을 부정함으로써 황제 숭배에서 동방적 요소들을 제거했다. 콘스탄티누스는 기독교에 호의를 베푸는 과정에서 자기도 모르게 몸집은 제국이되 정신은 평화로운 공화제적 요소들을 지닌 옛 로마에 호의를 베풀고 있었다.

콘스탄티누스 시대는 그리스도인들에게 제국에 대한 태도와 시민으로서의 태도에 급진적인 변화를 가져다 주었다. 기독교 박해가 중요한 쟁점이 된 20년간의 내전 기간 중 싸우려고 하지 않던 자들조차 자기들에게 관용 혹은 호의를 약속하는 군대가 승리하도록 해달라고 기도하지 않을 수 없었다. 그리고 콘스탄티누스가 십자가 군기하에 승리를 거두자, 그리스도인들은 그를 주의 기름부음 받은 자로 추켜세웠다. 새 시대에 득세한 그들의 정치 철학은 가이사랴의 주교 유세비우스에 의해 잘 대변되었다. 즉, 그는 과거에 소아시아의 몇몇 주교들이 언급했던 주제를 끄집어 내어, 제국과 교회는 동시에 설립되었으므로 하나님이 인류 구속을 위해 함께 계획하신 두 가지 작품이라고 했다. 교회는 인간을 창조주와 화목케 했고, 제국은 마귀에게 속한 신들의 손아귀에서 전쟁을 일삼던 다양한 왕국들을 종식시킴으로써 정치적 통일을 이룩했다. 이제 그리스도인들은 한 분 하나님, 한 분 주님, 하나의 신앙, 하나의 세례, 하나의 제국, 한 명의 황제를 고백할 수 있었다. 그들은 콘스탄티누스의 승리에 의해 칼을 두드려 보습으로 만들고 나라들이 더 이상 전쟁을 연습하지 않는다는 이사야서의 약속이 성취되었다고 단언했다.

그러나 콘스탄티누스는 막센티우스에게 승리를 거둔 직후에 교회가 제국의 접착제 역할을 하기는 커녕 사회적 골격 내에 존재해오던 균열들을 더 심화시키고 있다는 것을 발견했다. 기독교는 종종 심각한 내분을 겪었기 때문이다.

도나투스파

콘스탄티누스가 서방에서 승리를 거둔 뒤 최초의 분쟁은 박해 때 변절한 자들을 징계하는 문제를 놓고 북아프리카에서 발생했다. 데키우스의 박해가 끝난 뒤에는 변절했던 그리스도인들이 적절한 고해를 행한 뒤에 신자의 지위를 회복한 바 있다. 디오클레티아누스의 박해가 끝난 뒤에 제기된 문제는 양들의 목숨을 아끼기 위해서 조대로 성경을 내주어 불사르게 한 성직자들에 관한 것이었다. 엄수파는 이 트라디토레스(traditores, "〈성경을〉 넘겨준 자들"이란 뜻으로 배반자라는 뜻도 실림)가 거룩한 말씀을 멸하는 데 앞장섰으니 성직은 말할 것도 없고 성찬에도 다시는 참여할 수 없다고 주장했다. 이 엄수파는 합법 철차에 따라 카르타고의 주교로 임명된 사람에 반대하여 자기들의 주교로 추대한 도나투스(Donatus)의 이름을 따서 도나투스파라는 이름을 얻었다.

그 균열은 종교적 영역에만 국한되지 않았다. 북아프리카에는 세 가지 사회 계층이 있었다. 맨 위층에는 토지를 소유한 라틴 귀족들이 있었는데, 이들은 로마의 이질적 인구보다 라틴 민족의 특성을 더 순수하게 보존한 경우가 종종 있었다. 그들 밑에는 카르타고가 함락될 때 자기들의 땅을 정복한 로마인들이라는 새 지배자들을 섬겨야 했던 고대 카르타고인들(the Punics)이 있었다. 셋째 계층은 초원 지대를 중심으로 고대 카르타고인들과 로마인들보다 그곳에서 오래 살던 베르베르인들(the Berbers)이었다. 두 하층민들은 힘을 합해 도나투스파를 지지했다. 왜냐하면 덜 엄격한 정책을 펴던 상대 세력이 지역 라틴 귀족들과 로마의 라틴인들에게 지지를 받았기 때문이었다. 로마가 그리스도인들을 박해할 때 그리스도인이 된 그들은 이제는 로마가 인정치 않는 기독교 분파를 지지했다.

콘스탄티누스는 그 분쟁을 예의 주시했다. 왜냐하면 재산권 주장이 포함되어 있었기 때문이다. 일찍이 그는 박해 때 몰수된 교회 건물을 교회에 되돌려 주도록 명령했었다. 따라서 그것은 어느 측에 합법적 권리가 있는가 하는 분쟁이기도 했다. 콘스탄티누스는 그 문제를 로마 주교에게 넘겼고, 주교는 도나투스파에 반하는 결정을 내렸다. 그들은 승복하려고 하지 않았다. 그러자 콘스탄티누스는 서방 주교들을 대상으로 공의회를 소집했다. 314년 갈리아 아를에서 주교들이 모였다. 이 공의회도 도나투스파에 반하는 결정을 내렸지만, 여전히 그들은 승복하려고 하지 않고서 황제에게 직접 항소했다. 폭력이 난무했다. 콘스탄티누스는 무력 진압을 시도해 보았다가 성과가 없자 그 사건을 그대로 방치해 두었다.

한 세기 뒤인 어거스틴(Augustine) 때 북아프리카에서 도나투스파의 숫자는 정통파의 숫자보다 많았다. 그 문제를 해결하기 위해 세 가지 방법이 시도된 셈이다. 한 번은 로마 주교가 나섰고, 한 번은 황제가 직접 나섰으며, 다른 한 번은 주교들의 공의회가 나섰다. 비록 어떤 방법도 성공을 거두지 못했으나, 콘스탄티누스는 그뒤부터는 유화적인 태도로 접근했다.

아리우스파

그런 뒤 동방에서는 아리우스 논쟁이 발생했다. 그리스도와 하나님의 관계를 쟁점으로 이집트 알렉산드리아에서 발생한 논쟁이었다. 아리우스(Arius)라는 그곳의 연로한 장로는 성자 그리스도가 비록 모든 피조물 중에서 가장 높은 분이긴 하지만 여전히 피조물이라고 주장했다. 그에게는 존재의 시작이 있었다고 했다: "그가 존재하지 않은 때가 있었다."[1] 그는 무(無)에서 지음을 받았고, 따라서 변했으며 변화에 종속되었다고 했다. 그를 논박한 집단은 차후에 아타나시우스(Athanasius) — 초기에 그는 부제(deacon, 집사)이자 알렉산드리아 주교의 비서에 지나지 않았다 — 가 이끈 집단으로서, 만약 성자와 성부의 관계가 영원하지 않고 불변하지 않다면 인간의 영원한 구원이 위태롭게 된다고 주장했다.

아타나시우스의 견해 이면에는 인성(人性)과 신성(神性)이 결합할 수 없을 정도로 분리되어 있지 않다는, 이레나이우스의 주장에 대한 신념이 깔려 있었다. 만약 그렇다면 하나님은 인간이 되셨고, 인간은 어느 정도는 하나님이 될 수 있는 셈이다. 그리스도는 이런 관계의 선구자요 중재자이시다. 그러나 이것은 그리스도가 온전한 인간이신 동안에 온전히 영원 불변한 신이신 경우에만 가능하다. 만약 그리스도가 피조물이라면 그는 종속적인 신이신 셈이고, 그런 경우라면 이교의 다신론처럼 더 많은 신들이 있어서는 안 된다는 보장이 어디 있겠는가?

콘스탄티누스는 기겁을 했다. 솔직히 그는 그 모든 "신학적 시비"가 무엇에 관한 것인지를 몰랐으나, 그것이 평화를 저해하고 있다는 것만큼은 알았다. 아리우스는 혼란스런 알렉산드리아에서 심지어 항만 노동자들까지 선동하고 있었기 때문이었다. 더욱이 분열된 기독교로는 제국을 봉합할 수 없었다. 콘스탄티누스는 자신의 교회 문제 고문이자 사절인 스페인 코르도바의 주교 호시우스 편으로 언쟁 중인 알렉산드리아인들에 대한 유감의 뜻을 담은 서한을 보냈다. 황제는 자기가 제국을 공고히 하기 위해서 기독교 신앙을 받아들였는데, 과거에 서방에서 벌어진 도나투스파 분쟁으로 자기가 얼마나 실망했었는가를 밝혔다. 그리스도의 빛이 솟아오른 동방에서는 치유를 발견하기를 기대했다가 실망한 심정을 이렇게 표현했다: "여러분이 단지 단어들 가지고 이해하기 어렵고 어느 경우든 유익하지 않은 점들을 가지고 분쟁을 벌이고 있다는 말을 들었을 때 — 이런 분쟁이란 여가를 그릇 사용해서 생긴 것이다 — 짐의 귀가 얼마나 상처를 받았는지 모른다." 콘스탄티누스가 논쟁을 벌이고 있던 알렉산드리아인들에게 보낸 서한은 사실상 이런 내용으로 일관했다.

알렉산드리아인들은 그들의 논쟁이 "상식인에게는 무가치한" 것이라는 말을 전해듣고는 잠잠히 있지 않았다. 그들은 인간이 가지는 구원의 확신이 그리스도와의 관계에 달려 있고, 그리스도께서 하나님과 맺고 계신 불변하고 수정 불가능한 관계에 달려 있다고 이해했기 때문이다. 그 논쟁은 성경과 전승에 호소하여 해결할 수 없었다. 양측이 다 성경과 전승에서 논거를 찾았기 때문이다. 아타나시우스주의자들은 말씀이신 그리스도가 태초에 하나님과 함께 계셨다고 기록한 요한복음 첫 장을 인증할 수 있었다. 아리우스주의자들은 골로새서에서 그리스도가 "모든 창조물보다 먼저 나신 자"라는 진술을 인증할 수 있었다. 그 진술이 그리스도 자신도 창조되었음을 암시하지 않느냐고 했다. 초기 기독교 저자들 가운데 아리우스주의자들이 기댈 수 있었던 사람은 성자의 기원을 시간 안에 둔 터툴리안이었고, 아타나시우스주의자들이 기댈 수 있었던 사람은 시간을 초월한 그리스도의 발생을 주장한 오리겐이었다.

니케아 공의회

성경과 전승에서 만족스러운 해결책을 찾지 못하자, 남은 방법은 교회의 합의에 의뢰하는 길밖에 없었다. 그러므로 콘스탄티누스는 공의회를 소집했고, 이 공의회는 325년 소아시아 니케아에서 열렸다. 이 회의는 동방과 서방에서 주교들이 참석했기 때문에 제1차 에큐메니컬(혹은 보편) 공의회라고 불린다. 콘스탄티누스는 자신의 즉위 12주년을 기념하기 위해서 회의에 참석한 주교들에게 석찬을 베풀었다. 대 박해를 견디고 살아남은 그들은 황제와 함께 식탁에 앉기 위해 양쪽으로 도열한 로마 군인들 사이로 걸어갈 때 혹자는 하나님의 나라가 이미 임한 게 아닌가 하고 놀랐고, 혹자는 자기가 꿈을 꾸고 있다고 생각했다. 소망으로 잔뜩 부푼 역사적 순간이었다. 그러나 소망이 품은 그대로 실현되는 경우란 드문 법이다. 그 공의회는 콘스탄티누스가 교회에 대해서 안고 있는 문제 혹은 교회 자체의 내적 분쟁을 해결하지 못했다. 성자가 성부께 종속된다는 견해를 배척했다. 성자와 성부의 온전한 동등성을 표시하기 위해서 사용된 단어는 "동일 본질 혹은 존재의"라는 뜻의 헬라어 호모우시오스(homoousios)였다. 등가(等價)의 영어(라틴어에서 파생함)는 "공체적"(공재적, consubstantial)이다. 공의회는 성부와 성자를 하나의 존재 혹은 본질을 지닌 두 위격(位格, person)으로 묘사했다.

삼위일체 교리는 매우 풍성한 개념을 담은 신조이다. 하나님께 단수성과 복수성 모두를 돌려서, 하나님은 한 분이신 동시에 세 분이라고 한다. 하나님께 존재(being)와 되심(becoming)을 모두 돌려서, 하나님은 존재의 궁극적 토대로서 정적이고 불변하시지만, 그분 안에는 무시간적인 발생(generation) 과정이 있다고 한다. 그 이유를 성자는 성부에게서 나시고, 성령은 성부 한 분에게서(정교회에 따르면) 혹은 성부와 성자에게서(로마 교회에 따르면) 발출하시기 때문이라고 설명한다. 하나님은 시간을 초월해 계신 동시에 시간 안에 계신다. 성육신 안에서, 그리고 이스라엘과 기독교 교회의 역사 전체를 통해서 영원이 시간에 부딪힌다. 하나님은 부정적인 표현들로만 설명할 수 있는 궁극적 존재이심에도 불구하고, 모세의 하나님, 말씀하시는 하나님으로서의 개인적 특성들을 지니신다. 그리스도는 인류를 구속하기 위해 육신이 되사 고난과 죽음을 당하신 하나님이시다. 실로 모든 정통 기독교 사상이 일원론적인 성격을 띠었듯이 삼위일체 교리도 일원론적인 성격을 띠었다. 이단들은 대개 이원론자들이었다. 2세기에는 영지주의자들이 육체와 영혼을 구분했다. 이제는 아리우스주의자들이 피조물과 창조주를 구분했다. 나중에 보겠지만, 훗날에는 네스토리우스파(Nestorians)가 그리스도 안에서 신성과 인성을 갈라놓는 경향을 띠었다.

그러나 아타나시우스주의자들은 하나님을 통일할 수는 있었어도 교회를 통일하지는 못했다. 니케아 공의회는 아타나시우스주의자들의 견해를 재가했다. 콘스탄티누스는 아리우스를 포함한 다섯 명의 반대자들을 추방했고, 아리우스의 저서들을 불사르도록 내어주지 않는 자들은 사형에 처한다고 공포했다. (황제는 이교도들을 위협할 생각은 없었으나, 체제에 반대하는 그리스도인들에 대해서는 생각이 달랐다.) 그러나 공의회가 산회한 뒤 콘스탄티누스는 기독교 인구가 밀집해 있는 소아시아 지역에서 인구의 다수가 아리우스를 편들고 있는 것을 발견했다. 그는 오로지 화해에 관심이 있었기 때문에 그 문제를 재토론에 부칠 용의가 있었다. 10년 뒤인 355년 티르(두로)에서 교회회의가 열렸고, 이번에는 아리우스주의자들이 승리를 거두었다. 아리우스는 복권되었고(비록 죽음이 그의 승리를 비웃긴 했지만), 아타나시우스는 유배되었다. 그러나 그 갈등이 끝난다는 것은 요원한 장래의 일이었다.

비잔틴 제국

330년에 콘스탄티누스는 제국의 수도를 로마에서 옛 비잔틴의 요새 도시가 있던 보스포루스 강 어귀로 옮겼다. 그곳을 그리스도께 봉헌한 이후로 그곳은 콘스탄티노플로 알려지게 되었다. 천도(遷都)를 한 데에는 그럴 만한 이유가 있었다. 새 수도는 제국의 교역 요충지에 근접해 있었다. 이곳에는 동방에서 오는 적군들을 막고 평원 지대에서 밀려오는 이민들을 막을 수 있는 성채를 세울 수 있었다. 그리고 기독교가 소멸해 가던 고대 세계의 이념들을 대체할 힘을 발전시킨 곳도 주로 동방이었다. 비록 기독교에 직접 영향을 주려고 천도를 단행하지는 않았지만, 그 천도의 결과 로마의 주교는 사실상 서방 세계 카이사르들의 외투를 물려받는 계승자가 되었다.

콘스탄티누스는 337년에 죽었고, 제국은 그의 세 아들에게 분할되었다. 콘스탄티누스 2세(Constantine II)는 서방의 속주들을 받았고, 콘스탄스(Contans)는 아프리카와 그리스, 그리고 로마를 포함한 이탈리아를 받았으며, 콘스탄티우스(Constantius)는 동방을 받았다. 각 군주는 자기 영토에서 우세한 종교적 견해를 채택했다. 서방은 니케아 신조를, 동방은 주로 아리우스의 견해를 채택했다. 콘스탄티누스 2세와 콘스탄스는 니케아 신조를 신봉했다.

그러나 두 사람은 서로 싸웠기 때문에 니케아파의 세력은 양분되었고, 아리우스파가 제국 전역에서 패권을 차지했다. 340년 콘스탄티누스 2세가 죽자 콘스탄스는 니케아 지역을 통합하여 전세를 역전시킬 수 있었다. 그러나 이번에는 콘스탄스가 350년에 암살당하자 아리우스주의자인 콘스탄티우스가 제국 전역을 다스렸다. 훗날 제롬(St. Jerome)이 관찰한 대로, 그뒤부터 "세계는 신음했고 자신이 아리우스주의임을 발견하고서 크게 놀랐다."[2]

배교자 율리아누스

그뒤 361년 콘스탄티누스가 죽은 다음부터 제국은 그의 사촌 율리아누스 치하에서 잠시 이교의 지배를 받게 되었다. 율리아누스는 역사에서 배교자 율리아누스(Julian the Apostate)라는 이름으로 전해 내려온다. 그는 비록 어렸을 때 기독교 교육을 받고 자랐지만, 그의 종교는 신플라톤주의와, 신들을 궁극적 존재로부터 발출한 자들로 인식하는 대중적인 이교가 모호하게 섞인 종교였다. 율리아누스는 처음에는 밀라노 칙령(the Edict of Milan)이 선포한 종교적 중립 정책으로 돌아가 모든 추방자들의 귀환을 허락했다. (그로써 무의식중에 니케아 진영이 궁극적인 승리를 거두는 데 일조했다. 유배되었던 정통파 주교들이 복권되었기 때문이다.)

율리아누스는 콘스탄티누스가 기독교를 제국의 접착제로 받아들인 것이 큰 실수였다고 믿었다. 기독교의 신학적 분쟁들 탓도 있었지만, 기독교 신앙이 모든 점에서 제국과 양립할 수 없다고 믿었기 때문이다. 그는 알렉산드리아인들에게 보내는 편지에서, 그 도시가 과연 그 건설자인 정복자 알렉산더의 유능한 치적에 의해 건설된 것이라기보다 한쪽 뺨을 맞으면 다른 쪽 뺨을 돌려대라고 가르친 갈릴리 사람의 교훈에 입각하여 위대하게 되었는지를 물었다.

더 나아가 율리아누스는 기독교가 고전 문화와도 양립할 수 없다는 것을 발견했다. 따라서 그는 그리스도인들에게 이교 고전들을 가르치는 것을 금하고, 복음서들만 가르치도록 조언했다. 기묘하게도 그는 비록 기독교란 죄다 변질되었다고 간주하면서도 특히 자기 시대의 기독교는 원시 복음을 더욱 변질시켰다고 여겼다. 성인들의 유골을 숭배하고, 마리아를 하나님의 어머니라 부를 정도로 드높이고, 심지어 그리스도를 신격화하는 것이 그의 눈에는 혁신으로 비쳤기 때문이다. 그러면서도 자신이 지지하는 이교 사제들에게 그리스도인들의 근실한 생활, 친절, 박애를 본받으라고 권함으로써 무심결에 교회를 후하게 평가했다.

기독교 국가

율리아누스는 361년부터 363년까지 불과 2년밖에 재위하지 못했다. 그가 죽자마자 재개된 아리우스파와 아타나시우스파의 논쟁은 스페인 출신 테오도시우스 1세(Theodosius I)가 황제의 위(位)에 오를 때까지 지속되었다. 테오도시우스는 니케아 견해가 최종 승리를 거두는 데 이바지했다. 그는 381년 콘스탄티노플에서 제2차 에큐메니컬 공의회를 소집했고, 그곳에서 니케아 신조가 약간 수정을 거친 뒤 재공포되었다. 테오도시우스는 그밖에도 많은 일을 했다. 콘스탄티누스조차 꿈꾸지 못한 것을 수립했다. 그것은 바로 기독교 국가였다. 모든 종류의 이단들에게 집회를 금지했고, 그들의 교회당을 몰수했다. 심지어 상속권조차 박탈했다.

한때 제국의 공식 종교였던 이교에 대해서는 그 의식들을 금지했다. 비록 그 신봉자들을 무력으로 다스리거나 그들의 시민권을 박탈하는 조치는 취하지 않았지만 말이다. 반 세기 뒤인 438년에 테오도시우스 2세는 테오도시우스 법(Theodosian Code)을 공포했는데, 이 법은 삼위일체를 부정하는 자들(아리우스파)과 세례를 중복하는 자들(도나투스파. 그들은 보편 교회의 세례를 인정하지 않았다)에게 사형을 규정했다. 그밖에도 그 법은 이교 신들이 로마 제국을 해치지 못하도록 이교도들에게 군복무를 금지했다.

켈수스가 그리스도인은 군복무를 하려들지 않는다고 비판한 이래 두 세기 반 만에 얼마나 큰 변화가 일어난 셈인가! 오리겐이 기독교의 평화주의를 변호한 이래 한 세기 반만에 얼마나 큰 변화가 일어난 셈인가! 숱한 종교적 박해를 감안할 때 이것이 얼마나 위대한 변화인가! 박해 시대에 터툴리안은 종교란 어떠한 강제도 허용치 않는다고 주장했고, 콘스탄티누스도 이교도들을 강압하지 않았다. 그럼에도 불구하고 그는 이단들에 대한 제재 조치를 시작했고, 이것이 결국 테오도시우스 1세의 기독교 국가와 테오도시우스 법전으로 귀결되었다.

동방의 수도원주의

기독교는 국교가 되면서 어느 정도 세속화했다. 이런 추세에 대항하여 수도원 운동이 대대적으로 일어났다. 수도원주의의 뿌리는 콘스탄티누스 시대 이전으로 거슬러 올라간다. 소아시아에서는 우리가 기록으로 알고 있는 최초의 은수자(隱修者, hermit)가 노바티아누스파(the Novatianists)에서 나왔다. 이 분파는 심지어 도나투스파가 등장하기 이전부터 데키우스의 박해 때 물러난 자들을 교회가 느슨하게 대하는 것에 반대하여 교회에서 갈라져 나갔었다. 그러므로 수도원주의와 분파적 엄수주의는 서로 관계가 있는 셈이다. 박해 기간 동안 도시들에는 정절에 헌신하고 순교를 위해 수련을 쌓던 집단들이 있었다. 고해 제도 자체가 죄를 속하기 위한 영웅적인 특이한 행위를 권장했다. 무엇보다도 박해의 위협이 교회를 흑암의 권세에 맞서 싸우는 밀리티아 크리스티(militia Christi, 그리스도의 군대)로 보는 개념을 상존케 했다. 박해가 그쳤을 때 이런 개념들이 수도원주의적 이상으로 전환되었다.

게다가 선조들이 도시에서 박해를 맞이한 것과는 달리, 콘스탄티누스 시대가 도래함과 동시에 허다한 사람들이 수도 생활을 위해 사회를 등지고 나갔다. 대중이 교회로 들어올 때 수사(修士, monks)들은 광야로 나갔던 것이다. 이곳에서 그들은 물 없는 곳에 거하는 귀신들과 전투를 벌였다. 일반적으로 수도원주의의 아버지로 간주되는 안토니우스(Anthony)는 285년 이집트 사막으로 들어가 그곳에서 20년 동안 지내면서 귀신들과 전투를 벌였다.

은수자(hermit)라는 단어는 '광야'라는 뜻의 헬라어에서 유래했고, 수사(monk)라는 단어는 '혼자'라는 뜻의 헬라어에서 유래했다. 그러나 수사라는 단어는 공동체에서 사는 사람들에게도 쓰이게 되었다. 그러나 혼자서 지내거나 공동체에서 지내거나 그렇게 세상을 등진 사람들은 가족을 기반으로 생활하지 않았다. 그들은 자녀를 낳아 그토록 무질서한 세상에서 살게 하는 것을 무책임한 행위로 간주했고, 결혼 생활을 해가지고는 하나님과의 합일에 전념할 길이 없다고 여겼다.

초기의 수도원주의는 과도한 형태를 띠었다. 아예 성욕이 일어나지 못하도록 육체를 기진하게 만들기 위해 육체를 혹사했다. 과도한 금욕주의를 하게 된 또 다른 동기는 경쟁심이었다. 동방의 초기 수사들 중 일부는 누가 음식을 먹지 않은 채 한 발로 오래 버티고 서 있을 수 있는지, 혹은 누가 가장 높은 기둥에 올라가 오랜 세월을 버티고 살 수 있는지를 확인하기 위해서 서로 경쟁했다. 그러나 그러한 극단적인 행위들만 보고서 다수의 참된 경건을 무시해서는 안 된다. 수도원주의의 의미는 잠을 자지 않거나 스스로 채찍질을 하는 행위 혹은 오염과 불결을 철저히 망각하는 행위보다는, 무한자에 대한 추구와, 인간들이 세월을 낭비하는 모든 세속적인 일들에 대한 경멸에서 찾아야 한다.

수도원주의는 독거(獨居) 형태에서 곧 공주(共住, cenobitic, '공동 생활'이란 뜻의 헬라어 코이노스 비오스〈koinos bios〉에서 유래) 형태로 바뀌었다. 안토니우스와 동시대인인 이집트의 파코미우스(Pachomius)는 수도원주의에 최초로 조직적인 공동 생활을 도입한 인물로 평가된다. 동방에서는 바실리우스(St. Basil)가 358-364년에 작성한 수도회칙이 쓰였고, 서방에서는 한 세기 반 뒤에 베네딕투스(St. Benedict)가 작성한 수도회칙이 쓰였다.

수도원주의는 곧 세상에 영향을 주게 되었다. 수사 훈련을 받은 자들 가운데서 종종 본인의 뜻과 상반되게 주교에 임명되는 사례가 늘어갔다. 예를 들어, 안디옥에서 사제로 일하다가 훗날 콘스탄티노플의 주교가 된 요한 크리소스톰(St. John Chrysostom)은 처음에는 은수자였다. 이렇게 수사들이 주교좌에 앉은 뒤에는 세속적인 사제들에게 몇몇 수도원적 규율, 특히 독신주의를 부과하는 경향이 있었다. 물론 성직자 독신주의는 서방에서는 11세기에야 비로소 의무화했고, 동방에서도 하위 성직자들에게는 부과된 일이 없긴 하지만 말이다. 이렇게 수사들이 교회를 섬기러 사회로 들어올 때 주교들은 영적 에너지를 보충하기 위해서 수도원으로 들어갔다.

제롬

초기의 극단적 관행들이 사라지고 수사들이 안정되고 실천 가능한 규율 하에 생활하기 시작하자, 수도원은 교회와 세상에게 막대한 은택을 주는 사역을 감당하기 시작했다. 수사들의 독방은 연구실이 되었고 수사들은 학자가 되었다. 이 분야에서의 선구자는 제롬(St. Jerome, 340-420)이었다. 그는 시리아 광야에서 은수자로서 수도 생활을 시작했지만, 성적 유혹을 몰아낼 수 있는 유일한 방법은 정신을 무거운 지적 수련으로 다스리는 길뿐임을 깨달았다. 그는 로마에서 성경 해석상의 문제들을 가지고 주교 다마수스(Damasus)와 몇몇 귀부인들을 가르쳤다.

기독교 로마 제국에서 수사들에 대한 반감이 조성되자 — 제롬이 볼 때 제국은 여전히 바벨론과 어느 정도 유사했다 — 그는 베들레헴의 어느 수도원으로 물러갔고, 그곳에서 자신의 언어 능력을 발휘하여 구약성경과 신약성경을 원본에서 라틴어 어문으로 번역하였다. 그 산물이 오늘날도 가톨릭 성무일도(breviary)에 표준으로 쓰이는 불가타(Vulgata, 벌게이트)성경이다. 제롬은 그리스 고전 전승과 기독교 문화 사이의 긴장을 다시금 보여 준다. 성경을 번역하기 여러 해 전에, 꿈에서 대 재판장에게 자신이 그리스도인이라기보다 키케로주의자에 가깝다는 이유로 책망을 받았다. 그뒤로 고전에 실린 이교 사상을 버리기로 결심했지만, 고전어의 우아한 용법은 버리지 않았다. 그는 훗날 르네상스 초기 인문주의자들의 수호 성인(patron saint)이 되었다.

    제롬이 세운 수도원은 전혀 예기치 못하게 새로운 의무를 떠맡게 되었다. 서방에서 제국 정부는 콘스탄티누스 시대 이래로 끊임없이 변경으로 몰려드는 야만족들을 저지해 왔다. 갈리아는 주기적으로 프랑크족(the Franks)과 알라마니족(Alamanni)에게 위협을 당했고, 브리타니아(영국)는 픽트족(the Picts)과 스코트족(the Scots)에게 위협을 당했으며, 주변 해역은 색슨족(the Saxon)에게 위협을 당했다. 다뉴브 강 유역의 속주들도 고트족(the Goths)에게 시달렸다(그리고 한 번 이상 그들에게 정복당했다). 동방 황제들과 서방 황제들이 서로 다투는 동안 제국의 국력은 약해졌고, 무거운 조세가 속주들의 힘과 충성을 약화시켰다. 5세기가 시작되면서 로마는 심각한 위협에 처하게 되었고, 마침내 410년 알라릭(Alaric)이 이끄는 서고트족(Visigoths)의 말발굽 아래 그 영원한 도성은 짓밟히고 약탈당했다.

    제롬은 동쪽으로 물밀듯이 밀려오는 난민들에게서 그 소식을 들었다. 베들레헴 수도원으로 밀려들어온 이들은 제롬이 잠자는 시간을 줄여야 비로소 전도 사역을 계속할 수 있을 정도로 수가 많았다. 잃은 것은 로마만이 아니었다. 야만족들은 론 강 유역의 도시들도 탈취했고, 갈리아 남부로 진격하여 아키텐을 차지했으며, 제롬이 그들의 침략을 슬퍼하는 애가를 쓰고 있을 때 스페인을 침공할 준비를 하고 있었다. 애가를 몇 년만 늦게 썼어도 스페인과 북아프리카와 이탈리아 북부마저 침략자들의 수중에 떨어졌다는 내용을 덧붙이지 않으면 안 되었을 것이다.

    로마가 함락되자 제롬은 깊은 시름에 잠겼다. 바벨론에서 도망치듯 로마에서 도망쳐온 그가 이제는 정숙한 처녀 로마가 강탈당한 것을 애도하는 입장이 되었다. 지중해 연안 세계로서는 그 사건이 갖는 군사적 의미보다 유서깊은 카이사르들의 도성이 함락되었다는 사실이 훨씬 더 중요했다. 전략상으로는 이미 라인 강과 다뉴브 강의 요새들을 동시에 잃은 것이 로마 시가 함락된 것보다 더 치명적이었기 때문이다. 로마의 함락은 꿈을 산산히 부수었다. 베르길리우스(버질,Virgil)의 「아에네이드」(Aeneid) 이래로 사람들은 로마가 영원하리라고 믿었고, 5세기 그리스도인들도 그 도시의 영원성이 훗날 교회를 통해서 성취되리라는 것을 미처 알 수 없었다.

제2의 로마

그 막대한 손실은 물론 서방에서 로마 제국의 멸망을 뜻했다. 황제의 칭호는 제2의 로마인 콘스탄티노플의 비잔틴 제국 군주들에 의해 보존되었다. (여러 세기 뒤 십자군 운동 때 비잔틴인들은 여전히 자신들을 로마인들이라고 부르고 있었다. 반면에 서방인들은 자신들을 프랑크인들이라고 불렀다.) 이 제2의 로마는 그뒤 여러 세기 동안 야만족들의 공격을 막아내게 된다. 그러다가 비잔틴 자체도 새로운 야만족들 — 아바르족(the Avars), 불가르족(the Bulgars), 세르브족(the Serbs) — 과 해묵은 대적인 페르시아에 의해 큰 타격을 입는다. 그리고 마침내 동방에서 휘두르던 권력도 크게 위축되고 만다. 새로운 대적 아랍인들이 일어나게 되기 때문이다. 비잔틴 제국은 그들을 제어할 수 없었다. 그렇게 된 데에는 신학 쟁점들을 놓고 벌인 내부 갈등으로 국력을 낭비한 것도 원인으로 작용했다.

동방은 모든 백성을 차별 없이 통일된 인류로 혼합해야 한다는 알렉산더의 꿈을 성취한 적이 없었다. 동방 제국은 그리스인들 외에도 크게 시리아인들과 콥트인들로 구성되어 있었다. 이들은 그루지아인들과 아르메니아인들과 함께 다양한 언어들을 사용했기 때문에 정통 신앙에서 멀어지고 비잔틴 제국의 그리스인들과도 멀어지게 되었다. 콘스탄티노플은 대체로 안디옥과 소아시아의 지원을 받았으므로 종교 논쟁이 벌어질 때 알렉산드리아의 반대편에 섰다. 그 두 지역이 교착 상태에 빠질 때면 대개 로마가 캐스팅 보트를 쥐었다.

428년 네스토리우스(Nestorius)가 콘스탄티노플 총대주교가 된 직후에 제국이 휘말리게 된 논쟁은 그리스도 안의 인성과 신성의 관계에 관한 것이었다. 니케아 공의회는 그리스도를 하나님과 동일 본질을 지닌 분으로 공포한 바 있다. 사도신경은 그리스도의 신성을 인정하면서도 그분의 인성을 강조했다. 만약 이렇게 그리스도가 하나님인 동시에 인간이라면 그분 안에서 인성과 신성이 어떤 관계를 맺고 있는 것일까? 하나님과 인간에 관한 사고가 이원론적이었던 — 따라서 인성과 신성이 결합된 것으로 보는 데 어려움이 있던 — 사람들 측에서는 그리스도를 사실상 구별된 인격으로 만들 정도로 그분의 인성과 신성간의 구분을 강조했다. 이것이 네스토리우스 사상의 전반적인 경향이었다. 특히 그는 마리아를 하나님의 어머니라 부르는 것에 반대했다. 어머니 품에 안겨 있는 하나님이란 생각할 수 없는 일이기 때문이었다. 네스토리우스는 마리아를 그리스도의 어머니라고만 부르곤 했다. 그의 견해는 알렉산드리아의 주교 키릴(Cyril)에게 강력한 비판을 받은 뒤, 431년 에베소에서 모인 제3차 에큐메니컬 공의회에서 로마의 주교의 동의하에 단죄되었다.

그 문제를 푸는 또 한 가지 해결책은 그리스도의 인성을 사실상 제거하는 방식으로 그분의 위격을 통일하는 것이었다. 이것이 단성론자들(the Monophysites, '단일 본성'이라는 뜻의 그리스어에서 유래)의 견해였다. 그들의 관심은 성자가 성부와 불일치할 수 없다는 점을 확고히 해두려는 데 있었다. 그러므로 오직 신성만 인정했다. 콘스탄티노플의 수사 유티케스(Eutyches)가 자기 주교에게 비판을 받았으나 알렉산드리아 주교에게 지지를 받아 처음으로 주장한 이 견해는 451년 칼케돈에서 모인 제4차 에큐메니컬 공의회에서 배척되었다. 그 공의회는 그리스도가 서로 구분될 수도 없고 뒤섞일 수도 없는 두 본성으로 계시다고 주장했다. 그리스도가 신성으로는 성부와 하나의 본질로 계시고, 인성으로는 인간과 하나의 본질로 계시다고 했다. 로마에서는 교황이 이 결정에 동의했고, 그뒤로 이 견해가 모든 정통 교회들이 채택한 견해가 되었다.

그럼에도 불구하고 이 견해는 보편적으로 받아들여진 적이 없었다. 단성론은 이집트의 콥트인들에게 지지를 받았고, 그들에 의해 에디오피아인들에게 전파되었다. 시리아에서는 야코부스파(the Jacobite) 교회가 단성론파였다. 그러나 시리아에는 네스토리우스파도 있었는데, 이들은 페르시아에서 상당한 추종 세력을 거느렸으며, 오늘날도 이란에 남아 있다. (그리스 제국과 항상 경쟁 관계에 있던 페르시아는 그리스인들이 받아들이지 않는 형태의 기독교를 좋아했다.) 시리아 교회는 인도에 선교사들을 파송했고 마르 도마 교회(the Mar Thoma Church)에 영향을 주었다(그 교회에 이런 이름이 붙은 이유는 인도인들이 사도 도마에 의해 회심했다는 추정 때문이다). 어쨌든 마르 도마 교회와 시리아 사이에 관계가 있었다는 것은 부인할 수 없다. 그 교회의 전례(典禮) 용어가 시리아어인데다, 신학도 네스토리우스파의 신학과 비슷하기 때문이다.

네스토리우스주의자들은 멀리 중국까지 가서 한자(漢字)와 시리아어로 글귀를 새긴 그들의 기념비 곧 네스토리우스 비석(781년경)을 남겼다. 초기에 네스토리우스주의는 몽고 제국에서 환대를 받았다. 여러 칸(khan, 몽고의 군주)들의 어머니들이 그리스도인들이었다. 훗날 1277년에 영국에 파견된 몽고 사절단 단장은 네스토리우스파 그리스도인이었다. 이 동방의 이단들은 자연히 교황의 요구를 받아들이지 않았다. 칸(khan)들 가운데 한 사람은 교황의 군대에 기병과 낙타병의 수가 얼마나 되느냐고 물었다. 티무르(Tamerlane, 1336-1405)가 이슬람교를 받아들였을 때 네스토리우스파 그리스도인들은 자취를 감추었다.

비잔틴의 황제와 페르시아의 황제 틈에 끼어 있던 아르메니아 왕국의 교회는 양측이 다 받아들일 수 없는 형태의 기독교를 선호하여 단성론파가 되었다. 그러나 그들의 이웃인 그루지아인들은 그리스 정교회에 성실히 남았다. 아르메니아인들과 그루지아인들은 이렇게 종교적으로 크게 달랐기 때문에 투르크족(the Turks)으로부터 독립하려 할 때 손을 잡고 투쟁하지 못했다.

종교적 균열과 아울러 지역적 언어적 균열이 5세기 중반 이후 제국의 안정을 크게 위협했다. 콘스탄티노플의 황제들에게는 페르시아에 접한 동쪽 국경을 공고히 지키는 것이 절체절명의 과제였다. 따라서 제국의 정책은 페르시아로 이동해간 네스토리우스파보다 동방의 분파인 단성론파를 끌어안는 쪽으로 기울었다. 로마의 주교들은 이단들에 대한 어떠한 양보도 거부했고,

모호한 신앙 진술서로 그들을 유화하려는 황제의 시도를 인정하지 않았다.

유스티니아누스

527년 유스티니아누스(Justinian)가 황제의 위에 오를 때 직면한 것이 그런 상황이었다. 서방은 이미 야만족들에게 빼앗겼고, 동방의 상당 부분 — 이집트와 시리아와 아르메니아 — 도 종교적 갈등으로 서로 반목했다. 그는 제국 내의 그 두 균열을 치유하는 데 착수했다.

첫번째 시도에서는 목표에 근접하게 도달했다. 아프리카의 반달 왕국을 무너뜨렸고, 스페인 서부 안달루시아에서 서고트족을 몰아냈으며, 이탈리아 북부에서 동고트족을 쫓아냈다. 이로써 지중해는 잠시나마 다시 한번 "우리의 바다"(mare nostrum)라고 부를 수 있었다.

그런 뒤 유스티니아누스는 553년 콘스탄티노플에서 제5차 에큐메니컬 공의회를 소집하고는 비교적 온건한 단성론자들에게 유화적인 태도를 보였다. 황제는 칼케돈 공의회에서 선포된 저주문에서 간과된 세 명의 미미한 네스토리우스주의자들이 쓴 회고록들에 아나테마를 선언함으로써 단성론자들과 화해하려고 했다. 로마 주교 비길리우스(Vigilius)는 강력히 항의했으나 폭력 시위 앞에서 겁을 먹고 입을 다물었다. 그뒤 서방 속주들인 이스트리아와 일루리쿰(모두 오늘날 유고슬라비아에 해당함)이 동방 교회와의 사귐을 선언했다. 종교적으로 동방을 통일하려던 시도는 서방 자체만을 분열시켰고, 동방을 유화하는 데도 실패했다. 단성론파 이단은 여전히 들끓었다.

비잔틴 문화

그러나 유스티니아누스의 위대함은 서방에 대해 거둔 승리나 동방에 대한 외교보다는 비잔틴 문화에 결정적인 형태를 부여했다는 점에 있었다. 비잔틴 문화는 로마 법과 기독교 신앙과 신학적 사색을 통해 유입된 헬레니즘 철학과 동방적 요소들이 한데 어우러진 혼합물이었다. 유스티니아누스는 방대한 유스티니아누스 법전(Codex Justinianus)으로 로마 법을 편찬했는데, 이 법전은 동방과 서방에서 로마 법으로 수 세기 동안 사용되었다. 이 법전에는 기독교적 요소가 극명하게 드러났다. 우선 삼위일체에 관한 장으로 시작하여 주교들의 자격에 관한 규율을 포함시켰다. 더 나아가 종교적 분리주의자들에게 형벌을 규정했다. 이단들에게는 테오도시우스 법전에 규정된 형벌 체계를 그대로 적용했다. 이교는 신들에게 제사를 드리는 행위에 대해서 사형을 규정함으로써 금했고, 기독교로 개종했다가 다시 이교로 빠져든 사람은 참수에 처하도록 했다. 아테네의 이교 대학교는 폐교 조치했다. 유대인들도 이 법전의 제재를 받았다. 유대인들이 그리스도인을 개종시키는 행위를 금했고, 그리스도인 노예를 소유하는 것을 금했다. 이단들은 탄압을 받았고 이교도들은 멸절되었다. 유대인들은 살아남아 기독교 사회에 이방인으로 사는 어려운 운명의 길에 접어들었다. 이러한 체제를 총괄하여 황제 교황주의(Caesaropapism)라고 불러 왔다. 당시 사람들은 그렇게 부르지 않았고, 오늘날 비잔틴 제국을 연구하는 사가들도 그 표현을 싫어한다. 황제가 사제가 아니었다는 점과, 황제가 맹세에 의해 교회의 삶과 사상에 어떠한 혁신적 조치도 도입하지 말아야 했다는 점과, 황제가 총대주교에 의해서 파문당할 수도 있었다는 점을 그들은 지적한다. 황제들은 여러 번 파문을 당했고, 때로는 굴복하지 않을 수 없었다.

비잔틴 교회 국가의 전형적인 특징을 가리켜 영적 지도자들과 세속 지도자들이 서로를 뒷받침해 준 심포니아(symphonia, 조화)라고들 한다. 그렇지만 잊어서는 안 될 점은 황제가 총대주교 선출을 좌우했다는 것과, 심지어 교회의 결정조차 황제의 동의가 없이는 구속력을 갖지 못했다는 것이다. 더욱이 황제는 비록 자신을 하나님으로 생각하지는 않았을지라도 보이지 않는 그 왕(the invisible King)의 보이는 형상이 되고자 열망했고, 궁정 의식들은 여전히 황제 숭배의 후광과 비슷한 어떤 것을 갖고 있었다.

체제가 발전하면서 대개는 기능 분화에 의해 심포니아가 이루어졌다. 교회는 정치적 관리를 기독교 군주들에게 위임하고 자신은 신학 연구와 전례(典禮) 발전과 수도원에서의 명상 생활에 전념해도 괜찮겠다고 느꼈다. 비잔틴 사회 전체가 자기들이 하나님과 하나님의 어머니의 수호를 받고 있다고 믿었다. 성모(the Virgin)가 호메로스의 글에 나오는 어떤 여신처럼 전장(戰場)에 들어와 창을 던지거나 적군의 군함을 침몰시킬 수 있다고 믿었다. 황제는 다윗과 솔로몬의 방식에 따라 주의 기름부음을 받은 자였다. 황제의 현세적 업적들은 그 공이 건실한 재정이나 효율적인 통치나 군사 전략에 돌려지지 않고 오직 하늘의 은총에 돌려졌다.

미술과 건축에서만큼 비잔틴적 혼합물의 독특한 특성이 잘 나타난 곳도 없다. 고전 예술의 자연주의, 기독교가 유대교로부터 물려받은 순수한 영성(sprituality), 동양의 풍부하고도 추상적인 장식 전승이 한데 합하여 지극히 화려한 미술을 이루어냈다. 기독교가 최초로 독특한 양식을 발전시킨 것이 바로 비잔틴 미술로서, 여기서는 인간이 경험하는 낮익고 물질적인 세계가 천상적이고 영원하고 초월적인 세계를 암시하는 쪽으로 승화되었다. 금빛이 빛나는 모자이크 배경에 신중히 도안해 놓은 상(像)들은 감각적 이미지를 재현하기보다는, 내세의 찬란하고 장엄한 분위기에 영적으로 들어가 있는 것 같은 인상을 불러일으킨다. 돔(dome, 둥근 천장) 안의 공간은 한정되어 있는데도 창공처럼 무한하고 심오하게 보인다.

유스티니아누스는 콘스탄티노플의 거룩한 지혜(하기아 소피아〈Hagia Sophia〉) 교회를 재건하고 538년 그것을 봉헌할 때 자기가 솔로몬을 능가했다고 외쳤는데, 아마 그랬을 것이다. 그 교회당의 둥근 천장은, 당시의 사가 프로코피우스(Procopius)가 묘사한 대로, 하늘로서 내려온 금사슬에 매달려 있었다. 교계제도에서 그것은 유한자들로부터 무한자로 솟아오르고 창조주로부터 피조물에게로 내려오는 연결 고리였다. 모자이크들 — 1453년 투르크족에 의해 회칠이 되고 오늘날은 벗겨져 있음 — 은 화려한 광채로 빛났다. 그 안에는 콘스탄티누스와 유스티니아누스가 묘사되었는데, 전자는 하나님의 어머니에게 콘스탄티노플 곧 새 로마의 모형을 바치고 있는 모습을, 후자는 거룩한 지혜 교회의 모형을 바치고 있는 모습을 하고 있다.

그러나 유스티니아누스의 재위는 로마 제국이라는 전곡에 대한 화려한 간주곡일 뿐이었다. 제국의 장악력이 느슨해지자 서고트족은 다시 스페인 전체를 차지했고, 반달족은 아프리카를 다시 장악했으며, 롬바르드족은 이탈리아의 상당 부분을 차지했다. 비록 로마나 황제의 총독(exarch, 태수)이 주둔하던 라벤나는 차지하지 못했지만 말이다. 동방에서는 콘스탄티노플이 아바르족에게 포위를 당하고 있는 동안 페르시아가 시리아와 팔레스타인과 이집트를 강점했다. 예루살렘은 614년에 함락되었다. 한때 그리스인들과 콥트인들과 시리아인들과 아르메니아인들로 이루어진 견고한 변경은 더 이상 의미가 없었지만, 적어도 표면상으로는 신학이 그러한 의미를 가지고 우뚝 서 있었다. 단성론자들의 입장 전체를 그대로 수용하지 않은 채 그들을 만족시킬 수 있는 신조를 작성하지 않으면 안 되었다. 그들의 주된 관심은 성자와 성부간의 차이의 가능성을 배제하는 것이었기 때문에, 로마 주교 호노리우스(Honorius, 625-638)는 그리스도께서 두 본성을 갖고 계시지만 그럼에도 불구하고 하나의 의지를 갖고 계시다는 견해를 지지했다. 이 견해를 가리켜 단의론(單意論, Monothelitism)이라고 하는데, 이 단어는 '하나' 와 '의지' 라는 뜻의 헬라어 단어들이 합쳐서 생겼다.

그런 유화적인 태도는 호의적인 반응을 얻지 못했고 곧 정치적으로 적실성을 잃게 되었다. 왜냐하면 불과 한 세기 안에 지중해 이남을 휩쓸고 피레네 산맥까지 불어닥칠 거대한 폭풍이 아라비아 사막에서 소용돌이치고 있었기 때문이다. 그 폭풍의 한복판에 섰던 사람은 610년경 알라(Allah)의 예언자로 등장한 마호메트(Mohammed)였다. 히브리주의에 깊은 영향을 받은 그는 치밀한 신학적 사색에는 취미가 없었다. 포도주에 손대지 않던 레갑 족속(the Rechabites)으로 알려진 유대인 분파처럼 그는 주류 사용을 금했으나, 다른 한편으로는 구약 족장들의 일부다처제를 되살리기 위해서 기독교 금욕주의를 거부하기도 했다. 유대인들의 선민 사상은 이제 이슬람교도들에게 넘어갔다. 그 예언자의 아들들은 알라가 불신자들을 자기들의 손에 넘겨줄 것을 확신하고서 대대적인 정복과 개종 사업에 착수했다.

그들은 그리스도인들의 분열에 힘입어 쉽게 진행했다. 아마 동방 교회에서 이탈한 자들은 이슬람교의 규율이 자기들의 눈에 기독교와 매우 밀접해 보였기 때문에 — 마호메트는 동정녀 탄생과 최후의 심판 때 그리스도의 역할을 인정했다 — 그 규율을 다른 사람들보다 쉽게 받아들였을 가능성이 크다. 이슬람의 통치에 더 순복하게 만든 요인은 이슬람교도들이 유대인들과 그리스도인들에게 세금만 내면 어느 정도의 종교적 자유를 누리도록 한 것이었다. 어떤 이유들이 있었든간에 그 예언자의 아들들은 시리아, 팔레스타인, 이집트, 북아프리카, 스페인, 그리고 결국은 아르메니아까지 정복했다. 이탈리아 남부와 시칠리아도 이따금씩 그들의 수중에 들어가곤 했다. 이 모든 기독교 지역에서 교회는 살아남았다. 다만 북아프리카에서는 옛적에 카르타고인들과 베르베르인들이 로마에 대한 반발로 이단설을 수용했던 것과 똑같은 이유로 기독교 신앙을 저버렸을 것이다. 오늘날 알제리에 해당하는 어거스틴의 교구는 송두리째 이슬람교로 넘어갔다. 기독교가 발생했던 땅에서는 교회가 이교도들의 지배를 받았다.

단성론자들을 돌아서게 하려는 노력이 그 정치적 의미를 상실하고, 이제 그들이 대적에게 정복당한 땅에 살게 되었을 때, 단의론적 타협안은 680년과 681년에 콘스탄티노플에서 열린 제6차 에큐메니컬 공의회에서 배격되었다. 당초에 이 견해를 지지했던 로마 주교 호노리우스는 이단으로 아나테마를 받았다. (이 조치는 교황이 무류〈無謬〉하다는 오늘날의 주장을 무효로 만들지 않는다. 교황들은 엑스 카쎄드라〈ex cathedra〉의 상태에서, 즉 공적으로 온 교회에게 말할 때에만 성령에 의해 오류에서 보존된다고 하는데, 호노리우스는 사적으로만 말했다.)

이슬람교도들은 718년 다시 콘스탄티노플에 쳐들어와 포위했다. 이들을 이사우리아인(the Isaurian)이라 불리던 황제 레오 3세(Leo III)가 격퇴했다. 그는 정치적 평화 회복을 갈망했으나, 제국을 뒤흔든 또 다른 격변이 일어나도록 빌미를 주었다. 이 격변은 예전의 많은 사례들과 마찬가지로 비록 사회적·경제적·정치적 요인들이 복합된 것이긴 했으나 기본적으로는 종교적인 것이었다. 구체적으로 말해서 그것은 당시 동방 교회에서 관행으로 굳어진 거룩한 상(像)들 곧 화상들(icons)에 대한 숭배와 관련되었다. 레오는 726년 조서를 내려 화상들을 철거하기 시작했는데, 이렇게 한 데에는 아마 십계명의 둘째 계명을 엄격하게 해석한 이사우리아의 다소 청교도적인 주교들에게 영향받았을 가능성이 크다. 이사우리아의 주교들은 화상 파괴(iconoclasm), 즉 십자가 상을 포함한 성상들의 파괴를 옹호했다. 그들은 초기 기독교의 관습을 그 근거로 제시할 수 있었다.

이미 언급했듯이 초기 교회는 십자가를 상징으로 사용한 경우가 거의 없었고, 십자가상이 기독교 미술에 등장한 것은 4세기 말 직후였다. 레오는 이미 종교적 불화로 찢길 대로 찢긴 제국에 또 다른 신학 논쟁을 불러 일으킨다는 것이 자신의 정치적 입지에 득이 되지 않는다는 것을 잘 알고 있었을 것이다. 어쨌든 그 논쟁이 큰 사회 문제로 부각되더니 콘스탄티노플에서 폭동이 일어났고, 그리스와 이탈리아에서까지 소요 사태가 번졌다. 화상 파괴 정책을 고수한 레오와 후임 황제들은 군대의 힘에 의지했으나, 평민들과 특히 수사들에게 격렬한 저항을 받았다. 화상파괴론자들은 화상을 이교의 우상이라고 비판했으나, 그들이 가장 혐오했던 것은 이교 자체보다 영적 개념을 물질적 형상을 사용하여 나타낸 것이었다.

　　화상 숭배론자들의 입장은 대 신학자 다메섹의 요한(John of Damascus)이 가장 명쾌히 작성했다. 그는 이슬람교의 치하에서 살고 있었으므로 비잔틴 황제의 보복 위협에서 벗어나 자유롭게 말할 수 있는 위치에 있었다. 물론 요한은 광야에서 제작된 놋뱀과 솔로몬 성전에 있던 사자상들 같은 성경에 언급된 상(像)들에 호소했지만, 주된 논지는 성육신과 성찬에서 끌어왔다. 만약 하나님이 그리스도 안에서 친히 육신이 되셨다면, 그 육신은 악할 수 없고, 만약 그리스도가 떡과 포도주에 육체로 임재하신다면, 신앙을 돕는 감각적 재료들을 배격해서는 안 된다고 했다. 그런 다음 논지를 교육적 고려로 돌렸다. 화상들은 무학한 자들에게 상징에서 그 속뜻을 이해하게 하는 교과서라고 했다. 787년에 니케아에서 열린 제7차 에큐메니컬 공의회는 화상 사용을 허락했으나, 큰 조각물은 불허하고 그림이나 작은 조각물만 허락했다. 엄지와 검지가 화상의 콧구멍에 들어가면 그 화상은 허락되지 않았다. 그 결과 비잔틴 전승의 교회들은 서방의 샤르트르에 세워진 것과 같은 조각들을 세우는 게 불가능하게 되었다.

　　비잔틴 제국은 그뒤 여섯 세기 동안 꾸준히 아시아의 침략자들을 막는 보루 역할을 꾸준히 했다. 교회는 제국이 부강해지는 데에도 기여했고 쇠약해지는 데에도 기여했다. 그중에서 신학 논쟁은 그리스 교회의 핵심에서 비그리스적 요소들이 떨어져 나가도록 촉진했다. 이런 것이 이슬람교와 맞설 때 제국을 약하게 했다. 반면에 그리스의 핵심은 이질적인 요소들이 모두 벗겨져 나간 뒤 괄목할 만한 끈기와 탄력을 얻었다. 그렇게 된 데에는 이곳 사람들이 참된 정통 신앙과 기독교 고전 문화의 수호자로 자임한 것이 적지 않게 작용했다. 그리고 비잔틴인들이 아랍인들을 개종시키지는 못했을지라도 세월이 흐르는 동안 그들에게 고전의 유산을 전달해 주었고, 다시 아랍인들은 스페인을 경유하여 기독교 서방 전역에 그 유산을 전달해 주었다.

슬라브인들

그러나 비잔틴 교회의 선교 활동의 큰 영역은 발칸 반도와 러시아에 있었다. 9세기 중엽 슬라브족 출신 비잔틴 수사들인 키릴(Cyril. 세례명은 콘스탄티누스)과 메토디우스(Methodius)는 불가리아와 모라비아에서 선교 활동을 벌였다. 이들은 그리스어 알파벳을 개조하여 성경과 전례서(典禮書)를 슬라브어로 번역했다. 이 구 슬라브 전례서는 심지어 매우 다양한 슬라브족의 언어들이 창제된 뒤에도 범슬라브 운동들의 구심점 역할을 할 수 있었다. 그러나 슬라브인들은 교회적으로 통일되지 않았다. 세르비아인들과 불가리아인들, 그리고 훗날 러시아인들은 콘스탄티노플에 의지한 데 반해 ― 물론 훗날 이들의 교회도 콘스탄티노플 총대주교에게서 독립하게 되지만 말이다 ― 북부의 슬라브인들, 즉 크로아티아인들과 슬로베니아인들과 체코인들과 슬로바키아인들과 폴란드인들은 서방의 선교사들에 의해 개종했으므로 로마의 지배를 받는 서방 기독교로 병합되었다.

러시아의 명목적인 개종 연대는 대개 블라드미르 공(Prince Vladmir)이 그보다 더 명목적으로 개종한 주후 1000년으로 잡는다. 그는 다양한 종교들을 조사했다고 전해진다. 그는 돼지고기를 먹지 못하게 되는 게 싫어서 유대교를 좋아하지 않았고, 비록 낙원에서 누리는 일부다처제는 마음에 들었지만 술을 끊는 게 싫어서 이슬람교를 좋아하지 않았다. 기독교는 그에게서 돼지고기도 술도 앗아가지 않았다. 그리스 교회의 전례서는 감동적이었고, 콘스탄티노플의 종교를 채택하는 것이 정치적으로도 유리한 점이 많았다.

러시아 교회는 비잔틴의 딸이었지만, 여러 점에서 비잔틴의 형식이 곧장 도입되지 않았고 도입될 수도 없었다. 황제교황주의(Caesaropapism)라는 말을 사용해도 된다면 그것은 카이사르와 제국이 있을 때에야 가능하다. 그런데 러시아는 제국이 없었고 여러 명의 공(公, prince)들도 결코 카이사르가 아니었다. 러시아에서도 초기에는 서방의 중세 초기와 마찬가지로 교회가 국가를 주도했다. 콘스탄티노플에서 온 성직자들이 유일하게 교육을 받은 계층이었다. 그들은 공(公)들에게 자문을 베풀고 백성을 가르쳤다. 비잔틴 제국에서는 사색적인 형태로 발전한 수도원주의가 이교 민중을 기독교화하는 데 왕성한 힘을 발휘했다.

수도 생활의 이상은 케노틱(kenotic) 그리스도라고 불리운, 자기를 비우신 그리스도에게 초점이 맞춰져 있었다. 케노틱이라는 단어는 '빈'이라는 뜻의 헬라어 케노시스(kenosis)에서 유래한 것으로서, 사도 바울이 그리스도께서 하나님과 동등됨을 취할 것으로 여기지 않으시고 자기를 비어 종이 되셨다고 진술할 때 사용했다(참조. 빌 2:7). 그리스도와 마찬가지로 수사도 부와 명성을 비우고 봉사와 자비의 일에 헌신해야 한다고 보았다. 성 프란체스코(St. Francis)의 이상이 이미 수 세기 전에 러시아에서 예기(豫期)되었던 셈이다.

그러므로 교회와 수도원들은 민중의 삶을 하나로 규합하고 문명화하는 가장 큰 세력이었다. 혹자는 국가가 강할 때 교회가 분열하고, 국가가 약할 때 교회가 통일된다고까지 주장하지만, 이 주장은 교회가 자신의 조건 위에서만 주도할 수 있다는 말로 보완할 수 있을 것이다. 또 한 가지 점은 교회가 사회에서 막중한 임무에 부닥칠 때 자체 불화로 분열되는 경우가 훨씬 적다는 것이다. 그러나 러시아에서 신학 논쟁이 없었던 데에는 또 다른 뿌리가 있었다. 러시아인들은 그리스인들과는 달리 사색에 관심이 없었던 것이다.

러시아 교회와 그리스 교회가 다르게 된 데에는 그밖에도 러시아인들이 전례에 헬라어를 사용하지 않고 슬라브어를 사용한 사실이 큰 원인으로 작용했다. 러시아 교회는 체제상 독립된 수장을 갖고 있지 않았다. 유일한 총대주교는 콘스탄티노플에 있었다. 러시아 교회는 수도대주교(meropolitan archbishop)라는 총대주교 휘하의 성직자가 다스렸다.

이러한 상황은 키에프 시대(the Kievan)라고 하는 러시아 교회사의 초기에 지속되었다. 그 시대를 가리켜 키에프 시대라고 하는 이유는 당시 교회 행정의 중심지가 러시아 남부에 자리잡은 키에프였기 때문이다. 그 뒤 역사는 중심지가 차츰 북쪽으로 이동하는 성격을 띤다. 다음 중심지는 모스크바였는데, 그렇게 된 이유는 몽고족이 침략했을 때 모스크바의 공들이 맞서 싸워 그들을 격퇴하는 과정에서 비잔틴 제국에 유일하게 필적할 수 있는 중앙집권적 정부를 그곳에 발전시켰기 때문이다. 모스크바는 1300년 이반 1세(Ivan I)에 의해 수도로 지정되었고, 그때부터 수도대주교는 황제에게 종속되기 시작했다.

1453년 콘스탄티노플이 함락되자 이반 3세(Ivan III)는 몰락한 황제의 딸 조에 팔레올로구스(Zoe Paleologus)와 결혼했다. 모스크바는 제3의 로마라 불리었으며, 이중 독수리(double eagles)가 상징물로 채택되었다. 교회 전례가 발전되었고, 화상 제작에 뛰어난 미술가들이 고용되었다. 이런 일은 지배 계층의 위용을 과시하기 위한 장치로도 행해졌다. 구약의 족장들이 러시아 군주들의 의복을 입은 모습으로 묘사된 데서 그런 점을 엿볼 수 있다. 성 세르기우스(St. Sergius)의 선행들을 묘사함으로써 적극적인 수도원주의를 칭송했다. 그러나 화상들이 단지 황제의 선전 도구였다고 주장할 사람은 아무도 없을 것이다. 루블레프(Rublev)의 삼위일체 상에 묘사된 세 천사의 사색적 표정만큼 영성을 더 뛰어나게 전달하는 작품이 어디 있겠는가?

이반 4세(Ivan IV)는 1547년 카이사르에서 유래한 차르(Czar) 혹은 짜르(Tzar)라는 칭호를 취했다. 그뒤 콘스탄티노플로부터의 교회 독립을 선포했고, 러시아 교회는 자체의 총대주교를 갖게 되었다. 하지만 그는 갈수록 차르에게 예속되었다. 비잔틴 제국과의 관계를 더 단절하면 할수록 비잔틴의 형식은 더 많이 유입되고 심지어는 과장되었다. 황제교황주의는 콘스탄티노플보다 모스크바에 더 적합했기 때문이다.

제5장

야만족들의 회심

우리가 800년까지 내려가며 살펴 본 사건들이 동방에서 발생할 바로 그 때 서방은 야만족들의 침략을 받고 있었다. 이제는 눈을 돌려 그 시기에 해당하는 서방의 역사를 살펴 봐야 한다. 로마가 410년 함락된 것과, 초기의 야만족 침략과, 유스티니아누스 치하에서 일부 영토를 재탈환했다는 것과, 그의 후계자들 때 패배한 사례들은 이미 언급한 바 있다. 이런 사건 과정은 세심히 살펴 봐야 하며, 특히 교회가 서방인들을 기독교화하고 문명화하는 데 맡았던 역할을 눈여겨 봐야 한다.

동방과 서방의 발전 방향에 나타나는 차이점들은 검토와 사색을 요구한다. 동방은 서방보다 천 년이나 더 외세의 침공을 버텼으나, 그 과정에서 영토의 일부를 상실했다. 동시에 단지 영토를 지키려는 노력이 엄격한 보수주의로 표출되었다. 서방은 처음부터 야만족들에게 짓밟혔다. 그뒤 오랜 세월을 무질서와 문화적 침체 속에서 지내다가 옛 것과 새 것이 동화되는 시기를 맞이했다. 그리고 나서 아주 다양한 개화기가 찾아왔다. 이 중세 전성기 뒤에는 다시 쇠퇴기가 찾아왔다. 역사의 곡선은 끝없이 전성기만 구가하도록 내버려 두지 않기 때문이다. 서방의 역사를 생각할 때, 만약 비잔틴 제국이 아시아 민족들에게 함락되었더라면 어떻게 되었을까 하는 생각을 떨쳐 버릴 수 없다. 그랬다면 아마 아시아는 사뭇 다른 모습을 띠게 되었을 것이다. 정복당한다는 건 반드시 절망적인 재앙만은 아니다.

그러나 정복당한 자들에게는 그것이 절망적인 재앙으로 비쳤고, 그 영원한 도성의 함락이 서방인들의 정신에 끼친 정서적 충격은 가히 참담한 것이었다. 역사의 크고 작은 충격들을 견디기 위해서는 역사 철학을 가져야 한다. 당대의 거의 모든 역사 철학은 종교적인 것이었는데, 이교도들에게는 기독교가 성공한 데 대해 신들이 진노한 결과라는 것이 그 재앙에 대한 가장 자연스런 설명이었다. 로마가 함락되기 전, 다뉴브 강 유역의 제후들이 침략을 당하고 있을 때, 그리스도인들은 이교도들의 사고 방식에 기초하여 역습을 가할 기회가 있었다. 4세기 말 그 제후령들에 살던 민중은 대부분 아리우스주의자들이었다. 이는 황제들이 아리우스주의자들일 당시에 그들의 비위를 맞추기 위해 기독교를 받아들였기 때문이었다. 그런데 이제 이 지역이 침략을 당하고 있을 때 정통파는 그 상황을 이단의 번식에 대한 하나님의 징벌로 보았다. 바로 이것이 제롬과 크리소스톰보다 약간 앞 시대에 살던 밀라노의 주교 암브로시우스(St. Ambrose, 340-397)가 제시한 설명이었다. 그러나 기독교 정통 신앙의 거점 자체가 함락되자, 하나님이 야만족의 침략을 허락하신 이유를 더 이상 이단의 번식으로는 설명할 수 없게 되었다.

어거스틴

그 질문은 다시 대답하지 않으면 안 되었고, 그 대답을 제시한 사람이 바로 북아프리카의 작은 도시 히포의 주교 어거스틴(St. Augustine, 354-430)이었다. 그는 호방하고 생산적인 정신의 소유자로서, 기독교 전승과 고전에서 가닥들을 수집하여 새로운 직조물을 짜냈는데, 그것이 장차 중세와 심지어 종교개혁 때까지 교회의 사상에 깊은 영향을 끼치게 된다. 그는 어떤 문제에도 단순하게 대답하지 않았다. 역사 문제를 자연과 인간의 운명, 하나님의 성품과 목적, 그리스도의 구속적 역할, 그리고 교회와 국가의 기능이라는 큰 틀에 넣고서 바라보았다.

인간 본성에 대한 어거스틴의 견해는 그의 「참회록」(Confessions)에 설명되어 있다. 이 책은 기독교 역사에서 최초의 본격적인 자서전이자, 모든 역사를 통틀어 — 어쨌든 서방에서는 — 최초의 신앙 자서전이었다.[1] 고전 시대에는 자서전이 이소크라테스(Isocrates), 데모스테네스(Demosthenes), 키케로(Cicero) 같은 공적 인물들에 의해 경력을 정당화하기 위한 변증서로 사용되었다. 마르쿠스 아우렐리우스(Marcus Aurelius)도 비록 내면의 삶에 깊은 관심을 기울이긴 했지만, 자신의 「명상록」(Meditations)을 전기 형식으로 쓰지는 않았다. 기독교는 최초로 영혼의 순례를 속주 정복보다 중요하게 만들었다. 그러나 어거스틴의 「참회록」은 자신의 뒤틀린 역정을 묘사하는 가운데 온 인류를 분석하기 때문에 개인적인 차원을 넘어선다. 그는 자신을 인간의 타락과 부패와 지속적인 불완전의 예로 삼았다.

　어거스틴은 이교도 아버지와 그리스도인 어머니 모니카(Monica)에게서 태어났다. 신앙 교육을 받으며 자랐지만 세례는 받지 않았다. 그가 자신의 어린 시절에 관해 술회하는 내용은 신약성경 이래 죄의 본질을 가장 명쾌하게 집어낸다. 그는 아기들을 관찰한 바에 기초하여 자기도 심지어 말을 배우기 전부터 다른 아이들을 질투하여 화를 냈을 가능성이 얼마든지 있다고 추론했다. 소년 시절에 자기가 먹을 것을 훔쳤던 일을 기억했다. 욕구가 생길 때마다 먹는 것 — 이것이 잔존하는 유치증(幼稚症)이었다. 청년 시절에는 성적 불륜을 저질렀다. 이것이 잔존하는 동물적 본성이었다. 그 다음 죄는 설명하기가 훨씬 더 괴로운 것이었다. 그는 몇몇 친구들과 함께 철이 되지 않은 배 과수원에 들어가 서리를 했다. 왜 익지 않은 과실을 딴단 말인가? 그는 만약 자기가 혼자였다면 그런 짓을 하지 않았을 것이라고 말한다. 이것이 대중의 허세였다. 소년들은 과수원 주인이 분해 하는 모습을 보고서 킬킬거렸다. 이것은 이유없이 파괴를 즐기는 행위로서, 짐승들도 짓지 않는 죄였다. 그 다음에 어거스틴은 현실이 아닌 상황을 보며 우는 것을 즐기기 위해서 극장을 즐겨 찾았다고 적는다. 이것이 망상으로의 도피였다. 이런 내용은 우상 숭배와 간음과 살인을 대죄로 열거하던 이전 기독교의 관점과 얼마나 다른가!

　청년 시절에 어거스틴은 카르타고에서 이교 수사학 교사가 되었다. 그 때 자기보다 신분이 낮았기 때문에 결혼할 수 없었던 어떤 소녀와 동거하고 있었고, 그 소녀에게서 아들을 낳아 "하나님의 선물"이라는 뜻의 아데오다투스(Adeodatus)라는 이름을 지어 주었다. 카르타고에서 보낸 이 청년기에 어거스틴은 심한 영적 번민에 빠졌다. 공부를 하는 과정에서 키케로의 책 한 권을 읽게 되었는데, 이 책은 그에게 진리에 대한 강렬한 욕구를 다시 불러 일으켰다. 그러나 진리는 그가 기독교에서 안식할 수 있도록 그에게 나타나지 않았으며, 그는 자기를 교회로 끌어들이려는 어머니의 집요한 노력도 완강히 뿌리쳤다. 그 대신 마니교(the Manichaeans) 신조를 붙잡았다. 그것은 페르시아에서 발생한 종교였다. 마니교도들은 물질을 악으로 단죄하는 점에서 영지주의자들보다 훨씬 극단적이었다. 물질이란 너무 악한 것이어서 아이를 낳아 새 영혼을 육체에 가두는 것을 죄악으로 간주했다. 성 관계를 갖는 것도 나쁘지만, 아이를 낳는 것은 더 나쁘다고 보았다. 그뒤로 어거스틴은 지난 15년 동안 동거녀와 함께 살면서 아들 ― 원하지는 않았으나 그 아이를 위해 사랑을 쏟아부었다 ― 을 하나라도 낳은 것을 두고두고 후회했다.

그러나 물질을 악하다고 보는 마니교의 너무 단순한 설명에 환멸을 느낀 그는 카르타고에서 자기가 가르치던 학생들의 고집스런 행동에서 악을 만났다. 그는 교사로서의 수련을 쌓는 대신에 자기에게 쏟아지는 욕설과 어머니의 간곡한 만류를 뒤로 한 채 동거녀와 아들을 데리고 아무도 몰래 로마행 배를 탔다. 그곳에서 수업료를 버는 데 큰 어려움을 느끼고서, 교사로서의 자격을 내세우지 않고 밀라노의 어느 직장에 취직했고, 그곳에서 어머니와 과거에 자기에게 배운 아프리카 학생들과 합류했다.

이때까지 그는 자신의 영적 문제를 해결하기 위해 더듬거리고 있었다. 빅토리누스(Victorinus)가 라틴어로 번역한 플로티누스(Plotinus)의 책으로 공부한 신플라톤주의는 이제 악이란 단지 선의 부재(不在)일 뿐이라는 교리로 그를 공격했다. 플라톤주의가 주는 강렬한 영적 고양을 체험함으로써 훨씬 더 그 사상에 이끌렸다. 그는 로마에 있을 때 잠시 회의주의에 빠졌었다. 비록 하나님과 불멸을 한 번도 의심해 본 적이 없다고 말하지만 말이다. 그럼에도 불구하고 그는 틀림없이 자신을 의심했다. 왜냐하면 자신의 존재를 의심할 수 있다는 사실 자체가 자신의 존재를 전제한다는 논지에 도움을 받았기 때문이다.

당시에 암브로시우스(Ambrose)가 밀라노에 있었는데, 아들이 세례 받는 모습을 보기를 그토록 갈망하던 모니카는 어거스틴을 그 유명한 주교에게 보냈다. 암브로시우스는 어거스틴과 성격이 판이하게 다른 비범한 인물이었다. 어거스틴이 당황스러운 상황을 앞에서 뒤로 물러나는 식이었다면, 암브로시우스는 대범했다. 암브로시우스는 세심한 사색가도 아니었고, 인간 내면 상태의 분석가도 아니었다. 그는 일찍이 이탈리아 북부에서 공직 생활에 몸담으면서 사회에 첫발을 내디뎠다. 오랜 뒤에 밀라노 시가 주교 선출을 앞두고 있을 때 그는 아리우스파와 니케아파 간에 유혈 충돌이 일어나지 않도록 치안 유지에 힘쓰고 있었다. 그가 교회 복도를 걸어 내려가고 있을 때 한 아이가 "암브로시우스를 주교로 선출하세요" 하고 소리쳤다. 그는 자신이 세례받지 않은 그리스도인이므로 그 직위에 부적합하다고 거절했으나, 회중은 한 주일 만에 그에게 세례를 주고 주교좌에 앉혔다.

　암브로시우스는 시 행정관으로 있을 때보다 주교가 된 뒤에 더 대범하게 행동하고 더 큰 영향력을 행사했다. 385년 미망인인 여제(女帝) 유스티나(Justina)가 자기 군인들 고트족 아리우스파 신도들에게 밀라노의 바실리카를 사용하게 해달라고 요구했을 때, 암브로시우스는 회중과 함께 바실리카 안에 들어가 군인들의 포위를 무릅쓰고 자기가 지은 찬송들을 부르면서 끝까지 저항했다. 이러한 완강한 저항 앞에서 여제는 손을 들고 말았다.

　또 한 번은 암브로시우스가 황제의 권위를 모독한 적도 있었다. 정통 신앙의 옹호자인 테오도시우스 1세가 매우 야만적인 행위로 죄를 지은 사건이 발생했다. 데살로니가의 경기장에서 폭동이 일어나면서 황제의 장교가 살해되자, 테오도시우스는 그에 대한 보복으로 데살로니가 시민 중 7천 명을 원형경기장에 모아놓고 군대를 풀어 학살했다. 그뒤 황제가 암브로시우스의 교회 현관에 모습을 드러냈을 때 주교는 사람의 피를 손에 묻힌 사람은 교회 출입을 금한다고 선언했고, 황제는 고해를 하지 않으면 안 되었다. 이러한 직설적인 행동들로써 암브로시우스는 서방에서 교회가 권력으로부터 독립하여 발전하는 데 중요한 선례들을 남겨 놓았다.

　암브로시우스는 그런 사람이었다. 그러나 그는 당찬 신앙 수호자로 그치지 않았다. 웅변에 뛰어났는데, 수사학 교수였던 어거스틴이 연설 기법을 관찰하기 위해서 교회에 갈 정도였다. 그의 설교를 듣고 있는 동안 어거스틴은 웅변 이상의 어떤 것에 얻어맞았다. 암브로시우스는 신앙 문제들을 가지고 씨름을 하고 지적으로 정직하면서도 그리스도인이 될 수 있음을 보여준 사람이었다.

한편 어거스틴의 어머니는 아들을 설득하여 동거녀와 헤어지도록 했다. 어머니를 만류할 힘이 없었던 그는 오랜 세월 자신의 충실한 벗이었던 그녀를 아프리카로 돌려보냈다. 그런 뒤 모니카는 아들을, 결혼하기엔 너무 어린 소녀와 결혼시키려고 주선했고, 어거스틴은 그녀를 기다리고 있는 동안 다른 여자와 관계를 가졌다. 그 무렵 그는 이집트 수사들에 관한 이야기를 듣게 되는데, 수사학 교수인 자기가 욕정을 제어하지 못하는데 이 무학한 사람들이 스스로를 훌륭하게 다스리며 살았다는 것을 알고는 깜짝 놀랐다. 때맞춰 신플라톤주의자 빅토리누스가 교회에 가입하고 공중 앞에 신앙을 고백했다는 사실을 알고는 신플라톤주의에 대한 신념마저 흔들렸다.

이때부터 어거스틴은 신약성경을 진지하게 읽기 시작했다. "죽음에 이르는 병"에 엄습당하고 있던 어느 날 그는 혼자서 정원으로 걸어들어갔다. 머리를 잡아뜯고 가슴을 쳤는데, 그런 와중에서도 생각하기를, 손은 의지에 복종을 하는데 마음은 복종하려들지 않는다고 했다. (그런 위기 속에서도 상습적인 분석가였던 것이다.) 저쪽 문에서 한 어린이가 놀면서 "톨레 레게"(집어들어 읽으라)라고 노래하는 소리가 들렸다. 벤치를 바라보니 신약성경 사본이 있어서 로마서 13장을 펴들고는 읽기 시작했다: "술 취하지 말며 음란과 호색하지 말며 쟁투와 시기하지 말고 오직 주 예수 그리스도를 옷 입고 정욕을 위하여 육신의 일을 도모하지 말라." 그에게 이 때의 경험은 다메섹 도상에서 바울이 했던 경험과 비견할 만한 것이었다. 그뒤 얼마 시간이 흐른 뒤에 어거스틴은 아들 아데오다투스와 함께 암브로시우스에게 세례를 받았다. 그런 뒤 어머니는 아들과 함께 곧 아프리카로 돌아갔다. 모니카는 가는 도중에 죽었고, 아데오다투스는 아프리카에 도착한 직후에 죽었다. 이렇게 해서 모든 가족의 유대로부터 단절된 어거스틴은 처음에는 수사가 되었다가 396년에 히포의 주교가 되어 그곳에서 행정관과 목회자와 신학자로서 힘있게 활동하기 시작했다.

어거스틴은 자기 분석에 힘입어 사도 바울의 사상을 부활시킬 수 있었다. 그것은 지난 여러 세기 동안 어느 누구도 시도하지 않은 일이었다. 그러나 옛 것을 되살리다 보면 과장하기 십상인데, 어거스틴은 바울 사상에 함축된 의미들을 비교적 예리하게 진술했다. 그는 말하기를, 인간은 아담의 타락으로 너무 부패하여서 어느 면에서든 죄에 예속되어 있다고 했다. 인간의 미덕들조차 자기 과시욕으로 얼룩져 있다. 그리고 죄는 신플라톤주의자들의 말대로 단지 선의 부재(不在)가 아니라, 히브리인들의 말대로 하나님의 엄위에 대한 반역이다. 유일한 치유책은 그리스도를 통해 제시되어 인간에게 사죄와 회복과 치유를 베푸는 하나님의 은혜의 기적에 있다. 그럼에도 불구하고 이 치유로써 다 끝나는 게 아니다. 죄가 무덤 문에 이르기까지 인간을 따라다닌다. 이생에서의 완전은 불가능하다. 한때 어거스틴은 달리 생각한 적도 있지만, 세월이 모든 망상의 자취를 지워버렸고, 이제는 이생에서 완전한 사회나 전쟁 없는 세상을 소망할 수 없었다.

어거스틴은 예정에 관한 바울의 가르침도 발전시켰다. 인간이 악을 행하도록 미리 작정된 것이 아니라, 하나님의 자비에 힘입어 내세의 복락에 들어가도록 예정되었든지, 아니면 자기의 죄에 마땅한 형벌을 받도록 예정되었다는 것이다. 선택된 자들과 유기(遺棄)된 자들 간의 이러한 이원론은 바울보다 더 엄격한 것이었지만, 어거스틴의 경우에는 사회학적 혹은 심지어 교회적인 중요성은 결여되어 있었다. 왜냐하면 그는 이생에서 선택된 자와 유기된 자를 식별할 방법을 알지 못했기 때문이다. 그는 교회를 가라지와 밀이 섞인 혼합체로 인식했는데, 그것은 교회가 성도들만의 공동체일 경우보다 일반 세상과 구분하기 훨씬 힘든다는 것을 뜻했다.

더 나아가 교회가 전적으로 선하지만도 않고 세상이 전적으로 악하지만도 않기 때문에 경계선은 더욱 모호해진다. 이교도들도 기율과 근면과 용기와 충성과 도량 같은 미덕들을 발휘할 수 있다. 어거스틴은 자연법을 인정했고, 그리스도인이 이교도 가신(家臣)으로부터 자기 신들의 이름으로 맹세하는 충성 서약을 받아도 되는가라는 질문을 받았을 때, 신들이 그릇될지라도 충성의 원칙은 유효하다는 근거에서 그런 충성 서약을 받아도 된다고 대답했다.

이러한 전제들을 가지고 어거스틴은 로마의 멸망이라는 문제에 맞부닥쳤다. 그에게는 두 가지 큰 질문이 있었다. 하나는 왜 하나님이 이 일을 발생케 하셨는가 하는 것이었고, 다른 하나는 그리스도인들이 야만족을 격퇴하기 위해 전쟁이라는 수단을 사용해야 하는가 하는 것이었다. 「하나님의 도성」

(City of God)에서 그는 두 질문을 다 다루었다.

하나님은 왜 이 일이 발생하도록 허용하셨는가? 어거스틴은 우선 기독교 신앙을 퍼뜨리기 위한 목적은 틀림없이 아니었다고 대답하면서 다음과 같이 그 문제를 풀어간다. 로마는 이미 기독교가 등장하기 전부터 숱한 재난들을 당한 바 있다. 오히려 로마의 재난들은 그 죄에 대한 보응이었다. 고전 저자들도 시인했듯이, 로마인의 혈관에는 부패의 바이러스가 있었는데, 그것은 로물루스(Romulus)가 레무스(Remus)를 살해한 데서, 그리고 카르타고를 무자비하게 도륙한 데서 극명하게 나타났다. 아프리카인이었던 어거스틴은 동족 카르타고인들과 베르베르인들이 로마가 자기들에게 가한 모욕에 치를 떨고 있던 것을 깊이 공감했다. 정복당한 자들 속에 들끓던 저주가 그의 책에 면면히 되살아난다. 그는 로마인들이 스페인을 침공했을 때 스페인인들이 자신들과 가족들을 정복자들의 야만적 행위에 내맡기지 않고 절벽으로 떨어진 일을 회고했다. 고대사 페이지에서부터 어거스틴은 그리스인들이 로마에 대해 퍼부은 통렬한 원한을 끄집어 냈고, "로마인들은 광야를 만들어 놓고서 그것을 평화라고 부른다"고 한 어떤 브리타니아인의 말을 인용했다. 유대인들과 마찬가지로 어거스틴도 로마가 종말의 원수가 될 것으로 내다보았다.

그러나 로마가 피정복민들에게 큰 유익을 끼치지 않았느냐는 반론을 소개한 다음, 물론 그렇다고 대답하고는, 그러나 그것이 얼마나 많이 흘린 피의 대가인가를 되물었다. 또한 하나님이 로마 제국이 출범한 바로 그 시점에 자기 아들을 태어나게 하셨으므로 로마 제국을 인정하셨음에 틀림없다는 주장을 끄집어냈다. 유세비우스(Eusebius)가 그랬듯이 제국과 기독교의 동시 발생을 인류 구속을 위한 하나님의 공동 사역으로 보는 낭만적 시각에 대해서, 어거스틴은 정의가 없는 대제국들이란 대규모 강도떼들이 아니면 무엇인가 하고 물었다. 그는 부패의 사슬이 콘스탄티누스가 기독교로 개종했을 때에야 비로소 끊어졌다고 보았고, 만약 제국의 군주들이 그리스도인들이라면 그들의 세력은 융성해야 한다고 말했다.

이런 주장을 종합해 볼 때 어거스틴은 로마가 대 제국이 되는 과정에서 저지른 죄악들 때문에 멸망했다고 말하는 듯하다. 그러나 재앙이 그토록 유예되다가 이교 로마가 아닌 기독교 로마가 그 죄값을 치르게 되었다는 점을 감안하면 그 주장은 설득력을 잃는 듯이 보인다. 그러자 어거스틴은 그 문제 전체를 모든 도덕론을 배제한 더 광범위한 틀에 던져 넣는다. 결국 모든 제국은 권력욕에 지배되었기 때문에 멸망을 당할 수밖에 없으며, 흥기할 때라고 해서 몰락할 때보다 더 도덕적이지 않지만, 하나님은 자신의 주권적 의지대로 제국들에게 자기 훈련과 교만으로 패기있게 일어서도록 허락하신 뒤 친히 정하신 때에 그들을 몰락하게 하신다. 이스라엘의 선지자들이 보았듯이, 하나님은 앗수르에게 허세를 부리도록 용납하시고 심지어 그들을 진노의 막대기로 사용하시기도 하지만, 그런 뒤에는 결국 그 도구에게 징벌을 가하신다.

그러나 만약 하나님이 민족들을 그들의 죄악 때문에 몰락하게 하신다면 그들이 몰락하는 것은 당연한 일인데, 그렇다면 굳이 그들을 구원하려고 노력해야 할까? 야만족들과 맞서 싸워야 할까? 어거스틴은 그렇다고 썼다. 왜냐하면 로마 제국은 어쨌든 어떤 선한 것을 감싸고 있기 때문이라고 했다. 로마의 평화는 복음 전파를 용이하게 했고, 로마의 질서는 정의 집행을 가능하게 했다. 로마가 피를 먹고 자라긴 했지만, 숱한 피를 부를 야만족들에게 로마를 넘겨 주어서는 안 된다. 어거스틴은 아프리카의 로마 장군 보니파키우스(Boniface)가 아내를 잃고 수사가 되려고 하자 "하나님을 위해서 지금은 그렇게 하지 마시오!"라고 했다. 반달족이 지브롤터 해협을 건너오고 있던 상황에서 장군은 싸워야 한다는 뜻이었다.

그렇다면 그리스도인은 무기를 들어야 하는가? 여기서 어거스틴은 키케로(Cicero)가 마지막으로 작성한 고전적 전쟁 규례를 기독교적 용도로 각색했다. 키케로는 전쟁이란 국가의 비호를 받을 때에만 적법하다고 명기했다. 전쟁의 목적은 정의를 입증하고 평화를 회복하는 것이어야 한다. 폭력은 함부로 써서는 안 된다. 전쟁의 정당성은 군주가 결정한다. 전쟁 중에도 인도애의 관례를 지켜야 한다. 적군에게 선량한 믿음을 가져야 한다. 죄수들과 인질들을 존중해야 한다. 이러한 것이 키케로의 견해였다.

어거스틴은 여기에 두 가지 점을 보탰다. 하나는 전쟁의 동기는 사랑이어야 한다는 것이었다. 어거스틴은 육체를 죽인다고 해서 영혼을 죽이는 것은 아니기 때문에 그것이 가능하다고 믿었다. 다른 하나는 전쟁이 정당하려면 한쪽이 부정당해야 한다는 것이었다. 어거스틴은 이 논리로써 전범 이론(war-guilty theory)의 아버지가 되었다.

마지막으로 세 계층을 위한 세 가지 행동 규약을 작성했다. 첫째 계층은 군주들로서, 그들은 정의로운 전쟁인지를 판단해야 하고 전쟁을 지휘해야 한다. 둘째 계층은 백성으로서, 그들은 오로지 군주의 명령에 따라서만 싸워야 한다. 사적 관계에서는 정당 방위라는 게 있어서는 안 된다. 셋째 계층은 신앙에 헌신한 자들로서, 그들은 전쟁을 일체 삼가야 한다. 사제들은 제단에서 섬기기 때문이요, 수사들에게는 무저항이 완덕(完德)의 권고(the counsels of perfection) 중 하나이기 때문이다.[2]

이렇게 군주들에게 야만적 무정부 상태를 막으라고 권고함으로써, 어거스틴은 자신이 어느 정도 기독교적 이상들이 구현된 사회에 마음에 두고 있음을 분명히 밝혔다. 이 사회는 국가와 교회라는 두 기관이 중심이 되었다. 국가의 목적은 정의를 보존하는 것이었다. 어거스틴은 정의를 각 사람에게 각자의 몫을 주는 것으로 규명했고, 각 사람의 몫을 주로 생존권과 재산권으로 규명했다. 그러나 단지 사랑이라는 공동 목적에 의해 결속된 공동체인 국가가 되기 위해서라면 굳이 국가가 존재할 필요가 없다. 그런 관점에서는 화적패도 국가가 될 수 있는데, 어거스틴이 볼 때 대 제국들이란 한결같이 대규모 화적패였다. 그럼에도 불구하고 국가는 만약 기독교 군주들에 의해 통치된다면 적어도 유용한 정의의 도구가 될 수 있다. 그리고 그 군주들은 교회의 지도를 받아야 한다 — 이것은 중세에 교황이 발휘하고자 했던 사회적 역할을 암시하는 관점이다. 어거스틴은 교회에 사회적 역할을 기꺼이 부여하고자 했다. 왜냐하면 인류가 땅에서 오랜 기간을 존속할 것을 내다보았기 때문이다. 그리스도의 재림으로 역사가 속히 끝날 것을 기대한 초기 그리스도인들과는 달리, 그는 종말을 불명확한 미래에 두었다. 그러므로 종말의 대심판 때 세상의 심판자들이 될 성도들의 역할을 땅에서의 교회에게 전가했다.

어거스틴은 교회와 국가가 각각 성도와 죄인을 포괄하고 있는 혼합 사회로 보았기 때문에 양자가 서로 긴밀히 연결되어 있다고 생각했다. 만약 교회가 국가를 지도한다면 국가는 심지어 참 신앙을 수호하기 위해서 강제력을 사용할 정도로 교회를 받들어야 한다고 보았다. 어거스틴 당시의 정통 교회가 직면한 독특한 문제는 도나투스파와의 분쟁이었다. 북아프리카에서는 그 분파의 숫자가 가톨릭 교인수보다 더 많게 되었고, 교회 건물과 사제들이 그들에게 공격을 당하는 사례가 종종 발생했다.

어거스틴은 처음에는 그들에게 물리력을 행사하는 것에 극구 반대했지만, 결국 국가가 개입하여 가톨릭 교회들을 보호하기 위해서 벌금형과 구금으로 도나투스파를 강압했다. 그때 많은 사람들이 밝히기를, 자기들은 도나투스주의자들의 말을 듣고서 자발적으로 회심했었다고 했다. 그때까지 도나투스파가 자기들이 가톨릭 신앙에 관해 듣는 것을 강제로 금지했었노라고 말했다. 이제 힘과 힘이 맞서게 되니까 그들의 눈에서 거풀이 떨어지게 된 것이다. 어거스틴은 그런 간증을 듣고 그냥 지나칠 수 없다고 선언하고서 도나투스파에 대한 강압을 마치 사지 중 하나를 절단하여 목숨을 구하는 것과 같은 사랑의 행위로 정당화하기 시작했다. 그는 국가나 교회를 하나의 몸체로 간주했으나, 그 안에서 발생한 이단을 사형으로 제거해 내야 할 썩은 사지로 여기지 않았다. 그러나 그 유추는 여러 세기 뒤에 이러한 의미로 종교재판소(the Inquisition)을 정당화하는 데 쓰이게 된다.

어거스틴은 큰 윤리 문제에 대한 가톨릭 교회의 또 하나의 큰 교훈에 결정적인 형태를 부여했다. 성(性)과 결혼에 대한 그의 견해는 마니교의 출산 회피 관행을 배척하는 데서 깊은 영향을 받았다. 그는 출산이 바로 결혼의 주된 목적이라고 말했다. 출산을 위한 성 관계 외에는 더 이상의 성 관계를 갖지 않는 게 이상적이라고 믿었다. 비록 결혼한 사람들 중 그런 절제를 시행하는 사람들을 보지 못했지만 말이다. 그는 주장하기를, 성(性)이라는 신체 행위는 죄악되지 않지만, 설혹 출산을 의도한 성 행위일지라도 정욕이 고조되면서 이성적 자제력이 흐려진다는 점에서 부수적인 죄악이 따른다고 했다. 그러나 이 죄는 결혼 관계 안에서는 용서받을 수 있는 죄라고 했다. 어거스틴은 하나님이 출산을 위해 다른 방법을 마련하셨더라면 좋았겠다고 생각하는 데까지 이르렀지만, 그럼에도 불구하고 결혼은 하나님이 제정하신 것임을 인정했다. 비록 절제가 더 우월하다고 보긴 했지만 말이다. 그의 태도는 자녀를 낳지 않은 채 성을 즐기려는 사람들을 비판하는 데로 발전했다.

마니교도들을 비판하는 데서 출발한 그의 견해는 차후의 가톨릭 사상에 깊은 영향을 끼쳤다.

신학의 영역에서 어거스틴이 크게 이바지한 것 중 하나는 전통적 교리들을 유추(analogy)로써 쉽게 설명하려고 한 점이다. 삼위일체 교리를 예로 들어 보자. 소를 본 적이 없는 사람은 목장에서 소가 지나간 자취만 봐가지고는 소의 형상을 떠올릴 수 없다. 그러나 소를 본 적이 있는 사람에게는 그 자취가 중요한 의미를 갖는다. 마찬가지로 기억과 지성과 의지라는 삼중 형태로 된 인간의 심리학적 구조를 검토해 가지고는 삼위일체 교리를 이해할 수 없지만, 삼위일체 교리가 계시에 의해서 분명하게 될 때는 인간의 삼중 구조가 하나님의 통일성 안에 있는 삼중 구조를 이해하는 데 실마리가 된다.

어거스틴은 과거로부터 많은 것을 이끌어냈다. 우선 고전 분야를 생각하면, 키케로에게서는 진리에 대한 사랑, 정의로운 전쟁 개념과 문학 양식에 대한 관심을 얻었고, 스토아 학파에게서는 자연법와 우주의 조화에 관한 사상을 얻었으며, 신플라톤주의에게서는 명상의 삼매 중에 신을 보는 것을 얻었다. 유대 기독교에 대해서는 히브리 역사 철학에 더 심오한 깊이를 부여했다. 기독교 전승에서는 사도 바울의 은혜와 예정 교리를 옹호했고, 개인 생활에서의 평화주의가 담긴 산상보훈의 윤리를 깊이 공감했다. 국가와 교회, 전쟁과 평화, 성과 결혼, 관용과 강압에 대한 그의 견해는 가톨릭이든 프로테스탄트든 차후에 온 서방 교회의 각 세대에게 매번 새롭게 다가갔다.

야만족들의 침입

어거스틴은 반달족이 히포를 포위하고 있을 때인 430년에 죽었다. 야만족의 침입은 그뒤 600년 동안 지속될 것이었다. 그 침입은 세 번의 파도로 밀어닥쳤다. 5, 6세기에 대륙에서 있었던 게르만족의 침입과 7, 8세기에 있었던 사라센족의 침입은 앞에서 언급했다. 이러한 침입이 있은 뒤 9, 10세기에는 대륙에서 또 다른 대륙의 게르만족과 스칸디나비아인들과 바이킹족, 그리고 마자르족의 침입이 있었는데, 이들은 1000년경까지 격퇴되지 않았다. 오늘날 사가들은 어떠한 침입이 고전 문화를 가장 심하게 파괴했는지를 놓고 논쟁을 벌인다. 당시 사람들에게는 자기들이 직접 겪은 침입이 최악의 침입이었겠지만, 오늘날 우리들에게는 유럽이 5백 년이 넘도록 포위 상태에 있었다는 점을 기억할 때 그 침입들을 구분하는 것이 그다지 중요하지 않다. 동시에 고대 문화가 실제로 파괴된 정도 자체도 과장될 수 있다.

첫번째 파도는 보편적 제국의 붕괴와 독립 왕국들의 수립으로 귀결되었다. 아프리카에는 반달족이, 스페인에서는 서고트족이, 갈리아에서는 프랑크족이, 그리고 이탈리아에서는 처음에는 동고트족이, 다음에는 롬바르드족이 밀어닥쳤다는 것은 이미 살펴 보았다. 5세기에 앵글족과 색슨족은 영국을 침략했다. 이런 상황은 전혀 전례가 없던 일은 아니었다. 야만족들은 오랜 세월 동안 침략을 일삼아 왔다. 제국 기간 내내 그들은 처음에는 로마 군대에 입대했고, 나중에는 그 땅에 정착했다. 궁정에는 야만족의 파벌이 있었다. 크리소스톰 당시의 여제(女帝) 유독시아(Eudoxia)는 고트족 추장의 딸이었고, 로마를 함락시킨 알라릭(Alaric)은 역시 야만족이던 로마 장군 스틸리코(Stilicho)에게 저항을 받았다. 더 의미심장한 것은 야만족들이 지역의 자치권을 허락받은 채 집단으로 정착한 일이었다. 콘스탄티누스는 200,000명의 사르마티아인들(Sarmatians)을 정착시켰다. 이른바 야만족의 침입들은 사실상 이민에 대한 통제의 벽을 허물어 버렸다.

문화적인 견지에서 볼 때 그들의 침입은 약탈이 아니었다. 그들은 유목민이 아니라 동쪽에서 다른 민족들에게 떠밀려 할 수 없이 새 땅을 찾아온 농경 민족이었다. 미술 분야에서 그들은 전혀 문외한이 아니었다. 서고트족은 바퀴, 장미꽃 장식, 나선형과 아울러 칠보(七寶) 작품과 보석으로 장식한 상자 등 기하학적 형상들로 가득한 기괴하고 화려한 도안들을 중심으로 한 여러 가지 기법과 테마 — 그들이 스키타이인들(Scythians)과 사르마르티아인들에게서 배운 — 를 서유럽에 소개했다.[3] 아울러 야만족들은 고전과 비잔틴 미술을 사용하는 데 더디지도 서투르지도 않았다. 동고트족 출신 테오도릭(Theodoric)은 라벤나 클라세에 화려한 모자이크 장식을 한 성 아폴리나리우스(St. Apolinare) 성당을 건축했는데, 그 안에는 로마와 비잔틴과 튜튼족의 요소들이 혼합되어 있다. 아기 예수께 예물을 드리는 박사들이 게르만족의 바지를 입고 있는 모습으로 묘사되어 있다.

유스티니아누스는 라벤나를 탈환했을 때 테오도릭을 드높이던 모든 모자이크들을 자신과 자신의 황비 테오도라(Theodora)를 드높이는 다른 모자이크들로 갈아치웠다. 그러나 성경을 배경으로 한 모자이크들은 그대로 남겨놓았다. 이 고트족들은 아리우스파였기 때문에 미술 사가들은 그 모자이크들에서 그리스도를 성부께 종속된 분으로 본 아리우스파의 흔적을 찾아내려고 노력하지만, 그 작품들은 뚜렷이 아리우스적인 것을 하나도 드러내지 않으며, 만약 그런 것을 드러냈다면 정통파 신자였던 유스티니아누스에 의해서 제거되었을 것이다.

법률 분야에서 게르만족은 징벌 대신 배상의 원칙을 지켰다. 살인의 경우 가해자는 희생자 가족에게 배상금을 지불해야 했다. 신체 상해의 경우는 배상의 등급이 정해져 있었다. 눈이나 다리에 상해를 입혔을 때는 가장 큰 배상을 해야 했고, 다음으로는 귀였다. 상해당한 신체 부위의 중요도에 따라 등급이 매겨졌다. 손가락은 발가락의 두 배를 배상해야 했고, 심지어 손톱에도 한 실링의 배상이 규정되었다. 이런 배상 제도는 여러 세기 뒤에 교회의 고해와 면죄부 관습에 기초를 제공해 주었기 때문에 중요한 의미를 지닌다.[4]

도덕 분야에서, 5세기에 살비아누스(Salvian)라는 그리스도인은 야만족들이 제국의 귀족들보다 더 정숙했다고 주장했고, 반달족의 가이세릭(Gaiseric)이 카르타고의 사창가를 일소한 것을 극찬했다.[5] 그러나 살비아누스는 반달족이 얼마나 선했는가보다 로마인들이 얼마나 악했는가를 더 잘 알았을 것이다. 어쨌든 훗날 제국 내의 야만족들을 대할 때 그들의 성 생활이 기존 로마인들보다 도덕적이지 못한 것을 발견하게 된다. 잔인성에 대해서는 야만족들과 로마인들 간에 우열을 가리기가 어려웠다. 로마인 콘스탄티누스는 이교도 시절에 포로로 잡아온 튜튼족 왕들을 사자 밥으로 던지지 않았던가? 심지어 프랑크족도 로마인들의 잔인성을 비판했으며, 살리카 법(the Salic Law, 프랑크족의 지류인 살리카족의 법)의 서문은 "로마인들이 불태우고, 사자 밥이 되게 하고 짐승들에게 던져 준" 순교자들의 유해를 금과 보석으로 장식하고 있다고 선언했다.[6]

종교에 대해서 야만족들은 기독교가 등장할 당시 온갖 종교들이 혼재할 때 로마 제국이 취했던 입장을 그대로 취했다. 따라서 튜튼족은 자기들이 주간 넷째 날인 오딘의 날(Wodin's day) 곧 수요일(Wednesday)을 할애한 오딘 (Wodin)이 라틴인들이 그 날을 메르크레디(mercredi)로 할당한 머큐리와 동일하다고 느낄 수 있었다. 마찬가지로 북유럽 사람들은 주간의 그 다음 날을 토르(Thor)의 날(Thursday)이라 불렀는데, 라틴인들은 그 날을 주피터의 날 — 제우디(jeudi)와 지오베디(giovedi) — 이라 불렀다. 게르만족들은 마찬가지로 자기들의 종교와 기독교를 동일하게 받아들였는데, 그러나 물론 기독교 지도자들은 핵심 교리에 관한 한 이런 태도를 관용할 수 없었다. 그럼에도 불구하고 민중들 속에서는 성인들이 신들의 후계자들이 되었다.

야만족들의 회심

이 북유럽 사람들을 회심시키는 것은 참으로 험난한 과제였다. 그들을 명목상의 그리스도인들로 만들기란 그리 어렵지 않았다. 왜냐하면 그들은 장엄한 로마로 들어가기를 바랐는데, 이제는 기독교가 로마의 종교였기 때문이다. 그러나 이 사람들을 기독교화하고, 문명화하고, 길들이고, 세련되게 만들고, 교육하고, 고대 문화의 정수를 받게 하고, 또한 기독교가 로마를 제국으로 만들었다는 근거에서 기독교를 평가해야 한다는 개념에서 깨어나게 하고, 무엇보다도 지극히 작은 기독교적 품행이 담긴 관습을 권유하는 과제, 이런 과제를 떠맡은 교회는 아마 410년에 로마가 함락될 때 하나님이 역사를 끝내셨더라면 하고 아쉬워했을 것이다.

회심케 해야 할 야만족들에는 두 부류가 있었다. 더러는 프랑크족과 앵글로색슨족 같은 이교도들이었고, 더러는 이미 그리스도인들이었지만, 제국 내에서 아리우스주의가 우세하던 시기에 기독교를 받아들인 아리우스주의자들이었다. 이들을 아리우스주의 신앙으로 개종시키는 거대한 업적을 이룬 선교사는 그 자신이 야만족 출신인 울필라스(Ulfilas)였다.

이 아리우스주의는 신학적 성격보다 교회적 성격을 더 많이 띠었다. 게르만족들은 성부와 성자의 공체성(consubstantiality)에 관한 일체의 정교한 이론에 관심이 없었기 때문이다. 비록 아리우스파가 그리스도를 만물보다 먼저 나신 분이되 피조물이라고 믿었던 정도만큼은 신학이 들어가긴 했지만 말이다. 이 견해는 그리스도를 영광스러운 바이킹 추장으로 생각하는 것을 가능하게 했다. 그러나 서방에서 아리우스파와 정통파 간의 주된 차이는 교회 조직에 있었다. 아리우스파는 교회 조직의 구심점이 없었다. 그들은 정통파 로마를 인정하지 않았고, 로마에 상응할 만한 곳도 두지 않았다. 아리우스파 교회는 권력이 분산되었다. 기독교 사제들은 이교 사제들을 대신하여 왕의 기관 사제가 되었다. 아리우스파 교회들은 씨족에 속했다. 심지어 아리우스파 교회회의가 한 번이라도 열렸다는 말을 우리는 듣지 못한다. 이 야만족 아리우스주의자들은 정통 신앙으로 회심한 뒤에도 여전히 로마를 통한 중앙 집중화를 받아들이기를 싫어했다. 지역 교회가 왕이나 후원자에 의존하여 권한을 가지는 체제가 너무나 뿌리깊었기 때문에, 교회 내에서 중앙 집권적 경향과 지방 분권적 경향간의 갈등이 중세 교회사의 고질적인 쟁점들 가운데 하나였다.

그러나 아리우스파 왕국들의 성립은 한동안 정통 기독교가 로마를 중심으로 중앙집권화하는 데 보탬이 되었다. 왜냐하면 아리우스파 왕들은 정통 교회를 관용했고, 그 내부 문제에 간섭하지 않았기 때문이다. 이 교회가 오랫동안 제국과 맺어온 관계는 단절되었고, 새 왕국들 내부의 어떤 지배 권력에도 기대지 않았다. 이런 이유로 교회는 이 모든 왕국들 안에서 독립성과 보편성을 유지할 수 있었다. 이제 다양한 야만족들 밑에서 살게 된 정통파 구(舊) 로마인들은 기독교 로마를 신앙의 구심점으로, 즉 영원한 로마(Roma aeterna)로 바라보았다.

서방의 수도원주의

유럽이 개종하는 과정에서 기독교의 세 가지 제도가 작용했다. 그것은 수도원주의와 교황제와 세속 국가였다. 셋 중에서 수도원주의가 가장 중요했다. 왜냐하면 수사들은 선교사들이었던 반면에, 교황들과 왕들은 그렇지 않았기 때문이다. 동방의 수도원주의는 362년 푸아티에 근처에 수도원을 세운 성 마르틴(St. Matin)에 의해 서방으로 전달되었다. 서방 수도원주의에 독특한 성격을 부여한 사람은 6세기 중엽 유스티니아누스와 동시대 사람이었던 성 베네딕투스(St. Benedict)였다. 그는 한동안 은수자 생활을 하다가 가리그리아노 계곡이 내려다 보이는 몬테 카시노에 수도원 공동체를 세웠다. 그는 자신의 영적 아들들을 위해서 온건하고 상식적이고 실천 가능한 수도회칙을 작성했다.

경쟁적인 금욕생활이나 육체의 과도한 혹사를 권장하지 않았다. 수사들이 은수자나 거룩한 유랑자가 되는 것을 허락지 않았다. 그들을 공동체 안에서 엄격한 규율에 따라 살게 했다. 청빈과 정절과 순종 서약에 정주(定住) 서약을 추가했다. 급박한 일이 있을 때만 수사가 수도원 경내를 떠나되 반드시 동료와 동행하게 했다. 돌아온 뒤에는 형제들에게 밖에서 본 것을 말하지 말도록 했다. 물론 수도원은 자급자족을 해야 했고, 따라서 수도원 안에는 수사들이 경작할 수 있는 밭, 우물, 건물, 그리고 훗날에는 양어장, 토끼와 가금(家禽)을 키우는 뜰이 있었다. 모든 노동력은 수사들이 제공했다. 음식은 빵과 포도주와 채소로 이루어진 검소한 것이었고, 고기는 환자에게만 제공했다. 당시 사람들치고 고기를 풍족히 먹을 수 있을 만큼 형편이 좋은 사람은 희박했다는 점을 기억해야 한다. 당시의 농부들은 가축을 잡아먹을 수 없었고, 도저히 겨울을 날 수 없게 되었을 때에야 비로소 가축을 잡았다.[7] 그런 규제는 물고기에는 적용되지 않았고, 따라서 수도원은 물을 막아 양어장을 만들 수 있는 개울 곁에 자리를 잡는 게 보통이었다. 목욕도 사치스러운 일이어서 권장되지 않았다. 이렇게 생활이 엄격하긴 했지만 결코 금욕적이지는 않았다.

베네딕투스의 수도회칙은 아주 세세한 규정까지 다루지는 않는다. 좀더 자세한 수도원 생활상은 후대의 몇몇 영국 수도원들에서 볼 수 있는데, 거기서는 목욕을 일년에 서너 차례밖에 허용하지 않았다고 한다. 발은 한 주일에 한 번 씻었다. 머리는 세 주만에 한 번씩 깎았는데, 연로한 수사가 물이 따뜻하고 수건이 건조할 때 맨 처음 머리를 깎았다. 침대용 밀짚은 일년에 한 번 갈았다. 내의는 여름에는 두 주에 한 번, 겨울에는 세 주에 한 번 세탁했다.[8]

그러나 수도원의 목적은 안락한 생활을 보장하는 데 있지 않고 찬송으로 하나님을 공경하고 기도로 사회에 유익을 끼치려는 데 있었다. 베네딕투스회 수도회칙은 매주 시편송 전체를 부를 것을 요구했다. 수사들은 새벽 2

시에 기상하여 5시까지 수도원 예배와 개인 묵상을 한 다음 9시까지 4시간 동안 공부를 했다. 다음 3시간은 밭에서 보냈다. 식사는 정오에 했다. 이것은 제9시(노나〈nona〉)를 가리키며, 이 단어에서 '정오'(noon)란 단어가 유래했다. 하루는 오전 6시에 시작했으므로 제9시는 오후 3시였지만, 수사들이 그때까지 식사를 하지 않고 기다릴 수 없었기 때문에 정오라는 단어를 단순히 하루의 중간에 적용하게 되었다. 식사가 끝난 뒤에는 한 시간 휴식을 취했다. 그런 뒤 다시 밭에 나가 종과(終課, 저녁기도) 때까지 일하다가 6시 30분에 잠자리에 들었다.

잠잘 때에는 젊은 수사들의 싸움을 방지하기 위해서 연로한 수사들이 젊은 수사들 틈에서 잤고, 베개 밑에 칼을 두고 자는 것을 허락지 않았다. 각 수사에게는 의복 외에 칼과 바늘과 철필이 지급되었으나, 사적인 물건은 소유할 수 없었다. 재산은 수도원에 귀속되었다. 주일도 다른 요일들과 하등 다를 바 없었다. 왜냐하면 매일을 온통 경건 생활로 보냈기 때문이다. 하루 일과는 계절에 따라 약간씩 달랐다. 베네딕투스의 수도원은 원래 선교 기관이나 학문 기관으로 설립되지 않았으나, 결국에는 그 두 분야에 현저한 기여를 했다.

최초의 수도원들은 야만족의 침략에서 비교적 안전한 몬테 카시노 같은 산꼭대기나 생 레랭 같은 섬에 자리잡았다. 수사들은 처음에는 옛 로마인들 가운데서 모집했다. 베네딕투스의 몬테 카시노 수도원에 고트족 한 명이 있었던 것이 특이한 현상이었는데, 이 야만족은 매우 온유했기 때문에 더더욱 눈길을 끌었다. 야만족이 정확히 언제부터 본격적으로 수도원에 들어가기 시작했는지는 알려지지 않는다. 이 건장한 전사(戰士)들은 처음에는 수사들을 의혹과 경멸의 눈초리로 쳐다보았다. 수도원이 사회의 적극적인 세력이 된 뒤에야 비로소 게르만족의 흥미를 끌었으리라는 것을 능히 짐작할 수 있는데, 실제로 수도원은 적극적인 사회 세력이 되었다.

수사들은 산에서 내려오거나 섬에서 뭍으로 돌아와 교회가 유럽을 얻는 데 군대 역할을 했다. 그들의 조직은 그 사역을 감당하는 데 매우 적합했다. 선교사들은 자급자족해야 했기 때문이다. 보편적인 통화가 사라졌고, 특히 소지하고 다닐 만한 작은 주화가 없었으므로 교황청도 기독교 지역의 교회도 이교 지역의 선교 사역에 재정 지원을 할 수 없었다. 어쨌든 선교사가 어떻게 지갑을 다시 채울 만큼 파송지와 긴밀한 접촉을 유지할 수 있었겠는가? 일단 선교지로 떠난 뒤에는 회심한 제후가 준 기부금이나 스스로 노동해서 번 돈으로 생계를 유지할 수밖에 없었는데, 여러 수사들이 무리를 지어 가는 경우에는 노동의 효과가 더욱 컸다. 수사들이 무리를 지어 가는 경우에는 경작되지 않은 땅을 개간하고 인근에 사는 사람들에게 빛을 비출 공동체를 그곳에 세우곤 했다.

수도원은 점차 학문 중심지의 역할을 떠맡았다. 베네딕투스는 자기 수사들이 글을 깨치는 것이 바람직하다고 생각했으나, 성경과 교부 저서들을 읽을 수 있을 정도만 배우면 된다고 생각했다. 수사들이 사본 필사자들과 고대 문화의 전수자로 유명해질 것을 그가 미리 알았다면 아마 자신의 목표가 왜곡된 것으로 받아들였을 것이다. 새로운 발전은 여러 단계들을 거쳐 이루어졌다.

카시오도루스(Cassiodorus, 490-583)는 수도원이 학교에 훨씬 가깝게 되리라고 예상했다. 카롤링조의 르네상스는 수도원이 그런 방향으로 발전하도록 훨씬 더 촉진했으며, 수사들에게 노동의 의무를 덜어줌으로써 학문 연구에 몰두할 시간을 주었다. 이교 저자들에 대한 해묵은 불신은 수사들의 상징적 몸짓에 실려 그대로 남았다. 이교 저자의 책 사본을 빌리고 싶은 수사는 개처럼 귀 뒤를 쓸어내려 자신의 의사를 밝혔던 것이다. 그럼에도 불구하고 수사들이 고전을 탐독했던 것은 틀림없는 사실이다. 그렇지 않았다면 논문 한 편 필사하는 데도 많은 양들을 잡아 만든 양피지가 필요하고, 제본하는 데도 사슴이나 노루나 곰의 가죽이 필요했던 시절에 그들이 세네카, 키케로, 오비디우스, 베르길리우스 같은 저자들의 책을 필사했을 리가 없었을 것이다.[9]

교황청과 국가

선교를 활성화한 두번째로 큰 제도는 교황제였다. 이 점에서 단연 두드러지는 인물은 교황 그레고리 1세(Gregory I, 590-604)였다. 서방에서 '교황'

(pope)이란 칭호가 로마 주교에게만 쓰인 것은 11세기의 일이며, 동방에서는 그것을 교황의 전유물로 여긴 적이 없었다. 그러나 이 칭호는 오늘날 공통된 용례로는 초대 로마 주교부터 시작하여 모든 로마 주교들에게 해당된다. 그레고리 1세(Gregory I)는 유스티니아누스가 죽으면서 서방에 대한 동방 제국의 지배가 다시금 끝나고, 이탈리아 북부와 여러 산발적인 지역에서 롬바르드족이 동고트족을 대체하던 시기에 베드로의 권좌를 차지했다. 그러나 비잔틴 황제들은 이탈리아 반도에 대한 주권을 포기한 적이 없던 터라 반도에서 야만족들이 점령하지 않은 지역들을 총독(exarch, 태수)이라 하는 관리를 시켜 다스리게 했고, 그 수도를 라벤나로 정했다. 아직 사라센의 침략이 발생하지 않았고, 동방으로 가는 항로들이 열려 있었다.

그레고리는 선교에 중요한 의미를 갖는 인물이다. 브리타니아 제도(諸島)에 선교사를 파송하여 앵글로 색슨족을 회심시키는 데 직접 개입했기 때문이기도 하지만, 그보다는 교황청의 위신을 크게 높이고 그로써 야만족들 사이에 교황청에 대한 호감을 증대시켰기 때문이다. 그는 사실상 당대의 군주에게 속하는 기능들을 수행했기 때문에 종종 중세 최초의 교황이라 불린다. 교황청은 이탈리아에서는 세속 권력이 되어가고 있었고, 그밖의 지역들에서는 왕들의 고문이 되어가고 있었다. 문화적으로 볼 때 그레고리는 친(親) 서방적이었고, 헬라어는 배우지 않았다.

당시 로마의 상황은 "무너졌도다, 큰 성 바벨론이여!"라는 외침을 입증할 만했다. 로마는 410년 알라릭에게 함락된 뒤 반달족과 고트족에 의해 훨씬 더 철저히 약탈했다. 대리석 상들이 내동댕이쳐져 그 머리와 팔다리와 몸통이 잡초 무성한 자갈 도로에 아무렇게나 굴러다녔다. 더욱 심각한 것은 야만족들이 수도관을 절단하는 바람에 고지대에는 물이 나오지 않고 평지는 수도관에서 새어 나온 물이 흥건히 고인 채 썩어갔다. 질병이 도시에 창궐했다. 당시의 교황의 부제(deacon)이던 그레고리는 하나님의 진노를 달래기 위해서 거리에서 참회의 행렬을 벌였다. 구슬픈 참회자들의 행렬이 하드리아누스의 웅장한 무덤 앞에 이르렀을 때, 그레고리는 무덤 위에서 천사장 미가엘이 화염검을 들고 있는 모습을 보았다. 미가엘은 재앙을 끝낸다는 증표로 화염검을 칼집에 도로 꽂았다. 그 뒤로 그 로마 황제의 무덤은 일 카스텔로 디

산타 앙겔로(Il Castello di Sant' Angelo, 거룩한 천사의 성)이라 불리웠다. 중세에 이 무덤은 교황들의 요새가 되었다. 오늘날 이곳은 박물관이 되었고, 건물 꼭대기의 거룩한 천사상 위에는 라디오 안테나가 삐죽이 서 있다.

재앙이 한창 기승을 부릴 때 교황이 죽었고 그레고리가 자신의 의사와는 반대로 후임 교황에 선출되었다. 그는 교황보다는 성 베네딕투스회 수사가 되고 싶은 마음이 간절했었다. 그가 교황이 되기를 두려워한 데에 그만한 충분한 이유가 있었던 것은 그 시기에는 교황의 어깨에 막중한 짐이 얹혀져 있었기 때문이다. 북쪽의 롬바르드족은 끊임없이 세력을 확장하고 있었고, 그로 인해 난민들이 로마로 쏟아져 들어오고 있었다. 그레고리는 수도 내의 교회가 수녀 3천 명의 생계를 지지하고 있었는데, 그들 중 대다수가 그 도시 출신이 아니었을 것이라고 기록한다. 그리고 당시에는 그 도시의 일반 시민들도 문제였다. 정부는 여러 세기 동안 그들에게 '빵과 써커스'를 제공했으나, 이제 라벤나에 총독부를 둔 비잔티움 정부는 아프리카나 섬들에서 곡물선을 그곳에 보낼 처지가 못되었다. 더욱이 롬바르드족은 심심하면 로마인들을 사로잡아 간 다음 돈을 요구했다. 황제에게는 그들을 데려올 만한 돈이 없었다.

이러한 시점에 교회가 개입했다. 교회의 재원은 막대했고, 적군들이나 알프스 산맥 같은 자연 방벽들에 의해 운송이 방해를 받지 않는, 그리고 통화 체계가 유지되던 지역들에서는 그 재원을 사용할 수 있었다. 교회는 시칠리아와 사르디니아에 곡창지를, 브루티움과 갈라브리아에 삼림을, 심지어 이스트리아에도 소유지를 갖고 있었다. 배를 전세내어 섬들에서 곡물을 싣고 로마로 가져오고, 이집트 교회들에 목재를 공급하고, 시내 산 수사들에게 담요를 공급할 수 있었다. 그러나 무엇보다도 롬바르드족에게 붙잡혀간 사람들을 데리고 올 만한 돈이 있었다.

교회가 어떻게 해서 그런 막대한 재산을 소유하게 되었을까? 자세히는 대답할 수 없지만, 모든 것을 포괄하는 분명한 설명은 할 수 있다. 그것은 바로 기부금 덕분이었다. 일찍부터 자선이 구원에 도움이 되는 선행으로 간주되었다. 이 재산을 관리하는 과정에서 교황청은 이탈리아의 제국 관리들만큼이나 방대하면서도 훨씬 더 효율적인 조직으로 발전했다. 그레고리의 편지들은 명령과 질책으로 가득하다. 신하들이 교황에게 문의한 질문 몇 가지를 예로 들어 본다.

어떤 사람이 교회에 호박(琥珀) 잔과 소년 노예를 자신의 장례비조로 교회에 기증했다. 그러나 그 잔은 그 사람 것이 아니었다. 이럴 때는 어떻게 해야 하는지 물었다. 교황은 이렇게 대답했다: 세속법은 유산을 타인에게 양도할 수 없게 규정하고 있다. 그것이 죽은 자의 소유가 아닌데 물려받았다면 물려받은 자가 원 소유주에게 배상해야 한다. 그러나 교회는 세속법에 따라 운영되지 않기 때문에 그 잔은 그냥 돌려 주어야 한다. 장례식을 놓고 고소하는 일이 생겨서는 안 된다.

두번째 경우: 비그리스도인이 그리스도인 노예를 소유하는 것은 금지되어 있는 상황에서, 그리스도인 노예가 주인이 사마리아인이라는 이유로 도망쳤고, 주인은 그뒤로 그리스도인이 되어 그를 돌려달라고 요청하는 경우에는 어떻게 해야 하는가? 대답: 주인은 그 노예를 돌려달라고 할 수 없다.

셋째 경우: 포로들을 데려오려고 돈을 빌렸는데 갚을 수가 없다. 교회의 신성한 기물들을 팔아 빚을 갚아도 되는가? 대답: 그럴 수 있다.[10]

그레고리가 벌인 활동들 가운데 더러는 국가가 할 일이었지만, 라벤나 총독은 로마를 먹이거나 포로들을 되찾아올 능력이 없었다. 교회는 이런 짐들을 지는 과정에서 롬바르드족과 정치적 타협과 동맹을 맺는 데로 발전했다. 콘스탄티노플 황제는 교회의 권력 침해에 대노했지만, 교황은 그에게 조공을 바쳤다. 교황이 세속 군주로 올라선 시기는 대개 8세기 중엽으로 잡지만, 그것은 이미 한 세기 반 동안 사실로서 존재하던 것을 형식적으로 인정한 것일 뿐이다.

그레고리는 교회 내부의 행정과 영적 생활에도 관심을 기울였다. "벽은 지붕을 덮기 전에 마르고, 나무를 지붕에 쓰려면 말려야 한다. 하물며 성직자를 선정하는 데 그만한 관심도 들이지 않아서야 되겠는가?"[11] 그레고리는 신학자로서는 교회의 위대한 박사들 중 한 사람으로 손꼽힌다. 그는 최초로 연옥 교리를 공식화했고, 이 교리는 중세 신앙에 커다란 역할을 했다. 그는 전례(典禮, liturgy)에 관심이 있었고, 그레고리 성가의 작곡자로 간주된다. 그가 수행한 교황직은 제국의 통치가 거의 붕괴된 무질서한 시대에 교회가 수행한 역할을 보여주는 대표적인 예다.

기독교 선교를 뒷받침한 세번째 제도는 세속 국가였다. 때로 야만족의 왕은 불간섭 정책을 채택하여 선교사들이 자기 영토에서 활동하도록 내버려 두었다. 때로는 왕 자신이 백성에게 강요하지 않은 채 신앙을 받아들였다. 그러나 자기가 받아들인 신앙을 백성에게 강요하는 경우도 종종 있었다. 신앙을 받아들인 왕은 선교사가 자기 영토를 떠나 다른 영토로 가려 할 때 그를 거의 외교관으로 삼을 정도의 신임장을 써 주었다. 왕이 자기가 정복한 백성에게 강제로 신앙을 받아들이게 한 사례는 단 한 번 있었다. 이러한 예들은 앞으로 가면서 소개할 것이다.

야만족 왕국들이 개종하는 과정에서 왕비들의 역할도 무시할 수 없다. 튜튼족 왕이 옛 로마인의 딸을 왕비로 삼는 경우가 적지 않았는데, 왕비는 남편에게 로마인의 신앙을 받아들이도록 졸랐다. 군주 측에서 볼 때 이러한 결합은 두 문화가 결혼한 것과 같은 것이었다.

아일랜드

최초로 복음화한 땅은 야만족에게 침공을 당한 땅이 아니라 그 자체가 언제나 야만족의 땅이었던 아일랜드였다. 이 지역을 개종시킨 인물은 5세기 초의 패트릭(Patrick)으로 평가된다. 거의 모든 나라가 사실상 다수에게 돌려야 마땅한 복음화의 공로를 울필라스(Ulfilas) 같은 개인에게 다 돌린다. 프랑스는 5세기 말의 클로비스(Clovis)에게 그 작위를 수여하고, 영국은 7세기 초의 캔터베리의 어거스틴(Agustine of Canterbury)에게 그 공로를 돌리며, 독일은 8세기의 보니파키우스(Boniface)에게, 덴마크는 9세기의 앙스가르(Ansgar)에게, 불가리아와 모라비아는 키릴루스(Cyril)와 메토디우스(Methodius)에게, 러시아는 11세기 말의 블라드미르(Vladmir)에게 그 공로를 돌린다. 천국 문서 보관소에 가서 그 개인들을 도운 많은 사람들의 이름을 다 확인할 길이 없는 사가는 소수에 관한 전승들을 기록하는 것 외에 별 다른 방법이 없다.

그러나 다행히도 5세기 초 브리타니아(영국) 사람 패트릭이 쓴 간략한 자서전이 남아 있다. 로마 군대가 대륙을 수비하기 위해 철수했을 때, 스코트족이라 불리던 아일랜드인들이 영국 해안을 침략하기 시작했다. 이들은 강을 타고 올라가서 마을들을 기습한 뒤 재물과 사람들을 노략해 갔다. 그렇게 끌려간 사람 가운데 패트릭이 있었다. 그는 그리스도인 가정에서 자랐다. 아버지가 부제(deacon)였으나, 패트릭은 잡혀가서 돼지치기로 지내면서 풀려나기를 간절히 기도할 때에야 비로소 본격적으로 신앙 생활을 시작했다. 탈출하려고 갖은 수를 다 쓰다가 마침내 해안에서 프랑스로 보내는 사냥개들을 싣고 있는 배를 발견하고 몰래 그 배에 올라탔다. 배가 영국과 프랑스를 오간 점으로 미루어 상업이 완전히 단절되지 않았음에 분명하다. 선원들은 패트릭을 발견하고는 갑판으로 끌어내 개들을 돌보는 일을 맡겼다. 배가 대륙에 상륙했을 때 선원들은 여러 날 여행을 했으나 한 사람도 만나지 못하다가 결국 양식을 구하러 사방으로 뛰어다녔다. 선장은 패트릭이 그리스도인이니까 하나님께 간청을 드려보라고 청했다. 패트릭이 그렇게 하자 돼지떼가 나타났다. 패트릭은 하나님이 자기를 받으셨다고 느끼고서 무리를 떠나 곧장 어느 수도원으로 들어갔다. 그곳에서 간신히 집으로 갈 수 있었다. 식구들은 잃었던 그를 만나 몹시 기뻤지만, 그가 꿈에서 아직 태어나지 않은 아일랜드인 아기로부터 그곳으로 돌아와 복음의 좋은 소식을 전해달라는 청을 받자 크게 실망했다. 그러나 그는 우선 훈련을 받기 위해 대륙으로 갔고, 그곳에서 그의 촌스러움(rusticitas) 때문에 선교 사역에 부적합하다는 이유로 14년간이나 붙들려 있었다. 그러나 그의 고집을 결국 아무도 꺾지 못하였고, 마침내 그는 교황청의 권위를 받아 주교의 신분으로 길을 나섰다.

그의 전기는 이 시점에서 끝나며, 그뒤부터의 이야기는 전설로만 남아 있다. 그뒤 아일랜드에 무슨 일이 있었는가 하는 것을 아는 터에서 그가 무슨 일을 진행시켰는지를 어느 정도 추론해 볼 수 있다. 그로부터 한 세기 뒤에 아일랜드 교회는 그 구조 전체가 수도원적인 형태를 띠고 있었다. 추측하건대 그 땅에서 자급자족하는 수도원 공동체가 교구 교회 체제보다 농경 문화와 부족 경제에 더 적합했을 것이다. 또 한 가지 중요한 점은 패트릭이 아일랜드에 라틴어를 보급하고, 그로써 아일랜드를 고전의 유산에 참여케 했다는 점이다. 아일랜드는 군대의 힘이 아닌 선교사들에 의해서 로마화되었다.

이러한 라틴 문화의 확장은 라틴어가 살아남는 데 기여했다. 대륙에서는 라틴어가 로망스 방언들로 변모하는 과정에 있었고, 따라서 라틴어가 살아남을 수 있었던 것은 오로지 교회가 전례와 공식 문서에 그 문자를 사용하고 국가가 그것을 따랐기 때문이었다. 그럼에도 불구하고 이 라틴어는 신종 자국어들에 의해 변질될 위험이 항상 있었다. 본토어가 게일어(Gaelic)였던 아일랜드에는 그런 위험이 없었다. 이곳에서는 라틴어가 구별되어 훼손되지 않은 채 남아 있다가 훗날 몇 차례 더 침공이 있은 뒤 아일랜드 수사들에 의해 대륙으로 도로 전달되었다.

갈리아

동방에서 비그리스적인 요소들이 정통 제국에서 갈라져 나가고 있을 때, 서방에서는 한 야만족 왕이 정통 신앙을 받아들였다. 그 핵심적 인물들은 왕 클로비스(Clovis)와 왕비 클로틸다(Clothilda)였다. 투르의 그레고리(Gregory of Tours)가 다음 세대에 전한 바로는, 그들의 회심은 왕비의 주도로 이루어졌다. 남편과 오랫동안 토론을 하던 클로틸다는 남편이 섬기는 신들이 단지 우상들이며, 그들의 이야기는 매우 추잡하다고 말했다. 그레고리가 아내의 주장을 전하는 바에 따르면, 클로틸다는 흥미롭게도 자기 남편이 신봉하는 튜튼 족 신들의 불륜을 비판하기보다 로마 신들의 불륜을 비판하고 있었다. 그리고는 남편에게 아무것도 없는 데서 하늘과 땅을 창조하시고, 하늘을 별들로 장식하시고, 공기와 땅과 물을 생기로 가득하게 하시고, 땅을 초목으로 입히시고, 사람을 지으사 자기 것으로 보존하시는 어떤 신에 관해서 말했다.

클로비스는 "허튼 소리!"라고 대꾸했으나, 그럼에도 불구하고 맏아들이 세례 받는 것을 허용했다. 아기는 세례 예복을 채 벗지도 못한 채 죽었다. 클로비스는 세례에 그 원인을 돌렸으나, 클로틸다는 하나님이 아기의 영혼을 자기 태에서 곧장 데려가사 영원한 복을 누리게 하신 것을 기뻐했다. 곧 다른 아들이 태어나 세례를 받고는 병에 걸렸다. 클로비스는 세례가 그 아이마저 죽일 것이라고 주장했으나, 어머니는 기도했고, 결국 아기는 나았다. 그리고 얼마 안 되어 클로비스는 알라마니족(the Alamani)과 전투를 벌이다가 몰살의 위기에 처했다. 그때 그는 이렇게 부르짖었다. "예수 그리스도시여, 클로틸다는 당신이 살아 계신 하나님의 아들이라고 하는데, 당신은 당신께 소망을 두는 자들에게 승리를 주실 수 있습니다. 제게 승리를 주소서. 그러면 제가 세례를 받겠습니다. 저는 제가 섬기던 신들에게 기도를 해보았지만 그들은 저를 버렸습니다. 이제 당신께 구합니다. 저를 구해만 주십시오." 알라마니족 왕은 쓰러졌고 그의 군대는 패주했다. 클로비스는 돌아와 그 사실을 클로틸다에게 말해주었다.

그러나 클로틸다는 랭스의 주교 레미기우스(Remigius, St. Remi)를 불렀고, 레미기우스는 왕에게 신들을 버리라고 권했다. 클로비스는 이렇게 말했다. "신부님, 그렇게 하겠습니다. 그러나 내 백성이 동의하지 않을 것입니다. 그러나 그들에게 말하겠습니다." 그렇게 말을 하자, 그들은 한결같이 필멸의 신들을 버렸다. 세례당에는 향내 나는 촛불이 환히 타오르는 벽걸이 융단이 걸렸고, 그 향기가 신적인 향기로서 성소를 가득채워서 사람들은 자기들이 낙원의 향기를 맡고 있다고 생각했다. 클로비스는 또 다른 콘스탄티누스처럼 세례당으로 나갔고, 주교는 "고개를 숙이라. 당신이 불태운 것을 경배하고, 당신이 경배하던 것을 불태우라"고 말했다. 그런 뒤 왕은 성부와 성자와 성령의 이름으로 세례와 도유(塗油)를 받았는데, 클로비스에게 사용된 성유는 프랑스 왕에게 사용하도록 허락된 소중한 것이었다. 그리고 클로비스와 함께 그의 군대 3천 명이 세례를 받았는데, 세례식은 아마 물을 뿌리는 식으로 거행되었을 것이다.[12]

이 세련되지 못한 이야기 배후에 깔려 있는 것이 무엇인가? 더러는 클로비스가 기민한 정치적 행보를 했다고 생각한다. 그는 아직 갈리아의 지배자가 아니었다. 알라마니족과 부르군드족 그리고 서고트족 같은 다른 왕국들은 아리우스파였다. 클로비스는 이교의 관문을 넘어 곧장 니케아 정통 신앙으로 들어갔다. 이것이 정치적 행보였을까, 그렇지 않았을까? 그는 그러한 행보로 아리우스파 동맹의 가능성을 일소해 버렸으나, 그는 원래 동맹을 원치 않았다. 그는 정복을 원했다. 만약 신앙상의 차이가 적대감을 일으킨다면 그럴수록 그에게는 유리했다. 이 투쟁에서 그는 자기 영토 안에 사는 옛 로마인들 — 전체 인구의 약 80%를 차지했을 것으로 추정됨 — 의 지원을 받을 것을 기대했고, 자기가 정복하려는 영토에서도 니케아 신앙을 지지하는 백성의 동정을 얻을 것을 기대했다. 전체로 놓고 볼 때 그의 행보는 갈리아 정복을 위한 전략이었던 것으로 보이며, 그 전략은 성공을 거두었다.

클로비스의 개종은 심원한 결과들을 초래했다. 그로써 갈리아는 교회의 군대가 북진하기 위한 대로가 되었다. 만약 프랑크족 왕이 교회에 적대적이었다면, 로마에서 파송된 선교사들은 영국, 독일, 스칸디나비아로 가는 데 큰 애를 먹었을 것이다. 프랑크족의 개종에 담긴 이런 점들은 유럽의 개종에서 대변에 기입할 수 있지만, 차변에 기입할 만한 점들도 있었다.

대대적인 개종은 기독교를 이교화하는 결과를 초래했다. 선교를 수행할 수 있는 두 가지 방법이 있는데, 하나는 개인에게 세례를 주기 전 상당 기간 동안 가르쳐서 개종하게 하는 것이다. 이것은 개인의 마음의 변화를 크게 강조한 18세기 대부흥운동하에 개신교 선교가 일반적으로 사용한 방법이다. 이 방법의 약점은 이교 문화에서 개종하고 나온 그리스도인들이 종교를 바꾸었다는 이유로 그들의 문화에서 소외되어 타국인 거주지로 옮겨가 살 수밖에 없게 되는 데 있다. 또 다른 방법은 다중 개종으로서, 유럽은 바로 이런 방식으로 개종했다. 클로비스 같은 왕들이 먼저 신앙을 받아들였고, 백성이 왕의 노선을 따랐다. 이것은 개인들이 소외되지 않았음을 뜻했지만, 아울러 개종자들이 옛 신앙과 그밖의 관습들을 그냥 가진 채 교회에 들어갔음을 뜻했다.

사회 관습

이런 현상은 클로비스 자신부터 시작하여 많은 경우에 현저했다. 클로비스에게 예수님은 부족의 전쟁 신 곧 신들의 무리 가운데 야훼라는 새로운 신이었다. 프랑크족은 성 베드로를 전략화했다. 그들의 눈에 베드로의 가장 고귀한 업적은 주 예수를 보호하기 위해 장검을 빼서 대제사장의 하속의 귀를 벤 일이었다.[13] 화염검을 든 천사장 미가엘은 천상의 전사가 되었고, 그의 이름은 몬트 세인트 미카엘(Mont St. Michael)이라는 노르만족의 성채에 붙었다. 성 드니(St. Denis)는 한때 군인이었던 성 마르틴(St. Martin)의 도움을 입어 프랑스의 특별한 운명을 맡은 인물이 되었다. 마찬가지로 군인 성인 성 조지(St. George)도 영국의 수호성인이 되었고, 성 야고보도 이슬람과 투쟁을 벌이던 기독교 스페인의 수호성인이 되었다.

명목적인 회심을 하고 난 프랑크 귀족들은 평신도들이든 성직자들이든 기독교의 표준에 크게 못 미쳤다. 왕들과 왕비들, 주교들과 그 아내들(주교는 에피스코푸스〈episcopus〉, 그의 아내는 에피스코피사〈episcopissa〉라고 했다)의 행위는 성적 불륜 때문만이 아니라 야만성 때문에도 올림포스 신들에게 수치가 될 만했다. 어떤 왕비는 자기 병을 담당한 두 의사가 만약 병을 고치지 못한다면 처형하라고 요구했다. 그녀가 죽자 왕은 그 요구를 들어주었다. 어떤 공작은 남종과 여종이 자기 승락 없이 결혼했다는 이유로 두 사람을 생매장했다. 클레르몽의 주교에게 재산의 일부를 넘겨주기를 완강히 고집한 어떤 사제는 다른 시체와 함께 산 채로 매장되었다. 그는 지독한 악취를 무릅쓰고 조그만 틈을 통해 간신히 숨을 쉬다가 그 틈새로 비친 빛에 드러난 부러진 연장을 발견하고는 그것으로 관 뚜껑을 열고서 도망쳤다. 르망의 주교는 자기가 성직자이기 때문에 직접 복수해서는 안 된다는 규례를 우습게 여겼다. 평신도들은 성직자를 신성시 하지 않았고, 루앙의 주교의 일부 교구민들은 제단에서 주교를 살해했다. 이런 사건들을 전한 투르의 그레고리(Gregory of Tours)는 한때 알비의 주교와 함께 왕 실페릭(Chilperic)의 궁전 앞에 서 있던 적이 있는데, 곁에 선 주교가 궁전 꼭대기에 무엇이 보이느냐고 물었다. 흉악한 일들을 많이 보고 자라난 그레고리는 평온하게 "지붕"이라고 대답했다. 그러자 주교는 "내 눈엔 하나님의 진노의 칼이 보인다"고 대답했다.[14]

평민들은 대개 지도자들만큼 악하지는 않았을 것이다. 그들은 틀림없이 경건했을 것이다. 교회들과 수도원들이 허다히 건축되었다. 불행하게도 후대의 침략들 때문에 이때 세워진 그런 건물들 중에서 현존하는 것은 하나도 없다. 당시의 관습은 메로빙조가 다스리던 갈리아보다 서고트족이 차지한 스페인에 더 많이 남아 있다. 주일이면 아침기도와 미사 시간을 알리는 종소리가 울려 퍼졌다. 교회에는 사람들이 구름떼처럼 몰려들었기 때문에 왕 군트람(Guntram)은 혹시 군중 틈에 자객이 숨어있을까봐 호위병 없이 교회에 나오기를 두려워했다. 평신도들은 매일 제단에서 빵과 포도주를 받았다.

　방대한 재산이 교회의 수중으로 들어왔다. 메로빙조 시대에 교회들과 수도원들은 왕국 전체 토지 중에서 4분의 1내지 3분의 1을 차지했다. 이탈리아에서 초기에 작용했던 원인들이 이곳에서도 작용했다. 군주들은 성직자들이 유일하게 교육을 받은 계층이었기 때문에 그들을 행정에 활용했다. 주교들과 대수도원장들은 신분과 기능과 품행에서 백작들과 공작들에 뒤지지 않았다. 교회 재산이 기업에서처럼 재투자되지 않고 주교나 대수도원장의 수중에 들어갔기 때문이다. 극단적인 경우에는 왕들, 특히 그중에서도 샤를 마르텔(Charles Martel)이 사라센족을 격퇴하는 데 드는 전비를 충당하기 위해서 교회 토지를 몰수했으나, 교회는 새로운 증여들에 힘입어 이전의 재산을 보충했고, 따라서 총계는 항상 일정 수준을 유지했다. 왕은 교회에서 박탈한 토지로 귀족들의 공무에 보상했으나, 귀족들은 다시 그 토지를 교회에 바쳤던 것이다.

　평민의 신앙은 고난의 구주보다 천상의 군주이신 그리스도께 초점 맞춰져 있었다. 이 건장한 야만족들은 어떤 깊은 죄책감과 구속의 필요에 짓눌리지 않았다. 그런 것보다는 오히려 그리스도께 다스림과 보호를 받기를 원했다. 그들에게는 각각 특별한 임무를 할당받은 성인들이 우주의 구주이신 그리스도보다 더 큰 의미를 가지고 있었을 것이다. 성 안토니우스(St. Anthony)는 돼지들을 보살폈고, 성 사투르니누스(St. Saturninus)는 양들을 보살폈고, 성 갈(St. Gall)은 암탉들을 보살폈으며, 성 메다르두스(St. Medardus)는 포도마루를 서리로부터 보호했다. 박해 때 턱뼈가 부러진 성 아폴로니아(St. Apolonia)는 치통을 고쳐 주었고, 성 휴베르트(St. Hubert)는 물에 대한 공포를 책임졌고, 성 쥬느비에브(St. Genevieve)는 열병을 고쳤으며, 성 블레즈(St. Blaise)는 인후부의 상처를 맡았다. 성 아이마블(Aimable)의 이름을 써넣은 리본을 아기의 손목에 매두면 악몽을 예방했다.[15]

　당시에 유포되던 많은 이야기들은 성인들의 기적 능력에 관해서 것들이었다. 두 걸인의 이야기가 전해지는데, 한 사람은 문둥병자였고 다른 한 사람은 소경이었다. 이들은 우연히 성 마르틴의 성유물을 운반하는 행렬을 만나게 되었는데, 혹시 병 고침을 받게 되어 구걸을 하지 못하게 될까봐 걱정이 되었다. 볼 수는 있으나 걷지는 못하던 자는 걸을 수는 있으나 볼 수는 없던 자의 무등을 타고 있었는데, 두 사람은 성인의 기적 능력의 반경을 벗어나기 위해서 급히 서둘렀으나 불쌍하게도 그러는 데 실패했다. 성인들은 살아 있을 때보다 죽고난 뒤에 능력을 발휘하는 경우가 종종 있었다. 따라서 그들의 턱수염 몇 가닥이든 손톱 몇 조각이든 그들의 유물을 소유하는 것이 큰 관심거리였다. 거룩한 사람들은 죽기 전에 비범한 능력을 발휘했다. 어느 주교는 교회당이 불길에 휩싸였을 때 얼른 제단으로 달려가 무지무지하게 많은 눈물을 흘려 그 눈물로 불을 껐다고 한다.

프랑크족의 회심은 비록 피상적이긴 했으나 이교에서 니케아 정통 신앙으로 곧장 들어감으로써 5세기에 그 민중과 교황청 간에 대단히 긴밀한 관계가 맺어지게 했고, 8세기에 이르러서는 결국 정교(政敎) 동맹이 맺어지게 했다. 이러한 발전은 이탈리아 북부의 롬바르드족과 스페인의 서고트족, 그리고 아프리카의 반달족의 경우와 사뭇 달랐다. 아리우스파였던 롬바르드족은 프랑크족이 개종한 지 거의 한 세기 뒤에야 비로소 니케아 정통 신앙을 받아들였다. 왕비 테오돌린다(Theodolinda)가 교황 그레고리 1세의 적극적인 권유로 남편 아길룰프(Agilulf)를 설득하여 그런 변화를 일으켰던 것이다. 그러나 이 경우에는 신앙의 일치가 선린 우호 관계로 발전하지 않았다. 롬바르드족은 8세기에 프랑크족에게 흡수될 때까지 교황령을 끊임없이 괴롭혔기 때문이다.

서고트족은 이슬람교의 침공을 받기 전까지 스페인에 살아남았다. 클로비스보다 한 세기 뒤인 598년에 왕 레카레드(Reccared) 때 아리우스주의에서 정통 신앙으로 개종한 이들은 광적인 정통 신앙, 교회와 국가의 긴밀한 관계, 로마로부터의 본격적인 독립 등 스페인 역사에서 끊임없이 되풀이되던 전형을 즉시 나타내기 시작했다. 이 세 가지 양상이 다 이전에 신봉하던 아리우스주의와 관계가 있었다. 비록 상반되는 점들도 있긴 했지만 말이다. 광적인 정통 신앙은 과거의 이단에 대한 반작용이었다. 서고트족이 자신들의 신학적 무오성을 과시하기 위해서 메로빙조 왕들보다 유대인들을 더 모질게 대했으리라는 추측도 얼마든지 해볼 수 있다. 그러나 나머지 두 점은 아리우스파의 행태가 지속되었음을 보여 주었다. 아리우스파 부족들 사이에서는 사제가 군주에게, 교회가 왕에게 귀속되었고, 보편적 교권(敎權)에 의존하는 일이 없었다. 서고트족의 경우에는 정통 신앙에 충실한다고 해서 교회와 국가의 동맹 관계는 바뀌지 않았고, 로마로부터 지시를 받으려는 성향이 새로 일어나지도 않았다.

반달족은 교황청과 동맹 가능한 세력으로 아예 비치지 않았다. 앞에서 본 대로 그들은 이슬람교의 침공에 흡수되기까지 아리우스주의를 고집했다. 그들이 왜 이슬람교에 흡수되었는가 하는 이유에 대해서는 이미 언급한 바 있다. 때때로 인증되는 또 다른 설명은 아리우스파가 믿던 그리스도가 영화롭게 된 바이킹에 지나지 않았기 때문에 알라와 그의 선지자를 견디어낼 수 없었으리라는 것이다.

아일랜드의 수사들 — 콜룸바누스와 콜룸바

이제 대륙으로 돌아온 아일랜드는 6세기에 빈혈증을 앓고 있던 반(半)이교적인 기독교에 자국 수사들을 새로 수혈을 함으로써 과거에 진 빚을 갚았다. 그들은 선교사로 가지 않았다. 이미 대륙은 명목상 기독교 지역이었기 때문이다. 그들은 수사(修士)의 자격으로 그곳에 갔다. 수사로서 타향에서 최고의 희생적인 삶을 살다가 죽기를 갈망했다. 그러나 그런 헌신적이고 품행이 바른 사람들은 성당에서 살인을 자행하는 주교들에게는 눈엣가시 같은 존재들이었다. 이런 수사들 가운데 대표적인 인물은 590년에 룩쇠일에 수도원을 세운 콜룸바누스(Columbanus)였다. 품행상의 타락보다 전례(典禮)상의 차이를 더 심각하게 받아들이던 당시 갈리아 성직자 사회에서는 그에 대한 분노가 신속히 번져갔다. 그 분쟁은 부활절 지키는 문제와 관련되었기 때문에 과거의 분쟁을 떠올려 14일주의 논쟁(the Quartodeciman Controversy)이라 불렸다. 비록 이번의 쟁점은 날짜 자체가 아니라 날짜 계산법이긴 했지만 말이다. 당시에 아일랜드에서는 여전히 패트릭 당시의 옛날 계산법을 따르고 있었던 반면에, 대륙에서는 그 이후에 로마가 발전시킨 좀더 정확한 계산법을 따르고 있었다. 그런 차이가 생긴 원인은 아일랜드가 여러 차례의 외침으로 인해 대륙과 오랫동안 단절되었기 때문이었다. 그 결과 갈리아 성직자들이 부활절 뒤에 금식하고 있는 동안 룩쇠일의 수사들은 사순절 동안 금식하는 경우가 생길 수 있었다. 콜룸바누스는 아일랜드의 관습을 고집함으로써 시대 착오적인 행위를 저질렀지만, 왕비 브루네힐드(Brunehild)의 아들의 품행을 냉혹하게 비판한 것은 시대 착오적인 행위가 아니었다. 그 비판으로 인해 프랑크 왕국에서 추방당한 콜룸바누스는 이탈리아로 들어가 보비오 수도원을 세웠다. 그의 제자 성 갈(St. Gall)은 스위스에 그의 이름으로 알려진 수도원을 세웠다.

영국 제도

비슷한 시기에 선교 활동은 영국 제도를 향하고 있었다. 콜룸바누스가 대륙으로 가기 전에 콜룸바(Columba)는 563년 아일랜드에서 스코틀랜드로 가서 아이오나에 수도원을 세웠다. 왕이 회심한 뒤 그 성인과 제자들은 당시에 픽트족(the Picts)이라 불리던 게일계 스코트족(the Gaelic Scots)을 얻었다. 이 아일랜드 수사들이 기여한 한 가지 점은 이전까지 모음의 수에 기초를 두었던 라틴 시(詩)의 운율을 개혁한 것이었다.

그 게일계 아일랜드인들은 게일계 스코트족을 개종시킬 준비가 되어 있었으나, 처음에는 켈트족의 어떤 사람도 앵글로색슨족을 개종시킬 마음이 없었다. 앵글로색슨족은 다른 야만족들과는 달리 피정복민을 본토에서 살도록 놔두지 않고 영국에서 웨일즈와 콘웰과 랭카셔로 밀어냈기 때문이다. 이들을 개종시키려는 최초의 노력은 강제 이주를 당한 적이 없는 스코틀랜드의 켈트인들에게서 비롯되었다. 그것을 주도한 사람은 아이단(Aidan)으로서, 그는 북쪽에서 노섬브리아 쪽으로 사역해 내려왔다.

한편 로마 교회는 남쪽에서부터 사역해 올라오는 운동을 시작했다. 이미 언급한 바 있는 대 그레고리(Gregory the Great)는 성 어거스틴(St. Augustine)을 파송했다. 그를 히포의 어거스틴과 구분하기 위해서 캔터버리의 어거스틴이라고 한다. 그는 켄트에서 왕비 베르타(Berth)의 호의를 업고서 사역을 시작했다. 베르타도 이교도 남편을 개종시키려고 노력한 기독교 왕비들 가운데 한 사람이었다. 왕 에텔버트(Ethelbert)는 어거스틴에게 와서 한번 자기에게 전도해 보라고 했으나 문 밖에 세워 놓고 전도하게 했다. 어거스틴은 문밖에서는 마술 능력을 제대로 발휘할 수 없었다. 그에게는 자기를 싫어하는 자들의 꽁무니에서 꼬리가 자라게 하는 신통력이 있다는 소문이 자자했던 것이다. 왕은 왕비의 더욱 끈질긴 설득으로 어거스틴에게 캔터베리 수도원 터를 하사했는데, 이후로 그곳은 내내 영국의 수석대주교좌가 되었다. 어거스틴의 후계자들은 북쪽으로 가서 사역을 했는데, 특히 노섬브리아에서 사역한 파울리누스(Paulinus)가 두드러졌다. 7세기 말 왕 오스위(Oswy) 때에는 남쪽으로 사역해 내려가던 아이단의 후계자들과 북쪽으로 사역해 올라가던 어거스틴의 후계자들의 선교 노력이 한 지점에서 만나게 되었다.

오스위의 왕비는 남쪽 출신으로서 부활절에 관해 로마의 관습을 따랐으나, 오스위는 북쪽 선교사에게 전도를 받아 켈트족의 관습을 지켰다. 축제와 금식의 부조화는 심지어 왕의 가족들에게까지 미쳤다. 그밖에도 다른 쟁점들도 있었다. 로마 수사들은 정수리까지 머리털을 밀고 귀 위의 머리는 가시면류관의 증표로 동그랗게 남겨 둔 반면에, 아일랜드 수사들은 아마 드루이드교(고대 갈리아와 켈트족의 종교) 사제들을 모방하여 귀 위의 머리를 동그랗게 밀어 머리를 면류관 모양으로 만들었다. 이런 사소한 관습들은 켈트 기독교가 로마로부터 독립했음을 상징했다. 오스위는 그 문제를 664년 휘트비 교회회의(the Synod of Whitby)에 회부했다. 켈트족 관습을 지지하는 자들은 콜룸바의 권위에 호소했고, 로마인들은 그리스도께서 열쇠를 주신 베드로의 권위에 호소했다. 그러자 오스위는 "정말로 그러한가?" 하고 켈트족 옹호자에게 물었고, 물론 그는 마지못해 수긍했다. 오스위는 즉각 천국의 문지기와 멀어지는 짓을 하지 않기로 결정했다. 그렇다고 해서 모든 차이점들이 자동적으로 사라진 것은 아니었지만, 추세는 통일되는 쪽으로 진행되었다. 이렇게 해서 영국 제도는 로마의 범주로 되돌아왔다.

이슬람교

그러나 그러는 동안 스페인이 떨어져 나갔다. 711년 타릭(Taric)은 알라

제5장 야만족들의 회심 *159*

의 군대를 이끌고 지브롤터 해협을 건넜고, 그 앞에서 서고트족의 마지막 왕 로데릭(Roderick)이 전사했다. 앞에서 살펴 본 이슬람교의 일반 관행에 따라 본토인들은 종교를 버리도록 강요 받지 않았다. 유대인들과 그리스도인들은 마음대로 예배를 드릴 수 있었지만, 그 대신 무거운 세금을 내지 않으면 안 되었다. 유대인들에게는 이런 제재가 광적인 서고트족 치하에 당했던 박해보다 훨씬 나았다. 물론 그리스도인들로서는 상황이 완전히 뒤바뀐 셈이었다. 그 결과 더러는 신앙을 버리고 이슬람교도들이 누리는 모든 혜택을 누렸다. 그런 그리스도인들을 가리켜 레네가도스(renegados, 배교자)라고 했다. 신실하게 남은 자들은 모자랍 교도들(Mozarabs)로 밝혀졌다.

아랍 정부는 8세기에 바그다드에서 오마야드(Omayyad) 왕조가 압바스(Abbasids) 왕조로 대체되면서 변화를 겪었다. 이때 도피한 오마야드 왕조의 어느 왕자는 스페인으로 가서 본토인 정부를 전복시켰다. 새로운 왕조하에 사라센 문화는 당시 기독교 유럽의 어떤 문화도 필적할 수 없는 고도의 절정기를 누렸다. 이슬람교도들과 그리스도인들과 유대인들은 간헐적으로 적대 관계와 우호 관계를 반복했다. 이들간에는 전쟁이 잦았으나, 때로 그리스도인들과 이슬람교도들이 손잡고서 다른 편 그리스도인들과 이슬람교도들과 맞서 싸웠다.

그러나 그리스도인들이 완전히 굴복한 적은 없으며, 갈리시아, 나바레, 아라곤, 카스티야 같은 북단 지방들에서는 처음에는 산채에서 버티다가 레콘퀴스타(reconquista, 재정복)를 위해 남하를 시작했다. 십자군 정신이 그 불신자들(이슬람교도들)을 아프리카로 몰아내거나 개종시키던 시기에조차 기독교와 이슬람교의 문화 관계가 완전히 단절되지는 않았다. 아랍의 위대한 철학자 아베로에스(Averroes, 1126-1198)는 스페인의 국경을 넘어서까지 기독교 사상에 심원한 영향을 끼치게 된다.[16]

제6장

질서에 대한 갈망

사라센의 진격은 8세기 중반에 저지되었고, 대륙의 게르만족들의 침략도 끝났다. 그때부터 바이킹의 침략이 있기 전까지 외부의 압박으로부터 비교적 자유로웠던 중간기에 유럽에서는 프랑크 왕국의 강화, 게르만족들의 회심, 북유럽 교회들과 로마와의 결연, 교황권의 중앙집권화, 프랑크 왕국과 교황청간의 밀착을 특징으로 한 강화 과정이 시작되었다.

권력의 강화

새 질서가 강화되던 첫번째 국면에서 중추적 역할을 한 사람은 프랑크 왕 페핀(Pepin)과 앵글로색슨 선교사였다. 그 선교사는 본토어로는 평화를 사랑하는 사람이란 뜻으로 윈프리트(Winfrith)라고 했고, 라틴어로는 선을 행하는 사람이라는 뜻으로 보니파키우스(Bonifacius)라고 했다. 그의 노력에 힘입어 영국에서 새로 개종한 색슨족 사람들은 로마로부터 아무런 격려도 받지 않은 채 북쪽 이웃 부족들에게 가서 전도했다. 보니파키우스는 독일의 사도라 불린다. 비록 그 지역의 초대 선교사도 아니었고, 창시자라기보다 조직가라고 해야 옳지만 말이다. 그는 프리지아에서 시작하여 헤세와 바바리아와 작센에 이르기까지 멀리 여행했다. 가장 놀라운 것은 그의 앵글로색슨어가 그토록 방대한 지역에서 두루 통했다는 점이다. 그가 수많은 군중 앞에서 설교했다는 이야기를 읽지만, 아무데서도 통역자가 있었다는 언급을 찾아볼 수 없다. 이 튜튼족은 정치적 구분에도 불구하고 로마 제국의 문화보다 더 통합된 문화를 갖고 있었다. 로마 제국에서는 헬라어가 동방에서 아르메니아어, 시리아어, 콥트어를 대체한 적이 없었고, 서방에서 라틴어가 고대 카르타고어, 바스크어, 게일어를 추방한 적이 없었다. 이 모든 게르만족들은 하나의 기본 방언을 갖고 있었고, 울필라스(Ulfilas)의 성경은 그들 모두에게 쓰일 수 있었다. 그것이 한 아리우스주의자의 작업이었다는 사실로 번역 성경으로서 그 자질이 무시되지 않았던 것이다.

보니파키우스는 위대한 통합자였다. 그는 영국과 대륙을 하나로 묶었다. 프랑스와 독일을 하나로 묶었다. 메로빙조 왕들이 자기들의 명성에 따르는 모든 유익을 그에게 기꺼이 주었기 때문이다. 많은 재산을 소유한 북부의 교회들이 교황보다 자기들의 후원자들에게 눈길을 준 반면에, 보니파키우스는 로마에 충성 서약을 했고 갈리아 교회들에게 자기처럼 로마에 충성 서약을 하도록 요구했다. 자신을 중심으로 재속(在俗, secular) 사역과 정규(regular) 사역을 하나로 통합했다. '재속'(secular)이라는 용어는 사제로든 주교로든 대주교로든 교황으로든 세상에서(saeculum) 섬기는 자들에게 쓰였고, '정규'(regular)라는 용어는 수도원의 규율(regula)을 지키던 자들에게 쓰였다. 보니파키우스는 마인츠의 대주교로서는 재속 성직자였고, 풀다 수도원 설립자로서는 정규 성직자였다.

마지막으로, 보니파키우스는 교회와 국가의 관계에도 큰 영향을 끼쳤다. 교황청과 프랑크 왕국의 동맹을 공고히 한 인물은 바로 그였다. 교황들은 강력한 후원자가 필요했다. 그들은 여전히 롬바르드족에게 위협을 당했지만, 그러나 가장 고질적인 위협은 로마 자체의 인구에서 나왔다. 교황청이 부와 명성을 상징하게 되자, 로마의 대 가문들은 자기 문중 사람이 교황에 선출되기를 바랐다. 가문들의 반목으로 빚어진 소요 사태로 교황 선출이 방해 받는 경우가 종종 있었다. 교황은 그들을 진압할 만한 자체 병력을 갖고 있지 않았다. 그러한 그가 정치 권력자가 아니면 누구에게 성 베드로의 옹호자가 되어 주기를 바랄 수 있었겠는가? 롬바르드족 왕은 분명히 그 역할을 맡을 수 없었다. 그 자신이 로마를 장악하려고 위협하고 있었기 때문이다. 아프리카와 스페인은 다 이슬람교에게 넘어갔다. 콘스탄티노플 황제는 아바르족(the Avars)과 투르크족(the Turk)과 맞서 싸우는 데 여념이 없었다. 게다가 그는 화상 파괴에 반대하는 교황들에 대해서 제국 군대를 파견하여 성 베드로의 상을 깨뜨리겠다고 협박하고 있었다. 도움을 기대할 곳은 정통 신앙을 받아 들인 왕국들 중에서 가장 오래된 땅이자 서유럽에서 유일하게 중요한 기독교 세력이던 클로비스의 땅인 갈리아밖에 없었다. 교황들은 외세에 시달릴 때는 갈리아를 쳐다보았다.

갈리아도 나름대로 문제를 안고 있었다. 퇴폐적이던 메로빙조 왕들은 비록 클로비스의 기름으로 기름부음을 받았지만, 왕국의 실제 경영은 왕궁의 대신들에 의해 이루어졌다. 732년 투르 근처에서 사라센족을 격퇴한 **샤를 마르텔**(Charles Martel)은 이 유능한 궁정 관료들 가운데 한 사람이었다. 그 전투가 있은 지 19년 뒤에 샤를의 아들 **단신 왕 페핀**(Pepin the Short)은 그때를 신의 재가를 통해 실제 권력과 칭호를 통합하는 데 적합할 뿐 아니라 절실한 때로 간주했다. 그러나 그 과업을 어떤 방법으로 이룰 것인가? 매고 푸는 권세를 부여받은 성인의 이름으로 신의 재가를 집행하던 기관인 교황청을 통하지 않고 다른 무슨 방법이 있었겠는가? 그러나 베드로의 후계자는 멀리 떨어져 있었다. 그렇지만 보니파키우스라는 교황 사절이 우연히 가까이 있었으므로 그에 의해서 752년 교황의 승인하에 페핀에게 왕관이 얹어졌다. 그 의식은 훗날 교황 스테파누스 2세(Stephen II)에 의해 되풀이되었다. 이런 과정에서 교황이 권세를 부여한다는 주장이 전혀 없었다. 교황은 사실상 권세를 인정하고 있었을 뿐이다. 그러나 그는 분명히 가치 있는 어떤 것을 수여했고, 그 행위에는 바로 그런 재가 없이는 왕권이 무효라는 뜻이 함축되어 있었다.

페핀은 자기 빚을 갚았다. 로마로 여행하면서 롬바르드족을 징벌하고 로마 시의 질서를 회복시켰다. 그런 뒤 교황에게 이탈리아의 기다란 구역에 대한 정치권을 부여했다. 그것은 로마에서부터 아펜니노 산맥을 넘어 라벤나에 이르는 지역으로서, 왕이 그 열쇠들을 성 베드로의 무덤에 바친 다섯 도시들이 포함되었기 때문에 펜타폴리스(Pentapolis)라고 불리었다. 그 도시들 중 하나가 라벤나로서, 제국 황제의 총독부가 있던 자리였다. 이 도시를 교황에게 주었다는 것은 제2의 로마 제국으로부터 독립을 천명한 것과 같았다. 754년에 공포된 페핀의 법령은 **페핀의 증여**(the Donation of Pepin)라고 하며, 이때가 대개 교황청이 세속 권력을 갖기 시작한 기점으로 간주된다. 그러나 앞에서 언급한 대로 교황들은 그 전부터 사실상 정치적 기능을 행사하고 있었기 때문에, 이것은 형식적인 의미에서만 그렇다고 간주할 수 있다.

교황과 왕의 행위를 뒷받침하는 이론은 명쾌하게 만들어지지 않았다. 여러 세기 전인 494년 교황 겔라시우스(Gelasius)는 비잔틴 황제들이 교회 문제에 간섭하던 관행을 떨쳐 버리기 위해서 영적 권력과 세속 권력의 관계에 관해 선언한 바 있다. 그는 두 권력의 상호 독립성을 주장했다. 그러나 동시에 영적인 것들과 내세의 삶이 육체적인 것들과 현세의 삶보다 우월한 정도만큼 영적 권력의 우월성을 강조했다. 그럼에도 불구하고 스테파누스와 페핀이 아무리 그 관계를 이론화하려는 의사가 없었다 할지라도, 당시의 익명의 위조자가 수 세기 동안 교회의 권위를 뒷받침하게 된 이른바 **콘스탄티누스의 증여**(the Donation of Constantine)라는 문서를 만들었다.

이 위조 문서에 따르면 콘스탄티누스는 이교도 시절에 문둥병으로 고생하다가 자기 사제들에게 아기들의 피로 목욕을 해보라는 조언을 받았다. 그 인정있는 군주는 그런 잔인한 짓을 하지 않았다. 그 결과 베드로와 바울이 환상 중에 나타나 은신 중인 로마 주교 실베스터(Sylvester)를 찾아가도록 지시했다. 실베스터는 황제에게 세례를 주었고, 덕분에 병을 깨끗이 고침을 받은 황제는 콘스탄티노플로 가면서 제국의 위엄이 교황에게 있으니 아무도 그 권위를 훼손해서는 안 된다고 말했다. 그는 교황에게 안디옥, 콘스탄티노플, 알렉산드리아, 예루살렘에 대한 수위권과, 서방 전역에 대한 세속적 관할권을 베풀었다.

르네상스 시대에야 비로소 콘스탄티누스가 그런 조치를 취한 적이 없음이 입증되었다. 그 문서는 날조였다. 이 날조자와 다음 세기에 그와 같은 짓을 범한 자들의 윤리적 표준을 놓고 생각할 때, 고대에는 사람들이 자기 확신에 대한 권위를 자신의 명예에 의존해서 자신의 권위로 서약함으로써 얻으려 하기보다 거기에 위대한 인물의 이름을 붙여서 얻으려 했음을 인식해야 한다. 이런 방식으로 유대인들은 율법을 모세에게 돌렸고, 시편을 다윗에게 돌렸으며, 초기 그리스도인들도 때때로 오늘날 학자들이 저자 미상으로 간주하는 책들을 사도들에게 돌렸다.

샤를마뉴

프랑크 왕국과 교황청의 더 극적인 만남은 페핀의 아들이자 후계자로서 샤를마뉴(Charlemagne)로 알려진 샤를 때에 이루어졌다. 이 때에는 도움의 필요가 국가보다는 교회측에 더 절실했다. 롬바르드족은 샤를마뉴가 그들의 왕국을 멸망시키기 전까지 끊임없이 교황청을 위협했다. 콘스탄티노플의 황제들은 자기들의 총대주교를 지배한 것처럼 교황들을 지배하려고 자주 시도했다. 교황 마르티누스(Martin)는 살해되었고, 교황 비길리우스(Vigilius)는 추방당했다. 게다가 799년 로마인들은 다시금 완고해져서 교황 레오 3세(Leo III)를 구타하고 투옥하는 등 그의 위신을 크게 손상시켰다.

샤를마뉴는 다시 이탈리아 전역을 제압하고는 로마에 질서를 회복시키고 레오를 교황직에 다시 앉혔다. 교황은 샤를마뉴가 요구하지 않았는데도 그에게 대관식을 치러주었다. 성탄절에 교황이 성 베드로 성당에서 무릎을 꿇은 군주에게 황제 면류관을 씌워주자, 대관식 장소를 꽉 메운 군중은 미리 연습한 대로 다음과 같은 구호로 지지 의사를 밝혔다: "지극히 경건한 아우구스투스인 샤를에게 하나님의 면류관을, 위대한 평화의 황제에게 생명과 승리를, 만민에 의해 즉위한 그를 로마인들의 황제로."[1]

샤를마뉴의 전기작가 아인하르트(Einhard)는 황제가 만약 이런 일이 발생할 줄을 미리 알았더라면 당일에 교회에 들어가지 않았을 것이라고 말했다. 황제가 왜 대관식을 배척했어야 했을까? 아마 "로마인들의 황제"라는 칭호가 동방 황제 ― 그의 백성은 스스로를 로마인이라 불렀다 ― 에게 모욕이 될까봐 우려했기 때문일 것이다. 분명한 것은 샤를마뉴가 바란 것이 동방과 서방을 각기 관할하는 두 아우구스투스로 구성된 디오클레티아누스(Diocletian)의 체제 같은 것이었다는 점이다. 그러한 구도는 콘스탄티노플과 협상하여 이룩할 수 있을 만한 것이었다. 샤를이 불쾌히 여겼다는 주장은 그가 비잔틴을 포함한 "로마인들의 황제"가 아니라 "로마 영토의 황제"라고 수정한 뒤에야 비로소 그 칭호를 받아들인 점에 의해 제기된다. 그가 "로마 영토의 황제"라고 했을 때는 단지 로마 시만 가리킨게 아니라, 기독교 신앙을 신봉함으로써 로마가 된 게르만족의 영토를 포함하여 자기 지배를 받는 전체 영토를 가리킨 것이다. 새롭게 대두하던 이 기독교 세계의 영적 중심지인 로마 시는 샤를마뉴의 제국에서는 변방에 자리잡은데다, 로마와 콘스탄티노플을 갈라놓았던 그 어느 장애물보다 더 가공할 알프스 산맥이라는 장애물이 둘 사이에 놓여 있었다. 거리 자체가 동맹에 따른 마찰을 완화시켜 주었을 것이다.

카롤링조 제국은 충성스러운 신정 국가였다. 샤를마뉴는 교회와의 관계에서 경건하고 사려깊고 당당한 태도를 견지했다. 그는 아침마다 미사를 드렸고, 저녁마다 저녁 기도(Vesper)를 드렸다. 교회회의들을 소집하고 그 회의들의 결정에 개입하는 등 교회의 삶에 적극 가담했다. 사제들에게 세례 베푸는 방식을 가르쳤고, 전례(典禮)에 관심을 기울였다. 관리를 등용할 때 성직자들을 기용했는데, 이들은 토지에 기반을 두던 사회에서 막대한 토지 재산으로 고위 성직자일 뿐 아니라 부호이기도 했다. 주교들과 대수도원장들은 후원자들에 의해서 임명되고 좌우되었다. 본인이 후원자였던 황제는 다른 후원자들이 자기 비위를 거스르지 않도록 분명히 해두었다. 교회는 사실상 국가의 일개 부서였다. 비록 샤를마뉴는 자신을 정교(正敎)의 모든 권한을 쥔 칼리프로 만들지 않고, 칼로 야훼의 법궤를 지킨 다윗의 역할을 좋아하긴 했지만 말이다.

샤를마뉴는 고전 기독교 문학의 부흥을 장려했다. 라틴어를 쓸 줄은 몰랐으나 이해할 수는 있었다. 고트족과 프랑크족과 색슨족과 켈트족 등 여러 부족에서 지식인들을 궁정으로 초대했다. 자신의 전기 작가 아인하르트는 슈바벤인이었다. 부제 파울(Paul the Deacon)로 알려진 바르네프리트(Warnefrid)는 롬바르드인이었고, 앨퀸(Alcuin)은 앵글로색슨인이었다. 앨퀸의 생애는 영국이 과거의 아일랜드가 맡았던 역할을 맡기 시작하고 있었음을 보여 준다. 캔터베리 대주교에 테오도레(Theodore)라는 헬라어 이름을 지닌 사람이 있었던 점으로 미루어 봐도 그것을 알 수 있다. 그는 고전 언어들에 대한 역량을 향상시켰다. 아일랜드와 마찬가지로 영국도 라틴어를 자국어와 비슷하게 만들어 훼손할 위험이 없었다. 앨퀸은 한때 요크의 유명한 대성당학교 교장을 지낸 사람으로서, 샤를마뉴의 교육 및 종교 분과 고문이 되었고, 카롤링조 문예부흥을 주도한 지식인이 되었다. 그는 샤를마뉴에게 말하기를, 프랑크족의 땅을 "성령으로 일곱 배나 충만하여 풍요로워진 새로운 아테네"로 만드는 것이 자기의 소망이라고 말했다.

앨퀸은 문법, 수사학, 변증학이라는 고대의 과목들을 교사들의 도구로 되살렸다(그는 교사를 전사보다 기독교를 보급하는 데 더 유용한 사람으로 간주했다). 샤를마뉴가 색슨족에게 강제로 세례를 베풀려 하는 데 반대하여, 이 가련한 자들에게 세례가 무슨 소용이 있겠느냐고 물었다. "사람을 억지로 세례 받도록 할 수는 있지만 억지로 믿게 할 수는 없다"고 주장했다. 그는 교회와 국가의 역할을 가리키는 두 자루의 칼이라는 상징을 최초로 사용했고, 샤를마뉴에게 그가 종교를 강요할 때 자신의 칼 — 국가의 정치 권력 — 을 사용하고 있는 게 아니라고 일러주었다. 샤를마뉴는 그의 탁월한 자문에 경탄했으나, 언제나 그의 자문을 경청하지만은 않았다. 그가 읽어주는 어거스틴의 「하나님의 도성」(The City of God)을 흥미롭게 들을 때, 어거스틴이 이교를 비판하는 내용보다는 제국을 통렬히 비판하는 내용을 더 주의깊게 들었다.

프랑크 제국과 로마가 밀착했다는 것은 교회 의식들이 로마와 이탈리아의 양식에 맞춰 표준화한 데서 잘 드러났다. 황제의 권고로 성 베네딕투스의 수도회칙이 다른 수도회칙들, 특히 아일랜드 수사들이 프랑크에 세운 수도원들의 수도회칙들을 대체했다. 유스티니아누스 시대에 디오니시우스 엑시구스 (Dionysius Exiguus)가 교황에로의 권력 집중 원칙을 부각시켜 이탈리아에서 편찬한 교회법은 802년 프랑크 교회에 의해서 받아들여졌다. 전례는 기독교 문화 형성에 대단한 중요성을 지니기 때문에, 샤를마뉴는 자기 영토 전역에서 통일된 의식이 시행되기를 원했고, 앨퀸에게 갈리아의 형식보다 로마의 형식에 기초한 표준 전례를 마련하도록 지시했다. 그러나 앨퀸은 갈리아의 교정판에서 인용한 기도문들을 포함시킴으로써 로마의 전례를 풍부하게 만들었고, 그런 뒤 그의 개정본은 로마에 의해서 채택되었다. 이와 비슷하게 사도신경은 로마에서 나왔으나 카롤링조 시대에 프랑크인들 사이에서 현재의 형태로 다듬어졌고, 그런 뒤 로마에서도 그것이 표준이 되었다. 따라서 로마와 프랑크 세계 사이에는 때때로 일치를 향한 두 방향의 과정이 있었던 셈이다.

이른바 암흑시대

샤를마뉴가 서방 세계에 부여한 통일과 질서는 814년에 그가 죽은 뒤에는 그리 오래 가지 못했다. 대략 800-1000년에 해당하는 다음 3세기 동안은 질서를 회복하려는 투쟁에 의해, 그리고 질서를 지상 과제로 삼은 두 대 권력 집단인 교회와 국가간의 갈등에 의해 정치 권력과 문화 업적이 퇴보하게 되었다. 현대 사가들은 이 기간, 특히 그중에서도 10세기를 가리켜 "암흑 시대"(The Dark Age)라고 한다. 그러나 중세를 아는 사람은 이 현대 용어를 중세 전체에 적용하지 않으며, 그 용어를 아예 사용하지 않는 사가들도 더러 있다. 10세기를 암흑 시대라고 부르는 것은 학문이 농사보다 중요하다고 주장하는 것과 같다는 이유에서이다. 그러나 이 기간 동안 사람들이 생존을 위한 기본적인 활동에 몰두했었다는 데에는 모두가 다 동의한다. 그 이유는 침략이라는 새로운 파도가 밀려왔기 때문이다.

바이킹족은 북부 지방의 해로를 타고서 남하했다. 강변에 사는 사람들은 뜨거운 지옥불보다 달이 환히 비치는 차가운 밤이 훨씬 더 무서웠다. 갈리아의 전례에는 그들의 심정을 은연중에 드러내는 기도가 있다: "저희 속에 악의가 없게 하시고, 주님의 오래 참으심을 늘 기억하게 하시사, 그로써 저희가 악한 쾌락을 부단히 멀리하고 이 밤의 재앙들에서 안온히 보호받게 하옵소서."[2] 835년에는 이미 스칸디나비아 왕국이 아일랜드에 수립되어 있었다. 845년에는 데인(덴마크)족이 함부르크와 파리를 약탈했다. 850년에도 노략자들이 르와르 강과 센 강을 타고 내려왔다. 865년에는 데인족이 영국 동해안을 점령하고서 전 국토를 장악하는 데 거의 성공했다. 880년 2월에는 색슨족의 전군(全軍)이 데인족에게 패배했다. 두 명의 주교와 열한 명의 백작들이 다른 사람들과 함께 살해당했다. 900년에 이르면 바이킹의 침략은 잠잠해졌으나 이번에는 동쪽에서 마자르족이 압박해왔다. 한편 서쪽에서 이루어진 침략은 영국 동부의 수도원 문화를 남김없이 쓸어가 버렸다. 프랑스의 많은 교회들과 수도원들도 파괴되었다. 카롤링조 제국은 휘청거리고 있었다.

이렇게 완패를 당하고 난 뒤 질서를 회복하려는 시도가 교회와 국가에 의해 동시에 이루어졌다. 침략이 기승을 부리던 두 세기 동안 양자의 관계는 주로 협력으로 일관했는데, 이번에는 이쪽이 주도하면 다음 번에는 저쪽이 주도했다. 밖으로부터의 위협이 수그러들면서 세력을 되찾게 되자, 양자는 주도권을 놓고 충돌하기 시작했다. 그러나 200년 동안 쟁점은 어느 기관이 사회 질서를 이끌어야 하느냐 하는 것이 아니라, 이끌 만한 사회 질서가 있겠느냐 하는 것이었다. 처음에는 국가가 끊임없이 쇠퇴해 갔고 교회가 통합을 위한 주요 세력이 되었다.

제국의 구조적 통일은 게르만족의 분할 상속 원칙이 로마의 유일 승계 원칙을 누르고 채택되었을 때 와해되었다. 843년 샤를마뉴의 외아들이자 후계자인 **경건왕 루이**(Louis the Pious)의 제국이 그의 세 아들에게 분할 상속되었다. 대머리 왕 샤를(Charles the Bald)은 훗날 프랑스가 된 서쪽 프랑키아를 받았고, **독일인 루이**(Louis the German)는 훗날 독일이 된 동쪽 프랑키아를 받았으며, **로테르**(Lothair)는 훗날 네덜란드, 벨기에, 룩셈부르크, 알사스, 로렌, 스위스, 부르고뉴, 그리고 이탈리아 북부가 된 지역이 포함된, 중앙으로 길게 늘어선 지역을 받았는데, 이중 많은 지역이 그 이후로 완충지로 남아왔다.

그러나 샤를마뉴와 그의 분할되지 않은 제국이었더라도 과연 침략자들과 맞설 수 있었을까 하는 의문을 갖게 된다. 어떠한 정부라도 그럴 만한 힘을 갖고 있지 않았다. 침략자들이 강줄기를 타고 올라와 치고 불태우고 약탈하고 생포한 다음 도망칠 때 그 지대 주민들은 변변히 의존할 데가 없었으므로 스스로 나서서 싸울 수밖에 없었다. 다리들을 요새화하고, 강가를 지켜야 했다. 소수의 군대를 항상 대기시켜 놓아야 했다. 무기가 필요했으나 값이 워낙 비쌌다. 황소 여섯 마리나 암소 열두 마리를 줘야 살 수 있는 흉배 갑옷과, 암소 일곱 마리를 줘야 살 수 있는 칼과, 암소 세 마리를 줘야 살 수 있는 칼집을 농민이 무슨 재주로 살 수 있었겠는가? 또한 농민은 방책을 세울 만한 처지도 못 되었다. 부유하고 강한 사람을 찾아가 보호를 요청할 수밖에 없었고, 그 대가를 노동으로 지불했다.[3]

이렇게 해서 노예를 제외한 모든 사람이 다른 사람 위에 있게 되고, 황제를 제외한 모든 사람이 다른 사람 밑에 있게 되는 복잡한 상호 관계가 발전하게 되었다. 밑에 있는 자는 충성과 봉사를 맹세했고, 위에 있는 자는 보호 제공을 맹세했다. 체제 전체가 신의에 기초를 두었다. 이것이 본질상 봉건제도(封建制度, feudalism)로서, 이것이 장차 중세 세계의 근간이 되었고, 그 속에는 입헌 정부의 씨앗이 배태되어 있었다. 서로 의무를 지는 계약 관계가 그 속에 포함되어 있었기 때문이다. 이렇게 사회 조직이 지역별로 잘게 쪼개진 현상은 그것이 아무리 불가피한 일이었다 할지라도 소규모 봉건 영주들이 서로 전투를 벌이는 일이 발생했기 때문에 전체적으로는 무질서를 더욱 부추겼다. 909년에 어떤 저자는 당시의 상황을 이렇게 전했다: "모든 사람이 인간과 하나님의 법을 무시하고 교회의 명령을 업신여긴 채 자기 소견에 옳은 대로 행동한다. 강한 자는 약한 자를 억누르며, 세상은 가난한 자에 대한 강포와 교회 재산에 대한 약탈로 가득하다."

중앙 집권적 정부가 어느 정도나 붕괴했느냐 하는 것은 어거스틴의 정의로운 전쟁 이론이 맞이한 운명이 잘 보여 준다. 어거스틴은 전쟁이란 반드시 국가의 비호하에 치러야 한다고 말했었다. 사적인 전쟁이란 무정부 상태를 뜻하기 때문이다. 그러나 이제 국가가 어디 있는가? 어거스틴은 정의란 한쪽에만 있는 것이므로 군주가 정의를 판결해야 한다고 말했었다. 야만족 무리와 대치하던 기독교 로마 제국을 염두에 두고서 그런 말을 했겠지만, 그러나 지금은 허다한 기독교 군주들이 서로 반목하는 상황에서 어떤 군주든 자신의 입장을 정의라고 할 권리가 있었으며, 그들 사이에서 중재할 어떠한 우월한 권력도 없었다. 결과적으로 어거스틴의 이론은 바람에 날라가 버렸으며, 공격을 당하는 측은 스스로를 보호했다. 주교들과 사제들과 수사들과 수녀들도 예외가 아니었다. 비록 성직자들은 "교회가 피 흘리는 것을 가증히 여겼기" 때문에 칼을 사용하는 대신 곤봉으로 적군을 물리치는 경우가 많긴 했지만 말이다. 기존의 사회 규범은 이미 완전히 붕괴되었다.

이러한 무질서 속에서 사람들은 교황청을 보편성의 상징이자 질서를 이룩하는 세력으로 바라보았다. 이런 시기에 교황권의 증대를 노리는 의미심장한 문서가 유포되었다. 그 근원지는 로마가 아니라 갈리아였다. 그 문서는 부분적으로는 위(僞) 이시도루스 교령집(the False or Pseudo-Isidorian Decretals)이라고 하는 위조 문서였다. 왜냐하면 서고트족의 치하에 있던 세비야의 주교이자 백과사전식의 학문 저서 저자인 이시도루스의 이름으로 작성되었기 때문이다. 이전 교황들의 서신들과 위조 서신들이 다 포함된 이 모음집이 이를테면 2세기에 로마 교회가 모든 교회들에 권위를 행사했다는 거짓 주장이 실린 위조 문서들과 함께 널리 유포되었다. 위조자는 교황 밑에 있으나 수도대주교들 위에 있는 성직자회 창설을 위한 규정을 도입했다. 그것은 추기경회로서, 실제로는 11세기가 되어서야 비로소 존재하게 되었다. 이 규정을 도입한 목적은 교황의 수위권을 확립하고 수도대주교들의 권한을 약화시키려는 데 있었다. 그 교령집은 로마에 대한 항소권을 강력히 뒷받침했고, 세속 군주들에게 교회의 내부 활동과 재산에 간섭하지 말 것을 요구했다.

마찬가지로 9세기에는 교황하의 교회에 그리고 교회하의 사회에 권위를 집중시키는 것을 이론적으로 정당화하는 아레오바고 관원 디오니시우스(Dionysius)의 이름으로 된 저서가 서방에 도입되었다(사도행전에서 디오니시우스는 아테네에서 사도 바울의 설교를 들은 사람으로 언급된다). 디오니시우스는 프랑스의 수호성인 순교자 성 드니(St. Denis. 디오니시우스에 해당하는 프랑스 이름)와 동일인으로 간주되어온 인물이었다. 그의 이름은 6세기에 동방에서 작성된 기독교 신플라톤주의 저서들에도 붙었다. 비잔틴 황제는 이 책 사본을 경건왕 루이에게 보냈고, 루이는 다시 그것을 생 드니의 대수도원장 일두인(Hilduin, 814-840)에게 선사했다. 일두인은 즉시 그 책에 자기 나라 수호성인의 이름을 붙였고 그로써 그 책이 프랑스에서 큰 명성을 얻게 했다. 860년 그 책의 헬라어본이 요한 스코투스 에리게나(John Scotus Erigena〈'에린 곧 아일랜드 태생'〉)에 의해 라틴어로 번역되면서 그 명성은 더욱 커졌다.

이 책은 천상의 구조와 지상의 사회들을 위계적(hierarchical)으로 본다. 그 위계는 궁극적 지성으로부터 내려오는 형태를 띤다. 신적 영감이 천상에서 지상 사회로 전달되며, 지상 사회에서는 성례(성사)들로부터 성직자에게로, 성직자에게서 평신도에게로 전달된다. 교회에서는 천상적 위계가 교황에게서 시제(侍祭, acolyte)에게로 내려가며, 국가에서는 천상적 위계가 황제나 왕에게서 농노(農奴)에게로 내려간다. 그 위계들 자체도 교회를 세속 위에 두는 등 위계적으로 구성된다. 이렇게 해서 위(僞) 디오니시우스의 논문들은 교황의 신정(神政)을 위한 신학적 토대를 제공했다.

당시 현실이 실제로 그런 방향으로 진행되고 있었는데, 특히 니콜라스 1세(Nicholas I, 856-867 재위)의 교황 재위 때 그런 현상이 더욱 두드러졌다. 그가 개입된 논쟁들 가운데 하나는 교황권이 지역 자치권 위에 군림해 가는 과정을 잘 보여 준다. 랭스의 대주교이자 프랑스의 수도대주교인 힝크마르(Hincmar)는 자신의 성직자들에 대한 완전한 관할권을 주장했고, 그 주장에 반대하여 로마에 항소한 주교에게 징계를 가했다. 니콜라스는 주교의 항소를 받아들여 프랑스 성직자들에 대한 자신의 관할권을 주장하고서 그 건을 힝크마르의 손에서 빼앗았다. 이것은 교회법에 소중히 간직되어온 중앙 집권 원칙을 재확증한 조치였다.

또 다른 논쟁은 니콜라스가 샤를마뉴 제국의 중간 지역 군주인 로테르 2세(Lothair II)와 벌인 것으로서, 교회가 성사(聖事)들을 통해서 행사하게 된 권력을 잘 보여 준다. 로테르는 아내를 불륜 죄로 고소하여 내쫓고는 첩을 왕비로 삼았다. 교황은 그에게 본처를 다시 왕비로 맞이하든지 파문을 당하든지 택일하라고 요구했다. 이에 격분한 로테르의 형제 황제 루이 2세(Louis II)는 군대를 끌고 로마로 진군했지만, 니콜라스는 겁을 먹지 않고 로테르를 파문시켰다. 로테르는 주저하다가 결국 항복하고 말았다. 그런 경우에는 설혹 왕이 성사에서 배제된 사람에게 지옥이 기다리고 있다는 신앙에 겁을 먹지 않을지라도, 백성들은 이 신앙에 꽉 움켜쥐어 있었기 때문에 왕이 교회와 화해하지 않으면 백성들의 충성이 흔들릴 판국이었다. 따라서 파문은 수세기 동안 교황들의 손에 들린 두려운 무기였다.

성사는 부적격자가 집행할 때에도 효력을 잃지 않았지만, 교회의 위신은 고위 성직자들의 추문에 의해 훼손되었다. 이런 사건이 10세기 중반 교황청 안에서 일어났다. 그 이유는 교황청이 다시 이탈리아의 파벌들의 손에 들어갔기 때문이었는데, 이번에는 개입해 줄 만한 샤를마뉴 같은 사람이 없었다. 로마의 귀족들이 교황청을 지배했고, 악명 높은 두 여인 테오도라(Theodora)와 그녀의 딸 마로지아(Marozia)가 귀족들을 지배했다. 따라서 교황청 역사에서 이 시기를 가리켜 도색정치(the Pornocracy) 시대라고 한다.

그러나 교회의 생명력은 로마에 국한되어 있지 않았다. 기독교 선교 사역이 독자적으로 진행되고 있었다. 대대적인 개혁 운동이 수도원에서 시작되었고, 세속 군주들이 교황청 정화 작업에 손을 댔다. 선교 사역지에서는 새로 개종한 지역민들이 이웃 지역민들에게 복음을 전달했다. 바이킹족이 섬과 내륙을 침공할 때 교회는 복음으로 그들을 공격하기 시작했다. 9세기에 덴마크의 하롤드(Harold)는 자기 왕국에서 추방된 뒤에 프랑스의 지원을 받아 복권을 추진하는 과정에서 만약 그리스도인이 된다면 지원이 더 수월할 것이라는 언질을 받았다. 그는 세례를 받았고, 프랑크 수사 앙스가르(Ansgar)의 선교 활동을 권장했는데, 앙스가르는 덴마크와 노르웨이와 스웨덴에서 벌인 활동 때문에 북부의 사도로 기억된다.

11세기 초에 영국이 당시 덴마크와 한동안 노르웨이를 지배하던 카누트(Canute)에 의해 스칸디나비아 연방에 포함될 가능성이 실제로 있었다. 이 가능성은 노르만족(the Normans)에 의해 무산되었는데, 프랑스 북부에 정착하여 그곳 사람들과 동화되어 살던 바이킹족의 후손인 이들은 이른바 노르만 정복(the Norman conquest)의 결과로 영국을 다시 한번 대륙쪽에 연결시켜 놓았다. 노르웨이인들은 이미 10세기와 11세기 초에 카누트의 경쟁자였던 왕 올라프 1세(Olaf I)와 올라프 2세(Olaf II)의 치하에서 명목상 그리스도인들이 되었었다. 이들은 자기들의 영토를 기독교 세계에 포함시켰는데, 유감스럽게도 그 과정에서 백성에게 강제력을 사용했다. 스웨덴의 이교도들은 1100년에 가서야 비로소 완전히 개종했다. 서방에서 앙스가르가 열정적인 사역을 펼치고 있을 때 동방의 교회는 앞에서 이미 살펴 본 대로 키릴루스와 메토디우스의 사역을 통해 발칸 반도의 인구를 기독교화하고 있었다.

클뤼니회

교황청이 추문으로 얼룩지고 있을 때 한 수도원에서는 대대적인 개혁 운동이 시작되고 있었다. 910년 하나님의 은혜로 아키텐의 공작이 된 기욤(William)과 그의 아내 잉겔보르가(Ingelborga)는 성모와 성 베드로에 대한 존경의 표시로 클뤼니(Cluny) 시와 장원(莊園)을 베네딕투스회 수도원 건립을 위해 그 성인(클뤼니)에게 바쳤다. 그곳 수사들은 "천상적인 대화에 힘쓰고 [기부자들과 온 인류를 위해서] 부지런히 기도하고 간구해야"[4] 했다. 토지와 물과 세입과 함께 토지 노동자들과 남녀 농노들도 함께 증여되었다. 가입을 허락받은 수사들은 수도원 재산을 영구히 타인에게 양도할 수 없었고, 후원자나 그의 계승자들이나 왕이나 교황의 간섭을 받지 않은 채 자기들의 대수도원장을 선출했으며, 위반 행위에 대해서는 베드로와 바울의 저주로 경고했다. 이런 규정들은 매우 중대한 의미를 갖고 있었다. 토지 경작자들이 토지와 함께 증여되었기 때문에, 수사들은 성 베네딕투스 수도회칙의 일부였던 노동이라는 큰 부담을 덜게 되었다. 그렇게 해서 남은 시간을 끊임없는 중보 기도에 사용할 수 있었다.

　수도원이 주교와 교황에게서 독립한다는 것은 — 교황이 클뤼니회를 다른 세력의 간섭에서 보호해 주어야 한다는 점을 제외한다면 — 교황청에 대한 지방 분권화를 뜻했지만, 수도원 구조에 그것을 벌충할 만한 중앙 집권적 성격이 있었다. 왜냐하면 자매 수도원들이 프랑스나 영국이나 독일이나 이탈리아나 심지어 스페인에 설립될 때 모든 신설 수도원들은 모(母) 수도원에 종속되었기 때문이다. 그런 연결 고리가 개혁 운동을 체계적으로 통합했다.

　클뤼니회의 사업은 다른 베네딕투스회 수도원들의 사업과 달랐다. 왜냐하면 수도원과 세속과 교회 등 전체 사회 구조에 대한 기독교적 재구성을 내다보았기 때문이다. 세상에서 수도원의 역할은 더 이상 영혼 구원에만 국한되지 않고, 기독교의 이상들을 사회에 스며들게 하는 데로 발휘되었다. 그러므로 이제는 노동의 의무에서 벗어난 수사들은 기도와 지식 — 심지어 이교의 지식까지도 — 전달과 세상을 위한 기도와 세상에 대한 구제에 힘쓸 수 있게 되었다. 성 베네딕투스가 자기 수사들을 사회로부터 격리했던 것과 달리, 클뤼니회 수사들은 수도원주의와 사회를 통합하려고 노력했다.

　따라서 수도원들은 중세의 기숙사 역할을 했다. 클뤼니 수도원은 40명의 남자와 30명의 여자를 수용할 수 있는 방문객 숙소와 그들을 보살피는 방문객 사감이 있었다. 그뒤 여러 세기가 지나는 과정에서 베네딕투스회도 사회로 들어가게 되었는데, 이는 그들도 방문객들에게 접대를 제공하기 시작했기 때문이다. 예를 들어 세인트 올번스의 베네딕투스회 수도원은 3백 필의 말을 먹이는 구유를 갖추고 있었고, 애빙던 수도원은 심지어 방문객들의 말에 편자를 박아주었다. 숙소 관리자의 의무는 깨끗한 수건과 이가 빠지지 않은 컵과 은 수저와 담요와 화사하고 찢어진 데 없는 시트를 제공하는 것이었다. 겨울에는 초와 촛대, 그리고 연기나지 않는 불과 필기 도구들을 공급해야 했다. 방문객 숙소에는 거미줄이 없어야 했고 바닥에는 골풀을 깔아야 했다. 방문객이 떠날 때는 칼을 두고 떠나는지, 무심코 혹은 의도적으로 숙소의 의복이나 은집기를 들고가는지를 일일이 확인했다. 방문객들은 기부금을 얼마 내야 했는데, 그들이 대접받은 비용이 수도원 운영비보다 큰 경우가 적지 않았다. 대수도원장은 걱정거리가 많았다. 베리 세인트 에드먼즈 수도원의 대수도원장 샘슨(Samson)은 12년을 재직하는 동안 수도원 빚을 갚느라 머리가 하얗게 셌다.

    수도원이 사회에 점차 개입한 이런 사례들은 물론 여러 세기 동떨어진 것들이지만, 세상을 수도원으로 가까이 데려오고 수도원의 이상들을 사회로 전파하는 데 기여한 끊임없는 과정을 지적해 준다. 비록 그로써 세상의 가치관이 수도원을 오염시킬 위험도 끼어들긴 했지만 말이다.

    클뤼니회의 개혁은 봉건 제후들의 전쟁을 종식시키는 것을 중요한 과제로 삼았다. 귀족들이 서로 평화롭게 지내고, 무기는 약자를 신원하고 교회를 보호할 때에만 사용하기를 바랐다. 클뤼니회는 하나님의 휴전(the Truce of God)과 하나님의 평화(the Peace of God)를 지원했다(이 점에 관해서는 차후에 설명할 것이다). 아울러 교회 개혁에도 눈을 돌려 다른 무엇보다도 성직자에게 독신을 요구했다. 성직자가 교회 상급자나 평신도 후원자나 세속 군주에게 성직록(聖職祿, benefices)을 매입하는 것을 금했다 — 이것은 시모니(simony, 성직 매매)라고 하는 관행으로서, 그 용어는 사도행전에서 마술사 시몬(시몬 마구스)이 사도들에게 성령의 은사를 돈 주고 사려고 했던 데서 유래했다. 그러나 클뤼니회는 이런 개혁들을 정착시키기 위해서 세속 군주들이 제공하는 지원을 거절하지 않았고, 그들 측에서의 솔선수범에도 반대하지 않았다. 세속 군주들도 하나님께서 세우신 자들이라고 보았다. 그들은 기독교 사회의 현세적 팔이었고, 영적인 팔을 순결케 할 책임을 띠고 있었다. 선한 황제가 악한 교황을 폐위해서 안 될 이유가 없다고 보았다.

    이런 일을 황제들은 단행했지만, 만약 황제들이 없었다면 아무도 그런 일을 해낼 수가 없었을 것이다. 10세기에 교황청이 전성기를 누릴 때 제국은 샤를마뉴 시대처럼 프랑스에서 재구성되지 않고 독일에서 재구성되었다. 그 주된 이유는 북부 지방에서 더욱 두드러졌던 경제 발전 탓이었을 것이다. 프랑스는 광활한 지역에 공동 농업을 적용하는 장원 제도의 발달로 이익을 얻었지만, 북부 지방은 풍부한 강유량에 힘입어 삼포제(三圃制) 농법을 채택하면서도 휴경지 한 곳만 남겨두고 나머지 두 곳에서는 언제나 경작을 할 수 있었다. 수확량의 증가로 농부는 말을 키울 수 있었는데, 말은 식용으로 사용하지 않았기 때문에 황소보다 유지비가 더 들었지만, 쟁기질을 하는 데는 황소보다 훨씬 더 유용했고, 그외에도 무게 중심을 목에서 가슴으로 옮겨주는 새로운 마구가 등장함으로써 훨씬 더 유용하게 쓰였다. 등자와 재갈의 도입으로 평시든 전시든 말을 더 쉽게 다룰 수 있게 되었다.[5] 말은 인간처럼 전장에 무감각하게 뛰어들 수 있는 유일한 탈 것이었기 때문이다. 노새는 그렇지 못했으며, 아마 이런 이유에서 성직자들은 노새만 타고 다녔을 것이다. 경제 회복의 또 다른 요인은 빙하기의 퇴조로 인한 기후의 온난화였다. 북부 지방에 유리하게 작용한 부가적인 요인은 말에 의한 발견에서 비롯되었다. 사냥을 할 때 개들이 돌을 굴러내리지 못하는 동안 조급한 말은 거친 발질로 땅을 파서 은맥을 발견하게 했다. 하르츠 산의 광산은 새 황제들의 경제에 큰 도움을 주었다.[6]

마지막으로, 바이킹족과 마자르족의 침략도 현대전처럼 총괄적이지 못했다는 점과, 많은 지역이 침략자들을 구경도 하지 못한 채 온화한 햇살을 누릴 수 있었다는 점을 유념해야 한다. 루터 시대에까지 표준 문헌으로 쓰인 「글로사 오르디나리아」(Glossa Ordinaria)라는 성경 주석을 남긴 탁월한 지식인으로서, 9세기에 생 갈의 대수도원장이 된 발라프리트 스트라보(Walafrid Strabo)는 수사 시절에 다음과 같은 원예학에 관한 시를 지어 자신의 대수도원장에게 헌정했다:

    그림발트(Grimwald)여, 당신이 사과 잎 외투 밑에 앉을 때
    나를 생각해 주소서.
    복숭아 나무는 햇살과 그늘에서
    어찌 이리 다채로운 자태를 빚어내는지요.

거기서 학자들이 왁자지껄
고운 모직 앞치마에 과일을 주워 담으며,
다른 이들은 이미 두 손으로 가득 품에 안고서
더 주워 담으려고 서두릅니다.[7]

기술과 기후와 평화가 유럽의 인구를 증가하게 만들었다. 이런 추세는 대략 9세기부터 시작하여 10세기에는 완연하게 나타났다.

이런 발전이 북부 지방에서 더욱 두드러졌다는 것을 알면, 962년에 샤를마뉴 제국이 재건되었을 때 왜 그 중심지가 독일이었는지를 쉽게 이해할 수 있다. 황제는 오토 1세(Otto I)였다. 그의 영토는 독일과 이탈리아를 포함하여 한때 로테르에게 할당되었던 중앙 지대를 포함했지만, 프랑스는 거기에 포함되지 않았다. 오토와 그의 후계자들은 자신들을 하나님께로부터 정의를 집행하고 종교를 보호하고 심지어 교회까지 권징하도록 직접 권위를 부여받은, 기독교 사회의 현세적 팔로 간주했다. 만약 교황들이 추문을 일으키면 그들을 국가의 권위로 제거하고 교황직에 적합한 후보자들로 대체했다. 오토 1세는 요한네스 12세(John XII)를 폐위하고, 독일인 지명자들을 차례로 교황의 위에 앉혔다.

그중 한 사람이 게르베르트(Gerbert)로서, 심지어 스페인에까지 가서 공부했던 당대 최고의 지식인 성직자였다. 그는 교황이 될 때 콘스탄티누스에게 세례를 베푼 실베스터(Sylvester)를 기려 실베스터 2세(Sylvester II, 999-1003 재위)라는 이름을 취했다. 그가 이 이름을 취한 데에는 좀더 초기의 교회가 지녔던 영광들을 되찾으려는 의도가 깔려 있었다. 그러나 그의 개혁은 단명했고, 교황청은 다시 이탈리아 귀족들의 수중에 들어감으로써 다시 한번 역사에 얼룩을 남겼다. 제국에서 개혁의 기운이 두번째로 발산된 때는 열정적인 개혁자 황제 하인리히 3세(Henry III)가 교황청에서 부패한 성직자들을 내쫓고 평판이 좋은 사람들을 그 자리에 앉혔을 때였다. 그는 세 명의 교황을 폐위했지만, 그의 아들 하인리히 4세(Henry IV)가 이 정책을 고수했을 때는 새로운 형태의 개혁 성직자들로부터 결정적인 저항을 받게 되었다.

서임권 논쟁

이 성직자들을 가리켜 교황 그레고리 7세(Gregory VII)로부터 시작한 그레고리들(the Gregorians)이라고 한다. 이들은 기독교 사회관과 그런 사회를 이룩하는 방법론에서 클뤼니회 수사들과 달랐다. 클뤼니회 수사들은 침투 방식을 택했고, 침투당한 왕들이 적임자를 교황으로 임명하는 수준까지 깊숙이 지원할 수 있다고 믿었다. 그레고리들은 시토회(Cistertians), 프레몽트르회(Premonstratensians), 카르투지오회(Carthusians) 같은 수도회들의 등장으로 명백하게 드러난 새로운 금욕주의 정신에 젖어 있었다. 그들은 클뤼니회의 사업이 교회의 표준을 저급하게 만들었다고 느꼈다. 이들은 타협 없이 고고하게 서야 했는데, 교회가 개혁자들보다 벨리알의 자식들일 경우가 훨씬 더 많은 왕들의 통제에서 독립할 때에야 비로소 그런 상태를 유지할 수 있었다. 이러한 필요는 황제들이 다스리던 독일이나 공작들이 다스리던 노르망디보다 그레고리 개혁자들이 자라난 로렌 지방에서 더욱 절실했다. 그들은 교회가 평신도의 지시에서 벗어나야 하며, 그렇게 벗어난 뒤에는 사회에 자신의 이상들을 부과해야 한다고 보았다. 이러한 사업은 교황의 신정(神政)을 지향했다. 그러나 그런 이상을 성취하지 못할 때에는 복음적인 삶의 형태를 헌신적인 개인들로 이루어진 작은 공동체들에서 실현하기 위해 대대적으로 사회를 등지는 쪽으로 전략이 쉽게 수정될 수가 있었다. 그것이 분파주의가 가는 길이다. 중세 전성기(the high Middle Ages)의 교황청과 분파들은 그레고리들의 개혁 정신에 힘입어 시작되었다.

그 사업은 세속 군주가 주교와 대수도원장과 심지어는 교황까지도 자신이 지명한 사람을 임명하는 평신도 서임권 제도를 종식시킬 것을 요구했다. 교황 임명의 가능성은 1059년 개혁자들에 의해서 저지되었다. 그들은 로마 주변의 교구들에서 사역하는 추기경들로 알려진 성직자단만이 교황을 선출할 수 있다는 법령을 얻어낸 것이다. 그로써 힐데브란트(Hildebrand)가 교황에 선출되어 그레고리 7세(Gregory VII)라는 이름을 취했다. 평신도 서임 제도의 종결은 독일의 군주들로부터 강한 저항을 받았다. 왜냐하면 대수도원장들과 주교들은 이중적인 역할을 맡아왔기 때문이었다. 그들은 재정과 군대의 조세가 토지에 부과되던 독일에서 총 면적의 3분의 1이 넘는 토지를 보유한 영주들이기도 했던 것이다. 황제는 이 영주 성직자들의 충성을 확보하기 위해서 그들의 임명을 좌우했고, 친히 교회의 후원자로 자임하고서 아키페 에클레시암(accipe ecclesiam, '교회를 받으라')라는 문구로 자신이 지명한 자들을 성직에 앉혔다. 제국이 교황 선출에 개입한 데에는 이런 이유도 있었다.

교회는 황제들이 대체로 개혁자들이 아니고, 성직 임명권을 영적 자격이 없는 신하들에게 주는 배당금 정도로 활용한다고 비판할 이유가 있었다. 귀족들이 어린 아들들을 성직에 앉히는 것이 허용되었고, 가문이 하나의 성직록의 이름으로 여러 성직을 차지함으로써 세력을 쌓았다. 어떤 주교는 만약 한 사람이 여러 주교좌를 갖고 있으면 저주 받을 사람도 그만큼 줄어들지 않겠느냐는 야유섞인 이유로 그런 복수주의를 정당화했다.

그보다 더 큰 악은 이런 유형의 주교들이 자기 직위를 물려 줄 아들들을 두고 있었다는 점이다. 그레고리 개혁자들은 이런 악들을 치유하기 위해서는 심지어 황제라 할지라도 평신도가 대가를 바라든 바라지 않든 성직자를 임명하는 관행을 금지해야 한다고 주장했다. '성직매매'(simony)라는 용어는 어떠한 대가가 지불되지 않는 경우라 할지라도 모든 형태의 평신도의 성직자 임명 행위에 확대되어 쓰였다. 그레고리 개혁자들은 더 나아가 성직자 독신주의를 의무적이고 보편적인 제도로 만들 것을 요구했다. 이런 요구를 한 데에는 주교좌를 물려줄 남자 상속자가 생기지 않을 것을 예상한 점도 있었고, 금욕적 수도원주의라는 새로운 정신에 동참한 점도 있었다.

그 문제는 행정상의 문제를 넘어서는 것이었다. 권력의 원천에 대한 이론이 개입된 문제였다. 교회와 국가는 하나님이 따로 직접 세우셨는가, 아니면 세속 권력이 영적 권력에서 파생되었는가? 그레고리들은 아레오바고 관원 디오니시우스의 위계 이론들에 호소했고, 황제주의자들은 하나님이 군주들을 세우셨다는 사도 바울의 말 — 교회나 성 베드로를 통한 권한 위임에 관한 한 마디 언급도 담겨 있지 않은 — 에 호소했다. 그것이 그의 논문집에 실린 주장들이었다.

그 분쟁은 교황 그레고리 7세가 교황좌에 오른 직후에 그와 황제 하인리히 4세 간에 생긴 불화로써 노골화했다. 이 투쟁은 대립 관계에 있는 교회와 국가가 어떻게 서로의 중앙 집중적 권력을 축소시키려고 노력했는가를 잘 보여 준다. 교황청의 공세는 1074년 경 성직자의 결혼, 성직매매, 평신도에 의한 성직자 임명을 일체 금하는 조치로써 시작됐다. 평신도들에게 결혼한 사제들이 베푸는 성사를 거부하라고 권고했다. 이것은 대단히 위험한 조치였다. 무자격자가 베푸는 성사란 무효라는 추론을 쉽게 할 수 있었기 때문이다. 그것은 다름 아닌 과거의 도나투스파 이단의 견해였다. 황제의 비호를 받던 독일의 성직자들은 아내를 포기하느니 차라리 목숨을 포기하겠다고 선언했다. 황제는 밀라노 대주교좌에 자기 사람을 임명함으로써 그레고리의 법령에 대해 보복했다. 밀라노는 롬바르드의 주요 교구로서, 그곳 주민은 성직자 독신주의에 강력히 반대하고 있었다. 하인리히는 그 지역의 한 도시를 부각시켜 교황에 대한 도전 의사를 밝힘으로써 교황에게 가장 취약한 지역에서 교황권을 훼손하고자 했던 것이다.

반면에 교황은 투쟁 과정에서 색슨족을 부추겨 프랑코니아 왕가의 일원인 하인리히에 반기를 들도록 했다. 더욱이 그레고리는 중요한 두 동맹 세력에 기댈 수 있었다. 하나는 그의 정책을 따뜻하게 지지하던 투스카니의 여백작 마틸다(Matilda)였고, 다른 하나는 얼마 전에 지중해 세계로 침투해 들어와 동맹 세력이 된 노르만족이었다. 과거의 어느 교황은 군사력을 동원하여 이탈리아 남부의 교황령을 침범하는 노르만족과 맞서 싸웠지만, 그레고리는 교황이 되기 전에 전임 교황 중 한 사람을 도와 노르만족의 충성을 얻어낸 바 있었다.

하인리히는 교황권에 대한 혁신 조치를 비판하면서 교황에게 도전적인 질의서를 보냈다. 하인리히의 아버지 황제 하인리히 3세는 교황과 공의회의 충분한 동의를 얻어 교황들을 폐위하고 임명하지 않았던가? 이에 대해 그레고리는 대답하기를, 자신의 조치는 바로 전 세대에 대해서는 실로 혁신이지만, 바로 전 세대는 좀더 먼 과거가 부패한 상태이기 때문에 그 상태를 돌려놓으려 한다는 것이었다. 황제는 교황이 전쟁을 조장하고, 그로써 색슨족이 황제에 대해 무기를 들게 함으로써 넘지 말아야 할 선을 넘었다고 비판했다. 따라서 그레고리에게 칼로 강탈한 성 베드로의 권좌에서 내려와 그 거룩한 사도에게 더 적합한 다른 인물을 앉힐 수 있도록 하라고 명령했다.

교황은 복된 베드로와 하나님의 어머니와 복된 바울과 모든 성인들을 불러, 자기가 세상 영광을 위해 그 거룩한 자리를 강탈하지 않았음을 증언해 달라고 간청하는 글로써 답변을 대신했다. 그리고 하인리히에 대해서 독일과 이탈리아의 통치권을 박탈하고, 아나테마(저주)의 띠로 결박하며, 그로써 온 백성으로 하여금 교회가 바위인 베드로 위에 교회가 세워졌고, 아무도 그것을 이길 수 없다는 것을 알 수 있게 하겠다고 선언했다. 과거에 로테르가 그 랬듯이, 하인리히도 자신이 철저히 패배했다는 것을 발견했다. 작센가(家)의 그의 정적들은 그 아나테마를 당장 이용하려 들 것이었다. 그러나 심지어 자신의 파벌조차 슬그머니 지지를 철회했으며, 성직자 독신주의에 그토록 반대하던 독일 주교들은 그들의 지도자 위트레흐트의 빌헬름(William)의 급사를 교황의 저주에 대한 하나님의 인준으로 해석했다. 1076년 10월 라인 강변의 트리부르에서 열린 제후들의 의회는 하인리히에게 왕의 모든 상징물을 버릴 것과, 그가 교황과 화해를 할 때에만 황제직을 되찾을 수 있다는 결정을 내렸고, 이 결정은 이듬해 2월 아우그스부르크에서 열린 교회회의에서 재확인 되었다.

하인리히로서는 생존하기 위해서 수치를 무릅쓰지 않을 수 없었다. 그는 아내와 젖먹이 아기와 몇몇 가신들을 데리고 로마로 향했다. 성탄절이 다가오고 있었고 거세게 흐르던 라인 강도 꽁꽁 얼어붙었다. 그럼에도 불구하고 안내자들의 도움을 받아 알프스 산맥을 넘었다. 한편 교황은 하인리히의 독일인 정적들이 소집한 교회회의에 참석하기 위해 북쪽으로 향했다. 그러나 폭력 사태를 우려하여 여백작 마틸다의 요새가 있는 카놋사에 피신했다(마틸다는 황제의 사촌이면서도 교황을 지지했다). 1077년 1월이었다. 황제는 교황이 있는 곳을 알아내고는 그리고 찾아갔다. 성밖에서 참회자처럼 흰 모직 옷을 입고 눈 위에 맨발로 서서 만나주기를 간청했다. 하루 종일 서 있었으나 문은 열리지 않았다. 둘째 날도 마찬가지였고 셋째 날도 마찬가지였다. 그러자 황제는 여백작에게 중재를 요청했고, 그 여성의 탄원에 교황의 완고한 마음이 누그러졌다. 클뤼니의 대수도원장 위그(Hugh)가 마틸다의 중재를 도왔다. 그러나 교황이 어찌할 수 있었겠는가? 성 베드로라면 참회자를 물리쳤겠는가? 황제는 결국 용서를 받았으나, 교회에 대한 엄격한 순종 조건들을 받아들인 뒤에야 비로소 성찬 참여를 허락받았다. 이것은 교황권의 승리로 비쳤다.

하인리히의 신하들은 즉각 그를 황제로 맞이했다. 그러나 독일에서 작센 지방의 지지를 받던 그의 정적들은 대립 왕을 선출했다. 하인리히는 전열을 정비한 뒤 자신이 황제가 되어야 하는지를 판결할 의회가 소집되기를 기다리지 않은 채 작센 지방으로 쳐들어갔다. 작센인들은 교황에게 호소했고, 교황은 마침내 하인리히를 다시 파문했는데, 이번에는 의회 소집을 방해하기 위해서 그렇게 했다. 그러나 이 두번째 파문은 효과가 없었다. 교황이 자기 분수를 넘어섰던 것이다. 하인리히는 로마로 진군하여 교황을 산타 안젤로 성에 감금하고는 다른 교황을 선출했고, 그 교황은 다시 하인리히에게 황제 면류관을 씌워주었다. 그레고리는 노르만족에 의해서 구출되었다. 그는 그들과 함께 로마를 떠나 타지에서 임종을 맞이했는데, 임종하면서 다음과 같은 말을 남겼다: "나는 정의를 사랑했고 불의를 미워했다. 그러므로 유배지에서 죽는다." 몇년 뒤 하인리히도 내전에 의해 강제 폐위된 뒤 얼마 안 되어서 죽었다.

교회와 국가의 새로운 수장들간의 오랜 타협 끝에 분쟁은 가라앉았다. 1122년 보름스 정교협약(政敎協約, the Concordat of Worms)은 주교들이 교회에 의해서만 임명된다고 진술했다. 그리고 임명된 뒤에는 황제에게 충성을 서약해야 한다고 했다. 이로써 평신도 서임 제도는 종식되었으나 평신도의 입김은 사라지지 않았다. 왜냐하면 황제는 충성 서약에 만족하지 않을 때는 거부권을 행사할 수 있었기 때문이다.

그 충돌은 교황청과 독일 제국 사이에서 이루어졌다. 프랑스와 교황청 간의 큰 충돌은 14세기 초까지는 발생하지 않았다. 노르망디에서는 왕들 측에서 아무런 양보도 하지 않았는데도 교회와 국가간에 아무런 균열도 없었다. 노르만족 사이에서는 신성 왕 사상이 항상 주류를 이루었으며, 그 왕들은 교회를 철저히 통제했다.

정복왕 윌리엄(William the Conqueror)은 영국을 차지한 뒤 캔터베리 대주교 란프랑쿠스(Lanfranc)에게 반발을 당하지 않은 채 그 관행을 계속 시행했다. 그레고리가 노르망디와 영국의 노르만족을 관용한 것은 이탈리아에 있는 노르만족 동맹 세력을 잃고 싶지 않았기 때문이었을 것이다. 영국에서는 교회가 기독교 사회에 대한 지도력을 더욱 키워감에 따라 윌리엄 루푸스(William Rufus)와 후대의 처음 두 헨리(Henry) 치하에 국가와 교회 사이에 갈등이 발생했다.

제1차 십자군 운동

그런 방향으로 또 한 걸음 내디딘 것이 몇 차례에 걸친 십자군 운동이다. 이것은 바이킹족의 정복욕과 신앙 열정이 혼합된 운동이었다. 또한 유럽의 그리스도인들간에 전쟁을 없애기 위한 부단한 노력의 절정이기도 했다. 앞에서 살펴보았듯이, 클뤼니회 운동은 하나님의 평화(the Peace of God)와 하나님의 하나님의 휴전(the Truce of God)이라는 제재 규정들로써 봉건 영주들간의 전쟁을 막으려 한 바 있다.

'하나님의 휴전'은 전투 횟수를 제한하면서, 수요일 일몰 때부터 월요일 일출 때까지 적대 행위들을 일절 허락지 않았다. 성일들에도 허락지 않았는데, 성일의 일수가 매우 많았기 때문에 그 규정이 제대로만 지켜진다면 전쟁은 하계 스포츠 쯤으로 줄어들 것이었다.

'하나님의 평화'는 전투원들의 범위를 제한했다. 사제나 수녀나 순례자나, 상인이나 농부나 그의 가축이나 연장이나 재산을 공격하면 안 되었다. 제후들은 그다지 엄격하지 않은 그 규율들에 대해 준수 서약을 요구받았다. 예를 들어, 경건왕 로베르(Robert the Pious)는 남편 없이 여행하는 여성들이 구체적인 징계 사유가 없는 한 그들을 공격하지 않겠다고 서약했다. 그러나 그 정도의 양보란 별 의미가 없었다. 제후들은 서약을 한 다음 그것을 밥먹듯이 어겼다. 그러자 주교들은 서약 파기자들을 벌하기 위한 군대를 조직했고, 교회 군대가 통제를 받지 않고 국토를 유린하자 왕들은 교회 군대를 진압하기 위한 군대를 일으켰다.

그러다가 1095년 클뤼니회 수사 출신인 교황 우르바노 2세(Urban II)는 클레르몽 공의회를 소집했다. 동방 황제 알렉시우스 콤네누스(Alexius Comnenus)가 최근에 레반트 제국(諸國)을 침공한 셀주크 투르크를 응징하기 위해 교황에게 지원을 요청했기 때문이었다. 그때는 유럽 자체도 불안과 갈등에 싸여 있던 시기였다. 서임권을 둘러싼 투쟁이 아직도 끝나지 않고 있던 상황이었으나, 우르바노는 확고한 의지를 가지고 50년 전 공의회들에서 울려퍼진 대 평화의 연설을 연상시키는 용어로 공의회석에서 연설했다. 그리스도인들에게 향해서 힘을 모아 공적을 물리치자고 역설했다. 한데 뭉치자고 했다. 투르크족이 저지른 만행을 잊지 말자고 했다. 성지를 이 불신자들의 손에서 구출하자고 했고, 회의에 참석한 모든 사람들은 "디외 르 뵐트"(Dieu le veult, 하나님이 그것을 뜻하신다)라고 외쳤다.

여기에는 새로운 전쟁 개념이 담겨 있었다. 어거스틴은 전쟁이 국가의 비호하에 치러져야 한다고 주장한 바 있다. 그러나 이제는 교회의 비호하에 치러질 참이었다. 물론 왕들이 십자가를 들었지만, 그것은 교황의 명령에 따른 것이었다. 어거스틴에 따르면 일반 병사는 군주의 명령에 순종하면 된다고 했다. 하지만 이제는 자발적으로 십자가를 들었다. 물론 군주가 자기 신하들을 소집할 수도 있었지만 말이다. 어거스틴에 따르면 정의로운 전쟁의 목적은 정의를 입증하는 것이고, 그것은 주로 생명과 재산을 보호하는 것을 뜻했다. 이제 전쟁은 신앙을 지키기 위한 것이었고, 어쨌든 신자가 자기 신앙을 행사할 권리를 지키기 위한 것이었다. 정의로운 전쟁의 법은 적에게 선의를 가져서, 비전투원들을 배려하고 인질과 포로들을 존중할 것을 요구했다. 그러나 이교도들을 대할 때는 그런 모든 규제들이 포기되었다. 그 근거는 여호수아가 가나안을 정복한 사건을 적는 성경 기사에서 발견되었다.

제1차 십자군은 주로 프랑스인들로 구성되었다. 클레르몽 공의회에는 프랑스인들만 참석했고, 참석자들 가운데는 네 부류의 사람들이 있었다. 첫째는 부이용의 고드프리(Godfrey)와 볼드윈(Baldwin)이 이끄는 프랑스 북부 사람들이었고, 둘째는 툴루즈의 레이몽(Laymond)과 퓌의 주교 아드헤마르(Adhemar)가 이끄는 프로방스 사람들이었고, 셋째는 노르망디의 로베르(Robert) ─ 정복자의 아들 ─ 와 플랑드르의 로베르(Robert)가 이끄는 북부 노르만족이었으며, 넷째는 보헤몽(Bohemond)과 탕크레드(Tancred)가 이끄는 시칠리아의 노르만족이었다. 교황의 대표자로 선출된 주교가 포함되어 있던 프로방스 그룹이 교황에게 가장 적극적인 충성을 나타냈다.

우르바노의 소망은 성지를 투르크족에게서 구출한 다음 동방 제국에게 넘겨주려는 것으로 추정된다. 그러나 십자군들은 그렇게 사욕이 없는 사람들이 아니었던 까닭에 곧 동방 황제와 반목하게 되었고, 서로간에도 반목하게 되었다. 동방 황제는 처음부터 그들을 불신했다. 이렇게 된 데에는 교황청을 인정하라는 개혁 교황들인 그레고리들의 요구를 냉정하게 거절한 정교회가 1054년에 라틴 교회와 결정적으로 분열되었던 사실도 작용했다.

그러나 그보다 더 깊은 이유는 앞에서 살펴 본 대로 이 개혁 교황들이 지중해 세계에 아무런 소속감도 없고 비잔틴의 유산에 대해 아무런 정서도 없던 북부의 로렌 사람들이었기 때문이었을 것이다. 동방 제국과 프랑크족간의 또 다른 차이는 이슬람교를 대하는 태도에도 있었다. 비잔틴인들은 물론 스스로를 참 신앙의 수호자들이라 여겼다. 그러나 그들은 이미 콘스탄티노플에 이슬람교 사원이 건립되도록 허용할 정도로 이완되어 있었고, 이슬람 군주들이 파견한 사절들을 의전(儀典)을 갖추어 영접했다. 동방인들의 입장에서는 이 프랑크인들의 거친 열정이 불쾌했고, 그들의 성직자가 전투에 참여하는 것을 보고서 충격을 받았다. 그들의 동기에는 의혹도 있었다. 1082년에 노르만족이 단지 약탈을 위해서 두라조(Durazzo)를 비잔틴인들에게서 빼앗으려고 했던 일을 잊지 않고 있었기 때문이다.

그러나 황제는 십자군들이 콘스탄티노플에 도착했을 때 그들을 돌려보낼 수도 없었고, 그들도 황제가 따라가지 않으면 갈 수가 없었다. 황제가 내린 해결책은 서방의 봉건제도 방식대로 충성 서약을 요구하는 것이었다. 충성 서약을 거절하는 분위기는 스스로를 교황의 사람들로 생각했던 프로방스 사람들 사이에서 가장 강하게 표출되었다. 그러나 결국에는 지원을 얻기 위해서 모두가 충성 서약을 하지 않으면 안 되었다. 병력이 보스포러스 해협을 건넌 뒤 니케아에서 투르크족과 첫 접전을 벌여 승리하자 소아시아로 가는 문이 열렸는데, 그곳의 그리스도인 주민들은 십자군을 해방자로 여겼다. 이슬람교도들과의 접전은 기독교 군대가 시리아에 도착했을 때 재개되었다.

그 전투가 끝나자 십자군들 사이에서 원정에 참여한 목적이 각기 달랐다는 것이 확연하게 드러났다. 측면 방어를 맡았던 볼드윈은 자기 군대를 끌고 철수한 뒤 에뎃사에 눌러앉았다. 그곳에 독립된 봉건 왕국을 세우려는 의

도였다. 보헤몽과 툴루즈의 레이몽은 누가 안디옥 왕국을 차지해야 하는가를 놓고서 다투었다. 그 도시는 완강히 저항했다. 보헤몽은 동맹 세력들로부터 만약 자기가 안디옥을 점령하면 그곳을 차지할 수 있게 해주겠다는 확약을 받았다. 그는 안디옥의 어떤 배반자의 도움으로 성을 함락했지만, 일단 십자군이 성내로 들어간 뒤에는 거꾸로 투르크의 지원 병력에게 포위를 당하게 되었다. 기근이 그들을 위협했다. 레이몽의 부하 피에르 바르톨로뮤(Peter Bartholomew)는 그리스도의 옆구리를 찔렀던 거룩한 창이 안디옥에 묻혀 있다는 계시를 받았다. 발굴 결과 그 창을 찾아냈다. 그러자 십자군 병사들은 큰 확신을 가지고 성 밖으로 진군했고, 투르크족은 크게 놀라 도망쳤다. 다시 한번 문제가 생겼다. 누가 안디옥을 차지할 것인가? 보헤몽은 자기가 그 성을 함락시켰으니 자기가 차지해야 한다고 주장했고, 레이몽은 자기 부하 피에르가 타개책을 발견했으니 자기가 차지해야 한다고 주장했다. 그 문제는 결국 보헤몽은 안디옥을, 레이몽은 트리폴리를 차지하는 것으로 일단락 되었다.

십자군 지도자들은 거룩한 성에 도착하는 것보다 왕국에 더 관심이 있었던 것으로 보인다. 그러다가 교황파와 일반 병사들이 압력을 가한 뒤에야 비로소 십자군은 세력을 규합하여 예루살렘 성벽에 도달했다. 그리고 1099년 그 도성을 함락시켰다. 십자군은 기병대의 뒤를 따라 이교도들의 피로 흥건한 개울을 건넌 다음 성묘 교회(the Church of the Holy Sepulcher)로 진군하여 그리스도가 정복하셨다는 내용의 승전가를 불렀다.

제1차 십자군 운동은 프랑스의 규합에 이바지했다. 왜냐하면 앞에서 언급한 네 그룹을 목표 달성 때까지 한데 묶어 주었고, 십자군 병사들에게도 서방의 기독교 세계에 대한 의식을 고취시켜 주었음에 틀림없기 때문이다. 비록 기독교 세계에 대한 그들의 의식이 이슬람에 반대되는 어떤 것이라는 부정적인 의미를 띠긴 했지만 말이다.

제7장

중세 기독교 세계

　십자군 운동을 일으켰던 활력은 유럽에 그밖의 훨씬 더 건강한 시도들을 불러일으켰다. 12, 13세기는 대학교들과 스콜라주의(Scholasticism)의 등장과 함께 발생한 지적 부흥, 기사도와 낭만적 사랑으로 인한 더욱 세련된 삶과, 구주의 수난을 통한 구속의 열망과 함께 생긴 죄책감에서 비롯된 성숙한 윤리 의식과, 오늘날 고딕 미술로 알려진 종교 미술의 개화를 목격했다. 특히 13세기에 교황청은 다른 어떤 기관들보다 유럽의 정치계를 주도했고, 교회의 이상들이 문화와 정치와 경제와 법률의 모든 부면에 영향을 주었다. 새로운 형태의 수도원주의는 도시 사회에서 사역하면서도 중상주의(重商主義)를 배격했다. 토마스주의(Thomism)는 하나님이 주신 계시와 인간이 파악할 수 있는 진리들을 통합함으로써 충만한 신학을 형성했다. 중세 말기에 단테(Dante)는 전통적인 형태들로는 담아낼 수 없을 정도로 깊은 차원으로 인간 운명에 관한 희곡을 자국어로 펴냈다.

　이러한 변화들은 도시 생활의 부활로 촉진되었다. 샤를마뉴 제국은 촌락들로 이루어졌었다. 고대 로마의 인구 중심지들이 완전히 쇠락하지 않았다면, 그것은 교구의 영적 세속적 문제들을 총괄했던 주교들의 거점으로 남았기 때문이었다. 10세기 말에는 도시 생활이 재개되면서 상업과 화폐 경제가 부활했다. 바이킹족조차 침략보다 무역을 좋아하기에 이르렀다. 물론 중세 서방의 도시들은 중세 때 인구가 백만 명에 육박했던 콘스탄티노플과 비교할 때 규모가 보잘것 없었다. 심지어 14세기 초에도 유럽에서 크다고 하는 도시들조차 5-10만명을 넘지 못했다. 아마 대부분의 도시는 인구가 만 명도

채 못되었을 것이다.[1]

대학교들의 등장

그럼에도 불구하고 그런 작은 인구들로도 지성들의 교류를 이루어내기에 충분했다. 도시들은 대학교들의 거점이 되었다. 중세 동안 80여개의 대학교들이 설립되었는데, 그중 다수가 오늘날까지 나름대로 독특한 역사를 유지해 오고 있다. 이를테면 파리 대학교, 몽펠리에 대학교, 볼로냐 대학교, 파두아 대학교, 옥스퍼드 대학교, 케임브리지 대학교, 비인 대학교, 프라하 대학교, 라이프치히 대학교, 하이델베르크 대학교, 바젤 대학교, 코임브라 대학교, 살라망카 대학교, 크라코프 대학교, 루뱅 대학교 등이 그렇다. 이 학교들 중에서 가장 오래된 곳은 1200년 이전에 문을 열었다. 물론 설립 허가는 그 연대에 혹은 그보다 조금 늦게 받긴 했지만 말이다. 이탈리아 남부의 살레르노 대학교의 의학부는 그 기원이 적어도 11세기로 거슬러 올라가며, 일찍부터 명성을 얻었다. 비록 대학교로 승격된 것은 13세기의 일이긴 하지만 말이다. 이 의학부는 두 세기 동안 유명한 의료 중심지로 존립하다가 그 뒤에는 쇠퇴했는데, 아마 다른 대학교들이 각각 의학부를 설치했기 때문이었을 것이다.

파리 대학교를 예로 들자면 예술(철학을 포함한), 교회법, 신학, 의학 등 네 학부가 있었고, 유명한 학부는 철학과 신학이었다. 볼로냐 대학교는 교회법과 세속법을 포함한 법학으로 유명했다. (법학박사 학위의 약자인 LL.D에서 '법학'을 뜻하는 L이 두 번 쓰인 것은 교회법과 세속법을 상징하기 위해서이다.) 12세기에는 볼로냐의 수사 그라티아누스(Gratian)에 의해 교회법이 새로 편찬되었다. 그의 교회법은 그뒤 수세기 동안 교회 행정과 기독교 세계 전역의 법 집행에 방대한 영향을 끼쳤다. 세속법은 구 로마법이었는데, 이 법은 무질서한 여러 세기를 거쳐오면서 게르만 법전들로 보충되었지만, 유스티니아누스 법전이 재발견되면서 되살아났다. 그밖의 법학 중심지들은 파두아 대학교와 오를레앙 대학교였다.

대학교들에서는 신학에 대한 관심이 더욱 두드러졌는데, 그 이유는 많은 경우 대학교들이 교회 학교에서 발전했기 때문이었다. 도시들이 생겨나면서 수도원 학교들은 먼저 주교좌성당 참사회에 딸린 교육 기관들로 대체되었는데, 그중 더러가 대학교로 발전했다. 예를 들면, 파리 노트르담의 주교좌성당 학교가 그러했다. 중세 내내 모든 곳에서 신학이 학문의 여왕으로 인정을 받았고, 철학과 다른 과목들은 신학의 시녀로 간주되었다. 학문 풍토가 신학과 철학의 문제들에 심히 편중됨으로써 그리스의 전성 시대 이래로 세상이 들어보지 못한 연구 정신과 인간 이성의 능력에 대한 확신이 되살아났다. 중세 후기는 논리의 시대라 해도 과언이 아니다.

스콜라주의

철학자들과 신학자들을 괴롭혔던 문제는 실재(reality)의 궁극적 본질에 관한 것이었다. 실재란 응집하는가 — 즉, 실재란 본질적인 보편적 관계에 의해 결합된 비물질적인 것들과 물질적인 것들의 결합체인가 — 아니면 독립되고 서로 무관한 개별적 요소들의 총합으로 구성되는가?

응집론자들을 가리켜 **실재론자들**(realists)이라고 했다. 왜냐하면 그들은 보편적인 것들의 실재를 믿었기 때문이다. 다시 말해서, 보편적인 것들이 유일한 실재이며, 개별적인 것들은 보편적인 것들의 본질에 참여하지 않는 한 실재가 없다고 믿었다. 그러므로 인류라는 개념은 모든 개인들이 그 안에 응집되어 있는 실재 곧 보편이라고 보았다.

이와 상반된 견해를 지닌 사람들을 가리켜 **유명론자들**(nominalists)이라고 했다. 왜냐하면 이들은 가령 인류가 실재를 갖고 있지 않으며, 다만 모든 인간들이 공유하고 있는 일련의 특징들에 대한 이름(라틴어, nomen)에 불과하다고 주장했기 때문이다.

실재론자들은 극단론자들과 온건론자들로 나뉘었다. 극단론자들은 보편적인 것들이 구체적인 존재를 갖기 전에 하나님의 정신에 배태되어 있는 실체들(entities)로 존재하며, 따라서 인간들이 없이도 인류는 존재한다고 주장했다. 온건한 실재론자들은 보편적인 것들이란 존재하지 않고 다만 구체적인 것들로만 존재한다고 말했다. 인류는 실재이지만, 개인들을 떠나서는 존재하지 않는다고 했다.

이러한 견해들은 신학과 윤리학과 과학과 모든 사회 제도들에 대해서 중대한 함의들을 갖고 있었다. 신학에서는 삼위일체 교리가 실재론(realism)이라는 견해에 뒷받침을 받았다. 신성이 보편적이라면 성부와 성자와 성령은 신성에 의해 통일되기 때문이다. 반대로 극단적 유명론의 관점에서 볼 때 실재는 개별적 존재들로만 구성되므로, 세 위격(位格)은 세 분의 개별 신들이 되며, 따라서 삼위일체 개념은 삼신론(tritheism), 간단히 말해서 이단이 된다. 윤리학에서는 자연법 개념이 영향을 받았다. 실재론의 견지에서는 법이 우주의 구조 자체에 근거한 보편(우주적) 원칙들의 표현이 되고, 유명론의 견지에서는 사람들이 실제로 행동하는 방식들에 담긴 공통된 요소일 뿐이다. 과학에서는 실재론이 우주 법칙에 대한 탐구를 주도했다. 이에 반해 유명론자들은 자료들을 수집하고 범주들을 정하되 그것들을 객관적 실재로 주장하지 않고 순전히 편의를 위해 그런 작업을 함으로써 개별적 현상들을 조사하는 데 주력했다.

실재론의 견지에서는 교회와 국가와 가정이 각각 초월적 실재에서 구체화한 산물들이므로 하나로 응집한다. 반면에 유명론의 견지에서는 교회가 개인들간의 언약에 의해 존재하게 된 조립품이고, 국가는 계약에 의해 생긴 단체이며, 결혼도 계약상의 결합이다. 중세에 집중화와 분산화라는 크게 상충되는 경향들은 이런 상충되는 견해들을 철학적 기반으로 삼았다. 실재론은 개인을 종속시키고 심지어 전체주의적 차원의 권력 집중을 합리화할 수 있지만, 유명론은 그 개별주의로 인해 무정부 상태에 이를 정도의 권력 분산을 조장할 수 있다.

신학자들이 좀더 당혹스러워했던 문제는 하나님의 존재를 증명할 수 있는가 하는 것이었다. 이른바 신앙의 시대에 그런 질문이 제기되었다는 것이 놀라운 일이긴 하지만, 역사상 사람이 기독교의 주장들을 믿는 데 어려움을 느끼지 않을 만큼 모든 게 자명했던 신앙의 시대란 없었다. 우리는 중세에서 하나님을 믿을 수 없다는 결론에 도달하여 절망에 빠진 수사 오틀로(Othlo)의 고백들을 만나게 된다. 1093년부터 1109년까지 캔터베리 대주교를 지낸 성 안셀무스(St. Anselm)는 그런 고통스런 정신 상태를 덜기 위해서 하나님의 존재에 대한 논박 불가능한 증명을 발견하려고 노력했다. 경건 생활에 지장을 받을 정도로 그 주제를 놓고 밤을 지새우며 고민하던 어느 날 섬광과 같은 조명에 의해 해답을 얻고는 그런 시도를 주제넘은 것으로 단정하고 포기하게 되었다.

안셀무스는 하나님께 대한 개념이 있다는 것이 필연적으로 하나님의 존재 자체를 함축한다고 주장했다. 따라서 하나님께 대한 개념이란 그보다 더 위대한 어떤 것을 생각할 수 없는 위대한 것을 뜻한다. 그만큼 위대한 어떤 것이 존재해야 한다. 왜냐하면 존재하지 않으면서 다른 점들에서 인식 가능한 다른 것보다 더 위대한 것이란, 더 위대한 어떤 것을 생각할 수 없는 어떤 것, 존재하는 어떤 것만큼 위대할 수가 없기 때문이다. 그러므로 더 위대한 어떤 것을 생각할 수 없는 무엇이 존재한다. 그 무엇인 하나님은 결과적으로 존재하셔야 한다. 이것을 가리켜 하나님의 존재에 대한 존재론적 논증(the ontological argument)이라고 한다. 이 이론은 심지어 중세에조차 모든 신학자들을 만족시키지 못했지만, 끊임없이 다양한 형태로 종교 사상가들의 관심을 사로잡았다.

이런 종류의 신학 문제들에 대한 해답을 찾으려는 시도를 가리켜 스콜라주의(Scholasticism)라고 한다. 엄격히 말해서 그 용어는 학교들에서 가르쳐지는 내용이라는 뜻이지만, 좀더 좁은 의미에서는 단정 곧 명제(thesis, 정〈正〉)로 시작하여 거기에 비판적 의심 곧 반명제(antithesis, 반〈反〉)를 대입한 뒤 논리적 추론에 의해 결론 곧 종합(synthesis, 합〈合〉)을 얻는 형태의 기독교 신학을 뜻한다. 스콜라주의는 확실한 제1원리들 안에서 작용했다. 범신론적 경향들 — 그중 더러는 스페인의 아랍적 사고에서 침투했다 — 을 배격했고, 물질과 정신 혹은 하나님과 마귀 간의 극단적 이원론도 배격했다. 스콜라주의에는 어거스틴주의(Augustinianism), 토마스주의(Thomism), 오캄주의(Occamism) 등 여러 종류가 있었는데, 이 문제에 관해서는 차후에 다루기로 한다. 스콜라주의는 인간 이성을 초월하는 진리들의 영역을 인정하면서도, 이런 진리들을 인간 능력의 범위 안에서 증명하고 설명하려고 했다.

기사도

경제 발전과 도시 문화의 부활이 가져다 준 또다른 부산물은 세련된 삶이었다. 이런 경향의 한 측면이 기사도(騎士道, chivalry)였다. 기사도는 기사계층에 적용되었고, 따라서 말(馬)이 없는 사람은 기사답게 행동할 수 없다는 말(言)이 생겼다. 정의를 증진하고 약자를 신원하는 기사의 의무는 말과 갑옷과 창을 가진 사람이 그런 것들을 갖고 있지 않은 사람을 보호해야 했던 봉건적 의무에서 발생했다. 그러한 정의 집행 방법은 기사마다 독자적으로 행동했기 때문에 그 자체가 무정부적인 것이었다. 그러나 좀더 안정된 정부 기관들이 정의 집행을 떠맡았을 때 기사들은 마상(馬上) 대회로써 출구를 찾았는데, 그런 대회들은 불화 해결이나 때로는 전쟁 때 병력 충원의 역할을 했다. 마상 대회의 목적은 상대방을 죽이기보다 그를 제압하여 몸값을 받아내려는 데 있었다. 그것이 스포츠가 되기도 했다. 그 목적은 개인의 명예에 있었는데, 이런 대회들은 르네상스가 일어나기 수백 년 전에 생겼다. 그러나 명예를 얻으려는 사람은 반드시 명예를 얻기에 부합해야 했다. 그 시합에는 규칙이 있었고, 규칙을 어겨 가문의 명예를 더럽히기보다 차라리 패하는 것을 미덕으로 여겼다. 대회가 이런 성격을 띠며 발전하였으므로 교회의 승인을 받을 수 있었다. 무(武)를 드높이는 점 때문에 우려를 일으키긴 했으나, 귀족의 의무(noblesse oblige)라는 개념 때문에 승인을 받을 수 있었다.

기사들이 보호의 대상으로 삼은 층은 귀부인들, 특히 곤경에 처한 여성들이었다. 기사의 관심은 그들의 곤경에 대한 걱정을 넘어서는 경우가 흔했다. 프랑스 남부의 귀족 사회에서는 음유시인들의 시로써 예찬된 낭만적 사랑이 크게 유행했다. 낭만적 사랑이란 역사에서 새로운 것이었다. 물론 이전에는 남녀가 사랑을 나눈 적이 없다는 말은 아니지만, 사랑에 종교와 비슷한 후광이 둘러진 것은 이번이 처음이었다. 여성은 이상화되었고, 그녀를 숭배하듯 사랑하는 연인에게 여성으로부터 고귀함이 전달된다고 믿었다. 연인은 그녀를 헌신적으로 떠받들 의무가 있었다.

그러나 고상한 사랑은 결혼과 연결되지 않았다. 대개 연인은 이미 결혼한 여성에게 구애를 했다. 음유시인들은 그가 항상 뜻을 이루지 못하고 번민하는 모습을 그린다. 낭만적 사랑은 권리로 주장하는 어떤 것이 아니라 반드시 자유롭고 대가 없이 주는 것이어야 했기 때문에 결혼과 양립할 수 없는 것으로 여겨졌다. 아키텐의 엘레아노르(Eleanor)는 이상적인 사랑과 결혼은 양립할 수 없다고 단언했다. 엘레아노르는 정치적인 이유로 먼저는 프랑스 왕 루이 7세(Louis VII)와, 다음에는 영국 왕 헨리 2세(Henry II)와 결혼했기 때문에 사랑 없는 결혼을 이미 충분히 경험했던 것이다.

낭만적 사랑은 중세의 지배적인 결혼관에 대한 반란이었다. 중세에는 지주들이 재산을 공고히 하기 위해서, 그리고 왕이 왕국을 확장하기 위해서 주선해 주는 방식으로 결혼이 이루어졌다. 재산과 재산이 결혼했다. 자녀들이 유아일 때 벌써 약혼을 시켰다. 예를 들어, 영국의 헨리 2세(Henry II)는 여섯살난 아들 존(John)과 모리엔의 상속녀의 결혼을 주선했는데, 그 땅은 알프스 산맥의 통로가 내려다 보이는 요충지였다. 이런 이들에는 개인의 감정이 조금도 고려되지 않았다. 그러나 이 제도는 결혼 제도에 안정성을 부여하였다. 불륜이 관용되었기 때문에 그 이유로 결혼이 깨지지 않았기 때문이다. 그리고 물론 어떤 경우에는 그런 결혼에서도 서로간의 따뜻한 사랑이 싹트곤 했다.

낭만적인 사랑과 결혼관은 교회의 태도와도 상반되었다. 교회는 결혼을 칠성사(七聖事)에 포함시켰기 때문이다. 결혼을 최초로 혼인성사로 규정한 사람은 12세기 중엽의 페트루스 롬바르두스(Peter Lombardus)였다. 그럼에도 불구하고 성직자 독신주의 운동은 결혼과 여성에 대한 사회 일반의 경시 풍토와 맞물려 전개되었다. 당시의 여성은 지옥으로 들어가는 문으로 묘사되었던 것이다. 어쨌든 혼인성사는 남녀간의 사랑을 전제로 삼지 않았으며, 두 사람의 결합은 어떤 경우에는 개인적인 사랑과 무관하게 해체될 수도 있었다. 예를 들면, 교회는 친족에 관한 규율을 엄격하게 적용했다. 그 규율은 한 주간의 날수가 7일이므로 7촌 이내의 상혼을 금지했다. (13세기에는 그 촌수가 4촌으로 축소되었다.) 결혼한 뒤에라도 촌수가 규정에 조금이라도 어긋나는 사실이 발각될 경우에는 아무리 서로 사랑하는 부부라도 헤어져야 했다. 대부모(代父母, godparent)도 대손(代孫)의 친척으로 간주했고, 대손의 자녀들도 다시 그들의 대손들과 친척으로 간주했으며, 이들도 실제 혈통 관계에 있는 사람들과 똑같이 결혼상의 규제를 받았다.

낭만적 사랑은 사랑 없는 결혼에 대한 격렬한 반란이자 두 성(性)간의 고귀한 관계에 대한 예찬이었다. 그것이 불륜인 한에는 교회는 그것을 이단으로 간주했지만, 결국에 가서는 낭만적 사랑의 완성일 때에야 비로소 적합한 결혼으로 간주하게 되었다.

아벨라르와 엘로이즈

낭만적 사랑과 스콜라주의의 지적 열정은 그 시대의 현저한 인물인 피에르 아벨라르(Peter Abelard, 1079-1142)의 생애가 잘 보여준다. 그는 스무살 때 파리 노트르담 주교좌성당 학교에 들어갔고, 공부를 마친 뒤 그 학교에서 교편을 잡았다. 그의 세대는 그의 탁월한 논리와 예리한 결론에 매료되었다. 보편적인 것들에 관한 커다란 문제에 관해서 그는 개념론(conceptualism)이라 불리운 온건한 실재론을 취했다. 인간이 인식하는 보편적인 것들은 극단적 실재론자들이 믿는 것처럼 감지할 수 있는 실재들이 아니며, 유명론자들이 주장하는 것처럼 단순한 이름들도 아니다. 오히려 실재에 대한 실마리들이다. 그의 견해는 13세기에 스콜라주의의 공통된 가정이 되었다.

아벨라르는 자신의 책 「예와 아니오」(*Sic et Non*)로써 스콜라주의의 사유 방식 발전에 크게 이바지했다. 이 책에서 그는 성경과 교부 저서들에 나오는 실제적인 혹은 명백한 모순들을 수집했다. 그렇게 한 목적은 기독교 신앙을 불신하려는 게 아니라, 문제들을 해결하려는 것이었다. 그는 도전을 받았을 때 교회의 권위를 받아들였으나, 언제나 이해하고 그로써 믿을 수 있게 되려고 노력했다. 이 점에서도 그는 스콜라적 방법론을 일궈낸 사람이었다.

아벨라르가 마흔살쯤 되고 엘로이즈가 열여덟살쯤 되었을 때, 아벨라르는 노트르담 주교좌성당 참사회원인 풀베르(Fulbert)의 조카 엘로이즈(Heloise)의 지적 조숙함과 아름다운 용모에 반했다. 풀베르의 동의를 받아 엘로이즈의 가정교사가 되었고, 풀베르의 배려로 그의 저택에서 기거하게 되었는데, 그 집에는 엘로이즈도 함께 살고 있었다. 교사로서 자신의 역할을 충실히 다했으나, 훗날 그가 회고하듯이 두 사람간에는 연애 감정이 싹텄고, 아벨라르는 엘로이즈에게 음유시인들의 시를 낭송해 주었다. 그러던 중 엘로이즈가 임신한 사실을 알리자 아벨라르는 그녀를 브르타뉴에 있는 누이의 집으로 데려간 뒤 아들을 낳을 때까지 함께 지냈고, 두 사람은 아들에게 당시에 새로 발견된 천체 관측 도구의 명칭을 따서 아스트롤라베(Astrolabe)라는 이름을 붙여 주었다.

그뒤 아벨라르가 청혼을 하자 엘로이즈는 거절했다. 엘로이즈가 거절하며 제시한 이유들은 당시 그런 관계를 가로막는 다양한 경향들을 보여 준다. 무엇보다도 아벨라르가 독신을 요구하는 성직자 생활을 계속해야 한다고 했다. 결혼한 평신도로서 학문의 길을 걸을 수도 있겠지만, 교사의 봉급으로는 가족을 부양할 수 없다고 했다. 공부를 계속하려면 부업을 갖지 않으면 안된다는 점을 지적했다. 아벨라르가 교회와 학교에서 쌓아온 경력을 무너뜨리고 싶지 않았다. 그러나 두 사람이 관계를 계속 가져야 한다면 결혼하지 않은 쪽을 택하겠다고 했다. 재산을 중시하는 풍토 때문에 결혼의 가치가 크게 떨어져 있었기 때문이다. "제가 바라는 것은 당신의 재산이 아니라 당신이에요" 하고 엘로이즈는 말했다. 두 사람이 그뒤 처하게 된 비극적 결과는 오늘날도 자주 민감한 화제 거리가 되므로 여기서는 생략하기로 하고, 다만 그들이 결혼하지 않았고, 그럼에도 불구하고 엘로이즈는 대수녀원장으로, 아벨라르는 클뤼니회 수사로 생을 마감했다는 점만 언급하고 지나간다.

시토회와 클레르보의 베르나르

고상한 사랑이라는 이상을 품었던 그 시대는 앞에서 그레고리의 개혁과 관련하여 살펴본 것과 같이 금욕적 수도원주의의 부활도 목격했다. 12세기에 등장한 새로운 수도회들 중에서 대단히 큰 영향력을 발휘했던 수도회는 시토회(Cistercians)였다. 다른 수도회들과 마찬가지로 시토회도 너무 세속적 관습을 좇아 생활한다는 비판을 받던 클뤼니회에 대한 불만으로서 생겼다. 클뤼니회 수사들은 그들의 재산 때문에, 노동을 하인들에게 떠넘긴 것 때문에, 그리고 숙소를 운영하면서 세상과 너무 친밀해져 있기 때문에 비판을 받았다. 심지어 기도할 때도 자기 자신을 계발하기 위한 독거(獨居)에는 별로 신경을 쓰지 않고 남들의 영혼을 위해서만 끊임없이 주절댄다는 이유로 영적인 사람들이 아니라는 비판을 받았다. 클뤼니회 교회당들은 인간의 긍지를 일깨우는 거대한 기념비들로 간주되었다. 봉쇄 구역들과 참사회 건물들의 조각된 주두(柱頭)들에서 볼 수 있는 대로 그 교회당들은 기괴하고 잡다한 형태들로 장식되었고, 따라서 경건에 도움을 주기보다 오히려 정신을 산란하게 만들었다. 시토회는 꾸미지 않는 소박함으로 돌아갔고, 스테인드 글라스를 허용하지 않았으며, 심지어 초상화조차 허용하지 않았다.

시토회는 세상과 그것에 딸린 재물과 복잡함과 산만함과 북적댐을 버리고, 베네딕투스의 수도회칙, 특히 그중에서도 밭에서 노동하는 점을 강조한 조항을 문자적으로 준수하는 데로 돌아갈 것을 요구했다. 시토회 수사들은 부자들에게 선물을 받거나, 개간된 땅과 함께 그 땅을 경작할 하인들을 받지 않기로 결심했다. 오히려 황무지를 골라 그곳을 개간했다. 숲을 개간하여 밭을 만들었고, 늪지대를 '황금 들판'으로 바꾸어 놓았다. 실험 재배를 위한 온상을 설치했고, 가축 사육, 집약 영농, 제분, 방직에 힘썼다. 이런 활동들은 유럽, 그중에서도 특히 북부 지방의 경제 발전에 크게 기여했다.

그러나 시토회가 차지한 토지는 대부분 경작할 수 없는 땅이었고, 따라서 그들은 그 땅을 목초지로 사용했다. 시간이 지나면서 그들은 수사들이 입을 수 있는 양보다 많은 모직을 생산했고, 그것을 시장에 내다 팔아 잉여금을 남겼다. 시토회가 생산한 모직은 유명하게 되었다. 그러던 중 그들은 자기들이 꺼렸던 세상에 깊이 발을 들여놓게 되었다. 더욱이 농노(農奴)들을 두지 않으려 했으면서도 콘베르시(conversi)라고 불리운 평수사들을 받아들였는데, 이들은 수도 서약을 했으므로 수도원을 세속화하는 경향은 띠지 않았으나 그럼에도 불구하고 수사들에게 노동의 부담을 덜어주었다. 결국 두 세기 안에 시토회는 권징과 금욕 면에서 다른 수도회들과 구분할 수 없게 되었다. 그러나 시토회는 설립된 뒤 한 세기 이상을 유럽 문화에 깊은 영향을 끼쳤다. 그것은 애당초 의도하지 않았다가 크게 성공을 거둔 낙농(酪農) 때문이기도 했고, 가장 중요한 수도회로 우뚝 서서 서방에 주도적인 영향력을 행사했기 때문이기도 했다.

이 영향력이 어떤 정도였는지 그리고 어떤 성격이었는지는 12세기의 여느 교황보다 더 큰 영향력을 행사한 시토회 대수도원장 클레르보의 베르나르(Bernard of Clairvaux)의 생애에서 잘 엿볼 수 있다. 베르나르는 1090년 프랑스 남부의 귀족 가문에서 태어났다. 어릴 때부터 신앙이 깊었고 성모를 열심히 섬겼다. 그 열정을 주체할 수 없게 되자 30명의 동료들을 모았고, 형제들과 친척들과 친구들이 포함된 그 무리와 함께 시토에 있는 시토회 수도원에 들어갔다. 1115년 황량하고 인적이 드문 계곡에 자리잡은 자매 수도원의 대수도원장에 임명되었는데, 그곳에 '아름다운 계곡'이라는 뜻의 클레르보(Clairvaux)라는 지명을 붙여 주었다. 죽을 때까지 클레르보의 대수도원장으로 남았다. 손수 힘겨운 노동과 극히 검소한 생활을 했고, 감각적인 것들에 워낙 관심을 두지 않았기 때문에 무엇을 마실 때 그것이 물인지 기름인지 분간하지 않았다. 그러나 유능한 설교자였고 도덕성이 탁월한 사람이었기 때문에 세상이 그를 그냥 내버려 두지 않았다. 항상 자기 독방에서 불려나가 교회의 분쟁들을 조정해야 했고, 권력자들을 질책하고 교회와 하나님을 옹호해야 했다.

예를 들어, 1130년 교황 호노리우스 2세(Honorius II)가 죽은 뒤 교황 선출에 문제가 생겨서 아나클레투스 2세(Anacletus II)와 인노켄티우스 2세(Innocent II)가 서로 자기가 교황이라고 주장하는 사태가 발생했다. 베르나르는 후자를 적임자로 간주하고서 두 가지 선출 중 어느 쪽이 교회법에 더 부합한가에 개의치 않고서 후자의 손을 들어주었다. 그 다음에 맡게 된 더 큰 과제는 아나클레투스 2세를 지지하던 유럽의 군주들에게 충성의 대상을 인노켄티우스 2세에게로 옮기도록 설득하는 일이었다. 그 문제는 간단하지 않았다. 왜냐하면 모든 교구마다 주교가 어느 한 교황을 지지할 때 경쟁자가 다른 교황의 이름으로 주교좌를 요구하곤 했는데, 그럴 때 왕은 그릇된 쪽 주교를 폐위하지 않은 채 옳은 쪽 교황을 인정할 수 있었기 때문이다.

베르나르는 유럽의 모든 군주들에게 충성을 확약받았으나, 두 사람 곧 아키텐의 기욤(William of Aquitain)과 노르만 사람인 시칠리아의 로저(Roger)에게는 받아내지 못했다. 기욤은 그릇된 쪽 주교를 폐위하기를 원치 않았다. 베르나르는 그를 파문에 처하고서 미사를 집례하러 들어갔다. 기욤은 쫓겨난 채 교회 문 밖에 서 있었다. 베르나르는 성찬물들을 축성(祝聖)한 뒤 성찬의 빵을 들고서 복도 계단으로 내려가 기욤에게 이렇게 말했다: "우리는 당신에게 간청했으나 당신은 우리의 간청을 일축했습니다. 하나님의 종들이 당신에게 탄원했으나 이것마저 당신은 일축했습니다. 이제 당신 앞에 있는 성모의 아들을 보십시오. 당신이 박해하는 교회의 머리와 주인께서 당신에게 오셨습니다. 당신 앞에는 하늘과 땅과 지옥의 재판장, 그 앞에서 모든 무릎이 꿇게 될 재판장이 계십니다. 당신 앞에는 당신의 영혼을 처리하실 재판장이 계십니다. 당신이 그분의 종들에게 했던 것처럼 감히 그분도 일축하고 멸시하겠습니까?"[2] 이 말을 듣고서 공작은 겁에 질려 뻣뻣해지더니 죽은 사람처럼 쓰러졌다. 그의 기사들이 그를 일으켰으나 그는 다시 쓰러졌고, 간질병자처럼 턱수염에 침을 흘렸다. 베르나르는 발로 그를 밀면서 일어나라고 했고, 일어난 그에게 푸아티에의 옳은 편 주교에게 입맞추라고 하자 그는 복종했다.

이제 남은 사람은 시칠리아의 로저였다. 그의 법률 고문은 모든 교회법적 논거들을 인증했다. 베르나르는 그것을 일축했다. 그리고서는 이렇게 말했다: "노아 시대에는 방주가 하나뿐이었고, 그 안에 들어간 여덟 명의 영혼만 구원 받고 나머지는 다 죽었습니다. 오늘날 우리에게는 방주가 두 개 있습니다. 만약 아나클레투스가 참된 방주라면 프랑스, 독일, 스페인, 영국, 그리고 야만족 왕국들은 하나같이 멸망하는 셈입니다. 카말돌리회(Camaldolese), 카르투지오회(Chartreuse), 클뤼니회(the brethren of Cluny), 그라몽회(Gramont), 시토회(Cîteaux), 프레몽트르회(Prémontré)도 모두 무저갱에 떨어질 것입니다. 과연 이 모든 사람들이 다 멸망하고 로저와 비겁한 아나클레투스 한 사람만 구원을 받을까요?"[3] 로저는 그러한 웅변과 정치적 압력을 더 이상 견딜 수 없었고, 조금 쭈뼛거리다가 베르나르의 방주로 옮겨탔다. 훗날 자신의 수사들 가운데 한 사람이 유게니우스 3세(Eugenius III)로 교황에 선출되었을 때, 베르나르는 그가 여전히 자기 지도를 받는 수사인 양 계속해서 조언하고 질책했다.

베르나르는 자신이 세상을 등진 것을 직업으로 간주했고, 모든 사람이 다 수사 고깔을 쓰기를 기대하지도 바라지도 않았다. 어떤 이들은 수사가 되어야 하고, 어떤 이들은 군인이 되어야 하며, 군인은 그 칼을 정의와 교회 봉사에 사용해야 한다고 했다. 교황 축성이 있고 난 1년 뒤에 베르나르는 유게니우스의 청을 받아들여 불운한 운명에 처한 제2차 십자군 운동에 대해서 다음과 같이 탁월한 설교를 했다. 교황에게는 "마을들과 도시들이 지금 버려지고 있습니다"라고 썼다.

원정에 참여하고 있던 성전 기사단(Knights Templars)에게는 이렇게 말했다: "군인은 그리스도를 위해서 죽일 때 안전하게 죽일 수 있고, 그리스도를 위해 죽을 때 더 안전하게 죽을 수 있습니다. 죽으면 자신을 복되게 하고 죽이면 그리스도를 복되게 합니다. 악인을 죽이는 것은 살인이 아니라 악을 죽이는 것입니다. 이교도가 죽을 때 그리스도가 영광을 받으시기 때문에 그리스도인은 영광을 얻습니다."[4] 성전 기사단이라는 이름이 붙은 이유는 그들이 예루살렘에서 솔로몬 성전으로 추정되는 건물 근처의 구역에서 주둔했기 때문이다. 그들은 베르나르가 작성해 주었다고 전해지는 시토회 형태의 수도 회칙을 채택했다. 어쨌든 그 수도회는 이전 시대라면 충격을 받았을 만한 정도로 수도원주의와 군대 정신을 혼합했다. 군대 정신을 근절할 수 없었던 교회는 그것을 기독교적 목적에 발휘되도록 유도했다.

베르나르가 장차 올 여러 세기에 준 큰 영향은 그의 신비주의, 특히 낭만적 사랑을 영해(靈解)한 데에 있었다. 그의 아가서 설교는 매우 유명했다. 예를 들어 "내게 입맞추기를 원하니"(아 1:2, Let him kiss me with the kiss of his mouth)라는 절에 대한 주석의 한 단락에서 그는 이렇게 묻는다:

> 누가 화자(話者)인가? 신부이다. 그렇다면 신부가 누구인가? 하나님을 갈망하는 영혼이다. 다양한 애정들 중에서 신부가 지니는 애정이 가장 빛난다. 좋은 상전의 낯을 두려워하고, 고용된 하인은 보수를 바라고, 학생은 배움을 기다리고, 아들은 아버지를 존경하지만, 입맞춤을 구하는 그녀는 철저히 사랑한다. 이 사랑의 감정은 본성의 모든 선물들을 능가한다. 특히 그 근원이신 하나님을 향할 때 더욱 그러하다. 신랑이 신부에게 사랑을 표현하며 부르는 이름만큼 달콤한 이름이 없다. 두 사람은 모든 것을 공유하기 때문이다. 아무것도 혼자 소유하지 않는다. 아무것도 나뉘지 않는다. 유산도 하나요 가정도 하나요 식탁도 하나요 침대도 하나요 몸도 하나이다. 따라서 신랑과 신부간의 특별한 사랑이 있다면 그 이름은 사랑하는 영혼에게 사용되는 게 적합하다. 사랑하는 신부는 입

맞춤을 구한다. 자유나 보상을, 유산이나 가르침을 구하지 않고, 입맞춤을 구한다. 지극히 순결한 신부, 신성한 사랑을 내쉬는 신부는 정열을 숨기지 않는다. 부끄러워하지도 않고 수줍어하지도 않으며, 풍성한 마음에서 "내게 입맞추기를 원하니"라는 소리를 발한다.[5]

고딕 양식

12세기의 가장 눈부신 영화는 고딕 양식(the Gothic style)의 발전이었다. 그 세기와 그 다음 세기에는 교회 건축 열기가 뜨거웠다. 프랑스는 80채의 대성당과 5백채의 대규모 교회당과 수천 채의 작은 교회 건물들을 건축하기 위해 수백만 톤의 돌을 실어날랐다. 고딕 양식은 영국과 독일과 스칸디나비아에서도 크게 유행했고 스페인 기독교 지역에도 뚫고 들어갔지만, 후대에 알프스 이남의 밀라노를 제외하고는 이탈리아에서는 별로 인기를 끌지 못했다. 고딕 양식은 기본적으로 북부인들의 경건의 표현이었다. 로마네스크 양식에서 고딕 양식으로 변천해온 과정은 정확히 설명하기가 어렵지만, 최초의 고딕 양식은 1037년 대수도원장 쉬제(Suger)가 파리 근처 생 드니의 대수도원 교회를 재건축한 것으로 보는 게 보통이다.

고딕 양식은 종교적 긴장이 훨씬 더 첨예해진 새로운 경건의 표현이다. 12세기에는 죄 의식이 다시 살아났다. 일찍이 성 어거스틴은 그것을 예리하게 인식했지만, 초기의 야만족 회심자들은 죄책감도 없고 그것으로 괴로워하지도 않던 원기 왕성한 죄인들이었다. 특정 행위에 따라 배상 정도를 등급 매긴 고해 제도가 있었지만, 참회의 분위기가 확산되지는 않았다. 수사들이 매주 참회의 시편송을 불렀다고 해서 그것이 통회한다는 보증은 아니었다. 자기 불만을 더 느끼기 위해서는 인격이 그만큼 더 개선되어야 하는 법이다. 감수성이 증가해야만 자기가 무가치한 존재라는 의식이 살아난다. 이러한 면모를 11세기 말에 전혀 예기치 않은 부분에서 발견하게 된다. 그레고리 7세의 지원자 페트루스 다미아누스(Peter Damian)는 남들의 죄를 대단히 격렬하게 비판했기 때문에 스스로에 대해서는 무흠한 성인으로 여겼으리라 속단하기 쉽지만, 그의 책에서 다음과 같은 글을 보면 전혀 그렇지 않았다는 것

을 알게 된다:

> 나는 울려고 노력합니다. 내 마음은 돌이니까요.
> 나는 기도하려고 노력합니다. 번뇌가 너무 크니까요.
> 나는 빛을 찾으려 노력합니다. 공상이 나를 어둡게 하니까요.
> 나는 싸우고 무장을 갖추려 노력합니다.
> 영혼이 지면 육체가 승리할 것입니다.[6]

아마 이 시대 사람들은 자신을 변명하기 위해서 대적을 과장되게 표현한 것 같다. 지옥의 주(主) 사단을 짐승 가운데 가장 혐오스러운 것과 인간 안에 가장 사악한 것을 결합한 모습으로 묘사했다. 즉, 돼지코, 두꺼비의 혐오스런 턱, 호저(豪猪)의 억센 털, 뱀 꼬리, 불독의 입, 원숭이의 이마, 움푹한 눈, 그리고 짐승들에게서는 볼 수 없고 타락한 천사에게서나 볼 수 있는 냉소적인 눈초리, 한때의 영광의 흔적으로 남은 그의 퇴화한 날개로 묘사했다. 마귀는 어떤 형상이든 원하는 대로 취할 수 있었기 때문에 유혹의 힘이 더 컸다. 당시 사람들은 그가 대홍수 때 벼룩으로 변신하여 나귀의 꼬리 밑에 숨음으로써 살아남았다고 했다. 그는 광명의 천사로도 나타날 수 있었고, 심지어는 자신을 구주로 가장할 수도 있었다. 그렇게 많은 역할을 한 것으로 미루어 대단히 지혜로운 존재였음에 틀림없으며, 만약 그가 수사로 나타난다면 모든 성경과 모든 신학을 다 알고 있고, 심지어 하나님보다 더 설득력 있는 말을 할 것이라고 했다. 그러나 그 미혹자는 대개 무언가를 간과했다. 마귀는 한때 그리스도의 모습으로 변장하여 성 마르틴(St. Martin) 앞에 찬란하게 나타났다. 그 성인은 그를 꼼꼼히 살펴본 뒤에 "못자국이 어디 있느냐?"고 물었다.

그때부터 사람들은 못자국으로부터 보호를 받으려고 했다. 콘스탄티누스와 클로비스에게 그리스도는 고난의 구주라기보다 사망을 정복한 승리자였다. 그러나 사람들의 죄 의식이 깊어지면서 그리스도의 수난과 속죄가 강조되기 시작했다. 성 안셀무스가 11세기 말에 「하나님은 왜 인간이 되셨는가」(*Cur Deus Homo*)를 쓴 동기는 그 점으로 설명할 수 있다. 안셀무스가 한 대답은 그리스 교부들이 내놓은 대답, 즉 인간으로 하여금 신이 되게 하시려고 하나님이 인간이 되셨다는 것이 아니라, 인간으로 하여금 사죄를 받게 하시려고 인간이 되셨다는 것이었다. 안셀무스의 견해는 죄의 경중을 그 죄를 범한 상대의 지위에 따라 평가한 봉건적 죄관에 기초를 두었다. 하나님은 무한히 크시기 때문에 그분에게 저지른 죄는 무한히 크다. 그런 죄는 무한한 보속(補贖, satisfaction) 곧 속죄를 필요로 한다. 그리고 그런 죄를 저지른 것은 인간이기 때문에 그 죄값을 치르기 위해 고난을 당하는 것도 인간이어야 한다. 그러나 인간은 유한한 존재이기 때문에 무한한 고난을 당할 능력이 없다. 인간이신 동시에 신이신, 따라서 무한하신 분만 적합한 보속으로 속죄할 수 있다. 그분이 곧 그리스도이시다. 그분 안에서 하나님이 육신이 되셨고, 그분은 죽음으로써 자신을 인간의 죄를 위한 제물로 바치셨다. 하나님의 존재에 대한 존재론적 증명을 고안해 낸 바로 그 안셀무스가 여기서는 무한한 죄인인 인간의 구속이라는 고통스러운 문제를 가지고 씨름했다.

속죄에 대한 이런 예리한 표현은 아벨라르가 엘로이즈에게 보낸 편지에서도 발견된다. 그는 두 사람의 육체 관계를 끊어놓은 참담한 사건을 겪은 뒤 자신에 대한 엘로이즈의 연정을 천상의 신랑께 돌리기 위해서 그 편지를 썼다. 그중 일부를 소개한다:

> 사랑하는 자매여, 하나님의 독생자를 바라보면 마음이 찔리지 않습니까? 그분은 죄가 없었는데도 당신과 모든 사람을 위해서 불경건한 자들에게 잡히시고 채찍질과 조롱과 침뱉음을 당하시고 가시면류관을 쓰시고 강도들 틈에 십자가에 달리사 참혹하고 수치스런 죽음을 당하셨습니다. 당신의 신랑이자 교회의 신랑이신 그분을 바라보기를 바랍니다. 무거운 십자가를 짊어지고 비틀거리며 가시던 그분을 생각하십시오. 군중들과 우는 여인들 틈에 끼어 그분이 지나가시는 모습을 보십시오. 그분은 자기 소유로 당신을 사신 게 아니라 그분 자신으로 당신을 사셨습니다. 자기의 피로 당신을 사시고 구속하셨습니다. 묻건대, 아무것도 부족함이 없던 그분이 당신에게서 무엇을 보시고서 당신을 위해 그 수치스런 죽음의 고뇌에 맞서 싸우셨겠습니까? 그분은 당신의 소유가 아니라 당신을 원하시는 참된 연인이십니다.[7]

고딕 건축은 고통과 긴장, 죄책감과 구속의 기쁨, 천상의 난간에 오르려는 인간의 안간힘과 그를 끌어 올리시려고 내미신 하나님의 팔을 소중하게 다루었다.

고딕 양식의 주된 특징은 상승(上昇)에 있었다. 이것은 큰 수도원 건물들에 널리 사용된 로마네스크 양식, 즉 그 이름이 암시하듯 고대 로마의 건축물들을 연상케 하는 둥근 아치들과 붕긋한 둥근 천장을 지닌 힘찬 건축양식과 사뭇 달랐다. 고딕 양식은 돔(dome)이 마치 하늘에서 내려온 것처럼 하늘에 걸려 있는 듯한 자태를 지닌 비잔틴 양식과도 달랐다. 고딕 건축가들이 가장 먼저 기울인 노력은 자재들을 최대한 사용하여 건물의 높이를 최대로 올리려는 것이었고, 그렇게 해서 세워진 건물은 놀라우리만큼 높았다. 샤르트르 대성당은 높이가 30층 빌딩과 맞먹으며, 스트라스부르 대성당은 50층 건물과 맞먹는다. 그러나 물리적인 높이에는 한계가 있었고, 사람들은 이것을 거듭된 실패를 겪는 과정에서 발견했다. 대성당들을 연구한 어느 사가는 관광 안내원에게 "그 탑이 언제 무너졌었느냐?"는 질문을 반드시 해봐야 한다고 말했다. 몽 생 미셸 탑은 두 번 붕괴되었다. 그러나 건축가들은 안정을 유지할 만한 최대의 높이에 도달한 뒤에도 보는 사람으로 하여금 상승의 착각을 일으키려고 시도했다. 벽날개(flying buttress, 버팀벽)를 사용함으로써 로마네스크 양식의 육중한 벽을 제거했고, 기둥을 가느다랗게 만들었으며, 이 가느다란 기둥을 다시 무한을 향해 올라가는 더 가느라한 화살들의 가닥 모양으로 만들었다. 벽감(壁龕)들 안에 세우는 조상(彫像)들의 키도 더 커졌다. 목과 팔과 다리도 가만히 있지 않고 위를 향하는 인상을 주었다. 돌도 그 본래 성격과 다르게 다듬어 상승하는 듯한 인상을 주었다.

이중적인 운동이 있었다. 인간이 상승하는 동안 하나님은 하강하셨다. 물론 이런 용어는 모두 상징적이다. 하나님은 아래보다 더 위에 계시지 않기 때문이다. 그러나 햇빛과 비가 위에서 아래로 내려오는 반면에 화산은 땅 밑에서 위로 분출되기 때문에, 인간은 영적인 동경을 언제나 상승의 표현으로 묘사했고, 하나님의 응답을 하강으로 묘사했다. 위에서 아래로 내려오는 것들 중에 빛만큼 인상적인 것이 없다. 종교의 용어는 빛의 이미지로 가득하다.

시편 43장은 빛과 진리라는 표현을 사용하여 "주의 빛과 주의 진리를 보내어"라고 말한다. 요한복음에서 예수님은 자신을 "세상의 빛"이라고 하신다. 태양교의 요소들이 콘스탄티누스와 더불어 기독교에 들어왔다. 그는 주간의 첫째 날을 "일요일" 곧 "태양의 날"이라고 명명했던 것이다. 빛을 하나님과 세상의 중재자로 생각한 신플라톤주의자들은 중세 기독교 신학자들의 사상에 그 흔적을 남겼다. 그들은 하나님이 해와 달을 만드시기 전에 빛을 창조하셨다는 창세기의 기록에 근거하여 창조된 빛과 창조되지 않은 빛을 구분했던 것이다. 이렇게 빛이 하나님께로서 직접 방출되어 천체를 통해서 전달된다는 점을 근거로, 빛을 하나님의 자기 전달 — 세상의 빛이신 그리스도의 성육신으로 절정에 달한 — 의 직접적인 매개체로 간주했다. 이런 사상이 성 드니(St. Denis) — 자신의 대수도원 교회당을 최초로 고딕 양식으로 건축한 — 의 저작으로 추측되는 글들에 희미하게 나타나 있다.

대수도원장 쉬제(Suger)는 후진(後陣, apse) 쯤에 창들을 내어 대성당 안으로 빛이 들어오게 했다. 벽은 훤히 들여다 볼 수 있었다. 왜냐하면 벽날개들로 지지한 기둥들 사이를 유리로 막되, 차갑고 투명한 유리가 아니라, 보석처럼 빛나고 별처럼 반짝거리고 눈부신 서광에서부터 타오르는 황혼에 이르기까지 시간마다 색깔이 변하는 진홍색과 담청색과 남색과 태양 같은 금색과 유백색 유리로 막았기 때문이다.

스테인드 글라스와 조상(彫像)들은 창조부터 최후의 심판까지 구속의 전체 드라마를 묘사했다. 이곳에는 총대주교들과 선지자들, 사도들과 복음서 저자들, 박사들과 성인들, 그리고 무엇보다도 특히 탄생과 수난의 복된 구주가 계셨다. 수난은 그 시대 경건의 초점으로서 중요한 자리를 차지했다. 수난의 개별적인 일화들이 교회 벽에 십자가가 있는 지점들에 그림으로 묘사되었다. 그중에는 다음과 같은 것들이 있었다: 빌라도 앞에서 받으신 재판; 가시면류관을 쓰시고 십자가를 받으시는 그리스도; 그리스도께서 십자가를 지고 가시면서 넘어지시는 장면과 구레뇨 사람 시므온이 대신 십자가를 지는 장면 등 비아 돌로로사(via dolorosa, 고난의 길)의 여러 장면들; 십자가 형; 십자가에서 내려지신 장면; 무덤에 장사되신 장면.

돌에든지 유리에든지 그리스도의 부활과 승천, 최후의 심판, 하나님 우편에 앉으심, 성모의 대관식, 그리고 무엇보다도 죽음 당하신 어린양을 찬송하는 천군들의 옹위를 받으시는 전능하신 하나님이요 자애로우신 성부의 그림들도 그려져 있었다. 그리고 여기에는 자세한 일화로 묘사된 성도들의 생애 — 어떤 경우들은 이런 그림들 말고는 기록되지 않았다 — 와 묵시적 복음서들과 그밖의 대중적인 종교 문학의 주제들을 다룬 배경들도 있었다.

대성당(주교좌성당)은 교회당 이상의 것이었다. 공중 집회소이자 시청이었다. 대성당을 보유한 도시들은 처음에는 시청을 따로 짓지 않았다. 왜냐하면 시 행정이 교회에서 이루어졌기 때문이다. 교회의 신성한 구역은 성단소(聖壇所〈chancel〉, 강단)뿐이었고, 반면에 신도석(nave)은 현세적인 용도로 사용해도 더럽혀지지 않았다. 대성당은 많은 경우 주교구 전체 인구를 수용할 만큼 넓었다. 아미앵 대성당은 완공 당시 도시 총인구에 해당하는 만 명을 수용할 수 있었다.

대성당 건물은 사회를 통일하는 데 크게 기여했다. 예를 들어, 샤르트르 대성당이 건축되고 있는 동안 그 도시 주민들은 귀족에서 어린이까지 가축처럼 열심히 돌을 져날랐는데, 잠깐 동안의 휴식 시간에 참회 기도를 할 때 외에는 묵묵히 일을 했다고 한다. 심지어 철천지 원수들도 하나님의 전을 아름답게 꾸미는 공동의 목적을 놓고 서로 경쟁했다. 샤르트르에서는 남쪽 수랑(袖廊, transept)의 장미창(薔薇窓, rose window)을 피에르 드 드로(Pierre de Dreux)가 기증한 반면에, 북쪽 수랑의 장미창에는 프랑스 왕실 문장(紋章)과 카스티야의 성들이 새겨져 있어서, 그것이 왕 루이(Louis)와 왕의 어머니 블랑쉬(Blanche)가 기증했음을 보여 준다. 피에르는 한때 프랑스의 다른 남작들과 함께 루이를 납치하고 블랑쉬를 감금하려는 음모를 꾸민 적이 있었지만, 이제 두 개의 장미창들은 서로 맞은 편 수랑을 바라보고 있고, 각 창에서는 주홍색 빛이 장미빛과 혼합되어 돌이 깔린 바닥을 붉게 비추고 있다.[8]

고딕 대성당은 비잔틴 교회와는 달리 평정감을 주지 않고, 오히려 균형이 불확실하다는 느낌을 주었다. 마치 스콜라주의에서 명제가 반명제에 의해 대립되었듯이, 추력(推力, 미는 힘)이 다른 추력과 맞부닥쳤다. 기둥머리들과 창문테들은 봄날의 꽃들과 잎사귀들을 정확히 묘사하여 창조의 영광을 나타내며, 방수구(放水口)들은 하나님의 전에서조차 사람들에게 자신을 심어 놓을 수 있는 어둠의 임금의 부하들이 냉소적인 표정을 짓고 있는 괴물 모양의 홈통 형태를 띠고 있다. 대성당은 인간 영혼을 얻기 위해 전투를 벌이는 모든 세력들을 묘사한다. 따라서 인간은 이 땅을 순례하는 동안 평정을 누리지 못한다. 그는 다만 죽음을 당하신 그분이 정복하셨고, "전능하신 주 하나님이 다스리신다"는 소망과 믿음을 가지고 걸을 수밖에 없다.

고딕 양식이 처음에는 프랑스에서 그리고 나중에는 이웃 국가들로 그처럼 신속히 퍼져나갔다는 사실은 프랑스 문화의 우월성을 말해줄 뿐만 아니라 초국가적인 교회 조직의 본질적 통일성을 말해주기도 한다. 그러나 동시에 추력과 다른 추력의 부닥침은 기독교 공동체 내부의 긴장을 반영한다. 로마 교황을 통해 세계를 다스리는 기독교 신정(神政)을 내다본 그레고리의 개혁은 교회와 국가가 권위의 원천과 패권을 놓고 점점 더 자주 충돌해 가던 12세기 말과 13세기에 훨씬 더 많은 발전을 겪었다.

법과 정의

이 고질적인 논쟁의 한 가지 측면은 정의 집행에 관한 분쟁이었다. 교회와 왕 모두가 각각의 법정과 법 체계를 갖고 있었다. 교회법이 다양한 상황에 적용되었고, 따라서 세속 당국자들이 적용하는 세속법과 직접 충돌하는 경우가 잦았다. 교회는 여성의 재산 상속권을 옹호했다. 국가보다 먼저 유언 제도를 도입했고, 재산이 법에 규정된 10분의 9라는 점을 부정했으며, 고리대금을 금했다. 교회는 성직자가 포함된 모든 사건들에 대한 재판권을 주장했고, 이것은 재산권 분쟁이 허다했음을 의미했다. 왜냐하면 교회는 대수도원장들과 주교들의 명의로 투자된 많은 재산을 보유하고 있었기 때문이다. 교회가 성사(聖事)에 관련된 모든 사건들에 대한 재판권을 주장했고, 결혼도 성사 중 하나였기 때문에, 결혼에 관한 모든 소송도 교회 법정으로 넘겨졌다. 고리대금과 위증은 교회의 시각에서 볼 때 단순한 범죄가 아니라 죄악이었고, 국가가 그런 문제들에 손을 대지 않고 있을 때 교회는 재판과 처벌을 감행했다.

가장 큰 충돌은 형벌 적용을 놓고서 발생했다. 교회라고 해서 국가보다 더 인정을 봐주는 일이란 없었다. 비록 피를 흘리는 형벌 곧 사형 집행은 세속 권력에게 양도했지만 말이다. 예를 들어, 10세기에 글래스턴베리의 대수도원장을 지낸 성 둔스탄(St. Dunstan)은 몇몇 화폐 위조자들을 정의로 다스릴 때까지 미사 집전을 거부했었다. 그 정의란 손목을 자르는 것이었다. 12세기에 성 베르나르는 샴파뉴의 백작 테오발드(Theobald)에게 질책의 편지를 보냈는데, 이는 테오발드가 결투에서 진 사람에 대해서 한쪽 눈을 빼고 그의 재산을 몰수하라고 명령했기 때문이다. 베르나르는 재산 몰수가 무고한 그 사람의 가족의 권리를 침해하는 것이라는 이유를 들어 비판했지만, 그가 눈멀게 된 데에 대해서는 한 마디도 항의하지 않았다.

그러나 교회는 성직자에 대해서는 비록 그가 평신도와 똑같이 어떠한 범죄도 지을 가능성이 있을지라도 사형이나 신체 절단형을 가하려고 하지 않았다. 영국에서는 왕이 나서서, 범죄자가 성직자라는 이유로 더 관대하게 대접 받아서는 안 된다고 주장했다. 영국 왕 헨리 2세(Henry II)와 캔터베리 대주교 토마스 아 베케트(Thomas à Becket)간의 분쟁은 이 점도 부분적인 이유로 작용했다. 헨리는 자기 영토 내의 사법권을 세우기 위해서 용감하게 맞서 싸웠다. 그는 교회 법정을 해체하라고 요구하지 않았다. 성직자를 교회가 재판하도록 양보할 의지가 충분히 있었지만, 교회가 유죄 판결을 내릴 경우에는 세속 기관으로 넘겨 평신도와 똑같은 벌을 받게 되기를 바랐다. 베케트는 왕의 대법관을 지낸 덕분에 왕에 의해 대주교로 임명되었기 때문에, 왕은 그가 자기 개혁을 강하게 지지해 주기를 바랐다. 그러나 베케트는 대주교로 축성된 뒤에는 왕에게 바치던 충성을 교회로 돌렸으며, 교회의 권리가 훼손되는 것을 방관하지 않으려 했다. 그로 인해 두 사람간에 발생한 충돌의 결과는 너무나 잘 알려져 있다. 당시 프랑스에 가 있던 헨리는 몇몇 기사들 앞에서 "누가 이 사제를 좀 제거해 주지 않나?" 하고 불평했다. 그 말을 들은 기사들은 영국을 향해 떠났다. 헨리는 뒤늦게 그들의 의도를 알아차리고 손을 써보았으나 너무 늦었다. 베케트는 1170년에 죽었고, 헨리는 후회하면서 그의 무덤 앞에서 고해를 했으며, 그 결과 영국에서는 성직자 면책권 박탈이 후대로 연기되었다.

동시에 대륙에서는 교황 알렉산더 3세(Alexander III)가 최초로 신성로마 황제라 불린 프리드리히 바르바로사(Frederick Barbarossa)와 충돌하게 되었다. 황제는 전임자들이 차지했던 이탈리아의 영토들을 다시 장악하려고 했다. 이런 시도를 하는 과정에서 새로 생긴 롬바르드의 이탈리아인 도시들이 자유를 위협받았고, 교황청 자체도 독립을 위협받았다. 수년간의 걸친 투쟁 끝에 황제는 1176년 롬바르드 동맹(Lombard League)으로 뭉친 도시들에 의해 패배한 뒤 교황에게 굴복하지 않을 수 없었다. 그로부터 몇년 뒤 그는 제3차 십자군 원정길에 나섰다가 익사했다. 교황청은 승승장구했고 권력의 전성기로 들어갈 채비를 했다.

인노켄티우스 3세

교황 수위권에 관해서 13세기는 가장 위대한 세기였으며, 그 세기에서 가장 위대한 교황은 그 세기의 동녘인 1198년부터 1216년까지 재위한 인노켄티우스 3세(Innocent III)였다. 인노켄티우스는 훈련된 교회 법률가요 탁월한 행정가요 부패와 철저히 맞서 싸운 끈질긴 정의의 수호자요, 십자가 밑에서 슬픔에 잠긴 성모를 묘사한 찬송 '스타바트 마테르 돌로로사'(Stabat Mater Dolorosa)의 저자로 인정 받을 만한 신비주의자요,「세상의 경멸에 대하여」(On Contempt of the World)라는 논문의 저자였다. 중세에서 가장 위대한 교황이라 불리어 왔고, 그의 재위 때 그레고리가 꿈꾸었던 교회 지도력이 거의 실현되었다.

인노켄티우스의 가장 위대한 업적은 유럽의 왕들과 왕비들을 다룬 데서 나타난다. 그는 교황청에 가장 우호적인 파벌에 힘을 실어주려고 항상 모색하는 가운데, 기민하고 끊임없는 조종에 의해서 신성로마제국 황제 선출과 임명에 대한 자신의 권위를 주장했다. 당시에 황제의 권좌를 놓고 경쟁하던 두 파벌이 있었는데, 하나는 괼프당(the Guelphs, 교황당)이었고 다른 하나는 기벨린당(the Ghibellines, 황제당)이었다. 이 파벌들은 독일뿐 아니라 이탈리아 도시들에도 지지자들을 두고 있었고, 그 명칭도 독일어가 이탈리아어로 잘못 옮겨진 것이었다. 괼프(Guelph)는 벨프(Welf)라는 독일 가문에서 유래했고, 기벨린(Ghibelline)은 프리드리히 바르바로사의 가문인 호헨슈타우펜가(家)에 속한 요새의 명칭인 바이블링겐(Waiblingen)에서 유래했다. 괼프당은 교황 지지 세력과 동일시되었고, 기벨린당은 반(反) 교황적인 황제당과 동일시되었다. 인노켄티우스는 몇 차례에 걸친 공작에 의해서 이 사람과 저 사람을 경쟁시킴으로써 1212년에 자신이 세운 후보자를 프리드리히 2세(Frederick II)로 황제의 권좌에 앉히는 데 성공했다. 권력 투쟁에서 교황의 승리가 확증되었다.

프랑스에서는 본처인 덴마크 여인 잉게보르그(Ingeborg)를 버리고 바바리아 공작의 딸과 결혼한 필립 아우구스투스(Philip Augustus)가 인노켄티우스를 성가시게 했다. 교황은 프랑스에 성무금지령(interdict, 금령)을 내렸다. 그것은 왕에게만 적용되지 않고 그의 영토에 사는 모든 사람에게 적용되는 파문이었다. 성무정지령이 내려진 지역 내에서는 교회의 의식이 금지되었다. 일절 분향해서도 안 되고, 미사를 드려서도 안 되며, 죽은 자에 대해서도 기독교 장례가 거부되었다. 결혼도 무효였는지는 확실치 않으나, 현명한 사람들은 성무가 금지된 지역을 벗어나 결혼 서약을 했다. 1200년 필립이 굴복을 하고 성무금지령이 철회되자 그 기쁨이 지나치게 컸던 나머지 여기저기에서 축제가 벌어지는 과정에서 3백 명이 죽었다.

이베리아 반도에서 인노켄티우스는 레온의 알폰소 9세(Alfonso IX)와 카스티야의 베렝가리아(Berengaria)의 결혼을 두 사람이 친족이라는 이유로 무효화했다. 그 사건은 두 사람이 5년 동안 거부하다가 결국 베렝가리아가 수녀원에 들어가는 것으로 일단락 되었다. 나바라의 왕은 무어족과 동맹을 맺었다는 이유로 폐위되었다. 아라곤의 왕은 로마에서 대관식을 갖고 매년 교황청에 조공을 바치겠다고 약속함으로써 자기 왕국을 성 베드로에게 봉토(封土)로 바쳤다. 1212년 인노켄티우스는 무어족을 정벌하기 위한 십자군 원정을 승인함으로써 아라곤, 아바라, 카스티야 왕국들의 공조를 장려했고, 그 왕국들의 공조에 힘입어 기독교 진영은 라스 나바스 데 톨로사 전투에서 결정적인 승리를 거두었는데, 이것은 스페인에 대한 지리한 재정복 과정에서 중요한 단계였다.

인노켄티우스의 가장 격렬한 상대는 영국 왕 존(John)이었다. 당시에 캔터베리의 수사들은 견진성사를 받으러 로마로 간 사람을 대주교로 선출했다. 이 일에 분개한 왕 존과 주교들은 다른 후보자를 선출한 뒤 사절단을 교황 인노켄티우스 3세에게 파견했다. 교황은 선출권이 수사들에게 있다고 판결했으나 그리고는 수사들에게 스티픈(Stephen)을 선출하도록 교사함으로써 그들에게서 선출권을 빼앗았다. 스티픈은 사실상 당시 영국에서 가장 유능하고 도덕적인 사람이었다. 존은 분개하여 캔터베리 수도원과 그 안에 사는 수사들을 비롯한 모든 자를 불살라 버리겠다고 위협했다. 교황은 영국에 성무금지령을 내렸다(1208). 존은 "하나님의 치아로" 맹세하기를 ─ 그리스도를 하나님이라 부르고, 눈과 간장과 정강이와 상흔 등 그리스도의 다양한 신체 부위를 가지고 맹세하는 게 당시의 관습이었다 ─ 영국의 모든 로마교도들의 코를 베고 눈을 빼내겠다고 했다. 만약 자기 기능을 수행하지 않는 성직자가 있으면 그의 수입원을 몰수하겠다고 했다.

그러자 교황은 당시에 성무금지령에서 벗어나 있던 프랑스의 필립을 불러 존을 정벌하기 위한 십자군을 이끌 것을 요구했다. 이런 사태를 파악한 영국의 남작들은 왕이 곤경에 처한 기회를 틈타 자기들의 주장을 내세웠다. 존은 자기가 남작들과 프랑스 왕과 교황을 한꺼번에 상대할 수 없다고 파악하고는 셋 중에서 가장 강력한 상대와 화해하기로 작정했다. 교황 인노켄티우스에게 굴복하고 영국을 교황청의 봉토로 만들었다. 남작들이 존에게 대헌장(the Magna Carta)을 제시하자, 존은 교황의 세력을 업고서 그 요구를 거절했다. 이는 왕이 자신의 새로운 봉건 영주인 교황의 승인을 받지 않고는 어떠한 승인도 해줄 위치에 있지 않다고 교황이 주장했기 때문이었다.

인노켄티우스는 유럽의 모든 변경 지역들과 동방 왕국들도 다루었다. 스웨덴이 왕위를 계승할 합법적인 혈통을 확정하는 일에 도움을 주었다. 노르웨이에서는 성직자가 평신도 법정에서 재판을 받지 않도록 보호해 주었다. 덴마크에서는 왕이 되고자 하던 야심찬 서자를 배척했다. 헝가리에서는 왕이 자신을 음해하려는 자기 형제와 주교를 제거하도록 지원했다. 아일랜드에서는 코노트의 왕이 도피처의 권리를 존중하도록 만들었다. 폴란드에서는 주교들이 개혁을 일으키도록 격려했다. 불가리아, 세르비아, 아르메니아의 교회들을 권해 로마의 우리에 들어오게 했다. 물론 이 연합은 일시적이었지만 말이다. 유대인들에 대해서는 폭행과 협박으로부터 보호해 주었다. 1215년 인노켄티우스는 제4차 대 라테란 공의회를 소집했다. 이 공의회에는 예루살렘과 콘스탄티노플의 총대주교들을 비롯한 천 명에 육박하는 성직자들과, 신성로마 제국 황제, 동방 제국 황제, 영국과 프랑스와 아라곤과 헝가리와 예루살렘의 왕들 등 유럽과 레반트 지역의 군주들이 파견한 사절들이 참석했다. 이 공의회는 다른 중요한 법령들 외에도 화체설(transubstantiation)을 정식으로 승인했다. 화체설이란 사제가 제단에서 "혹크 에스트 코르푸스 메움"(hoc est corpus meum, "이것은 내 몸이니")라고 선포할 때 빵과 포도주의 본질이 그리스도의 살과 피의 본질로 변한다고 가르치는 교리이다.

프란체스코와 도미니쿠스

인노켄티우스 3세가 재위하는 동안 새로 등장한 수도원주의 형태가 교회의 지도권을 위협하고 중세 사회의 변화에 영향을 주었다. 새로운 수도회들의 회원들은 수사들(monks)이라 불리지 않고 형제들(brothers)이라 불렸다 — 이탈리아어로는 프라텔로(fratello) 혹은 단순히 프라(fra), 프랑스어로는 프레르(frère), 영어로는 프라이어(friar). 새 운동의 지도자들인 성 프란체스코(St. Francis)와 성 도미니쿠스(St. Dominic)는 자기 시대의 정신과 부분적으로는 대립했고 부분적으로는 일치했다. 두 사람 다, 특히 프란체스코는 당시에 대두하던 중상주의(commercialism)에 반대했다. 그러나 동시에 이들은 사회를 등지지 않았고, 수도원 은거(隱居)를 명한 베네딕투스의 규율을 포기하고 회원들에게 사람들이 사는 곳이면 어디든 돌아다니도록 허용함으로써 수도원주의를 도시 문화에 접목시켰다.

프란체스코는 앗시시의 상인인 아버지와 음유시인들의 땅인 프랑스 남부 출신인 어머니에게서 태어났다. 어렸을 때부터 아버지의 탐욕을 싫어하고 어머니의 낙천성을 동경했다. 침묵보다 장난을 좋아한 쾌남아였다. 그런데 어느 순간부턴가 흥청망청 사는 게 싫어지고 마음에 불안이 엄습했다. 가장 무도회가 열린 어느 날 밤 그가 바보들의 왕의 가면을 쓰고 길가에 실의에 빠져 앉아 있는 모습을 본 친구들은 "프란체스코, 무슨 일 있니? 혹시 결혼이라도 했어?" 하고 묻자 그는 "그래. 가장 아름다운 신부 라 돈나 포베르타(La Donna Povertà)와 결혼했지. 가난 아가씨(the Lady of Poverty)와 말이야" 하고 대답했다. 당시에 유행하던 낭만적 사랑이 의인화한 것을 볼 수 있는 대목이다. 그 아가씨는 절대 가난을 요구했기 때문에 다른 어떤 아가씨들보다 엄격했다. 프란체스코는 일해서 살 수도 있었고 구걸해서 살 수도 있었지만, 하루 먹고 살 만큼만 적선을 받았고, 움브리아의 어느 농부가 입다 버린 형편없는 겉옷을 주워 입고 지냈으며, 만약 음식이 맛있게 느껴지면 거기다 재를 뿌려 먹을 수 없게 만들었다. 프란체스코의 가난은 견유학파의 가난이 아니었다. 가난의 목적을 빼앗길 수 있는 모든 것을 미리 버림으로써 마음의 평정을 얻으려는 데 두지 않았다. 그것은 가난을 순교를 위한 훈련의 방편으로 삼던 초기 교부들의 가난과도 달랐다. 프란체스코의 가난은 물론 근심에서 해방되는 면도 있긴 했지만, 기본적으로는 사회 갱생을 위한 전략이었다. 그는 재산을 둘러싼 갈등이 없다면 전쟁이 일어날 리가 없다고 말했다. "내것 네것"에 대한 주장을 버리는 것이 '하나님의 평화'나 '하나님의 휴전', 심지어 대성당 건축보다 평화에 이르는 효과적인 길이라고 했다.

프란체스코의 가난은 창조된 세계를 경시하는 기미를 조금도 띠지 않았다. 그는 아무것도 소유하지 않음으로써 모든 것을 소유했고, 하나님의 창조물들을 경이로운 눈으로 바라보며 즐거워했다. 그 성인은 이탈리아어로 최초로 기록된 "태양의 아가(雅歌)"(The Canticle of the Sun)를 지었는데, 이 시에서 지극히 높은 분이 태양 ― 그는 이것을 형제라고 불렀다 ― 을 지으신 것을, "고귀하고 밝고 아름다운" 달과 별을 지으신 것을, 물과 꽃과 열매를 지으신 것을, 그리고 불행을 온순히 견디는 자들에게 사랑을 불어 넣으신 것을 예찬했다.

이 노래는 구원의 기쁨과 그리스도의 수난을 생각할 때 느끼는 아픔이 서로 상충되는 것을 표현한다. 이러한 감정은 「완전의 거울」(The Mirror of Perfection)에 나오는 전설에 좀더 두드러지게 표현된다:

> 복된 프란체스코는 그리스도의 사랑과 자비에 감격할 때면 곧 속에서 주체할 수 없이 솟아오르는 지극히 아름다운 노래를 프랑스어로 부르곤 했다 … 땅에서 작대기 하나를 집어들어 왼팔에 가로대고 오른팔로 마치 활처럼 그어 비올(viol)이나 다른 현악기를 연주하는 시늉을 하고, 몸짓도 실감나게 하면서 프랑스어로 주 예수에 관해 노래하곤 했다. 그러나 이 모든 무언극을 마치고 나면 그의 눈에는 눈물이 흥건히 고였고, 그 충일한 감정은 그리스도를 위한 고난으

로 발산되었다.[9]

　　프란체스코를 추종하는 사람들이 늘어났다. 그들의 사명은 문둥병자를 목욕시키고, 농부들을 거들어 일하고, 사람들에게 복음을 전하는 것이었다. 이들은 극히 가난하게 살았다는 점에서 기존의 수도회들과 사뭇 달랐다. 더 나아가 프란체스코는 탁발수사들의 수고로 곳간에 과일들이 꽉 들어차고 고액의 기부금이 들어온 것을 빌미로 가난이 조금이라도 완화되는 것을 막으려고 힘썼다. 자신의 수도회가 과거의 클뤼니회와 시토회의 전철을 밟지 않도록 하기 위함이었다. 프란체스코회 탁발수사들은 일할 수도 있었고 구걸할 수도 있었으나, 하루 사는 데 필요한 만큼만 얻었다. 또 한 가지 다른 점이 있었다면, 앞에서 언급한 대로 프란체스코회 수사들이 안정(stabilitas)을 역동(mobilitas)으로 대체했다. 그들은 초라한 오두막집을 거처로 가질 수 있었지만, 그들의 사명은 사람이 모인 곳에는, 그리고 육체적 도움과 영적인 지도가 필요한 곳에는 어디든지 가는 것이었고, 그것은 그들이 주로 도시로 갔음을 뜻했다.

　　프란체스코가 추종자들을 데리고 착수한 사역은 오래지 않아 지역 성직자들에게 관용을 받지 못했다. 교황의 승인을 받기 전까지는 그들은 가는 곳마다 그 지역 성직자들의 견제를 받았다. 1210년 프란체스코는 교황 인노켄티우스 3세에게 자기 무리를 독립 수도회로 인정해 줄 것을 청원하여 허락을 받았으나, 교육 수준이 낮다는 이유로 한 가지 제약을 받았다. 그것은 신학을 논하지 말고 고해를 전파하라는 것이었다. 이것은 그들이 죄와 통회와 구주의 수난의 공로를 통한 사죄에 중점을 두어야 한다는 것을 뜻했다. 그들이 가장 공통되게 질책한 죄는 남색과 고리대금과 사치와 허영과 복수였다. 프란체스코회 수사들은 원수지간을 화해시키는 것으로 명성을 얻었다. 이 하나님의 음유시인들은 도시와 촌락, 마을과 농장, 시장이나 문둥병자의 집을 가리지 않고 들어가 전도하고 노래했다.

　　프란체스코회는 성장했고, 성장하면서 문제가 생겼다. 사회는 여러 명의 예측 불가능하고 생계 대책이 없는 시인들은 수용할 수 있었지만, 그런 사람들이 500명이나 된다면 그것은 별다른 문제였다. 그 많은 사람들이 어떻게 하루하루 구걸하여 생계를 유지할 수 있겠는가? 더 이상 버틸 수 없게 될 날이 오게 마련이었다. 형제들 중 한 사람이 오물 묻은 돈을 작대기로 집고 있는 모습이 동료 형제의 눈에 띄었다. 그 형제에게 꾸지람을 들은 그는 먹여야 할 배가 그리 많은데 이렇게라도 하지 않으면 어쩌겠느냐고 대답했다. 그 무렵에 그 수도회의 보호자인 추기경 우골리노(Ugolino)가 그럴듯한 제안을 했다. 교회에게 소유권(dominium)을 지게 하고, 형제들에게 사용권(usus)을 주자는 것이었다. 형제들 중 더러는 이 제안에 찬성했고, 이들이 콘벤투알파(the Conventuals)가 되었다. 더러는 찬성하지 않았는데, 그들이 신령파(the Spirituals)가 되었다.

프란체스코는 자신의 원래 프로그램인 엄격한 검소가 이완되는 현상을 몹시 언짢아했다. 그가 죽은 뒤 프란체스코회의 균열은 노골적으로 드러났다. 애당초 가난 아가씨(Lady Poverty)보다 프란체스코에게 애착을 가지고서 입회한 형제 엘리아스(Elias)는 앗시시에 그 성인을 기리는 교회당을 건축하기 시작했다. 그러나 이렇다할 기술이 없는 하나님의 음유시인들이 대교회당들을 건축할 재주가 없었다. 석공들을 고용하고 급료를 지불할 수밖에 없었다. 엘리아스는 그 일을 위해 연보궤를 설치해 두었으나, 형제 레오(Leo)가 그것을 부숴버렸다. 자매(수녀) 클라라(Clare) — 일찍이 프란체스코회에 입회하여 그 수도회 산하 수녀회의 원장이 된 여성 — 는 레오를 편들었다. 이쯤 되자 수도회의 통일이 중대한 위험을 받게 되었고, 신령파는 박해를 받게 되었다. 결국 세월이 흐르면서 프란체스코회도 대체로 기존의 수도회들이 걸었던 길을 걷게 되었다. 비록 급진적인 그룹들이 모(母) 조직에서 분열해 나가는 일이 자주 발생하긴 했지만 말이다.

스페인 귀족 출신인 성 도미니쿠스(St. Dominic)의 이름을 딴 도미니쿠스회(the Dominicans)는 여러 점에서 프란체스코회와 비슷했다. 12세기 말에는 이단 분파들 — 주로 알비 지역을 중심으로 일어난 알비파(the Albigenses)와 프랑스 남부 리용을 중심으로 일어난 발도파(the Waldenses) — 이 일어나 교회권에 도전하고 있었다. 도미니쿠스는 자기 주교를 모시고 프랑스 남부를 지나는 동안 이 이단들의 헌신적인 삶을 목격했다. 그들은 수사들보다 더 극단적인 금욕 생활을 하고 있었다. 그는 주교들이 사치스럽게 치장한 말을 타고다녀 가지고서는 도저히 그들을 교화할 수 없다고 판단했다. 참 신앙을 가진 자라면 "머리 둘 곳"도 없으셨던 주님을 닮는 생활로써 그 신앙을 전해야 한다고 판단했다. 도미니쿠스에게는 가난이 이상이 아니라 수단이었고, 가난 자체가 전부가 아니었다. 그는 그릇된 교훈을 이기기 위해서는 참 교훈이 있어야 한다고 보았다. 그런 판단하에 성직자와 평신도의 무지를 퇴치하기 위한 수도회를 설립했다. 따라서 도미니쿠스회는 비록 설교자들의 수도회라 불리긴 했지만, 주로 교육 수도회가 되었다.

중세의 경제

새 수도회들은 중세 생활의 모든 면이 교회의 이상들에 침투해 들어가도록 도왔다. 이 침투는 경제 영역보다는 투쟁들에 의해 극적으로 표현된 정치 영역에서 더욱 현저해 보였으나, 두 영역에서 다 교회의 이상들이 인정을 받았다. 비록 실제로는 그 이상들에 못 미치는 경우가 많았지만 말이다.

교회는 상인들을 재물욕에 때가 묻은 자들이라 하여 불신했으나, 그럼에도 불구하고 교회에 기부금을 냄으로써 그 탐욕을 속죄하라고 권했다. 악한 양심들이 대성당 건축에 이바지했다. 교회는 대체로 기부금을 받아 선한 용도에 사용했다. 교회는 가문과 재난의 피해자들에게 비록 담보는 설정하되 이자는 받지 않고 돈을 대여해 주는 거대한 사채 기관이었다. 대부금은 먹고 살기 위한 것이었기 때문에 이자 받는 것을 강도짓으로 여겼다. 어떤 형태든 고리대금이라 불린 이자를 레위기는 정죄했고, 아리스토텔레스는 돈으로 돈을 모아서는 안 된다고 가르쳤다. 임차료와 이자는 구분했다. 왜냐하면 임차된 토지는 분명히 이익을 내기 때문이었다.

경제 집단들의 조직은 자기 이익 때문에 생겼지만, 교회가 부여하는 윤리적 제재들을 도외시하지 않았다. 먼저 상인 길드(guild, 조합)들이 생겼고, 나중에 장인 길드들이 생겼다. 이 집단들은 서로에 대해서 경쟁적이고 독점적이었다. 직업상의 비밀이 철저히 지켜졌다. 한 도시의 길드들은 경쟁 상품이 자기 도시에 들어오는 것을 허용하지 않았다. 마구(馬具) 제조업자들과 안장 제조업자들, 요리사들과 겨자 제조업자들, 중고 의류 상인들과 새 의류 상인들 등 업종이 유사한 길드들간에 분쟁이 자주 일어났다.

그러나 길드 내에는 우애 정신이 있었다. 도제(徒弟, apprentice)들과 직인(職人, journeyman〈수습을 마친 도제들〉)들과 장인(匠人, master)들로 구성된 세 계급은 종종 소규모 가족이었고, 그런 한 가족은 다른 가족을 도와야 했다. 세 명 이상의 조력자를 둔 장인은 다급한 형편에 처한 다른 장인에게 조력자 한 사람을 빌려주기를 거절할 수 없었다. 길드는 그 구성원들에게 적정 임금을 보장했고, 가난과 질병과 죽음에 대해서 지원을 보장했다. 직공(織工)과 재봉사(裁縫師) 같은 여성 노동자들도 받아주었다. 소비자들에게는 견고한 제품과 정직한 가격을 보증했다. 생선장수들은 무게를 잴 때 물기를 빼버리기 위해서 구멍이 송송 뚫린 천칭 저울을 사용했다. 제품 가격에 대해서 적정가를 준수하고 품귀 현상을 이용해서는 안 되는 의무가 있었다.

길드들은 자선 조직이기도 했다. 교회가 고리대금을 배척했기 때문에 이자가 생기는 재산을 가지고는 자선 활동을 할 수 없었다. 그 대신 성심회(聖心會, confraternities)라고 불린 특별 단체들이 현재의 수입을 가지고 특수한 자선 활동을 벌였다. 길드들은 병원, 운하, 항구, 읍사무소, 수도원, 대성당을 짓고 유지하는 성심회인 경우가 많았다(그들은 대성당에 스테인드 글라스를 기증하기도 했는데, 샤르트르 대성당에는 장색들이 묘사되어 있다.) 길드들은 공동체들의 종교 생활에서 매우 두드러졌는데, 이단들은 배제되었다. 길드마다 수호성인(patron saint)이 있었다. 이는 특정 질병을 몰아내는 성인들이 있듯이 특정 기술을 보호하는 성인들도 있었기 때문이다. 성 엘르와(St. Eloi)는 금장색의 수호성인이었고, 성 뱅상(Vincent)은 포도 재배자들의 수호성인이었고, 성 피아크르(St. Fiacre)는 정원사들의 수호성인이었고, 성 블레이즈(St. Blaise)는 석공들의 수호성인이었고, 성 크레스팽(St. Crespin)은 구두장이들의 수호성인들이었으며, 성 줄리앙(Julien)은 마을 바이얼린 주자들의 수호성인이었다. 기독교 교회력에는 성일(축일)이 30일 가량 되었다. 성일에는 길드들이 각기 자기 수호성인을 기리기 위해서 화려한 행렬을 벌였다.

길드들은 신비주의적 연극 공연의 책임도 떠맡았는데, 공연 규모가 방대한 경우가 많았다. 기록에 따르면 16세기 초에 부르주에서 공연된 사도행전극은 40일이 소요되었고 194명의 배우가 동원되었다고 한다. 15세기 초에 요크의 석공 길드는 시장과 시의원들에게 퍼거스극(the Fergus play)의 공연 의무를 면제해 달라고 요청했다. 퍼거스는 어느 영국 극작가가, 악의를 가지고 성모 마리아의 장례를 가로막으려고 했던 어느 유대인에게 붙인 스코틀랜드식 이름이다. 석공들은 퍼거스 일화가 성경에 기록되어 있지 않은 데다 그 연극은 항상 해질 녘에 공연해야 했기 때문에 공연에 반대했다. 시 당국은 그들에게 대신 헤롯에 관한 야외극을 하도록 허락했다.

길드의 생활을 전체로 놓고 보면 경제적 이기주의와 공적 박애주의가 조합되어 있을 뿐 아니라, 교회의 윤리 명령을 실천하고 신앙상의 의무들을 훌륭히 이행하려는 노력도 담겨 있었다는 것을 알 수 있다.

이단들

이상하게도 교회가 유럽 사회를 가장 크게 지배하던 시기에 분열과 이단도 기승을 부렸다. 왜 교회 조직이 가장 완전히 통합된 시기에 이런 균열들이 생겼을까? 초기 교회는 많은 분열을 겪었었고, 12세기부터 20세기에 이르는 기간도 지독히 많은 분열을 겪었다. 그러나 야만족의 침입 때부터 1100년경까지 서방의 교회는 상당히 통일된 조직을 유지할 수 있었는데, 이것은 아마 이 기간 동안 전반적으로 문화 수준이 낮았기 때문에 신학에 관심을 기울일 수준이 되지 못했기 때문이었을 것이다. 그러나 사람은 신학 없이도 얼마든지 분쟁을 할 수 있으며, 12, 13세기의 분열들은 주로 신학적인 것들이 아니었다. 중세 초의 교회는 이교와 무정부주의에 대한 투쟁에 의해 규합되었지만, 수도원주의가 개인주의와 다양성에 충분한 출구를 제공해 주었다. 교회가 더욱 엄격해지면서 그 균열들이 나타나기 시작했다.

이런 현상은 인노켄티우스가 교황이 되기 전부터 나타났다. 알비파(the Albigenses), 발도파(the Waldenses), 그리고 12세기에 발생한 그밖의 분파들은 도덕 개혁이 너무나 시급하므로 교회의 인가를 기다릴 수 없다고 주장했다. 앞에서 이미 살펴본 대로 분파 정신은 11세기의 그레고리 개혁자들의 정신과 시토회 같은 개혁 수도회들의 정신과 다를 바 없었지만, 과거의 개혁자들이 이루어 놓은 일들에 대한 실망이 분파들에게 힘을 더 실어주었다. 대대적인 '평화' 운동은 이교도들에 대한 십자군 운동으로 귀결되었으나, 십자군들은 갈수록 사회의 쓰레기 같은 분자들로 충원되다가 결국 악평을 받는 데 떨어졌고, 제2차, 3차 십자군 운동도 실패로 끝났다. 인노켄티우스 3세가 일으킨 제4차 십자군은 일종의 재앙이었다. 십자군들은 자기들의 물건을 운반해 준 베네치아 운송업자들에게 진 빚을 갚기 위해서 기독교 도시를 약탈한 이유로 파문에 처해졌다. 그러나 그들은 교황의 저주에도 아랑곳하지 않고 콘스탄티노플로 갔고, 그곳에서 그리스인들과 전투를 벌인 끝에 그 도시를 함락하고 약탈했으며, 성지들에 대해서 이후의 터키인들이 입힌 것보다 큰 피해를 입혔다.

이런 실패 사례들 외에도 성직자 독신주의에 대한 요구도 축첩 제도를 널리 퍼뜨리는 결과를 낳았다. 교회는 세상을 다스리려고 하다가 세상사에 훨씬 더 말려들었다. 앞에서 언급한 대로 수도회들은 그 도덕성이 끝 모를 정도로 부패해 가고 있었고, 도덕상 부패한 대가로 재산을 크게 불렸다. 그런 방대한 노력들이 실패했다는 데에서 끌어낼 수 있는 결론은, 개혁이란 대규모로 성취할 수 없다면 소규모로 성취해야 하며, 제도로써 성취할 수 없다면 각성한 개인들이 성취해야 한다는 것인데, 그 각성한 개인들은 관계 당국의 지원이나 심지어 인가를 받을 때까지 기다리지 못했다.

그런 개인 중 한 사람이 피에르 발도(Peter Waldo)였다. 그는 12세기 리용의 상인으로서 발도파(the Waldenses)의 창시자가 되었다. 발도는 어느 유랑 음유시인의 노래를 듣고서 청빈 생활을 시작하기로 결심했다. 그 시인이 부른 노래는 기사의 무공을 예찬하는 것이 아니라 결혼식 날 신부를 버리고 순례를 떠난 성인 알렉시우스(Alexius)의 행적에 관한 노래였다. 아무도 몰라볼 정도로 병약한 몰골로 돌아온 알렉시우스는 부모의 집 곁에 있는 오두막에서 거지로서 몇 해를 살다가 죽은 뒤에야 비로소 신원이 알려졌다. 이러한 이상적인 단념의 생활에 감동을 받은 발도는 재산의 일부를 아내에게 주고 나머지는 가난한 자들에게 나눠준 뒤에 자신은 거지가 되었다. 여기까지는 교회가 배척할 만한 것이 아무것도 없었다. 그가 밟은 다음 단계는 어떤 사제에게 복음서의 대부분을 자국어로 번역하게 한 것이었다. 그는 이 번역된 복음서를 암기한 다음 다른 사람들에게 전하기 시작했다. 그는 이로써 추종자들과 함께 교사와 설교자의 사역에 들어섰으며, 여기서 그의 대주교가 개입하여 그들에게 활동을 중단시켰다. 발도는 교황 알렉산더 3세(Alexander III)에게 항소했다. 교황이 파견한 감찰관은 그 분파 구성원들이 철저히 무학한 자들이라고 보고했다. 그럼에도 불구하고 교황은 그들이 그들의 주교에게 동의해야 한다는 단서를 붙여 설교 사역을 허락했지만, 그들은 그런 조건을 받아들이기를 거부했고, 결국 파문을 당했다.

 발도파는 프랑스 남부로 확산되었고, 곧 이탈리아 북부에서도 추종자들이 합세했다. 그들은 처음에는 이단이 아니라 단지 반(反)성직주의자들이었다. 그러나 결국에는 고대의 도나투스파의 사례를 거론하면서, 무자격한 사제들이 집례하는 성사들이 무효라고 주장하는 데까지 나갔다. 모든 것을 팔아 가난한 자들에게 주라는 계명을 문자적으로 순종하듯이, 맹세하지 말고 악을 배척하라는 명령에도 똑같이 문자적으로 순종해야 한다고 주장했다. 대중은 그들이 십자가상에 경의를 표하기를 거부하는 것을 보고 불쾌히 여겼다. 모두가 다 맹세 관행에 동의하는 사회에서 맹세를 거부하고 전쟁에 참여하기를 거부하는 태도 때문에, 그들은 사회에 위협적인 세력으로 간주되었다. 사회 전체로부터 배척을 당했기 때문에 더 이상 구걸하며 살 수 없었고, 집단 내에 두 계층을 만들어 한쪽이 다른 쪽의 생계를 지원하도록 하지 않을 수 없었다. 그들은 박해가 발생하면 알프스 산맥 이탈리아 쪽에 있는 성채로 피신했고, 리소르지멘토(risorgimento, 국토회복운동) 때인 19세기에 이탈리아와 신세계에서 포교 활동을 허락받게 될 때까지 오랜 세월을 그곳에서 살아 남았다.

 알비파(the Albigenses)는 프랑스 남부의 도시 알비와 그 일대에 추종자들이 많았기 때문에 그런 명칭을 얻었다. 이들은 12, 13세기에 교회에 도전한 또 다른 이단이었다. 대개 카타리파(the Cathari) 혹은 순결파(the Pure)로 알려진 이 분파는 아마 불가리아에서 유럽으로 침투해 들어온 듯하다. 불가리아에는 그 큰 지류들 중 하나가 보고밀파(Bogomiles)라는 명칭을 갖고 있었다. 알비파는 동방의 영지주의와 마니교와 같은 노선에 서서 세상이 선과 악이라는 두 가지 큰 원칙으로 구성되어 있다고 주장하면서, 영은 선한 원칙의 창조물이요 물질은 악한 원칙의 창조물이라고 했다.

그들 전에 있었던 영지주의자들과 마찬가지로 알비파는 구약성경을 배척했다. 왜냐하면 구약성경은 창조된 세상이 선하다고 증거하기 때문이었다. 그들은 물질을 악하다고 보았기 때문에 물질적인 것은 신앙 의식에 조금도 사용해서는 안 된다고 했다. 또한 그들은 그리스도가 물리적 몸을 입지 않으셨다고 믿었기 때문에 성찬의 빵과 포도주가 그분의 살과 피로 변한다는 화체설을 배척했다. 그들이 거행한 성찬은 단순한 기념식이었다. 심지어 십자가상을 포함한 어떠한 화상(畵像)도 관용하지 않았고, 음악을 경시했다.

알비파는 기독교를 영화(靈化)하려고 노력하는 과정에서 당연히 화상과 괴론자들보다 더 과격한 모습을 드러냈다. 성(性)을 대단히 악한 것으로 규정했고, 교배(交配)를 통해 생긴 것은 먹지 않았다. 다행히도 그들은 물고기의 성에 대해 아는 바 없었다. 그들은 출생이란 영혼이 육체에 갇히는 것이고, 그것은 존재 이전의 상태에서 지은 죄에 대한 형벌이라고 주장했다. 이생에서 저지른 죄는 차후의 출생들을 통한 영혼의 윤회에 의해서 씻을 수 있다고 했다. 이생에서 완전에 도달해야 하므로 배교의 위험을 감수하느니 차라리 자살하는 게 낫다고 믿었다. 만약 온 세상 사람이 그들의 사상을 받아들였다면 인류는 멸종되었을 것이다. 그러나 그 추종자들 전부가 그 엄격한 규율을 다 실천한 것은 아니어서 완전자들(perfecti)과 신자들(credentes)이 구분되었고, 신자들에게는 완화된 규율이 요구되었다. 그들은 연속되는 윤회 과정에서 속죄를 이루어야 한다고 믿었기 때문에, 연옥에서 죄를 씻는다는 가톨릭의 교리를 자연히 배척했다.

알비파의 눈에는 교회에 그토록 많은 부패를 도입해온 교황들이 베드로의 계승자들이 아니라 콘스탄티누스의 계승자들이었다. 인노켄티우스 3세는 알비파 이단이 널리 확산된 이유를 프로방스 지방의 일부 부패한 성직자들 탓으로 돌렸다. 어떠한 분파도 그 교황만큼 성직자들을 가차없이 비판하지는 않았다. 그는 교황 사절 피에르 카스텔노(Peter Castelnau)를 툴루즈의 백작 레이몽(Raymond, 제1차 십자군 운동에 참여했던 백작 레이몽의 후계자)에게 보내어 그의 영토 내의 이단을 진압하도록 권고했다. 그러나 백작은 몹시 미적거렸다. 귀족들 가운데서도 그 분파 지지자들이 상당 수 있었기 때문이었다. 그러던 중 카스텔노가 살해되었고, 백작은 살해의 공모자로 의심 받았다.

토마스 아 베케트처럼 카스텔노도 살아서보다 죽어서 더 큰 업적을 남긴 셈이다. 1179년 교황은 십자군 전쟁을 선포했고, 40일간 알비파의 거점 도시들을 공격하고 이단들을 불태우는 대가로 프랑스 북부에는 영혼 구원을, 남부에는 번영을 약속했다. 북부인들은 남부의 병력이 감소하는 것을 기뻐하여 열성을 보였지만, 알비파 정벌 십자군이 원정을 개시한 것은 그로부터 오랜 후인 1209년이었다. 20년간 전쟁이 치러진 뒤 이단들은 진멸되었고, 프로방스는 초토화되었다. 결국 그 지역은 프랑스 국왕에게 귀속되었다.

중세 분파들의 이념에는 여러 가지 개념들이 작용했다. 그중 하나는 과거를 되찾으려는 노력이었다. 물론 모든 기독교 집단은 과거의 권위에 호소했다. 왜냐하면 모두가 한결같이 황금 시대를 신약성경 시대로 보았기 때문이다. 제국이 국가를 인정한 사도 바울의 명령에 호소했듯이, 교황이 이끄는 교회는 그리스도께서 베드로에게 주신 명령에 호소했다. 그러나 두 세력은 이 명령들을 교회와 제국을 과거의 형태로 되돌리는 방향으로 해석하지는 않았다. 반면에 분파들은 가난에 대한 계명을 포함한 신약의 계명들을 따르는 데 훨씬 더 열성적이었다. 교회가 그 권위를 교회의 역사와 전승의 연속성에 둔 반면에, 분파들은 황금 시대 이후 세기들의 권위를 배척했다.

분파 운동들에 나타난 또다른 극히 중요한 사상들은 역사의 시작과 종말에 관련된 것이었다. 예정 사상은 14세기까지 부각되지 않았는데, 이 점에 대해서는 차후에 살펴볼 것이다. 12세기 말과 13세기에는 초기 교회가 지녔던 임박한 종말에 대한 기대가 되살아났고, 이것은 당대에 부각되었던 교회의 중요성을 감소시키는 데 큰 영향을 끼쳤다. 이런 견해는 12세기 말에 플로라의 요아킴(Joachim of Flora)이라고 하는 칼라브리아의 대수도원장이 퍼뜨렸다. 그는 역사를 성부 시대와 성자 시대와 성령 시대로 삼분하고, 각 시대를 다시 일곱 기(期)로 세분했다. 그 자신의 시대는 제2시대 6기에 해당하며, 따라서 성령 시대의 도래가 박두했다고 주장했다. 성령 시대가 임하면 가시적 교회는 비가시적 교회로 용해되고, "영원한 복음"이 도래한다고 했다. 그 연대는 계시록에서 해(태양)를 입은 여인이 일곱 머리 달린 용에게서 도망쳐 1260일 동안 광야에서 숨어지낼 것이라고 한 대로 1260년이 될 것이라고 했다. 따라서 머지 않은 장래에 강력한 교황청이 그 역사적 소임을 다하고 더 고귀한 계승자에게 자리를 물려줄 것이라고 했다.

이런 사상을 자기들의 용도에 맞춰 사용한 이단들은 구원이 오로지 자신의 울타리 안에만 있다고 주장하는 교회의 수위성을 위협했다.

종교재판소

그들과 알비파와 발도파의 잔존 세력을 소탕하기 위해서, 교황의 지시를 받는 종교재판소(Inquisition)라는 성청(聖廳)이 설치되었다. 1233년 교황 그레고리 9세(Gregory IX) 때 과거에 이단에 관계한 적이 있는 주교들을 대부분 수사들에서 발탁한 교황청 종교재판관들로 대체했다.

종교재판소는 어거스틴의 이론, 즉 이단들에 대해서는 그들의 영혼을 사랑하는 심정에서 그들의 구원을 위해 강제력을 행사할 수 있다는 이론에서 그 정당성을 찾으려 했다. 앞에서도 설명했지만, 어거스틴은 벌금과 구금만 염두에 두고서 그 말을 했지만, 이제는 벌이 불태워 죽이는 것이었다. 목 잘라 죽이는 것은 "교회가 피흘리는 것을 가증히 여기기" 때문에 회피했다. 어거스틴은 부패한 사지를 절단함으로써 몸을 구한다는 유추도 사용했었다. 그러나 이제는 육체가 교회로, 부패한 사지가 이단으로 해석되었다. 이단은 모든 사람 중에서 가장 위대하신 하나님께 대한 모욕이기 때문에 모든 죄 중에서 가장 큰 죄로 간주되었다.

왕을 대적한 반역죄보다 악한 이유는 하늘의 주권을 겨냥한 죄이기 때문이고, 화폐 위조죄보다 더 악한 이유는 구원의 진리를 위조했기 때문이며, 존속 살해와 모친 살해죄보다 더 악한 이유는 그런 죄란 몸만 멸하기 때문이라고 했다. 이런 범죄들에 적합한 형벌은 가장 큰 죄에는 훨씬 더 적합하다고 했다. 이단을 불태워 죽이는 것은 다른 사람들로 하여금 같은 죄를 저지르기를 두려워하게 만들므로 사회에 대한 사랑의 행위이며, 불의 두려움에 의해 정신을 차려 영혼을 구원하게 하므로 이단 자신들에게도 사랑의 행위라고 했다.

종교재판관들은 감언과 협박, 독방 감금과 고문을 번갈아 사용하여 이단에게서 죄책에 대한 자백을 받아내려 했다. 신앙을 철회하는 자는 차꼬에

채인 채 지하감옥에서 종신형을 살거나, 화형 당하기 전에 교수형을 당하는 은총을 입을 수 있었다. 신앙을 철회한 뒤에 다시 이단에 빠지면 곧장 화형에 처했다. 성직자들은 직접 고문을 하지도 않았고, 사형을 집행하지도 않았다. 유죄 판결을 받은 이단들은 시 행정관에게 자비를 간청했지만, 그 간청을 들어주는 행정관은 파문을 당했다.

    로마 제국 이래로 이단을 사형에 처한 최초의 황제는 그 자신이 비록 신성모독까지는 아니지만 이단의 혐의를 받은 프리드리히 2세(Frederick II)였다. 그는 인간으로서 뿐 아니라 사상가로서도 중세 기독교 세계에서 대단히 두드러진 인물이었다. 그는 유대인들과 사라센족이 환대를 받던 시칠리아의 궁전에서 자랐고, 세 명의 협잡꾼 모세, 마호메트, 예수라는 주제의 저서 저자로 여겨졌다. 그는 그런 저서와 아무런 상관이 없었던 것으로 보이지만, 이교도들과 그처럼 자유롭게 어울려 지내던 자가 이단을 처형했다는 것은 의아한 일이다. 희생자들은 그의 통치를 못마땅해 하던 이탈리아 북부 사람들이었는데, 아마 프리드리히는 이단죄를 정적에 대한 협박 수단으로 사용했던 것 같다. 교황권이 절정에 올라 있던 바로 그 시점에 성직자들 스스로가 그런 이단 진압 수단을 묵인할 수 있었다는 것은 프리드리히의 의외의 행위보다 더 의아한 느낌을 준다. 아마 성직자들도 그다지 안전감을 느끼지 못했기 때문이었을 것이다. 사람이란 겁을 먹기 전에는 잔인해지지 않기 때문이다. 종교재판소는 알비파를 뿌리뽑고 발도파를 흩어버리는 데 효과적이었지만, 14세기에 분파 운동은 다시 일어났으며, 그때는 더욱 가공할 형태를 띠었다. 왜냐하면 뒤에서 살펴보게 되겠지만, 그때의 분파 운동은 민족주의와 결합되어 있었기 때문이다.

토마스 아퀴나스

    대학교들이 설립되고, 고대 학문이 융성했던 지역들이 수복되고(특히 그로써 아리스토텔레스의 저작들이 재발견되고), 탁발 수도회들이 학문을 펴뜨린 데 힘입어 중세는 13세기에 가장 고도의 지적 업적을 이루게 되었다. 이 발전의 정점에는 도미니쿠스회 수사 성 토마스 아퀴나스(St. Thomas

Aquinas)의 위대한 체계가 서 있었다. 스콜라 신학이 극단적인 것들을 거부하고 극단적 일원론과 극단적 이원론을 회피했던 것과 마찬가지로, 아퀴나스는 스콜라 전승에서 특히 신(神) 지식의 가능성과 믿음과 지식의 관계에 대해서는 중간 입장을 취했다. 어거스틴주의자들이라 불린 신학자들은 이생에서 하나님에 대한 직관(vision)이 가능하다고 주장했고, 그 직관에 의해서 하나님께 대한 직접적인 지식을 가질 수 있다고 했다.

그 경우에 신앙과 지식은 서로를 배격하지 않으며, 신적 실재(Divine Reality)를 이해하기 위한 서로 다른 방법일 뿐이다. 그런 견지에서는 사실상 신 존재의 증명이 필요가 없다. 그러나 만약 그런 직관이 없다면 설득력 있는 모든 증거들을 찾아야 한다. 유명론자들은 그런 설득력을 가진 증거들이란 없다고 했고, 그 이유에 대해서는 사람이 구체적인 대상들만 경험하므로 그 안에서 신(神) 같은 모든 것을 포괄하는 보편자를 연역할 수 없기 때문이라고 했다. 만약 그렇게 모든 것을 포괄하는 보편자를 믿는다면 그것은 오직 믿음이라는 행위에 의해서만 가능한데, 그 믿음의 행위란 엄격히 말해 지식과 구분되어야 하며, 또한 그것이 이성(理性)과도 다른 이유는 이성은 그런 결론으로 인도하지 않기 때문이라고 했다. 아퀴나스가 취한 중간 입장은 믿음과 지식이 서로를 배격하며, 따라서 사람은 알지 못하는 바로 그 지점에서 믿는다고 했다. 그러나 믿음과 지식은 대척적이지 않으며, 이성은 믿음을 설득력 있게 만들 수 있다고 했다.

그러나 이성은 출발점으로 삼을 만한 무엇을 가지고 있어야 하는데, 아퀴나스는 안셀무스가 신 존재에 대한 존재론적 논증을 충분히 정당화하지 못했다고 느꼈다. 아퀴나스가 받아들인 논증은 아리스토텔레스에게서 끌어온 것으로서, 아리스토텔레스의 저서들은 그 당시에야 비로소 스페인의 아랍인들을 통해서 서방에 좀더 충분히 알려졌었다. 아퀴나스의 독특한 점은 자신의 신학에 이 새로운 요소들을 혼합함으로써 기독교 전승과 고전 전승을 새로 종합했다는 데 있다. 아리스토텔레스는 인과율이 제1원인(first cause)을 필요로 하고, 운동(motion)이 제1운동자(prime mover)를 필요로 하는데, 이 둘이 바로 신(神)이라는 주장을 근거로 신이 존재한다고 주장했다.

아퀴나스는 이 논증을 받아들이면서, 아울러 제1원인의 역할과 제1운동자의 역할이 결코 기독교의 하나님 상(像)을 능가하지 않음을 인정했다. 그는 어거스틴의 견해에 동의하여, 인간 이성이 도움을 받지 못하면 기독교의 삼위일체 교리에 도달할 수 없지만, 그 교리가 계시에 의해서 부여되면 유추에 의해서 인식 가능하게 될 수 있다고 주장했다. 아퀴나스의 체계는 피라밋 형식을 띠었다. 그 형식에서 밑바닥에는 자연이 있고, 꼭대기에는 초자연이 있다. 아래에는 이성이 있고, 위에는 계시가 있다. 바닥에는 인간의 노력이 있고, 정상에는 신적 은총이 있다. 이 위계의 독특한 점은 어떤 점도 예리하게 양분하지 않는다는 데 있다. 밑에서 솟아오르는 이성은 위에서 내려오는 계시를 만난다. 이 둘은 만나 서로 맞물린다. 계시는 이성을 조명하고, 이성은 계시를 설명한다. 믿음과 지식은 비록 구분되긴 하지만 서로를 뒷받침한다.

이 체계는 정치와 윤리에 중요한 속뜻을 가지고 있다. 왜냐하면 교회와 국가, 옳고 그름이 이 위계적 구도에 부합하기 때문이다. 국가는 자연과 이성의 질서에 속하는데, 이 질서는 이성을 부여받은 인간의 범주 안에 있고, 이 범주 안에 자연법의 전체 체계가 놓여 있다. 확실히 인간의 이성은 아담의 타락에 의해서 부분적으로 훼손되었고, 그렇기 때문에 자연법이 재산, 노예제도, 전쟁을 승인하게 된 것이다. 그럼에도 불구하고 인간의 자연적 기능들은 여전히 육체에 정치를 시행할 수 있게 할 만큼 손상되지 않고 남아 있다. 여기에 정치적인 것들이 영적인 것들과 교회적인 것들로부터 유래했다는 개념을 잘라내는 견해가 있다. 여기서는 국가가 교회로부터 독립하는 것의 정당성을 발견할 수 있다. 아퀴나스는 자기 입장에 담긴 속뜻들을 충분히 다 인식하지 못했던 것이 분명하다. 왜냐하면 그는 모든 인간은 로마 교황에게 종속되어야 한다고 말했기 때문이다. 물론 '종속'이란 단어가 정치적 권위에 적용되는지, 아니면 영적 권위에만 적용되는지를 분명히 밝히지 않기 때문에 이 진술 자체도 모호한 점이 있다.

단테 알리기에리

아퀴나스가 중세 전성기(the high Middle Ages)의 기독교 사상 중 일정

부분을 종합했다면, 단테(Dante Alighieri)는 교황청에 대한 제국의 주장을 옹호하는 라틴어 저서 「군주론」(*On Monarchy*)과 당대의 개혁적 주제들을 상당 부분 피력한 자국어 서사시 「신곡」(*The Divine Comedy*)으로써 다른 일면을 종합했다. 단테는 그리스도를 가난 아가씨(Lady Poverty) 외의 다른 모든 사람에게 버림을 받은 십자가에 달린 모습으로 묘사한 점에서 프란체스코회적인 성격을 띤다. 그러나 교황 켈레스티누스(Celestine)를 지옥에 있는 모습으로 묘사하는 부분에서는 제도 교회에 애착을 드러낸다. 왜냐하면 그 교황은 "대대적인 거부"를 받고는 불과 몇 주만에 교황청의 짐을 벗었기 때문이다. 교황들과 추기경들을 지옥에 두었다 해서 혁신은 아니었다. 교회 스스로도 고위 성직자가 모두 성인이라고 생각해 오지 않았기 때문이다.

「낙원」편에서 묘사되는 낭만적 사랑은 비록 베아트리체(Beatrice)의 미소가 사람을 불속에서조차 행복하게 하되 그녀 자신은 실체가 아니어서 그림자도 드리우지 않을 정도로 지극히 영화(靈化)되어 있다. 연옥과 낙원에 대한 묘사는 과거에 그려져온 내세의 상들과 비교할 때 예술가적 장인 정신을 제외한다면 지옥에 대한 묘사만큼 혁신적이지 않다. 어거스틴이 죄에 대해서 묘사해 놓은 것을 단테는 죄의 형벌에 대해서 묘사해 놓았다. 어거스틴은 외면에서 내면으로 이동한다. 그에게 가장 큰 죄란 배교나 간음이나 살인이 아니라 긍지와 교만과 지배욕이었다. 단테는 지옥을 합리화했다. 비록 그는 공포를 무시하지 않았지만, 그에게 궁극적인 공포란 사람이 불에 타는 것이 아니라 죄가 동결되고 사람이 죄 아래 있던 예전의 상태로 영원 무궁히 남아 있는 것이었다. 그의 작품에 등장하는 신성모독자는 "지금 내 상태가 내 생전의 상태라오"라고 말한다.

중세의 온갖 기괴한 귀신론이 그의 작품에는 사용되지 않는다. 「신곡」에서 사탄은 「실낙원」(*Paradise Lost*)에서처럼 어떤 역할을 하지 않는다. 심한 고통은 불에서만 오지 않고, 얼음과 악취로 인한 구토증에서도 온다. 생전에 좋은 공기에 따뜻한 볕을 즐기면서 사악과 게으름을 일삼던 자들은 지옥에서 바람 한 점 없는 음습한 그늘에서 고통스럽게 콜록거린다. 고통보다 더 나쁜 것은 무력과 혼동이다. 이곳에서는 영혼들이 바람 속의 찌르레기처럼 끝없이 맴돈다. 가장 두려운 것은 공포가 고조되다가 절정에 다다른 뒤 소멸되는 과정이 끝없이 반복되는 것이다. 이곳에서는 벌거벗은 영혼들이 손은 뱀에게 묶이고 목은 독사로 휘감긴 채 지낸다. 불이 모든 것을 살라버리지만, 그런 뒤에는 동일한 형태들이 아라비아의 불사조처럼 다시 일어나 그 저주스런 순환을 반복한다.

그러나 과거의 상태로 여전히 존재하는 것만큼 더 공포스러운 것은 없다. 이곳에서는 불륜을 저지르다가 발각되어 죽은 파올로(Paolo)와 프란체스카(Francesca)가 영원히 낭만적 사랑에 심취되어 지내는 것 외에는 어떠한 다른 형태의 삶도 살지 못한다. 그리고 이곳에는 우골리노(Ugolino)와 대주교 루기에리(Ruggieri)가 있다. 전자는 조카이자 동료 교황당원(Guelph)을 추방하기 위해 황제당원(the Ghibelline) 루기에리와 내통한 교황당원이다. 니노(Nino)가 폐위되자 루기에리는 표적을 우골리노로 바꾸어 그와 네 어린 아이들을 탑에 감금한 뒤 그곳에서 굶어죽게 했다. 지옥에서 우골리노는 단테에게 자기 아이들이 자기가 보는 앞에서 죽어간 이야기를 전하고는 개의 송곳니처럼 강한 송곳니를 가지고 루기에리의 해골을 꽉 물은 뒤 영원히 영원히 갉았다.

연옥과 낙원은 주로 거기 있는 사람이 과거의 상태를 영원히 지속해야 할 운명에 처해 있지 않다는 점에서 지옥과 다르다. 연옥은 변화의 희망을 도입한다. 격정이 정화되고, 야망에 재갈이 물려지고, 교만이 순치되고, 시기가 제거된다. 낙원에서는 영원한 정의의 법이 다스리고, 온 우주가 사랑의 조화 안에서 박동한다.

제8장

교황권의 쇠퇴

　　교회사가들은 14세기와 15세기를 종종 쇠퇴의 시기로 다룬다. 이런 판단은 비록 똑같은 이유들 때문은 아니겠지만, 가톨릭 학자들과 개신교 학자들이 공유한다. 그들은 물론 성직자 축첩 관행의 만연과 교황청의 경제적 착취가 쇠퇴의 주범이었다는 데 동의하지만, 가톨릭 학자들이 쇠퇴의 원인을 교황청의 위신과 권력의 쇠퇴, 수도회들의 질과 영향력 저하, 분파주의의 기승과 유명론의 유행에서 찾는 데 반해, 개신교 학자들은 이런 전개들을 종교개혁의 서곡으로 간주해 왔다. 그러나 가치 판단은 다를지라도 발생한 사건에 대한 사실 판단은 일치한다.

　　교황청은 권력과 위신이 크게 쇠퇴했다. 그렇게 된 데에는 여러 가지 원인들이 작용했다. 그중에서 분파주의가 기승을 부린 것이 틀림없는 한 가지 원인이다. 민족주의의 대두가 또 다른 원인이며, 교회 재정이 화폐 경제에 적응하게 된 것도 민족 국가들에게 교회와의 경쟁에서 우위에 서게 만든 원인으로 작용했다. 신학의 변화는 교회와 사회의 위계적 구조의 이론적 토대를 훼손했고, 특정 세속주의적 경향들은 당시 문화에 대한 교회의 장악력을 떨어뜨렸다. 이런 다양한 변화들이 정확히 1300년에 발생하기 시작했다고 봐서는 안 된다. 더러는 이미 여러 세기 동안 발전해 오고 있었다.

민족들의 대두

　　1300년에는 민족주의가 아직 오늘날과 같은 형태를 띠지는 않았고, 민족

(nation)이란 단어도 오늘날이라면 그렇게 명명되지 않았을 집단들을 가리키는 데 쓰였다. 민족이란 단어는 대학교에서 학생 집단을 분류하는 데 최초로 쓰였다. 파리에는 독일인들과 스칸디나비아인들을 포함한 영국계와, 스페인인들과 이탈리아인들을 포함한 프랑스계, 피카르디계, 노르만계 등 그런 집단이 네 개 있었다. 프라하에도 대학교에 독일계, 체코계, 바바리아계, 슐레지엔계 등 네 개의 민족이 있었다. 동시에 스페인, 영국, 프랑스 등 현대의 민족들 중 세 민족이 형성 과정에 있었다. 그런 지역들에서는 공동의 전승과 공동의 언어를 지닌 인구가 점차 중앙집권화해 가던 하나의 정부 밑에서 인접 지역들을 통합해 가고 있었고, 변경 지대를 천연 요새지를 갖춘 개척지로 만들어 가고 있었다.

이 울타리 안에서 정치적 자치권을 얻으려면 중세의 두 가지 큰 보편적 권력 곧 제국과 교회의 총괄적 권력을 배척해야 했다. 왕들이 황제들의 역할을 차지했고, 이제는 구호가 '왕은 자기 영토에서 황제다'(Rex est imperator in regno suo)가 되었다. 마찬가지로 군주들은 자기 영토 내의 교회를 통제하되 심지어 교황권에 도전할 정도로 통제했고, 16세기에 영국 왕은 자신이 자기 영토에서 교황이라고 말한 것과 다름없는 정도에 이르렀다.

초기의 세 민족이 이런 경향들을 보인 정도는 각기 달랐다. 스페인은 아직 통일되지 않았기 때문에 그런 목소리를 내는 데 가장 소극적이었다. 레콘퀴스타(reconquista, 재정복)는 톨레도를 포함할 정도까지 깊이 진척되었지만, 무어족은 거의 두 세기나 점령해 온 그라나다를 여전히 점령하고 있었다. 이렇게 된 이유는 기독교 주(州)들이 통일되지 않았기 때문이었다. 카스티야는 남쪽으로 세력을 뻗어가고 있었던 반면에, 아라곤은 섬들과 나폴리에 지중해 제국을 건설하려고 했다. 영국은 통일의 길에 훨씬 더 깊숙이 들어가 있었다. 오늘날의 영국이 당시에도 단일 군주의 통치를 받고 있었지만, 대륙과 아키텐에 대한 권한을 포기하지 않으려 함으로써 스코틀랜드와 프랑스와 끊임없는 투쟁을 벌임으로써 세력이 약했다. 이 세 지역 중 통일과 권력 집중을 가장 크게 이룩한 곳은 프랑스였다. 아키텐과 브르타뉴는 프랑스에 포함되지 않았고, 프랑스 북부와 남부는 알비파 정벌 십자군 이후 프랑스 남부가 합병됨으로써 통일되었다.

영국과 프랑스는 교황청과 충돌하게 되었는데, 특히 중세 초에 교황청 수립에 그토록 크게 기여했던 왕국인 프랑스가 더욱 그러했다. 충돌의 쟁점은 서임권 논쟁과는 달리 땅이 아니라 돈이었다. 그 이유는 교회가 새로 도입된 화폐 경제에 편승하여 자체 경제를 국제적 규모로 발전시키고 있었기 때문이었다. 교회가 국제 무대에서 활약하려면 막대한 비용이 들었는데, 이탈리아에서는 그 비용을 충당할 수 없었다. 교황청은 그레고리 1세 때 소유했던 토지들 가운데 상당 부분을 사라센족에게 잃었고, 소금과 황산 알루미늄에 대해 가진 독점권도 적절한 보상을 해주지 못했다.

교회가 국제 권력이 되려는 야망을 갖고 있다면 국제적인 수입원을 개척해야 했다. 교회는 11세기 말에 베드로의 은전(Peter's Pence)이라 하는 소액의 통화세를 영국과 스칸디나비아 국가들에 부여하면서 그런 시도를 시작했다. 거기서 더 나아가 유럽 전역의 모든 지교회들에 십일조 세를 부과했고, 세금을 거부하는 행위에 대해서는 파문의 형벌을 내렸다. 이렇게 돈을 모으는 과정에서 교회는 이 부정한 재물에 대한 혐오를 덮어두었고, 롬바르드 은행가들의 활동을 이용했다. 그들은 로마에 신용 대출을 해준 뒤 십일조를 징수할 때 그것을 착복함으로써 벌충했다.

유럽의 군주들은 금을 영토 바깥으로 수출하는 것을 금했다. 수출된 금이 자국에 불리하게 쓰이는 경우가 허다했기 때문에 특히 더 그랬다. 그들은 십자군 세(稅)에 대해서도 반대했는데, 십자군 세는 1291년 팔레스타인에 있는 기독교 전초 기지가 투르크족에게 함락된 뒤에도 계속해서 징수되었다. 십자군 운동이 끝나기 전에는 십자군 원정이라 불리운 전쟁들을 위해서 쓰여지고 있었지만, 그 전쟁들이란 실제로는 교황이 자기 말을 듣지 않는 기독교 군주들을 징벌하기 위해 다른 기독교 군주들에게 명령하여 치러진 것들이었다. 귀족들은 자기들을 징벌하는 데 쓰이는 세금을 내려고 하지 않았다. 교황청이 독일의 거대한 황제 가문인 호헨슈타우펜(Hohenstaufen)가(家)를 시칠리아에서 쫓아내기 위한 프랑스의 앙주(Anjou) 왕가의 십자군 원정을 뒷받침해 주었을 때, 독일인들이든 영국인들이든 세금을 낼 생각이 전혀 없었다. 왕들은 오로지 자기들의 이익을 위해서 전비(戰費)를 부담했다. 그런 목적을 위해서 오랫동안 교회의 재산에 손을 대왔는데, 이제는 이런 관행이 토지 몰수가 아닌 돈의 압류를 뜻하게 되었다.

　이러한 몇 세기 동안 영국이 교황청과 벌인 투쟁의 주된 쟁점은 1213년 왕 존(John)이 영국을 교황청의 봉토로 삼음으로써 영원히 봉건적 조공을 떠안았는데, 더 이상 그것을 바치지 않고 있다는 것이었다. 영국은 1279년에는 교회의 토지 유증(遺贈)을 금지했고, 1351년에는 영국 교구들에 대한 교황청의 성직 임명을 불법으로 규정함으로써 외국인들이 부유한 영국 주교구들을 차지하는 것을 막았다. 로마 법원에 항소하는 것은 1353년 교황존신 금지령(the Statue of Praemunire)으로 금지했다.

　프랑스에서도 교황청과 충돌하게 된 주된 원인이 돈 때문이었다. 공정왕 필립(Philip the Faire)은 프랑스 성직자들에게 연간 수입의 절반을 세금으로 징수했다. 이에 대해 1296년 교황 보니파키우스 8세(Boniface VIII)는 (1296년의 교서 클레리키스 라이코스〈Clericis Laicos〉에서) 교황의 승인 없이 그런 세금을 거두는 평신도나 내는 성직자를 파문에 처한다고 공포함으로써 대응했다. 이에 대해서 필립은 로마로 금을 이송하는 것을 금지했고, 보니파키우스는 일찍이 중세의 어떤 교황도 하지 않았던 원대한 주장을 함으로써 응수했다.

　그것은 보니파키우스가 고안한 것이 아니라, 인노켄티우스 4세(Innocent IV)의 성명서들에서 착상을 얻은 것인데, 인노켄티우스는 교황권이 이미 내리막길에 접어들었을 때 주장을 거창하게 함으로써 쇠퇴를 벌충했었다. 이를테면 그리스도가 사제일 뿐 아니라 왕이셨으므로 베드로에게 하나의 열쇠가 아닌 두 개의 열쇠를, 하나의 칼이 아닌 두 개의 칼 — 영적인 것과 아울러 세속적인 것 — 을 주셨다고 선언했다. 베드로 자신은 세속적 칼을 현실적 용도에 사용하지 않고서 그것을 교황의 지도를 받는 왕들에게 위임했다고 했다. 따라서 하나님이 왕권을 직접 제정하셨다는 사상을 한 마디로 부정한 셈이다. 보니파키우스는 이런 주장 외에도 모든 사람이 구원을 받으려면 로마 교황에 복속해야 한다는 주장을 필립에게 가했다. 이 주장은 일찍이 토마스 아퀴나스(Thomas Aquinas)가 진술할 때는 복속하다(subject)라는 단어의 의미가 모호했었지만, 지금 이 상황에서는 그 의미가 분명했다. 보니파키우스는 1299년의 교서 우남 상탐(Unam sanctam)에서 이 주장을 했다.

그러나 과거에 교황청이 권력 투쟁에서 승승장구한 것은 역설적이게도 자체의 주장들을 효과적으로 사용할 기회를 줄여놓았다. 보편 교회는 보편 제국을 이탈리아 북부 도시들과 프랑스에서 떠오르던 민족주의 세력과 대결시킴으로써 그 권력을 약화시킨 바 있다. 1250년 이후 제국의 권좌가 20년이나 비어 있었고, 제국은 황제 선출 제도에 입각하여 재편된 1356년 이전에는 안정을 누리지 못했다. 교황청이 세력 균형을 깨뜨린 셈이었고, 그 결과 보니파키우스는 필립을 제재할 어떤 권력자도 일으킬 수 없었다. 1303년 필립의 몇몇 심복들이 로마 근처 아나니에서 여름 휴가차 그곳에 온 교황을 생포하여 심한 폭행을 가함으로써 교황은 그뒤 얼마 못 살고서 죽었다.

아비뇽

교황청은 그뒤 로마에서 아비뇽으로 옮겨졌다. 아비뇽은 프랑스 남부의 작은 공국(公國)으로서, 당시에는 프랑스 왕의 지배를 받지 않던 곳이었다. 이 도시가 1305년부터 1378년까지 교황의 거점이 되는데, 그 기간은 70년과 너무 가까웠기 때문에 유대인들의 70년 포로 생활을 회상하여 교황청의 바벨론 유수(流囚)라 불렸다. 그러나 교황들이 자유롭게 로마로 돌아갈 수 있었기 때문에 실제로는 유수가 아니었다.

성전 기사단

이 기간 동안 모든 교황들은 프랑스인들이었고, 프랑스 왕들의 요청이 있을 때에만 영적인 칼을 사용했다. 그러한 변화는 공정 왕 필립이 종교재판소를 국가의 기구로 전환한 방식에서 잘 나타난다. 그의 목적은 성전 기사단(the Knights of the Temple)을 해체하려는 것이었다. 프랑스에 있던 성전 기사단은 교황에게만 복종했기 때문에 왕권 강화에 걸림돌이었다. 기사들은 부유했고 무장을 하고 있었으며, 그 시점에서는 성지에 대한 십자군 원정도 사실상 종결되었으므로 성전과도 아무런 상관이 없었다. 스페인에서는 칼라트라바(Calatrava), 산티아고(Santiago), 알칸타라(Alcántara) 같은 수도회들이 레콘퀴스타(reconquista, 재정복)를 위해 여전히 필요했고, 독일에서는 튜튼 기사단(Teutonic Knights)이 프러시아를 진압하고 있었다. 프랑스의 성전 기사단에는 이렇다할 임무가 없었고, 따라서 그들을 해산시키는 것이 현명했다. 그러나 그것은 곧 성지에 대한 십자군 원정이 종결되었음을 인정하는 조치로 받아들여질 것인데, 그런 조치를 받아들일 사람은 아무도 없었다.

필립의 딜레마는 지극히 순탄하게 해결되었다. 성전 기사단의 어느 변절자가 기사단원들이 고양이 머리를 경배하고, 미사를 모욕하고, 순리를 거스르는 악행을 저지르고, 성지들을 이교도들에게 팔아넘겼다고 주장하며 그들을 이단 죄로 고소했던 것이다. 그들은 사실상 성지들을 팔아넘기지 않았다. 고양이 머리를 우상으로 숭배했다는 증거도 발견되지 않았다. 기사단원들이 신성모독 죄를 저질렀을 가능성은 있다. 사실상 신성모독이란 중세에 그리 드문 일이 아니었다. 그것도 실은 일종의 신앙에 대한 확증이란 이유에서 그런 죄로 사람을 화형에 처하지는 않았던 것이다. 신성모독은 당사자가 자기가 모독한 대상을 믿는 한에는 충격적인 일도 괴상한 일도 아니었다. 순리를 거스르는 악행에 대한 고소도 어느 정도는 근거가 있었겠지만, 그것은 엄연히 이단이 아닌데, 이단으로 고소되었다.

프랑스 전역의 모든 성전 기사단 단원들이 하룻밤새에 체포되었다. 이 범죄자들에게는 지역마다 약간씩 내용이 다른 범죄 혐의 목록이 제시되었다. 그리고 고문을 가해 더도 덜도 아닌 혐의 목록과 똑같은 자백이 나왔다. 심지어 기사단 단장 자크 드 몰레(Jacques de Molay)조차 자백을 했다고 한다. 그 건은 종교재판소로 위탁되었다. 교황 클레멘트 5세(Clement V)가 그 건에 개입했다. 그러자 얼마 전에 자백했던 사람들이 이제는 자백 내용을 부인했으나, 그들은 석방되지 못하고 배교한 이단들로 간주되어 사형 판결을 받았다. 59명의 성전 기사단원이 파리에서 화형을 당했는데, 그중에는 자크 드 몰레도 포함되어 있었다(1314). 이처럼 종교재판소가 국가를 위해 이용되었고, 교황이 아무런 항의도 하지 못했으므로 그로 인한 압박은 고스란히 교황에게 가해졌다.

교회의 수입

교황청이 아비뇽으로 이전함으로써 교황들은 또 다른 재정 문제를 겪게 되었다. 성 베드로의 유산은 이탈리아 귀족들에게 짓밟혔고, 교회는 더 이상 이탈리아에서 세금을 거둘 수 없었다. 아비뇽의 교황들은 실지(失地)를 회복하기 위해서 상인들의 군대를 모집했다. 군사 작전에 드는 비용을 부담하기 위해서 프랑스와 영국과 독일의 지역 교회들에 세금을 부과했다. 교황청 재정을 재편한 마술사는 요한네스 22세(John XXII)였다. 그는 자금을 마련할 수 있는 과거의 모든 방법을 동원했고, 그밖에도 여러 방법을 고안했다. 그 중 한 가지 방법은 신임 주교의 첫해 수입을 전부 교황청에 내게 하는 것이었다. 똑같이 초년도 수입을 뜻하는 아나테스(Annates)와 세르비티아(Servitia)라는 단어들 중에서 교구가 작을 때는 전자를, 교구가 클 때는 후자를 사용했다.

주교좌가 공석일 때에는 교황이 다른 주교구의 주교를 그곳으로 이동 발령함으로써 또 다른 공석이 생기게 했다. 아니면 그곳에 아예 주교를 임명하지 않고 남겨 둠으로써 모든 수입을 자신이 챙겼다. 이런 제도를 가리켜 임명보류제(Reservation)라고 했다. 발령 대기자 목록을 만들어 놓고 조만간 공석이 될 주교좌에 임명될 사람에게 수수료를 받았다. 교황이 주교구를 방문할 때는 그 비용을 교구가 다 부담했다. 그런데 그 접대비가 만만치 않았기 때문에 차라리 오지 않도록 사전에 돈을 지불하는 게 비용이 적게 들었는데, 그런 경우 교황은 여러 차례 초청을 하도록 종용했다. 새로운 성직들에는 임명세가 부과되었고, 아무리 사소한 의식일지라도 모든 의식에는 수수료가 붙었다.

중요한 자금 마련책 가운데 하나가 면죄부 판매였다. 이 관행의 기원은 십자군 운동 때로 거슬러 올라간다. 십자가를 드는 자에게 주교는 과거에 부과된 고해를 면제해 주는 일종의 면죄부를 주었다. 훗날에는 그렇게 할 수 있는 권한이 오로지 교황에게만 국한되었다. 그러다가 집에 남아 있으면서 성지의 십자군들이든 유럽의 십자군들이든 그들에게 자금을 대는 사람들에게 비슷한 사면이 부여되었다. 면죄부는 대성당이나 병원을 짓는 자선 사업이나 심지어는 교량을 놓는 사업을 지원하는 데도 사용되었다. 거대한 고딕 양식의 대성당들은 부분적으로는 면죄부 판매에 힘입어 건축되었다. 면죄부 이론에서 한 가지 중요한 이론은 신체형을 벌금으로 대체하던 옛 게르만족의 관습이었다.

또 다른 요인은 성인들의 공로가 저장된 곳간에 관한 이론이다. 성인들은 자기 한 몸 구원 받는 데 필요한 것보다 더 많은 공로를 갖고 있다고 생각했다. 그들의 잉여 공로가 테사우루스 메리토룸 상토룸(Thesaurus meritorum sanctorum)이라고 하는 천상의 곳간에 간직되어 있다고 했다. 이 곳간에서 교황은 공로를 꺼내 그것이 부족한 자들에게 전가할 수 있다고 했다. 이 곳간은 그리스도의 공로도 저장하고 있기 때문에 고갈되는 법이 없다고 했다. 다만 한 가지 문제가 있었다. 그것은 교황이 오로지 자기 재량만으로 그 공로를 전가할 수 있는지, 아니면 하나님이 자기의 요청을 존중하실 것을 충분히 확신하고서 단지 하나님께 사죄를 구하는 것인지에 관한 문제였다. 15세기 말의 교황들은 자기들이 땅에서 뿐 아니라 연옥에서도 부과된 형벌을 사면할 권세가 있다고 주장했고, 어떤 면죄부들은 형벌뿐 아니라 죄책까지도 사한다고 했다. 엄격히 말해서 면죄부는 판매된 게 아니라, 이 은혜를 받은 사람이 그 은혜의 선물에 대한 보답으로 기부금을 낸 것이다. 그럼에도 불구하고 사죄 부여와 기부 행위가 동시에 이루어졌다.

이런 다양한 방법으로 교황들과 추기경들은 아비뇽에 있을 때 프랑스 왕들보다 더 많은 수입을 거둬들였다. 교회 세입의 거의 3분의 2가 이탈리아에 있는 베드로의 유산을 되찾기 위한 전쟁 비용으로 사용되었다. 필립은 금이 로마로 들어가도록 허용하지 않았는데, 이후의 프랑스 왕들은 왜 그렇게 막대한 양의 금이 아비뇽으로 들어가도록 놔두었는지는 이해하기 쉽지 않은 대목이다. 아마 프랑스의 지배를 받는 교황청을 그 비용을 정당화할 만한 큰 자산으로 간주했기 때문에 그랬을 것이다. 그러나 다른 나라들이 프랑스의 지배하에 있는 교황청에게 지시를 받지 않으려고 함으로써 그 자산은 갈수록 줄게 되었다. 영국과 독일은 교황청의 말을 듣지 않았으며, 만약 이 바벨론 유수가 더 지속되었더라면 프로테스탄트권의 탈퇴가 한 세기 반 앞당겨졌을지도 모른다.

이 일은 황제 바바리아의 루드비히(Louis)가 대단히 중요한 문제를 놓고 교황 요한네스 22세(John XXII)를 무시했을 때 거의 발생할 뻔했다. 그것은 루드비히가 결혼을 순전히 세속적인 일로 규정하고, 자신의 황제의 권위로써 자기 백성 중 어느 여성에게 이혼을 허락한 뒤 황제 자신의 아들과 결혼할 수 있도록 한 사건이었다. 교황은 루드비히를 정벌하기 위한 십자군을 선포했으며, 루드비히는 교황을 이단으로 낙인찍었다. 교황은 그에게 추방령을 내리고서, 하나님과 사도 베드로와 바울의 진노가 그에게 임하고, 천벌을 받아 눈 멀고 미치게 되고, 땅이 그를 산 채로 삼키고, 그에 대한 기억이 영원히 지워지기를 기도했다. 그러나 땅은 열리지 않았고, 그의 기억도 모든 교과서에 고스란히 보존되어 있다.

루드비히는 이탈리아인 법률가 파두아의 마르실리우스(Marsilius)에게 도움을 청했다. 평신도였던 그는 국가가 유스티니아누스의 체제에서보다 훨씬 더 높은 자리를 차지하는 교회와 국가에 관한 이론을 발표했다. 모든 재산의 소유권(dominium)은 국가에 귀속된다고 주장했다. 교회는 국가가 정해준 액수만큼의 재산만 사용해야 할 뿐 어떠한 재산도 소유해서는 안 된다고 했다. 모든 성직자는 정부로부터 급여를 받아야 한다고 했다. 이것은 성직자들을 본질상 공무원들로 만들겠다는 주장이었다.

이보다 훨씬 더 급진적인 견해가 프란체스코회 수사들에 의해 제기되었다. 포베렐로파(the Poverello)의 추종자들은 세력을 결집하여 자금 조달의 귀재 요한네스 22세에 맞섰다. 요한네스는 도미니움(dominium, 소유)과 우수스(usus, 사용)에 관한 터무니없는 주장을 더 이상 용납하지 않기로 결심했다. 교회는 더 이상 소유의 부담을 떠 안지 않고 프란체스코회로 하여금 성직록(聖職祿)을 갖도록 했다. 그들에게 소유하든가 굶어 죽든가 양자 택일을 하도록 했다. 이 조치는 콘벤투알파(the Conventuals)에게 문제가 되었다. 그런 뒤 요한네스는 신령파(the Spirituals)의 소수 잔존 세력을 진압하기로 작정했다. 다음에는 과거의 어느 교황의 분명한 소신과는 달리, 그리스도께서도 친히 재산을 소유하셨다는 선언으로써 모든 프란체스코회 분파들을 이간시켰다. 프란체스코회 수사들은 교황을 이단으로 낙인찍었다. 요한네스는 신령파 수사 몇몇을 종교재판소로 넘겨 화형을 당하게 했다. 신령파는 그 뒤에 사라졌으나, 그 뒤를 이어 프라티켈리파(the Fraticelli)가 등장했는데, 이들은 성 프란체스코회의 수도회칙을 교회의 권위 위에 두었고, 피오레의 요아킴(Joachim)의 종말론을 받아들였으며, 교황을 적그리스도로 단정했다. 이로써 프란체스코회의 한 지류는 분파주의가 되었다.

교황의 발톱을 피한 그 수도회의 일부 세력은 루드비히가 있는 바바리아로 피신했다. 그들 중에는 윌리엄 오캄(William of Occam)이라는 영국 출신 콘벤투알파 수사가 있었는데, 그는 교황 요한네스 22세의 오류에 관한 방대한 책을 썼다. 황제와 교황의 권한을 다룬 논문에서 그는 옛 제국의 이론으로 되돌아가, 세속 권력은 하나님이 직접 세우신 기관이라고 주장했고, 성직자는 자신들의 역할을 읽고 설교하고 성직자를 임명하고 성사를 집례하는 것으로 한정해야 한다고 주장했다.

그보다 훨씬 더 급진적인 것은 오캄의 교회론이었다. 그는 유명론 철학을 근거하여 교회를 통일된 하나의 실체가 아닌 개별적 지체들의 관점에서 보았다. 교회를 그 구성 요소들에 의해 분석했고, 그 각 요소에 관해서 그것이 오류를 범할 수 있는지를 물었다. 그리고는 즉시 대답하기를, 교황도 오류를 범할 수 있고, 총공의회(general council)도 오류를 범할 수 있고, 평신도도 오류를 범할 수 있고, 적어도 모든 사람이 오류를 범할 수 있으며, 진리는 오직 경건한 여성들에게만 깃들는지 모른다고 했다. 물론 그 당시 교회의 몇몇 다른 부분이 진리를 견지했다고 가정할 때 여성들이라고 해서 오류를 범하지 말라는 보장이 없었다. 이런 근거에서는 왜 모든 부분들이 동시에 오류를 범할 수 없는가를 이해할 수 없다. 그러나 그는 음부의 권세가 교회를 이기지 못할 것이라고 하신 그리스도의 말씀 때문에 이런 결론을 내리지 못했다. 그러므로 어느 순간이든 어떤 부분은 옳을 것이다. 역사적으로 볼 때 그의 입장을 뒷받침해 주는 것들이 많다.

우리는 앞에서 교황권이 절정에 올랐을 때 수도원적 개혁과 선교 운동이 다른 곳에서 시작되었다는 것을 살펴 본 바 있다. 오캄은 또 다른 문제를 제기했다. 만약 한 부분을 제외한 모든 부분이 그릇될 수 있다면, 이 한 부분이 옳은지를 어떻게 알 수 있는가? 권위의 근거란 무엇인가? 그의 대답은 성경에 호소하는 것이었지만, 그는 만약 성경을 해석할 아무런 권위 집단도 없을 때는 각 개인이 그 일을 스스로 해야 한다는 것을 조금도 인식하지 못했다.

대분열

바벨론 유수는 1377년에 끝났다. 교황 그레고리 11세는 교황청이 다른 나라들로부터 충성을 잃지 않으려면 프랑스와 거리를 좀 느슨하게 두어야 한다고 인식했다. 그는 로마로 갔으나 그의 추기경들은 그를 동행하기를 거부하고서 다른 교황을 선출했고, 그 교황은 아비뇽에 남았다. 이 교황은 클레멘스 7세(Clement VII)라는 칭호를 취했다. 그와 그의 아비뇽 후계자들은 오늘날 로마 교회의 인정을 받지 못하며, 종교개혁 때 또 다른 교황이 클레멘스 7세라는 칭호를 취한 것은 그것 때문이었다. 로마로 간 그레고리 11세는 우르바노 6세(Urban VI)로 계승되었는데, 그는 새로운 추기경들을 선출했다. 따라서 당시에는 두 명의 교황과 두 무리의 추기경들이 있었다. 이로써 대분열(the Great Schism)이 시작되었는데, 이 분열은 1459년까지 완전히 종식되지 않았다. 따라서 온 유럽은 양분되었다.

프랑스는 아비뇽의 교황들을 지지했고, 종종 로마와 갈등을 겪던 나폴리도 프랑스 편을 들었다. 영국과 보헤미아와 독일과 프랑드르는 프랑스에 반대하여 로마 편을 들었다. 그러나 영국과 전쟁 중에 있던 스코틀랜드는 프랑스 편을 들었고, 그러므로 로마와 대립했다. 카스티야도 몇 차례 동요하다가 로마와 대립하는 쪽으로 굳어졌다. 교황청이 두 곳이고 보니 성 베르나르 시대와 마찬가지로 각 나라에는 서로 경쟁하는 교황들의 이름하에 경쟁 주교들이 일어났고, 군주들은 자신의 영토에 절대적인 통일을 강요할 수 없는 경우가 많았다. 이런 이질화는 정치적인 결과들을 낳았다. 보헤미아의 앤(Anne)은 만약 프랑스와 보헤미야가 서로 다른 교황을 지지하지 않았더라면 프랑스 왕과 결혼했을 것이다. 앤은 그 대신 영국의 리처드 2세(Richard II)와 결혼했다.

그 다음에 이루어질 일이 무엇이었을까? 독일과 특히 프랑스에서 한 무리의 사상가들 — 대부분 저명 인사들로서, 그중에는 파리대학교 총장 장 샤를리에 제르송(Jean Sharlier Gerson)과 추기경 피에르 다이(Pierre D'Ailly)가 있었다 — 이 나와서 그 막다른 길에서 빠져나갈 유일한 출구는 공의회주의(Conciliarism)를 회복하는 것뿐이라고 주장했다. 공의회주의는 혁신이 아니라 4세기부터 8세기를 지나는 대 에큐메니컬 공의회들의 시대에 얻었던 체제를 되살리는 것이라고 했다. 당시에는 모든 중대한 교리 쟁점들이 공의회들에 의해 판결되었다. 물론 공의회들의 결정이 교황들에 의해 재가된 것은 사실이지만, 제6차 공의회는 어떤 전임 교황을 이단으로 단죄한 적도 있었다. 그러나 이제는 이단보다 더 복잡한 문제가 개입되어 있었다. 왜냐하면 어떤 공의회도 교황을 폐위하거나 선출한 적이 없기 때문이다. 직전의 과거를 감안한다면 공의회주의는 지난 두 세기의 중앙집권화 추세를 뒤집어 놓는 실로 두려운 혁신이었다. 공의회주의는 입헌주의를 뜻했다. 교회의 권위가 대표체 안에 있게 됨을 뜻했다. 이 시기의 공의회주의는 그 초기의 목적을 달성하고 분열을 끝냈으나, 교황주의(papalism)를 저지하지는 못했다. 또한 교회 내의 도덕적 재정적 부패를 바로잡지도 못했다. 그럼에도 불구하고 그 여파가 결코 작았다고 할 수 없었는데, 이는 프로테스탄트 종교개혁의 신앙 영역에 영향을 끼쳤고, 그보다 정치적인 영역에 더 큰 영향을 끼쳤기 때문이다. 의회주의를 옹호하던 17세기의 청교도 소책자 운동가들은 공의회주의자들의 무기고에서 무기를 꺼냈다.

 분열의 종식은 결코 적은 성취가 아니었으며, 쉽게 얻은 성취도 아니었다. 그 이전에는 아비뇽에서든 로마에서든 교황이 죽으면 그의 추기경들은 후임자를 선출하고서, 그 쟁점이 태만으로 인해 해결되지 않았기 때문에 그럴 수밖에 없었다고 변명했다. 공의회주의 사상이 본격적으로 떠올랐을 때, 각 교황은 회의 소집에 적극 협조하겠다고 공약했으나, 상대방 지역에서 가장 멀리 떨어진 곳을 공의회 장소로 선정함으로써 공약 이행을 회피했다. 양 교황의 태도에 크게 실망한 양측의 추기경들은 마침내 1409년 교황들을 배제시킨 채 피사에서 모였다. 분열이 발생한 지 꼭 34년만의 일이었다. 당시의 교황들은 베네딕투스(Benedictus)와 그레고리우스(Gregorius)였는데, 추기경들은 그들에게 '베네픽투스'(Benefictus)와 '에로리우스'(Errorius)라는 이름을 붙인 뒤 양자를 다 폐위했다. 추기경들은 그 대신 새로운 교황을 선출했는데, 그는 곧 죽고 그의 권좌를 요한 23세(John XXIII)가 차지했다. 그는 요한이라는 이름을 너무나 더럽혔기 때문에 20세기의 가장 사랑받은 교황이 그 이름을 취하기까지는 어떤 교황도 그 이름을 취하지 않았다. 요한네스 23세는 교회의 토지를 나폴리 왕으로부터 지킨 일종의 용병 대장이었다.

그러나 추기경들에게 폐위된 다른 두 교황은 순순히 물러나지 않았다. 결과적으로 이제는 교황이 둘이 아니라 셋이 되었다. 어디에 잘못이 있었던가? 피사 공의회가 추기경들에 의해서만 진행된 데 잘못이 있다는 대답이 제기되었다. 만약 교황이나 황제가 공의회를 소집했더라면 틀림없이 분열을 치유했을 것이라고 했다. 요한 23세는 나폴리 왕이 자기를 로마에서 쫓아낼 때까지는 공의회를 소집할 의사가 없었다. 쫓겨난 뒤에야 마지못해서 공의회 소집에 동의했는데, 그러면서도 회의를 자기 뜻대로 좌우할 수 있을 것이라고 예단했다. 황제 지기스문트(Sigismund)는 권위 있는 교황에게 대관식을 받고 싶었기 때문에 기꺼이 초대에 응한 뒤 공의회 장소로 향했다. 그곳은 로마가 아니라, 오늘날 스위스에 해당하는 콘스탄츠였다.

1414년 큰 무리가 그곳에 모였다. 그중에는 신비주의자 제르송(Gerson)과 신학자 다이(D'Ailly) 같은 저명 인사들이 포함되어 있었다(땅이 둥글다는 다이의 견해는 콜럼버스에게 영향을 주었다). 그러나 공의회에 참석한 대다수 주교들은 학식이나 도덕성이 변변치 못했다. 요한 23세는 이탈리아의 신임 주교들을 다수 임명함으로써 공의회를 장악하려고 했다. 그러나 공의회는 민족들에 따라 회의를 조직함으로써 그를 가로막았다. 민족이라는 용어는 이제 오늘날의 의미에 가까워져 있었다. 참석자들은 이탈리아인들과 독일인들과 프랑스인들과 영국인들이었고, 스페인인들의 명단은 프랑스인들 틈에 끼어 있었다. 요한이 임명한 이탈리아 주교들은 통틀어 하나의 투표권밖에 갖지를 못했다. 사태가 범상치 않게 전개되는 것을 파악한 요한은 공의회장을 몰래 도망치다가 붙잡혀 다시 공의회장으로 돌아온 뒤 폐위되고, 교황의 어부의 반지를 빼앗기고, 투옥되었다. 그의 후임자는 그를 추기경으로 임명했고, 그는 오늘날 추기경 모자를 쓴 채 피렌체 대성당의 세례당에 잠들어 있다. 신임 교황은 마르틴 5세(Martin V)라는 이름을 취했다. 다른 두 교황 중 한 사람은 사직했고, 한 사람은 폐위되었다. 그 공의회는 해산하기 전에 공의회주의 원칙을 주장했고, 차후 모임들을 정해 놓았다.

존 위클리프

민족주의가 가세한 분파주의가 교회의 일치에 새로운 위협을 가하지 않았더라면 공의회는 다시 열리지 않았을는지 모른다. 문제를 일으킨 민족들은 영국과 바바리아였고, 그 원인은 앞에서 살펴본 대로 보헤미아의 앤과 영국왕 리처드 2세의 결혼 때문이었다. 두 사람의 결혼으로 양국간의 문화 교류가 시작되었고, 양국의 학생들이 옥스퍼드 대학교와 프라하 대학교를 왕래했다. 영국에서의 이단은 존 위클리프(John Wycliff)였다. 그는 사제이자 왕의 고문으로서, 아비뇽의 프랑스 교황들의 수탈에 대한 영국의 반대를 강력히 주장한 인물이었다. 그는 파두아의 마르실리우스(Marsilius)가 내놓은 도미니움과 우수스에 관한 교리를 확장 해석하여, 모든 도미니움 곧 소유권은 하나님께 있으며, 인간은 우수스 곧 사용권만 갖고 있다고 주장했다. 이것은 국가가 불충한 교회의 재산을 몰수해도 괜찮다는 뜻으로서, 당시 영국의 실질적인 군주였던 곤트의 존(John of Gaunt)이 교회 재산을 몰수한 것을 정당화하기에 매우 편리한 교리였다.

1378년 교황청 분열이 발생했을 때 위클리프의 견해는 훨씬 더 급진적인 성격을 띠었다. 왜냐하면 그는 예정론에 입각한 역사 철학을 교회에 적용했기 때문이다. 앞에서 살펴본 대로, 세상 종말이 임박했다는 예언은 제도 교회의 권력을 덧없는 것으로 만들기 때문에 교회 권력을 약화시키게 마련이다. 예정론은 종말에서 시작하지 않고 출발에서 시작하는 방식으로, 즉 하나님이 어떤 영혼들은 태어나기도 전에 복락에 들어가도록 선택하시고 다른 영혼들은 멸망에 들어가도록 선택하셨다는 주장으로 제도권 교회에 타격을 가했다. 성 어거스틴이 주장했던 이 견해는 교회의 구조와는 아무런 상관이 없었다. 왜냐하면 어거스틴은 선택자와 비선택자를 구분할 방법을 알지 못했기 때문이다. 그러나 만약 그들을 식별할 수 있는 확실한 시험 방법을 발견할 수만 있다면 교회에서 양들과 염소들을 구분해 내고, 밀과 가라지를 구분해 낼 수 있게 되는 셈이다.

위클리프는 윤리적 품행에서 이 시험 방법을 발견했는데, 교황들이 사도들과는 정 반대의 삶을 살기 때문에 사도들의 계승자들도 아니고, 선택자들의 참 교회도 아니며, 오히려 "루시퍼(Lucifer)의 저주받은 팔에 안긴" 유기자(遺棄者)들이요 그들의 권좌는 적그리스도의 권좌라고 결론지었다. 그런 고위성직자들이 집례하는 성사들은 효력이 없다고 했다. 화체(化體)라는 것은 발생하지 않기 때문에, 사제는 어떤 경우에도 빵과 포도주를 화체에 의해 그리스도의 살과 피로 변화시킬 힘을 갖고 있지 않다고 했다. 위클리프는 철학상으로는 실재란 보편자들 가운데 하나이므로 소멸될 수 없다고 주장한 실재론자였다. 그러나 이것은 그리스도께서 성찬물 안에 계신다는 뜻이 아니었다. 빵과 포도주는 본래의 실재를 그대로 지닌 채 남아 있고, 이 성찬물와 함께 나란히 그리스도께서 임재하신다고 했다. 이 견해는 잔류론(the doctrine of remanence)이라 불리웠다.

그러나 교회에서는 권위가 어디 있을까? 위클리프는 오캄과 마찬가지로 성경에 권위를 두었는데, 그도 오캄과 마찬가지로 누구에게 성경 해석권이 있는가 하는 문제를 깊이 인식하지 못했다. 그는 성경의 의미란 자명하기 때문에 성경이 어떠한 해석자도 필요로 하지 않는다고 생각했다. 그는 성경을 보급하고 민중을 가르치기 위해서 당시에 갓 대두한 영어로 성경을 번역하는 작업을 후원했다. 이 때는 초서(Chaucer)의 시대였다. 말씀을 보급하는 임무는 나중에 경멸조로 롤라드파(the Lollards)라고 불리게 된, 가난한 사제들로 구성된 수도회에게 맡겼다. 위클리프는 기존의 수도회들을 신뢰하지 않았고, 특히 소교구 사제의 영역에서 문제를 일으키던 탁발 수사들을 혐오했다. 초서는「캔터베리 이야기」(*Canterbury Tales*)에서 그들을 조롱하면서, 마을 사제의 인격을 칭송했는데, 위클리프는 그 탁발수사들의 정직성을 초서보다 더 비판했다. 롤라드파는 자기 양들과 주변 지역민을 목회하는 것을 사명으로 삼은 사제들이었다. 프란체스코회 수사들이 평신도에서 시작하여 사제로 마친 데 반해서, 롤라드파는 사제로 시작했다가 교회에 의해 지위를 박탈당한 뒤 평신도로서 마쳤다. 위클리프는 정부의 후견을 받았기 때문에 이단으로 처형되지는 않았지만, 다음 왕 때 그의 추종자들은 반(反) 이단법(De heretico comburendo)에 의해 화형을 당했다(1401). 위클리프가 교회에 가한 비판은 기본적으로 신학적인 것이었지만, 외세의 침탈에 대한 영국의 민족 감정이라는 요소도 들어 있었다.

얀 후스

그보다 훨씬 두드러졌던 것은 보헤미아의 민족 감정이었다. 그곳에서는 일찍이 가톨릭 신앙이 독일을 경유하여 소개되었고, 그 결과 체코인들의 반성직주의적 정조(情操)가 불가피하게 반 독일 감정의 기미를 띠었다. 그러나 이곳에서도 민족적 요소가 주된 것은 아니었다. 대 개혁자 얀 후스(John Huss)는 자국어 설교 운동을 주도했는데, 그것은 민중을 더 체코인답게 만들기 위한 것이 아니라 더 그리스도인답게 만들기 위한 것이었다. 그가 당대의 가톨릭 교회에 대해서 쏟아부은 비판은 처음에는 윤리적인 것이었다. 그는 고위성직자들의 사치와 방종을 질책했고, 나귀를 타신 그리스도와 그 발에 입맞추려고 운집한 군중에 싸여 말을 탄 교황을 생생한 표현으로 대조하면서 비판했다. 그리스도와 적그리스도를 대조한 것이 큰 반향을 불러 일으켰는데, 이것은 훗날 프로테스탄트 종교개혁자들에 의해 사용된다.

후스는 위클리프에 비해 덜 급진적이었다. 잔류론(the doctrine of remanence)을 주장하지 않았다. 부적격한 사제들의 행위의 유효성에 대해서 후스는 성사(聖事)와 목회를 구분했다. 부적격한 사제들이 집례하는 성사는 정당하고 효력이 있지만, 그런 자들이 수행하는 목회는 전혀 효력을 발휘하지 못한다고 했다. 후스는 위클리프에게서 교회를 예정받은 무리 — 품행으로 그 여부를 어느 정도 식별할 수 있는 — 로 보는 견해를 삭감하지 않은 채 그대로 받아 전달했다. 앞에서 본 대로 이것은 교회의 교계제도를 뿌리째 뒤흔드는 견해였다.

후스파 운동에 독특한 점으로 부각된 점은 미사 때 평신도에게 잔을 베푸는 의식을 부활시킨 것이었다. 교회는 그리 멀지 않은 과거에 서툰 평신도들이 '하나님의 피'를 조금이라도 흘릴지 모른다는 이유로 잔을 사제들에게만 제한한 바 있다. 후스파는 "너희가 다 이것을 마시라"[1]고 하신 그리스도의 말씀을 지적했다. 가톨릭 교회는 이 말씀이 사도들에게 하신 것이며, 사도들은 모두 사제들이었다고 대답했다. 이 점을 후스파는 부정했다. 그들은 교회가 성직자에게 언제나 구별된 성직복을 입도록 요구하고, 평신도가 성단소(聖壇所)에 접근하지 못하도록 하고, 평신도에게 잔을 금함으로써 성직자와 평신도 사이의 간격을 점점 더 크게 벌여놓는 경향에 반대하고 있었다. 그런 이유에서 성찬배(聖餐杯)가 후스파 운동의 상징이 되었다.

후스와 왕 벤첼(Wenzel) 및 대주교 츠비네크(Zbynek)의 관계에 얽힌 이야기는 분명하지 않다. 그 대주교는 자국어 설교를 승인했으나 후스가 위클리프의 견해에 동조한다고 판단하고서 위클리프의 견해를 단죄했다. 왕은 후스가 교황청의 대(對) 나폴리 전쟁을 재정 지원하기 위해 발행된 면죄부를 비판함으로써 그와 소원해지기 전까지는 대주교에 반대하여 후스를 지지했다. 후스는 훗날 루터(Luther)와는 달리 면죄부 교리 전체를 논박하지는 않았지만, 면죄부가 자금 마련을 위한 장치로 사용되고, 거기다 한술 더 떠서 그 자금을 교황의 전비(戰費)로 지출한다는 것에 격노했다. 프라하 대학교 학생들은 면죄부에 관한 교황의 교서를 불태웠다. 이에 대해 벤첼은 몇몇 학생을 처형했다. 후스는 항의하다가 교수직을 잃은 뒤 은거하면서 「교회론」(On the Church)이란 대작을 썼다.

그러던 중 콘스탄스 공의회가 열렸다. 후스 문제를 공의회에서 심의하도록 해야 한다는 안(案)이 제기되었다. 벤첼의 형제로서 그의 영토를 상속한 황제 지기스문트(Sigismund)는 자기가 상속받은 영토를 이단으로 더럽히지 않으려는 의도로 그 문제를 공의회가 심의해 주기를 바랐다. 따라서 후스에게 공의회에 다녀올 수 있는 안전 통행권을 주었다. 후스는 공의회장에 도착하자마자 성직자들의 부도덕한 언행을 보고 큰 충격을 받았다. 당시에 아직 폐위되지 않은 교황 요한 23세(John XXIII)는 후스를 투옥시키고, 지기스문트에게 교회는 신앙이 없는 자에게 약속을 지킬 의무가 없다는 근거로 그의 안전 통행권을 취소하라고 권유했다. 그러나 후스가 충돌한 대상은 콘스탄스에 모인 뻔뻔한 성직자들이 아니라, 피에르 다이(Pierre D'Ailly) 같은 지극히 고상한 성직자들이었다.

때로는 걱정이 지나쳐서 성인(聖人)이 성인을 박해하는 경우가 있다. 교회는 예정된 자들의 무리이고, 예정된 자들은 그 품행으로 식별할 수 있다는 후스의 교회론은 교황제 자체뿐 아니라 콘스탄스 공의회 같은 공의회마저 전복시킬 만한 것이었다. 다이는 분열을 끝내고 공의회주의 원칙을 확립하고 싶어하던 차에 후스 문제를 다루게 되었다. 그는 후스로 인해 가시적 교회가 해체될 것을 예상하고서 그 문제를 범상치 않게 여겼다. 후스는 잔류론을 가르쳤다는 이유와 사제들이 집례하는 성사의 효력이 그들의 인격에 달려 있다고 주장했다는 이유로 고소되었다. 후스는 자기가 그런 견해들을 주장한 적이 없다고 항변했다. 그런 뒤 그 견해들을 어떤 방식으로든 부정하라는 요구를 받았다. 그는 자기가 전에 주장한 적이 없는 것을 철회한다는 것은 거짓이 될 것이라고 답변했다. 화형대에서 그는 호칭 기도(litany)를 암송했다: "살아계신 하나님의 아들 그리스도시여, 제게 자비를 베푸시옵소서. 동정녀 마리아에게서 나신 이시여 … ." 교회 당국자들은 후스의 추종자들이 그의 조그마한 유물이라도 찾아 보헤미아로 가져갈까봐 화형 집행대뿐 아니라 주변의 흙까지도 파서 다른 데로 옮겼다.

유물이 없었을지라도 보헤미아는 뜨겁게 타올랐다. 우트라퀴스트파(Utraquists, 양형영성체파〈兩形領聖體派〉. '둘 다'〈즉, 빵과 포도주 다〉라는 뜻의 라틴어 우테르〈uter〉에서 유래)라 불리운 온건파는 만약 로마가 성찬배를 평신도에게 허용하면 로마와 타협할 태세가 되어 있었다. 그러나 그들은 로마가 어떤 양보를 하든간에 로마와는 절대로 타협하지 않으려고 한 타보르파(Taborites)라는 급진적 집단에 압도되었다. 그들은 피오레의 요아킴의 종말론을 되살리고 그가 말한 새 시대의 연대를 자기들 당대로 조금 앞당겨 잡았지만, 한가히 새 시대를 기대하면서 주저앉아 있지 않았다. 농민들이 맹인 장군 치츠카(Zizka)의 지휘하에 군대로 조직되었고, 이들은 비록 도리깨 정도로 무장을 갖춘 경우가 많았지만 그럼에도 불구하고 황제 지기스문트의 가공할 군대를 격퇴한 뒤 작센으로 원정을 감행했다.

바젤공의회

바젤 공의회는 1431년 이 상황을 다루기 위해서 소집되었다. 이 공의회는 사제들에게 투표권을 부여했다는 점에서 콘스탄스 공의회에 비해 민주적이었다. 후스파에 대한 자세한 협상 과정은 그리 중요하지 않다. 왜냐하면 결국 그들의 군대는 정 반대의 운명을 맞이했고, 가톨릭 신앙이 다시 도입되었기 때문이다. 하지만 가톨릭 신앙이 재도입될 때에는 후스파를 관용한다는 중요한 단서가 따라붙었다. 이것이 중세 교회의 통일을 깨뜨린 최초의 본격적인 분열이자 종교적 다원주의의 전조였다. 이제 한 지역에서는 두 가지 형태의 기독교 신앙을 허용하게 되었던 것이다.

바젤 공의회는 그뒤에는 별로 해놓은 일이 없었지만, 그대로 존속하면서 교황청의 세입을 까먹고 있었다. 그러던 중 공의회가 한번 힘을 발휘해 볼 만한 호소가 들어왔다. 콘스탄티노플이 투르크족에게 포위된 상황에서 동방 제국이 도움을 청해온 것이다. 서방은 동방이 자체의 신조를 받아들이는 조건하에서만 도움을 주겠다고 했다. 그러려면 당연히 신학 토론을 벌여야 하는데, 공의회가 아직 회기 중이므로 바젤이 적절한 장소가 될 수 있었지만, 그곳은 동방에서 너무 멀었다. 교황은 기지를 발휘하여 그리스인들을 페라라로 초청했고, 그들은 초청을 수락했다. 그뒤 회의장이 피렌체로 이전되었다(1438-39). 바젤에서도 여전히 공의회가 열리고 있었다. 그러므로 이제는 교황청이 분열된 게 아니라 공의회가 분열된 셈이었다. 이보다 더 반(反) 교황적 공의회주의를 철저히 불신하게 만들 수 있는 것이 없었다. 바젤은 대립교황(anti-pope)을 선출했다. 그러나 대립 교황도 공의회도 1449년에는 소멸하고 말았다. 한편 피렌체 공의회는 그리스인들과 타협안을 도출해 냈는데, 그리스 사절단이 이것을 가지고 귀국하자마자 그곳에서 즉각 퇴짜를 맞았다. 결국 콘스탄티노플에 대한 군사 원조는 흐지부지되었고, 그 도시는 1453년 투르크족에게 함락되었다.

르네상스

그 해에 이탈리아에서는 르네상스(Renaissance)가 한창 진행되고 있었다. 대부분의 사람들은 르네상스를 일종의 후퇴로, 즉 사회에 대한 교회의 통제로부터의 후퇴일 뿐 아니라, 지배적이던 기독교 인생관으로부터의 후퇴로 간주한다. 이런 주장을 평가할 때는 르네상스가 무엇을 뜻하는지를 분명히 알아야 한다. 어떤 사가들은 이 용어를 단지 연대기상의 한 시기를 표현하는 데 사용한다. 그중 더러는 시작 시기를 단테(Dante)를 포함시키기 위해 1300년으로 거슬러 올라가는가 하면, 더러는 셰익스피어(Shakespeare)를 포함시키기 위해 1600년으로 늘려 잡는다. 교회의 관점에서 그 문제를 바라보는 사람들은 한결같이 르네상스가 니콜라스 5세(Nicholas V)가 교황에 즉위한 1450년에 시작하여 로마가 함락된 1527년에 끝났다고 본다.

그러나 르네상스라는 용어는 어떤 특정한 삶의 태도, 즉 하늘보다 땅을, 영혼의 불멸보다 명예의 불멸을, 자기 부정보다 자기 계발을, 금욕주의보다 육체의 쾌락을, 정의보다 성공을 위한 노력을, 권위보다 개인적이고 지적인 자유를, 기독교보다 고전 인문주의를 더 중시한 삶의 태도를 가리키는 데 가장 자주 쓰인다. 만약 이런 것이 르네상스라면, 사가는 그런 태도와 행동이 이전 시기와 비교하여 이 시기에 어느 정도나 더 명확하게 나타나는지, 14세기 이후의 문화 전반에 어느 정도나 폭넓게 퍼져 있었는지, 그리고 그런 태도와 행동이 기독교 사회의 성격과 연속성과 어떤 관계를 갖고 있는지를 물어야 한다.

인문주의

르네상스는 처음부터 문화적인 의미에서 이탈리아적이고, 도시적이고, 귀족적인 성격을 띠었다. 이탈리아의 도시 국가들은 특히 15세기 후반에 상대적으로 큰 평화와 여유를 누렸고, 그런 환경에 힘입어 군주들이 예술과 문학을 후원할 수 있었다. 때맞춰 천재성이 활짝 피어났다. 나중에는 스페인에서 폴란드에 이르는 온 유럽이 이탈리아의 본보기를 배우려고 애썼다. 그 운동은 어디서든 귀족적 성격을 띠어, 부자들에게 후원을 받고 인문주의자(Humanists)라 불리던 ― 인문학에 대한 관심 때문에 그렇게 불렸다 ― 예술가들과 문필가들에 의해 계발되었다. 그들은 고전 문학을 탐구하던 학식있는 골동품 수집가들이었다. 그들의 공용어는 라틴어였으나, 라틴어 외에도 자국어로도 고전 형의 형태를 따라 탁월한 저서를 썼다. 당시에는 인쇄술이 발명되어 있었지만, 그들은 그 방법을 활용하지 않았다. 초기에 나온 책들은 호화롭고 비싼 양장본들로서, 전통적인 생략 표기까지 그대로 답습할 정도로 사본들을 모방했다. 값싼 대중적인 소책자는 종교개혁 선전가들이 최초로 도입했다. 인문주의자들은 전체 문화의 정신을 대변하지 않았다.

그들 가운데는 기독교의 주요 교리들을 부정한다는 의미에서의 회의주의가 존재하지 않았다. 회의주의에 가장 가깝게 접근한 것은 신앙주의(fideism), 즉 이성의 뒷받침을 받지 않는 맹목적 신앙이었다. 그러나 이것은 중세로부터 물려받은 유산이었다. 그 시대에는 철학적 뒷받침을 받지 않는 두 가지 기독교 교리가 있었는데, 첫째는 **삼위일체 교리**였다. 우리는 앞에서 유명론 철학이 삼위일체 교리에 일으킨 난제들을 살펴본 적이 있는데, 당시에는 토마스주의보다 유명론이 지배적이었다. 유명론자들은 삼위일체 교리를 부정하지 않았지만, 그 교리가 철학적으로 변호하기 어렵다고만 주장했다. 그들은 주장하기를, 논리에는 철학적 논리와 신학적 논리 두 종류가 있는데, 이 둘은 서로 양립할 수 없는 결론에 도달한다고 했다. 하지만 진리는 두 종류가 아니며, 철학적 결론은 계시에서 유래한 신학적 결론에 굴복해야 한다고 했다. 이런 견해는 계시 자체를 문제 삼는 상황에 이르면 언제든지 회의주의가 되는 법인데, 당시에는 그런 상황에까지 이르지 않았다.

당시에 철학적 뒷받침을 받지 않는 또 다른 교리는 **불멸 교리**였다. 일찍이 아랍 철학자 아베로에스(Averroes)는 아리스토텔레스를 해석하면서, 사후의 영혼은 세계 정신(the world-soul)에 흡수되어 그 개별적 정체성을 잃는다고 주장한 바 있다. 본인도 잘 알았지만, 이 견해는 코란(the Koran)과 일치하지 않았다. 또한 그는 진리는 두 가지일 수 없지만 논리는 두 가지라고 주장했다. 그 문제가 아랍인들에게서 그리스도인들에게로 옮겨왔다. 15세기 말에 파두아의 철학자 피에트로 폼포나치(Pietro Pomponazzi)는 「불멸에 관하여」(*On Immortality*)를 썼는데, 그는 이 책에서 정신과 육체의 관계 문제를 대단히 면밀히 검토한 다음, 플라톤주의자들이 주장한 바 영혼이 육체에서 분리된 뒤에 살아있을 수 있다는 것을 어떤 증거도 증명하지 않고 어떤 유추도 암시하지 않는다고 결론지었다. 그럼에도 불구하고 그도 역시 불멸을 교회의 계시된 교리로 받아들였다.

유명한 위조 문서들의 위조성을 들춰내고 거룩한 문서들을 비평적으로 조사하기 위해 사용된 역사 비평의 형태에서 일종의 회의주의를 발견하게 된다. 역사 비평(historical criticism)은 고전 연구로 고대 라틴과 중세 라틴간의 차이점들을 의식하게 되고 문서들의 저작 연대를 문헌학적 표준에 의해 파악할 수 있게 된 인문주의자들의 과제였다. 로렌초 발라(Lorenzo Valla, 1407-57)는 그런 시험들을 사용하여 「콘스탄티누스의 증여」(the Donation of Constantine)가 위조 문서임을 밝혀냈다. 그는 그 문서에 쓰인 언어가 콘스탄티누스 시대의 언어가 아님을 지적했다. 그 문서에는 8세기의 화상파괴 논쟁에 관한 언급들이 있었다. 콘스탄티누스 시대의 문서들은 그 「콘스탄티누스의 증여」를 전혀 언급하지 않았고, 어느 시대의 교황도 콘스탄티누스가 그들에게 부여했다고 하는 그런 권위를 실제로 행사한 적이 없었다.

발라는 사도신경(the Apostls's Creed)이 열두 사도의 작품이라는 공통된 추정도 사실이 아님을 밝혀냈다. 이보다 더 과감한 것은 성경 연구에 역사 비평을 적용한 것인데, 물론 그는 깜짝 놀랄 만한 결론에 도달하지는 않았다. 교회에 관한 한 발라가 증명한 점들은 특별한 문제를 일으키지 않았다. 위조 문서가 드러난 것쯤은 견뎌낼 수 있었던 것이다.

인문주의자들은 교회를 공격하지 않았고, 다만 교회가 인문주의자들을 공격하는 경우에는 그들이 승리를 거두었다. 이것이 로이힐린(Reuchlin) 논쟁이었다. 이 논쟁은 이탈리아에서 발생하지 않고 16세기 초 독일에서 발생했고, 히브리어 문헌을 연구할 자유와 관련되었다. 기독교로 개종한 페페르코른(Pfefferkorn)이라는 유대인은 모든 히브리어 저서들을 파기하겠다고 주장함으로써 기독교 신앙에 대한 열정을 나타냈다. 이 문제에 대해서 황제 막시밀리안(Maximilian)은 다른 여러 사람들 가운데 기독교의 히브리학 거장요한 로이힐린(Johann Reuchlin)에게 자문을 구했는데, 그는 파기해야 할 히브리어 문헌이 극히 드문데다, 역량을 갖춘 사람들의 면밀한 검토를 거치지 않고는 어떤 문헌도 파기해서는 안 된다고 보고하면서, 그런 사람들을 훈련하기 위해 대학교들에 히브리어 학과를 설치하는 게 좋겠다고 제안했다. 도미니쿠스회 수사들은 결집하여 페페르코른의 입장을 두둔했고, 그 문제는 교황에게 넘어갔다. 로이힐린은 재판 비용을 떠맡게 되었으나, 그는 그 비용을 물지도 않았고, 교수 활동도 금지당하지 않았다. 교회 자체가 인문주의 학문의 도구와 방법론을 사용해 왔던 것이다.

만약 르네상스가 종교적 인생관을 세속적 인생관으로 대체했다고 말하려면 '세속적'이라는 용어의 의미를 분석하지 않으면 안 된다. 이 용어는 때로는 난폭하고, 부도덕하고, 호색적이고, 경솔한 품행이라는 뜻으로 쓰인다. 물론 15세기에는 그렇게 스스로를 비천하게 만드는 사람들이 있었던 게 사실이지만, 그들이 과연 그 시대에야 비로소 등장한 별종의 사람들이었을까? 스포르차가(家)(the Sforzas), 비스콘티가(the Visconti), 메디치가(the Medici)는 정적들을 제거하고 육욕을 채우는 면에서 영국의 플랜태저넷가(the Plantagenets)에 결코 앞서지 못했다. 천박함에 관해서도 보카치오(Boccaccio)의 경거망동은 니콜레테(Nicolette)와 함께 지옥에 있는 것을 숨막히는 성인들과 함께 낙원에 있는 것보다 낫게 여긴 아우카신(Aucassin)보다 결코 더하지 않았다. 르네상스의 새로움은 아레티노(Aretino)의 경우처럼 포르노그라피를 순문학의 한 계열로 만든 것에 지나지 않았다고도 주장할 수 있겠지만, 그렇다면 중세 내내 탐독의 대상이 된 오비디우스(Ovid)에 관해서는 뭐라고 말해야겠는가?

세속적이라는 용어는 교양있는 사람의 이상, 곧 화가이자 조각가이자 발명가이자 무엇보다도 자연과학자였던 레오나르도 다빈치(Leonardo da Vinci)처럼, 그리고 조각가이자 화가이자 건축가이자 시인이었던 미켈란젤로 부오나로티(Michelangelo Buonarroti)처럼 많은 기술을 습득함으로써 인격을 완성하겠다는 야망을 품은 사람들의 이상을 가리키는 데도 쓰인다. 교양있는 사람은 정신 계발뿐 아니라 육체 단련에도 관심이 있었는데, 볼다세레 카스틸리오네(Baldassare Castiglione)의 「궁정인들」(*Cortegiano*)에서 그는 달리기, 경주, 사냥, 춤, 수영 등의 방법에 관해 조언을 듣는다. 이 모든 것은 「파이데이아」(*Paideia*)에 담긴 그리스적 이상의 부활을 뜻했다. 거듭 말하지만, 이런 추세는 그리스도인들을 불안하게 했다. 하지만 불편한 긴장 속에서 자기 훈련과 자기 부인을 견지해 온 사람들이 바로 그리스도인들이었다. 만약 르네상스 시대를 중세와 굳이 비교한다면, 카스틸리오네의 스포츠가 중세의 마상 대회보다 더 품위있지 않았을까?

세속적이란 단어의 세번째 의미는 인간의 형상과 관계가 있다. 사람들은 르네상스가 인간을 하나님께 어떤 도움도 받지 않는 자율적이고 자충족적인 존재로 만들었다고 한다. 이 견해의 한 가지 예가 피렌체에 신플라톤주의 아카데미를 설립한 피코 델라 미란돌라(Pico della Mirandola)의 저서들에서 발견된다. 피코는 인간이 자기 운명의 조각가요 조성자라고 했다. 이 말은 인간이 존재들의 거대한 위계의 한가운데 자리잡고 있는 자신을 발견한 뒤에는 짐승의 수준으로 내려갈는지 아니면 지존자와 연합하는 수준까지 올라갈는지를 선택할 자유를 갖는다는 뜻이었다. 이것은 단순히 신플라톤주의적 신비주의였다. 만약 상승하는 과정에서 그리스도의 도움의 필요를 느끼지 않는다면 그것은 기독교에게 위험한 것이었다. 그럼에도 불구하고 이 견해는 하나님이 인간으로 하여금 하나님이 되도록 도우시기 위해 그리스도 안에서 인간이 되셨다고 주장한 초기 기독교 교부들에 의해서 일찍이 기독교로 적응되어 있었다. 마찬가지로 피코도 비록 교회로부터는 의심의 눈초리를 받았지만, 자신을 선량한 그리스도인으로 여겼다.

 인문주의 사상 가운데 가장 파괴적인 양상은 아마 기독교의 절대 독특성을 훼손하는 경향이었을 것이다. 그렇게 하는 한 가지 방법은 기독교에 동양의 비교(秘敎) 전승, 유대교의 카발라(Cabala), 조로아스터교의 신탁들(Oracles), 기독교적인 내용을 약간 가미한 영지주의 기원의 연금술 저서를 기독교에 도입하는 것이었다. 이 방법에는 기독교 교육을 지원하려는 의도가 담겨 있었으나, 그것을 곡해할 위험이 있었다. 좀더 직접적인 것은 유대교와 이슬람교와 기독교에서 공통된 요소들을 찾으려는 노력이었다. 독일의 저명한 추기경 쿠자의 니콜라스(Nicholas of Cusa)는 각 종교들의 차이를 극소화하고 따라서 기독교도 보편적인 인정을 받는 그런 세계 종교 의회를 꿈꾸었다. 조반니 보카치오(Giovanni Boccaccio)는 세 아들을 각각 따로 불러 각각에게 후사의 상징인 반지를 준 아버지 이야기를 새롭게 부각시켰다. 아버지가 죽은 뒤 세 아들은 자기들이 받은 반지가 다 똑같다는 것을 발견했다. 보카치오는 이 세 반지가 유대교와 이슬람교와 기독교를 상징한다고 말했다.

르네상스 시대의 교황들과 군주들

그러나 이 기독교가 이 시기의 삶에 어느 정도나 깊숙이 영향을 미쳤는가를 묻는다면, 몇몇 분야에서 중세보다 발전한 다양한 상황을 제시할 수 있다. 우선 정치 무대를 살펴 보자면, 이탈리아 도시들의 제후들 가운데서 니콜로 마키아벨리(Niccolò Machiavelli)가 자신의 저서 「군주론」(The Prince)에서 묘사하고 분명히 인정한 유형의 행동을 발견하게 된다. 마키아벨리 자신은 앞뒤가 맞지 않는 사람이었다. 왜냐하면 「군주론」에서는 전제군주를 예찬하면서도 피렌체에서 자신이 쌓아온 정치 경력으로는 공화제 정부에 대한 애착을 보여주기 때문이다. 아마 그 과정에서 공화제에 환멸을 느끼게 되었던 것 같다. 아마 그가 말하고자 했던 것은 국가가 강해지려면 전제군주가 있어야 하고, 전제군주가 권력을 유지하려면 도덕을 초월해야 한다는 것이었던 것 같다. 그럼에도 불구하고 마키아벨리는 조금도 주저 없이 전제군주가 민란이 일어나지 않게 할 만큼은 도덕적이어야 하고, 아무도 자신이나 자신의 국가를 이용해 먹지 못하게 할 만큼은 비도덕적이어야 한다고 지적한다. 마키아벨리는 자기가 기독교와 투쟁을 벌이고 있다는 것을 분명히 인식했다. 자기 나라의 질병을 "우리 종교의 연약(debolezza)" 탓으로 돌리기 때문이다. 「군주론」은 냉엄한 현실 정치(Realpolitik)에 대한 고전적인 해설서가 되었다. 그러나 마키아벨리를 어찌 그 시대의 대변자로 볼 수 있겠는가? 당시의 지배적인 견해는 오히려 에라스무스(Erasmus)의 「기독교 군주 강요」(Institute of the Christian Prince)와 토마스 모어(Thomas More)의 「유토피아」(Utopia)에 실려 있었는데, 두 책 다 기독교 정치 윤리의 전승에 서 있었다.

그럼에도 불구하고 마키아벨리가 당시 특히 교황의 아들 체사레 보르지아(Cesare Borgia)를 비롯한 당시의 전형적인 군주들을 소개했다는 것은 아무도 부인하지 못한다. 전반적으로 그 시기의 교황들은 악행과 재산 면에서 세속 군주들과 구분하기 어려웠다. 르네상스 시대 교황들을 묘사한 엄지손톱만한 그림 몇 점이 이러한 판단을 예증해 줄 것이다. 식스투스 4세(Sixtus IV)는 르네상스 전제군주들과 똑같이 음모를 일삼았다. 피렌체에서 메디치가를 제거하고 싶어했다. 그의 조카들은 로렌초(Lorenzo)와 줄리아노(Giuliano)를 폐위시키겠다고 약속했다. 교황은 살인을 해서는 안 된다고 신신당부했다. 조카들은 그 문제를 자기들에게 맡기고 안심하고 있으라고 했다. 그러자 그는 "안심이 된다"(Lo sono contento)라고 대답했다. 그들은 피렌체의 메디치가의 정적인 파치가(the Pazzi)와 대주교 살비아티(Salviati)를 끌어들였다. 줄리아노 드 메디치는 두오모에서 미사를 드리던 도중에 암살되었고, 로렌초는 암살을 모면한 뒤 자기 세력을 규합하여 공모자들을 제압했다. 그 결과 파치가의 여러 사람들과 대주교 살비아티가 교수형에 처해졌다. 교황은 성직자를 그렇게 처분한 것에 항의했다가, 지나치게 목청을 높이지 않는 게 좋을 것이라는 조언을 들었다.

알렉산더 6세의 생애는 당시에 만연하던 성직자 축첩 행위가 교황청까지 미쳤음을 보여 준다. 이 교황은 서자가 넷이었다. 그중 가장 악명높은 아들은 루크레치아 보르지아(Lucrezia Borgia)와 체사레 보르지아(Cesare Borgia)였다. 알렉산더에 대해서 내릴 수 있는 최선의 평가는 그가 자신의 첩을 인정하고 자녀들에 대해 부양 책임을 졌다는 것이다. 그는 정치 문제에서는 기독교 군주들을 정벌하기 위해서 투르크족과 얼마든지 동맹을 맺을 태세를 취했다. 이제는 스페인이 아닌 교황청이 기독교 세계와 이슬람 세계의 연결 고리가 되었다.

교황 율리우스 2세(Julius II)는 교양인이요 일종의 개혁자요 타이탄(Titan) 같은 열정가요, 예술 후원자요, 브라만테(Bramante)와 라파엘(Raphael)과 미켈란젤로(Michelangelo)를 발굴한 인물이었지만, 아울러 교회의 토지를 되찾기 위해 자신의 군대를 지휘하고, 직접 볼로냐 성벽을 기어오른 교황이기도 했다. 에라스무스는 보르지아가(the Borgia)의 부도덕성보다 군인으로 무장한 교황의 모습에 더 큰 충격을 받았다.

메디치가의 일원인 교황 레오 10세(Leo X)는 예술 애호가로서, 라틴어로 즉흥 연설을 하는 뛰어난 재능이 있었다. 예술가들을 돌아보는 데보다 도박에 더 많은 시간을 보냈고, 체스를 좋아했고, 사냥지 오두막을 떠나 로마로 돌아와 사람들의 아첨을 듣는 것을 몹시 싫어했다. 그는 "교황청은 우리 것이다. 마음껏 즐기자"고 했다고 한다. 마르틴 루터(Martin Luther)가 95개조를 내걸었을 때의 교황이 바로 그였다.

르네상스 시대의 교황들이란 바로 그런 사람들이었지만, 다행히도 당시의 교황청은 온 교회를 지배하지 않았다. 위에서 언급한 이탈리아 도시들에는 로디 평화회의가 열린 1454년부터 프랑스가 이탈리아를 침공한 1494년에 해당하는 40년의 태평 세월 동안 정의로운 전쟁 사상이 다시 한번 현실적인 쟁점으로 떠올랐다. 그 이유는 윤리 정서가 그만큼 더 예리해졌기 때문이 아니라, 다섯 도시 국가들, 즉 베네치아, 밀라노, 피렌체, 로마 곧 교황청, 그리고 나폴리가 세력 균형을 형성하게 되었기 때문이다. 이 다섯 도시 국가들은 문화적으로는 하나의 공동체였다. 이들간에 투쟁이 없지는 않았지만, 이들의 투쟁은 무장 상인 집단들에 의해 이루어졌는데, 이들은 좋은 계절이 오면 자기들의 고용주에게 최대의 이익을 안겨주면서 동시에 자기들과 상대편 동료 상인들에게는 최초의 피해를 입히는 정도에서 소규모 전투를 벌였다. 전투의 목적은 중세의 마상 대회의 경우와 마찬가지로 포로들을 생포하고, 점수를 매기고, 돈을 지불하고, 포로를 석방하는 것으로서, 겨울이 되면 전투를 쉬었다. 고대의 정의로운 전쟁 규율이 부활되었고, 규율은 엄수되었고, 대사들이 존중되었고, 사사로운 원한은 금지되었으며, 대포를 사용하지 않았다.

유럽 전체를 놓고 볼 때 14, 15세기 동안 분쟁이 중재에 의해 해결된 허다한 경우를 보게 되는데, 그때의 분쟁이란 비록 큰 권력자들간의 분쟁인 경우도 없지 않았으나, 대체로는 공작들, 백작들, 도시들, 주교들, 튜튼 기사단 같은 군사 수도회들 간의 비교적 사소한 분쟁이었다. 중재자들은 성직자인 경우가 거의 없었기 때문에, 사회에 대한 교회의 지배력이 감소하고 있었다고 추정하게 된다. 재판관은 왕이나 귀족 혹은 분쟁 당사자들이 세운 위원회가 맡는 경우는 있어도 이탈리아를 제외한 다른 지역에서 성직자가 맡는 경우는 극히 드물었다. 그러나 그런 역할을 맡은 평신도들이 공정한 재판에 힘씀으로써 전쟁을 방지해야 했다는 것은 사회가 교회의 통제를 받기보다 문화가 기독교화하고 있었다는 좋은 증거이다.

가정 영역에서 르네상스 시대는 결혼이 낭만화해감으로써 낭만적 사랑이 점차 가정화해가던 때였다. 경제 영역에서 교회는 초기 자본주의의 과정과 사고방식으로 점점 더 빠져들어가고 있었다. 교회가 은행가들에게 신용 대부를 받게 된 경위에 대해서는 앞에서 언급한 바 있다. 아울러 교회는 세입이 불충분하게 되었을 때 은행가들에게 손을 벌리게 되었다. 교회는 돈을 빌려줄 때는 이자를 받지 않았으나 돈을 빌릴 때는 이자를 물지 않으면 안 되었다. 그러자 고리대금에 대한 이론적 정죄마저 무너지기 시작했다. 일찍이 아퀴나스는 고정된 보상이 없는 상호 위험 부담이 따르는 계약을 인정한 바 있다. 그는 이익을 반대하지 않았고, 다만 돈을 빌렸으면 설혹 그 돈을 빌려서 벌인 사업이 실패했을지라도 약속한 기일에 갚아야 한다고 했다. 그러나 후대의 신학자들은 사업이 실패했든 실패하지 않았든간에 채권자가 돈을 빌려준 것은 그것을 다른 데 투자했을 때 벌었을 이익을 포기한 것이므로, 이익 정지에 대한 보상을 받아야 한다고 지적했다. 일찍이 아퀴나스가 물질적 비용과 노동에 준하여 결정했던 공정 가격 이론이 이제는 시장 가치도 포함하기 시작했다.

르네상스 예술

예술은 가장 다루기 어려운 영역이다. 고딕 교회는 십자가형이었고, 르네상스 교회는 원형이었다. 고딕 교회는 첨탑을 사용했고, 르네상스 교회는 돔(dome)을 사용했다. 어떤 양식이 더 종교적인 혹은 기독교적인 양식이었는가 하는 것은 아마 취향의 문제일 것이다. 분명한 것은 레오 바티스타 알베르티(Leo Battista Alberti)와 안드레아 팔라디오(Andrea Palladio) 르네상스 시대 건축가들이 종교적 건축을 꿈꾸었다는 것이다. 그들은 원형이 통일성, 무한성, 획일성, 그리고 하나님의 본질을 나타낸다고 보았다. 그들은 지적하기를, 원형은 음악과 기하학의 조화들을 함축한다고 했다. 무릇 교회란 어떠한 부분이라도 떼어내면 전체가 훼손되는 그런 비율로 구성되어 있다고 보았다. 이러한 목적은 단순한 원형이나 원형 안에 넣은 다각형, 혹은 원 둘레에 모이도록 지은 작은 예배당들에 의해서 성취할 수 있다. 고딕의 전형적인 특징인 상승감(上昇感)은 대성당을 경치의 일부로 만듦으로써 성취해야 한다. 대성당은 계단을 놓아 올라가게 한 광장에 세워서, 그곳에 접근만해도 경외감과 열망을 불러 일으키게 해야 한다. 내부 장식은 매우 아름답게 꾸미고, 창문들은 세상의 분요함을 막을 만큼 높여야 한다. 전능자께 봉헌된 건물들은 강하고 항구적이며, 보석들로 치장해야 한다. 이런 신비스런 경내에 들어서는 신자는 황홀경에 빠져들게 된다.

르네상스 시대에 종교를 소재로 한 그림들은 공동 생활에 한발짝 더 접근하고 한발짝 더 물러가는 양면을 다 드러낸다. 성경의 인물들이 사실주의에 의해 당대인들의 모습으로 묘사되었다. 동방 박사들은 이탈리아 도시들에서 온 귀족들이었고, 목자들은 아펜니노 산맥 자락의 농부들이었고, 성모 마리아는 풍만한 이탈리아의 처녀였으며, 아기 그리스도는 안아주고 싶은 귀여운 아기였다. 그러나 르네상스 미술가들은 그 시대의 역사 의식에 힘입어 배경을 과거 시대에 맞춰야 한다고 느꼈고, 따라서 성경의 장면들을 묘사할 때 배경에는 고전의 유적지들을 두었다. 르네상스 시대의 종교 미술은 기독교 전승에서 이탈하지는 않았지만, 강조점을 기독교 교훈의 또 다른 측면으로 옮겼다. 초기 교회의 미술은 부활을 강조했고, 고중세 시대의 미술은 수난을 강조했으며, 르네상스 시대의 미술은 하나님이 아기 예수 안에 성육신하신 것을 강조했다.

물론 이 시대의 예술과 문학에 이교적인 암시들과 기교들이 나타난다는 것은 다 아는 사실이다. 이 점은 논박할 수 없지만, 그것 자체가 기독교 세계관에서 이탈했음을 암시하는 것은 아니다. 왜냐하면 이때쯤에는 아무도 더 이상 이교를 믿지 않았으므로 이교 신화가 별로 해롭지 않았기 때문이다.

인문주의를 평가할 때는 그것이 총체적 실체가 아니었다는 것을 기억해야 한다. 인문주의자들에도 여러 유형이 있었다. 어떤 이들은 인간이 자율적이지 못하고, 변덕스런 기회나 예정된 운명으로 의인화된 포르투나(Fortuna, 운명의 여신)에 종속되어 있다는 신념 때문에 고대 로마에 만연하던 비관주의에 사로잡혀 지냈다. 거기에는 점성술이 중요한 몫을 했다. 교회는 현대의 천문학에 해당하는 점성술이 아닌 운명을 점치는 점성술을 단죄했다. 그럼에도 불구하고 왕들은 궁정 점성술사들을 두고 있었고, 교황들도 마찬가지였다. 비록 신플라톤주의자 피코(Pico)는 점성술에 관심을 두지 않았지만, 그는 인문주의자들 가운데 예외적인 경우에 속했다.

다수의 민중은 죽음에 관한 비교(秘敎)를 신봉했다. 특히 1348년 흑사병이 돌아 유럽 인구의 3분의 1이 죽은 뒤에는 생존자들이 온통 죽음이란 주제에 사로잡혀 지냈다. 무덤들에는 튀어나온 창자에 벌레가 득실거리는 시체의 모습이 조각되었다. 인쇄술이 도입된 뒤에 큰 인기를 끈 문학 양식들 가운데 하나는 죽음의 정경들을 으스스하게 묘사한 "죽는 기술"(Art of Dying)에 관한 것으로서, 천사들과 귀신들이 영혼 하나를 놓고 다투는 모습을 묘사하며, 교회와 화해하지 못하고 죽은 자들의 운명을 훨씬 더 두렵게 묘사한다. 그뒤 여러 세기가 지나는 과정에서 이 유령 이야기들은 본래의 정서적인 충격 효과를 상실했고, 시체가 매장되지 않고 뉘어 있는데도 사람들은 그 곁에서 야외 식사를 하곤 했다. 일부 인문주의자들은 손이 깨끗하고 마음이 청결한 자는 걱정할 필요가 없다고 주장하기 시작했다. 그럼에도 불구하고 연옥과 지옥의 고통이란 주제는 사람들로 하여금 깊이 통회하여 면죄부에 후히 투자할 만큼 생생했음에 틀림없다. 그런 신앙이 없었다면 루터와 로욜라(Loyola)가 일으킨 영적 격변은 설명할 수 없을 것이다.

마지막으로 기억해야 할 점은, 르네상스 시대의 몇몇 유력 인사들 자신도 정신적 고통을 겪었다는 점이다. 페트라르카(Petrarch)는 심한 좌절을 겪었고, 자존심 때문에 자기 작품을 없애려는 충동을 느꼈다. 미켈란젤로는 십자가상 앞에 부복한 성 프란체스코를 기리는 소네트(sonnet, 14행시)를 써놓고는 결국에는 지존자께서 모든 상징을 무시하신다는 이유로 작품을 폐기해 버렸다. 심지어 메디치가가 다스리던 피렌체조차 도미니쿠스회 탁발수사 지롤라모 사보나롤라(Girolamo Savonarola)에게 회개하고 음란하고 사치스러운 것들을 불태워 버리라는 질책을 받았을 때 중세적인 부흥을 체험했다. 그 결과도 역시 중세적인 것이었다. 사보나롤라는 프랑스의 침공과 메디치가의 추방에 힘입어 그 도시의 정부를 인수했기 때문에 스페인계 교황 알렉산더 6세(Alexander VI)의 진노를 촉발했고, 그에 의해 설교 중지령을 받았다. 그 완강한 탁발수사는 앞서 했던 몇몇 예언들이 들어맞지 않게 된 뒤 거짓 예언자로 단죄를 받고 퍼블리카 광장에서 중세 전성기 때의 방식대로 화형을 당했다.

신비주의자들

그 시대에 나타났던 그런 세속적 경향들을 뒤로하고 시선을 북부로 옮기면 하나님의 친우회(the Friends of God)와 공동생활 형제단(the Brethren of the Common Life) 같은 신비주의 신앙의 대대적인 부흥을 만나게 된다. 하나님의 친우회는 14세기 초에 황제 바바리아의 루드비히의 땅에서 발생했는데, 당시 그 지역에는 성무금지령이 내려져 있었다. 성사를 박탈당한 경건한 사람들은 자기들이 그로써 하나님 앞에서 쫓겨난 것은 아니라고 믿게 되었다. 하나님의 친우회는 신비주의 성향을 띤 사람들의 느슨한 단체였다. 이들은 마이스터 에크하르트(Meister Eckhart, 1260-1327)에게 큰 영향을 받았는데, 그의 신비주의는 인간의 목적을 감각적인 모든 것들로부터 분리되는 것으로 보았을 뿐 아니라 신성(the Godhead) 안으로 흡수되는 것으로도 보았다는 점에서 신플라톤주의를 훨씬 넘어섰다. 그보다 더 극단적인 신비주의자는 요한네스 타울러(John Tauler, 1300-1361)로서, 그가 생각한 인간의 주된 목적은 하나님 사랑과 인간 사랑을 온전히 감싸안는 것이었다.

14세기가 끝나갈 무렵 네덜란드에서는 데벤테르에 거점을 둔 공동생활 형제단이 발생했다. 이들은 매우 자유로운 형태의 수도원 생활을 했고, 처음에는 종신 서약을 하지 않았다. 회원들을 유럽 전역의 학교들과 대학교들에 교사로 파견했다는 점에서 이들의 활동은 도미니쿠스회를 닮았다. 하지만 이들은 경건의 면에서는 프란체스코회를 더욱 닮았다. 이들에게 최상의 모범은 토마스 아 켐피스(Thomas à Kempis, 1380-1471)의 이름과 자주 연관되는「그리스도를 본받아」(*The Imitation of Christ*)였다. 구주의 발자취를 따라 살면서, 신학적 사색보다 그리스도의 고난의 잔에 동참하는 것을 강조했다. 거룩하신 성삼위께서는 사색보다 경건 생활로 더 기쁨을 얻으시기 때문이라고 했다. 이들에게는 성 프란체스코와 마찬가지로 신비주의적 색채가 짙은 사랑의 서정성이 있었다. 사랑하는 자를 하나님이 감싸안으신다고 여겼기 때문이다.

성기(盛期) 르네상스 시대에 형제단을 대표한 인물은 베셀 간스포르트(Wessel Gansfort, 1420-1489)였다. 그가 로마를 방문했을 때 교황 식스투스 4

세(Sixtus IV)는 그에게 무엇을 해주었으면 좋겠느냐고 물었다. 성직록이나 하나 달라고 할 줄로 예상하고서 말이다. 베셀은 헬라어 성경 사본 외에는 다른 어떤 것도 바라지 않는다는 대답으로 교황을 놀라게 했다. 베셀은 면죄부를 비판하면서, 탕자가 아버지의 입맞춤을 받는 데에는 그런 것이 하나도 필요치 않다고 했다. 제단의 성사는 만약 뜨거운 마음이 없다면 아무 소용이 없고, 설혹 뜨거운 마음이 있더라도 외적 의식은 본질적인 게 아니라고 했다. 십자가에 달려 참회한 강도는 신학을 하나도 몰랐어도 구원을 받았는데, 그가 알고 믿은 것은 그리스도께서 자신을 낙원으로 데려가신다는 것뿐이라고 했다. 베셀은 데시데리우스 에라스무스(Desiderius Erasmus)와 마르틴 루터(Martin Luther)의 선구자였다.

성 제롬

당대의 그림은 한 점도 현존하지 않지만, 후대에 제롬의 생애는 그의 저서들의 다양한 판본들에 그림으로 묘사되었다. 이 두 점은 이탈리아 르네상스 시대에 번역된 그의 전기와 서신집에서 따왔다(Hieronymus, Vita et Epistolae, italice a Matt. de Ferrara 〈Ferrara, Lorenzo Rossi, 1497〉). 첫째 그림에는 "성 제롬은 많은 책을 썼다"라는 글귀가 붙어 있다. 제롬은 실제로 그랬다. 번역 성경 불가타뿐 아니라, 서신집, 저명한 그리스도인들의 전기들, 수도원주의에 관한 논문들도 썼다. 둘째 그림은 제롬이 충직한 사자를 곁에 두고 자기 어머니와 누이와 함께 성경 번역 작업을 도운 마르켈라와 대화를 나누는 모습이다. 자신이 여자와 대화를 나누는 것조차 탐탁치 않게 보는 비판자들을 조롱하듯 가리키고 있다.

하기아 소피아 성당

콘스탄티노플 하기아 소피아 성당의 단면도. 6세기에 황제 유스티니아누스가 건축한 이래 오늘날까지 서 있다. 라이스(David Talbot Rice)는 이렇게 쓴다: "성 소피아 성당을 특징짓는 혁신들 중 가장 큰 것은 아마 인테리어로서의 건물 개념이었을 것이다 — 이것은 파르테논 신전 같은 고대의 신전이나 심지어 로마에 있는 옛 성 베드로 성당이나 산타 마리아 마모레 성당 같은 바실리카와도 대조된다 … 성 소피아 성당의 진정한 특장은 인테리어에 있다. 그 안에 들어가면 세속적 생각이 싹 씻기고 영혼이 하늘 위로 둥실 떠오른다. 기독교의 가르침대로 정말로 중요한 것은 허장성세가 아니라 내면의 삶인데, 건물 내부 장식 전체가 이 생각을 뒷받침하려는 의도를 지녔다." (David Talbot Rice, Art of the Byzantine Era 〈New York, Frederick A. Praeger, 1963〉, p. 56.)

ST. BENEDICT

성 베네딕투스

성 베네딕투스의 몬테 카시노 수도원은 고트족 토틸라(Totila)에게 유린당하던 저지(低地)에서 물러났으나, 이 야만족 추장의 시야에서 벗어나지 못했다. 토틸다는 일찍이 그 성인이 예언의 은사를 받았다는 말을 들었다. 그를 시험해 볼 생각으로 자신의 왕복을 지휘관 레기오(Reggio)에게 입힌 뒤 그 성인에게 보내 왕처럼 행세하게 했다. 그러나 레기오가 소리를 알아들을 수 있을 만한 거리에 도달했을 때 성 베네딕투스는 "옷을 벗으라. 그것은 당신 옷이 아니다"고 외쳤다. 레기오는 땅에 엎드렸으나, 부하들은 돌아가 토틸다에게 그 소식을 알렸고, 그 소식을 들은 토틸다는 직접 가서 자신도 그 성인 앞에 엎드렸다. 베네딕투스는 그를 일으키고는 그가 자행한 잔학 행위를 벌충할 만한 일을 맡겼다. 토틸다는 그뒤로 성품이 좀 온순해졌다고 한다. 위 그림은 피렌체 산 미니아토의 성구실에 보관된 스피넬로(Aretino Spinello)의 작품으로, 1360년경 제작된 것이다. (참조. Henry B. Washburn, Men of Conviction〈New York, 1931〉.)

FOUNDING OF MONASTIC ORDERS

수도회 설립

성 베네딕투스가 대수도원장 요한에게 수도회칙 사본을 전달하고 있다. 이 수도회책은 약 천년 동안 조금씩 수정을 거치며 규범으로 남게 된다. 이 삽화는 몬테카시노 수도원에 소장된 Codex 278의 축소도이다. 연대는 적혀 있지 않다.

ST. GREGORY THE GREAT

성 대 그레고리

교황 그레고리 1세는 기독교 미술에서 언제나 성령이 비둘기 형상으로 그의 어깨에 임하여 신적 진리를 전하는 모습으로 묘사된다.

A CLOISTER CITY

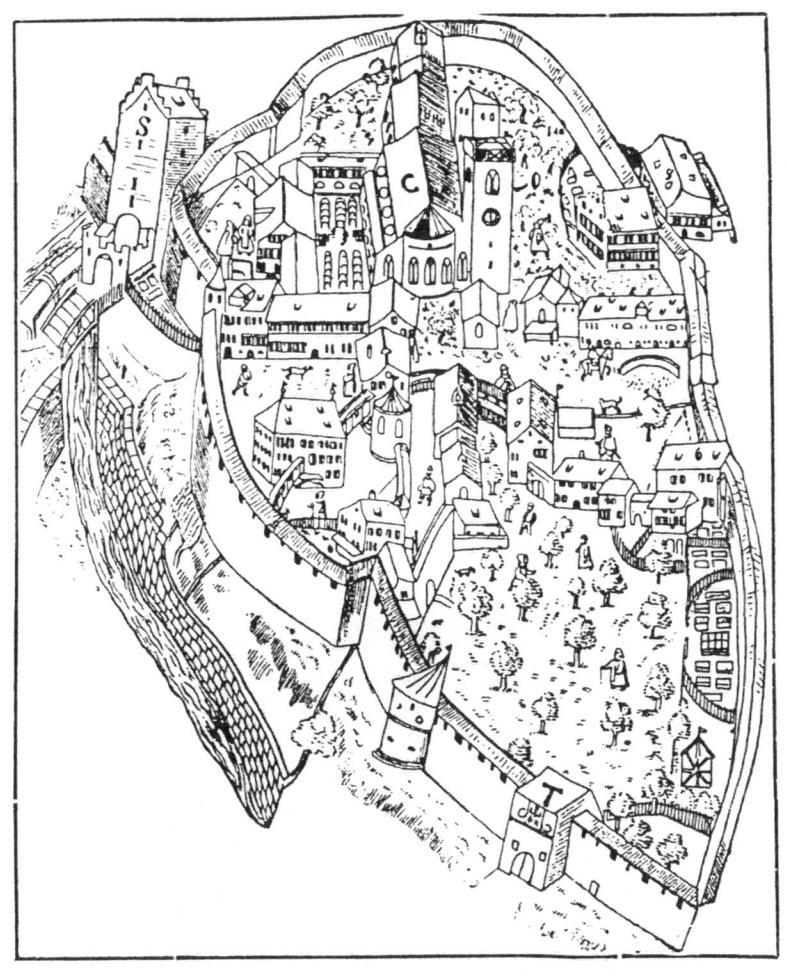

수도원 도성

수도원은 성벽과 해자(垓字)를 갖춘 도성이 될 때까지 증대될 수 있었다. 때로는 도성 사람들이 수도원의 울타리를 돌아가며 집을 짓곤 했다. 위 그림은 생 갈 수도원의 모습으로 1596년에 제작된 목판화이다. 예배당 지붕에 표기된 C와 성문들에 표기된 S와 T는 식별표를 뜻하는 게 분명하다.

대학교 강의
Romans de Chevalerie Française (Lyon, Guillaume le Roy, ca. 1480)에서 따옴.

마상 대회
마상 대회는 모의 전쟁터에서 두 전사를 축으로 각자의 부하들이 벌이는 결투처럼 전쟁을 대비한 군사 훈련일 수도 있었고, 기사도 규율에 따라 진행된 단순한 오락일 수도 있었다. (Ogier le Danois〈Paris, Nicolas Bonfours, ca. 1580〉에서.)

칠성사

    페트루스 롬바르두스에 의해 일곱 개로 규정된 성사들은 1439년 교황 유게니우스 4세에 의해 정식으로 공포되었다. 그림의 중앙 상단은 미사 집례 모습이고, 왼쪽 상단은 고해성사, 오른쪽 상단은 신품성사이다. 십자가상의 양쪽은 견진성사와 혼인성사이고, 그 아래는 성세성사와 종부성사이다. 그리엔(Hans Baldung Grien, 1484-1545)의 판화이다.

교계제도

이 그림은 교회의 위계를 각각의 성직복으로 보여 준다. 독자의 시각에서 중앙 상단은 대주교, 왼쪽은 사제, 오른쪽은 책을 들고 있는 부제이다. 하단은 왼쪽부터 차례로 소개하자면 열쇠를 들고 있는 교구직원(beadle), 책을 들고 있는 독서자(reader), 성배와 주전자를 들고 있는 차부제(subdeacon), 책과 종을 들고 있는 축신사(exorcist), 촛대를 들고 있는 시제(acolyte)이다. 이 축소화는 아우툰 시 도서관에 소장된 9세기 성사집에서 따온 것이다.

CHRISTIAN PIETY

기독교 경건

　　11세기부터 기독교 경건의 초점은 점차 십자가에 달리신 구주의 고통에 맞춰졌다. 이 그림은 머리를 오른쪽 어깨에 떨군 채 돌아가신 모습이다. 우리는 성 베르나르가 수난 주제를 얼마나 자상히 다루었는가를 살펴보았다. 13세기에 프란체스코회의 경건은 그리스도의 수난상에 여러 가지 새로운 특징을 도입하게 했다. 그리스도는 가시면류관을 쓰고 계신다. 두 팔은 축 처졌고, 몸은 축 늘어졌고, 두 발은 교차된 채 못 하나에 박혀 있다. 그 결과 몸은 S자 형태가 되어 죽음의 철저한 절망성과 그 앞에 오는 고통을 동시에 나타낸다. 이런 모습들이 13세기 후반에 제작되어 지금은 Bibliothèque Nationale(No. 212) 중 Album de Villard de Honnecourt에 실려 있는 이 그림에 나타난다.

중세의 설교

중세에는 탁발수사들이 설교자들로 큰 명성을 얻었다. 그들에게 영역을 침범당할 만큼 사제들이 본무에 게을렀는지의 여부는 쟁점으로 남아 있다. 사제들은 탁월한 설교 지침서들을 제공받았으나, 그들이 과연 그것들을 사용했을까? 어쨌든 탁발수사들은 종종 옥외에서 큰 청중을 상대로 설교했다. 그들은 교리를 피하도록 지시를 받았기 때문에 도덕 문제에 집중했다. 중세의 설교들에서 인용되는 대부분의 내용은 종종 성인들의 공상적인 전설이나 새와 짐승에 관한 기괴한 알레고리들이지만, 도덕은 일상 생활과 관계가 있었다. 수사들은 악을 꾸짖고 덕을 칭찬했다. 구체적인 생활이 사색 못지 않게 중시되었다. (이 삽화는 카우르신 〈Caoursin〉의 Rhodiae Obsidio〈1496〉에서 따온 것이다.)

MINSTRELS

음유시인들

그들은 영주들과 귀부인들뿐 아니라 성인들도 노래의 주제를 삼았다. 발도(Peter Baldo)는 음유시인으로부터 성 알렉시우스의 전설을 전해듣고는 속세를 떠났다. (Queen Mary's Psalter에서.)

아리스토텔레스

아리스토텔레스는 신학이 그를 나귀로 여겨 올라타는 것을 전제로 그리스도인들에 의해 사용될 수 있었다. 루이 레오몽트베느와에 있는 교회 성직자석에 있는 부조(浮彫). Iconographie de L'Art (Paris, 1955), pp. 80-81.

l'Agence Roubier, Paris

THE CHURCH AT THE APEX

절정에 선 교회

중세와 그후로 오랫동안 교회는 모든 종교, 모든 제도, 모든 학문의 절정에 서 있다고 간주되었다. 이 그림에서는 교회가 좌정해 있고, 양쪽에서 교황과 황제가 경의를 표하고 있다. 황제의 면모들은 이 그림이 출판될 당시에 재위하고 있던 막시밀리아누스의 면모들이다. 중앙의 양 옆에는 거짓 종교들이 부러진 장대를 들고 있다. 왼쪽에는 이슬람교와 유대교가 눈을 가린 전통적인 모습으로 묘사되어 있고, 오른쪽에는 이교가 '젠틸리타스'(gentilitas)라는 칭호를 가지고 있는데, 그것은 상류계층이라는 뜻이 아니라 "이방인들의"라는 뜻이다. 오른쪽 끝에는 타르타르족의 종교가 있다. 하단에는 고등 학문들의 대표자들이 있다. (Stamler의 Dialogus(1508년 출판)에서.)

CHRIST THE JUDGE

심판자 그리스도

중세 말에 성행한 죽음 숭배와 나란히, 장차 임할 심판의 묘사에 의해 죽음의 공포가 증대되었다. 무지개 위에 좌정하신 심판자 그리스도는 대개는 한쪽 귀에는 칼(진노)이, 다른 쪽 귀에는 백합(자비)이 향하고 있었다. 그러나 이 그림에서는 양쪽 다 칼이 향하고 있기 때문에 공포의 극치를 보게 된다. 그리스도께 도고(禱告)하는 이들은 왼쪽은 마리아이고, 오른쪽은 세례 요한이다. 아래에는 마귀가 영혼들의 무리를 지옥으로 끌고간다. 후광이 드리워진 사람은 성 베드로로 추측되는데, 그는 팔 아래 영혼을 가지고 있으나, 마귀가 그 영혼의 발을 올무로 엮고 지옥쪽으로 잡아당긴다. 하단에서는 왼쪽 귀퉁이에서 선지자 요나가 니느웨의 죄를 보고 머리털을 잡아뜯고 있고, 오른쪽 귀퉁이에서는 사도 빌립이 그리스도를 가리키고 있다. 독일어 본문은 의미가 분명하지 않다. (이 삽화는 Johannes Geffcken의 Der Bildercatechismus des fünfzehnten Jahrhunderts〈Leipzig, 1855〉에서 복사한 것이다.)

가난한 자들의 복음

16세기 종교개혁의 한 가지 요인은 민중에게 성경을 가르치는 과정에서 닦인 토대였다. 이동 활자가 발명되기 전에 목판 제책(製冊) 기술이 성경 주제들을 전하는 데 사용되었다. 위의 그림은 목판으로 찍은 것이고, 본문은 손으로 쓴 것이다. 이런 방식으로 제작된「가난한 자들의 성경」(Die Biblia Pauperum, Deutsche Ausgabe, 1471)의 중앙은 신약성경의 한 배경을

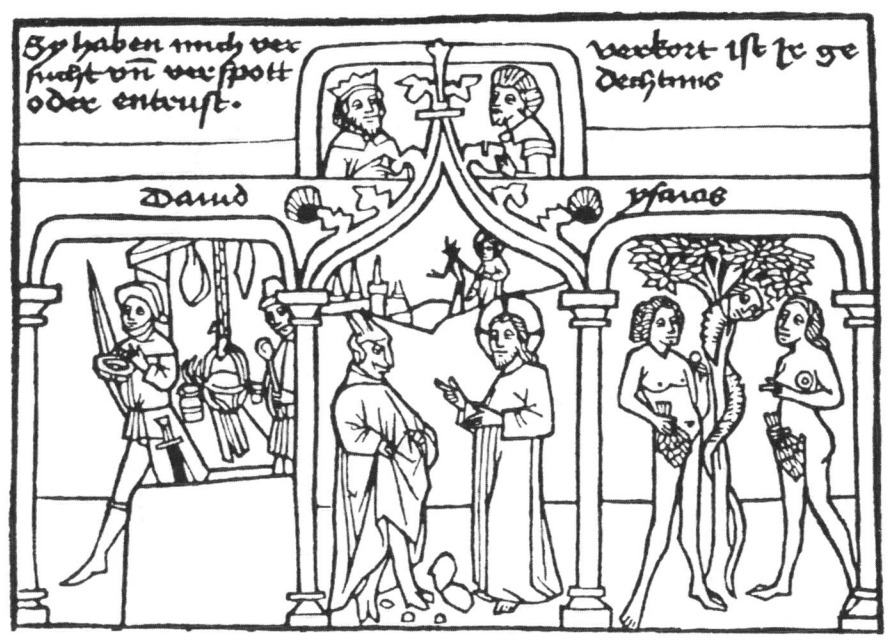

보여주며, 양 옆은 같은 주제를 암시하는 구약성경의 두 배경을 보여 준다. 왼쪽 그림의 중앙에서는 예수님이 장사되시고, 양 옆에서는 요셉이 우물로, 요나가 고래 속으로 들어간다. 오른쪽 그림의 중앙에서는 예수님이 시험을 받으시고, 양 옆에서는 아담과 하와가 뱀에게, 에서가 '팥죽'에 의해 시험을 받는다.

에라스무스의 신약성경

에라스무스의 신약성경 제2판은 각 부분마다 속표지를 둔다. 이 속표지는 고전 신화를 사용한 점에서 충격을 준다. 위에는 아폴로와 머큐리와 다프네가 숲속을 질주하고 있고, 양쪽에는 활을 든 눈먼 큐피드와 비너스, 아첨의 여신(Adulation)과 운명의 여신이 서 있고, 아래에는 진기하게 구별된 의인화한 덕(德)들, 악들, 자질들이 있다. 이 삽화는 인쇄업자 프로벤이 삽입한 것이므로 에라스무스에게는 책임이 없는데, 그는 생애 후반에 인문주의자들의 특징인 이교 신화의 남발을 비판했다.

콤플루툼학파 대역성경

히메네스의 콤플루툼학파 대역성경 창세기의 첫 쪽. 왼쪽에는 헬라어 칠십인역, 중간에는 라틴어, 오른쪽에는 히브리어 본문이 자리잡고 있다. 아래는 아람어역과 아람어역에 대한 라틴어역이다. 이 쪽은 예일 대학교 베이네케 도서관에 소장된 사본의 사진이다.

루터의 성경

루터가 사용한 불가타 사본의 속표지. 바젤에서 바젤 시의 문장(紋章)을 넣어 출판했다. 난외의 내용은 루터가 기록한 것으로서, 연대는 1542년과 1543년으로 되어 있다. 하단에 그의 서명이 있다.

Museum Plantin-Moretus, Antwerp

황제 칼 5세

칼의 자화상을 가지고 크리스토프 제거(Christophe Jegher)가 제작한 목판화. 출처는 Opera omnia Huberti Goltzii 중 제5권 「로마 황제들의 초상」(1645).

지혜자 프리드리히
작센의 선제후이자 루터의 보호자. 알브레히트 뒤러(Albrecht Dürer)의 판화.

보름스에서의 루터

루터가 보름스 의회에 출두한 사건을 기록한 소책자의 속표지. 의회가 열린 1521년 스트라스부르크에서 출판됨.

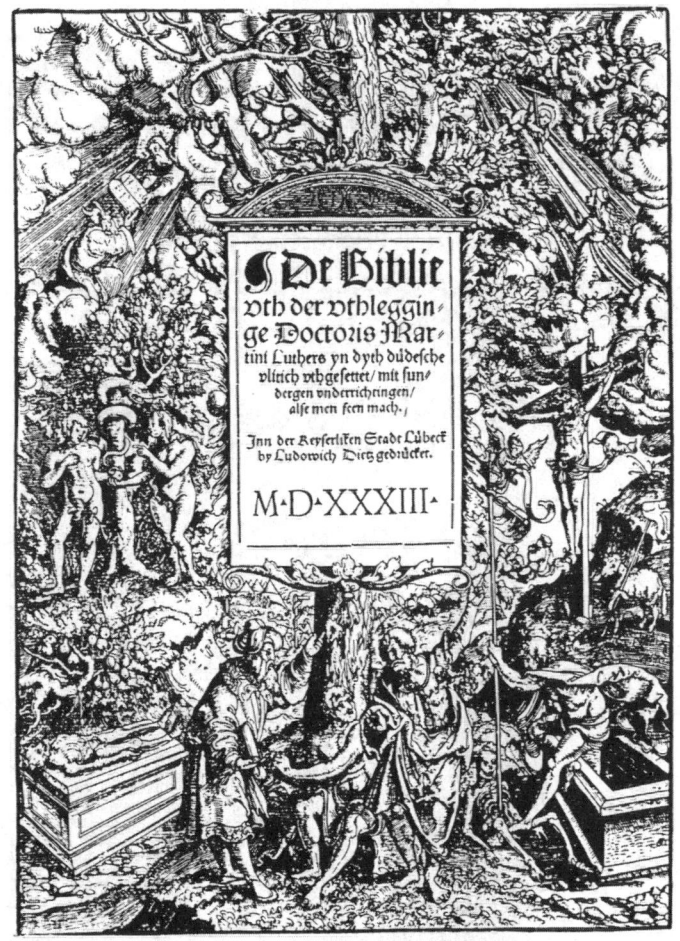

루터의 성경

    이 속표지는 주제가 철저히 중세적인 것으로서, 에라스무스의 헬라어 신약성경판 속표지와 크게 대조된다. 좌측 상단에서는 모세가 십계명을 받고 있다. 우측 상단에서는 십자가를 든 천사가 동정녀 마리아에게 나타난다. 좌측 중간에는 아담과 하와가 있고, 그 밑에는 죽음을 상징하는 해골이 있어서 죄 때문에 죽음이 세상에 들어왔음을 알린다. 우측에는 십자가에 달리신 구주 그리스도가 계시고, 그 아래에는 그리스도가 무덤에서 일어나사 죽음을 발로 밟으신다. 중간 하단의 나무 옆에서는 구원을 얻고자 하는 사람이 두 사람의 인도로 구주를 쳐다본다. 나뭇가지 왼쪽 밑에는 광야에서 들려진 놋뱀이 있고, 오른쪽에서는 천사가 목자들에게 그리스도의 탄생을 고지한다. 이 저지(低地) 독일어판은 1533년 뤼벡에서 출판되었다.

PHILIPP MELANCHTHON

필립 멜란히톤
루터가 평생 비텐베르크 대학교에서 함께 한 동료 교수. 아우그스부르크 신앙고백서 작성자. 위 초상은 루카스 크라나흐(Lucas Cranach)가 묘사한 그의 노년의 모습이다. 목판화는 그의 사후에 출판되었다.

교황 율리우스 2세에 대한 풍자

    1513년 율리우스 2세가 죽은 직후에 교황이 완전무장을 한 채 천국문에 도착한 모습을 묘사한 Julius Exclusus라는 익명의 소책자가 등장했다. 그는 생전에 직접 군대를 끌고 볼로냐를 함락시킨 적이 있는데, 여기서 그가 턱수염을 기른 모습을 하고 있는 이유는 그가 그 승리를 거둔 뒤 턱수염을 자르지 않기 때문이다. 가슴에는 P. M. 이란 글자가 새겨져 있다. 천국문 안에서 뚫어지게 쳐다보고 있던 성 베드로가 그에게 누구냐고 묻는다. 교황은 "글자도 못 읽소? P. M., 폰티펙스 막시무스(대사제)"라고 되묻는다. 베드로는 "페스티스 막시마(대흑사병)이겠지" 하고 응수하고는 그를 천국에 받아들일 이유가 무엇이냐고 묻는다. 율리우스는 교황청의 권세와 위엄을 장엄하게 묘사한다. 베드로는 자기 때는 그렇지 않았다고 하면서 그를 안으로 들이기를 거부한다.
    당시 사람들은 거의 이 소책자의 저자가 에라스무스일 것이라고 믿었고, 그것은 에라스무스의 친필 필사본에 의해 사실로 입증된다. 이 소책자의 의의는 그 시대의 가톨릭 자유주의가 비록 익명으로라도 교황을 신랄히 풍자할 수 있었고, 동시에 교회를 떠날 생각이 전혀 없었다는 데 있다.
    이 목판화는 1523년에 출판된 그 소책자의 독일어판에서 취한 것이다.

농민 전쟁

이 전쟁은 조직된 원정이 아니라, 들판과 농장과 읍에서 작은 규모로 일어난 봉기들이다. 위는 어느 도시 거리에서 벌어진 투쟁을 묘사한 것이다.

ULRICH ZWINGLI

울리히 츠빙글리
독일계 스위스 종교개혁자. 1539년 evangelicam historiam annotatione라는 소책자에 실린 목판화.

성당 기물을 옮기는 교황파

폭스(Foxe)에 따르면 이 화상 파괴는 에드워드 6세 때 발생했다고 한다. 성상 차 마들은 다음과 같다: '불타는 성상들', '로마교회의 선박', '깨끗이 소제된 성당', '교황 신도들이여, 장신구들을 싣고 너희도 배에 올라타라', '짐을 운반하는 교황 신도들.' 이 그림은 존 폭스(John Foxe)의 Book of Martyrs(London, John Day, 1570) 1483쪽에 실린 것으로서, 내용은 1547년에 해당한다.

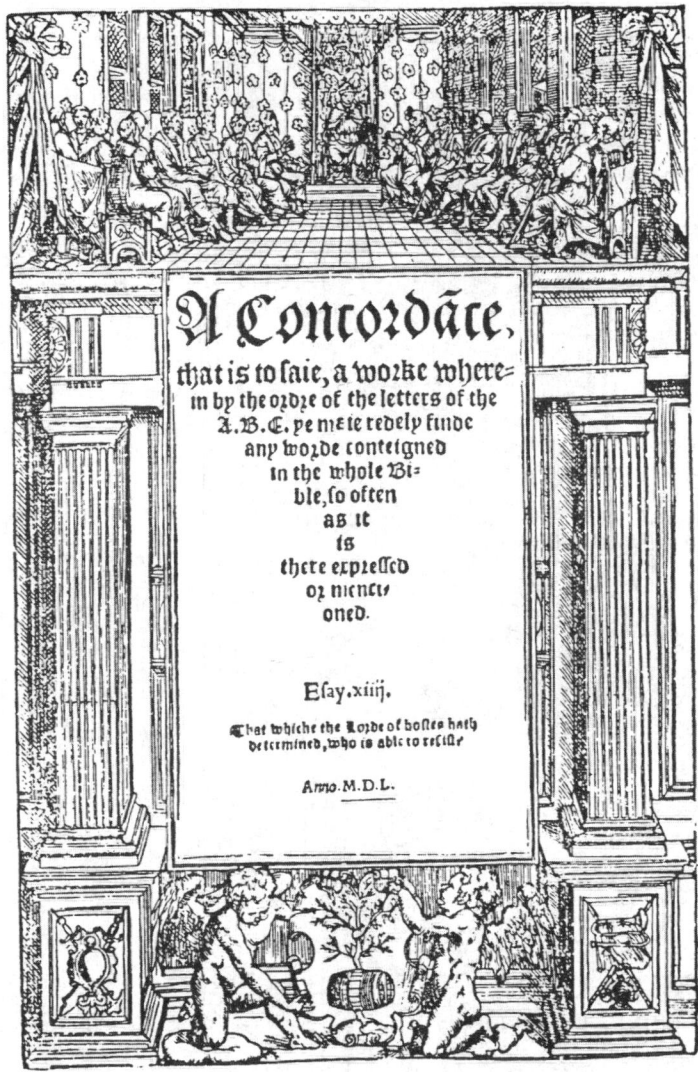

성구사전

에드워드 6세 때 인쇄됨(그림 상단에 권좌에 앉아 고문들에 둘러 싸인 그의 모습을 볼 수 있다). 안에 적힌 글귀는 다음과 같다: 성구사전, 즉 A. B. C. 문자 순으로 성경 전서에 실린 어떤 단어도 그 안에 표현되거나 언급된 횟수만큼 쉽게 찾을 수 있는 책. 이사야 14장. 만군의 여호와께서 경영하셨은즉 누가 능히 그것을 폐하며.

에드워드 6세 앞에서 설교하는 래티머

휴 래티머(Hugh Latimer, 1485?-1555)는 우스터의 주교이자 영국 종교개혁의 투사로서, 열정적이고 설득력 있는 설교로 유명했다. 리들리(Ridley)와 크랜머(Cranmer)와 함께 1555년 옥스퍼드에서 화형을 당했다. (폭스의 Book of Martyrs〈1563, p. 1353〉에서.)

1631년 9월 라이프치히 전투를 지휘하는 스웨덴 왕 구스타프 아돌푸스 (빈터(G. Winter)의 Geschichte des dreissigjährigen Krieges에 실린 판화(Berlin, 1893).)

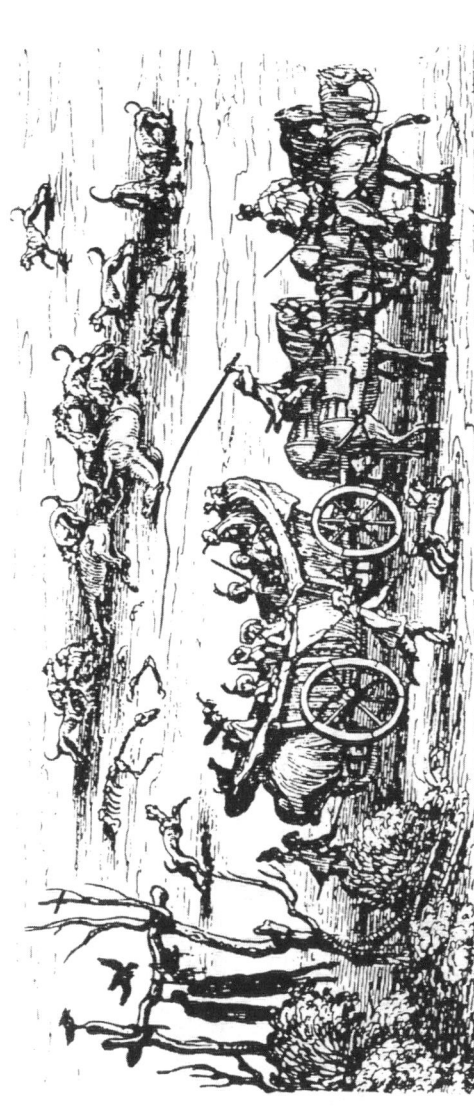

Reijewagen während des dreißigjährigen Krieges.
Facsimile aus Jacques Callots (1594—1635) Radirung „Belagerung von Breda", 1624.

프랑스 미술가 자케 칼로(Jacques Callot, 1594-1635)가 제작한 "1624년 브레다 포위 공격" 이란 제목의 판화. 네덜란드의 도시인 브레다는 당시에 스페인 군대에 포위 공격을 받고 있었다. 그림 앞의 긁히는 "삼십년 전쟁 당시의 여행 마차"이며, 등개들이 쓰러진 말들을 물고 잔치를 벌이고, 마차에 탄 승객들에 화승총으로 무장한 군대의 호위를 받고 있고, 두 사람이 임시 교수대에서 처형된 채 매달려 있다. 이 그림은 유럽 중부 대부분이 처했던 굶주림과 공포와 무장부 상태를 상징한다. 삼십년 전쟁은 그뒤 24년간 지속되었다. (빈터(G. Winter)의 Geschichte des dreissigjährigen Kriege(Berlin, 1893)에 실린 모사도.

관용령

제임스 2세는 관용령을 공포했고, 이것은 기쁨으로 받아들여졌다. 그러나 그것은 대부분의 영국인들에게 가톨릭에 관용을 베풀기 위한 조치로 보여졌다.

명예혁명

오렌지 공(公) 윌리엄이 가톨릭 왕 제임스 2세를 쫓아내고 윌리엄과 메리를 통해 프로테스탄트 왕위 계승이 이루어졌을 때 영국에는 기쁨의 물결이 넘쳤다.

제9장

종교개혁 시대

중세에 교회의 분열을 위협하던 세력들이 16세기 초에 접어들면서는 사라진 듯했다. 분파주의와 이단이 거의 다 진압되었다. 사보나롤라도 추종자를 남겨두지 않은 채 화형 당해 죽었다. 공의회 운동도 교황의 통제하에 종속되었으며, 교황청의 분열도 종식되었다. 스페인도 오랜 세월을 초승달(이슬람교의 상징)과 십자가 사이에 분열되어 오다가 이제는 확고히 기독교 세계로 편입되었고, 따라서 종교재판소의 엄격한 정책도 완화될 수 있었다. 그 결과 16세기 초반에 기독교 세계는 비교적 큰 평화와 자유를 누렸다.

그럼에도 불구하고 교회 내부에는 불화와 불만이 있었고, 어떤 면에서 그것은 정당한 것이었다. 교회 내부에는 부패가 만연했고, 유럽 전역의 뜻있는 성직자들은 교회의 태만에 개탄하면서 개혁을 요구했다. 불만이 집중된 점들은 성직자들의 부도덕, 신자들에게 부과된 막중한 경제 부담, 소교구들에 대한 소홀이었다. 앞에서도 언급했듯이, 성직자 독신주의의 강화는 많은 경우에 성직자 축첩 관행을 부추겼다. 그런 관행이 얼마나 폭넓게 퍼져 있었는지는 수치상으로 파악할 수 없는 문제로서, 종교개혁자들이 제시한 수치는 아마 과장된 것인 듯하다. 그러나 성직자들의 도덕적 문란을 성토하는 목소리는 유럽 어느 나라에서나 들을 수 있었다. 그 면에서는 교황청 자체도 악명이 높았다. 다행히도 사회는 사제들의 서자들을 차별하지 않았고, 그에 힘입어 에라스무스 같은 몇몇 사람들은 유명 인사가 될 수 있었다.

교회의 재정 징수는 오랫동안 불평 거리였다. 사람들은 비록 자발적으로 후하게 갖다냈지만, 내지 않으면 파문에 처해지는 상황에서 십일조를 내는 것을 몹시 혐오했다. 교회는 국면마다 다양한 징수 방법을 고안하여 필요한 재정을 충당하는 과정에서 신자들에게 원성을 샀다. 성직 매매 관행이 널리 퍼져 있었다. 면죄부 판매도 마찬가지였다. 교황청 세금에 대한 원성은 이 돈이 쓰인 방식 때문에 더욱 가중되었다. 왜 독일이나 영국이나 프랑스에 사는 신자들이 교황 율리우스 2세(Julius II)의 볼로냐 공격에 비용을 대야 하는가? 자기 지역 교회의 지붕을 수리할 여력도 없는 판국에 왜 로마에서 벌어지는 성 베드로 성당 재건에 돈을 내야 하는가?

가장 준렬한 비판은 소교구(parish)들의 열악한 상태에 퍼부어졌다. 대다수 하위 성직자들은 거의 학교 문턱을 밟아보지 못한 사람들이었다. 더욱이 국가 교회나 보편 교회를 지원하는 데 터무니없이 많은 금액이 징수되었기 때문에, 사제들은 단일 소교구에서 나오는 세입을 가지고는 먹고 살 수 없었고, 따라서 여러 소교구들이 한데 합쳐졌으며(이른바 복수주의 체제), 각 소교구는 소홀히 취급되었다. 목회자들과 주교들은 타지에 가 있느라 자기 교구를 비워두고, 영혼 치유는 소액의 기부금으로 생활하던 대리자들(vicars)에게 떠맡기는 경우가 허다했다. 주교가 추기경이 되면 교구를 비워둔 채 로마로 떠났다. 모든 나라의 가톨릭 개혁자들은 성직자들에게 독신을 의무화하고, 교회의 재정 집행을 정밀 조사하고, 양들을 제대로 돌볼 것을 요구하고 있었다.

가톨릭 개혁 운동은 두 가지 유형으로 진행되었는데, 처음에는 둘 사이에 뚜렷한 구분이 없었다. 하나는 자유롭고, 비교리적이고, 윤리적이며, 교육에 의존하여 목적을 성취하려고 한 유형이었다. 다른 하나는 교리적이고 권징적인 유형으로서, 신조의 상세한 공식화와 규율의 엄격한 강요를 요구했고, 필요시에는 세속 군대의 힘을 빌릴 것을 요구했다. 두 유형 모두 모든 가톨릭 지역에서 발견되었고, 수십 년 동안 서로를 지원했다. 그럼에도 불구하고 첫째 유형을 네덜란드적인 것으로, 둘째 유형을 스페인적인 것으로 묘사해도 지나친 과장은 아닐 것이다. 왜냐하면 그들의 뿌리는 각각 네덜란드와 스페인에 박혀 있었기 때문이다.

에라스무스

자유주의적 개혁 운동을 이끈 대표적인 인물은 네덜란드인 데시데리우스 에라스무스(Desiderius Erasmus, 1466 혹은 1496-1536)였다. 그는 공동생활 형제단에서 인문주의 전승으로 교육을 받았고, 일찍부터 고전학과 교부학에 심취했다. 아버지가 죽자 후견인들의 권유로 수도원에 들어갔으나, 관면(寬免)에 의해 정주(定住) 의무에서 벗어나 기독교 학자로서 사본들과 인쇄소들이 밀집되어 있는 곳이면 어디든지 다닐 수 있었다. 이탈리아의 로렌초 발라(Lorenzo Valla)에게서 역사학과 성경학 방법론에 관해 영향을 받았고, 피렌체 아카데미로부터 종교의 감각적이고 외적인 면을 비판하는 점에 영향을 받았다. 그의 큰 업적은 고전과 기독교 고전들을 활용한 데 있지만, 그것과 아울러서 경건적이고 풍자적인 소논문들에 힘입어 국제 인문주의의 표상이 되었고, 자유주의 가톨릭 개혁 운동의 전형이 되었다.

에라스무스는 자기 시대 교회 내에 있는 악들을 예리하게 인식했다. 그가 런던에서 성 토머스 모어(St. Thomas More)의 손님으로 있는 동안에 쓴 「우신예찬」(The Praise of Folly)은 수사, 사제, 교황, 신학자, 그리고 자신을 포함한 인류 전반의 결점들을 통렬하게 풍자한 책이다. 그의 경건의 특색은 외적 종교 생활과 의식보다 내적 경험을 강조한 데 있다. "유리함에 보관된 사도 바울의 유골을 숭배하면서도 그의 서신들에 담긴 그의 정신의 찬란함은 느끼지 못하는 게 얼마나 어리석은 짓인가!"[1] 하고 그는 외쳤다. 금식의 목적이 무엇이냐고 그는 물었다. 경건하다는 명성을 얻기 위해서? 육체를 단련하여 유익한 일에 사용하기 위해서?

성유물(relics) 숭배 관행에 대해서 그는 토마스 아 베케트(Thomas à Becket)의 성유물이 기적을 일으켰다는 주장에 조소를 퍼부었다. 오히려 역설적으로 주장하기를, 그 성인이 죽은 뒤에 그의 슬리퍼 하나가 살아 있을 때의 온 육체보다 더 많은 일을 할 것이라고 했다. 에라스무스는 수도회들에 대해서 미신적이고 논쟁을 일삼고 외적인 문제에 빠져 있다고 비판한 뒤, 진정 중요한 것은 영혼이며, 이것은 가정 생활에서 더 명백하게 나타날 수 있을 것이라고 했다. 가톨릭 교회의 음식 규제법도 그에게는 새로운 바리새주의로 보였다.

교리에 관해서 그는 종교의 본질은 추론에 있지 않고 경건과 박애에 있다고 주장함으로써 공동생활 형제단과 마찬가지로 반(反) 사색적인 입장을 견지했다. 구원에 필수적인 교리와 비본질적인 교리들을 구분했다. 교리가 구원에 필요하게 되려면 누구나 다 이해할 수 있도록 단순해야 한다고 주장하면서, 그 이유에 대해서 하나님은 사람들을 멸하실 때 그들이 이해할 수 없는 교리를 믿지 않았다는 이유로 멸하시지 않으실 것이기 때문이라고 했다. 논쟁되는 것은 확실할 수가 없기 때문에 교리는 반드시 보편적으로 받아들일 만한 것이어야 한다고 했다. 에라스무스는 그 본질적 교리들을 사도신경으로 국한시켰다. 물론 사도행전 가운데서도 "본디오 빌라도에게 고난을 받으사" 같은 구절들은 별 의미가 없다고 보았다. 에라스무스에게 그리스도의 수난은 하나님의 진노를 달래거나 그분의 공의를 만족시키는 데 필수적이지 않았다.

그런 입장에 서서 보면 갈보리가 제사가 아니라는 점과, 따라서 정통 교리의 주장과는 달리 미사는 그런 제사의 반복이 아니라는 점을 쉽게 추론할 수 있다. 네덜란드에 오랫동안 전해 내려온 전승에 부합하게, 에라스무스는 화체설을 근거없는 스콜라주의적 궤변으로 여겼고, 성찬 때 발생하는 그리스도의 임재를 영적인 임재로 해석했다. 그러나 그런 생각을 교리화할 준비가 되어 있지 않았으며, 교회의 합의에 정면으로 도전할 의사도 없었다.

그는 도덕을 바로잡고, 야심을 억제하고, 경건을 권장하는 데 큰 관심이 있었는데, 이 일을 비판뿐 아니라 지식 전파로도 해나가려고 노력했다. 그의 평생 사역 중 상당 부분을 기독교 고전 본문들을 편집하고 번역하는 데 보냈다. 무엇보다도 그는 민중에게 성경을 깨우쳐 주려고 노력했다. 그의 개혁의 본질은 복음의 단순성, 특히 산상보훈으로 돌아가는 것이었다. 그가 이 분야에서 가장 크게 기여한 것은 1516년 바젤의 프로벤 출판사(the press of Froben)에서 신약성경 헬라어 본문을 최초로 출판한 일이다. 에라스무스는 성경 출판 작업을 최고의 사본들이 아닌 몇몇 사본들에 준하여 성급히 진행했다. 불행하게도 그의 역본은 그뒤로부터 아주 오랫동안 공인 본문(textus receptus)으로 사용되었다. 그럼에도 불구하고 이 역본은 대단한 성과였고, 게

다가 본문에 라틴어 역본을 병기(倂記)하여 성 제롬(St. Jerome)의 불가타 (the Vulgate) 역본에 나오는 오류들을 바로잡았다는 점에서는 더욱 그러했다. 따라서 헬라어를 읽을 줄 아는 학자는 누구나 직접 신약성경을 연구할 수 있었고, 라틴어를 배운 사람은 누구나 중세 내내 권위있게 사용된 그 역본의 오역들을 파악할 수 있었다.

교육에 의해 개혁을 수행하려면 교회와 조화를 이루고 정부와 화친할 필요가 있었다. 에라스무스는 소책자들과 성경 주석들과 편지들을 통해 끊임없이 평화를 역설했다. 민족주의라는 새로운 정신보다 더 완강한 대적은 없었다. 따라서 그는 영국인들과 프랑스인들과 스페인인들에게 묻기를, 그들이 사실상 그리스도 안에서 형제들인데 왜 스스로를 혈통상의 원수들로 여겨야 하느냐고 했다. 에라스무스는 향수어린 심정으로 하나의 보편 제국과 하나의 보편 교회 안에서 하나의 사회를 이루고 살던 과거를 되돌아 보았다. 사실은 존재한 적이 없던 그런 세계를 말이다. 당시에는 그런 사회를 제국보다 교회가 더 잘 대표해 준다고 보았는데, 그가 교회를 떠나기를 거부한 데에는 이런 이유도 작용했다. 1521년 루터에 대한 파문으로 교회가 분열되고, 프랑스의 그리스도인 왕과 신성로마제국 황제 간의 전쟁으로 제국의 보편성이 더욱 심하게 훼손되었을 때, 에라스무스의 심정은 얼마나 괴로웠겠는가!

그러한 복음주의적 인문주의는 네덜란드에만 국한되지 않고, 유럽 전역에 지지자들을 두고 있었다. 영국에는 세인트 폴 대성당의 수석사제(dean) 존 콜레트(John Colet)와, 왕 헨리의 대법관이자 「유토피아」(*Utopia*)의 저자 토머스 모어가 있었다. 프랑스에는 대 성경학자 자크 르페브르 데타플 (Jacques Lefèvre d' Etaple)과 파리 대학교의 성직자 학생들에게 거처를 제공했던 몽테그 대학의 장 스탕동크(John Standonck)가 있었다(이곳에서 각기 다른 시대에 존 칼빈과 이그나티우스 로욜라〈Ignatius Loyola〉가 지냈다). 네덜란드가 스페인의 지배를 받고 있을 당시 에라스무스는 십수년간 스페인에서 큰 명성을 얻었다. 저지(the Low Countries)에서 자라난 칼(Charles)이 1516년 스페인 왕이 되었을 때, 그는 에라스무스와 같은 기질을 지닌 네덜란드 출신 고문들을 측근에 두었다.

이탈리아에서 대표적인 인문주의 옹호자는 당시 스페인의 영토였던 나폴리에서 살던 스페인 사람 후안 드 발데스(Juan de Valdes)였다. 그에 힘입어 네덜란드에서 시작된 조류는 이베리아 반도를 경유하여 이탈리아로 흘러 들어갔다. 발데스는 에라스무스와 마찬가지로 내면성을 강조했고, 때로는 그리스도의 죽음이 대속이라기보다 하나님이 인간을 위해 마련하신 교육 방법이라고 주장했다.

이탈리아도 나름대로 자국의 개혁 성직자들을 두고 있었는데, 그중 일부는 1527년 로마 시가 함락될 때까지 그곳에서 모임을 가지던 **오라토리오회**(the Oratory of Divine Love)라는 집단의 구성원들이었다. 이 열정적인 성직자들 가운데는 마지못해서 추기경에 임명된 뒤 교구를 비워둔 채 로마로 온 주교들도 포함되어 있었다. 예를 들어, 루터를 제재하는 교서를 작성한 추기경 지아코모 사돌레토(Giacomo Sadoleto)는 교황이 허용하는 시간을 모두 프로방스에 있는 자기 교구를 돌보는 데 사용했다. 베네치아의 귀족 가스파로 콘타리니(Gasparo Contarini)도 있었다. 그는 성실성을 인정받아 일개의 평신도에서 일약 추기경까지 고속 승진한 사람이었다. 그는 자신의 고위직을 이용하여 프로테스탄트 교도들의 이신칭의(以信稱義) 교리와 조화를 이루어 보려고 노력했다. 그밖에도 추기경 조반니 모로네(Giovanni Morone), 교황비서 피에트로 카르네세치(Pietro Carnesecchi), 망명중에 있던 영국 추기경 레지놀드 폴(Reginold Pole), 그리고 미켈란젤로의 소네트 몇편에 영감을 불어넣어 준 비토리아 콜로나(Vittoria Colona) 같은 귀족 여성들 등 기질이 비슷한 사람들이 많이 있었다.

오라토리오회의 이상에 고취되고, 교황청에서 근무하는 몇몇 회원들의 영향력에 지원을 받은 이탈리아 개혁 운동은 이 위기의 시기에 여러 수도회들이 생기게 했는데, 그중에서 가장 중요한 수도회는 **테아테회**(the Theatines)였다. 엄격하고 거룩하게 살고, 이탈리아 도시들의 거리에서 설교하고, 가난한 자와 병자, 매춘부, 죄수를 보살핀 테아테회는 평신도들과 동료 사제들에게 강력한 모범이 되었다. 특히 교황청은 테아테회 요원들 중에서 수많은 개혁파 주교들을 임명하게 되는데, 그 결과 수도회 설립 한 세기만에 200명이 넘는 주교를 배출하게 된다. 또 다른 수도회인 **카푸친회**(the Capuchins)는 신령파 프란체스코회의 프로그램을 부활시키려고 했다. 절대

가난에 헌신한 카푸친회는 처음에는 학문을 혐오했으나, 설립된 지 한 세대 뒤에는 연구 프로그램을 도입했다.

스페인의 개혁

스페인의 개혁은 시대 상황의 독특한 결합에 의해서 이루어졌다. 스페인 역사상 걸출한 종교 지도자로 손꼽히는 히메네스(Ximénez de Cisneros)가 중대한 순간에 등장한 것과 당시의 정치 상황이 절묘하게 맞아떨어진 것이다. 종교 및 정치 통합을 위해 오랜 세월을 투쟁해 오던 스페인은 15세기에 막바지 고비에 처해 있었는데, 그 과정에서 한때 대륙에서 가장 종교 자유가 보장되던 땅이 종교를 가장 통제하는 땅으로 변했다. 옛날 서고트족의 엄격한 정통신앙이 부활되었고, 교회와 국가가 굳게 손을 잡았으며, 그것이 교황청으로부터의 독립으로 발산되었다.

15세기 말에 스페인의 교회와 국가는 콘베르소스(conversos, 개종한 유대인들) 가운데서 뿐 아니라 모리스코(morisco, 개종한 무어족) 가운데서까지, 비기독교 잔존 세력을 뿌리뽑아야 한다는 결론을 내렸다. 그에 따라 1480년 스페인에 종교재판소가 설립되었고, 3년 뒤에 토르케마다(Thomás de Torquemada)가 대종교재판관으로 임명되었다. 토르케마다는 페르디난도(Ferdinand)와 이사벨라(Isabella)의 지원을 업고서 15년 이상 그 수가 얼마나 될 지 아무도 모르는 허다한 이단들을 고문하고 화형에 처했다. 그러던 중 사람들을 유혹하는 비개종 유대인들이 그 땅에 남아 있는 한에는 콘베르소스 가운데서 유대교의 잔존 세력을 결코 뿌리뽑지 못한다는 것을 깨닫게 되었다. 페르디난도는 비개종자들을 추방하자는 주장이 귀에 거슬렸다. 그들은 여전히 자신의 대(對) 무어족 전쟁을 지원할 막대한 자금력을 갖고 있었기 때문이었다. 그러나 1492년 그라나다가 마침내 함락되자 그들의 도움이 굳이 필요 없게 되었다. 콜럼버스(Columbus)가 서쪽을 향해 대서양을 항해하던 바로 그 해에, 스페인의 모든 비개종 유대인들은 추방을 당했다. 10년 뒤 무어족도 동일한 운명에 처했다.

훗날 스페인의 수석대주교요 로마의 추기경이요 그 지역의 섭정이 된

히메네스는 기질이 다른 사람이었다. 과거의 정통신앙 정신과 새로운 인문주의가 대단히 훌륭히 결합된 그런 사람이었다. 로마에서 법률가로 활동하고 스페인의 지구엔차(Siguenza)의 교구에서 총 대리 주교로 일했던 그는 나이 오십이 다 되어서 탁발수사가 되었다. 그의 극단적인 금욕을 보고 허다한 참회자들이 몰려들었다. 1492년, 즉 페르디난도가 유대인들을 추방한 그 해에 히메네스는 궁정의 청을 받아 여왕 이사벨라의 고해신부가 되었고, 3년 뒤에는 톨레도의 대주교가 되었으며, 따라서 스페인 전역의 수석대주교가 되었다.

그러한 역량을 발휘하여 그는 스페인 성직자들에 대해 철저한 개혁을 단행하기 시작했다. 개혁 대상에는 자신이 속했던 프란체스코회를 포함하여 재속 성직자들과 수사들이 망라되어 있었다. 그러면서도 새로운 지식의 후원자 역할도 했다. 1500년 그는 철저한 성직자 교육을 시행하기 위해서 알칼라(Alcala)에 대학교를 신설했다. 그 대학교에는 교양 학과를 가르치는 두 개의 대학 외에도 교부들의 저서와 성경, 그리고 거기에 필요한 언어인 히브리어와 헬라어를 가르치는 신학교를 두었다. 히메네스는 여러 학자들의 도움에 힘입어 콤풀루툼학파 대역성경(the Complutensian Polyglot)을 편찬했다. 이 성경은 원어들로 된 최초의 성경 전서로서, 신구약 라틴어 불가타 역본과 구약에 대한 헬라어 칠십인역을 병기(併記)했다.

이 비범한 인물의 생애는 상충되는 점들이 많았다. 그는 추기경복 속에 고행자가 입는 마모직 옷을 입고 지냈으나, 스페인의 수석대주교로서 교회의 재산을 주물렀고, 지브롤터 해협의 아프리카쪽에 사는 무어족에 대한 십자군 원정에 서슴없이 자금 지원을 했으며, 직접 원정군을 따라가 그들에게 마치 새로운 성 베르나르나 되는 듯이 장광설을 토해냈다. 엄격한 개혁자였던 그는 교회의 삶을 쇄신하려는 운동에 르네상스 시대 최고의 학자들을 기용했다.

루터

묘하게도 기독교 세계를 뒤흔든 개혁은 자기 자신의 개혁에만 관심이 있었던 어느 가톨릭 수사 겸 사제에 의해서 시작되었다. 마르틴 루터(Martin Luther)는 1483년 11월 11일 작센 아이스레벤의 작은 마을에서 구리 광산 갱부의 아들로 태어났다. 1502년 당시 독일에서 가장 큰 대학교였던 에르푸르트 대학교에서 학사 학위를 받았고, 3년 뒤에 석사 학위를 받았다. 같은 해에 부모를 찾아뵙고 대학교로 돌아오던 길에 큰 뇌우를 만났다. 어찌나 격렬한 뇌우였던지 이젠 죽었구나 하고 생각할 정도였다. 그 순간 만약 하나님이 살려주시면 수사가 되겠노라고 서약했다. 두 주 후에 서약을 이행하기 위해서 에르푸르트에 있는 어거스틴회 수도원에 들어갔다. 스물두살이 채 안 된 나이였다.

루터는 죽음, 심판, 천국, 영원한 불이라는 "네 가지 마지막 일들"을 대단히 심각하게 받아들이던 중세 그리스도인들 가운데 한 사람이었다. 하나님의 진노와 그리스도의 두려운 심판과 사단의 권세를 생각할 때마다 공포에 짓눌렸다. 수도원에 들어간 뒤 한동안은 그런 공포에서 벗어나 평정을 누릴 수 있었다. 그러나 옛 공포가 다시 엄습했는데, 그것은 미사 때 하는 첫 마디로 더욱 촉진되었다. 그 첫 마디는 예나 지금이나 갓 임명받은 사제에게는 괴로운 체험이었다. 제단에 하나님이요 세상의 구주를 제물로 바치려는 순간에 누가 떨지 않겠는가? 모든 게 순조롭게 진행되다가 "저희는 당신께 살아계시고 참되시고 영원하신 하나님을 바칩니다"라는 미사 기도문을 낭송하려 할 때 루터는 벽에 부딪히게 되었다.

훗날 그가 회고한 말을 들어 보자: "이 말을 하려 하자 온 몸이 얼어붙고 공포가 엄습했다. 이런 생각이 들었다. 내가 이 입으로 과연 그런 장엄한 말을 해야 한단 말인가? 하다못해 지상의 군주 앞에서도 모든 사람이 두려워 떠는 판국에 말이다. 내가 누구관대 엄위로우신 하나님께 눈을 치켜뜨고 손을 들어올린단 말인가? 그분 곁에는 천사들이 옹위하고 있다. 그분의 눈짓 하나에 땅이 진동하는데, 내가, 이 비천하고 보잘것 없는 난쟁이가 '이것 해주십시오, 저것 해주십시오'라고 말한단 말인가? 나는 먼지요 재요 죄로 가득한 자로서, 살아 계시고 영원하시고 참되신 하나님께 말하고 있기 때문이다."[2]

"먼지요 재요 죄로 가득한"이라는 표현은 인간이 피조물이요 무가치한 존재라는 루터의 깊은 자각을 고스란히 전달해 준다. 벌레가 어찌 엄위로운 하나님 앞에 막아서고, 죄인이 어찌 지극히 거룩하신 하나님 어전에 선단 말인가? 사람은 궁극자(the Ultimate)와 화목해야만 평화를 발견할 수 있는데, 유한자들과 무한자 사이에, 부정한 자들과 거룩한 분 사이에 어떤 화목이 있을 수 있는가?

첫째 질문에 대해서 교회가 하던 대답은 인간은 자기 부인으로써 죄악된 성향을 깨끗이 씻는 데 힘써야 한다는 것이었다. 루터는 육체를 혹사하는 쪽을 택했다. 그러나 무슨 행위로도 하나님의 호의를 입을 만큼 충분히 주리거나 가난해질 수 없다는 생각과, 어떤 선행을 하더라도 자기 생각은 언제나 자기 사랑으로 얼룩질 것이라는 생각이 끊임없이 그를 따라다니며 괴롭혔다. 그러나 이것을 깨닫고서 절망에 주저앉지 않았다. 교회는 성인들뿐 아니라 죄인들에게도 문을 열어 놓았고, 범죄한 사람이 통회와 자백과 보속(補贖, satisfaction)이라는 세 가지 조건을 충족시키면 그에게 고해 성사로써 사면을 베풀었기 때문이다.

루터는 사람이 내놓을 수 있는 어떠한 보속도 충분하지 않으며, 그의 통회도 진실한 것인지도 확신할 수 없다고 느끼게 되었다. 그러나 자백은 그에게 열려 있었고, 그는 기억을 최대한 되살려서 자기 죄들을 자백했다. 그는 당시의 주도적인 신학자들과 마찬가지로, 죄 사함을 받으려면 죄를 기억하고 자백하고 그 죄 하나하나에 대해 사면을 받아야 한다고 믿었다. 그리고는 여섯 시간을 계속해서 죄를 자백하고 고해소를 나서면서 미처 자백하지 않은 사소한 죄들이 생각나면 깊은 좌절에 빠졌다. 그러기를 몇 번이고 거듭하자 고해신부는 마침내 짜증을 내더니, 다시 오려면 가서 아버지나 어머니를 죽인 것 같은 고해할 가치가 있는 일을 하고 오라고 했다. 그러나 루터의 문제는 자기 죄가 크냐 작으냐 하는 것이 아니라, 그것을 남김없이 자백했느냐 하는 것이었다.

그를 더욱 괴롭힌 것은 많은 죄들이 심지어 인식조차 할 수 없다는 생각이었다. 사람은 워낙 깊이 부패한지라 아무리 꼼꼼히 자신을 살펴도 빗나간 모든 행위를 다 인식할 수 없다고 생각했다. 따라서 이 죄나 저 죄를 사함받으려 하기보다 자기 본성 자체의 구속을 바라지 않을 수 없었다. 그러나 경험이 말해주는 것은 이 생에서는 결코 본성이 온전히 구속되고 개조되지 않는다는 것이었다. 그러므로 사람은 하나님이 크신 긍휼로 사람을 비록 실제로는 선하지 않은데도 마치 선한 것처럼 대해 주실 것을 소망할 수밖에 없다고 생각했다.

루터는 차분히 앉아 연역을 거듭한 끝에 이런 불안정한 평화에 도달한 게 아니다. 자기 안에서 발견한 것을 가지고 괴로워했고, 심지어 하나님의 본성에 관해서 자기가 믿게 된 것을 가지고 더욱 괴로워했다. 그에게는 하나님이 인간들을 온갖 재앙들로 으깨지게 하시고, 온갖 공상으로 시달리게 하시고, 의심에 사로잡히게 하시고, 두려움으로 좌절에 빠지게 하시는 공포의 하나님이셨다. 성경은 하나님이 자신의 기쁘신 뜻대로 어떤 자들은 의롭다 하시고 어떤 자들은 배척하신다고 말하지 않던가? 여기에 무슨 공의가 있는가? 루터의 고해신부는 루터가 구원에 이르는 길을 너무 어렵게 만들고 있다고 말했다. 하나님을 사랑하기만 하면 된다고 했다. 그러나 루터는 "나는 하나님을 사랑하지 않습니다. 오히려 미워합니다" 하고 대답했다. 고해신부는 이 말을 이해할 수 없었다. 그뒤 루터에게는 독특함으로 인한 고독이라는 가장 두려운 시련이 찾아왔다. 경험 많은 고해신부가 이해하지 못했으니, 과연 그런 지독한 고민에 빠진 사람은 역사를 통틀어 루터 한 사람밖에 없었던 것일까?

한편 그의 고해신부는 이 수사가 지나치게 자신에게 몰두하다가 폐인이 되고 말 것이라고 생각하고는 자기 몰두에서 끌어낼 양으로 그를 비텐베르크 대학교 성경학 교수로 앉혔다. 이 임무 외에도 지역 교회에서 설교하고 목회하는 임무도 부과했다. 1512년 그는 신학박사 학위를 받았다. 훗날 그가 종교개혁가로서 자신의 활동을 정당화한 것은 바로 이 때 받은 박사학위에 기초한 것이었다. 그는 1513년부터 시편과 바울의 로마서, 히브리서, 갈라디아서에 대한 연속 강의를 시작했다.

이 강의 과정에서 그리스도의 수난, 특히 그분이 십자가상에서 하신 "나의 하나님, 나의 하나님, 어찌하여 나를 버리셨나이까"라는 말씀에 부닥쳤다. 하늘에 계신 자기 아버지께 버림을 받으신 그리스도 ─ 루터는 바로 이렇게 느꼈고, 그것은 루터의 독특한 생각이었다. 이제 그는 그리스도께서 심지어 우리와 똑같이 시험을 당하시되, 철저히 소외를 당하실 지경까지 시험을 당하셨다는 것을 깨달았다. 그러나 왜 그렇게 되셨을까? 그리스도가 죄를 지으셨기 때문은 분명 아니었다. 오히려 죄가 없으신데도 우리 모두의 죄를 홀로 짊어지시고, 그 모든 죄를 십자가에 못 박고, 그로써 하늘 아버지의 극진하신 사랑을 나타내신 것이었다. 이것이 지금까지 생각해 오던 그리스도관과 얼마나 다른 것인가! 그분은 준엄한 재판장이 아니라 십자가에 버림을 받으신 분이었다. 그 무한한 공포가 다함 없는 사랑이기도 했으니 하나님의 상(像)도 얼마나 새로운 것이었는가! 십자가에서 하나님의 진노와 긍휼이 구속의 사랑으로 기이하게 만났던 것이다.

그렇다면 사람에게 필요한 것은 무엇인가? 루터는 자문했다. 그리고는 스스로에게 의지하던 모든 태도를 버리는 것, 자신이 영원히 무가치하다는 것을 깨닫는 것, 믿음과 신뢰와 헌신으로 하나님의 선하심을 받아들이는 것, 이것만이 사람에게 필요하다고 결론내렸다. 바로 이것이 사도 바울이 선지자 하박국의 "오직 의인은 믿음으로 말미암아 살리라"라는 글을 인용할 때 의도한 바라고 생각했다. 그 통찰이 루터에게 낙원의 문을 열어 주었다. 이것이 이신칭의(以信稱義)의 의미이며, 이것이 루터주의(루터교)로 알려지게 된 것의 초석이다.

루터에게는 믿음이 다른 모든 객관적인 것 위에 있었다. 그는 기독교가 하나님이 시간 안에서 행하신, 그것도 모두를 위해 단번에 행하신 어떤 일 — 성육신과 구속 — 에 기초를 둔 역사의 종교라고 믿었다. 이것은 어떤 그리스도인이라도 성령의 인도를 받아 해석할 수 있는 성경을 통해서만 사람에게 알려진다. 따라서 성경에 쓰인 원어들을 익히는 것이 필요하며, 신학교육은 오로지 이런 도구들과 성경 이해에 중점을 두어야 한다. 루터가 벌인 종교개혁의 첫 단계에서는 이것을 실현시키는 것이 주된 목적이었다.

그뒤 몇년 동안 그의 사상은 당시 지적 열정의 무대였던 그 대학교에서 상당한 지지를 받았다. 루터는 1517년 5월 19일 에르푸르트에 있는 어거스틴회의 친구 수사에게 이렇게 편지했다: "스콜라 신학에 대한 강좌들은 다 폐강되었고, 우리의 신학을 가르치지 않으면 한 학생의 수강도 보장할 수 없게 되었다네." 그러나 만약 그가 소교구 사제로서 맡은 부가적인 의무들을 수행하는 과정에서 당시 교회에 두루 퍼져 있던 폐습들, 사실상 자기 교구민들의 영혼을 위협하고 있던 폐습들에 눈을 뜨지 않았다면 그의 개혁은 신학 커리큘럼에 한정되었을 것이다. 그 폐습들 중 주된 것은 면죄부 오용이었다.

루터의 저항을 불러일으킨 구체적인 폐습은 중세 내내 가장 악명높던 면죄부 남용이었다. 호헨촐레른가(家)의 알베르트(Albert)가 교회법상으로는 아직 주교가 될 만한 나이가 아닌데도 이미 마그데부르크와 할베르슈타트의 주교가 되어 있었다. 게다가 그는 마인츠의 대주교와 독일의 수석대주교가 되기를 꿈꾸고 있었다. 그가 이런 지위마저 차지한다면 호헨촐레른가는 경쟁 왕가인 합스부르크가(家)에 대해 우위를 점할 수 있었다. 이는 마인츠 대주교가 신성로마제국의 일곱 선제후(選帝侯, elector) 중 한 사람이었기 때문이다. 그러나 그러한 성직을 세 개나 보유하는 것은 교회법에 위배되는 일이었다. 더욱이 교황에게 바치는 마인츠 주교좌에 대할 임명세가 만만치 않았다. 이는 전임 성직록 보유자가 죽을 병에 걸린 상태에서 자기는 주교 임명을 받은 뒤 얼마 못 살고 죽을 테니 그 비용을 후임자의 비용과 함께 계상해 달라고 선거권자들에게 양해를 구한 바 있기 때문이다. 알베르트는 십년 안에 네번째 주교가 될 상황에 있었고, 마인츠는 거의 파탄 지경에 있었다. 게다가 교회법상 위배되는 점들 때문에 그는 보통 경비보다 더 많은 금액을 내야 하는 상황이었다. 결국 1만 두카트(ducat)의 액수에 합의를 보았다. 알베르트는 아우그스부르크의 대은행가 가문인 푸거(Fugger)가로부터 돈을 빌려 교황에게 전액을 다 지불했다.

교황은 알베르트가 푸거가에 돈을 갚을 수 있도록 8년 동안 그의 영토에서 면죄부를 판매할 수 있는 권한을 주었다. 그 수입의 절반은 알베르트가 푸거가에 빚을 갚고, 나머지 절반은 베드로와 바울의 유해를 안장할 묘지, 곧 성 베드로 대성당 건축 사업을 벌이던 교황에게 바치도록 되어 있었다. 알베르트는 이 면죄부를 판매하는 과정에서 전례 없는 주장을 했다. 예를 들면, 면죄부가 죄에 대한 형벌뿐 아니라 죄 자체도 사면해 주고, 장래에 죄를 짓는 자에게도 특혜를 준다는 것이었다. 죽어 연옥에 가 있는 친척을 위해서 면죄부를 사면 본인의 죄도 통회하지 않아도 된다고 했다. 면죄부를 사라고 떠들고 다니던 도미니쿠스회의 요한네스 테첼(Johann Tetzel)은 종을 딸랑딸

랑 치면서 면죄부를 사면 즉각 연옥에서 풀려난다고 쾌활하게 외치고 다녔다:

> 동전이 상자에 짤랑 하고 떨어지는 순간
> 영혼이 연옥을 벗어납니다.

마르틴 루터로서는 납득할 수 없는 말이었다. 1517년 10월 31일 모든 성인의 축일 전야에 그는 비텐베르크에 있는 성(城) 교회의 문에 토론을 위한 일련의 명제들을 적은 격문을 내걸었다. 이후로 구십오개조(the Ninety-five Theses)로 알려진 이 격문은 곧 독일 전역에 유포되었다. 루터는 지저분한 모든 내막을 다 알지는 못했지만, 알베르트가 테첼에게 지시하는 말을 들은 적이 있고, 그것만으로도 모든 정황을 충분히 알 수 있었다. 여러 가지 점 중에서 그는 독일에서 그렇게 많은 돈을 징발해 로마로 가져가는 것을 비판했다. 만약 교황이 독일인들의 가난한 형편을 안다면 자기 양들의 고혈을 짜내 성 베드로 성당을 짓지 않고 차라리 그것을 그냥 재 위에 두었을 것이라고 했다. 이 주장에 독일인들은 한결같이 찬동했다.

다음으로, 루터는 교황이 연옥에 대한 권한을 갖고 있지 않으며, 만약 그런 권한이 있다면 마땅히 그곳을 무료로 깨끗이 비워야 할 것이라고 주장했다. 이 주장에 많은 신학자들이 찬동했다. 그러나 마지막 점은, 교회의 진정한 보고(寶庫)란 복음이며, 복음은 무엇보다도 죄를 깨닫게 하며, 따라서 멸망을 면하기 위해 하나님과 흥정하는 자들은 멸망당한다는 것이었다. 이 진술은 공로의 보고(寶庫) 개념을 송두리째 부정한다는 것을 암시했다. 루터는 이미 오래 전부터 어떤 사람도 잉여 공로는 말할 것도 없고 자신을 위해서도 충분한 공로를 쌓을 수 없다고 믿게 되었기 때문이다. 그의 비판은 단지 면죄부의 남용를 겨냥한 게 아니라 면죄부 개념 자체를 겨냥한 것이었다.

루터는 구십오개조의 사본을 마인츠의 알베르트에게 보냈고, 알베르트는 그것을 받아본 뒤 그것을 교황 레오 10세(Leo X)에게 제출했다. 그 격조 있는 예술 애호가는 처음에는 루터를 술취한 독일인 쯤으로 생각하고 조금 있으면 제 정신이 들겠거니 하고 생각했으나, 그의 '주정'이 계속되자 문서

검열관에게 답서를 작성하도록 지시했다. 이 고위성직자는 면죄부가 연옥에서의 즉각적인 석방을 보증해 준다는 주장을 변호한 다음 좀더 근본적인 문제들을 다루기 시작했다. 교회는 실제적으로는 교황으로, 상징적으로는 추기경들로 구성되며, 교회가 실제로 행하는 일에 거역하는 자는 이단이라고 했다.

루터는 교회는 실제적으로는 그리스도로, 상징적으로는 교회 공의회로 구성되지만, 교황은 말할 것도 없고 공의회라도 무류(無謬)하지 않다고 논박했다. 이제 쟁점이 면죄부에서 권위 문제로 옮겨간 셈인데, 이것이 오늘날까지 개신교와 로마 가톨릭 간의 가장 굵직한 구분선이 되고 있다. 로마 가톨릭측은 한결같이 말하기를, 루터는 교회의 권위를 배척했으므로 심판을 받을 개인으로만 남게 되었다고 한다. 루터는 이 점을 인정하지 않았다. 그는 교황들과 공의회들의 권위 대신에 성경의 권위를 내세웠다. 물론 성경 해석이 어느 정도나 개인적이고 주관적이어야 하는지를 파악하지 않은 채 말이다.

교황 대변인에 따르면 루터는 이단이었으나, 많은 사람들이 보기에 그 사건은 칼로 무 베듯 명확하지 않았다. 루터의 글에는 면죄부에 대한 명백한 선언이 없었고, 게다가 1870년 바티칸 공의회가 열리기 전까지 가톨릭 교회가 신도에게 교황이 무류하다는 믿음을 강요하는 일도 없었던 것이다. 당시 독일에서 대단히 중요한 사람이 있었는데, 그는 교황청의 조치를 달가워하지 않았다. 그가 바로 지혜자 프리드리히(Frederick the Wise)로서, 신성로마제국의 일곱 선제후 중 한 사람이었고 작센의 제후였으며, 따라서 루터의 영주였다. 그는 일찍이 비텐베르크 대학교를 세웠고, 자기 학교의 교수가 정당한 청문회를 거치지 않은 채 단죄받는 일이 있어서는 안 된다고 단단히 결심했다. 특히 자신이 대학교 전체를 후원하고 있었기 때문이었다. 교황이 루터를 로마로 소환했을 때 프리드리히는 가로막고 서서 독일 땅에서 청문회를 열어야 한다고 주장했다.

청문회는 1518년 아우그스부르크에서 열렸다. 의장은 토마스학파의 고결하고 박학한 신학자 추기경 카예타누스(Cajetan)였다. 그는 루터에게 175년 전 클레멘트 6세(Clement VI)가 발행한 교황 교서 우니게니투스(Unigenitus)를 내밀었다. 그것은 성인들의 공로가 저장된 보고(寶庫)와 그 보고에서 공로를 꺼내 면죄를 선언할 수 있는 교황의 권세에 관한 교리를 공포한 교서였다. 루터는 그 교서를 부정하기를 망설였다. 그렇게 한 데에는 그것이 이미 교회법에 포함되어 있었기 때문이기도 했다. 그러나 재차 강요를 당하자, 루터는 그 교리를 단호히 부정했다. 그러자 추기경은 루터에게 철회할 준비가 되기 전까지는 교회를 떠나 다시는 돌아오지 말라고 했다.

루터로서는 화형을 당해 죽을 것을 두려워할 만한 상황이 되었고, 만약 당시의 교황이 정치 문제에 휘말려 있지 않았다면 틀림없이 화형을 당했을 것이다. 교황청이 그를 파문하기를 더디했다는 것만큼 그가 교황청에 가한 비판의 정당성을 잘 입증해 주는 것도 없었다. 교회 교리를 신중하게 여기는 교황이라면 루터 문제를 훨씬 더 신속히 처리해야 마땅했다. 하지만 가톨릭 교회는 자체의 역사상 가장 파괴적인 이단으로 입증된 사람을 거의 4년이 지난 뒤에야 비로소 파문했는데, 왜냐하면 교황이 황제 선출을 조작하려고 시도하고 있었기 때문이다.

황제 막시밀리안(Maximilian)은 이미 1519년에 죽었고, 그 후임자를 유럽의 현직 군주들 사이에서 선출해야만 하는 상황이었다. 교황은 당시로서도 프랑스의 프랑수아 1세(Francis I)나 스페인의 칼 1세(Charles I)가 강력한 군주권을 형성하고 있는 마당에 그 권력이 더 보강되는 것이 몹시 싫었다. 칼은 합스부르크가 사람으로서 오스트리아와 네덜란드와 나폴리까지도 다스리고 있었다. 만약 그가 그밖에도 보헤미아와 독일을 차지하게 된다면 프랑스를 포위할 수 있게 되고, 로마도 옥죌 수 있게 될 것이었다. 반면에 프랑수아가 독일과 보헤미아를 프랑스와 합병할 수 있게 된다면 유럽 한복판에 변경을 쉽게 흡수할 수 있는 강력한 블럭을 형성하게 될 것이고, 과거에 교황청이 아비뇽에 있을 때 프랑스가 그랬던 것처럼 교황청을 지배하게 될 것이었다. 교황 레오 10세는 세력이 작은 제후를 선호했고, 그가 선택한 인물은 지혜자 프리드리히였다.

따라서 당시로서는 프리드리히의 피보호자에게 적대적인 행동을 취할 만한 상황이 아니었다. 물론 루터의 사상도 급속한 지지 세력을 형성하고 있긴 했지만 말이다. 1519년 여름에 루터는 라이프치히에 있는 큰 가톨릭 대학교에서 잉골슈타트 대학교의 신학 교수이자 저명한 박사인 요한네스 엑크

(Johann Eck)와 공개 논쟁을 벌이게 되었다. 그 논쟁의 쟁점은 면죄부에 관한 게 아니라 교황제의 역사적 근거와 신적 제정 여부와 권위에 관한 것이었다. 루터는 당시와 같은 형태의 교황청의 역사가 4백년이 넘지 않으며, 교황청은 하나님이 제정하신 게 아니라 인간이 제정한 것이며, 따라서 권위가 없으며, 권위는 오직 성경에만 있다고 주장했다. 그러자 엑크는, 콘스탄스 공의회에 의해 이단 판결을 받고 화형을 당한 보헤미아 사람 얀 후스와 노선이 같음을 인정하도록 루터를 몰아세웠다. 후스를 인정한다는 것은 공의회의 권위를 무시하는 것이었다.

　루터가 그렇다고 인정했으므로 후스처럼 곧장 화형장으로 끌려갔으리라고 넉넉히 생각할 수 있지만, 실은 그렇지 않고 오히려 루터의 명성은 크게 증가했다. 그렇게 된 데에는 바젤의 대 출판업자 프로벤(Froben)이 바로 그 시점에 루터의 라틴어 전집을 출판한 것이 크게 작용했기 때문일 것이다. 이 출판사가 발행한 어떤 책도 루터의 전집만큼 급속히 팔려나간 적이 없었다. 독일 전역뿐 아니라 영국과 프랑스와 스위스와 심지어 스페인과 로마에까지 날개 돋힌 듯 팔려나갔다. 루터는 국제적인 인물이 되어가고 있었다. 고향 독일에서는 교황 대변인이 독일인들을 가리켜 교황에게 돈 벌어 주는 '젖소'라고 표현한 데에 격분한 민족주의자들이 루터 주위에 결집했다. 반면에 북구의 인문주의자들은 루터를 학문의 자유를 위해 투쟁하는 또 다른 요한네스 로이힐린(Johann Reuchlin)으로 보았다. 에라스무스는 루터가 행실이 선한 사람으로서, 그의 주장을 유황으로 다룰 게 아니라 사유(思惟)로 다루어야 한다고 주장했다.

　교황 레오는 루터에 대한 제재를 지연하다가 1년 뒤에야 비로소 자신의 사냥지 숙소에서 다음과 같은 문구로 시작하는 교서 엑수르게 도미네(Exsurge, Domine)를 발행하는 것으로 그쳤다: "주여, 일어나사 주를 위해 판단하소서 … 들곰이 당신의 포도원을 침범했나이다." 그는 루터에게 교서를 받은 지 60일 안에 철회할 것을 명했다. 그러나 그 교서는 심지어 독일의 주교들에게도 심한 반대를 받았기 때문에 발행된 지 석달이 지난 1520년 1월 10일에야 비로소 루터에게 전달되었다.

　루터는 교황청의 조치가 지연되는 데 힘입어 그해 여름에 여러 편의 논문을 집필했는데, 한 편 한 편이 전보다 더 과격한 내용으로 이루어져 있었다. 「독일 민족의 기독교 귀족들에게 고함」(Address to the Christian Nobility of the German Nation)은 루터가 아직 포기하지 않은 황제를 포함한 지배 계층에게 교회 내부의 경제적 정치적 폐습들을 바로잡는 데 나설 것을 호소한 글이었다. 루터는 서임권 논쟁 이전 시대에 개혁 성향을 지녔던 독일의 황제들의 활동을 회고하면서, 그들처럼 기독교 세계의 세속 권력에게 영적 문제를 개혁할 의무가 있다고 믿었다. 세속적인 문제들을 지역 교회들이 다루어야 한다는 그의 주장은 교황청의 보편주의(univeralism)와 반대되는 중세의 특정주의(particularism)의 소생을 대변했다. 그가 가난하고 비천한 그리스도와 사치스럽고 거만한 적그리스도 곧 교황을 생생히 대조한 것은 위클리프와 후스의 냄새를 풍겼다.

그러나 루터의 논문에는 중세적인 것을 훨씬 뛰어넘는 어떤 것이 있었다. 그는 모든 신자가 다 사제(제사장)라고 주장했다. 중세 교회는 성직자가 성사권(聖事權)을 지닌 유일한 사제이므로 성사를 베풀거나 보류하는 방법으로 세속 군주들에게 교회의 명령을 집행하도록 강요할 수 있다고 주장해 왔다. 루터는 기독교 행정관들도 모두 그리스도인으로 세례를 받은 자들이므로 사제들이라고 논박했다. 누구든 그리스도인이면 성사들을 집례할 수 있되, 다만 몇몇 그리스도인들이 이 역할을 소명으로 받는 것이라고 했다. 행정관이란 직위도 어느 성직 못지 않은 영적인 직위이며, 마치 과거에 하인리히 4세(Henry IV)가 카놋사에서 그랬듯이 파문에 의해 통치 행위가 침해 받아서는 안 된다고 했다. 물론 군주도 여느 그리스도인과 마찬가지로 부도덕한 행위에 대해서 파문을 당할 수 있다고 했다. 루터가 천년 동안 그 유례를 찾아볼 수 없을 정도로 세속 권력을 변호했을 때 품은 의도는 정치적 절대주의를 옹호하려는 것이 아니라, 국가가 성직자의 통제에서 벗어나야 함을 말하려는 것뿐이었다.

같은 해 여름에 집필된 훨씬 더 혁명적인 논문은 「바벨론 유수」(*The Babylonian Captivity*)였다. 이것은 성사(성례)들을 다룬 논문으로서, 루터에 따르면 성사가 로마의 거짓 교훈에 의해 유수를 겪어왔기 때문에 그런 제목을 붙였다고 한다. 루터는 성사(성례)가 그 자체로 저절로 효력을 발휘하는 것(ex opere operato〈事效性〉)이 아니라, 성사를 받는 자의 믿음에 따라 효력을 발휘한다고 함으로써 성사를 영적으로 해석했다. 성사의 수효도 본질상 세례와 성찬 두 가지로(혹은 고해도 포함시킨다면 셋으로) 줄였다. 성례란 보이지 않은 은혜의 외적 상징이며, 틀림없이 그리스도께서 친히 제정하신 것이어야 한다고 했다. 이 논리를 토대로 그는 종부성사(終傅聖事, extreme unction) 곧 죽음의 문턱에 처한 사람에게 기름을 붓는 의식을 성례에서 배제했다. 신품성사(神品聖事, 성직 임명)와 견진성사(견신례)는 교회의 의식으로 그냥 남겨 두었지만, 성례로 간주하지는 않았다. 그리스도께서 친히 제정하신 의식이 아니라는 이유에서였다.

혼인에 대해서도 교회가 혼인에 복을 빌 수 있지만, 혼인이란 본질상 일반 사회의 문제라고 보았다. 그것은 하나님이 에덴 동산에서 제정하신 것으로서, 구체적으로 그리스도인들만이 아닌 유대인들과 터키인들을 포함한 모든 사람을 위해서 제정하신 것인데, 무릇 성례라 하면 반드시 그리스도인에게만 해당되는 것이라야 한다고 말했다. 이로써 혼인을 순전히 일반 사회 의식으로 삼고, 영적 신체적 친족 관계에 근거한 온갖 혼인 금지법을 폐지할 수 있는 길이 열렸다. 루터는 고해성사를 다른 그리스도인, 심지어 평신도에게라도 자기 잘못을 자발적으로 자백하는 행위로 축소시켰다. 그는 엄격히 말해서 고해는 성례가 아니라고 했다. 유아세례를 포함한 세례는 성례로 보존했다. 마지막으로 성찬이 남게 되었는데, 이 점에 대해서 루터는 핵심을 건드렸다.

그는 미사가 그리스도의 제사를 반복하는 것이 아니라고 했다. 그리스도의 제사는 갈보리에서 모든 사람을 위해 단번에 치러졌다고 했다. 미사는 신자들이 서로 나누는 사귐이기 때문에 사제만 혼자 참석하는 죽은 자들을 위한 미사는 없애야 한다고 했다. 그러므로 성찬의 잔도 — 과거의 후스파의 주장대로 — 성직자뿐 아니라 평신도에게도 베풀어야 한다고 했다. 화체설을 배격했고, 빵과 포도주가 그 본질을 그대로 간직한다고 했다. 동시에 그는 그리스도께서 "이것은 내 몸이니"라고 하셨기 때문에 실제적이고 물리적인 임재를 믿었다. 성찬물이 어떻게 그리스도의 몸이 될 수 있는지에 대해서 루터는 설명하려 하지 않았고, 다만 그리스도께서 성찬물 안에, 성찬물 아래 임재하신다고 했다. 그리스도의 임재는 미사 때 "호크 에스트 코르푸스 메움"(Hoc est corpus meum, "이것은 내 몸이니")라는 축사로써 일어나는 기적의 결과가 아니라고 했다. 왜냐하면 모든 물질에 하나님의 영이 편만해 계시듯이, 그리스도께서는 사실상 모든 곳에 임재해 계시기 때문이라고 했다. 성례 때 발생하는 것은 그리스도의 임재가 드러나는 것이다. 이것은 말씀을 전파할 때도 발생하며, 따라서 사역자에게는 제단 사역뿐 아니라 강단 사역도 중요하다고 했다.

에라스무스는 이 논문을 읽고나서 "균열을 메꿀 수 없게 됐군" 하고 말했다. 언제나 유화적이고 비교리적이고 화해에 관심이 있었던 그 위대한 인문주의자는 면죄부 교리와 교황 무류 교리를 가지고 논쟁할 문이 열렸다고 믿고서 중재에 힘써왔다. 그러나 루터의 미사에 대한 견해는 중재를 배제했다. 사실상 에라스무스는 10년 동안 중재 노력을 중단해 오고 있었다. 그 자신도 갈등을 겪고 있었다. 왜냐하면 미사를 루터보다 훨씬 더 영적으로 해석했기 때문이다. 다만 자신의 사견을 공표하여 교회를 분열시킬 생각이 없었을 뿐이다. 에라스무스는 통일에, 루터는 진리에 관심이 있었던 것이다.

루터는 자신에게 시여된 60일간의 유예 기간이 다 지나갔을 때 로마에게 굴복하는 대신 '엑수르게, 도미네'라는 교서와 교회법 사본을 함께 불살라 버렸다. 로마 교회는 루터를 이단으로 공개 파문하고 세속 권력자들에게 넘겨 화형시키기를 바랐다. 당시 새로 선출된 황제인 스페인의 합스부르크가(家)출신 칼 1세 ― 황제가 된 뒤에는 칼 5세(Charles V)가 됨 ― 는 자신이 세습한 영토 밖의 일에 대해서는 마음대로 할 수 없었다. 작센의 지혜자 프리드리히의 백성에 관한 건이었으므로 제국(諸國) 의회의 동의를 받아야 했다. 의회는 1521년 1월 라인 강변의 도시 보름스에서 열렸다. 의회는 루터에게 발언 기회를 주지 않을 계획이었는데, 특히 교황이 1월에 서명한 루터 파문 교서가 10월이 될 때까지 발표가 보류되었기 때문이었다. 발표가 지체된 이유는 의회에 교황 대표로 참석한 엘레안데르(Eleander)가 그 교서에 루터뿐 아니라 독일 민족주의 지도자 울리히 폰 후텐(Ulrich von Hutten)을 포함한 다른 사람도 파문한다는 내용이 실려 있는 것을 뒤늦게 발견했기 때문이었다. 그 사실을 안 후텐은 병력을 가다듬고 의회를 급습할 태세를 취하고 있었다. 겁에 질린 엘레안데르는 교서를 로마로 돌려보내면서 교서를 루터 한 사람만 파문하는 내용으로 수정해 줄 것을 황급히 요청했다.

그러나 교황은 교서 수정이 가져올 정치적 파장을 고려하여 우물쭈물했다. 합스부르크가(家)에서 황제가 선출되었으므로 교황은 제국과 교황청 간의 해묵은 갈등이 재연될 것을 내다보았고, 그런 상황을 감안할 때 지혜자 프리드리히가 여전히 유용한 동맹자가 될 수 있다고 판단했다. 어쨌든 교황 클레멘트는 루터의 이름만 적은 새로운 교서를 보내는 데 서두르지 않았다. 그러자 의회는 교회에 의해 공식적으로 파문을 당하지 않은 자를 재판 없이 제재하기를 포기하고서, 청문회를 열어 루터를 소환했다.

에라스무스 진영의 온건한 가톨릭 교도들은 만약 루터가 화형될 경우에 벌어질 격동에 큰 우려를 감추지 못했다. 그들은 루터에게 성사 문제만 양보해 주면 그가 비판을 받고 있는 다른 쟁점들은 얼마든지 협상이 가능하다는 말로 설득함으로써 분열 혹은 전쟁을 막으려고 했다. 의회에 출두한 루터는 앞에 자기 책들이 수북히 쌓여 있는 상태에서 그것을 전부 자기가 썼느냐는 질문을 받았다. 루터가 성사에 관한 논문만 자기가 쓰지 않았다고 말하면 에라스무스 진영은 자기들의 소원을 성취하게 될 것이었다. 그러나 루터는 전부 자기가 썼다고 인정했다. 그런 뒤 혹시 그 저서들에서 가르친 모든 내용을 유보할 용의가 있느냐는 질문을 받았다. 루터는 망설이다가 생각할 시간을 달라고 있다. 그러나 다음 날 그는 의회에 나와 쟁쟁한 목소리로 진술하되, 성사에 초점을 두지 않고 권위 문제에 초점을 두었다: "여러분 존귀하신 영주들께서 간단한 대답을 원하시므로, 저는 거두절미하고 대답하겠습니다. 성경과 명백한 이성에 의해 가책을 받지 않는 한 저는 교황들과 공의회들의 권위를 받아들이지 않습니다. 그들은 서로 모순되기 때문입니다. 제 양심은 하나님의 말씀에 사로잡혀 있습니다. 저는 어떤 것도 철회할 수도 없고 철회하지 않을 것입니다. 양심을 거스른다는 것은 옳지도 않고 안전하지도 않기 때문입니다. 하나님, 저를 도와주옵소서. 아멘."[3]

그런 뒤 루터를 소위원회에서 심문하려는 시도가 있었다. 루터는 어떤 내용에 대해서도 타협할 용의가 없느냐는 질문을 받았다. 만약 타협을 거절하면 분열과 전쟁과 소요가 발생할 것이었다. 그의 대답은 진리가 타협에 개방적이지 않다는 것이었다. 당시까지 황제가 발행한 안전 통행권을 소지하고 있던 루터는 그 말을 하고는 보름스를 떠났다.

황제 칼은 타협할 의사가 있었을 것이다. 에라스무스처럼 그도 과거의 정교(政敎) 연합을 소중히 간직하고 있었고, 정확한 교리 진술보다 화합에 더 우선을 두었기 때문이었다. 그러나 비타협적 태도에 부닥치자 비타협적인 태도로밖에 대응할 수 없었다. 한 달 뒤 칼은 루터를 제국에서 추방한다는 내용의 보름스 칙령(the Edict of Worms)을 발표했다. 그러나 파문 교서가 아직 발표되지 않고 있었기 때문에, 보름스 칙령은 루터의 사상이 국가에 얼마나 위협적인가를 강조하면서, 권위에 도전하는 그의 태도는 교회보다 국가를 더 전복시킬 것이라고 했다. 루터는 즉시 자신의 정치적 충성을 완곡하게 강조함으로써 답변했다. 그러나 이렇게 함으로써 정치적 절대주의를 권장할 의도는 추호도 없었다.

한편 지혜자 프리드리히는 루터가 아직 충분한 변호의 기회를 얻지 못했고 제대로 단죄를 받지도 않았다고 확신하고서, 루터를 바르트부르크 성에 거의 일년 동안 숨겨줌으로써 황제의 의도를 은밀히 무산시켰다. 루터는 이 불가피한 은신 기간을 이용하여 자신의 가장 훌륭한 업적을 이루어냈다. 석 달만에 신약전서를 힘있는 독일어 문체로 번역해낸 것이다. 그 이전까지 18종의 독일어 성경이 나와 있었지만, 문체가 한결같이 단조로웠다. 루터의 번역본은 1522년 9월에 출판되었는데, 이 번역본만큼 평민을 스스로 성경 해석자로 만드는 데 기여한 책은 다시 없었다.

이 기간 동안 비텐베르크 대학교에 몸담고 있던 루터의 두 동료 교수가 종교개혁을 앞장서서 이끌었다. 한 사람은 로이힐린(Reuchlin)의 종손이자 고전학의 천재인 스무다섯살 난 필립 멜란히톤(Philipp Melanchthon)이었다. 또 한 사람은 루터에게 박사학위를 수여했던 안드레아스 보덴슈타인(Andreas Bodenstein)으로서, 출신지의 지명을 따서 칼슈타트(Carlstadt)라고 불렀다. 그들을 추종하던 비텐베르크 대학생들 가운데 강경한 사람들은 사제들과 수사들을 협박하기 시작했다. 멜란히톤은 너무 숫기가 없었고, 칼슈타트는 너무 충동적이어서 이 소동을 잠재울 수 없었다.

그러자 시의회는 루터에게 돌아오라고 청했다. 선제후는 만약 루터가 밖으로 나갈 경우 교회와 제국에게 추방령을 당한 사람을 보호할 수 없다고 경고했다. 루터는 선제후에게 자신을 황제에게 회부하지만 말아주기를 청하면서, 혹시 황제가 자신을 잡으러 오면 그에게 대항하지 말라는 전갈을 보냈다. 그리고는 집으로 갔고, 그뒤 25년 동안 사실상 아무런 간섭도 받지 않은 채 살 수 있었다. 왜냐하면 당시에 칼 5세는 프랑스와 대립하든가 아니면 프랑스가 밀릴 경우 세력 균형을 회복하기 위해 프랑스 편에 붙던 소규모 세력들의 동맹을 물리치느라 여념이 없었기 때문이었다. 이 동맹에는 시기를 각기 달리하여 영국, 베네치아, 독일 프로테스탄트 세력, 투르크족, 그리고 교황이 포함되었다.

1522년 3월 루터는 비텐베르크로 돌아옴으로써 그의 인생의 두번째 국면을 맞이했다. 당시까지 그는 반란을 외치는 열정적인 예언자였다. 이제부터는 많은 시달림을 당하면서 새 교회를 설립하고 다스리는 사람이 될 것이었다. 그가 맨 처음 취한 조치는 폭동을 잠재우는 것이었다. 그는 군중에게 아무리 폐습이 심할지라도 비폭력적으로 냉정하게 바로잡아야 한다고 호소했다. "사람은 술과 여자 때문에 잘못될 수 있습니다. 그렇다고 해서 술을 금하고 여자를 멸해야 할까요?" 하고 말했다. 비텐베르크에서는 그뒤로 가톨릭식 예배가 루터식 예배와 나란히 시행되다가, 1524년 그 도시의 모든 교회들에서 가톨릭 미사가 폐지되었다.

동시에 독일 전역에는 새로운 교리들이 전파되고 있었다. 부분적으로는 주로 비텐베르크 대학교 졸업생들의 입을 통해서 전파되었으나, 가장 큰 효과를 발휘했던 전파 수단은 대중을 상대로 보급한 작고 값싸고 신랄한 소책자였다. 1521년 초부터 1524년 말까지 독일에서 발행된 소책자들의 분량은 역사상 4년 동안 발행된 어떤 소책자들보다 많았는데, 그 대다수가 종교개혁을 다룬 것이었다. 이 선언서들을 발행한 인쇄업자들은 소책자들의 몰수와 인쇄소 폐쇄뿐 아니라 투옥의 위험까지도 무릅쓴 용감한 사람들이었다.

루터교(Lutheranism)는 정부에게 호의를 입은 지역들에서만 국교의 지위를 얻을 수 있었다. 독일에서 정부란 제국의 자유 도시들의 시의회들이나, 교회령의 주교들이나 대수도원장들 혹은 제후령의 제후들을 뜻했다. 자유 도시들은 일찍부터 개혁을 지지했는데, 그 노선에 맨 처음 동참한 도시들은 누렘베르크, 울름, 스트라스부르였다. 1520년대 초에 그 새로운 신앙 사상은 북부 도시들인 단치히, 뤼벡, 스트랄순트에 침투했다. 두 형태의 신앙은 때로 비텐베르크에서보다 오랫동안 공존했다. 스트라스부르에서는 여러 해 동안 제단에서는 미사가 드려지고 강단에서는 루터주의가 설교되었다. 그 도시들에서는 평신도들이 종교개혁을 진척시키는 데 현저한 역할을 했다. 누렘베르크에서 시장 라자루스 슈펭글러(Lazarus Spengler)가 종교개혁을 지지하는 소책자를 발행했고, 마이스터징거(Meisterzinger, 독일에서 14-16세기에 시가(詩歌), 음악의 수업을 위하여 결성된 조합의 일원) 한스 삭스(Hans Sachs)는 루터를 "비텐베르크의 나이팅게일"이라고 칭송했다.

평신도 제후들 가운데 개혁 운동을 지지한 최초의 인물은 물론 작센의 프리드리히였다. 그의 후계자 요한네스(John)는 훨씬 더 열정적으로 루터를 공개 지지했다. 동 프로이센의 튜튼 기사단 단장이었던 브란덴부르크의 선제후도 곧 뒤따랐다. 고위성직을 겸하던 제후들은 새로운 운동과 거리를 두었는데, 다만 쾰른의 대주교만 예외적인 태도를 보여 적극성을 띠었으나, 그도 결국에는 변화의 전망을 놓고 한참 저울질을 한 끝에 그 운동을 배척하고 말았다.

1529년 무렵 프로테스탄트의 영토는 작센, 헤세, 브란덴부르크, 안할트, 뤼네부르크였다. 팔츠와 뷔르템부르크도 다소 늦게 동참했다. 이 지역들의 제후들은 백성에게 루터교를 강요하지 않았지만, 루터교 성직자들에게 백성을 가르치도록 위임했다. 바바리아의 경우처럼 적대적인 정부가 다스리던 지역에서는 복음주의 진영의 성장 속도가 더뎠다. 그러나 정부의 일각이 상대편을 반대할 경우에 프로테스탄트주의는 은밀히 침투해 들어갈 수 있었다. 지역 당국자들이 스페인의 지배를 거부하던 네덜란드에서 그랬고, 귀족들이 왕을 반대하던 오스트리아에서도 그랬다. 민족 국가들 중에서는 덴마크가 처음으로 루터교를 받아들였다. 1520년대 초라는 이른 시기에 루터교 목사들이 그곳으로 초빙을 받아 갔던 것이다. 하지만 덴마크와 속국 노르웨이는 1536년 이후에야 비로소 정식으로 프로테스탄트 국가가 되었다. 스웨덴은 서서히 프로테스탄트 진영으로 이동했고, 핀란드와 리보니아도 루터교 국가가 되었다.

그러나 도시들과 제후령들이 루터 진영에 동참하는 동안 실망스러운 결과도 있었는데, 그것은 특히 자유주의적 가톨릭 개혁자들이 루터 진영에 가담하지 않은 사실 때문이었다. 1524-1526년에 루터와 에라스무스는 연속 출판된 소책자들에서 서로의 차이를 확연히 드러냈다. 에라스무스는 루터가 사도신경을 받아들였기 때문에 이단이 아니라고 누누이 주장하면서도, 동시에 근본적으로 그와 동의하지 않는 점들을 제시했다. 가장 근본적인 차이는 인간이 구원을 얻는 데 하나님과 협력할 수 있는가 하는 문제를 두고 생겼다. 에라스무스는 인간이 어떤 일을 조금은 할 수 있다고 믿었다. 하나님이 능력을 주시면 인간이 그 능력을 소홀히 할 수도 있고 활용하여 하나님과 협력할 수도 있다고 했다.

반면에 루터는 인간이 자신을 구원하는 데 조금이라도 기여할 수 없다고 느꼈다. 어떤 행위는 다른 행위보다 훌륭하지만, 하나님께 무엇을 주장할 만큼 선한 행위는 하나도 없기 때문이라고 했다. 구원은 오로지 믿음을 통해 하나님의 은혜를 받는 데에 달려 있다고 했다. 신앙상의 권위에 대해서 루터는 성경에 호소했다. 에라스무스는 궁극적으로 교회의 권위에 의존했다. 그는 지적하기를, 성경은 모호한 경우가 많은데, 루터가 자신의 해석이 옳다고 어떻게 장담할 수 있느냐고 했다. 루터는 성령의 영감을 통해서라고 대답했다. 에라스무스는 어떻게 그가 성령을 받을 수 있는가라고 물었고, 루터는 성경을 통해서라고 대답했다. 에라스무스는 이것을 다람쥐 쳇바퀴라고 불렀다. 루터는 그것을 유효한 파라독스라고 여겼다. 에라스무스는 루터의 원칙이 사사로운 해석을 조장할 것이라고 정확하게 간파한 반면에, 루터는 성령께서 자기에게 순종하는 모든 사람들을 동일한 판단으로 인도하실 것이라고 주장했다. 그럼에도 불구하고 두 사람간의 차이는 에라스무스가 인식했던 것보다 훨씬 더 깊었다. 루터는 에라스무스가 신앙을 너무 우연한 것으로 받아들이고 따라서 경이감이 철저히 결여되어 있다고 느꼈다. 에라스무스는 참 경건이라는 대의는 교회를 분열시켜 가지고는 도저히 성취할 수 없다고 느꼈다.

에라스무스의 비판은 루터를 격분케 했다. 비록 에라스무스의 비판이 로마와 벌이던 논쟁의 정곡을 찌른 점은 높이 평가했지만 말이다. 그 논쟁의 주된 쟁점은 윤리나 돈이 아니라 인간과 그의 하나님과의 관계였다. 루터를 훨씬 더 불편하게 만든 것은 그가 자신의 새 교회를 건설하느라 다방면에서 동분서주하고 있는 동안 자신의 진영 안에서 자신의 견해보다 더 극단적인 견해들이 형성되었다는 점이었다. 교황청에서 불어온 어떠한 강풍도 이것만큼 큰 타격을 주지 못했다고 그는 말했다. 실망스럽게도 그는 자신이 오른쪽의 가톨릭 교도들과 왼쪽의 프로테스탄트 급진주의자들 중간에 끼어 있다는 사실을 발견했다.

자기 진영에서 맨 처음 루터에게 도전한 사람은 그의 오랜 동료 칼슈타트였다. 그는 모든 신자가 사제라는 교리의 의미를, 사역자란 박사 학위도 없고 — 그 자신이 단순히 형제 안드레아스(Bruder Andreas)라 불리기를 바랐다 — 성직복도 입지 않고, 급료도 받지 않은 채 스스로 노동으로 생계를 유지하는 평신도여야 한다는 쪽으로 해석했다. 그는 목회자가 되면서 농지도 마련했다. 이런 평등주의는 루터의 눈에 목회 사역의 회피로 비쳤다. "세상에, 골치아픈 소교구 사역에서 도망쳐 가축들의 기묘한 낯이나 보고 있겠다는 말인가!"[4] 하고 그는 외쳤다. 루터가 더 받아들일 수 없었던 것은 칼슈타트가 교회 음악과 종교적 상(像)들(심지어 그리스도의 상들까지도)을 마음을 산만케 하는 것이라 하여 배척한 것과, 주의 만찬을 순전히 영적인 것으로 해석한 것이었다. 이 세 가지 점은 '예배를 돕는 물질적인 것들을 경시한다'는 한 가지 개념으로 묶을 수 있다. 루터는 영혼과 육체를 분리할 수 없는 것으로 보았다. 그의 경건은 십자가상을 보고, 찬송을 듣고, 제단 위의 그리스도의 몸에 참여함으로써 도움을 받았다.

결과적으로 루터교는 예배식에 예술을 남겨 두었다. 또한 가톨릭 교회가 쓰던 건물을 그대로 인수했기 때문에 교회 내의 건축, 조각, 회화에 아무런 혁신도 없었다. 작은 예술 행위들은 렘브란트(Rembrandt)의 경우처럼 공예배의 보조 수단이라기보다 개인 경건의 표현이 되었다. 그러나 전례(典禮) 개혁은 음악에 풍부한 창의력을 불어넣어 주었다.

한편 루터가 몇몇 동료들의 급진성을 막고 종교개혁 교리들에 교회적 형태를 부여하느라 여념이 없었던 동안, 온 독일은 후대 역사에 농민 전쟁 (the Peasant' War)으로 알려진 혁명으로 뒤흔들리고 있었다. 이 혁명은 초기에는 종교적 색채를 띠지 않았다. 물론 종교개혁이 기존 질서를 뒤흔듦으로써 기여한 바가 있긴 하지만 말이다. 오히려 그 전쟁의 대의는 사회적·경제적인 것이었다. 루터가 로마 교회와 갈라서기 오래 전에 농민들은 봉건제도의 사슬을 끊어 버리려고 애쓰고 있었다. 제후들은 농민들의 주장을 묵살하고는 로마법의 원칙들을 도입하려고 했는데, 그것은 대다수 농민들에게서 공유지의 삼림, 물, 목장을 사용할 권한을 박탈하는 것이었다. 그 결과 1524년 6월 검은 삼림(the Black Forest, 슈바르츠발트)에서 시작된 폭동이 일년만에 북쪽과 동쪽과 서쪽으로 번졌고, 독일의 3분의 2가 그 폭동에 휩싸였다.

　루터는 농민들의 요구 중 상당 부분을 인정했으나, 그 요구를 관철하기 위한 폭력 사용은 인정하지 않았다. 어거스틴처럼 그도 평민은 절대로 칼을 들어서는 안 된다고 했다. 개인이 자신을 위해 무력을 사용하면 무정부 상태를 초래하고, 정의를 입증할 수도 없기 때문이라고 했다. 루터는 영주들의 수탈을 통렬히 비판하되 농민들에게는 인내하라고 권유하는 내용의 소책자를 발행했다. 하지만 그들은 마침내 사슬을 끊고 일어나 닥치는 대로 약탈하고 불지르고 수도원들에 저장된 포도주를 꿀꺽꿀꺽 마셔 버렸다. 지혜자 프리드리히는 손 쓸 생각을 하지 않았고, 그 결과를 하나님께 맡겼다. 루터는 그에게 군주로서 무질서를 진압할 의무가 있다고 말한 뒤, 군주들에게 "치고 베고 찌르고 죽이라"고 권고하는 내용의 두번째 소책자를 집필했다. 불행하게도 이 소책자는 농민군이 패배하여 학살당하고 있던 참에야 유포되었다. 그것을 보고서 루터는 농민들을 떠난 마귀들이 지옥으로 돌아가지 않고 귀족들에게 들어갔다고 비판하는 내용의 세번째 소책자를 발행했다.

　어떤 학자들은 농민들이 루터의 입장에 불만을 품고서 그의 교회를 버렸고, 결국 루터교는 중산층 운동이 되었다고 주장해 왔다. 하지만 비텐베르크에서는 틀림없이 그렇지 않았다. 이곳의 농민들은 루터가 생을 마칠 때까지 조용히 신발에 거름을 묻히고 지냈다. 이곳의 국교가 된 루터교는 오늘날 공장 노동자들이 탈퇴할 때까지 오랜 세월 그곳 인구를 장악했다. 농민군의 패배가 가져온 주된 결과는 모든 지역에서 제후들의 권력 ― 교회 문제들도 포함한 ― 이 강화되었다는 것이다.

　이런 무질서 앞에서 선제후령 작센의 교회에 일정한 체제를 도입할 필요가 절실했다. 1522년 루터가 바르트부르크에서 돌아왔을 때 비텐베르크 시의회는 시 자체의 문제를 다루고 있었지만, 종교개혁이 작센 전체에 퍼져나감에 따라 선제후를 제외하고는 그 운동을 안정되게 추진할 위치에 있는 사람은 아무도 없었다. 지혜자 프리드리히는 1525년에 죽었기 때문에 당시의 선제후는 그의 조카 요한네스 프리드리히로서, 종교개혁을 훨씬 더 단호하게 지지했다. 루터는 세속 정부가 비록 복음을 가로막을 권한은 없지만, 그럼에도 불구하고 참 신앙을 유지할 책임이 있다고 믿었다. 게다가 선제후가 헌신적인 신자인데 그가 과도기의 주교로 활동해서는 안 된다는 이유가 있을까? 요한네스 프리드리히는 '감찰관들'을 임명했다. 더러는 평신도였고 더러는 성직자였던 이들은 선제후의 지시를 받아 작센의 모든 소교구들을 면밀히 조사했다. 유감스럽게도 무식하고 부도덕한 많은 수의 사제들이 면직당했고, 존경을 받되 여전히 구교측에 남아 있던 성직자들은 교육을 받았다. 따라서 그 영토는 아주 점차적으로 프로테스탄트 지역이 되었던 셈이다. 불행하게도 국가의 감찰 제도가 제도화되었다. 성직자의 임명과 면직이 정부의 기능이 되었고, 성직자들은 국가가 가톨릭 교회의 재산을 몰수하여 지급하는 급여에 의존하게 되었다. 그런 상황에서 성직자는 행정가의 교사가 되어야 한다는 루터의 견해는 비현실적인 것이 되었다.

루터는 새로 조직된 교회들을 위해서 신앙 교육과 예배를 위한 방대한 체계의 지원을 제공했다. 십계명과 사도신경과 주기도에 기초하여 만든 어린이용 교리문답서와 어른용 교리문답서를 작성했다. 찬송가도 두 권 발행했는데, 찬송 여섯 편의 가사를 직접 썼고, 비텐베르크의 오르간 주자와 협력하여 거기에 곡을 붙였다. "내 주는 강한 성이요"(A Mighty Fortress is our God)라는 찬송은 그의 작사, 작곡인 것으로 믿어진다. 그는 목회자들을 위한 모범으로 교회력에 맞춘 설교집을 발행했고, 전례를 두 번 개정했는데, 한 번은 라틴어로, 또 한 번은 독일어로 개정했다. 독일어 전례는 회중에게 예배의 의미를 가르치는 데 많은 시간을 할애했다.

루터는 비텐베르크로 돌아온 뒤 또 한 차례 가톨릭의 교훈과 의식에서 크게 이탈했다. 수사 서약과 성직자 독신 의무를 폐지한 것이다. 이미 바르트부르크에 있을 동안에 성경을 근거로, 수사 서약은 그리스도께서 제정하신

게 아니며 따라서 구속력이 없다고 확신하고 있었다. 중세에는 소명(vocation)이란 용어가 사제와 수사와 수녀의 소명에만 적용되었으나, 루터는 모든 그리스도인이 사제이기 때문에 모든 직업이 소명이라고 보았다. 이 견해는 행정관을 격상시켰을 뿐 아니라 가장과 아내와 어머니와 하다못해 시녀까지도 격상시켰다. 탁발 방식의 금욕주의가 중단됨으로써 가난은 불행이나 죄악이 되었고, 결코 미덕이나 구원의 방식으로 간주되지 않았다. 프로테스탄트 도시들은 구걸을 법으로 금했다. 대신 일할 능력이 없는 사람은 시에서 지원했다.

　루터는 결과적으로 수도원과 수녀원을 떠나게 된 다수의 수사들과 수녀들에게 자유롭게 결혼해도 된다고 말했으나, 그들에게 몸소 본을 보일 생각은 없었다. "내게 아내를 강요할 생각은 아예 하지 마시오"라고 말했으나, 1525년 그는 딜레마에 처하게 되었다. 어느 수녀원의 모든 수녀가 빈 청어통을 실어나르는 마차를 타고서 비텐베르크로 피난을 왔다. 당시의 어떤 사람은 이렇게 전한다: "정결한 처녀들이 한 차 가득히 실려서 이제 막 도시로 들어왔다. 하나님은 그들이 더 모진 운명에 처하지 않도록 남편들을 주신다."5) 루터는 그들을 민가들에 투숙시켰는데, 카타리나 폰 보라(Katharina von Bora)라는 한 여성만 민가를 배정받지 못하고 남게 되었다. 카타리나는 루터를 남편으로 맞이하겠다는 뜻을 넌지시 비쳤다. 루터는 곰곰이 생각했다. 자기가 결혼을 하면 자기 아버지가 기뻐할 것이고 교황은 불쾌하게 여길 것이었다. 더욱이 그리스도께서 곧 재림하실 것이므로 기회가 다시는 오지 않을 것이었다. 그래서 결혼을 했고, 그로써 프로테스탄트 성직자 가정의 원형을 세웠으며, 이런 성직자 가정들은 교회와 국가와 가정에 유력 인사들을 많이 배출했다. 루터는 결혼을 낭만과 결부짓지 않았다. 단지 의무감으로 결혼했을 뿐이지만, 결혼한 뒤에는 아내를 여주인 케테(Herr Käthe)라고 부르면서 극진히 사랑했다.

　1530년 무렵 루터교는 뚜렷한 형태를 취하고 있었고 교세도 상당히 확장되었으나, 그 장악력은 오랫동안 불확실하게 남아 있었다. 황제는 보름스 칙령의 집행을 요구했다. 그러나 그는 스페인에 있었다. 1524년 누렘베르크 의회는 보름스 칙령이 "실천 가능한 한도에서" 강요되어야 한다고 결정했다.

1526년 슈파이에르 의회는 그 칙령의 강요 문제를 각 제후가 "하나님과 황제에게 답변해야 할" 사항으로 만들었다. 그러나 1529년 슈파이에르에서 모인 의회는 더욱 강경한 조치를 취했다. 총공의회가 열리기 전까지 루터교를 진압하려 할 때 민란이 일어날 우려가 있는 지역에서는 루터교에 관용을 베푼다고 결정했고, 루터교 지역 내의 소수 가톨릭 세력은 관용을 받되 가톨릭 지역 내의 소수 루터교 세력은 관용을 받지 못한다고 결정했다. 루터교 제후들은 이에 항의했고, 이렇게 항의한 데서 프로테스탄트들(Protestants, 항의자들)이란 칭호가 유래했다.

그 다음 해인 1530년 황제는 아우그스부르크 의회에 참석차 독일에 올 수 있었다. 그는 화해를 시도하되 필요하다면 협박도 사용할 결심을 했다. 루터교도들은 아우그스부르크 신앙고백서(the Augsburg Confession)를 자기들의 신앙 진술서로 제출했다. 그 고백서는 루터가 당시에 추방된 상태에 있었기 때문에 멜란히톤이 신학자들을 대표하여 작성한 것이었다. 직함과 땅과 생명을 포기할 각오를 한 제후들이 그 고백서를 제출했다. 이 고백서는 루터교가 가톨릭 신앙과 대동소이함을 강조했으나, 이신칭의와 화체설 부정에 관해서는 한 마디도 언급하지 않았다. 의회는 그 고백서를 받아들이지 않았고, 그러자 황제는 종교개혁자들에 대해서 다음 해 4월까지 옛 신앙으로 돌아오라고 명령했다.

그뒤 여러 명의 루터교 제후들과 여러 자유 도시들은 상호 방어를 위해 슈말칼덴에서 동맹을 조직했다. 황제는 투르크족으로부터 새로운 위협을 받고 있던 상황이었기 때문에 그 동맹과 휴전하기로 동의했다. 그뒤부터 루터교의 교세는 급속히 확장되었다. 1555년에는 프로테스탄트 교도들이 이미 황제와 화해한 상태에 있었고, 그로써 1552년의 아우그스부르크 신앙고백에 동조하는 영토들에 대해 관용을 허락받았다. 그뒤부터 가톨릭 영토들은 루터교로 넘어갈 수 없었으나, 백성 중 누구든 새로운 신앙을 받아들인 사람은 재산을 몰수당하지 않은 채 다른 지역으로 이주할 수 있었다. 물론 이 이민법(ius emigrandi)은 루터교 지역에 사는 가톨릭 소수에게도 적용되었다. 이 조치에 힘입어 루터교는 제국이라는 큰 틀 안에서 법적 지위를 획득했다.

츠빙글리

　루터교가 독일과 북구에서 확장해 가고 있는 동안, 독일령 스위스에서는 또 다른 프로테스탄트주의가 발생했다. 그 지도자 울리히 츠빙글리(Ulrich Zwingli)는 루터보다는 에라스무스에게 더 큰 영향을 받았는데, 교회의 권위가 부정되고 그 통일성이 깨진 당시의 상황에서 그가 성례와 전례와 교회에 대해서 가한 영적 해석은 제도적인 가톨릭 신앙에 더 파괴적인 힘을 발휘하게 되었다.

　츠빙글리는 스위스 인문주의자였다. 그는 1519년 취리히에서 주교좌성당 대리 주교가 된 뒤, 교회력에 따른 전례서에 실린 마태복음 발췌문에 준해 설교하지 않고 그 복음서 전체를 놓고 설교하겠다고 선언함으로써 그곳에 종교개혁을 도입했다. 더 나아가 그는 헬라어 성경에서 그 복음서를 번역하려고 했다. 어떤 청중은 천 년이 넘도록 소홀히 된 하나님 말씀의 단락들을 들을 때 모골이 송연해지는 느낌을 받았다고 전한다.

　츠빙글리는 어떤 점에서는 루터보다 성경 본문에 더 구속을 받았다. 루터가 교회 정치와 전례를 비본질적인 것으로 보고 다양성의 문을 열어 놓은 데 반해, 그는 성경을 단지 구원의 선포로만 간주하지 않고 교회 조직의 전형으로도 간주했다. 또한 루터가 성경이 금하지 않은 것은 무엇이든 허용하려고 한 데 반해, 그는 성경이 명하지 않은 것은 모두 금하려 했다. 이것은 로마주의의 모든 잔재를 훨씬 더 철저히 벗겨내는 것을 뜻했다. 루터는 바울의 복음과 직접 간접으로 상충되는 것만 배척하려고 한 반면에, 츠빙글리는 에라스무스보다 한술 더 떠서 초대 교회의 형태와 구조까지도 회복시키고 싶어했다.

　엄밀히 말해서 이렇게 하려면 사도 시대에 교회와 국가가 분명히 연합되어 있지 않았으므로 교회와 국가가 분리될 필요가 있었다. 그러나 츠빙글리는 국가가 이미 기독교화한 뒤라면 교회가 굳이 1세기에 국가가 이교적이었던 때처럼 행동해야 하는 것은 아니라고 주장했다. 진정한 기독교 사회에서는 교회와 국가가 협력할 수 있다고 했다. 이 점에서 츠빙글리는 스위스의 도시들과 다른 지역에서 오랫동안 지배적이었던 형태를 그대로 취했고, 그로써 시의회들이 수도원과 교회의 도덕과 관습을 감독했다. 국가를 기독교 사회의 의지를 대변하는 기관으로 간주한 것은 스위스의 도시 공화국들에게 더 설득력이 있었다. 그 도시들에서는 종교 문제에 관한 중요한 결정을 내릴 때는 시민들이 자기들의 의견을 제시할 수 있는 시의회를 연 뒤에야 내렸기 때문이다.

무엇보다도 츠빙글리는 미사 개혁을 단행하고 싶어했다. 죽은 자를 위한 사적 미사란 있어서는 안 되고, 전례에 성찬의 빵을 숭배하는 내용이나 어떠한 제사 용어를 넣어서도 안 되며, 평신도에게 성찬의 잔을 금해서도 안 된다고 믿었다. 루터처럼 그도 교황의 권세, 성인들에 대한 호칭기도, 성직자 독신주의를 배척했다. 거기서 더 나아가 금식일들을 폐지하고, 성상(聖像)들을 제거하고, 교회 음악을 중단시키려 했다. 실제로 취리히 대성당에서 성상들을 제거했고, 벽들을 하얗게 칠했다. 다행히 츠빙글리는 스테인드 글라스를 부서야 한다는 의무감은 느끼지 않았다. 오르간도 철거했다. 그것은 츠빙글리가 음악 자체를 반대했기 때문이 아니라 — 그는 사실상 상당한 기량을 갖춘 음악가였다 — 하나님께 예배할 때 감각적 도구에 의존하지 않고 오직 영혼으로 예배해야 한다고 느꼈기 때문이다. 그는 특히 성찬을 기념적이고 영적인 것으로 해석했다. 루터는 비텐베르크에서 칼슈타트와 다투는 과정에서 이미 미술과 음악과 제단 위에 놓인 그리스도의 물리적 임재를 옹호한 바 있다. 이 세 가지에 대한 반대를 영국 청교도에 전수한 사람은 칼슈타트라기보다 츠빙글리였다.

그러나 교회관에 관해서 루터와 츠빙글리는 서로 달랐다. 루터에게 참 교회란 영적이고 비감각적이어서 어떠한 특정 조직과도 동일시할 수 없었다. 그는 교회가 선택자들로 구성되지지만, 선택자들은 오직 하나님께서만 아신다고 말했다. 반면에 츠빙글리는 실질적인 목적상 선택자들을 그들이 참 신앙을 공개적으로 지지하는 것으로 확인할 수 있고, 그것은 그들이 회중 앞에서 성찬을 받는 것으로 입증된다고 믿었다. 따라서 주의 만찬은 개인 그리스도인이 하나님과 연합될 뿐 아니라 전체 기독교 공동체와도 연합된다는 것을 상징한다고 보았다. 이 공적 신앙고백을 한 사람들의 자녀들은 선택자들의 자녀로 간주할 수 있고, 따라서 그들에게 세례를 베풀 수 있다고 했다. 왜냐하면 기독교의 유아 세례는 고대 이스라엘 시대에 아기가 아브라함의 씨의 공동체에 속했음을 가리켜 준 할례를 대체한 것이기 때문이라고 했다.

츠빙글리에게 구약성경에 대한 언급은 유추 이상의 것이었다. 왜냐하면 그는 기독교 교회를 하나님의 새 이스라엘로, 그 백성을 거룩한 백성으로, 옛 선민들의 계승자들로 간주했기 때문이다. 사회는 교회와 국가와 모든 사람이 성경에 제시된 하나님의 뜻에 순종해야 하는 신정(神政)이었다. 그가 성경이라고 할 때는 신약뿐 아니라 구약도 포함했고, 그 안에서 거룩한 사회가 취해 나갈 형태들을 발견해야 했다. 선지자는 왕을 계도해야 하고, 왕은 예배를 뒷받침하고 불경건한 자들을 몰아내야 한다고 했다.

츠빙글리의 체계는 취리히라는 도시에 딱 들어맞았다. 앞에서도 언급했듯이 그곳에서는 대의 정부가 교회 문제를 관장했기 때문이다. 그 도시에는 반대 세력이 거의 남아 있지 않았기 때문에, 그 시민들을 선택자들과 동일시하기가 더 쉬웠을 것이다. 스위스의 몇몇 다른 주(州)들이 곧 복음적 신앙을 받아들임으로써 취리히의 지도를 따랐는데, 그중 베른, 바젤, 샤프하우젠, 글라루스, 생 갈이 두드러졌다. 그러나 스위스 연방의 기존 주들 — 우리, 슈비츠, 추크, 루체른, 운터발덴 — 은 새로운 사상에 반대했고, 가톨릭 교회에 충실히 남았다. 양 진영은 전쟁을 준비했고 정치적 동맹을 결성했는데, 그것은 연방 자체를 쉽게 와해할 만한 것이었다. 왜냐하면 츠빙글리는 프랑스와 사보이뿐 아니라 독일의 루터 진영과도 군사 동맹을 맺기를 바랐기 때문이다. 루터는 이런 개념을 매우 혐오스러워 했다. 그는 복음을 지키기 위해 무력을 사용하려고 하지 않은 데다가, 신학적 기초에서, 특히 성찬 해석에서 츠빙글리의 견해에 동조하지 않았기 때문이었다. 동시에 가톨릭권 주들도 해묵은 원수인 합스부르크가에 도움을 요청했다. 그 결과 발생한 것이 1529년과 1531년의 카펠 전쟁(the Wars of Kappel)이다. 이제는 더 이상 에라스무스적인 평화주의자가 아니라 호전적인 인물이 되어 있던 츠빙글리는 1531년 전투에서 전사했다. 루터는 그의 죽음을 성직자가 칼을 든 데 대해 하나님이 진노하신 증거로 보았다.

제2차 카펠 평화조약은 프로테스탄트 진영에 대해서 기존에 확보한 지역에는 남아 있도록 허용하되 더 이상의 확장은 허용하지 않았다. 가톨릭 주들에 사는 프로테스탄트 소수에게는 관용을 베풀지 않았다. 이것이 아우그스부르크 평화조약이 체결되기 20여년 전인 1531년의 일이다. 이로써 스위스는 보헤미아 이후 종교적 다원주의를 허용받는 최초의 지역이 되었다. 그 기초는 훗날 아우그스부르크 평화조약과 마찬가지로 영토였다.

재세례파

츠빙글리의 진영에는 또 다른 급진적인 형태의 종교개혁이 발생했는데, 훗날 그것은 재세례파(Anabaptism, 재침례파)로 알려지게 된다. 그 추종자들은 자기들을 가리켜 그냥 세례파(Baptists)라고 했는데, 왜냐하면 그들의 눈에 유아 세례란 세례가 아니라 단지 "로마식 욕탕에 담그는 행위"로 비쳤고, 진정한 세례는 어른 세례로 판단되었기 때문이다. 그러나 처음의 쟁점은 어른 세례가 아니었고, 어른 세례는 새로운 교회·국가·사회관의 외적 상징 이상의 것도 아니었다. 이 급진주의자들은 교회가 국가로부터 분리된, 깨달은 신자들의 자발적 사회이며, 신앙에 관한 한 강제로 동의를 끌어내서는 안 된다고 믿었다.

재세례파는 때로 상속권을 박탈당한 자들의 사교로 해석되어 왔으나, 그 운동의 초기 지도자들은 원래 재산가들이었다가 재세례파가 됨으로써 상속권을 박탈당한 사람들이었다. **콘라트 그레벨(Conrad Grebel)**과 **펠릭스 만츠(Felix Manz)**는 취리히의 유력 인사들이었다. 그레벨은 귀족으로서 인문주의 교육을 받았고 에라스무스의 사상을 접했으며 츠빙글리파와 대등한 위치에서 논쟁을 벌일 만한 실력이 있었다. 비슷한 유형의 사람들이 성경을 공부하고 그로써 초대 교회의 형태를 복원하기 위해서 그레벨 주위에 모이기 시작했다. 그들은 초대 기독교 교회들이 국가가 징수하여 나눠주는 십일조로 생활을 꾸려가지 않고 신자들의 자발적 헌금으로 꾸려갔다는 것을 발견했다. 당시에 십일조를 폐지하기를 바라던 농민들의 요구는 경제적 정당성뿐 아니라 성경적 근거도 갖고 있었다.

그 다음에 더욱 근본적인 질문이 제기되었다. 교회의 개혁은 행정관의 동의를 기다려야 하는가? 츠빙글리는 모든 취리히 시민을 설득하여 자파로 끌어들이기를 원했고, 행정관이 비록 개혁을 단행하되 시민들의 명령을 기다려야 한다고 믿었다. 2년 동안 취리히에서는 프로테스탄트 예배식과 가톨릭 예배식이 공존했다. 츠빙글리는 앞을 내다보고서 그런 어정쩡한 상태를 유지해갈 용의가 있었다. 그러나 급진적 재세례파는 그런 타협을 관용할 수 없다는 이유로 반대했다. 물론 미사를 강제로 금지할 수는 없는 노릇이지만, 미사를 믿지 않는 사람이 그것을 믿는 사람과 무슨 관계를 맺을 필요가 없고, 행정관이 시민들의 의사를 수렴할 때까지 굳이 기다릴 필요가 없이 참 신자들의 구별된 단체를 세워야 한다고 주장했다.

그 급진주의자들은 더 나아가 종교개혁 신앙을 고백한 자들의 품행이 신약성경의 표준에 턱없이 못 미친다고 불평했다. 츠빙글리도 루터도 이 점을 부인하지 않았다. 루터는 때로 자신의 회중을 가리켜 "비텐베르크의 돼지들"이라고 했다. 그러나 두 사람 중 누구도 교회를 한 움큼의 성인들로 감소시킬 정도로 과격한 추방령을 사용할 의도가 없었다. 그러나 재세례파는 바로 그것을 요구했다. 부자격자들은 쫓아내고, 미온적이고 의심하는 자들은 억지로 입회시키지 말아야 한다고 했다. 그러고 나서 본격적인 쟁점이 부각되었다. 급진주의자들은 교회가 유아들을 입회시킬 수 없다고 주장했다. 유아 세례를 기독교 사회에 받아들인다는 표지로 삼는다면 교회에는 밀보다 가라지로 가득차게 될 것이기 때문이라고 했다. 또한 어른일지라도 여전히 진흙탕 속에서 뒹굴고 있는 동안에는 세례의 물로 미역감을 수 없다고 했다. 먼저 회심과 도덕적 중생이 있어야 하고, 그 뒤에야 세례의 상징이 온다고 했다. 어느 급진주의자는 말하기를, 양배추가 아직 땅에 묻혀 있는 동안에는 씻어봐야 소용이 없다고 했다.

점차 형태를 갖춰가던 소규모 분리파 회중은 국가를 비기독교적 제도로 규정하고 배척함으로써 더욱 급진적인 성격을 띠어갔다. 물론 사도 바울은 군주들을 가리켜 하나님이 죄인들을 벌하도록 세우신 자들이라고 말했지만, 그 말은 만약 죄인이 없다면 군주도 필요 없음을 뜻한다. 그러나 죄인들이 있기 때문에 죄인들이 군주가 되어 다른 죄인들을 벌하도록 내버려 두라. 성도는 이런 일에 하등 상관이 없다. 또한 성도는 전쟁이 일어나든 세속 정의를 집행할 때든 칼을 들어서는 안 된다.

이러한 것이 재세례파의 견해였다. 그들은 대부분 평화주의자들로서, 악을 악으로 갚지 말라거나 맹세하지 말라는 산상보훈의 명령을 문자적으로 받아들였다. 그들의 견해는 과거 발도파의 견해와 비슷했으며, 사회 구조 전체를 뒤엎는 것처럼 보였다. 그들의 최초의 회중은 취리히 근교의 촐리콘이라는 작은 도시에 형성되었다.

취리히 당국이 맨 처음에 취한 조치는 재세례파를 추방하는 것이었지만, 이것은 그리손 주(州)와 그 너머로 오염을 확산시켰을 뿐이다. 그러자 시 당국은 그 분파주의자들을 허다히 붙잡아 가두었다. 그레벨은 전염병에 걸려 죽었다. 다른 주요 지도자인 펠릭스 만츠(Felix Manz)는 1527년 1월 어른 세례를 조소라도 하듯이 물에 빠져 죽었다. 취리히 시의회는 재세례파 신조가 국가를 전복할 만한 것이라는 이유로 처형을 합법화했다. 그 법적 근거는 과거에 자기들에게 귀의한 가톨릭 교도들에게 재세례를 시행한 도나투스파에게 사형을 규정한 유스티니아누스 법전에서 찾았다.

취리히 시민들은 순교자들의 피가 씨앗이 된다는 점을 기억했어야 옳았다. 각처로 흩어진 재세례파 신도들은 남녀를 막론하고 자기 종파의 사절들이 되어 길에서나 집에서나 닥치는 대로 전도를 했다. 다른 주들에 집회소들이 들어섰고, 독일 북부에도 가지를 뻗은 그 운동은 라인 강을 타고 저지(低地)로 내려갔는데, 당시 그곳에는 지역 당국자들이 엄격한 정통 신앙을 부과하려던 스페인의 노력을 방해하고 있었다. 네덜란드인들은 재세례파에 호의적인 반응을 보였다. 왜냐하면 그 단순한 경건이 공동생활 형제단의 경건과 비슷했기 때문이었다. 재세례파는 광범위하게 확산되어 갔기 때문에 가톨릭 당국자들뿐 아니라 루터교 당국자들도 기성 교회들이 대체될까봐 두려워했다.

두려움은 곧 탄압으로 이어졌다. 가톨릭 당국자들은 재세례파를 불태워 죽였고, 프로테스탄트 당국자들은 그들을 물에 빠뜨려 죽였다. 1529년 슈파이에르 의회에서 가톨릭과 루터교 양측은 신성로마제국 전역의 재세례파를 사형에 처하기로 하는 데 합의했다. 루터는 동의하기를 주저하고 있다가, 1531년 무정부 상태를 우려하여 사형에 동의하되, 그 죄목을 이단이 아닌 신성모독과 선동으로 규정했다. 그는 평화주의(반전주의)를 선동으로 규정했다. 왜냐하면 그것은 국가의 정치적 권력을 말살할 우려가 있었기 때문이다. 재세례파에게 사형을 적용하기를 거부한 유일한 프로테스탄트 군주는 헤세의 필립(Philip of Hesse)이었다. 그는 루터교를 보호하기 위해서 무기를 들었지만, 사람을 그의 신앙 때문에 죽이지는 않았다.

처음 몇십 년 동안 재세례파는 장엄한 소망에 힘입어 유지되었다. 그것은 주 예수의 재림이었다. 그들은 적그리스도의 왕국은 멸망할 것이고, 새 예루살렘이 내려와 성도가 다스릴 것이라고 믿었다. 거짓 그리스도인들이 미쳐 날뛸수록 그들의 멸망이 확실하다고 믿었다. 순교는 주께서 걸으신 길이었고, 성도들도 그 길을 걸어야 한다고 믿었다. 그리스도께서 하나님 우편으로 승귀하셨기 때문에, 참 교회도 세상 왕국들을 물려받을 것이라고 했다. 그러나 온건한 지도자들이 하나 둘씩 처형되면서 그리스도의 신속한 재림을 도래케 하기 위해서 땅에 돌아온 엘리야, 에녹, 다윗으로 자칭하는 광적인 지도자들이 속속 등장했다. 더러는 평화주의를 버리고 불경건한 자들을 진멸하자고 주장했다. 어떤 집단은 아브라함, 이삭, 야곱을 모방하여 일부다처제를 도입했다.

이러한 무절제의 여파는 두 가지 방향으로 나타났다. 하나는 적대 세력의 박해가 증가한 것이고, 다른 하나는 그 집단 내부에 사회를 등지려는 경향이 증가한 것이었다. 세 집단이 일어났다. 스위스 재세례파는 발도파가 그랬듯이 산악 지대로 물러남으로써 살아남았다. 이 집단에서 아미쉬 종파(the Amish)가 생겼는데, 이들은 훗날 영국령 아메리카로 이주하여 펜실베이니아와 중서부 지방에 식민주들을 개척했다. 네덜란드에서는 메노 시몬스(Menno Simons)라는 대 지도자가 일어났는데, 그를 추종하는 메노파(the Mennonites)는 오늘날 네덜란드에서 뿐 아니라 러시아와 남북 아메리카에서도 발견할 수 있다. 메노파는 일부다처제, 혁명, 꿈과 환상을 통한 사적 영감, 주의 재림 일자 산정 등을 배척했다. 메노의 종교는 단순한 산상보훈의 기독교로서, 신학을 될 수 있는 대로 강조하지 않고 품행에 관한 교리를 강조하며, 교회와 국가의 분리를 주장했다.

셋째 지류는 야콥 후터(Jacob Hutter)가 일으킨 후터파(the Hutters)로서, 이들은 모라비아와 트란실바니아에 난민 정착촌을 세웠다. 이곳에서는 오래 전부터 봉건 영주들이 황제로부터 도피한 자들을 위해 도피처를 제공해 주었다. 재세례파가 그토록 오랫동안 살아 남을 수 있었던 비결은 네덜란드의 메노파처럼 반전주의를 수정하는 방식으로 주변 문화에 적응했거나, 아니면 사회에서 동떨어진 공동체를 세워 격리된 생활을 한 데 있었다. 그들은 내부의 여러움도 겪었다. 군주들을 신격화하는 경향이 있는 자들은 서로간에 일치하기가 어려운 법이다. 어느 독일 재세례파 신도는 모라비아의 후터파 정착촌을 방문하고는 사람들의 기질이 너무 분열적이어서 차라리 터키인들이나 교황주의자들과 사귀는 편이 더 쉽겠다고 느꼈다. 그럼에도 불구하고 재세례파는 마침내 뭉쳐야 산다는 교훈을 터득했고, 그뒤 이 공동체들은 오늘날까지 자녀를 기르고 자기들의 정체성을 보존하는 면에서 탁월한 능력을 발휘해 왔다.

존 칼빈

만약 루터파, 츠빙글리파, 재세례파를 세 종류의 프로테스탄트주의라고 하다면, 칼빈파는 제4의 프로테스탄트주의라고 할 수 있다. 물론 대개는 츠빙글리파와 칼빈파를 한데 묶어 개혁교회(the Reformed Churches)라고 하지만 말이다. 칼빈파는 루터파와 츠빙글리파가 급진파와 투쟁하느라 경직된 뒤에야 비로소 등장했다. 1533년 스물네살의 나이에 가톨릭 교회를 떠난 프랑스 신학자이자 종교개혁자 존 칼빈(John Calvin)은 그 당시의 프로테스탄트주의에 통합된 교리 체계를 부여했다. 그의 책 「기독교 강요」(*The Institutes of the Christian Religion*)는 1536년 바젤에서 간행되었다. 그의 고국 프랑스에서는 초창기 프로테스탄트 교도들이 한동안 관용을 받았다. 왕 프랑수아 1세(Francis I)의 누이 나바라의 마거리트(Marguerite)는 그 새로운 사상에 호감을 갖고 있었고, 그녀의 딸 지니 달브레(Jeanne d' Albret)는 자신이 프로테스탄트 교도임을 밝혔다. 프랑수아 자신도 교황과 투르크족과 동맹을 맺어야 할지, 아니면 독일 프로테스탄트 세력과 동맹을 맺어야 할지 갈림길에 서서 그 혁신 세력에 대해 입장 정리를 명쾌히 하지 못하다가, 1534년 미사를 모욕하는 벽보와 삐라가 곳곳에 유포된 것을 보고 격분했다. 심지어 인문주의

자들조차 당시의 경건을 그렇게 무례히 공격한 것에 등을 돌렸다. 그 결과 일어난 박해로 종교개혁자들은 뿔뿔이 흩어졌고, 이때 칼빈도 바젤로 도피했다.

칼빈의 「기독교 강요」는 이신칭의로 시작하지 않고 하나님에 관한 지식으로 시작한다. 칼빈은 신앙과 지식을 대립시키기를 거부하고, 오히려 신앙과 지식이 양태만 다른 깨달음의 방식이라고 주장한 스콜라주의자들의 전승에 서 있었다. 신앙이란 신념, 확신으로 묘사할 수 있다고 말했다. 그의 요지는 이교 철학자들이 그 뛰어난 지성에도 불구하고 박쥐와 두더쥐보다 더 눈이 어두웠던 데 반해, 그리스도인들은 계시에 의존하므로 흔들림없는 확신을 누릴 수 있다는 것이었다. 그리스도인들이 믿는 하나님은 우주의 창조자요 보존자요 주재로서, 그 신성을 인간과 공유하기에는 너무나 엄위롭고 높고 거룩한 곳에 좌정해 계신다고 했다.

칼빈은 인간이 하나님과 합일할 수 있다는 기독교 신플라톤주의나 그밖의 신비주의를 묵살했다. 인간의 주된 목적은 하나님과의 합일이 아니라 그분의 불가해한 작정 앞에서는 잠잠히 엎드리고, 계시된 계명들에 대해서 순종하는 것이라고 했다. 그의 관심사는 인간 개인의 구원이 아니라 바로 이것이었다. 그렇기 때문에 구원에 관하여 인간이 할 수 있는 일이란 아무것도 없다. 왜냐하면 하나님이 시간 밖에서 이미 구원받을 자와 멸망당할 자를 결정해 놓으셨기 때문이다. 칼빈의 예정 교리는 루터나 츠빙글리보다 선명성을 띤다. 왜냐하면 그는 선택뿐 아니라 유기의 문제에도 대담하게 맞섰기 때문이다. 아담이 타락한 이래 모든 사람은 멸망을 당연한 몫으로 받게 되었다. 하나님은 다수를 그들의 행위에 따라 형벌하사 자신의 공의를 드러내시는 반면에, 더러는 자신의 선의에 따라 구원하사 자신의 자비를 드러내신다. 칼빈은 이 섭리가 두렵긴 하지만 엄연한 것이라고 알았다.[6] 선하신 하나님이 어찌 이런 일을 하실 수 있는지 우리로서는 이해할 수 없지만, 불평하거나 우리 자신의 구원에 관해서 염려해서는 안 된다고 했다.

그럼에도 불구하고 칼빈과 그의 초창기 추종자들은 자기들의 구원을 분명히 확신했다. 칼빈은 세 가지 시험 방법을 제시했다. 그것은 참 신앙을 고백하는 것과, 올바른 삶을 사는 것과, 성찬에 참여하는 것이었다. 이 구체적인 요건을 갖추고 사는 사람은 자기가 선택자라는 것을 확신할 수 있었다. 루터는 그런 시험을 아예 부정했고, 따라서 선택자들의 공동체를 세울 수 없었다. 츠빙글리는 신앙고백으로 선택자를 확인할 수 있다고 보았는데, 그 점에서는 칼빈도 마찬가지였다. 재세례파는 시험 기준에 청결한 삶을 보탰고, 칼빈도 역시 그랬다. 칼빈은 후대의 뉴잉글랜드 청교도들과는 달리 정신의 중생 같은 철저히 주관적인 어떤 것을 요구하지 않았다.[7] 칼빈은 츠빙글리와 재세례파의 시험 기준에 성찬에 대한 사랑을 덧붙였다. 성찬에 대한 그의 견해는 루터와 츠빙글리의 중간쯤 된다. 칼빈은 성찬 때 그리스도의 실제적 — 비록 물질적은 아니지만 — 임재를 믿었다. 그에게는 빵과 포도주가 그리스도께서 임재해 계신다는 상징물이었다.

이 시험 기준들에 의해서 선택자들의 무리가 식별되고, 모여 거룩한 사회를 이룰 수 있었다. 이 사회를 위해서 하나님은 땅에서 성취하실 큰 일을 갖고 계셨다. 그것은 하나님 나라 수립으로서, 그 나라를 가리켜 칼빈은 회복된 교회라고 했다. 하나님은 그것이 실현될 시간을 허락하실 것이라고 했다. 그는 인간 운명에 관해서 말할 때 주로 그리스도의 재림보다 최후의 심판을 염두에 두었다. 루터가 생생히 품었고 재세례파의 다수가 그토록 소중히 간직했던 묵시적 소망이 칼빈에게는 끝 모르게 확대된 미래 속에서 희석되었다. 마치 어거스틴이 중세 교회로 하여금 신속한 종말에 대한 초기 그리스도인들의 소망을 포기케 함으로써 교회의 신정(神政) 실현에 이바지했듯이, 칼빈도 사회 조직을 구속할 사회적 복음의 길을 열어 주었다.

이 목적을 성취하기 위해 칼빈주의자들은 도시들을 통치하고, 왕국들을 개종시키고, 왕을 굴복시키고, 야만인들을 문명화하는 데 막대한 노력을 기울였다. 그들은 스스로가 하나님의 선택자라고 느꼈기 때문에, 두려울 것도 없었고 굽힐 것도 없었다. 그들은 역사는 길지만 인생은 짧다는 것을 알았기 때문에 열정적으로 일했다. 그들에게는 시간이 소중한 재화였다.

칼빈주의는 자본주의 정신에 큰 자극을 주었다는 평가를 받는다. 왜냐하면 루터교 이상으로 사람들에게 하나님의 영광을 위해서 각자 부르심을 받은 위치에서 일하되, 그냥 부지런히 일하는 게 아니라 혹독하게 일하도록 권유했기 때문이다. 사업을 경시하지 않고, 그것을 노동자와 기업가 모두에게 적법한 일종의 소명으로 보았다. 더욱이 칼빈주의는 금욕주의적 측면을 갖고 있었는데, 이익을 쾌락에 사용하는 것을 금하고, 그것을 자선이나 사업체 건설에 사용케 했던 것이다. 칼빈주의는 루터교보다 매매와 투자를 훨씬 더 장려했다. 루터는 농촌 사회에서 살면서 농부의 경제관을 갖고 있었다. 칼빈주의의 좌소인 제네바는 라인 강변에 있었고 프랑스 남부와 밀접한 무역 관계를 갖고 있었다. 더욱이 칼빈은 수천 명의 난민을 부양해야 하는 문제를 안고 있었다. 그러나 그는 이익 추구에 대해서는 루터와 아퀴나스와 똑같은 입장에서 규제하고 비판했다. 그럼에도 불구하고 중세 수도원주의의 경우에서처럼 추종자들의 근면과 성실은 부를 일으켰고, 결국 칼빈주의자들을 넉넉한 중산층으로 만들었다.

거룩한 사회를 위한 칼빈의 프로그램은 제네바에서 그 실현을 보았다. 그 당시에 제네바 시는 프로테스탄트권 베른 시의 도움을 받아 이제 막 주교와 사보이 공작의 권세를 떨쳐 버린 상태였으나, 아직 스위스 연방의 일원은 되지 못하고 있었다. 프랑스에서 복음적 사역자들이 이곳에 와 있었는데, 그중에서 두드러진 사람은 기욤 파렐(William Farel)로서, 과거에 내전의 상황까지 몰고간 끝에 행정관들로부터 개혁을 승인 받은 인물이었다. 그렇게 강성 인물이었으나, 제네바 시를 철저히 개혁하기에는 스스로의 역량이 모자란다고 느끼고 있던 차에, 제네바에 잠시 들른 청년 칼빈을 지옥으로 위협하기도 하고 간곡히 설득하기도 하여 그에게 그 과업을 떠맡겼다.

칼빈이 갖고 있던 교회와 국가 관계에 관한 이론은 곧 충돌로 이어졌다. 그는 교회와 국가와 시민이 평등하게 하나님의 영광에 헌신한 기독교 공동체를 믿었다. 그들은 서로를 부양해야 하지만 기능은 서로 다르다고 보았다. 교회는 독립된 지위를 누려야 하고, 전례(典禮) 형태를 결정해야 하며, 무엇보다도 출교(파문)권을 행사해야 한다고 보았다. 이 요구는 행정관들에 의해 거부되었고, 칼빈은 고집 때문에 잠시 제네바에서 추방당했다. 그뒤 다시 초빙을 받아 또 한번 갈등을 겪고난 다음 1533년에 교회의 권징이 교회의 권한이라는 결정적인 양보를 받아냈다. 이로써 칼빈파는 루터파나 츠빙글리파보다 국가로부터 더 독립된 지위를 얻었다. 그러나 이단에 대한 재판권은 행정관들에게 남아 있었다. 칼빈이 승리를 거두게 된 데에는 선거권자들이 수도원의 선거권자들만큼이나 거의 선별된 상태가 되어 있었다는 점도 크게 작용했다. 가톨릭 교도들은 이미 제네바 시를 떠났다. 종교적 이유로 제네바에 온 수천 명의 난민들이 시민권을 얻어 열렬히 칼빈을 지지했다. 교회에서 추방된 사람들은 만약 일정 기간이 지난 뒤에도 화해하지 않으면 도시에서 추방되었다. 따라서 칼빈은 사회와 동일 연장선상에 있는 교회 개념과, 가시적 성도들로 이루어진 자발적 사회인 교회 개념을 통합할 수 있었다.

칼빈은 교사들을 사역자로 대우함으로써 교육에 큰 자극을 주었다. 제네바에 아카데미를 설립했다. 미술과 음악에 대한 칼빈의 견해는 츠빙글리보다 온건했다. 십자가는 허용했으나 십자가상은 허용하지 않았고, 교회에서 시편 찬송은 허용했으나 다른 음악은 허용하지 않았다. 시편 찬송이 사실상 프랑스와 스코틀랜드와 뉴잉글랜드에 있던 칼빈주의 교회 예배의 독특한 특징이 되었다.

칼빈파는 결국 가장 국제적인 형태의 프로테스탄트주의가 된다. 칼빈주의자들은 지역을 기준으로 교파를 정하던 기존의 관행을 부정했고, 재세례파처럼 어디서든 기회가 닿는 대로 전도를 했으며, 그 결과 프랑스, 네덜란드, 영국, 스코틀랜드, 뉴잉글랜드, 리투아니아, 폴란드, 헝가리에 널리 퍼졌다. 이 나라들에서는 제네바식의 교회, 국가, 사회를 재현할 수 없었다. 칼빈주의는 초기에는 소수파의 운동이었기 때문이다. 심지어 훗날 스코틀랜드에서처럼 지배적인 교파가 된 곳에서도 교회 법원(the Consistory)을 내세워 엄격히 다스리던 제네바의 경우처럼 시민들을 걸러내고 그들의 행위를 통제한 일은 없었다.

헨리 8세

칼빈주의는 결국 영국에 큰 영향력을 발휘하게 되었다. 영국에서는 종교개혁이 「기독교 강요」 간행 2년 전인 1534년에 시작되었다. 영국의 종교개혁은 민족주의와 종교적 격변이 혼합된 가장 현저한 예이다. 만약 튜더 가(the Tudors)가 왕위계승 전쟁을 끝내고 정치적 절대주의를 수립하지 않았다면 그런 식의 종교개혁은 발생할 수 없었을 것이다. 영국 왕이 로마와 벌인 투쟁은 교리가 아닌 주로 도덕과 돈에 관한 것이었지만, 종교와 정치가 충돌하는 한 가지 쟁점이 있었는데 그것은 왕의 결혼 문제였다. 결혼은 교회의 성사로서 교회의 관할권에 속했다. 그러나 왕의 결혼은 국가의 문제였다. 특히 왕들은 후손을 낳음으로써 왕위 계승을 보장하게끔 되어 있었기 때문이다.

영국은 왕 헨리 8세의 남자 후계자를 요구했다. 그러나 첫 아내인 왕비 캐서린(Catherine)과 결혼한 지 16년이 지난 뒤 자녀가 한 명밖에 살아 있지 않았는데, 그는 당시 소녀였던 공주 메리(Mary)였다. 가장 간단한 해결책은 그 결혼을 무효화하고 헨리에게 다른 여성과 자유롭게 결혼하도록 하는 것이었다. 결혼을 무효화할 만한 그럴 듯한 근거들이 나타났다. 캐서린은 원래 헨리의 형 아더(Arthur)의 아내였으며, 따라서 차후에 헨리와 재혼한 것은 죽은 남편의 형제와의 결혼을 금하는 레위기의 규정을 범한 것이었다. 당시 교황 율리우스 2세(Julius II)는 그 불법 결혼에 대해 면책 특권을 베풀었다. 그 면책 특권을 이제는 하나님의 율법에 모순된 것으로 무효로 선언할 수 있었고, 따라서 그 결혼도 무효화할 수 있었으며, 헨리는 자유롭게 다른 왕비를 취할 수 있을 것이었다.

헨리는 자신의 문제를 교황 클레멘트 7세(Clement VII)에게 의뢰했다. 자기 누이들 중 둘이 이미 무효 조치를 획득한 바 있었기 때문에 별 어려움이 없으리라고 예상했다. 만약 정치적 계산이 그토록 복잡하게 얽혀 있지 않았다면 그 문제는 아주 신속하게 해결되었을 것이다. 캐서린은 스페인의 공주로서, 페르디난도(Ferdinand)와 이사벨라(Isabella)의 딸이었고 황제 칼 5세(Charles V)의 고모였다. 칼은 캐서린을 위해서 개입했다. 그러나 그 문제를 지나치게 밀어붙일 생각은 없었다. 영국과 갈등을 겪으면 프랑스에게 이득을 안겨줄 것이기 때문이었다. 교황은 황제 군대가 1527년에 로마를 함락시키고 교황을 생포해 간 적이 있기 때문에 황제의 비위를 거스르기를 두려워했다. 반면에 만약 영국에 은혜를 베풀지 않으면 교황에 대한 충성을 포기할지도 모르는 판국이었다. 교황은 자신의 대표에게 최대한 판결을 미루라고 지시했고, 그 건은 4년이나 질질 끌었다. 캐서린은 자신과 아더의 결혼이 실제로 성사되지 않았었고, 헨리와 결혼하는 데 아무런 장애가 없었노라고 주장했다.

만약 캐서린이 헨리의 주장을 받아들여 연금을 받고 은퇴할 의지를 보였더라면 영국 내 가톨릭 교회의 통일성을 지켰을 것이지만, 그녀도 루터와 마찬가지로 진리의 영역에 대해서 타협하려고 하지 않았다.

헨리는 자기가 교황에게서 얻을 수 없던 것을 캔터베리 대주교에게서 얻어내겠다고 결심했다. 당시 대주교는 토머스 크랜머(Thomas Cranmer)로서, 왕의 수장권(supremacy)을 확고히 신봉했다는 이유로 수석대주교로 승진했던 인물이다. 그러므로 1534년 헨리는 교황청과의 관계를 단절하고 왕을 수장으로 하는 독립된 영국 국교회(the Ecclesia Anglicana)를 세웠다. 왕은 사제가 되지도 않았고 직접 교회를 지도하지도 않았으나, 크랜머는 왕이 기독교 사회에서 두 가지 열쇠, 즉 세속적 열쇠와 영적 열쇠를 쥐고 있다고 선언했다.

의미심장하게도 헨리는 교회의 모든 재산이 국가에 귀속되어야 한다고 주장한 파두아의 마르실리우스(Marsilius)의 논문을 영어로 번역하도록 지시했다. 일찍이 존 위클리프가 사용한 바 있는 이 교리는 곤트의 존(John of Gaunt)이 교회 재산을 몰수한 행위를 정당화하는 데 쓰였다. 이 교리는 헨리 8세가 수도원 탄압을 정당화하는 데에도 효과적으로 쓰였다. 헨리의 각료인 추기경 토머스 울지(Thomas Wolsey)는 수도원들의 수입을 거둬들여 대학들을 짓기 위해서 이전보다 더 많은 수도원들을 탄압했다. 헨리는 영국에 수도원이 하나도 남지 않고 해체될 때까지 5년 동안 점차적으로 이 정책을 추구했다. 수도원의 토지를 징발할 기회가 오면 언제든지 그 수사들을 추잡한 불륜죄로 고소한 다음, 얼마 뒤에는 그들이 존경할 만한 사람이었던 양 그들에게 연금을 지급했다. 수도원들은 해체되고 그 재산은 경매되었다. 많은 성찬배가 선술집의 술잔으로 바뀌었다. 북부에서는 봉건 귀족들이 지역 문제에 대한 간섭에 반대했기 때문에 왕에 대한 원성이 드높았다. 그곳에서 잠시 반란이 일어났으나, 곧 진압되었다. 그러나 성직자, 수사, 평신도 측에서는 헨리의 사업에 대한 반대가 놀라우리만큼 적었다. 소수 — 하지만 극소수 — 가 헨리를 영국 교회의 수장으로 인정하기를 거부하다가 처형되었다. 성 토머스 모어(St. Thomas More), 주교 존 피셔(John Fisher), 그리고 카르투지오회의 여러 수사들이 그렇게 해서 죽었다.

어느 가톨릭 사가는 대혁명치고 이처럼 피를 적게 흘린 혁명은 없었다고 말했다. 그럴 수 있었던 한 가지 이유는 영국의 수도원들이 종교개혁 이전의 2백 년 동안 이렇다할 활동을 하지 않았기 때문이었다. 또 다른 이유는 튜더 왕조의 인기 때문이었음에 틀림없다. 물론 그밖에도 변화가 오래 지속되지 않으리라는 기대도 한몫 했을 것이다. 중세에 왕들은 교황에게 얻고자 하는 것 이상의 것을 요구했다가 몇 년간 파문을 당해 고생한 뒤 자기들이 애초에 원했던 것을 대부분 충족받는 조건으로 굴복했다. 따라서 헨리를 수장으로 인정한 주교들은 그가 오래지 않아 교황에게 다시 순종할 것을 기대하고서 그랬을 가능성이 있다.

헨리 치하에서 종교에 도입된 변화는 한 가지뿐이었다. 그것은 모든 교회에 영어 성경 사용이 명령된 것이었다. 1539년 헨리는 주교 마일즈 커버데일(Miles Coverdale)에게 그런 영역본을 제작하도록 위임했다. 커버데일은 프로테스탄트 색채를 띤 이전의 역본, 즉 윌리엄 틴들(William Tyndale)의 역본을 대부분 사용했다. 이 역본은 이미 대륙에서 인쇄되었다가 한동안에 걸쳐 조금씩 영국에 밀반입된 바 있다.

헨리는 재위 말기에 이르면서 가톨릭 신앙과 프로테스탄트 신앙 사이의 중도 노선에 해당하는 종교 정책을 추구했다. 1547년 그가 죽은 뒤 그의 어린 아들 에드워드 6세(Edward VI)의 섭정이 된 서머셋 공작(the duke of Somerset)은 영어 미사를 포함한 좀더 급진적인 형태의 프로테스탄트주의를 도입하려고 했다. 서머셋은 훗날 노섬벌랜드의 공작이 된 워릭(Warwick)에 의해 축출되었다. 영국의 종교개혁은 루터교쪽으로 진행하다가, 다시 츠빙글리쪽으로 진행하더니, 이제는 칼빈주의쪽으로 진행하기 시작했다.

이 시기의 가장 큰 업적은 전례(典禮)를 영어로 개정하고 번역한 것으로서, 그것은 그 작업에 둘도 없는 적임자였던 대주교 크랜머(Cranmer)의 업적이었다. 그가 편찬한 공동기도서(the Book of Common Prayer)의 장엄한 운율은 수세기 동안 영국인들의 기도를 은혜의 보좌에 상달케 했고, 다른 무엇보다도 영국인들로 하여금 영국 교회를 아끼게 만들었다. 크랜머는 대륙에서 츠빙글리나 칼빈에게 배운 여러 유력한 프로테스탄트 망명객들에게 지원을 받았다. 그들의 영향은 애초의 공동기도서가 에드워드의 재위 때 발행된

제2공동기도서(the second Book of Common Prayer)로 발전한 데서 엿볼 수 있다.

제1공동기도서는 성찬 예식 항목에서 이렇게 적는다: "여러분을 위해 주신 우리 주 예수 그리스도의 몸은 여러분의 몸과 영혼을 영생에 이르도록 보존합니다." 이 진술은 루터적 혹은 가톨릭적으로 해석할 수 있다.

제2공동기도서는 이렇게 적는다: "이것을 받아 먹으면서 그리스도께서 여러분을 위해 죽으신 것을 기억하고, 믿음과 감사로써 충심으로 그분을 먹으십시오." 이것은 츠빙글리적인 색채를 띤다. 제2공동기도서에서 사제(priest)가 '사역자'(minister)로, 제단(alter)이 '하나님의 식탁'으로 자주 대체되는 데서도 그런 색채를 엿볼 수 있다.

1553년 에드워드가 죽자 왕위는 아라곤의 캐서린의 딸로서, 시종일관 미사를 포기하기를 거부해 온 이복 누이 메리 튜더(Mary Tudor)에게 넘어갔다. 1554년 7월 메리는 사촌이자 황제 칼의 아들 스페인의 필립(Philip)과 결혼했다. 두 사람은 1555년에 얼굴을 가까이 맞댄 모습의 주화를 발행했는데, 이 주화로 인해 다음과 같은 노랫말이 생겼다:

사랑스럽고, 정답고, 친밀하여라
은화상의 필립과 메리처럼.[8]

메리는 영국을 다시 로마쪽으로 끌고갔다. 참 의아한 것은 영국인들이 만약 로마를 사랑했다면 왜 프로테스탄트 종교개혁을 허용했으며, 만약 프로테스탄트 종교개혁을 사랑했다면 왜 로마로 돌아가려고 했는가 하는 점이다. 분명한 것은 영국인들이 수사들에게 무슨 일이 발생하든, 사제들이 결혼을 하든 독신으로 지내든, 미사를 라틴어로 집례하든 영어로 집례하든 큰 관심이 없었다는 점이다. 그들은 사회 혼란을 일으키기보다 차라리 옛 방식으로 돌아갈 준비가 되어 있었다.

그러나 메리는 옛 방식을 사실상 모두 되살릴 수 없었다. 수도원의 토지는 회복할 수 없을 만큼 주인이 바뀌어 있었다. 솔즈베리의 순교한 공작 부인의 아들 추기경 레지널드 폴(Reginald Pole)이 가톨릭 신앙 부활을 지원하기 위해 이탈리아에서 돌아왔고, 추기경 바르톨로메 드 카란차(Bartolomé de Carranza)가 스페인에서 돌아왔다. 대주교 크랜머를 비롯한 프로테스탄트 교회 지도자들은 화형을 당했다. 크랜머는 두려운 양심의 시련을 겪었다. 왜냐하면 왕이 교회의 수장이 되는 권한을 가장 앞장서서 주장해 왔기 때문이다. 만약 군주의 권위가 절대적이라면, 그리고 군주가 로마로 돌아가기로 결정한다면, 백성도 로마의 권위에 복종해야 하지 않는가? 그러나 그렇게 복종하는 것은 왕의 절대 주권을 부정하는 것이었다.

크랜머는 철회를 거듭했고, 철회한 것을 다시 번복했다. 그럼에도 불구하고 화형 언도를 받았다. 화형을 당하기 전에 그는 옥스퍼드 세인트 메리 교회에서 최후 철회서를 읽도록 강요받았다. 오늘날도 그 교회에 가면 한쪽 기둥에서 크랜머가 섰던 연단을 받치기 위해 돌에 끼어넣었다던 쇠고리를 볼 수 있다. 청중은 바람에 흔들리는 갈대를 보러 형장에 나왔지만, 크랜머는 자기가 프로테스탄트 신앙을 철회한 것을 부끄럽게 여긴다고 고백하여 그들을 깜짝 놀라게 한 뒤 웃으면서 형틀로 올라갔다. 스미스필드에서 타오른 불길들은 다음 시기에 영국에 불어닥칠 강렬한 반(反) 로마 감정의 원인이 되었다. 2백 명이 넘는 프로테스탄트 지도자들이 크랜머와 같은 운명을 맞이했다. 누가 잘 말해놓았듯이, "영국인들은 스미스필드의 냄새를 결코 그들의 콧구멍에서 내보내지 않았다."

제10장

신앙고백의 시대

칼 5세는 프로테스탄트주의가 확산되는 것을 보고서 교황들에게 교회를 개혁하고 기독교 세계를 재통일하기 위한 공의회를 소집하도록 거듭 촉구했다. 하지만 교황들은 공의회주의가 되살아나는 것을 두려워하여 오래 미적거렸지만, 점차 비대해 가던 루터교에 위기 의식을 느끼고는 1545년 트렌트에서 대 공의회를 열었다. 이 공의회는 도덕과 행정 개혁을 뿌리내리고 교회 교리를 정의하기 위한 이중적인 목적을 놓고 1563년까지 간헐적으로 지속되었다.

관용과 승인

트렌트 공의회는 프로테스탄트 교도들과 가톨릭 교도들 간의 긴장을 줄이지 못하고, 오히려 균열이 기정 사실이 되었다고 한 에라스무스의 진술을 확증했다. 그러나 그밖에 몇 가지 인상적인 결과를 거두었다. 공의회는 초기의 의혹을 말끔히 씻고서 교황의 통제하에 남았으며, 그로써 교회의 집중화를 뒷받침해 주었다. 그리고 교의와 노선에 관한 가톨릭 교회의 입장을 대단히 명쾌하게 진술함으로써 폐회했다. 이신칭의 교리에 대해서는 믿음으로만 의롭다 함을 얻는다는 프로테스탄트 신조와는 상반되게, 신자가 여전히 축적된 공로들을 통해서 자신의 구원에 협력할 수 있다고 정의했다. 연옥 교리를 그대로 두었으며, 전승은 교회의 가르침을 위한 권위로서 성경과 나란히 두었다. 성경의 불가타 역본을 모든 논쟁에서 사용하되 문제를 제기할 수 없는, 유일하게 권위 있는 역본으로 선포했다(오늘날 가톨릭 교회는 이 입장을 더 이상 견지하지 않는다).

공의회는 성직자 독신주의에 대한 교회의 규율들을 강화해야 한다고 주장했다. 성직자는 소교구에 거주해야 하며, 한 사람이 한 소교구만 맡을 수 있다고 하여 복수 점유를 금했다. 성직자 교육 개선안을 제시했고, 주교들에게 해당 교구에 대한 권한을 더 강화해 주었다. 면죄부 교리는 유지하되 그에 따른 경제적 폐습은 바로잡았다. 구체적으로 프로테스탄트 교리들을 배척했고, 인문주의 학자를 성경 번역 분야에서 배제했다. 에라스무스의 저서들을 단죄했으나, 그 세기 초반에 유행한 자유스러운 형태의 가톨릭 신앙은 단죄에서 배제했다.

교황 파울루스 4세(Paul IV)는 1559년 공의회 결정에서 한 걸음 더 나아가 자신의 권위로 에라스무스가 저술한 모든 글들 — 심지어 종교와 무관한 글들까지도 — 을 금서로 규정했다. 하지만 그 세기 후반에는 검열이 좀더 분별력을 되찾았다. 이로써 가톨릭 교회는 19세기 후반에 이르기까지 초기에는 자유주의적 경향에 대해서, 후기에는 과학적·민주적 경향에 대해서 방어적인 자세를 취하여 왔다. 프로테스탄트 사상을 배격하기 위해서 공의회는 칠성사와 화체설 교리를 재확증했다.

트렌트 공의회는 프로테스탄트 진영과의 균열을 명백히 가속화했고, 절충을 이끌어 내려던 황제의 시도는 무산되고 말았다. 전쟁의 대안은 관용이었고, 그 결과 독일에서는 1555년 아우그스부르크 평화회의가 열려, 루터교에 대해 1552년까지 국교로 뿌리를 내린 지역들에 한해서 승인을 해주었다. 이 협정에 의해 가톨릭 진영은 '하나의 제국에 하나의 종교'를 골자로 한 체제가 끝났음을 시인했다. 칼 5세는 그런 승인의 책임을 떠맡고 싶지 않아 동생에게 평화안을 공포하는 부담을 떠안겼다. 오스트리아의 페르디난도는 그 문안이 자신의 세습지인 네덜란드에게는 적합하지 않다는 이유로 책임을 회피했다. 루터교도들도 나름대로 '프로테스탄트 독일'이라는 이상을 포기해야 했는데, 특히 평화안이 교회령 제국(諸國)에 대해 개혁을 받아들이지 못하도록 규정했기 때문이었다. 루터교도들은 다른 종교개혁 교회들을 평화회의에 끌어들이려던 초기의 시도도 포기해야 했다. 이 회의에 칼빈파가 배제됨으로써 프로테스탄트 진영에서는 신앙고백적 투쟁이 심화되었다.

가톨릭과 프로테스탄트 간의 투쟁은 각각 자체의 온건파를 숙청되는 쪽으로 전개되었다. 스페인에서는 과거에 히메네스가 추진한 개혁들이 교회에 프로테스탄트 사상이 침투하지 못하도록 교회를 강화했고, 열정적인 정통신학을 부과했다. 종교재판소가 루터교를 탄압하는 데 뿐 아니라 에라스무스주의자들과 신비주의자들을 색출하는 데까지 풀 가동되었다. 1559년에는 칼 5세의 아들 필립 2세가 네덜란드에서 돌아온 것을 기념하여 대대적인 아우토 다 페(auto-da-fé: 이단 처형식)가 거행되었는데, 이때 수많은 이단들이 교수형과 화형을 당했다. 같은 해에 톨레도의 대주교이자 스페인 교회의 수석 대주교인 바르톨로메 드 카란차(Bartolomé de Caranza)는 영국 메리 튜더의 고해신부의 직위를 마치고 돌아왔다가, 에라스무스의 사상에 동조했다는 이유로 종교재판소에 의해 투옥된 뒤 생애의 나머지 17년을 감옥에서 보냈다.

스페인과 신세계에서의 종교개혁

스페인의 개혁 정신은 피레네 산맥을 넘어 널리 전파되었다. 그 정신을 전파한 주도 세력은 예수회(the Society of Jesus)로서, 그 설립자 이그나티우스 로욜라(Igantius Loyala)는 스페인 귀족 가문에서 태어나 기사도를 주제로 한 전기(傳記) 작품들을 배우고 자랐으며, 기사로서 여왕을 섬기기로 헌신했다. 그는 장교로서 프랑스의 대병력 앞에서 성을 방어할 때 봉건 시대 기사처럼 항복하기를 거부하다가 대포 탄환에 맞아 다리를 부상당했다. 오래 요양 생활을 하는 동안 전기 소설들을 청했으나 얻지 못하고 그 대신 성인들의 전기들을 받아 읽었으며, 다리를 예전처럼 회복하기 위해 온갖 노력을 다 하다가 끝내 성과를 거두지 못하자, 마침내 이 스페인 여왕의 기사는 하늘의 여왕의 기사가 되기로 결심했다.

하늘의 전쟁에서는 펜이 칼보다 더 강한 법인지라, 로욜라는 비록 장년이었지만 학교에 들어가 소년들과 함께 공부하기를 시작하여 마침내 대학교에 들어갔다. 대학교 시절에는 동료 학생들과 그들의 아내들을 대상으로 목회 사역에 힘썼고, 그러다가 종교재판소에 의해 불법 활동의 죄목으로 여러 번 심문을 받고 두 번 투옥을 당했다. 좀더 공부할 생각으로 스페인에서 파리 대학교를 자주 다녔다. 그곳에서 교회와 교황을 위해 목숨을 바치기로 헌신한 프란시스 사비에르(Francis Xavier)를 포함한 몇몇 동료 학생들을 모았다. 1540년 교황 파울루스 3세(Paul III)는 이 그룹이 예수회라는 명칭으로 결성되는 것을 승인했다. 예수회는 교황에게만 복종하는 절대 권세를 지닌 선출직 총장 휘하에 독재적인 헌법을 지니고 있었다. 예수회는 유럽을 이단으로부터 되찾고 신세계를 개종시키기 위한 교황청의 새로운 군대가 되었다. 이들은 칼빈주의자들처럼 혁명과 심지어는 종교적 목적하의 군주 살해까지도 정당화했다. 트렌트 공의회 때 그 높은 학문성을 유감없이 드러낸 예수회 수사들은 교황권의 강력한 옹호자들이 되었다.

　가톨릭 교회의 새로운 개혁 열정이 가장 뚜렷하게 나타난 곳은 세계 곳곳의 선교지였는데, 이 분야에서 예수회와 프란체스코회를 비롯한 수도회들이 작지 않은 역할을 했다. 1541년 프란시스 사비에르는 로욜라의 명령에 순종하여 하루만에 인도와 일본을 향해 떠나 십여년간 영웅적인 기독교 활동을 펼쳤다. 그를 따라갔던 다른 선교사들은 중국 내지로 들어갔다. 그러나 주된 확장 영역은 신세계였다. 프란체스코회와 도미니쿠스회는 정복자들의 뒤꿈치를 열심히 따라갔고, 그뒤를 예수회가 따라가서 파라과이에서 가장 적극적인 사역을 벌였다. 본토인들 가운데 수많은 개종자들이 생겼다. 예수회와 다른 수도회들은 퀘벡을 경유하여 북아메리카 중심부로도 뚫고 들어갔다. 그들이 큰 위기 앞에서 이루어낸 무용담은 책으로 출판되어 프랑스 궁정에서 큰 애독서가 되었다.

　선교사들의 도움에 힘입어 멕시코의 문화는 16세기에 괄목할 만한 성장을 기록했다. 서반구에서 최초의 대학교가 그곳에 세워졌고, 17세기 뉴잉글랜드에서 출판된 어떤 책도 능가할 수 없을 정도로 책들이 훌륭하게 인쇄되었다. 아메리카 선교사들은 대규모로 기독교에 들어온 개종자들이 기존의 이교 관습을 기독교 예배로 끌어들이던 경향을 띠는, 해묵은 문제에 맞부닥쳤다. 멕시코 과달루페에서 생긴 성모 숭배가 이런 형식을 띠기 시작했다. 어느 인디언은 성모의 형상을 멕시코 여신 톡산친(Toxantzin)의 복장을 한 모습으로 그렸는데, 그 그림 때문에 기적들이 일어났다고 했다. 에라스무스주의자였던 프란체스코회 주교 추마라가(Zumarraga)는 기적에 대한 민중의 열정을 비판하면서 "기적을 구하지 마시오. 땅에서 가장 큰 기적은 그리스도인의 삶이오"라고 했다. 그러나 기적들은 빠른 속도로 증가했다. 전설이 증가했고, 대중 신앙은 마침내 교회 당국으로부터 승인을 얻었다.

인디언 교육은 엔코미엔다(encomienda), 즉 학교와 교회 주위에 둥그렇게 둘러선 마을을 중심으로 한 큰 지역에 중심이 있었다. 선교사들은 인디언들을 백인의 부패로부터 보호하기 위해서 격리를 시행했다. 파라과이의 예수회 식민지는 다른 데서 도피한 인디언들이 이곳으로 몰려들 정도로 인디언들을 친절하게 대한 것으로 명성을 얻었다. 스페인인들과 포르투갈인들은 이 도피처를 혐오하다가 결국 탄압했다.

이탈리아의 개혁과 숙정(肅正)

한편 이탈리아에서는 개혁에 대한 인문주의적 접근법이 좀더 강경한 방법에 자리를 내주었다. 1542년 잠피에트로 카라파(Giampietro Caraffa)는 로마에 이단 특별 재판소로서 종교재판소를 재설립했다. 수많은 자유주의적 종교 개혁자들이 투옥되거나 화형을 당했다. 1555년 카라파가 교황 파울루스 4세(Paul IV)가 된 뒤 자유주의자 추기경 조반니 모로네(Giovanni Morone)는 파울루스가 죽던 1559년까지 종교재판소 심문실에 감금된 채 지냈다.

1566년 파울루스의 대종교재판관 미셸 기슬리에리(Michele Ghislieri)가 교황 피우스 5세(Pius V)가 되자 이번에는 인문주의자로서 한때 클레멘트 7세(Clement VII)의 비서를 지낸 피에트로 카르네세키(Carnesecchi)의 차례가 되었다. 카르네세키는 대단히 매력적인 사람이었으나 사태를 제대로 파악하지 못하고 자유주의적 방식으로 개혁을 성취할 수 있다는 커다란 망상에 빠져 있었다. 그는 한동안 메디치 가의 보호를 받았으나 결국 종교재판소에 끌려가 재판을 받았다. 그는 고문을 당하는 도중 죽은 자들을 모욕하지도 않고 산 자들을 고소하지도 않으려 했다. 그는 철회와 사형 중 택일해야 하는 기로에 설 때까지 자신의 견해에 대해 모호했으나, 그 순간을 맞이하고는 흔들리지 않았다. 교황은 모든 추기경들에게, 카르네세키에 대한 장문의 성무금지령이 낭독되고 사형이 언도되는 자리에 참석하도록 요청했다. 다음 날 아침 교황선거소에서 나온 추기경들은 성 안젤로 성에서 까맣게 그슬린 그 개혁자의 유해를 보았다.

이탈리아의 자유주의적 개혁자들 중 더러는 망명길을 택했다. 그들은 비록 소수였으나, 갈수록 엄격해 가던 프로테스탄트 정통신앙에 제대로 적응하지 못하던 루터교도들과 칼빈주의자들의 마음을 뒤흔든 생기있고 매우 자극적인 집단이었다. 그런 이탈리아 망명자들 중 한 그룹인 이른바 소키누스주의자들(the Socinians)은 트란실바니아와 폴란드에서 안식처를 발견했고, 그곳에서 일부 봉건 귀족들을 개종시켰다. 소키누스주의자들은 그리스도의 죽음을 화목제물로 보는 데 의문을 제기했고, 성자를 성부께 종속시켰기 때문에 반(反)삼위일체주의자들로 알려졌다.

프로테스탄트의 숙정(肅正)

같은 시기에 프로테스탄트 교도들은 자체 진영을 무자비하게 숙정하고 있었다. 이들은 가톨릭 교도들을 불태우지 않았으나 재세례파를 물에 빠뜨려 죽였고, 반(反)삼위일체주의자들을 참수와 화형으로 처단했다. 그들의 신념은 가톨릭 교도들뿐 아니라 프로테스탄트 교도들로서도 용납할 수 없는 것이었다. 희생자 중 한 사람은 미카엘 세르베투스(Michael Servetus)라고 하는 스페인인으로서, 그는 삼위일체의 제2위 성자가 영원하시다는 정통 견해를 배척함으로써 삼위일체 교리를 공격했다. 오히려 그는 성자가 존재하게 된 때는 선재(先在)하던 그리스도가 하나님께 의해 인간 예수와 결합했을 때라고 주장했다. 말씀이요 세상의 빛이신 그리스도는 영원하지만 성자는 그렇지 않다고 했다. 세르베투스는 이런 이단설 때문에 형식으로는 가톨릭권 프랑스에서, 실제로는 프로테스탄트권 제네바에서 화형을 당했다. 1533년 그가 스위스 제네바를 지나가고 있는 동안 존 칼빈에게 발각되어 기소당했다. 그는 한때 칼빈에게 편지를 보낸 적이 있었으나, 칼빈은 그 스페인 사람의 반삼위일체주의를 배척한 바 있다. 제네바 시의회는 재판을 열어 미카엘 세르베투스에게 그의 오류 때문에 "성부와 성자와 성령의 이름으로" 화형을 언도했다.

세르베투스를 처형한 사건은 프로테스탄트권 내에 관용에 관한 논쟁을 촉발시켰다. 1554년 인문주의자이자 바젤 대학교 헬라어 교수이던 세바스티안 카스텔리오(Sebastian Castellio)는 「이단에 관하여」(De Haereticis)라는 논문을 발행했다. 이 논문에서 그는 그리스도인들이 박해할 만큼 충분히 알고 있지 않다고 주장했다. 사람들을 불태워 죽일 때 근거로 삼는 신조들은 아직 논쟁 중에 있고, 에라스무스가 주장했듯이 바로 그 점 때문에라도 불확실하다고 했다. 어쨌든 하나님께서 더 중요히 보시는 것은 어떤 견해의 정확성이라기보다 확신의 진실성이라고 했다. 카스텔리오는 양심을 어떤 객관적 진리이든 자기가 옳다고 믿는 바에 충실한 것으로 정의했다.

같은 시기에 야코부스 아콘티우스(Jacobus Acontius)라는 이탈리아인은 성경이 구원에 필요하다고 명시한 점들에 대해서만 박해를 해야 한다고 주장했다. 그리고 그것은 믿음으로 의롭다 함을 받는다는 신앙과 주 예수 그리스도께 대한 신앙 두 가지뿐이라고 했다. 전자는 가톨릭 교도들을 축출하는 근거로, 후자는 소키누스주의자들을 축출하는 근거로 사용할 수 있다고 했다. 그러나 이들을 다룰 때에도 설득이라는 방법만 사용해야 한다고 했다. 그리고 설득하는 방법도 반대파를 존중하는 태도로 대하고, 논쟁에서의 승리보다 실질에서의 승리가 진정한 승리임을 분명히 해두는 것이라고 했다. 그 시대에 카스텔리오와 아콘티우스는 광야에서 외치는 소리들이었지만, 그들이 제시한 쟁점들과 제기한 주장들은 비등한 여론을 조성했고, 이 여론이 지속되어 한 세기 뒤에 영국의 관용령(the Act of Toleration)을 이끌어냈다.

16세기가 진행되면서 소생한 가톨릭 진영과 전투적인 프로테스탄트 진영은 서로 부닥쳤고, 투쟁을 위해 내부를 숙청하고 단단히 결속했다. 1559년 4월 스페인과 프랑스는 해묵은 경쟁 관계를 청산하고 카토 캉브레지 조약(Treaty of Cateau-Cambrísis)으로 동맹을 맺은 뒤 서로의 지역에서 이단을 뿌리뽑는 데 협력하기로 다짐했다. 스페인은 이미 앞에서 언급한 아우토 다 페(auto-da-fé: 대대적인 이단 처형식)에 의해 이단을 이미 상당 부분 뿌리뽑았지만, 그 속국인 네덜란드에서는 이단이 여전히 성행하고 있었다.

위그노

프랑스에서 위그노(Huguenots)라 불린 프로테스탄트 교도들은 강력한 소수였다. 카토 캉브레지 조약이 체결되던 해 그들은 파리에서 교회회의를 열어 박해받는 칼빈주의자라는 전국 조직을 결성했다. 조약의 실행은 곧 내전을 뜻했다.

프랑스에서는 종교 전쟁이 다른 지역에서보다 더 격렬했는데, 왜냐하면 그 쟁점이 프랑스 내의 정치적 사회적 분열까지도 포함했기 때문이다. 왕은 권위를 중앙집중하려던 과정에서 귀족들의 견제와 도시들의 불만에 가로막혔다. 당시의 왕가인 발로아 가(Valois)는 16세기 중반 이후에는 왕태후 카트린 드 메디시스(Catherine de Médicis)가 주도했는데, 그녀는 비록 가톨릭 교도였으나 대단히 정치적인 인물이어서 교회의 이익을 왕가와 국가 위에 두려고 하지 않았다.

그 다음에 왕권을 이어받은 부르봉 가(the Bourbons)는 어느 정도는 프로테스탄트적인 색채를 갖고 있었다. 그 가문이 배출한 가장 유능한 인물은 콩데(Condé) 공(公)으로서, 그는 정치적 이유 때문에 프로테스탄트 신앙을 채택했다. 그의 형제이자 로렌의 추기경인 공작 프랑수아(Francis)와 누이이자 스코틀랜드 섭정 여왕인 메리(Mary)가 대표한 강력한 기즈 가(House of Guise)는 비타협적인 가톨릭 교도들이었다. 프랑스의 해군 제독 가스파르 드 콜리니(Gaspar de Coligny)라는 유력 인사를 배출한 샤틸롱 가(House of Châtillon)는 철저한 프로테스탄트 가문으로서 종교적 근거로 왕을 대적할 태세가 되어 있었다. 위그노들은 주로 종교적 이유뿐 아니라 경제적 이유로도 불만이 팽배하던 도시의 장인들이었다. 따라서 종교적 쟁점들이 아니었을지라도 내전은 충분히 일어났을 것이다.

1562년 카트린은 안정을 바라고서 이른바 1월 칙령으로 위그노들에게 특정 지역들에서 예배할 권리를 인정해 주었다. 그해 3월에 기즈 가의 공작이 바시에 살던 위그노 회중이 칙령에 명시된 범위를 넘었다는 이유로 그들을 공격함으로써 전쟁이 일어났다. 그뒤 9년 동안 양측은 세 차례나 충돌했으나, 매번 승부가 뚜렷이 가려지지 않았다.

1572년 무렵 학살에 대한 반대 여론이 비등해졌을 때 카트린은 그 때가 양측을 다시 협상 테이블에 앉힐 수 있는 호기라고 생각했다. 자기 딸 마가레트(Margaret)를 부르봉 가 소속 나바라의 앙리(Henry. 위그노이자 왕위 후계자)와 결혼시킴으로써 종교들간의 평화를 공고히 할 수 있다고 생각했다. 양측의 지도자들이 결혼식에 참석하기 위해 파리로 왔는데, 그중에는 칼빈주의자 콜리니도 있었다. 카트린은 자기 아들 왕 샤를 9세(Charles IX)에 대한 콜리니의 영향력이 위험할 정도로 크다고 간주했다. 게다가 콜리니가 영국의 엘리자베스와 동맹을 주선하고 있는 사실을 알고는 더욱 실망한 카트린은 그를 살해하기 위해서 아마 기즈 가의 공작과 내통한 듯하다. 그러나 콜리니는 죽지 않고 부상만 입었다. 종교 전쟁이 틀림없이 재발하리라는 생각에 전전긍긍하던 카트린과 그의 아들 샤를은 결혼식에 참석한 모든 위그노들을 살해하는 것을 묵인했다. 성 바돌로매 축일에 파리와 그밖의 프랑스 대도시들에서 수천 명의 위그노들이 학살당했다.

발로아 가의 마지막 남자가 자식이 없이 죽자, 프로테스탄트 교도인 나바르의 앙리가 왕위 후계자가 되었다. 그는 나라를 안정시키기 위해서 가톨릭 교회에 가입했고, 1598년 낭트 칙령(the Edict of Nantes)을 공포하여 위그노들에게 특정 도시들에서 자유롭게 예배하도록 허락하고, 이 자유를 보장하기 위해서 국비를 들여 그 도시들에 군대를 주둔시켰다. 위그노들은 공직에 오를 충분한 자유를 갖게 되었다.

네덜란드의 스페인 종교재판소

네덜란드에서는 신앙의 자유를 얻기 위한 프로테스탄트 교도들의 투쟁이 스페인의 압제에 대한 반란과 결합되어 진행되었다. 칼 5세는 네덜란드에서 자랐기 때문에 언제나 그곳 사람들에게 호의를 갖고 있었다. 그러나 1555년 그가 퇴위한 뒤 수도원에 들어가 장례 예행 연습을 하며 말년을 보내고 있을 때 그의 아들이자 후계자인 필립 2세(Philip II)가 저지(the Low Countries)에 스페인 종교재판소를 설치했다. 이 조치에 저항하여 일어선 중추적인 인물은 오렌지 공(公) 윌리엄(William of Orage)으로서, 그는 한때 칼의 총애를 받던 신하였으나 이제는 필립의 철천지 원수가 되었다. 윌리엄은 가톨릭 교회에서 루터교로 전향했다가, 루터교에서 다시 칼빈주의로 전향했다. 그는 특히 종교 전쟁이 일어나면 번성하던 네덜란드의 경제가 파탄에 빠질 것이라는 이유로 모든 사람들에게 관용을 소호했다.

윌리엄의 자원은 보잘것 없었다. 그는 측근들로부터 외국의 세력가에게 도움을 청해야 한다는 말을 듣고는 "우리는 모든 세력가들 중 가장 큰 세력가이신 만군의 주께 도움을 받고 있습니다" 하고 대답했다. 그럼에도 불구하고 그는 여왕 엘리자베스가 베푸는 은밀한 도움을 경시하지 않았고, 콜리니 휘하의 위그노들에게 도움을 기대하고 있던 차에 성 바돌로매 축일 대학살 때 그 프랑스 제독이 살해되었다는 전갈을 받았다. 그러나 결국 윌리엄의 군대는 저지의 북부 지방들을 차지하는 데 성공했고, 1581년 독립을 선언했으며, 가톨릭 교도들, 루터교도들, 칼빈주의자들, 심지어 메노파에게까지도 신앙의 자유를 허용했다.

스코틀랜드의 종교개혁

스코틀랜드에서도 프로테스탄트 진영의 투쟁은 프랑스와 영국과의 정치 관계에 얽혀 있었다. 섭정이자 제임스 5세(James V)의 미망인이던 메리(Mary)는 철저한 가톨릭 가문인 기즈가 출신이었다. 그녀의 딸 메리(Mary)는 1561년까지 프랑스의 여왕으로 있다가 어머니와 남편이 죽은 뒤에 스코틀랜드의 여왕이 되었다. 가톨릭 교도였던 그녀가 철저한 프로테스탄트 국가를 다스리게 되었다.

메리가 스코틀랜드로 부임하기 직전에 열정적인 종교개혁자 존 낙스(John Knox)가 이미 그곳에 돌아와 있었다. 낙스는 과거에 제네바에서 망명 생활을 하던 철저한 칼빈주의자로서, 칼빈주의를 "사도 시대 이래 그리스도의 가장 완전한 학교"로 여겼다. 스코틀랜드에는 철저한 반(反)로마 세력이 있었고, 귀족들 중에는 반(反)프랑스, 친(親)영국 세력이 있었다. 낙스는 그 두 세력을 통합했고, 1560년에는 스코틀랜드 의회로 하여금 칼빈주의를 채택하도록 만들었다. 그는 스코틀랜드로 돌아올 때 미사 집례가 독약보다 더 유해하다는 확신에 타올랐었는데, 의회는 그의 의중을 반영하여 누구든 미사에 두 번 이상 참석한 자는 사형에 처하도록 하는 법령을 공포했다.

　메리는 비록 프로테스탄트 세력이 정착하는 데 아무런 방해도 하지 않았지만, 그 의회의 법령을 스스로 어겼다. 심지어 낙스를 유화하려고 여러 번 시도했으나, 그럴 때마다 낙스는 그녀의 양심이 "창녀, 로마 교회"에 결박되어 있다는 이유로 어린 여왕을 심하게 꾸짖었다. 메리가 만약 능력만 있었다면 얼마든지 스코틀랜드를 로마 교회에 충성하게 만들었을 것이라는 점에서 낙스의 태도는 아주 옳았다.

　만약 메리가 현명하고 올곧았다면 온건파를 비타협적인 낙스에게서 떼어놓았겠지만, 경솔하고 부도덕한 행위 때문에 낙스의 손아귀에서 벗어나지 못했다. 낙스는 메리의 개인 예배실에서 미사가 집례되는 것을 통렬히 비난했고, 메리가 가톨릭 교도와 결혼할 것을 예상하고서 경계를 늦추지 않았다. 메리는 낙스를 어전에 불러 놓고 마치 그가 스코틀랜드를 대표하고 있는 양 그와 논쟁을 벌였는데, 실제로 낙스는 그 나라의 어느 영주보다 큰 영향력을 행사하고 있었다. 메리는 스페인이나 프랑스의 가톨릭 교도와 결혼하지 않을 만큼은 정치적이었으나, 스코틀랜드의 가톨릭 교도인 단리(Darnley)와 결혼했다. 자신이 갖고 있던 영국의 왕위 계승권이 자신의 입지를 강화하는 데 보탬이 될 것이라고 기대했다. 그뒤 여러 차례의 야비한 음모가 있은 뒤 메리는 단리를 살해한 죄로 고소되었고, 프로테스탄트 교도들과 가톨릭 교도들이 일제히 메리를 적대시하자 메리는 영국으로 도피할 수밖에 없었다. 그뒤 엘리자베스를 폐위하고 영국 왕권을 장악하기 위해 가톨릭 세력과 공모하다가 발각되어 처형되었다.

　그러는 동안 낙스와 그의 추종자들의 지도하에 장로교(Presbyterianism)가 스코틀랜드의 국교가 되었다. 처음에는 임시적인 형태를 띠었던 이 교회 조직은 최종적으로는 노회(presbytery), 교회회의(synod), 총회(the General Assembly)로 이어지는 대표 회의체들로 확정되었다.

엘리자베스 1세

영국은 16세기 말의 종교 전쟁에 가장 적게 영향을 받은 나라였다. 영국에서는 청교도 시대에 종교 전쟁을 치르게 된다. 카토 캉브레지 조약이 체결된 1559년 엘리자베스(Elizabeth) 여왕은 아버지의 정책으로 돌아가 로마와의 관계를 단절했으나, 의회령(Act of Parliament)에 의해 영국 교회의 수장이 아닌 국가 최고 통치자로 선포되는 수모를 겪었다. 개인적으로는 교리적 차이점들에 관심이 없었던 반면에 신앙 곧 프로테스탄트 신앙에는 무관심하지 않았다. 대륙 쪽에서는 가톨릭 동맹이, 북쪽에서 가톨릭 스코틀랜드가 포진하고 있던 상황에서 위기 의식을 느꼈고, 바로 그런 위기 의식이 강한 신념을 갖게 만든 듯하다. 하지만 엘리자베스가 선택한 신앙은 호전적인 프로테스탄트적인 신앙이 아니었던 것은 분명하다. 여왕은 과거에 작성된 수장령에서 로마 주교의 "가증스런 대죄들"에 관한 언급을 삭제했다.

영국 교회의 교리적 입장은 39개조(the Thirty-nine Articles)로 제시되었는데, 그 안에 실린 교리들과 정의들은 가톨릭 골수분자들과 엄격한 칼빈주의자들을 제외한 모든 사람들이 받아들일 만한 정도로 포괄적이었다. 공동기도서(the Book of Common Prayer)는 에드워드 때 작성된 제2공동기도서에서 츠빙글리적 색채를 지닌 문구들을 삭제하고, 제1공동기도서와 제2공동기도서의 단어들을 종합하여 성찬 때 빵을 나눠줄 때 다음과 같은 문구를 사용하게 했다: "여러분에게 베푸는 우리 주 예수 그리스도의 몸은 여러분의 몸과 영혼을 영생에 이르도록 보존합니다. 그리스도께서 여러분을 위해 죽으신 것을 기념하여 이것을 받아 먹으십시오. 그리고 믿음과 감사로써 충심으로 그분을 먹으십시오."

영국 국교회는 종교재판소적인 성격을 띠지는 않았지만, 어떤 점에서도 개인적 취향의 여지를 남겨두지 않았다. 국민들에게 믿고 싶은 것을 믿게 했으나, 예배는 의회가 정한 형식대로 드려야 했는데, 그것은 주교제, 왕의 수장권, 공동기도서를 의무적으로 받아들여야 함을 뜻했다. 리처드 후커(Richard Hooker)는 「교회조직법에 관한 논문」(Treatise on the Laws of Ecclesiastical Polity)에서 그 이론적 근거를 제시했다. 후커는 이 논문에서 주장하기를, 교회의 외적 형태를 성경에 부합하게 만들려는 칼빈주의자들의 시도는 성경의 모호성에 비추어 볼 때 "무한히 복잡한 것들을 가지고 여린 양심을 괴롭히는 것"이라고 했다. 그런 문제들은 "자연과 상식의 빛"에 의해 정하는 것이 더 낫다고 했다. 대다수 영국 프로테스탄트 교도들은 엘리자베스의 재위 동안에는 현상 유지에 만족하고 있었지만, 청교도 일파는 다음 세기에 그 나라를 격동으로 몰아갈 일을 만들고 있었다.

물론 가톨릭 교도들은 순응할 수 없었고, 1570년 교황이 여왕을 파문하고 영국 국민들에게 국왕에 대한 충성 의무를 면제한다고 공포했을 때 그들은 훨씬 더 어려운 처지에 놓이게 되었다. 교황의 그 조치 때문에 교황에게 충성하는 가톨릭 교도들은 국왕에게는 반역자들이 되었다. 예수회 선교사들이 영국에 들어갔고, 그 상황은 스코틀랜드 여왕 메리와 스페인의 필립 2세가 꾸민 엘리자베스 제거 음모 때문에 훨씬 더 복잡하게 얽혀들었다. 엘리자베스는 자신의 정부를 보호하기 위해서 가톨릭 교도들을 박해했다. 비록 처형된 사람은 소수였지만, 프랑스와 스페인에 대한 적대감은 뜨겁게 달아올랐다. 엘리자베스는 외교에 의해 프랑스와의 전쟁은 막았으나, 스페인과는 그렇지 못했다. 필립 2세가 영국을 가톨릭 국가로 되돌리기 위해 파견한 스페인 무적함대(the Armada)의 패배로 종결되는 그 드라마틱한 전쟁은 너무나 잘 알려져 있다. 영국은 프로테스탄트 국가로 남았다.

삼십년 전쟁

16세기가 저물어 갈 무렵 유럽에서는 종교가 꽤 안정된 상태에 들어가 있었다. 서로 다른 여러 종교가 스위스, 독일, 폴란드에서 지역적 근거하에 관용되었다. 네덜란드에서는 가톨릭 교회, 루터교, 칼빈주의, 재세례파가 모두 허용되었던 반면에, 프랑스에서는 가톨릭 교회와 칼빈주의가 각기 다른 지역들에서 공존했다. 개인의 신앙의 자유는 아직 기대할 수 없었다. 스코틀랜드와 영국에서는 가톨릭 신앙을 금지했다. 스페인과 이탈리아에서는 프로테스탄트 신앙을 금지했다. 가톨릭 신앙은 주로 남부에서 우세했던 반면에, 프로테스탄트 신앙은 북부에서 우세했다. 그럼에도 불구하고 가톨릭권을 라틴, 프로테스탄트권을 북구로 단순화할 수는 없다. 아일랜드는 가톨릭이지만 라틴은 아니며, 제네바와 프랑스의 칼빈주의는 프로테스탄트이지만 북구는 아니기 때문이다. 그외에도 어떤 나라에서든 만약 소수가 추방을 당하지 않은 한에는 칼로 무 자르듯 두 세력을 그렇게 명쾌히 구분할 수 없었다.

17세기가 시작되자 1618년에 장차 온 유럽을 30년 동안 휩쓸어 넣을 전쟁이 일어났다. 그 쟁점들은 복잡하다. 과거 어느 시대도 종교, 경제, 정치가 이때처럼 밀접하게 얽힌 적이 없었기 때문이다. 그럼에도 불구하고 삼십년 전쟁은 처음부터 종교 전쟁이었다. 많은 참전자들의 행위는 만약 군사적 고려보다 종교적 확신이 앞섰다는 것을 인식하지 않으면 도저히 이해할 수 없는 경우가 빈번했다. 전쟁이 그토록 오래 끈 것은 가톨릭 진영이든 프로테스탄트 진영이든 일정한 전선을 형성하지 않은 채 싸웠기 때문이다.

전쟁은 아주 복잡한 양상을 띠었기 때문에 여기서는 아주 대략적으로만 소개할 수밖에 없다. 전쟁은 보헤미아에서 시작되었다. 그 이유는 아우그스부르크 평화조약이 더 이상 현실에 부합하지 않았기 때문이었다. 그 평화조약은 프로테스탄트 교파들 중에서 루터교도들에게만 관용을 부여했고 칼빈주의자들은 배제했는데, 이들은 결국 이 영토적 해결책을 거절하고서 가톨릭 지역이든 루터교 지역이든 가리지 않고 전도 활동을 해나갔다. 애당초 평화조약에 포함되었던 많은 지역들이 칼빈주의권으로 들어갔는데, 그중에는 브란덴부르크와 특히 팔츠 지역이 포함되어 있었다. 뷔르템베르크와 헤세에도 칼빈주의가 침투했다. 헝가리는 강력한 칼빈주의권이었고, 보헤미아에는 다양한 후스파 집단들 외에도 루터교도들과 칼빈주의자들이 살고 있었다.

합스부르크가 가톨릭 교도인 페르디난드 2세(Ferdinand II)는 신성로마제국 황제로 선출되기 직전에 보헤미아 왕이 되었다. 그는 아우그스부르크 평화조약의 원칙을 엄격히 적용함으로써 자기 영토에서 프로테스탄트 세력을 뿌리뽑고 가톨릭 신앙을 부과하려고 했다. 이로써 긴 투쟁이 시작되었다. 보헤미아인들은 굴복하려고 하지 않았고, 중세의 특정주의(particularism)가 되살아나 제국의 정체 자체에 도전했다. 그들은 자기들이 자기들의 왕을 선출할 권리가 있다고 주장하면서, 열렬한 칼빈주의자였던 팔츠의 선제후를 군주로 초빙했고, 그는 초빙을 수락했다. 이렇게 제국의 틀을 무시한데다, 아우그스부르크 평화조약에 위배되는 프로테스탄트 교파를 보헤미아의 국교로 삼자, 바바리아는 오스트리아 합스부르크 가에 합세했으나, 루터교권 작센은 중립을 지켰다. 보헤미아인들은 무참히 진압되었고, 반란 가담자들의 토지는 대부분 몰수되었다. 그러자 가톨릭 진영의 이런 선제 공격에 크게 놀란 루터교권 덴마크가 경솔하게 개입했다. 덴마크인들은 참패를 당한 뒤 자기 나라로 후퇴했다.

가톨릭 군대는 발트 해 연안국들을 휩쓸었다. 그러자 스웨덴인들이 그들의 대왕 구스타부스 아돌푸스(Gustavus Adolphus)의 지휘하에 개입했다. 구스타부스는 중앙집권적 정부를 수립하고 직업 군대를 창설한 탁월한 행정가이자 전략가였다. 그는 오렌지의 윌리엄처럼 속이 깊되 종교적 신념이 편협하지 않은 사람이었으며, 비록 루터교도였으나 칼빈주의자들을 지원하는 데 주저하지 않았다. 교황의 사주를 받은 가톨릭권 프랑스는 스페인의 합스부르크 황제파를 견제하기 위해서 사실상 스웨덴을 지원했다. 선제후령 작센은 여전히 중립을 지키다가 가톨릭 동맹군이 무모하게 작센의 마그데부르크를 점령하자 북쪽의 스웨덴과 남쪽의 칼빈주의자들과 동맹을 맺었다. 작센인들과 스웨덴인들과 독일 루터교도들과 칼빈주의자들은 프랑스와 교황의 지원을 받아 가톨릭 진영과 맞섰으며, 구스타부스 아돌푸스가 중요한 전투에서 결정적인 승리를 거두었다. 그러나 가톨릭 세력은 다시 규합했고, 1632년 뤼첸 전투에서 구스타부스는 침착보다 용맹을 앞세우는 우를 범했다. 적 진영으로 말을 몰고 들어갔다가 전사하고 만 것이다.

만약 구스타부스가 그렇게 죽지 않았다면 스웨덴, 독일, 덴마크, 네덜란드, 그리고 아마 영국과 스코틀랜드까지도 망라한 거대한 북유럽 프로테스탄트 연방을 능히 이룩할 수 있었을 것이다. 그러나 그가 죽은 뒤부터는 종교적 쟁점들이 세속적 관심사들로 대체되었다. 그뒤 16년 동안은 산발적인 전쟁들이 이어졌는데, 라인란트의 영유권을 둘러싸고 프랑스와 스페인이 벌인 전쟁들이 주종을 이루었다. 프랑스와 바바리아와 교황의 적대를 당한 제국은 합스부르크 왕조하에서는 제국을 통일할 수 없었다. 동시에 독일 제국(諸國)은 그들 속에 깊이 뿌리박힌 제국(帝國)에 대한 이상 때문에 민족 통일을 실현하지 못했다. 그들의 땅은 방치된 채 약탈당했다.

그뒤 전쟁 과정에서는 종교적 문제들이 그다지 큰 역할을 하지 못했지만, 전쟁을 야기시킨 그 쟁점들을 무시할 수 없었다. 전쟁이 최종적으로 끝난 뒤 체결된 1648년 베스트팔렌 조약(the Treaty of Westphalia)은 썩 훌륭하지는 않지만 종교적 타결책을 제시했다. 영토에 입각한 원칙은 여전히 유효했지만, 구분선은 더욱 현실적으로 그어졌다. 칼빈주의에 대해서는 루터교와 가톨릭 교회와 동일한 지위를 부여했다. 영토적 지위는 1624년 1월 1일의 상태를 유지하도록 했다. (그 이후에는 사실상 거의 변화가 없었다.) 그 조약은 독일의 종교 문제에 로마 교회가 개입하는 것을 금지했고, 따라서 인노켄티우스 10세(Innocent X)에게 단죄를 당했는데, 인노켄티우스의 단죄는 그 이후로 교회가 더 이상 정치 문제 해결에 군주로든 제휴 세력으로든 간주되지 않았다는 점을 돋보이게 할 뿐이다.

프랑스의 절대주의

전쟁이 끝난 뒤 대륙에서는 정치적 절대주의(absolutism)가 자라났다. 프랑스가 가장 현저한 예였으나, 스페인도 비록 해외에서의 명성은 잃긴 했어도 국내에서는 훨씬 더 절대주의적인 성격을 띠었다. 그리고 독일 제국(諸國)은 비록 정치적 통일의 능력은 없었어도 각자의 영토에 독재 체제를 구축했다.

프랑스는 삼십년 전쟁을 통해서 유럽 국가들 중에서 가장 탁월하고 가장 강력하고 가장 절대주의적인 국가로 등장했다. 프랑스는 지난 세기 말에 낭트 칙령으로 일종의 영토적 원칙에 입각하여 종교적 이원성 문제를 해결한 바 있다. 위그노들은 비록 학교와 시장과 법정에서는 가톨릭 교도들과 뒤섞여 지냈으나, 그들의 신전들(temples) — 가톨릭 교도들은 위그노들의 예배당을 교회라고 하지 않았다 — 은 요새화되고 수비대가 주둔하는 성채(城砦)들에 국한되었다. 따라서 종교적 자유의 보장은 정치적 분권화를 수반했다. 위그노의 도시들은 중세의 남작령 성들에 해당했다.

물론 이 체제는 군주적 절대주의와 상충되었다. 30년 전쟁 초기에 프랑스의 실질적 군주가 된 추기경 리슐리외(Richelieu)는 위그노들이 국가 안에 국가를 형성하고 있으며, 따라서 왕권에 위협적인 존재들이라는 것을 꿰뚫어 보았다. 따라서 그들에게서 요새화한 도시들을 빼앗으려고 결심했다. 그중 가장 강력한 도시는 라 로셸(La Rochell)이었는데, 왜냐하면 이곳은 바다로 열려 있어서 동맹국들 ― 당시는 영국 ― 로부터 지원을 받기에 용이했기 때문이다. 리슐리외는 그 도시를 진압하기로 결정했다. 일년간 무진 고생을 한 끝에 폐선들을 끌어다 그 항구를 봉쇄하여 영국으로부터의 원조를 차단하는 데 성공한 다음, 그 도시에 대해 항복을 요구했다. 시장 장 귀통(Jean Guiton)은 단검을 식탁에 올려놓고는 누구든 항복할 생각을 하는 자는 그 단검으로 찌르겠다고 선언을 한 뒤, 시민들에게는 군대에게 약탈을 당하느니 죽는 게 낫다고 상기시켰다. 굶주림과 질병에 시달리던 그 도시는 만약 영국 함대의 흰 돛이 항구 저 너머로 여러 번 나타나지만 않았어도 진작 항복했을 것이다. 그러나 매번 지원군은 바리케이드에 가로막혔고, 해변으로 몰려 나갔던 시민들은 함대가 수평선 너머로 사라지는 모습을 지켜봐야만 했다.

　라 로셸이 영웅적인 저항을 끝내고 마침내 항복했을 때, 리슐리외와 왕은 정예부대의 선두에 서서 도시로 진입했고, 그들 뒤에는 굶주린 시민들에게 줄 곡물 마차가 줄을 이었다. 추기경은 프로테스탄트 회의를 허용했다. 낭트 칙령의 종교적 문구들은 재차 확증되었으나, 프로테스탄트 요새 성들은 모두 헐어야 했다. 따라서 이제는 위그노들에 대한 관용은 국왕의 선의에 달리게 되었는데, 국왕이 선의를 계속 베풀 수밖에 없었던 충분한 이유가 있었다. 왜냐하면 위그노들은 자기들의 신앙을 인정받은 다음에는 국왕에게 철저히 충성을 바쳤기 때문이었다. 훗날 정치적 이유로 국왕을 제거하려는 봉기가 몇 차례 일어났을 때 ― 루이 14세(Louis XIV) 때 일어난 프롱드의 난(the Fronde)은 귀족들이 자기들의 독립을 회복하려고 일으킨 것이었다 ― 위그노들은 거기에 가담하지 않았다. 리슐리외의 후계자 마자랭은 국왕을 대신해서 그들에게 감사의 뜻을 전했다.

　그럼에도 불구하고 그 세기가 저물기 전에 낭트 칙령은 철회되었다. 그 이유를 이해하려면 루이 14세의 군주 개념과 17세기 프랑스 교회 내의 사조들을 고려해야 한다.

데카르트

이 기간에 프랑스 가톨릭은 신앙에 깊은 노력을 기울인 위대한 사상가들을 배출했다. 우선 철학자 르네 데카르트(Rene Descartes)가 있었다. 그에게는 철학 문제가 동시에 신앙 문제였다. 하나님의 존재를 어떻게 확신할 수 있을까? 데카르트는 조언하기를, 자신의 지식을 모두 벗겨내어 과연 자신이 존재하는가를 의심함으로써 시작하라고 했다. 만약 자신이 존재하지 않는다면 의심조차 할 수 없으므로 자신이 존재한다고 생각할 수 있다. 그러므로 논리적 사고의 능력을 출발점으로 삼아야 한다고 했다: "나는 생각한다. 고로 존재한다."

그러나 데카르트는 나 자신으로부터 어떻게 하나님께로 옮겨갈까 하고 물었다. 내 정신에서 하나님께로 옮겨가는 것은 내 정신에서 물질로 옮겨가는 것보다 사실상 쉽다고 그는 스스로 대답했다. 왜냐하면 정신과 물질은 다른 데 반해, 하나님은 정신이시기 때문이라고 했다. 그러나 여전히 한 가지 난점이 있었다. 하나님은 인간에게 적용할 수 없는 속성들을 갖고 계셨기 때문이다. 하나님은 영원하시고 전지하시고 전능하시고 불변하시다. 인간은 자기에게 이런 속성이 없다는 것을 인식하기 위해서는 이런 속성들을 이해할 줄 알아야 한다. 그러나 이런 속성들이 존재하지 않는다면 인간이 어떻게 그것들을 이해할 수 있겠는가? 인간보다 더 완전한 분에 대한 개념은 인간보다 더 완전한 분이 존재하시기 때문에 나올 수 있었다. 여기서 우리는 다시금 존재론적 논증을 만나게 된다. 이 사유가 설득력이 있든 없든간에 중요한 점은 이것이 12세기의 성 안셀무스를 사로잡았듯이, 17세기의 프랑스 철학자도 사로잡았다는 점이다.

파스칼

그러나 그 주장은 그 시대의 또 다른 위대한 철학자 블레즈 파스칼(Blaise Pascal)에게는 도무지 납득이 가지 않았다. 그는 많은 시간을 신앙 문제들에 할애한 사람으로서, 얀센주의자들의 위대한 대변자였다(얀센주의자들은 품행이 엄숙하고 예정 교리를 받아들였기 때문에 칼빈주의적 가톨릭 교도들이라고 할 만한 사람들이었다). 파스칼은 인간이 하나님께 대한 믿음에 도달하는 것은 어떠한 추론 과정에 의해서가 아니라 다만 예수 그리스도 안에 계시된 하나님을 봄으로써 가능하다고 주장했다. 그는 이렇게 썼다:

> 그리스도인들의 하나님은 단순히 기하학적 진리들로 이루어진 이론인 신이 아니다. 그것은 이교도들의 신이다. 하나님은 섬기는 자들에게 복을 주는 그런 하나님이 아니다. 그것은 유대인들의 신이다. 그리스도인들의 하나님은 사랑과 성결의 하나님이시요, 인간에게 자신의 철저한 비참함과 하나님의 무한한 자비를 느끼게 하시는 하나님이시요, 친히 그들의 존재 근거가 되사 그들에게 겸손과 기쁨과 확신과 사랑을 가득 채워 주시는 하나님이시다. 하나님은 영혼에게 그 평안이 전적으로 그분 안에 있고, 그분을 사랑치 않고는 기쁨이 없다는 것을 느끼게 하신다. 이런 형태로 하나님을 알려면 먼저 자기 자신의 비참함과 무가치함과 하나님께 나아가 그분과 연합케 해주는 중보자의 필요를 알아야 한다. 우리의 비참을 모른 채 갖고 있는 하나님에 관한 지식은 교만을 낳는다. 예수 그리스도에 관한 지식이 없이 우리의 비참만 알고 있다면 절망하게 된다. 그러나 그리스도에 관한 지식은 우리를 교만과 절망에서 동시에 해방시킨다. 왜냐하면 여기서 우리는 하나님과 우리의 비참과 그것을 고칠 수 있는 유일한 방법을 발견하기 때문이다.[1]

프랑스의 종교적 절대주의

신앙에 심취했던 이런 철학자들 외에도 부흥된 가톨릭 신앙의 표본적인 인물들인 위대한 신비주의자 프랑수아 드 라 모테 페넬롱(François de la Mothe Fénelon)과 자크 베니녜 보쉬에(Jacques Bénigne Bossuet)를 덧붙여 생각해야 한다. 이 사람들이 낭트 칙령의 철회를 직접 사주했다고 추론해서는 안 된다. 물론 보쉬에는 그것의 철회를 찬성하긴 했지만 말이다. 그러나 그는 궁정 설교가로서의 재능과 명성을 주로 강제보다는 설득에 사용했다. 그럼에도 불구하고 오류를 관용하는 것은 진리를 배반하는 것이라는, 늘 잠재해 있던 신념을 일깨운 것은 부흥된 가톨릭 교도들의 자각이었다. 그리고 국가가 참 종교에게 지원을 받아야만 번성할 수 있고, 참 종교란 하나일 수밖에 없다는 옛 신념이 여전히 생생하게 살아 있었다.

이런 사상은 어느 비범한 여성에 의해 왕 루이 14세에게 주입되었다. 그 여성은 앙리 4세 때부터 열정적인 프로테스탄트 교도였던 사람의 손녀였다. 어릴 때 위그노로 양육을 받았고, 끝까지 위그노의 엄격한 품행을 잃지 않았다. 가톨릭으로 개종한 뒤에는 엄격한 가톨릭 정통신앙에 프로테스탄트 혹은 얀센주의의 윤리를 결합시켰다. 과부였던 그녀는 궁정으로 불려가 왕의 서자들을 돌보는 가정교사가 되었다. 그곳에서 근실한 경건 생활에 힘입어 곧 왕에게까지 영향력을 행사하게 되었는데, 왕은 그녀의 말을 듣고서 정부들을 내보내고 여왕과 화해했다. 여왕이 죽자 왕은 그 가정교사를 아내로 삼았으나 왕비로 삼지는 않았다. 그녀는 왕의 아내가 된 뒤에도 계속해서 멘테농 부인(Madame de Maintenon)으로 알려졌다. 온 프랑스를 위해서는 하나의 참된 가톨릭 신앙만 있을 뿐이며, 종교개혁 신앙은 탄압해야 한다는 생각을 왕에게 주입시켰다.

낭트 칙령은 조금씩 폐지되었고, 프로테스탄트 교도들을 대하는 국가의 태도는 갈수록 야만성을 띠었다. 왕은 낭트 칙령을 철회하기에 앞서 군대들에게 약탈하고 파괴하고 위협할 수 있는 권한을 부여한 채 위그노들에게 파견했다. 그 결과 수천 명의 위그노들이 가톨릭으로 개종했다고 보고되었다. 그럼에도 불구하고 1685년 낭트 칙령이 철회되고 위그노들에게 복종이나 추방 중 택일하도록 강요되었을 때, 전에 위협에 굴복했던 사람들 중 일부는 유배의 길을 선택했다. 종교의 통일과 동종 국가 수립은 25만 명이나 되는 사람들을 추방함으로써 성취되었다. 어느 당대인은 추산하기를, 왕이 그들을 추방함으로써 수많은 장색들은 말할 것도 없고 9천 명의 선원들, 1만2천 명의 정예 군인들, 6백 명의 우수한 관료들을 잃었다고 했다. 난민들은 스위스와 프러시아 — 프러시아의 베를린은 그들이 도착한 뒤부터 대도시로 부각되었다 — 영국, 네덜란드, 그리고 북아메리카의 영국 식민주들과 남아프리카의 네덜란드 식민주들에서 환영을 받았다.[2] 프랑스는 다시 한번 하나의 왕, 하나의 법, 하나의 신앙(un roi, une loi, une foi)의 땅이 되었다. 위그노들이 추방된 뒤 프랑스 가톨릭 교회는 다음 세기에 모든 신들 중 가장 비이성적인 이성(Reason)이라는 여신을 만나게 되었다.

영국의 종교 사조

 영국이 걸은 길은 사뭇 달랐다. 프랑스가 절대주의를 향해 가는 동안 영국은 입헌주의를 향해 갔다. 영국은 15세기에 장미 전쟁을 치르면서 혼돈기를 겪은 바 있었다. 질서를 회복시킨 전제정치는 16세기에 튜더 왕조와 함께 왔다. 질서가 회복되자 전제정치로부터 해방되려는 외침이 17세기 스튜어트 왕조 때 일어났다.

 영국으로 하여금 온건한 혁명의 길을 걸을 수 있게 만든 특별한 상황들이 있었다. 그중 하나는 영국이 대륙으로부터 떨어진 데 힘입어 삼십년 전쟁에 비교적 휘말리지 않았던 점이었다. 또 한 가지는 스코틀랜드와의 통일인데, 이것은 스코틀랜드의 제임스 6세(James VI) — 스코틀랜드 여왕 메리와 단리(Darnley)의 아들 — 가 영국의 제임스 1세(James I)가 된 1603년에 이루어졌다. 이 통일은 내전을 발생시킨 결정적인 요인이긴 했지만, 그 내전은 주로 두 왕국간에 벌어지지 않고, 두 왕국에 섞여 있던 파벌들간에 벌어졌다. 그 파벌들은 모두 프로테스탄트 교도들이었고, 그들 모두가 로마를 적대시하는 만큼은 서로를 적대시하지 않았다. 또 한 가지 중요한 고려 사항은 경제적·정치적·종교적 이해들이 왕과 국교회에 대항하여 하나로 수렴되었다는 것이다.

 스튜어트 가의 초창기 왕들인 제임스 1세와 그의 아들 찰스 1세(Charles I)는 자금이 절실히 필요했다. 그러나 의회에 손을 벌리기는 싫었다. 의회의 비준으로 자금을 얻게 되면 곧 의회의 지배를 받게 될 것이기 때문이었다. 그래서 그들은 왕명으로 부과하는 세금에 의존했다. 당시에 건드릴 수 있던 두 가지 재원은 토지와 무역이었다. 그러나 그것들을 건드리면 간접적으로 종교적 쟁점이 불거지게 되었다. 왜냐하면 그런 세금을 거둘 수 있는 많은 수의 젠트리(genrty, 지방의 토지 귀족들)와 런던 상인들은 청교도들이었기 때문이었다. 이러한 이해 관계가 의회에도 그대로 반영되었다. 의회는 당시 왕에 대한 경제적·정치적·종교적 대립의 본산이었던 것이다.

 교리상 칼빈주의자들이었던 청교도들(the Puritans)은 국교회를 몹시 못마땅해 했다. 그들의 입장에서는 엘리자베스의 종교 정책이 충분히 실행되지 않고 있다고 보았다. 그들은 성경이 분명히 요구하지 않은 모든 종교 의식을 폐지하고 싶어했다. 영국 국교회(the Anglican Church)의 '교황적 색채'를 비판했고, 설교에 비중을 두는 단순한 형태의 예배를 선호했다. 1603년 그들은 자기들이 바라는 변화안들을 열거한 청원서를 제임스 1세에게 제출했으나, 성경 개역(改譯)을 제외하고는 하나도 받아들여지지 않았다. 1611년 "흠정역"(authorized version) 곧 제임스 왕 역본(the King James Version)이 간행되었다. 제임스는 여러 가지 조치로 청교도들의 불만을 가중시켰는데, 특히 안식일 엄수를 강조하는 청교도들의 입장을 무시하고 일요일의 여가 시간에 운동과 오락을 권장하여 그들의 원성을 샀다. 제임스가 스코틀랜드에 주교제를 부활시키고 스코틀랜드 의회에 퍼스령(the Articles of Perth) — 성찬 때 무릎을 꿇게 하고 부활절과 성탄절을 지키는 국교회의 관습을 법으로 의무화한 — 을 강요하자 청교도들은 그에게서 더욱 멀어졌다.

가톨릭이 부활될 것이고 왕의 진영이 득세할 것이라는 우려가 팽배해지면서 투쟁은 가속화했다. "교황제 반대"라는 구호는 메리 치하에서 자행된 박해와, 엘리자베스 암살 음모, 무적함대, 1605년 하원을 폭파하려던 가이 포크스(Guy Fawkes) 음모를 민중의 뇌리에 새롭게 떠오르게 했다. 제임스가 아들 찰스와 스페인의 가톨릭 공주의 결혼을 주선한 일과, 삼십년 전쟁 초기에 독일 프로테스탄트 진영을 지원하지 않은 일은 청교도들뿐 아니라 반가톨릭 정서를 지닌 모든 사람들에게 원성을 샀다.

1625년 왕위를 계승한 찰스 치하에서 많은 영국인들은 왕이 갈수록 가톨릭 진영과 가까워진다고 생각하게 되었다. 찰스가 프랑스 루이 13세(Louis XIII)의 누이 헨리에타 마리아(Henrietta Maria)라는 가톨릭 공주와 결혼한 것은 평판이 좋지 못했고, 작센의 선제후였다가 이제는 보헤미아의 유배된 왕이 된 자기 매형의 도움 요청을 거절한 것도 마찬가지 반응을 얻었다. 그러던 중 아일랜드에 가 있던 찰스의 대리자 토머스 웬트워스(Thomas Wentworth, 훗날 스트래퍼드의 백작)가 효율적이고 정직한 행정으로 아일랜드의 부를 늘리고, 주로 로마 가톨릭 교도들로 구성된 군대를 창설하자 사회 불안은 고조되었다.

청교도의 비판의 표적이 된 사람은 1633년 찰스에 의해 캔터베리 대주교로 임명된 윌리엄 로드(William Laud)였다. 로드 자신도 개혁자였다. 그는 성직자들의 저급한 자질을 안타까워했지만, 그 뿌리가 그들의 극한 가난에 있다고 파악했다. 튜더 왕조는 과거에 몰수된 수도원 토지를 영국 국교회에 돌려주지 않았었다. 교회는 임차인들에게 그 토지에서 거둔 수입의 십일조로 그 지역 성직자를 지원하게 하는 조건으로 토지를 장기 임대해 주었다. 그러나 임차인들은 수입을 통째로 가로채고는 가난에 허덕이는 보좌신부들(curates)에게 자기 땅을 직접 경작케 하거나 모두가 기피하는 여러 가지 일을 맡김으로써 근근히 생계를 유지하게 했다. 로드는 성직자들의 궁핍을 덜어주기 위해 의회로부터 직접적인 보조금을 원했으나, 의회는 그것을 허락하지 않았다.

로드의 사업은 청교도들의 생각과 근본적으로 달랐다. 로드는 엘리자베스의 합의 이론에 따라 교리에는 자유가, 정치 조직과 전례(典禮)에는 일치가 있어야 한다고 믿었다. 전례는 공동기도서로써 제시되었는데, 그 기도서는 성찬상을 반드시 교회당의 동편 끝에 두도록 했다. 로드는 교회가 마치 선술집인양 성찬상을 신랑(身廊, nave. 회중석)에 두어서는 안 된다고 말했다. 그는 또한 성직자가 기독교력의 각 절기에 따라 규정된 성직복을 입어야 한다고 믿었다. 성찬에 대해서는 모든 영국인에게 한결같이 실제적 임재설을 견지하게 하는 것보다 동일한 종류의 빵을 먹게 하는 데 ― 즉, 교리보다 의식(儀式)에 ― 더 관심이 있었다.

로드는 자신의 조치에 복종하지 않는 자들을 신체 절단과 투옥으로서 징벌했다. 국가에 대한 복종을 강요하기 위해 설치된 성실청(星室廳, the Star Chamber)과 엘리자베스 시대 이래로 비국교도들을 탄압하는 데 이용된 고등종무관 재판소(the Court of High Commission)가 모두 청교도들을 탄압하는 데 이용되었다. 한 개인이 두 기관에 의해 동시에 고통을 당하는 경우도 있었다. 예를 들어 「고위성직자들에 대한 시온인들의 탄원」(Sions Plea Against the Prelacie)을 발행한 알렉산더 레이튼(Alexander Leighton)은 고등 종무관 재판소에 의해 성직을 박탈당한 뒤, 성실청의 선고에 의해 채찍질을 당하고 귀가 절단되고, 코가 찢기고, 이마에 낙인이 찍히고, 그리고나서도 벌금형과 투옥을 겪어야 했다.

그밖에도 윌리엄 프린(William Prynne), 존 배스트위크(John Bastwick), 헨리 버튼(Henry Burton) 같은 청교도들이 비슷한 처분을 당하자 민중의 적개심이 강렬히 타올랐다. 야만적인 형벌을 중지하라는 아우성에도 아랑곳 없이 로드는 어떠한 양보도 어떠한 완화도 허용하지 않았다. 1640년 신학, 법학, 의학에 종사하는 모든 사람들에게 "현재 수립되어 있는 대로 대주교들, 주교들, 수석사제들, 대부제들 등에 의한 이 교회의 정치를 절대로 변경하지 않기로 동의"한다는 서약이 강요되었다. 그 '등'이라는 문구에 대해 사람들은 그 배후에 미사와 교황과 로마 교회가 감춰어 있을지도 모르는 휘장이라고 조소했다.

왕과 로드에 대한 반발은 정부와 국교회에 대한 반감으로 표출되었을 뿐 조직된 운동의 형태는 띠지 않았다. 종교적 열정과 결합된 종교적 다원주의는 로드의 사업뿐 아니라 다른 집단에 대해서도 무산시키려고 위협했다. 한 세기를 평온하게 지내온 영국에서 종교적 열정의 불이 해협을 넘어와 붙기 시작했다. 과거에 왕 할(Hal)과 왕비 베스(Bess)의 종교적 변화를 유순하게 받아들였던 영국인들은 점차 다양해가던 종교적 신조들과 의식들에 관해서 까다로운 사람들이 되어 있었다.

영국의 분파들

영국은 분파들의 집합소가 되었다. 훗날까지 살아남은 분파들을 열거하자면 장로파(Presbyterians)와 독립파(Independents, 회중파)와 침례파(Baptists), 유니테리언파(Uniterians)가 있었다. 그밖에도 지금은 존재하지 않는 분파들 가운데는 수평파(Levelers)처럼 종교적 색채를 강렬히 띤 정파들을 제외하더라도 가족파(Familists), 소요파(Ranters), 구도파(Seekers), 제5왕국파(Fifth Monarchy Men) 같은 많은 분파들이 있었다. 게다가 얼마 뒤에는 퀘이커파(Quakers), 머글턴파(Muggletonians), 개간파(Diggers) 같은 분파들이 목록에 덧붙을 것이었다. 이렇게 상이한 집단들이 존재했다는 사실 자체가 종교 문제 해결을 아주 복잡하게 만들었다.

주요 집단들 중에서 가장 중요한 집단은 **장로파**였는데, 이 집단에는 스튜어트 가가 강요하던 주교제와 공동기도서를 배척한 영국과 스코틀랜드의 칼빈주의자들이 포함되어 있었다. 정치적인 면에서 그들은 입헌군주제를 선호했다. 그들의 유력한 지지자 사무엘 러더퍼드(Samuel Rutherford)는 "왕이 법이다"(rex lex)라는 뜻과 상반되는 제목의 「법이 왕이다」(Lex Rex)라는 책을 썼다.

독립파는 한 세기 전에 재세례파가 신봉했던 회집 교회(the gathered Church)라는 개념을 핵심 사상으로 갖고 있었다. 학자들간에는 지난 세기 동안 영국에 있었던 것으로 알려진 독립파의 집회소들과 몇몇 재세례파의 집회소들 간의 직접적인 관계를 추적하기 위한 시도가 있었으나, 분명한 관계가 입증되지 않았다. 아예 아무런 관계도 없었을 가능성이 크다. 왜냐하면 비슷한 상황들에서는 비슷한 사상들이 개별적으로 반복해서 발생할 수 있기 때문이다. 독립파는 교회가 유아 세례를 받은 자들로 구성되지 않는다고 말했다. 그러면서도 자기들의 자녀에게 세례를 주었는데, 이는 아마 그들의 실질적인 전통이 츠빙글리에게 강한 영향을 받았기 때문인 듯하다. 어린이들은 비록 교회의 보호를 받긴 해도 정회원들은 아니라고 했는데, 이는 교회란 적절한 자비의 행위로 성도임을 입증받을 수 있는 가시적인 성도들로만 구성되어야 하기 때문이라고 했다. 당시에 영국 독립파 가운데 정확히 어떤 것이 성도를 식별할 수 있는 표지였는지는 분명하지 않다.

앞에서 언급했듯이, 칼빈은 신앙 고백, 정직한 삶, 성례 참여 등 세 가지 기준을 제시했다. 뉴잉글랜드 청교도주의는 셋째 기준을 삭제하고 그 대신 마음으로 느끼는 중생 체험을 집어넣었다. 이것을 선택받았다는 가장 중요한 표지요 교회 가입과 성례 참여에 필요한 조건이라고 보았다. 그러나 영국의 독립파가 이떠한 형식적인 방식으로 이런 조건을 설정했었다는 증거는 없다. 비록 그들이 아메리카로 간 사촌들의 규정, 즉 회집 교회의 회원이 되려면 "원죄와 자범죄로 인해 마음에 상처를 받은 경험이 있고, 성경에 약속된 값 없이 베푸신 은혜를 신앙의 터로 삼을 수 있고, 칭의와 구원을 받기 위해 마음이 예수 그리스도를 믿는 데로 끌리는 것을 발견한다는 증거를 내놓아야 한다"는 규정에 틀림없이 동조했을 테지만 말이다.

그런 증거를 내놓을 수 있었던 사람들은 하나님과, 그리고 서로 언약,

즉 "하나님의 권능과 자비로 부르심을 받아 그리스도와의 사귐에 들어온 그리스도인 무리가 하나님의 섭리로 함께 살고 하나님의 은혜로 통일된 믿음과 형제 사랑 안에서 결속되고 … 자신들을 주님과 서로에게 묶고 … 그리스도의 복음이 명하는 대로 그분을 거룩히 예배하고 서로를 덕으로 세우는 방식으로 함께 행하게 하는, 주 앞에서 하는 엄숙하고 공적인 약속"[3)]을 맺었다.

그들에게도 선택 교리가 다른 모든 사회적 지위와 전혀 무관했다. 사회적 지위는 선택의 표지가 아니었고, 비록 청교도파에 젠트리들과 상인들 같은 유력 인사들이 포함되긴 했지만, 그들은 곧 "장갑 장수들, 상자 제조업자들, 단추 제조업자들, 마부들, 모자 제조업자들, 주류 판매업자들, 기계공들"[4)] 집단 정도로 비난을 받았다. 독립파의 교회 조직은 회중제였다. 지역 회중 위에는 주교도 총회도 교회회의도 노회도 없었다. 회중 내의 권징을 장로들이 시행해야 하는지 회중 전체가 시행해야 하는지에 관해서는 의견이 엇갈렸다. 한 가지 점에서는 일치했는데, 그것은 권징을 엄격히 시행해야 한다는 것과 신자로 합당하지 않은 사람은 추방해야 한다는 것이었다.

그러한 교회 헌법이 국가 헌법에 영향을 주었는지의 여부는 쟁점으로 남아 있다. 당시에 그들을 비판하던 사람들은 분파들의 회중주의가 필연적으로 국가의 민주주의로 이어질 것이며, 따라서 그들은 "선동의 구호를 외치고" 있는 것이라고 주장했다. 독립파는 교회에 참된 것은 국가에 참되지 않다고 주장함으로써 그런 비판에 대응했다. 그럼에도 불구하고 그들을 비판하던 사람들의 주장이 옳았을 가능성이 더 크다.

침례파(Baptists)는 네덜란드에서 망명 생활을 하던 독립파 집단에서 발생했다. 그들은 메노파(Mennonites)와 접촉하면서 유아 세례가 자기들의 교회관과 양립할 수 없다고 확신하게 되었다. 이 점은 재세례파와 비슷하지만, 회집 교회 개념은 이미 이런 접촉이 발생하기 전부터 형성되어 있었다. 토마스 헬위스(Thomas Helwys)는 이런 결론에 도달한 뒤에 망명지에 남아 있는 것은 왕들 앞에서 증거하르는 주님의 명령에 위배된다고 느끼게 되었다. 그래서 영국으로 돌아가 침례교회를 창설했다.

친우회(The Society of Friends)라고 부르기를 더 좋아하는 퀘이커파

(Quakers)는 영국 북부에서 발생했다. 창설자 조지 폭스(George Fox)는 심오한 신앙 체험을 한 인물이었다. "지금 나는 화염검을 통해서 하나님의 낙원으로 올라와 있습니다. 모든 것들이 새로 지음을 받았고, 모든 피조물이 예전과 다른 냄새를 풍깁니다. 뭐라고 말할 수 없을 지경입니다."5) 폭스는 중세의 탁발수사처럼 떠돌아 다니면서 선택된 백성을 모으기 시작했다. 성직자도 전례도 성례도 음악도 성소도 모두 없애자는 그의 메시지는 로마교의 잔재에 대한 청교도의 철저한 환원주의와 비슷한 인상을 주었다. 그의 전도에 힘이 실리게 한 여러 동기들이 있었다. 당시 영국 북부 교회들의 두려운 상황은 폭스가 왜 고용된 사제, 뾰족탑 집, 환전상에 관해서 말하지 않으면 안 되었는가를 설명해 주고도 남는다. 그가 음악과 성례를 반대한 것은 신앙에 붙은 모든 외적 보조 수단들을 비판한 점에서 츠빙글리보다 한 걸음 정도 더 나간 것일 뿐이다. 오직 성경에만 의존하는 것이 모든 청교도 집단의 공통점이었다.

그러나 폭스는 다른 근거들 위에서 채택된 한 가지 입장을 뒷받침하기 위해서 성경에 호소하려 했다. 예를 들어, 그는 흠정역에서는 등장 인물들이 한결같이 서로에게 '디'(thee, 당신에게) 혹은 '다우'(thou, 당신의)라는 호칭을 사용하므로 모든 영국인들도 다 그런 호칭을 사용해야 한다고 주장했다. 그가 정말로 의도했던 것은 상류층 사람들의 교만을 질책하려는 것이었다. 왜냐하면 당시 영국에는 오늘날 대륙의 언어들과 비슷하게 두 가지 호칭법이 있었다. 정중한 형태는 '유'(you)였고, 친숙한 형태는 '다우'로서, 친밀한 사이나 하급자에게 사용했다. 폭스는 심지어 왕에게도 하인에게 쓰는 것과 똑같은 호칭을 사용하자고 주장했고, 그것은 당시로서는 매우 거슬리는 주장이었다. 물론 그가 노린 것은 사회적 평등주의였는데, 묘하게도 그의 주장은 후대에 정 반대로 실현되었다. 오늘날 영어는 두 가지 형태의 호칭을 갖고 있지 않은 유일한 언어이다. 정중한 '유'는 보편적인 호칭이 된 반면에, 친숙한 '다우'는 기도문을 제외하고는 친우회(퀘이커교)의 표지로만 남아 있다.

어떤 점들에서 폭스의 프로그램은 청교도주의에 대한 반발이었다. 성찬용 빵, 성찬상, 성직복, 전례, 주교제, 장로제 등을 둘러싼 온갖 치열한 논쟁에 대해서 그는 그 모두를 폐지해야 한다는 간단한 방법으로 입장을 정리했다. 그는 성경을 인용할 능력이 있었음에도 성령이 문자를 초월하신다고 하여 성령을 강조했다. 모든 집회는 성령이 주관하시며, 따라서 남자든 여자든 누가 성령의 인도로 말하게 될 때까지 모두가 잠잠히 있어야 한다고 했다. 퀘이커교의 반전(反戰)론은 점진적으로 대두했다. 처음에는 몇몇 퀘이커교인들이 크롬웰(Cromwell)의 군대에 있었지만, 장군 몽크(Monck)는 성령께서 장군을 제쳐 놓고 그보다 계급이 낮은 자들과 직접 대화하신다는 주장을 군대가 용인할 수 없다는 이유로 그들을 쫓아냈다.

폭스는 자기가 "모든 전쟁의 원인을 제거하는"[6] 그런 정신으로 살고 있다고 말함으로써 전쟁에 반대 의사를 표시했다. 퀘이커교가 전쟁과 맹세(서약)를 반대한 것은 재세례파의 입장을 생각나게 한다. 그럼에도 불구하고 양측간에는 중요한 차이가 있었다. 퀘이커교도들은 사회의 틀에서 물러나지 않았는데, 아마 사형과 추방의 제재를 받지 않았기 때문이었을 것이다. 그들은 기독교 세계에 대한 소망을 간직했고, 자신들의 견해를 친우회 회원들뿐 아니라 전 영국인들에게 알렸다.

이 시기의 유니테리언파는 극소수였고, 네덜란드에서 수입한 책들에서 그들의 신학을 이끌어냈다. 네덜란드는 소키누스주의자들이 폴란드에서 추방당한 뒤 망명한 곳이었다. 유니테리언파는 18세기 말에는 영국에서, 19세기 초에는 뉴잉글랜드에서 더 큰 세력을 얻었는데, 매번 칼빈주의권에서 추종자들을 이끌어냈다. 이 집단은 하나님의 군주적 절대주의를 강조함으로써 신성 내의 복수주 개념을 배제하는 경향을 띠었다. 신성 내의 통일은 그리스도를 하나님과 온전히 동일시하거나 그리스도를 하나님께 종속시킴으로써 얻을 수 있다. 이것이 유니테리언파의 해결책이었다. 영국에서 이 집단이 가졌던 중요성은 주로 신앙의 자유를 사회적 쟁점으로 부각시킨 데 있었다. 심지어 한 사람의 유니테리언 교도라도 그 문제를 제기하기에 넉넉했는데, 왜냐하면 삼위일체 부정은 영국에서 마지막으로 화형을 당한 이단의 죄목이었기 때문이다.

군소 집단들은 말할 것도 없고 장로파, 독립파, 침례파, 퀘이커파, 유니테리언파 같은 집단들이 난립해 있는 상황에서 영국의 어떠한 군주라도 중대한 딜레마에 빠지지 않을 수 없었다. 비록 분파들간의 불일치는 어떤 점에서는 그들을 분열시켜 정복하려던 찰스(Charles)에게 유리한 조건이긴 했지만, 갈수록 심해지는 종교적 다원화 문제를 그로서는 해결할 능력이 없었다. 체형과 투옥은 비국교도들의 주장을 홍보해 주는 셈이 되어 그들에게 유리하게 작용했다. 예를 들어, 수평파(Levelers) 지도자 존 릴번(John Lilburne)은 정부측의 비합법적인 절차에 대한 일종의 항의 수단으로 일부러 감옥에 들어가는 길을 택했다. 반대로, 만약 정부가 종교적 반대파에 대한 모든 규제를 해제한다면 분파들은 서로에 대해서 어떻게 행동하게 될까?

그것은 교회, 국가, 자유에 대한 그들의 견해에 달려 있었다. 장로파는 국교회보다 더 관용을 베풀지 않을 것이었다. 그들은 사실상 로드(Laud)보다 더 인색했다. 왜냐하면 그들이 주장한 통일성은 전례와 교회 조직뿐 아니라 교리에도 적용되었기 때문이다. 이른바 분리주의자들 가운데 침례파와 퀘이커파는 교회와 국가의 완전한 분리를 주장함으로써 신앙의 자유를 가장 분명하게 지지했다. 독립파는 견해가 하나로 통일되지 않았다. 그들 중 일부는 완전한 종교 자유하에 교회와 국가의 철저한 분리를 신봉했다. 그러나 나머지는 교회와 국가의 관계가 자기들의 모델대로 설정될 경우 양자를 계속 결합시킬 용의가 있었다. 아메리카로 가서 뉴잉글랜드를 건설한 독립파는 초기에 그런 정책을 시행했으나, 영국에 남아 있던 세력은 국교 반대파의 수준을 넘어서지 못했다. 아주 최근까지도 그들은 영국 국교회와 어느 나라 어느 교회라도 국교회가 되어서는 안 된다는 주장을 꾸준히 제기해 왔다.

신앙의 자유

신앙의 자유를 주장하는 과정에서 독립파의 일부와 침례파의 다수는 솔직하게 통일의 이상을 배척했다. 그들은 다양성이 창조의 법칙이며, 진리란 자유로운 정신들이 벌이는 전투에서만 떠오르기 때문에 경쟁이 상업에서 뿐 아니라 종교에서도 활력의 근원이라고 주장했다. 강제란 강건한 사람은 순교자로, 약한 자는 위선자로 만들 뿐이라고 했다. 진리는 정직이란 길을 통해서만 얻을 수 있기 때문에, 양심이란 자기가 참되다고 믿는 — 설혹 그것이 사실은 거짓일지라도 — 것에 충실하는 것이라고 재규정했다. 존 밀턴(John

Milton)은 진리가 스스로를 입증할 것이라고 확신하고서 이렇게 말했다: "진리와 거짓을 스스로 맞붙게 놔두라. 자유롭고 공개된 접전에서 진리가 지는 것을 본 적이 있는가? … 진리란 전능자에 버금가게 강하다는 것은 누구나 아는 사실이기 때문이다. 진리는 승리하는 데 어떤 정책도 전략도 면허증도 필요 없다. 진리에 방 하나만 주고 자는 동안 결박하지만 않으면 된다."[7] 그러한 입장은 기독교 세계를 협력적 조직으로보다 오직 일종의 정신 상태로만 남게 했다.

    그런 다양한 관점들은 진리 추구를 장려했겠지만, 국교 반대파의 진영을 이롭게 하지 않은 것만은 틀림없다. 분파들이 과연 찰스와 로드에 충분히 맞설 만큼 오랜 결속을 유지할 수 있었겠는지 의심해 볼 만한 충분한 이유가 있다. 그들의 전략은 두 가지 가능성밖에 허락하지 않았다. 그것은 영국을 떠나든가 영국을 지배하든가 하는 것이었다. 이민이야 개별적으로 가면 그만이었지만, 영국을 지배하려면 서로 결속하지 않으면 안 되었다. 그들은 모든 수를 다 써보았다. 이민과 지배를 위한 활동이 동시에 진행되었다. 이민들의 운명은 차후에 논의할 것이다. 여기서는, 그들이 네덜란드에 가서도 영국인들을 겨냥하여 소책자들을 발행함으로써, 그리고 영국과 아메리카를 수시로 왕래함으로써 영국 내부의 투쟁에 계속해서 참여했다는 점을 지적하는 것으로도 충분하다.

    고등 종무관 재판소도, 성실청의 가혹한 판결도, 웬트워스가 아일랜드에 창설한 가톨릭 군대도, 찰스의 재정과 독점권 요구도 영국의 내전을 촉발한 직접 원인은 아니었다. 영국에 내전이 발생하기까지는 로드가 스코틀랜드의 종교 논쟁에 손을 대는 일이 남아 있었다. 로드는 당시 대다수 사람들과 마찬가지로 하나의 왕국이 하나의 종교를, 아니면 적어도 하나의 교회를 가져야 한다고 믿었다. 영국과 스코틀랜드는 이제 한 왕 아래서 통일되었으므로 통일된 종교를 가져야 한다고 믿었다. 하지만 양측은 서로의 프로테스탄트 형태를 상대방에게 부과하고 싶어했다. 로드가 우선권을 쥐고 있었다. 그는 스코틀랜드인들에게 주교제를 강요할 필요가 없었다. 이미 제임스가 그 일을 했고, 그런데도 아무런 반란도 일어나지 않았었다. 로드는 39개조에 서명을 요구하는 데 관심이 없었다. 스코틀랜드인들에게 그들이 믿고 싶은 것을 믿게 내버려 두고 싶었다. 그러나 예배식은 공동기도서에 준해서 드릴 것을 강요했다.

장로교도들에게 공동기도서는 그 품위있는 표현과 고상한 경건에도 불구하고 아나테마였다. 왜냐하면 "가증한 것들로 가득한 교황의 분뇨 더미 곧 미사집에서 간추리고 인용한 불완전한 책"[8]이었기 때문이었다. 공동기도서는 성찬에 일반 빵이 아닌 웨이퍼(wafer, 살짝 구운 얇은 과자)를 사용하도록 했고, 성찬을 받을 때 무릎을 꿇도록 했는데, 그것은 그리스도의 육체적 임재에 대한 신앙을 함축할 가능성이 얼마든지 있었다. 또한 공동기도서는 혼인식 때 성례의 가시적 증표로 반지를 요구했는데, 장로교도들은 루터와 마찬가지로 혼인을 성례에 포함시키지 않았다. 더 나아가 공동기도서는 교회력을 중심으로 작성되었는데, 장로교도들과 청교도들은 교회력을 통째로 거부했다. 그들은 크리스마스(Christmas)가 "그리스도 미사(Christ-Mass) 곧 꼬리에 독침을 지닌 마귀"라고 했다. 재의 수요일(Ash Wednesday), 사순절(Lent), 부활절 등 사람들을 신성한 일상 업무에서 떠나게 하는 로마의 모든 축일들을 제거하라고 주장했다. 하나님이 제정하신 성일은 안식일뿐이며, 따라서 이 날은 하나님의 엄위로운 벌을 염두에 두고 성실히 지켜야 한다고 했다. 그런 상황에서 1637년 대주교 로드가 스코틀랜드 성직자들에게 공동기도서 사용을 의무화하는 명령을 내렸을 때 에든버러에서 폭동이 일어났다.

1638년 스코틀랜드인들은 다음과 같은 내용의 국민 계약(the National Covenant)을 작성했다: "우리는 어떤 세속적 존경이나 동기가 없이 하나님과 우리의 왕과 나라에 대한 우리의 의무를 아는 지식과 양심에서 주 우리 하나님의 크신 이름에 힘입어 앞서 말한 신앙[1580년의 신앙고백서를 가리킴]을 꾸준히 고백하고 순종할 것과, 우리의 소명에 따라 그리고 하나님이 우리 손에 쥐어주신 능력을 최대한 발휘하여 목숨이 다하는 날까지 바로 그 신앙을 지키고 그와 상반되는 오류와 부패에 맞서 싸울 것을 약속하고 맹세한다."[9]

저지대 전역의 사람들 — 고지대에는 여전히 가톨릭 교도들이 살고 있었다 — 이 국가와 하나님의 이 혼인 계약에 손을 얹었다. 계약서에 실린 "능력을 최대한 발휘하여"라는 문구는 전쟁을 뜻했다. 시편 송가를 부를 사람들이 소집되었다. 에든버러의 부유한 부인들은 3천 장의 홑이불을 모아 병사들의 천막을 만들었다.

찰스는 군대를 소집했으나, 스코틀랜드인들의 위력 앞에서 감히 전투할 엄두를 내지 못했다. 전투가 벌어지기 전에 조약이 체결되었다. 그런 뒤 왕은 아일랜드에서 웬트워스를 불러 스트래퍼드의 백작으로 임명한 뒤 전투력 증강 임무를 맡겼다. 군대를 일으키자니 돈이 필요했다. 그 돈을 충당하기 위해서 찰스는 어쩔 수 없이 의회를 소집했는데, 그 의회는 곧 단기 의회(the Short Parliament)라는 별명을 얻게 되었다. 그러나 찰스는 통일된 영국을 기대할 수 없었다. 영국의 청교도들은 스코틀랜드의 장로교도들과 싸우려 하지 않았다. 의회는 군대에게 자금을 허락하는 대신 자체의 정치적 종교적 불만 사항들을 논의하기 시작했고, 찰스는 곧 그 의회를 해산할 수밖에 없었다.

그해 여름, 왕의 군대는 스코틀랜드인들에게 패배했고, 스코틀랜드인들이 트위드 강을 건너자 찰스는 협상을 재개하지 않으면 안 되었다. 스코틀랜드인들은 왕이 자기들의 전비를 부담하기 전에는 영국을 포기하지 않겠다고 했고, 따라서 돈이 더 절실히 필요하게 된 찰스는 다시 의회를 소집했다. 이른바 장기 의회(the Long Parliament)라 불리는 이 의회는 주로 청교도들로 구성되어 있었다. 이 의회는 스코틀랜드인들과 싸울 의사도 없었고 그들에게 지불할 돈을 왕에게 줄 의사도 없었다. 의회는 로드를 투옥했고 — 그는 나중에 처형된다 — 스트래퍼드 백작을 내란죄로 재판에 회부했다. 스트래퍼드가 왕에게 보낸 편지가 발견되었는데, 거기에는 "아일랜드에는 폐하께서 이 왕국을 제압하시는 데 쓰실 만한 군대가 있습니다"[10]라는 문구가 기록되어 있었다. '이'라는 단어를 의회의 청교도 지도자 존 핌(John Pym)은 영국을 가리키는 뜻으로 해석했다.

스트래퍼드는 펄쩍 뛰면서 '이 왕국'이란 스코틀랜드를 뜻한다고 항변했다. 양측이 다 옳았다. 스트래퍼드는 그 편지를 쓸 때 틀림없이 스코틀랜드만 염두에 두었겠지만, 왕은 일단 스코틀랜드를 제압하고나면 그 힘을 영국으로 돌릴 것이 틀림없었다. 그럼에도 불구하고 그 고소는 입증할 수 없었기 때문에 핌은 반란죄 고소를 취하하고 사권(私權) 박탈법을 도입했다. 그 법은 "국가의 안전을 위해서" 사람을 사형에 처할 수도 있게 했다. 그 건이 표결에 부쳐져 통과되었다. 그러나 사형을 집행하려면 왕의 서명이 필요했다. 찰스는 눈물을 흘리며 반대했지만, 자연인으로서의 의무와 왕으로서의 의무를 구분해야 한다는 말을 듣고나서 결국 서명을 했다. 그뒤 그는 이것을 자기 인생에서 가장 큰 죄로 간주했다. 그러나 그것이 실수이기도 했다는 것을 알지 못했다. 왜냐하면 그는 그것에 서명함으로써 왕이 의회의 결정을 이행하는 것을 임무로 하는 입헌 군주라는 데 양보한 셈이었기 때문이었다.

의회는 1641년 5월 주교제를 폐지하기 위한 뿌리와 가지 법(the Root and Branch Bill)를 통과시켰다. 한편 아일랜드에서는 1641년 10월과 11월에 스트래퍼드가 제거된 데 항의하는 봉기가 일어났다. 얼스터에서 수천 명의 프로테스탄트 교도들이 학살당했다는 소문이 접수되었다. 이에 분개한 의회는 찰스에게 그의 통치에 대한 모든 불만을 열거한 대 항의서(the Grand Remonstrance)를 제출했다. 찰스는 항의서를 받은 뒤 5명의 의회 지도자를 체포하려 했다. 그들이 도피하자 왕은 런던을 떠났고, 그러자 그들이 다시 돌아왔으며, 전쟁은 계속되었다.

전체적으로 보아 북부와 서부는 국왕 편에 섰고, 남부와 동부는 의회 편에 섰다. 전쟁의 초기 단계는 그리 치열하지 않았다. 그것은 주로 의회파 — 장로교도들이 주류를 이루고 있던 — 내부에 주의 기름부음 받은 자와 싸우는 것을 크게 불안해 하던 사람들이 많았기 때문이었다. 그중 한 사람이 그들의 심정을 잘 대변해 주었다: "만약 우리가 왕을 99번 때려도 그는 여전히 왕이겠지만 … 그가 우리를 단 한 번만 때려도 우리는 교수형을 당합니다."[11] 그 말에 대한 대답은 왕에게 단 한 번도 이기지 못하게 하면 된다는 것이었다. 의회는 스코틀랜드인들의 지원을 얻기 위해서 엄숙 동맹(the Solemn League and Covenant)에 공동 서명했다. 그것은 영국 제도(諸島)의 통일과 영국 내에서 '교황적인 것들'과 '주교제'를 모두 폐지하기 위해 노력한다는 내용이었다. 스코틀랜드 사절들은 영국 국교회를 개혁하기 위해 소집된 웨스트민스터 회의(the Westminster Assembly)에 참여했다. 그 회의가 영국 제도(諸島)의 신앙고백서로 공포한 웨스트민스터 신앙고백(the Westminster Confession)은 칼빈주의 교리에 대한 해설이었다. 이 신앙고백서는 의회에서 약간 수정을 거친 뒤 1648년에 채택되었다.

크롬웰

한편 의회군이 갈수록 승승장구할 수 있었던 것은 의회군의 지도자로 떠오른 올리버 크롬웰(Oliver Cromwell)의 탁월한 능력 때문이라고 해도 과언이 아니었다. 그는 '영적인 사람들'로 구성된 성도의 군대를 창설하겠다고 결심했다. 그런 군대라야 왕을 위해 싸우는 신사들(gentlemen)의 자녀들과 겨룰 수 있다고 생각했다. 사회적 지위는 조금도 중요하지 않았다. "나는 여러분이 신사라고 부르나 실은 아무것도 아닌 사람보다 자기가 싸우는 이유를 알고 자기가 알고 있는 바를 사랑하는, 평범한 적갈색 외투를 입은 지휘관을 두고 있습니다. 나는 과연 신사라는 말에 부합한 신사를 존중합니다."[12]

청교도 프로테스탄트권이라는 큰 틀 안에서는 종교적 출신 성분도 문제가 되지 않았다. 크롬웰의 부하들은 "브라운주의자(Brownists), 재세례파, 외식적인 열등 분자들"이라는 비판을 받았다. 그러나 어느 장로교 장교가 동료 장교를 재세례파라고 비판하려고 할 때, 크롬웰은 이렇게 대답했다: "선생님, 국가는 국가에서 봉사할 사람들을 선출할 때 성심껏 봉사할 의지를 보인다면 그들의 개인적 견해를 묻지 않습니다. 그런 의지만으로 충분합니다."[13] 크롬웰은 밀턴이 지녔던 다양성의 이상에 고취된 독립파였다. 그는 여러 분파들을 선지자 이사야가 언급한 나무들에 비유했다. 백향목과 싯딤나무와 화석류와 들감람나무는 모두 종류가 틀려도 한결같이 그늘을 드리워 준다고 했다.

크롬웰은 회중교회 신도들로 모집된 연대들을 어리숙하게 대하지 않았다. 그들의 전속 성직자들은 회중교회 목회자들이었다. 장교들의 집회는 토론회와 기도회로 번갈아가며 진행되었다. 크롬웰은 그 집회에 참석한 소감을 마치 자신이 친우회 목사가 된 기분이라는 한 마디로 요약했다. 그는 다수의 의견과 맞지 않을 때 사직의 뜻을 비치곤 했다. 그럴 때면 크롬웰 휘하의 지휘관 중 한 사람이었던 윌리엄 고프(William Goffe) 대령이 나서서 반대하기를, 모세는 약속의 땅에 들어가도록 하나님께 허락을 받지 못했으면서도 사직하지 않았다고 말했다. 구약성경에 대한 언급을 크롬웰은 진지하게 받아들였다. 그가 지녔던 거룩한 공화국(the Holy Commonwealth)이란 개념 자체가 고대 이스라엘의 형태에 깊은 뿌리를 두고 있었기 때문이다. 구약성경은 성전(聖戰)을 위한 윤리를 제공했다. 「병사들의 포켓 성경」(The Souldiers Pocket Bible)은 산상보훈을 다음과 같은 방식으로 다른 성경 본문들과 함께 배열했다:

마태복음 5:44	나는 너희에게 이르노니 너희 원수를 사랑하며
역대하 19:2	왕이 악한 자를 돕고 여호와를 미워하는 자를 사랑하는 것이 가하니이까?
시편 139:21-22	여호와여 내가 주를 미워하는 자를 미워하지 아니하오며 … ? 내가 저희를 심히 미워하니.

크롬웰은 모든 전승을 주님의 공로로 돌렸다. 하나님이 적군을 "칼에 티끌"처럼 만들어 주셨다고 했다. 전쟁 말기에 크롬웰이 스코틀랜드 국왕군을 상대로 치른 던버 전투(the Battle of Dunbar)는 가히 기적이라 할 만한 것이었다. 크롬웰은 전술과 숫자에서 모두 열등했기 때문이었다. 그는 장교들에게 하룻 동안 기도하도록 지시했다. 적군의 장교들은 자기들의 지휘관의 작전에 반대하여 유리한 고지를 버리고 평지로 내려왔다. 크롬웰은 시편 68장을 부르면서 그들을 밀어부쳤다. 그 결과 스코틀랜드 병사들 중 3천 명이 죽고, 1만 명이 생포되었으며, 크롬웰은 불과 30명도 잃지 않았다. 그의 군대는 패주하는 적군을 뒤쫓기 시작했으나, 그는 그들을 멈춰 세우고 시편 117장을 부르게 했다. 이 시는 두 절뿐이었지만, 그것으로도 주를 찬양하고 전열을 가다듬기에 충분했다.

크롬웰은 의회에 "여러분을 섬기는 우리는 여러분이 우리를 인정하지 말고 오직 하나님만 인정하기를 간청합니다"라고 썼고, 자기 아내에게는 "주께서 우리에게 크신 자비를 베푸셨다오. 그 자비가 얼마나 큰지 누가 가히 알겠소? 내 약한 신앙은 다시 일으킴을 받았소. 속 사람이 형언할 수 없이 강하게 되었소"[14]라고 썼다. 크롬웰은 자기가 거둔 승리를 섭리로 묘사했다. 섭리란 하나님이 호의를 베푸셨다는 증거였다. 그는 이렇게 썼다: "소중한 벗이여, 섭리들을 바라보자. 거기엔 틀림없이 무슨 뜻이 있지. 섭리들은 한데 연결되어 있고, 항상 존재하며, 아주 분명하고 청명하다네 … 그렇게 많은 사람들의 마음을 이렇게 인도하는, 특히 이 보잘것없는 군대에 크신 하나님이 나타나 주신 그 섭리를 자네는 어떻게 생각하나? … 우리는 우리의 크신 하나님만 두려워하여 그분 뜻을 거스르는 일을 하지 않기를 바라네."[15]

그 전투가 있기 3년 전에 왕은 스코틀랜드인들에게 항복을 했었다. 스코틀랜드인들은 그와 타협할 수 없게 되자 그를 영국으로 돌려보냈다. 왕은 당시 의회를 장악하고 있던 장로파를 상대로 계속해서 협상을 벌였다. 그러면서 군대의 다수를 구성하고 있던 독립파를 약화시키려는 음모를 꾸몄는데, 그뿐 아니라 독립파를 이용하여 장로파를 음해하려는 공작도 했으며, 스코틀랜드와 프랑스에도 따로 선을 댔다. 크롬웰은 왕의 악계가 백일하에 드러나기 전까지는 그의 복위에 찬성했다. 그러던 중 왕의 전령이 붙잡혀 그 행랑이 털리는 사건이 발생했다. 그 안에는 왕이 정적들을 분쇄할 만한 세력을 되찾은 뒤에는 그들과 한 약속을 지킬 의사가 추호도 없다는 내용을 적어 여왕에게 보내는 편지가 들어 있었다. 왕과 크롬웰은 서로를 간파할 수 없었다. 왕은 야심도 없고 털어봐도 먼지 한 점 나지 않는 사람을 이해할 수 없었다. 크롬웰은 의지는 변함 없으나 사악한 전략을 일삼는 사람을 이해할 수 없었다. 왕은 절대 왕정과 영국 국교회를 회복하는 것 외에 다른 생각이 없었다. 만약 그런 의중을 분명하게 밝혔다면 일찌감치 로드가 갔던 길을 갔겠지만, 존엄한 죽음으로 이중적 행적을 벌충할 생각은 전혀 없었다.

크롬웰의 진영은 왕이 신뢰할 수 없는 인물이므로 그를 살려두어서는 안 된다고 느끼게 되었다. 장로교도들은 주의 기름 부음 받은 자에게 손을 들기를 꺼렸기 때문에, 크롬웰의 독립파로 가득한 군대는 의회에서 장로파를 숙청했다. 이제 의회는 왕의 목숨을 좌우할 권세를 지닌 최고 법원으로 선포되었다. 입헌주의자들은 그런 기관이란 존재한 적이 없다고 지적했으나, 크롬웰은 그런 "육체적 생각"을 참지 못했다. 이미 주의 뜻이 어디 있는지 섭리들을 통해 나타났다는 이유에서였다.

왕에게 적용된 죄목은 전쟁을 일으킨 죄였다. "순리를 거스르는 전쟁들"을 일으켜 "이 국가의 자유민들의 무고한 피를 많이 흘리게 한"[16] 죄였다. 찰스는 "왕은 지상의 어떤 최고 법원에 의해서도 재판을 받을 수 없다"는 말로써 법원의 판결을 거부하면서, 이 원칙을 훼손하는 것은 "영국 국민의 자유"를 훼손하는 것이라고 했다. 크롬웰은 왕이 "신의를 저버린" 죄를 저질렀다고 하면서, "왕은 다른 어떤 죄보다 그 죄에 대해서 더 벌을 받아야 한다"고 대답했다.[17] 이로써 인위적인 권력이 인위적인 권력에 의해 종결되고 있었던 셈인데, 그것은 그것을 종결시키려는 진지한 의지에 의해서만 정당화될 수 있었다.

그것은 쉽지 않았다. 왜냐하면 그를 처형했다고 해서 전쟁이 끝나지 않았기 때문이다. 극단적인 행위를 승인한 적이 없는 스코틀랜드인들은 찰스 2세(Charles II)를 왕으로 임명하여 아버지의 권좌에 앉게 했다. 크롬웰이 말기에 치른 전투들의 상대는 스코틀랜드 장로교도들이었다. 크롬웰은 최종적인 승리를 거둔 뒤에 전후 처리라는 온갖 문제들을 해결해야 했다. 아일랜드에 대해서는 가혹하게 대했다. 크롬웰은 8년 전에 아일랜드인들이 "정당한 사유 없이 영국인들에 대해 해 아래서 저질러진 적이 없는 전례 없이 야만적인 학살(남녀를 가리지 않은)을 자행했던"[18] 일을 생각했다. 그는 드로게다를 함락한 뒤 수비대 전원을 학살했다. 크롬웰이 내세운 이유는 이 한 번의 통렬함으로 많은 "피 흘림"[19]을 막기 위함이라는 것으로서, 전쟁을 단축하기 위해서 도시들을 불태우는 자들이 흔히 사용하는 변명이다. 크롬웰의 군대가 사제들을 추방하고, 토지를 몰수하고, 공적인 가톨릭 신앙 활동을 금지하자 아일랜드에서는 분노가 크게 타올랐다. 스코틀랜드에 대한 처리는 관대했다. 장로교가 국교회가 되었고, 두 왕국간의 연합은 균열되지 않았다.

이제는 영국의 문제가 남게 되었다. 크롬웰을 왕으로 삼자는 제안들이 쏟아졌으나, 그는 장난감 같은 왕관을 거부했다. 그것은 지혜로운 일이었다. 만약 왕위를 받아들였다면 왕위를 차지하기 위해 합법적인 왕위 요구자와 투쟁한 꼴밖에 되지 않았을 것이기 때문이다. 그는 왕이란 칭호보다 에드워드 6세의 섭정 서머셋 공작이 사용했던 칭호를 택하여 호국경(護國卿, the Lord Protector)이라고 했다. 그는 정부라는 도구 밑에서 활동한 입헌 군주였다. 찰스가 어떻게 해서든 되지 않으려고 노력한 입헌 군주가 되려고 무척 애를 썼다. 그의 재위 동안 의회가 세 번이나 해산되었다. 그 이유는 의회의 내부 불화 때문이었다. 보수파는 재산을 참정권의 조건으로 남겨두고 싶어했다. 비교적 급진적인 수평파(Levelers)는 적지 않은 사람들이 의회 진영을 지원하느라 재산을 잃은 판국에 재산이 없다는 이유로 투표권을 잃어서는 안 된다고 지적했다. 심지어 더러는 "영국에서는 가장 가난한 남성과 가장 부유한 남성만 목숨을 유지할 수 있다"[20]고 주장했다. 성도들의 통치를 신봉한 크롬웰에게 그것은 너무나 지나친 주장이었다.

그러나 성도란 과연 누구였으며, 교회와 국가와 양심의 자유라는 큰 문제는 어떻게 처리해야 옳았을까? 크롬웰이 실제로 행한 것은 장로파, 독립파, 침례파라는 세 기둥에 의해 지탱되는 국가 종교를 위해서 국교회를 포기한 것이었다. 그들은 충분한 자유를 누렸고, 크롬웰은 그들에게서 충분한 지원을 기대했다. 그의 두번째 의회는 독립파 회중들이 지명한 자들로 구성되었다. 이 의회는 그 구성원들 중 한 사람의 이름을 따서 베어본스 의회(Barebones Parliament)라고 불렸다. 그 첫 회기에 크롬웰은 성직자 임명식 설교의 인상을 주는 연설을 했다. 다른 집단들에 대해서 그는 아콘티우스(Acontius)의 두 본질적 요소 이론으로 제한되는 밀턴(Milton)의 다양성 이론을 적용했다.

가톨릭 교도들과 유니테리언 교도들에게는 관용을 허락하지 않았다. 퀘이커교도들은 예배의 자유를 누렸는데, 크롬웰은 조지 폭스(George Fox)에게 "당신과 내가 하루에 한 시간만 함께 있더라도 서로 더 가까워질 것입니다"[21]라고 할 정도로 그를 매우 존경했다. 그러나 퀘이커교도들은 십일조 내기를 거부한다는 이유로 투옥되었다. 크롬웰은 십일조 납부 제도를 폐지하지 않았던 것이다. 영국 국교도들에게 기도서를 공식 사용하도록 허용할 것인가의 여부는 크롬웰과 하원을 분열시킨 문제였다. 그는 자유를 좋아했으나, 민주주의를 조롱함으로써만 그것을 보장할 수 있었다. 그는 의회를 짓밟기보다 공동기도서를 탄압하는 쪽을 감수했다.

호국경 시대에 신성모독에 관련된 악명 높은 두 가지 사건이 발생했다. 신성모독은 사회의 신앙을 공적으로 모욕한 것이기 때문에 이단보다 더 심각하게 취급되었다. 유니테리언 교도인 비들(Biddle)은 공식 석상에서 자신의 입장을 열띠게 변호하다가 신성모독 금지법(the Blasphemy Act) 위반 혐의로 체포되었다. 그는 사형은 면했으나 실리 제도(the Scilly Isles)로 추방되었

는데, 크롬웰은 그곳에서 그가 생계비를 지원받도록 조처해 주었다.[22]

그보다 사회를 격분시킨 사건은 제임스 네일러(James Nayler)라는 퀘이커교도의 건이었는데, 장기간의 투옥에 정신이 산만했던 그는 석방되어 브리스톨로 말을 타고 들어가는 길에 어떤 열성적인 여성들이 자기 뒤를 따라오면서 "호산나, 호산나, 찬송하리로다, 주의 이름으로 오시는 자여"라고 노래하는 것을 막지 못했다. 네일러는 그리스도를 모방하여 개선 입성을 재연했다는 죄목으로 체포되었다. 이것은 명백한 신성모독으로 간주되었다. 그의 건은 의회에서 재판되었는데, 그 의회는 정부의 산적한 사업 심의는 뒷전으로 밀어둔 채 한 회기 내내 이 문제에 매달렸다. 그 결과 네일러는 대주교 로드 시절에 유행하던 야만적인 형벌을 당했으나, 목숨은 건졌다. 이것이 호국경 시대의 큰 업적들 중 하나였다. 이단도 심지어 신성모독도 더 이상 사형에 처해지지 않았던 것이다.

성도들의 통치는 여러 점에서 스튜어트 가의 통치에 비해 성공적이지 못했다. 국가 재정 면에서 더 많은 교회 토지와 국왕의 토지가 팔렸고, 왕당파의 토지는 몰수되었다. 직접세가 성도들 사이에 분노를 일으켰다. 또 다른 난점은 그 혁명이 군대의 작품이었는데, 군대는 권력을 의회에 넘겨주기를 싫어했다는 것이다. 군대는 전권을 장악했고, 영국은 소장(小將)들 치하의 구역들로 조직되었다. 이것은 스튜어트 가 때보다 행정이 훨씬 더 중앙 집권화했음을 뜻했다. 정부에 대한 비판이 용납되지 않아 검열제가 도입되었고, 언론의 자유를 주창하던 존 밀턴이 서책 검열관이 되었다. 그는 진리를 위한 투쟁에 독설이 포함되어야 한다고 생각한 적이 한 번도 없었다. 호국경이 임종하면서 드렸다고 알려지는 기도에는 환멸감이 배어 있다:

> 주님, 저는 비록 비참하고 비천한 피조물이오나, 은혜로 말미암아 당신과 언약 관계에 있사옵나이다 … 당신이 내신 도구들에 너무 많이 기대고 있는 저들에게 당신 자신을 더욱 의지하도록 가르치옵소서. 진토 위의 불쌍한 벌레들을 짓밟으려는 욕망을 사해 주옵소서. 그들도 당신의 백성이옵나이다. 그리고 예수 그리스도를 생각하시사 이 우매무지한 짧은 기도를 용납해 주옵소서. 주께서 원하시오면 저희에게 좋은 밤을 허락해 주옵소서. 아멘.[23]

리처드 크롬웰이 잠시 즉위한 뒤 찰스 2세가 크롬웰의 장군 몽크(Monck)와 심지어 과격한 청교도 윌리엄 프린(William Prynne)의 승인하에 영국으로 불려왔는데, 그 이유는 왕정복고(Restoration)가 섭정 정치를 폐하지 않았기 때문이었다. 찰스 2세는 입헌군주로서 런던에 와서 의회의 동의하에 공무원으로 급여를 받는 상태로 집무에 들어갔다. 더욱이 그는 "여린 양심들에 자유를 확대하여 아무도 왕국의 평화를 저해하지 않는 신앙 문제에 대한 견해 차이로 불안해 하거나 의문을 갖지 않도록 하겠다"고 약속하기에 이르렀다.

불관용의 부활

그럼에도 불구하고 찰스 2세와 제임스 2세의 재위는 마지막으로 되살아난 중대한 박해로 얼룩졌다. 묘하게도 박해가 되살아난 주된 이유는 박해에 대한 두려움 때문이었다. 영국인들은 가톨릭 교도들이 프로테스탄트 교도들을 관용하리라는 것을 신뢰하지 않았기 때문에 그들을 관용하지 않으려 했다.

그런 이유에서 신앙의 자유를 약속한 찰스 2세가 그 약속을 이행하기 위한 조치에 가톨릭에 대한 규제를 조금이라도 완화하는 내용이 포함될 경우 의회는 혹시 거기에 복선이 깔려 있지 않은가 하는 의심의 눈초리로 그 조치를 대했다. 그리고 그런 염려는 전혀 기우만은 아니었으니, 이는 찰스가 영국을 신앙으로는 가톨릭 국가를, 정치로는 절대 국가를 만들려는 방대한 계획을 품고 있었기 때문이었다. 찰스는 자신의 계획을 누설하지 않았으나, 그의 동생이자 요크의 공작 제임스는 공개적으로 자신을 가톨릭 교도로 밝혔는데, 그는 왕위 후계자였다. 프로테스탄트 영국은 이에 1673년에 화체설 교리를 버리지 않은 자는 공직을 박탈한다는 내용의 선서령(the Test Act)를 통과시켰다. 그럼에도 불구하고 왕위 계승 계획은 변경되지 않았다.

그러나 만약 로마에 대한 적대감이 로마의 불관용에 대한 불신과 우려 때문에 생겼다고 한다면, 분파들에 대한 태도는 관대했으리라고 추정할 수 있다. 하지만 그렇지 않았다. 그 근본 원인은 무질서에 대한 두려움과, 땅과 하늘에서 공화국 안에서 태어나 그 안에서 세례를 받는 하나의 국민을 감싸 안는 하나의 국가와 하나의 교회라는 이상을 포기하지 않으려는 태도에 있었다.

비국교도들에 대한 실질적인 조치들은 찰스 2세 때 클라렌든 법(the Clarendon Code)으로 발효되었다. 이 법에는 한번에 5명 이상이 승인 없이 모이는 집회를 금하는 비밀집회금지령(the Conventicle Act)과 분파들의 목사들이 도시에서 반경 5마일 이내에 접근하는 것을 금지한 5마일령(the Five-Mile Act)이 포함되어 있었다. 가장 과격적인 조치는 1662년의 통일령(the Uniformity Act)이었는데, 이 법령은 모든 성직자에게 새로 개정된 「공동기도서」에 꾸밈없이 동의할 것을 요구했다. 아울러 엄숙 동맹(the Solemn League and Covenant)을 포기하도록 했고, 왕에게 무기를 드는 게 불법임을 고백하도록 했다. 성 바돌로매 축일에 동참하기를 거부하는 자들은 영국 국교회의 성직자 직분을 박탈하도록 했다. 이 조치로 축출된 성직자 수는 2천 명 가량 되었다. 그보다 더 심각했던 것은 비밀집회금지령과 5마일령에 불복종한 성직자들과 평신도들이 재산 압류와 장기간 투옥이라는 고통을 겪은 일이었다. 20년 동안에 8명의 목사들이 감옥에서 죽었다. 존 번연(John Bunyan)을 베드퍼드 교도소에 가두어 그곳에서 「천로역정」(Pilgrim's Progress)을 쓰게 하고, 많은 퀘이커 교도들을 투옥시킨 마지막 박해는 결코 축소 평가해서는 안 된다. 물론 그것을 과장해서도 안 된다. 토르케마다(Torquemada, 대종교재판관)나 존 칼빈의 시대 이래로 비국교도들에 대한 대우는 크게 수정되어 왔기 때문이다.

1685년 제임스 2세는 형 찰스 2세를 계승할 때 관용의 때가 도래했다고 느꼈다. 그러므로 그는 1687년에 관용 선언(Declaration of Indulgence)을 발표했는데, 그 선언문 안에 자기가 로마 교회를 지지한다는 것을 솔직히 고백하고, 모든 백성이 이 교회의 신도들이 될 수 있다면 좋겠다는 소원을 피력했다:

　　… 짐은 비록 전능하신 하나님께 겸손히 감사드리긴 하지만, 양심이 얽매이거나 백성이 단순한 종교 문제로 강제를 당해서는 안 된다는 것이 지금뿐 아니

라 오랫동안 짐의 의식이자 견해였다. 종교란 정부에 유익을 끼쳐야 한다는 게 짐의 생각일진대, 종교가 무역에 해를 끼치고, 인구를 줄이고, 여행객들의 발길을 막음으로써 피해를 주고, 결국 제 소임을 다하지 못했다는 것은 항시 짐의 의향과 상반되었다.[24]

그러나 왕은 행동으로는 그 진실성을 의심스럽게 만들었다. 왜냐하면 스코틀랜드에서 그는 지배 계층에게 프로테스탄트 교도들을 잔인하게 제재하는 법을 요구했기 때문이다. 영국은 이제까지 참을 만큼 충분히 참아 왔다. 왕은 반드시 프로테스탄트 교도여야 한다는 여론이 고조되었다. 따라서 네덜란드에 있던 왕의 사위 오렌지공(公) 윌리엄(William)에게 영국으로 와서 정권을 맡아달라고 초청했고, 이로써 1688년 명예혁명(the Glorious Revolution)이 발생하게 되었다.

관용령

이제 종교 문제는 해결되었다. 윌리엄은 영국 국교회의 요구 조건을 축소함으로써 그 울타리를 더욱 넓히고, 그래도 여전히 국교회를 지지하지 않는 자들에게 관용을 허락하는 한편, 공무원 임용에 신앙 시험을 부과하려고 하지 않을 뜻을 비쳤다. 그러나 의회는 그럴 의사가 없었고, 국교회의 울타리를 넓히는 대신 국교회 반대자들에게 관용을 허락하는 법을 제정했다. 1689년 관용령(the Act of Toleration)은 종교 자유를 위한 투쟁에서 하나의 이정표로 간주된다. 물론 이 법령이 보장한 자유란 엄연히 제한적인 것이긴 했으나, 과거와 비교할 때 대단한 성과였다.

장로파와 독립파는 관용을 얻기 위해서 39개조 중 교회 조직과 전례에 관한 항목을 제외한 전 항목에 서명해야 했다. 침례파는 유아 세례 항목에 대해 면제를 받았다. 퀘이커파는 특별히 서약(맹세) 의무를 면제받았다. 그러나 가톨릭 교도들과 유니테리언 교도들은 여전히 관용의 범주 밖에 남아 있었으며, 모든 비국교도들에게는 공직 임명과 대학 학위 취득이 여전히 금지되었다.

관용령의 의의는 그 실제 내용보다는 두 시대의 경계에 자리잡은 그 위치에서 부각된다. 그 경계 이전에는 종교재판소, 종교 전쟁들, 박해, 투옥, 추방이 있었다. 16세기가 이단에 대한 대대적인 사형으로 얼룩졌다면, 17세기의 영국은 투옥이나 추방, 그리고 온갖 사회적 제재들로 얼룩졌다. 18세기는 미신과 광신과 편협한 신앙과 전쟁을 벌여 심지어 모든 열정을 소멸하는 계몽주의 시대였다. 관용령은 이러한 변화의 문지방에 서 있다. 그 모호성은 종교 자유를 국교회와 결합시키고, 교회와 국가의 통일과 신앙의 자유를 결합시키려는 노력에서 기인한다. 기독교 사회의 개념은 국가의 차원에서만 보자면 아직 포기되지 않았다. 물론 그 외적 구조는 분파들이 국교회와의 병존을 허락받았을 때 무너졌지만 말이다.

청교도들의 신세계 정착

한편 청교도들은 자체의 목적을 옛 땅에서 성취해낼 수 있었던 것 — 하나님의 신성한 공화국 — 보다 더 완전하게 성취하려고 시도했다. 그들이 신대륙으로 이주하기 시작한 것은 그러한 고상한 계획에 따른 것은 아니고 다만 박해를 피하기 위함이었는데, 17세기 초에 그들이 최초로 찾았던 도피처는 네덜란드였다. 초기에 난민들은 왕의 관리들의 눈을 피해 탈출하느라 큰 애를 먹었다. 한 무리는 몰래 작은 배들에 나눠타고 해안에서 수 km 떨어진 곳까지 노를 저어 가서 그곳에 와 있던 네덜란드 배에 갈아탔다. 배에 도착할 때쯤은 너나할 것 없이 배멀미를 했다. 남자들이 먼저 배에 올라탔고, 그러는 동안 부녀자들과 아이들은 몸이 좀 회복될 때까지 작은 배들을 물결이 잔잔한 배 뒷편에 대고서 기다렸다. 네덜란드 선장은 왕의 관리들이 눈에 띄면 부녀자들과 아이들을 남겨둔 채 배를 출발시켰다. 부녀들은 1년 이상을 무진 애를 쓰다가 남편들과 합류했다. 크롬웰 시대에는 물론 해외 이주가 자유로웠으며, 청교도 무역상들이 모험이 따르는 해외 사업에 투자했다.

네덜란드는 일시적 피난처에 지나지 않았다. 왜냐하면 대주교 로드의 군대가 해협을 건너와 네덜란드 정부에게 고지하기를, 만약 암스테르담과 라이덴에 체류하면서 그곳에서 사악한 사상을 출판하여 영국에 은밀히 유포시키는 영국 난민들을 제재하지 않으면 런던에 있는 네덜란드 상인들에게 종교 자유를 허락지 않을 것이라고 위협했기 때문이다. 이 위협이 청교도들에게 신세계로 이동하게 만든 주된 이유였던 것으로 보인다. 물론 식민주 총독 블래드퍼드(Governor Bradford)는 그의 책 「플리머스 이민사」(History of the Plymouth Plantation)에서 청교도들이 "새로운 유행이나 일시적 기분"으로 떠난 게 아니라, 자기 자녀들이 악한 사회에 유혹되지 않도록, 그리고 네덜란드 사회에 흡수되어 영국인의 뿌리를 잃지 않도록 떠났다고 말하긴 하지만 말이다.

그 망망대해를 건너간 사람들은 자기들이 '소중한 영국'을 포기하지 않았다고 주장했다. 그들은 여전히 자신들을 국내의 투쟁에 참여한 자들로 간주했고, 자기들이 "이 외진 광야로 위험한 유배를 자원한 것"이 대양을 두루 비추고 옛 영국을 환히 비출 등불의 심지에 불을 붙인 것이라고 믿었다. 그들은 옛 땅과 새 땅 사이를 끊임없이 오갔고, 고향에 남아 있던 자들은 자기들이 꿈꾸던 거룩한 공화국의 모델이 수립되는 것을 큰 희망을 품고서 지켜보았다.[25]

이 모험에서 가장 묘하고 가장 어려웠던 점은 처음부터 구성원들이 동질이 아니었다는 점이다. '메이플라워호'는 성도들보다 객들, 곧 "겉으로는 그리스도인들처럼 보이나, 가련한 이교도들[인디언들]에게 그리스도와 기독교를 불쾌하게 만든 세속적 사람들"[26]을 더 많이 실어날랐다. 성도들은 하인들과 장인들, 그리고 다음 7년간의 노동에서 얻을 대가를 바라고 그 모험에 돈을 댄 무역회사의 직원들을 데리고 갔다. "양심이나 영적인 목표에서가 아닌, 친구들이나 성공을 바라보고 이곳에 온 잡다한 장년들과 청년들"이 있었다.[27] '메이플라워호'에서는 객들이 하선 직후에 자유로이 행동하겠다고 선언함으로써 거의 선상 반란에 가까운 일도 벌어졌다. 그때 성도들은 객들을 소집해 놓고 "지혜와 인내와 공정하고 평등한 조치"로 그들의 도발적인 언사를 잠재웠고, 자유를 운운하지 말고 시민 국가(Civil Body Politic)에서 성도들의 통치에 순응하도록 설득했다.

그렇게 해서 체결된 메이플라워 계약(the Mayflower Compact)은 교회

언약인 동시에 시민 계약이었다. 어쨌든 교회의 이론과 국가의 헌법 사이에 연관성이 있었다는 청교도 비판가들의 말은 옳다. 그러나 그 집단은 성도들 내부 그룹을 제외하고는 민주적인 집단이 아니었다. 교회와 국가는 하나였지만, 신앙 공동체와 동일하지는 않았다. 주님의 은혜를 맛본 사람들만 성도의 사귐에 들어갈 자격이 있었고, 그런 자격을 갖춘 사람들만 교회 회원이 될 수 있었다. 그리고 교회 회원만 공직에 오르거나 고위직 선출에 투표할 수 있었다. 성도들만 온전한 시민이었다. 나머지는 거류민이었다. 1630년대에 매사추세츠에서 제정된 이 제도는 옛 세계의 어떤 제도와도 달랐다.

그럼에도 불구하고 그 정신은 편협하지 않았고, 양심의 표준이 다른 사람들을 존중했다. 예를 들어, 성탄절에 브래드퍼드는 이 로마 교회적 축일에 경멸을 표하기 위해서 장정들에게 숲에 들어가 일하도록 명령했다. 몇몇 사람들이 양심의 가책을 내세워 항의하자 그는 그들을 면제해 주었다. 또한 어느 예수회 수사가 인디언 문제를 논의하기 위해 식민주를 방문했을 때 브래드퍼드는 신경을 써서 금요일에는 생선만 대접했다.

그러나 식민주에서는 적극적인 분열 행위는 관용할 수 없었다. 과거 국교회 성직자로서 가족과 함께 이 식민주에 들어와 살도록 허락받은 라이퍼드(Lyford)라는 사람은 청교도들이 성찬을 거행하지 않는다고 불평했다. 그들이 성찬을 거행하지 않은 이유는 안수받은 그들의 목사 존 로빈슨(John Robinson)이 네덜란드에 가 있었기 때문이었다. 라이퍼드는 자신이 과거에 국교회 성직자였다는 점을 내세워 반대 집단을 모아 그들을 상대로 성찬을 거행했다. 청교도들은 자기들이 광야에서 이루 말할 수 없는 고생을 하며 이 식민주를 만들었다고 하면서 그를 비판했다. 이 사람을 가족과 함께 따뜻하게 맞이해 들였더니, 마치 바람이 몰아치던 날 아쉬운 소리를 하며 토끼 굴에 들어갔다가 가시로 토끼를 찔러 쫓아낸 고슴도치처럼 이곳에서 분열을 일으키는 게 가당하냐고 항의했다.

순례 조부들(the Pilgrims)과 조금 후대의 베이 식민주(the Bay Colony)는 영토의 원칙에 따라 움직였다. 그들은 자신들의 거룩한 실험 지대에 말뚝을 박아 경계선을 쳐 놓았다. 거기에 들어와 살려면 그들의 신앙을 따라야 했다. 신앙을 따르지 않는다면 다른 데로 가서 개척하도록 했다. 그러나 땅이 워낙 광활했기 때문에 존 코튼(John Cotton)은 "이곳에서 추방을 당한다는 건 구금이 아니라 확장이다"고 말할 수 있었다. 따라서 신세계에서는 옛 세계에 비해 영토의 원칙이 훨씬 더 자유로웠다. 왜냐하면 이곳에서는 추방을 당해도 갈 곳이 있었기 때문이다.

이러한 상황은 훗날 매사추세츠가 보스턴 하원에서 네 명의 퀘이커 교도들을 교수형에 처하게 된 이유를 잘 설명해 준다. 그들이 교수형을 당한 이유는 매사추세츠를 떠나기를 거부했기 때문이었다. 거듭 추방해도 번번이 돌아왔던 것이다. 매사추세츠를 떠나 다시는 돌아오지 않겠다고 약속하면 목숨은 살려 주겠다는 제안을 받았는데도 말이다. 펜실베이니아나 로드 아일랜드에서는 퀘이커 교도들이 시달리지 않았다. 하지만 전반적으로 그들은 서약하려고 하지 않았고, 종교상 영토주의를 배척하다가 목숨을 잃었다.

청교도들의 경제

신앙고백적 지역은 다른 지역들과 마찬가지로 종교와 문화의 관계에 여러 가지로 기여했다. 경제 분야에서 청교도들은 초기 칼빈파처럼 자본주의의 급속한 성장에 기여했다는 평가를 받아왔다. 그들이 번영하게 된 이유는 틀림없이 그들의 근면, 성실, 검소, 정직 때문이었다. 그들은 자본주의 체제에 한 가지 필수적인 요소를 기여했는데, 그것은 약속을 반드시 지키는 것이었다. 이것이 필수적인 요소인 이유는 자본주의란 계약을 회피하기 위해서가 아니라 지킬 의도로 체결할 때에 비로소 가능해지기 때문이다.

17세기에 청교도 평신도들은 놀라울 정도로 관대했다. 이 시기는 가난이 극심하던 때였다. 인구 증가가 한 가지 이유였는데, 16세기에는 40%가 증가했고, 1600년과 1640년 사이에는 30%가 증가했다. 더 많은 농작물 소출이 필요했다. 그런 이유로 삼림이 개간되고 공유지에 울타리를 쳐서 농장을 사유지화했다. 이는 과거처럼 모직을 생산하기 위함이 아니라 농업을 향상시키기 위함이었다. 그러나 그로써 소작인들이 농장을 떠났고, 떠난 이들은 산업을 발전시키는 데에 쉽게 재배치되지 않았다. 왕은 모든 변화에 반대하는 것 외에 별다른 대답을 갖고 있지 않았고, 가난을 덜기 위한 여러 가지 법을 제정했으나 하나도 실효를 거두지 못했다. 1480년부터 1660년까지 걷힌 막대한 구호금 중에서 조세를 통해 거둔 액수는 7%에 지나지 않았다. 교회는 "날개가 잘리고 더러는 날개와 살과 뼈가 잘려나갔기 때문에" 과거에 수행하던 역할을 수행할 수 없었다. 그런 상황에서 끼어든 것이 평신도들이었다. 그들은 구호금을 전달하는 데 그치지 않고, 빈민을 교육하고 사회에 복귀시키는 데 힘썼다. 위에서 말한 180년 동안 걷힌 구호금 총액은 3,102,696파운드로서, 왕이 토지에서 거둔 수입에 맞먹는 금액이었다. 이 구호금을 낸 사람들은 젠트리들과 상인들, 즉 청교도파의 기둥들이었다.[28]

청교도들의 사회 생활

청교도들은 사랑의 영역에서는 결코 냉랭하지는 않았지만, 낭만적 사랑을 숭배하지는 않았다. 열애란 하나님께만 바쳐야 했기 때문이다. 크롬웰은 아내에게서, 맨날 전장에 나가 자기와 어린 것들은 눈꼽만치도 생각지 않는다는 불평을 듣고는 "여보, 당신은 내게 어떤 사람보다 더 소중하오. 그것으로 만족하시오"[29]라고 대답했다. 하나님께 서로 헌신하는 것이 부부의 덕목이었기 때문에 결혼은 하나의 이상을 실현하기 위한 동역 관계가 되었고, 그 동역 관계는 밀턴이 말한 대로 양성(兩性)의 "유사한 상이성과 상이한 유사성"[30]으로 나타나는 하나님의 다양한 사랑으로 강화되었다.

「실낙원」(*Paradise Lost*)은 사랑 이야기이다. 하와는 아담에게 다가와, 효율성을 위해 노동을 분담하자고 하면서, 아담은 인동덩굴과 담쟁이덩굴을, 자기는 은매화와 장미를 관리하자고 제안한다. 아담은 생산을 늘리는 것보다 하와와 함께 있는 게 좋다고 하면서 반대했으나 강요할 생각은 없었고, 하와는 명랑하게 수풀 속으로 뛰어들어간다. 아담은 하와가 돌아올 때 머리에 얹어줄 화관을 준비한다. 하와는 이미 금지된 나무의 열매를 맛본 채 돌아온다. 그 말을 들은 아담은 안색이 창백해진다. 이제는 하와가 틀림없이 죽는다는 것을 알기 때문이다. 그러나 하와 없이 혼자 살기보다 그도 같은 운명을 맞이하기 위해 그 열매를 따먹는다. 아담은 기사도를 발휘하느라 타락한다. 그러나 기사도는 결혼 관계를 더 불안정하게 만들 수도 있으며, 밀턴은

행간을 통해 함께 살기 어려울 경우에는 이혼하는 게 낫다고 말한다. 결혼은 영에 속한 것이므로, 육체 이외의 다른 관계가 없다면 그 결합은 존재하지 않는다. 일부 종교 집단들, 특히 퀘이커교 사회에서는 남녀 관계에서 여성들이 남성들과 동등한 권리를 행사하게 되었다.

바로크 예술

예술과 문학 분야에서 이 시기는 바로크 시대로서, 그 특징은 화려하고 사치스러운 장식과, 열정적이고 드라마틱한 성격, 그리고 죽음만이 유일한 해결책이 될 수 있는 투쟁 묘사에서 기쁨을 얻는 것이었다. 어떤 이들은 이 스타일이 독특하게 가톨릭의 반동종교개혁과 스페인에 속한다고 느낀다. 스페인 사람이면 누구나 돈키호테(Don Quixote)와 산초(Sancho)의 기질을 다 갖고 있으며, 한 사람 안에 두 기질이 대립되는 것이 스페인 사람의 정신의 비밀이라고 한다. 실제로 그 표현에 딱 맞는 스페인 사람들이 있는데, 열광적인 환상과 평범한 상식을 지닌 성 테레사(St. Theresa)가 그 대표적인 예다. 동료가 테레사 혼자만 남겨둔 채 자기가 죽을 일을 생각하고 울기 시작하자, 그 성인은 "네가 죽으면 나도 죽을 거야. 그러니 가서 자자"하고 대답했다. 조반니 베르니니(Giovanni Bernini)는 테레사가 입신 상태에서 연출해내는 기쁨과 고통을 조각으로 묘사하는데, 그 작품에서 테레사는 돌 구름을 타고 있고, 그 위에는 천사가 있고, 그 위에는 채색창이 돌을 금빛으로 물들인다. 그러나 이 모든 영적 긴장은 과연 "뱃속에 내전을 겪고 있는" 청교도의 상태보다 스페인인이나 이탈리아인의 상태에 더 가까울까?

프로테스탄트 미술은 회화 분야에서 렘브란트(Rembrandt)라는 거장을 배출했지만, 그러나 과연 어떤 점에서 그의 회화 작품이 프로테스탄트적이었던가? 아마 성경의 등장인물들을 새로운 명암과 감수성으로 묘사한 데서 개인의 경건이 뚜렷하게 표출되었다는 의미에서만 그러할 것이다. 그의 작품들인 "탕자"(Prodigal Son)와 "애굽으로의 피신"(Flight into Egypt)이 좋은 예다.

교회 건축에서 17세기는 소규모 교회당들로부터, 특히 크리스토퍼 렌

(Christopher Wren)이 지은 교회당들로써 이전 시대에서 크게 일탈한다. 1666년 런던 대화재로 파괴된 교회당들을 재건할 필요와, 신세계에 새 교회당들을 건축할 필요가 기존의 건물들을 그대로 물려받던 지역들에서 찾아볼 수 없던, 창의성을 발휘할 기회를 제공했다. 르네상스식 돔(dome)을 사용한 성 바울 대성당보다, 그리스식 예배당에 첨탑을 얹은 소규모 예배당들에서 새로운 면모를 더 뚜렷이 보게 된다. 내부 장식은 교회당의 크기에 비례했다. 지향점은 프로테스탄트적이어서, 제단보다 강단에 초점을 두었다.

새 터를 선정할 수 있었던 뉴잉글랜드에서는, 안드레아 팔라디오(Andrea Palladio, 1518-80)가 권장한 대로, 교회 문턱을 넘을 때 올라가는 느낌을 주도록 교회당을 높은 지대에 세웠다. 내부 장식은 채색창을 두지 않는 등 단순했다. 그러나 한 곳만큼은 장식을 허용했는데, 그것은 강단 의자와 성찬상과 강단으로서, 이 집기들에는 대개 바로크 시대의 왕궁에서 소중하게 사용한 방식대로 우아한 나선형으로 감아올라간 제비 둥지 모양의 조각을 가했다. 렌(Wren)은 상이한 요소들을 취합하여 단순하고 정숙하고 품격있고 경건한 통일된 전체를 이루어냈다.

제11장

계몽사상과 부흥운동

　18세기 계몽사상은 신앙고백주의에 대한 반동이었다. 완곡한 표현으로 '열정'이라 언급된 전 시대의 종교적 광신에 대한 강렬한 반감이 조성되었다. 존 로크(John Locke)에 따르면, 열정은 "진부하고 자신만만한 두뇌의 자만"[1]에서 생긴다고 한다. 사무엘 버틀러(Samuel Butler)는 그의 책 「휴디브라스」(*Hudibras*)에서 "화를 잘 내고 변덕스러운, 썩은 본문들에 득실거리는 구더기 같은 분파들", "머리에 달린 내장에서 자은 실에 매달려 있는 거미 성인들"을 호되게 꾸짖었다. 그들은 논쟁을 일삼는다고 했다: "황제당은 교황당이 없으니 자기들에게 분노를 쏟아낸다."[2] 버틀러는 퀘이커 교도들이 두개골에 난 결함들을 감추기 위해 모자를 쓰고 다닌다고 조롱했다. 고집센 말들과 같은 자들이 뿜어낸 이런 독설들은 사람들이 신앙 열정을 비판하는 과정에서 스스로 광신에 빠질 수 있음을 드러낸다.

종교적 평화

　물론 이런 비판들에 일말의 진리가 없었다고는 부정할 수 없다. 두 종교 지도자인 로저 윌리엄스(Roger Williams)와 조지 폭스(George Fox)가 서로를 비판하는 소책자들을 써냈다는 것을 알면 이상하기도 하고 슬프기도 하다. 윌리엄스의 소책자에는 「굴에서 파낸 조지 폭스」(*George Fox digg'd out of his burrowes*)라는 제목이 붙었고, 폭스가 펴낸 답변에는 「꺼진 뉴잉글랜드의 횃불」(*A New-England fire-brand quenched*)이라는 제목이 붙었다. 동시에 잊지 말아야 할 것은 이런 분파들이 18세기의 업적으로 평가되는 관용을 일으키는 데 주로 기여했다는 점이다. 다른 세기와 비교하자면, 이 세기는 실로 관용의 시대였다. 영국에서 비국교도들이 겪은 불이익은 법적 무자격뿐이었다. 이들은 공직에 오를 수 없었지만, 영국 국교회에서 평생 한 번만 성찬을 받는 타협책으로 그런 규제를 피할 수 있었다. 이것을 가리켜 "임시 준봉"(occasional conformity)이라고 했다. 그들은 대학교들에서 학위를 받을 수 없었지만, 비국교파 아카데미들을 설립했는데, 국교도들이 자녀들을 이 아카데미들에 보낼 정도로 이 기관들의 수준은 대학교들보다 월등했다.

독일에서는 베스트팔렌 조약이 영토의 원칙에 근거하여 체결되었고, 그 조항에 따라 잘츠부르크 대주교는 1만5천 명의 프로테스탄트 교도들을 추방했으나, 그런 조치는 매우 드문 것이었다. 프러시아에서는 대 프리드리히(Frederick the Great)가 모든 종교를 관용했는데, 이는 자신이 아무런 종교도 믿지 않았기 때문이었다. 오스트리아에서는 프리드리히가 경멸조로 "교회지기 내 형제"라고 부른 가톨릭 군주 요세프 2세(Joseph II)가 국가는 수도원이 아니며, 양심의 강압은 하나님의 인내를 업신여기는 오만한 행위라고 주장했다. 프랑스에서는 낭트 칙령이 철회된 뒤에도 여전히 프로테스탄트 교도들이 남아 있었다. 세방느 지방의 프로테스탄트 교도들은 추방당하는 대신 반란을 일으켰다. 그 봉기는 진압되었으나, 생존자들은 그뒤로 무관심의 관용을 누렸다.

교황 베네딕투스 14세(Benedict XIV)는 바티칸의 우레를 그칠 준비가 되어 있었다. 그리스도께서도 하늘에서 불을 내리기를 거절하셨기 때문이었다. 스페인과 남아메리카에서는 종교재판소가 19세기 초반까지 계속 남아 있었지만, 반동 종교개혁의 추진 세력이던 예수회는 포르투갈과 스페인과 프랑스에서 추방당했고, 1773년 교황 클레멘트 14세(Clement XIV)는 그 수도회를 해체했다. (예수회는 1814년에 재조직되었다.) 적어도 이전 몇 세기와 비교할 때 18세기는 종교적 자유의 시대였다.

마찬가지로 18세기는 상대적으로 평화로운 시대였다. 전쟁 뒤에는 전쟁에 대한 혐오감이 일어났고, 전쟁을 비판하는 문학이 유행했다. "전쟁이란 그것을 맛보지 않은 자에게는 달콤하다"라고 핀다르(Pindar)와 그 뒤를 이어

에라스무스가 썼다. 그 반대도 마찬가지로 사실이어서, 에라스무스의 이「평화에 대한 불평」(Complaint of Peace)은 16세기보다 18세기에 더 많은 재판을 발행했는데, 풍자가들과 현학자들은 그 주제를 더욱 신랄하게 발전시켰다. 볼테르(Voltaire)는 「캉디드」(*Candide*)란 책에서 주인공으로 하여금 불가르족이 불지른 아바르족의 마을을 지나, 아바르족이 불지른 불가르족의 마을로 가게 했다.

그리고 조나단 스위프트(Jonathan Swift)는 「걸리버 여행기」(*Gulliver's Travels*)에서 쌀쌀맞은 후이늠(Houyhnhnms, 인간의 이성을 가진 말)들에게 야후(Yahoo)들이라 불리는 인간들이 "고기가 빵인지 빵이 고기인지, 딸기즙이 피인지 포도주인지" 같은 문제들을 놓고 싸우는 것을 설명해 주었다. 후이늠들은 야후들이 발에 발톱이 없으므로 서로에게 해를 입힐 수 없었다는 말을 듣고는 그다지 불안해 하지 않았다. 그런 뒤 걸리버는 자기 동족들의 용맹을 자랑하기 위해서 그들이 사용하는 대량 살상용 무기들을 묘사하면서, 그들이 성을 포위하거나 배를 공격할 때 한꺼번에 수백 명을 날려버린 것을 보았고, 구름에서 산산조각난 시체들이 수많은 구경꾼들 머리 위로 떨어진 것을 보았다는 이야기를 해주었다.

계몽사상은 동종(同種)의 짐승들은 인간이 인간에게 하듯 서로를 그렇게 증오스럽게 대하지 않는다는, 옛 스토아학파의 주제를 되살렸다. 볼테르는 자신의 역사서를 다음과 같은 질문으로 맺었다: "내가 끝내려는 이 역사는 과연 뱀들의 역사인가, 호랑이들의 역사인가? 아니다. 뱀들과 호랑이들은 동료들을 절대로 그런 식으로 대하지 않을 것이다."

그러나 풍자는 소망에서 비롯되었고, 이 세대 사람들은 정복에 의하지 않고 세계 연방 수립에 의해서 항구적인 평화를 성취할 수 있다는 깊은 소망을 갖고 있었다. 이 세대는 평화 계획의 시대였다. 이 평화 계획들은 영국에서는 윌리엄 펜(William Penn), 프랑스에서는 대수도원장 샤를 이레네 드 생 피에르(Charles-Irénée de Saint-Pierre), 에메릭 크뤼세(Eymeric Crucé), 장 자크 루소(Jean-Jacques Rousseau), 독일에서는 임마누엘 칸트(Immanuel Kant), 모라비아에서는 요한네스 코메니우스(Johann Comenius)가 개진했다. 전 시대와 비교할 때 이미 상당한 평화가 성취되었기 때문에 그들의 소망은 얼토당토하게 여겨지지 않았다.

　그 시대에 평화가 정착될 수 있었던 한 가지 이유는 민족 국가들간의 세력 균형과 문화 공동체가 형성되어 있었으므로 아무도 서로의 멸절을 바라지 않았기 때문이었다. 그밖의 요인들로는 중앙 정부가 집중된 권한을 갖고 재정을 규제함으로써 군주들이 상인들에게 자금을 대주고 그로써 그들이 해적질에 의지하여 먹고살지 않아도 될 수 있도록 만든 점들도 있었다. 또한 상인들은 십자군들이 아니었던지라 자금을 대주는 군주들을 선호했고, 그들을 위해서 적군을 물리치되 피 흘리는 방법보다 교묘한 작전을 사용했다.

　디포(Defoe)는 말하기를, 당시에는 5천 명으로 구성된 군대가 원정 기간 내내 적군을 피해다니는 게 관습이었다고 한다. 또 다른 사람은 말하기를, 전쟁 기술이 아군의 요새를 수비하는 방법을 아는 것보다 적군의 요새를 명예롭게 함락하는 법을 아는 것으로 이루어졌다고 한다. 더 나아가 계몽시대의 군 지휘관들은 기사도 시대의 명예 법전을 되살렸다. 프랑스의 지휘관이 영국의 지휘관에게 "먼저 쏘게"라고 하면, 영국의 지휘관은 "아니, 그럴 수 없지. 선제권은 자네에게 있어"라고 대답하곤 했다. 전쟁이 일어나면 그 대가는 컸다. 그러나 적대 행위가 그치면 큰 평화가 찾아오곤 했다.[3]

자연적 윤리의 추구

　이러한 발전에서 시대 상황과 행동 규약이 뒤섞여 있는 것을 발견하게 되지만, 시대착오적인 기사도의 재출현보다 더 의미심장한 것은 기독교적인 맥박을 갖고 있으면서 형태는 스토아적인 생의 철학이었다. 자연법 교리는 오랫동안 그리스도인들로 하여금 그들이 유대인들과 터키인들을 공동의 도덕률에 기초하여 다룰 수 있다고 믿게 했다. 16세기 초에 스페인의 신학자 프란치스코 드 비토리아(Francisco de Vitoria)는 아메리카 인디언들을 포함시킬 정도로 그 교리를 확대했다. 그러나 만약 그리스도인들이 서로를 적대시하는 신앙고백적 집단들로 분열된다면 자연법이 그들에게 공동의 도덕률을 제공할 수 있을까? 당연히 그래야 한다고 확신한 17세기의 경건한 네덜란드인 휴고 그로티우스(Hugo Grotius)는 자연법을 "심지어 신(神)이 없을지라도"⁴⁾ 유효한 윤리로 다룸으로써 그것을 탈기독교화했다.

이 세속적인 자연법 관은 16세기 말과 17세기에 독일 법학자들인 요하네스 알투시우스(Johannes Althusius, 1557-1638)과 사무엘 푸펜도르프(Samuel Pufendorf, 1632-94)에 의해 더 발전했고, 18세기에는 평범한 견해가 되었다. 그러한 자연법은 그 시대에 혁명적 용어보다는 보수적 용어로 해석된, 반(反)기독교적이 아닌 아류 기독교적인 정의의 윤리였다. 그러나 만약 정치적 도덕률이 기독교보다 광범위한 기반에 근거한다면, 교회가 정부를 지도할 근거가 없어지는 셈이다. 그러한 결론은 이미 아퀴나스의 견해에 암시되어 있었는데, 그는 계시 없이도 이성만으로 정치 원칙들을 식별 가능하다고 했다. 계몽사상은 한 걸음 더 나아가 정치적 결론에 도달하는 데 신적인 인도가 필요 없다고 주장하게 되었다. 그것이 바로 미국에서 헌법제정회의의 교착 상태를 해결하기 위해 기도하자고 한 벤자민 프랭클린(Benjamin Frankin)의 제의가 거부된 이유였다.⁵⁾

크롬웰의 관료들이었다면 주의 뜻을 알기 위해 하루를 기도하는 날로 잡았겠지만, 미국의 건국 조부들은 정치가 인간의 자연 이성의 범주에 있고, 그것을 포기해서는 안 된다고 느꼈다. 기도는 이성이 끝나는 곳에서 시작한다고 했다. 이것은 국가가 하나님의 뜻에서 해방된다는 의미가 아니라, 국가 문제에서는 특별 조명을 구할 필요가 없다는 의미이다. 계몽시대에 널리 퍼져 있던 관점 전체가 종교의 다양성과 윤리의 통일성을 용인했다. 이로써 기독교 세계를 위한 새로운 의복이 제작되고 있었다.

탐구 정신

관용과 평화의 분위기에서 탐구 정신이 되살아났다. 사람들은 종교적 신앙의 해묵은 난제들을 새롭게 붙잡고 씨름하기 시작했다. 전 시대의 온갖 언쟁들에 신물이 난 그들은 에라스무스의 핵심 교리, 즉 사랑과 겸손, 그리고 단순성과 보편성으로 표현되는 최소의 신념으로 되돌아갔다. 그들은 이성에 관해서 많이 말했는데, 이성이란 조나단 스위프트(Jonathan Swift)의 "바보라도 조금만 생각하면 알 수 있는 것"라는 퉁명스런 말에 나타나듯이 단순히 상식을 뜻했다. 그러나 사실상 이 합리주의자들의 신조는 그리 간단하지 않았다. 그들은 지식인들이었다. 청교도 엘리트가 계몽주의 엘리트로 되어 있었다. 그들은 더 이상 에라스무스처럼 단순한 신앙, 즉 그리스도께서 자신을 낙원으로 데려가실 것이라는 참회하는 강도의 단순한 신앙에 만족하지 않았다. 계몽주의 시대 사람들은 천사 가브리엘에게 "어찌 이 일이 있으리이까"라고 말한 동정녀 마리아의 탐구 정신을 더 높이 샀다. 계몽 사상가들은 한편으로는 미신에 대한, 다른 한편으로는 회의주의에 대한 하나님의 새로운 전쟁에 참여하고 있었다. 전자에 대해서는 자신있게 통렬한 비판을 쏟아부었지만, 후자에 대해서는 아쉬운 태도로 설득할 근거를 찾으려고 애썼다. 그들의 신앙 문제는 "어떻게 하면 하나님과 화목할 수 있을까?"라고 물었던 루터보다 더 깊이 파고들었다. 그들의 질문은 "화목할 하나님이 존재하는지 어떻게 하면 알 수 있는가?"라는 것이었다.

이신론

그들이 대답을 발견할 때 의존한 유형의 종교를 가리켜 이신론(理神論, Deism)이라 하며, 이것은 유신론(Theism)과 무신론(Atheism)과 구분된다. 프랑스의 폴 앙리 올바크(Paul-Henri Holbach) 같은 몇몇 무신론자들은 이신론자들을 냉소하면서, 그들은 그리스도인이 될 만큼 유약하지도 않고 무신론자가 될 만큼 강하지도 않다고 말했다. 그러나 이신론자들은 스스로를 그리스도인으로 여겼다. 그들이 믿은 하나님은 유신론자들의 인격적 하나님, 곧 역사를 통해서 자신을 나타내시고 인간들의 일에 끊임없이 관심을 갖고 계신 하나님이 아니었다. 그들의 하나님은 전능하신 손으로 천체를 운행시키시고, 별들이 천상의 조화에 따라 서로 충돌하지 않고 돌 수 있도록 배려해 놓으신 우주의 조물주였다. 그 강력한 조물주는 그 일을 너무나 완벽하게 해놓았기 때문에 광막한 침묵 속으로 물러나 계시면서 사람들로 하여금 이성(理性) 곧 "주의 등불"의 인도하에 스스로의 문제를 올바로 처리하도록 내버려두실 수 있었다. 이런 구도에서는 그리스도 안에서 나온 한 줄기 광선으로 궁극자(the Ultimate)에 대한 인간의 무지가 한번 깨우침을 받는 때를 제외하고는, 그리스도가 전혀 필요 없게 된다.

이신론은 유럽과 영국 식민지들 전역에서 보편 현상이 되었다. 하지만 지역마다 다양성을 띠었고, 분파들보다 더 보편적인 조화를 성취할 수 없었다. 이신론자들은 사상 전쟁을 일으키지 않았다. 비록 종국에는 이성이라는 여신이 진노의 여신(Fury)이 되었다는 것을 잊어서는 안 되지만 말이다. 이신론은 국가마다 다양성을 갖고 있었다.

영국의 이신론은 온건하고 비교적 소심했고, 따라서 국교회 성직자들 가운데 자리잡을 수 있었다. 니콜라스 틴들(Nicholas Tindal)은 자신의 책 「창조만큼이나 오래된 기독교」(*Christianity as Old as Creation*, 1736)에서 다음과 같은 시를 적었다:

> 이 우주의 건축자는 지혜로우셨다.
> 모든 영혼들, 모든 체제들, 행성들, 입자들을 계획하셨다:
> 그분이 온 세상들과 시대들을 조성하실 때 쓰신 계획은
> 하늘이었고, 당신의 작은 39개조였네!

그러나 39개조가 하나님의 우주 창조 청사진에 들어 있지 않았다고 말한다고 해서 그중 어느 하나를 논박하는 것은 아니었다. 존 톨랜드(John Toland)는 그의 책 「신비롭지 않은 기독교」(*Christianity Not Mysterious*, 1696)에서 이성의 수위성을 강변한 뒤에 화체설과 공재설(consubstantiation, 공체설) 같은 전통 신조를 부정하지 않았다. 영국 프로테스탄트 교도였던 그는 자연히 가톨릭의 미신들을 비판했다. 그가 정말로 과격해졌던 것은 아담의 타락을 부정하고 구약 인물들의 성격을 비판했을 때였다. 스코틀랜드 철학자 데이비드 흄(David Hume)은 훨씬 더 회의적인 견해를 지녔으나 지나치게 혼란한 상황에 처하지 않기 위해 그 견해를 담은 원고를 서랍에 보관했다.

프랑스 이신론자들은 그러한 부담을 느끼지 않았다. 왜냐하면 그들은 공공연히 가톨릭 교회를 비판하고 있었기 때문이다. 필로조프(philosophe)들 — 그들은 이런 칭호로 불렸는데, 철학자들이란 뜻이 아니라 지식인들

(literati)이란 뜻이다 — 은 기질이 얀센주의자들과 청교도들을 닮은 격정적인 사람들이었다. 볼테르는 기독교에 대해 숱한 조소를 쏟아냈는데도 불구하고 "선지자들 중에" 들어 있었다. 그는 칼라 사건(the Calas affair)을 당대의 드레퓌스 사건(the Dreyfus case)으로 만든 장본인이었다. 칼라의 아들이 자살한 사건이 발생했다. 그의 아버지와 가족은 위그노들이었지만, 그의 아들은 가끔 미사에 참석했다. 그러자 그의 친척들이 칼라가 가톨릭으로 개종하는 것을 막기 위해서 그를 죽였다는 고소가 제기되었다. 아버지 칼라는 고문을 당한 뒤 처형되었고, 재산은 몰수되었다. 볼테르는 그 사건을 집요하게 추적한 끝에 그 가족의 무죄 판결과 배상을 얻어냈다.

북아메리카의 영국 식민지들에서 이신론은 프랑스와 같은 양상을 띠었다. 톰 페인(Tom Paine)은 만약 마귀가 예수님을 산 꼭대기로 데려가 거기서 땅의 모든 나라들을 보여 주었다면 아메리카를 발견했어야 마땅했다고 조롱했다. 벤자민 프랭클린과 토머스 제퍼슨(Thomas Jefferson)도 프랑스로부터 자연과 평등이라는 구호를 취했는데, 루이지애나를 전쟁으로 획득하기보다 매입하는 쪽을 선호한 것도 프랑스로부터 취한 합리적 기질이었다.[6] 독일에서는 "옛 프리츠"(Old Fritz, Frederick the Great)가 프랑스인들의 경박한 기질을 갖고 있었지만, 고트홀트 에프라임 레싱(Gotthold Ephraim Lessing)은 기독교 문서들에 대한 엄격한 역사적 조사에 착수했다. 러시아가 본격적으로 서방과 접촉하기 시작한 것은 이신론이 성행하던 때였다. 표트르 대제(Peter the Great)는 영국 이신론자들을 모델로 삼은 반면에, 에카테리나 2세(Catherine the Great)는 프랑스의 필로조프들을 선망했다.

이러한 틀 안에서 온갖 다양한 형태의 이신론이 왕성하게 탐구되었는데, 그 목적은 무엇보다도 미신을 추방하고, 그것을 합리적인 신앙으로 대체하여 사람이 공허한 피조물로 전락하지 않도록 하려는 것이었다. '과연 신이 존재하는가?' 하는 것이 이신론의 질문이었다. 데카르트가 다시 끄집어낸 존재론적 논증은 사람들에게 확신을 심어주지 못했다. 만약 신(神) 개념에서 신 존재를 추론할 수 있다면, 왜 히포그리프(독수리 머리와 날개를 가진 전설상의 말)의 개념에서 히포그리프의 존재를 추론할 수 없는가라고 어떤 이신론자는 조소했다. 일찍이 안셀무스는 그와 비슷한 질문을 받았을 때 존재론적 논증은 하나님께 대해서만 유효하다고 대답한 바 있다.

그러나 계몽사상은 내부에 있는 것으로부터 외부로 진행하는 방식의 사유(思惟) 자체를 불신했다. 신(神)은 외부에 있고, 자연도 외부에 있다. 따라서 인간은 자연을 연구해야 하고, 그 터에서 자연의 신을 연구해야 한다. 이것이 존 로크(John Locke)의 견해였다. 그는 우리 자신의 존재로부터 출발해서는 안 되고, 외부에 있는 것, 즉 감각들에 의해 얻는 인상들에서 귀결되는 우리 자신의 경험에서 출발해야 한다고 주장했다. 감각적 지각이 없이는 아무것도 얻을 수 없다. 왜냐하면 정신은 태어날 때 깨끗한 석판과 같기 때문이다. 생득적 개념들이란 없다. 그러나 감각 경험을 통해서, 인간의 사유 기능은 알려진 것들로부터 알려지지 않은 것들을 연역할 능력을 갖춘다.

과학과 철학

18세기 동안 이 감각들의 범위는 엄청나게 확대되었다. 이때는 새로운 자연 과학이 최초로 일반의 사고에 영향을 주기 시작한 시기였다. 일찍이 갈릴레오 갈릴레이(Galileo Galilei)가 자신이 발명한 "멀리 보는 유리"를 통해서 반점이 뒤덮힌 달 표면을 보았을 때, 그의 친구는 자신의 전제들이 산산조각나는 게 두려워 그것을 보기를 거부했었다. 그러나 이제는 아무도 그런 시도를 주저하지 않았고, 갈릴레오의 뒤를 이어 뉴턴(Newton)이 왔다. 알렉산더 포프(Alexander Pope)는 이렇게 썼다:

> 자연과 자연의 법칙은 흑암 속에 감취어 있었다:
> 하나님은 "뉴턴이 있으라"고 하셨고, 모든 게 환해졌다.[7]

은하수는 성운(星雲)으로서, 그 안에 있는 모든 별이 중력으로 알려진 인력의 법칙에 따라 각각 제 궤도를 돌고 있다는 게 이제 입증되었다.

눈 앞에서 그렇게 운행하는 광활한 우주는 "떠다니는 원자로서 우리를 감싸고 있는 두렵도록 광활한 공간" 앞에서 외경심을 느낀 파스칼(Pascal) 같은 일부 사람들에게는 불안감을 심어 주었지만, 전반적인 분위기는 조셉

애디슨(Joseph Addison)의 시에서 배어나는 분위기와 같았다:

> 저 높이 걸려 있는 광활한 하늘
> 그 안에 있는 푸르고 가벼운 창공
> 그리고 별이 총총한 하늘, 그 빛나는 틀,
> 모두가 그 위대한 원형을 선포하네.

칸트(Kant)는 별이 총총한 하늘을 보고 외경심을 가졌고, 볼테르는 감동하여 다음과 같은 글을 남겼다:

> 지난 밤, 자연에 관해서 깊은 명상에 빠졌다. 사람들이 무덤덤하게 바라보는 광활한 우주, 각기 제 궤도를 도는 별들, 서로 영향을 주고받는 무수한 별들을 보고 경이감에 사로잡혔다. 이 강력한 구도를 총괄하여 다스리는 정신(the Mind)을 생각하니 경이로움이 이루 말할 수 없었다. 이런 장엄한 광경에 놀라지 않는 자는 소경일 것이고, 그 조물주를 인정하지 않는 자는 넋 나간 사람일 것이고, 그분을 경모하지 않는 자는 미친 사람일 것이라는 생각이 들었다. 그분에게 어떤 경모의 찬사를 바칠 수 있을까? 그것은 어디서 드리든 다 똑같아야 하지 않을까? 은하 우주에 어떤 생각하는 존재가 서식하든 그분께 똑같은 경의를 표해야 한다. 그 빛은 우리에게 비치듯이 천랑성(天狼星, Sirius)에도 비친다.[8]

가시적 우주를 확대한 것은 과학과 종교간의 투쟁을 일으키지 않았고, 다만 옛날 아리스토텔레스가 제1원인이자 제1동인인 신의 존재에 대해 제시한 논증들에 무게를 더 실어 주었다.

윌리엄 페일리(William Paley, 1743-1805)는 유추에 입각하여 다음과 같은 주장을 덧붙였다. 즉, 인간이 해놓은 일을 토대로 인간의 정신에 관해 주장하는 것과 똑같이, 하나님이 해놓으신 일을 토대로 하나님의 정신에 관해 주장할 수 있다고 했다. 전형적인 예증 소재는 시계였다. 페일리는 말하기를, 만약 돌부리에 걸려 넘어졌다고 치자. 그것이 어떻게 해서 그곳에 있게 되었느냐고 누가 묻는다면, 내가 아는 한 그것은 영원히 그곳에 있었다고 대답할 수 있다. 그러나 만약 시계에 걸려 넘어졌다고 한다면, 그런 대답을 하지 않을 것이다. 왜냐하면 시계는 시간을 알려주려는 분명한 목적으로 제작되었기 때문이다. 대단히 기이하게 이루어진 그 제작물은 어떤 제작자의 작품임에 틀림없다. 그러나 그 세계가 또 다른 시계를 제작할 수 있다는 것을 발견했다고 가정해 보자. 그러면 한 시계는 다른 시계의 원인이라고 말할 수 있지만, 여전히 첫째 시계에 대해서는 대답할 일이 남아 있다. 마찬가지로 우주의 질서를 바라볼 때 최초 제작자의 정신이 존재했다고 추론하지 않을 수 없다. 그것은 우리의 정신보다 월등히 위대하지만, 그럼에도 불구하고 우리의 정신과 완전히 다르지는 않다.[9]

이 주장은 우리가 아는 것이 제작자가 아니라 제작품이라는 점과, 만약 후자가 물질이되 전자는 물질이 아니라면 그 간격을 어떻게 메꿀 수 있는가라는 점에서 난제를 수반한다. 영국 철학자 조지 버클리(George Berkeley, 1685-1753) 주교는 물질 자체는 정신으로 직접 이해할 수 있는 정신 혹은 개념이라고 주장함으로써 그 간격을 메꾸었다. 그리고 신(神)은 정신이기 때문에 감각에 의한 추론에 의존하지 않고 직접 이해할 수 있다고 했다.

그러나 하나님에 도달한다손 치더라도 좀더 심각한 질문이 남게 된다. 그것은 그러고나서는 무엇을 발견하느냐 하는 것이다. 우리는 은하계 위에 좌정해 있는 위대한 제작자를 발견한다. 그는 자신이 지은 세계들이 계속해서 운행하도록 하되, 왔다가 가는 인생들에게는 분명히 관심을 두지 않는다. 그가 우리에게 조금이라도 관심을 갖고 있는가? 계몽주의 시대는 "신의 길을 인간에게 변명"하려고 노력했다. 이것을 목표로 삼은 철학을 가리켜 변신론(辯神論, theodicy〈神正論〉)이라고 한다. 물론 이것은 18세기에 비로소 생긴 것은 아니다. 위대한 종교 체계라면 모두 자연의 냉혹성과 의인의 고난을 설명하려고 노력하게 마련이다. 여기서 우리는 고대에 욥이 던진 질문을 만난다. 청교도 혁명이 와해될 때 존 밀턴은 그의 책 「고뇌하는 삼손」(Samson Agonistes)에서 하나님이 왜 성도들을 마치 블레셋인들에게 잡혀 머리털을 깎이고 눈을 잃고 조롱을 당하면서 맷돌을 돌리던 삼손처럼 고난 당하도록 허용하셨는가 하는 문제를 놓고 고뇌했다. 그때 그는 삼손이 머리털이 자라면서 힘을 회복했듯이, 영국의 머리털도 다시 자랄 것이라는 단순한 대답을 얻었다. 그러나 하나님이 온 인류에게 내리신 심판이라는 문제는 훨씬 더 어려웠다. 「실낙원」(Paradise Lost)에서 밀턴은 인간의 곤경을 교만과 불순종에 대한 징계로 보았다.

18세기에 알렉산더 포프는 아담의 타락과 천사들의 타락 기사를 "존재의 거대한 사슬"에 관한 철학적 신화로 대체했다. 이 신화에 따르면, 모든 실재는 하나의 조화로운 전체로 연결되는 부분들로 구성되는데, 그 조건은 각 부분이 지위가 높든 낮든 연결 고리 역할을 할 의지를 갖는 것이라고 한다. 인간은 설혹 자연이 오로지 자신만 보살피지 않는다고 해서 불평해서는 안 된다. 자연은 보살필 또 다른 연결 고리들을 갖고 있기 때문이다. 또한 인간은 다른 모든 연결 고리가 지니는 모든 탁월한 속성들을 부여받지 않았다고 해서 불평해서는 안 된다. "인간에게는 왜 현미경 같은 눈이 없나? 바로 이 분명한 이유 때문에 인간은 파리가 아니다." 하나님이 그 사슬을 만드셨으므로 "존재하는 것은 무엇이든 옳다."[10] 사람은 하나의 고리로서의 자신의 역할을 성취할 의무를 지닌다. 자신에게 할당된 자리를 거부하는 것은 교만의 죄요, 그 자리에서 떨어지면 무질서의 파멸을 초래한다. 포프는 그 대답을 발견할 수 있는 능력이 인간에게 없음을 시인함으로써 매듭지었다. 포프의 변신론(辯神論)은 운명에 대한 스토아 학파의 순응이요 하나님의 섭리에 대한 밀턴의 복종이다. 독일 철학자 고트프리트 라이프니츠(Gottfried Leibnitz)도 비슷한 견해를 가지고서, 모든 가능한 세계들 중에서 이 세계가 하나님이 고안해 내실 수 있었던 최고의 세계라고 주장했다.

볼테르도 처음에는 그와 비슷하게 생각했다. 그러다가 리스본 지진을 접했는데, 그것은 그에게 충격적인 사건이었다. 그는 이렇게 썼다:

"모든 게 만족스럽다"고 외치는 철학자들이여,
와서 세계의 이 폐허를 바라보라.
당신들 인류의 이 파편들과 재들을,
같은 더미에 깔린 이 아이와 어머니를,
대리석 기둥 밑에 떨어져 나간 사지들을 보라.
땅이 삼켜버린 수십만의 인명이
살점 떨어져 나가고 유혈낭자하나 맥이 끊이지 않은 채
그 쾌적한 지붕에 매몰되어
처참한 고통 속에 그 모진 목숨을 마친다 …
이 다양한 것들이 어찌 이리도 조화롭게 뒤얽혔는가!

신이 고통당하는 우리 인류를 일으키려고 땅으로 내려왔다가,
땅을 둘러보고는 그것을 변화시키지 않았다.
어느 소피스트는 신이 변화시킬 능력이 없었다고 말한다;
또 다른 자는 "신이 능력이 있었으나 의지가 없었다;
때가 되면 틀림없이 변화시킬 것이다"라고 외친다.
그렇게 그들이 지껄이는 동안
숨어 있다가 땅에서 터져나오는 우레들이
수백 개 도회지의 폐허를 두루 덮는다
포르투갈의 웃는 낯을 가로지르며 … .[11]

「캉디드」(*Candide*)에서 볼테르는 모든 가능한 세계 중 최선인 이 세계에 대해 신랄한 풍자를 쏟아낸다. 그는 욥의 대답 외에 다른 대답을 갖고 있지 않았다. 그것은 불가해한 현실에 순응하여 묵묵히 자기 할 일을 하라는 것이었다.

기독교 신앙 대 이성

그러나 만약 하나님의 선함을 증명할 수 없고 다만 믿을 수밖에 없다고 한다면, 과연 인간의 선함에서 위안을 얻을 수 있을까? 18세기는 인간에 대한 낙관론으로 시작했다. 인간은 아담의 타락에 오염되지 않았고, 이성(Reason)을 권좌에 앉혀 그 밝은 빛으로 자신의 환경을 지배하고, 지혜와 자선과 평화로 자기 문제를 좌우할 수 있다고 보았다. 그러나 이것은 분명 인간에 대한 평가가 아니라 일종의 신념이었다. 인간은 아직 그런 능력을 발휘한 적이 없었고, 여전히 그런 능력과는 거리가 멀었다. 18세기 사회 비평가들이 일어나 토머스 모어(Thomas More)의 방법을 다양한 형태로 응용하여 사용했다(모어는 자기 시대의 영국 사회를 허구의 땅 유토피아⟨Utopia, '아무 데도'라는 뜻의 헬라어에서 유래⟩와 대조하는 방법으로 경멸조로 비판했었다).

18세기의 스위프트(Swift)는 자기 책 주인공 걸리버에게 영국을 난쟁이 나라(Lilliput)와 비교, 경멸하게 했다. 올리버 골드스미스(Oliver Goldsmith)

는 존 차이나맨(John Chinaman)을 런던으로 데려와 사람들이 쓰고 다니는 가발을 보고 웃게 만듦으로써 극동을 그런 용도로 사용했다. 실제로 해외를 가본 적이 있는 여행객들은 신화에 깊이 빠져서, 해외에 나갈 때는 자기들이 보러나간 것만을 보았고, 영국에 돌아와 다른 나라의 우월성에 관한 이야기들을 전했다.

그러던 중 아메리카 인디언인 '선량한 미개인'(bon sauvage)의 신화, 예를 들면 히아와타(Hiawatha)나 마지막 모히칸족(the Last of the Mohicans)의 신화가 들어왔다. 이와 비교할 때 당시의 유럽에 대해서는 뭐라고 해야 할까? 대 프리드리히(Frederick the Great)는 "저 저주받은 인류"에 관해서 말했다. 볼테르의 「차디그」(Zadig)는 "진흙 한 덩이 위에서 서로를 잡아먹는 수많은 곤충들과 같은 인간들"에 관해서 말했다. 2세기의 이교도 켈수스가 인류에 대해서 가한 비판과 얼마나 비슷한가! 그러나 만약 원시인이 그처럼 탁월하고 동시대인은 그토록 부패했다면, 그 모순을 어떻게 설명해야 할까? 그것을 설명하려면 틀림없이 타락 신화에 다시 의존할 수밖에 없지만, 이제는 그 타락이 더 이상 아담의 타락이 아니라, 황금 시대에서 철의 시대로 전락했다고 하는, 스토아 학파가 말한 인간의 타락이었다. 이교 신화가 기독교 신화를 대체했다. 포프의 「인간에 관한 에세이」(Essay on Man)에서 그 점을 발견할 수 있다. 토머스 홉스(Thomas Hobbes)는 신화를 배척했으나, 늑대가 늑대를 덮치듯 처음부터 동료 인간들을 약탈한 인간에게 유리하지 않게 배척했다. 루터나 칼빈이 묘사한 인간 부패상은 인간을 기독교적 틀에서 끌어올린 자들이 인간에 쏟아부은 비판을 능가하지 못했다.

만약 이런 것이 우주라면, 만약 이런 것이 사람이라면, 경험과 이성은 하나님의 선함이나 인간의 궁극적 구속의 잠재력을 입증하지 못하는 셈이다. 이런 것이 기독교 신앙의 가르침이며, 대답을 발견하려면 다시 기독교 신앙으로 향해야 한다. 기독교는 그들에게 계시라는 토대를 제공한다. 그러나 그 계시가 신뢰할 만한 것임을 어떻게 알 수 있는가? 18세기 초에 대두한 반응은 계시가 기적들에 의해 확인되었다는 것이었다. 그러나 그 기적들이 일어났다는 것을 어떻게 알 수 있는가? 로크로부터 18세기가 끝날 때까지 이것이 영국 프로테스탄트 교도들이 안고 있던 깊은 문제였다.

로크는 오직 감각을 통해서만 인식할 수 있다고 말했다. 만약 그것이 우리의 감각이 아니라면 그것은 다른 이의 감각이어야 한다. 따라서 증인들의 신빙성에 관한 연구가 이루어졌다. 이 연구는 두 가지 점을 포함한다. 하나는 증인들의 선량한 믿음이고, 다른 하나는 그들이 관찰한 내용의 정확성이다. 그러나 기적을 입증할 수 있는 증거란 그 자체가 기적적이어야 한다는 데에 또 다른 어려움이 있다. 이것이 18세기에 과학과 종교가 갈등을 겪은 점인데, 이는 새로운 과학이 자연적 절차의 통일성을 가르쳤고, 자연법이란 용어가 보편적 도덕률뿐 아니라 물질 세계의 질서에도 적용되기에 이르렀기 때문이다. 기적은 기존 질서 내의 균열을 포함했다. 그것은 정의상 신적 개입이었다. 만약 전능하신 하나님을 가정한다면 개입의 가능성을 부정할 수 없지만, 그것이 실제로 발생했다고 확신하려면 아주 예외적으로 확실한 증거를 제공받아야 한다.

토머스 셜록(Thomas Sherlock)은 그의 책 「증인들의 재판」(*Tryal of the Witnesses*)에서 복음서 저자들의 신뢰성과 신빙성을 입증하기 위해서 엄숙한 재판 과정을 거쳤다. 그러나 울스턴(Woolston)은 기적들이란 오직 신앙으로만 받아들여야 한다고 주장하고, 자신의 논지를 강조하기 위해서 그 난점들을 과장했다. 그는 말하기를, 나사로의 부활의 유일한 증인은 그 사건이 발생한 지 60년 뒤에 글을 쓴 사도 요한이라고 했다. 아마 야이로의 딸은 죽지 않고 잠들어 있었던 것일 뿐이라고 했다. 어느 경우든 예수께서는 왜 유용한 행정관이나 부지런한 상인대신 하찮은 소녀를 일으키셨단 말인가? 물론 나사로는 만약 악취를 풍겼던 게 사실이라면 죽었던 게 분명하다. 그러나 악취를 풍겼다고 말한 사람이 누구던가? 그의 누이뿐이었다. 논리가 주로 이런 식이었다.

볼테르와 프랑스 합리주의자들은 온갖 조소를 쏟아냈다. 볼테르는 말하기를, 예수께서 일으킨 기적들 가운데 하나는 혼인식 때 물로 포도주를 만든 기적이었는데, 그것은 농부들이 이미 취해 있는 상태에서 발생했다고 한다. 예수께서는 자신에게 속하지 않은 무화과나무를 마르게 만들었는데, 그 이유는 제 철이 아닐 때 과실을 맺지 않았기 때문이었다. 그분은 귀신들을 이천 마리의 돼지떼[정말로 그랬을까?]에게 들어가게 한 다음 그 돼지떼를 호수로 뛰어들어 빠져 죽게 했다. 돼지를 키우지 않던 지방에서 말이다.[12] 스코틀랜드인 데이비드 흄(David Hume)은 아주 면밀하게 주장하기를, 기적은 인과율 개념을 포함하기 때문에 어떠한 기적도 증명할 수 없다고 했다. 당구공이 다른 공에 가서 부딪힐 때 우리는 운동들의 연속을 보게 된다. 이것은 충돌 때마다 일어나지만, 우리가 보는 것은 연속뿐이다. 우리는 하나의 동작이 다른 동작에 원인이 되었다는 것을 경험할 수도 없고 증명할 수도 없다. 그러나 이런 노선의 사유는 기적의 반증이 아니라 회의주의로의 도피이다. 우리는 인과율을 입증도 반증도 할 수 없기 때문이다.

독일 프로테스탄트 교도들은 다른 나라 사람들보다 더 진지하고 집요하게 그 문제를 가지고 씨름했다. 에프라임 레싱(Ephraim Lessing)은 어떤 원고를 출판했는데, 그 원고는 저자 라이마루스(Reimarus)가 감히 공개할 엄두를 내지 못하던 것들이었다. 그는 어떤 역사 운동을 기존 운동들에 비추어서 해석하되, 새로운 운동이 설명할 수 없게 되어 버릴 정도로 철저히 옛 운동만 가지고 설명해서는 안 되는 절차 — 일정 한계 안에서 건실한 — 를 채택했다. 그리고 바로 이것이 라이마루스가 기독교를 새것이 하나도 남아 있지 않은 철저히 유대교적인 것으로 설명할 때 채택한 해석 방법이다. 그렇다면 그는 새로운 종교의 출현을 어떻게 설명했을까? 사기(詐欺)에 의해서였다. 그는 부활이 속임수였다고 말했던 것이다. 레싱이 라이마루스의 원고를 출판한 것은 그것을 인정하기 위해서가 아니라, 그 오류가 진리에 의해 논파되리라는 신념에서였다.

그 원고가 출판되자 즉시 진리의 옹호자들이 그 문제에 부닥쳐 왔다. 예나 대학교 교수 하인리히 파울루스(Heinrich Paulus)는 사기죄를 비판하고는 그것을 오류의 죄로 대체했다. 제자들은 사기꾼들이 아니었지만, 자기들이 본 것을 오해하여 자연적인 사건들을 기적으로 해석한 정도만큼은 스스로 속았다고 했다. 그런 다음 파울루스는 무엇이 실제로 기적 기사들을 발생케 했는지를 파악하려는 작업에 착수했다. 그는 설명하기를, 사람들은 예수님이 물 위를 걸었다고 생각했지만, 예수님은 가라앉은 부대(浮臺)에 서 계셨던 것이라고 설명했다. 부활은 가사(假死) 상태였다고 했다.[13]

설명들이 더 기적적인 경우가 많았으며, 어느 경우든 제자들의 정직성은 그들의 지성을 무시할 때에야 비로소 인정되었다. 그보다 훨씬 더 심각했던 것은 계시의 정당성을 입증하기 위한 사유 노선 전체가 파괴된 것이었다. 만약 기적들이 단지 오해된 자연적 사건들이라면 초자연적인 것은 전혀 증명할 수 없는 셈이 되기 때문이다. 따라서 18세기 프로테스탄트 교도들과 합리주의자들은 그 문제를 19세기로 넘겨 주었다. 가톨릭 교도들은 20세기 초까지 이런 문제들에 사로잡히지 않았다.

부흥운동

18세기 말에 기독교를 건진 것은 복음주의 부흥운동에서 일어난 신생(新生)의 기적이었다. 그러나 부흥운동을 다루기 전에 계몽사상이 무익한 탐구였다는 인상을 먼저 지워 버려야 한다. 청교도 혁명에서와 마찬가지로, 그리고 모든 활기찬 새로운 모험에서와 마찬가지로, 성취는 열망을 따라잡지 못했다. 이 경우에는 18세기가 품고 시작한 서정적 소망들이 순치된 체념에 자리를 내주기 시작했다. 역사가의 역할은 초기의 낙관론에서 빚어진 과장들과 결과로서 생긴 좌절을 바로잡는 것이다. 청교도 혁명과 마찬가지로 계몽사상도 긍정적인 유산을 남겼다. 미신 추방 운동은 17세기에 특히 프로테스탄트 지역에서 발생한 마녀 재판에 종지부를 찍었다. 모든 사람에게 유효한 보편적 도덕률로서의 자연법 이상과 인류의 이상 — 비록 인류의 범죄들에 의해 퇴색되긴 했지만 — 은 오늘날까지 서양의 민주주의와 20세기의 전체주의를 구분해 주는 역할을 한다. 자유, 평등, 박애라는 구호는 복음주의 부흥운동들에서 싹튼 기독교적 측은지심과 맞물려 농노 해방과 노예 해방에 이바지했다.

샤를 드 몽테스키외(Charles de Montesquieu)는 노예 제도를 강력히 비판했었다. 좌절은 보편적 절망으로 귀결되지 않아서, 마키스 콩도르세(Marquis de Condorce)는 기독교의 재림 소망을 진보 사상으로 개조할 수 있었고, 이성의 한계들을 인식할 시점이 왔을 때 「순수이성 비판」(Critique of Pure Reason)에서 그 한계들을 지적한 칸트(Kant)는 도덕적 자각을 출발점으로 삼아 자신이 실천 이성(the Practical Reason)이라 부른 것에서 새로운 출발을 하는 데로 나갈 수 있었다. 비록 많은 경우에 기독교의 용어가 고전 스토아주의에서 되살린 어휘로 대체되긴 했지만, 그 근본 이유는 교황 그레고리 7세(Gregory VII), 루터, 로욜라, 크롬웰 같은 기독교 개혁자들의 주장이 여전히 위력을 떨치던 시기에 자칫 신앙고백적 투쟁에 휘말릴 것을 우려했기 때문이었다. 하나님의 존재와 본질에 관해서, 그리고 성경의 신뢰성에 관해서 제기된 문제들은 다음 시대의 열정적이되 유익했던 씨름을 위한 기초를 제공했다.

아울러 부흥운동을 계몽사상과 철저히 대립시켜서는 안 된다. 전자의 측은지심과 후자의 인도주의는 사회 개혁으로 결합될 수 있었다. 머리에서 가슴으로의 전환은 루소의 경우에서 볼 수 있듯이 이미 계몽사상가들 사이에 뚜렷이 나타나 있었다. 그리고 부흥운동가들은 비록 대중에게 호소하긴 했으나 결코 비지식인들이 아니었다. 조나단 웨드워즈(Jonathan Edwards)는 뉴턴의 과학과 로크의 철학을 똑똑히 이해했고, 존 웨슬리(John Wesley)의 글은 널리 읽혔다. 교육에 의한 개혁을 추구한 계몽사상의 프로그램은 대각성운동가들에 의해 뒷받침되었다. 비록 강조점은 사뭇 달랐지만 말이다.

그러나 분명한 것은 복음주의자들 사이에 이신론자들의 냉랭함에 대한 반동이 있었다는 사실이다. 스코틀랜드 부흥운동가 토머스 찰머스(Thomas Chalmers)는 "달빛과 같은 설교로는 추수할 만큼 무르익게 하지 못한다"고 말했다. 독일 경건주의자들은 "너희에게는 머리털까지 다 세신 바 되었나니"라는 본문을 다음과 같이 네 가지로 구분하는 식의 설교를 가지고는 라인강을 불태울 수 없다고 느꼈다: (1) 우리 머리털의 기원, 모양, 형태, 선천적 위치; (2) 머리털의 정확한 관리; (3) 머리털에서 얻을 수 있는 회고, 암시, 훈계, 위로; (4) 기독교 모발 문화.[14]

웨슬리파는, 계시가 실은 자연보다 더 불명료하지 않다고 하면서 계시를 신중히 변호한 주교 버틀러(Butler)의 논증을 가지고는 영국에 생명력을 다시 불어넣을 수 없다고 느꼈다. 조나단 에드워즈는 뉴잉글랜드가 흘러간 옛 시절이 좋았다는 넋두리에만 매달리는 성직자들에 의해서 각성될 수 있다고 생각하지 않았다.

우리가 지금 살펴보게 될 부흥운동들은 그 범위가 대단히 광범위했다.

독일과 스칸디나비아 국가들은 경건주의가 주류를 이루었다. 영국에는 감리교파와 국교회 내의 클래팜파(the Clapham)가 있었다. 뉴잉글랜드는 대각성운동이라는 용어가 특징을 이루었다. 이들 모두가 프로테스탄트 운동이었다.

이 운동들은 부분적으로는 계몽주의의 건조한 사색과 이완된 윤리에 대한 반작용으로, 그리고 프로테스탄트 신스콜라주의라는 경직된 보수주의에 대한 반작용으로 일어났다. 그러나 무릇 반작용이란 엄밀히 말해 반복은 아닐지라도 복고적인 면을 띠게 마련이다. 부흥운동은 전 시대의 신앙고백주의를 되살리지 않고, 이전의 체험적 종교의 뿌리로 되돌아갔다. 독일에서는 부흥운동이 경건주의(Pietism)라 불렸다. 그 기원은 중세 말 독일 신비주의자들인 에크하르트(Eckhart)와 타울러(Tauler), 그리고 루터가 거친 한 단계로 거슬러 올라가 찾을 수 있다. 그러나 좀더 직접적인 선구자는 궁정인의 정중한 품행을 지닌 16세기 슐레지엔의 귀족 카스파르 슈벤크펠트(Caspar Schwenckfeld)였다. 그는 종교 논쟁들의 독살스러움에 크게 실망한 뒤, 열기는 식고 빛은 더 밝아질 때까지 성찬에 관한 논쟁을 유예할 것을 공포했다. 고향에서 추방을 당한 그는 유럽 전역을 떠돌아다니면서 추종자들을 모으는 데 힘쓰지 않고, 모든 신앙고백들 사이에 신성한 불을 일으키는 데 힘썼다. 그러나 본의와는 달리 추종자들이 생겼는데, 이들은 훗날 펜실베이니아로 이주했고, 그곳에서 여전히 슈벤크펠트파(the Schwenckfelders) 교회로 번성을 누리고 있다. 17세기의 위대한 인물은 신비주의자 야콥 뵈메(Jacob Boehme)이다. 제화업자였던 그는 성경에 영감이 되었던 정신을 모르고서야 가슴으로 성경을 아는 게 무슨 유익이겠냐는 질문을 던졌다.

독일의 부흥운동

이 전승에 깊이 몸을 담은 여러 인물들이 독일 루터교 내에서 일어났는데, 그들이 의도한 것은 기성 교단에서 탈퇴하는 게 아니라 교단 내에 열정적인 핵심 세력을 키우는 것이었다. 그 지도자들은 농민들을 전도 대상으로 삼았으나, 그들 자신은 농촌 출신이 아니었다. 야콥 슈페너(Jacob Spener, 1635-1705)는 설교자였고, 아우구스트 프랑케(August Franke, 1663-1727)는 고해신부였으며, 루드비히 폰 진젠도르프(Ludwig von Zinzendorf, 1700-60)는 귀족이었다.

진젠도르프 백작의 경건은 중세의 그리스도 수난 숭배를 바로크의 언어로 표현한 것으로 간주할 수 있을 것이다. 그는 그리스도의 움푹한 상처들에서 은신처를 찾는다는 주제로 광상시(狂想詩)를 썼다. 그의 연정적 신비주의는 심지어 성 베르나르의 차원을 뛰어넘었다. 그 백작은 자기 작품 중 일부는 차라리 태워버리는 편이 나았을 것이지만, 아무튼 그는 대 서정시인으로서 회중 찬송에 새로운 자극을 주었다. 그가 지은 찬송시들 중 한 편은 여전히 90개가 넘는 언어로 불리고 있다:

> 예수께서 여전히 인도하시네
> 우리 안식에 들어가는 날까지.
> 그 길이 고생스러워도
> 조용히, 감연히 따르리.
> 주의 팔로 우리를 인도하소서
> 우리의 본향으로.[15]

이 찬송이 인기를 끄는 이유는 주로 그 후렴부 때문인 듯하다. 그의 서정시들 가운데 다수는 지교회의 공예배 때 부르기보다 신비주의적 희열을 북돋우는 데 적합하다. 예를 들어 다음 시를 살펴 보자:

> 순결한 불길이 일어나 위로 위로 뻗어올라
> 주께서 빛을 비추시듯 저로 비추게 하소서.
> 타오르는 사랑으로 간절히 열망하오니
> 저를 온전히 주의 것으로 삼으소서.
>
> 주의 불을 지피소서, 제 아버지시여,
> 마음과 기분과 정신과 영혼이
> 주의 입김으로 더욱 달아올라
> 주의 사랑으로 환히 타오를 때까지.[16]

진젠도르프의 신앙은 계층과 신조를 초월했다. 그는 왕들과 친분을 맺었고, 농민들과 사귀었으며, 농민들에게 분부하기를, 자기에게 말을 할 때는 자기가 아무리 귀족일지라도 두(du, 너)라는 호칭을 쓰라고 했다. 그는 아내가 죽자 농촌 여성과 결혼했다. 그는 비록 루터교에서 탈퇴할 생각이 없었지만, 자기 영지에 비루터교도들, 즉 모라비아에서 온 후스파 난민들이나 슐레지엔에서 온 슈벵크펠트파를 받아들였고, 심지어 프랑스인 로마 가톨릭 추기경과도 친하게 지냈다. 루터교 당국의 눈에는 이것이 지나친 행위로 비쳤다. 백작은 쫓겨나 순회 전도자가 되었지만, 자신의 정통 신앙을 입증하기 위해 투쟁하고 마침내 뜻을 성취했으며, 심지어 왕의 동의하에 베를린 주교의 안수를 받아 루터교 주교가 되었다. 그의 영지 헤른후트에서 이름을 딴 헤른후트파(the Herrenhuters)는 독특한 루터교 분파로 인정받았다. 그럼에도 불구하고 그들의 공동체는 분리주의적인 성격을 띠었고, 신세계로 이주한 뒤에는 새로운 교단을 결성하기에 이르렀다. 헤른후트 공동체의 일부 — 주로 모라비아 교도들 — 는 펜실베이니아로 이주하여 그곳에서 베들레헴 시를 설립했다. 그들은 형제 연합회(the Unity of the Brethren, 유니티파. 연합 형제회 〈the United Brethren〉는 그들과 다른 집단임)라 불리며, 좀더 일반적으로는 모라비아 교회(the Moravian Church)라고 불린다.

경건주의가 독일의 종교적 사회적 삶에 끼친 영향은 얼추 생각해도 지대하다. 경건주의는 독일 민족주의가 대두하는 데 기여했을 가능성이 있다. 학자들에 따르면, 계몽사상이 신앙을 감퇴시키고 정서를 성부 하나님에게서 조국으로 이전한 반면에, 경건주의는 정서에 불을 지폈다고 한다. 독일의 영혼에서 특별한 신적 영감을 바라본 낭만주의자들이 경건주의 전통에서 자라났다는 것은 명약관화한 사실이다.

경건주의는 계몽사상과 맞물려 교회사를 바라보는 새로운 방법을 도입했다. 16세기와 17세기에는 교회사를 신앙고백적 의도로 집필했다. 16세기에 「마그데부르크 세기별 역사」(*Magdeburg Centuries*. 세기별로 구분한 역사. 마그데부르크에서 출판)는 개신교의 주장들을 뒷받침할 만한 증거들을 축적했다. 추기경 바로니우스(Baronius)는 「연대기」(*Annals*)를 펴내어 맞섰다. 18세기에는 교회사를 공평하게 집필하는 데 초점이 맞춰졌다. 이것은 두 가지 방법 중 한 가지로 얻을 수 있었다.

첫째 방법은 모든 운동들에서 등거리를 두는 것이었다. 계몽사상가들은 가톨릭 교회와 개신교회가 너나할 것 없이 미신적인 성격을 띠고 있다고 느꼈는데, 그중에서 기번(Edward Gibbon) 같은 사람은 두 교회에 대해 적대감을 감추지 않았으며, 배교자 율리아누스(Julian the Apostate) 같은 사람들에게만 온정을 보였다. 요한 로렌츠 폰 모샤임(Johann Lorenz von Mosheim, 1694-1755)을 비롯한 다른 사람들은 기독교의 모든 다양한 분파들을 법적인 공평성을 가지고 묘사하려고 노력했다. 「교회사 강요」(Institutes of Ecclesiastical History)로 번역된 그의 역사서는 19세기 말까지 영국과 아메리카에서 폭넓은 인기를 누렸다.

또 다른 방법은 모든 체제들을 공감을 가지고 접근하는 것이었다. 이것이 경건주의자들의 방법이었는데, 그들은 과거 기독교 역사에 일어난 모든 열정적인 운동들을 눈여겨 보았다. 정통과 이단을 가리지 않았지만, 이단들 가운데서 일어난 운동에 눈길을 주는 경우가 많았다. 이러한 것이 교회사 집필 역사에 획을 그은 고트프리드 아놀드(Gottfried Arnold, 1660-1714)의 「교회와 이단들의 역사」(History of the Church and the Heretics)의 관점이었다. 이런 유형의 자유주의는 성령께 열정을 받는 모든 사람들 사이에 교회 일치를 촉진했지만, 동시에 열정적인 사람들과 차가운 사람들 사이에 분열을 일으키기도 했다.

국내 관계에서 경건주의는 결혼의 낭만적 요소를 주의 포도원에서 함께 일하는 동역자 개념에 종속시킨 좌파 형태의 개신교도들에게 호감을 샀다. 헤른후트 공동체에서는 결혼이 때로 제비뽑기로 결정되었다. 물론 싫은데도 억지로 짝을 맺어주었다는 말은 아니고, 다만 종교적 의무가 개인적 취향보다 앞섰다는 말이다. 부부 관계에 대한 태도도 청교도들보다 더 금욕적이었다.

경건주의는 초기부터 박애 사업에 힘썼다. 프랑케(Francke)는 고아원을 세웠다. 진젠도르프(Zinzendorf)는 난민들을 받아들였다. 다음 세기에 요한 비케른(Johann Wichern)은 독일에 지체장애자, 시각장애자, 간질병자, 문둥병자, 사생아, 미혼모, 정신장애자 등 심신에 결함이 있는 모든 사람들을 보살피기 위해 이른바 국내 선교회(Innere Mission)를 조직했다. 계몽사상의 인도주의와 경건주의의 측은지심이 어느 정도 합류되었다. 계몽사상은 합리성을 강조했고, 마술사 처형을 미신으로 여겨 반대했고, 정신장애자를 귀신들린 자로 취급하는 것에 반대했으며, 전쟁의 비합리성을 비판했다. 경건주의는 사랑과 측은지심을 강조했고, 전쟁 때 형제들을 죽이는 것을 반대했으며, 운명과 과실과 우매로 파산한 희생자들을 보살폈다. 비케른은 한 걸음 더 나아가 사회를 개조하려고 했으나, 그의 동료들은 사업을 구제로 국한했다. 아마 이것이 경건주의가 농민들과 귀족들의 호감을 샀으면서도 마르크스(Marx)의 사회주의에 휩쓸려 가던 공장 프롤레타리아들을 얻지 못했던 이유였을 것이다. 경건주의는 신앙 공동체에서 쓰는 친숙한 인삿말을 사용했는데도 독일어에 영향을 주지 못했다. 경건주의는 초등학교(Volksschulen) 발전을 통해서 독일 본토뿐 아니라 스칸디나비아 국가들에도 대중 교육을 촉진했다.

영국의 부흥운동: 감리교

영국의 부흥운동이 취한 형태는 감리교(Methodism, 방법주의파)였다. 감리교 역시 국교회 내에 만연하던 결핍들에 대한 저항이었다. 지난 세기에 성직자들이 보여 주었던 개탄스러운 상태가 조금도 나아지지 않았다. 가난과 성직 겸임과 성직자 부재가 여전히 성행했다. 18세기 초에 있던 1만1천 곳의 성직록 중에서 6천 곳이 성직자 부재지로 추산되었다. 젠트리들은 아들들이 전쟁으로 더 큰 기회를 얻기 전에는 명목상의 성직록들을 그들 앞으로 해두었다. 감리교도들은 주교 버틀러(Butler) 같은 성직자들의 경색된 태도에 반발했다. 버틀러는 존 웨슬리(John Wesley)의 면전에서 "성령의 특별 계시나 은사를 받은 체하는 것은 역겨운 짓이오. 그렇소, 아주 역겨운 짓이오!"[17] 하고 말했다.

그러나 그보다 더 심각했던 문제는 초기 산업혁명으로 특히 탄광 지대에서 점증하던 프롤레타리아들에게 영국 국교회가 무관심했다는 것이었다. 주교 워버튼(Warburton)은 이렇게 말했다: "교회는 노아의 방주와 마찬가지로 구원할 가치가 있는데, 그것은 그 안을 거의 차지하다시피 하면서 온갖 소음과 아우성을 내놓는 부정한 짐승들과 해충들을 위해서가 아니라, 한쪽

구석을 차지하고 있는 이성적 피조물을 위해서이다. 그들은 폭풍우가 몰아치는 바깥 때문에 뿐 아니라 내부의 악취 때문에도 고통스러워한다."[18]

웨슬리의 사명은 "부정한 짐승들"을 향한 것이었다. 그러나 당시 영국 국교회의 무관심을 지나치게 과장해서는 안 된다. 영국 국교회에 불씨가 전혀 없었다면 웨슬리 같은 사람도 나오지 않았을 것이다. 1701년 영국 국교회는 이미 해외 복음 전도회(the Propagation of the Gospel in Foreign Parts), 즉 영국 식민지들을 대상으로 한 선교회를 조직한 바 있다. 헌신적인 성직자 윌리엄 로(William Law)는 그의 책 「헌신적이고 거룩한 생활을 하라는 진지한 부르심」(Serious Call to a Devout and Holy Life)을 통해서 웨슬리에게 깊은 영향을 끼쳤다. 비국교도들 가운데 아이작 워츠(Isaac Watts)는 회중교회 찬송에 큰 자극을 주었다. 영어 찬송가 중에서 그의 찬송을 능가하는 작품은 거의 없었다:

> 주 달려 죽은 십자가
> 나 항상 생각할 때에
> 세상에 붙은 욕심을
> 헛된 줄 알고 버리네.

존 웨슬리가 태어난 가정은 국교도와 비국교도의 신앙을 정순하게 물려받은 가정이었다. 아버지는 국교회 사제였고, 어머니는 비국교도 목사의 딸이었다. 어머니는 자녀를 열아홉이나 낳은 대단한 여성이었는데, 웨슬리는 그중 열다섯째였다. 어머니는 자녀들에게 "회초리를 무서워하고 조용히 울도록" 가르쳤다. 매주 각 자녀에게 따로 시간을 내어 신앙을 가르쳤다. 그러기 위해서는 방법주의자(methodist)가 될 수밖에 없었다. 존은 어머니가 죽는 날까지 어머니에게 조언을 구했다.

감리교 운동은 청년 운동이었다. 옥스퍼드 대학교 학생들 사이에서 시작했다. 그들은 금욕적 품행과 열성적인 기도 생활로 놀림감이 되었지만, 무엇보다도 교도소 방문 전도로 놀림감이 되었다. 선교 열정이 웨슬리를 사로잡았다. 그는 식민지 개척자들과 인디언들을 대상으로 목회를 하려고 조지아로 갔다(조지아로 가기 전 그는 인디언들을 선량한 미개인들〈bon sauvages〉이라고 칭송했었다). 조지아로 가던 중 배에서 풍랑을 만났다. 잔뜩 겁에 질려 있던 웨슬리는 어린이들을 대동한 남녀 모라비아 교도들이 풍랑 속에서 고요히 찬송을 하는 모습에 큰 감명을 받았다. 조지아에 도착한 뒤 그 선량한 미개인들이 더러운 개라는 것을 발견했다. 그는 성(性) 문제로 무척 당황했다. 그는 소피 홉키(Sophie Hopkey)에게 연정을 느꼈고, 그 여성에게 구애할 기회를 얻었다. 웨슬리는 함께 시편 찬송을 부르자고 제의했으나, 소피는 다른 사람과 결혼해 버렸다. 웨슬리는 몹시 낙심한 채 영국으로 돌아가 런던에서 모라비아 교도들의 예배당을 찾아갔다. 그 예배당에서 1738년 5월 24일 8시 45분 멜란히톤의 「로마서 주석」(*Commentary on the Epistle to the Romans*)에 실린 루터의 서문이 낭독되고 있을 때, 웨슬리는 신생(新生)을 체험했다. 그는 자신의 설교 한 편에서 영으로 나는 것과 육체로 나는 것을 비교했다. 사람은 육체로 나기 전에는 죽어 있지 않지만, 태어나지 않은 아기는 눈이 있어도 보지 못하고 귀가 있어도 듣지 못한다. 마찬가지로 신생 전에는 하나님의 일들을 아는 지식이 없다.

그러나 "깨달음의 눈이 열리면" "마음에 널리 비친 하나님의 사랑"을 느끼게 됩니다. 그러면 그는 살았다고 할 수 있습니다. 그때부터 신생의 본질이 명확하게 나타나기 시작합니다. 그것은 전능하신 하나님의 성령이 온 영혼에 일으키시는 큰 변화로서, 그 때 영혼은 "그리스도 예수 안에서 새롭게 지음"을 받습니다 … 그때 세상 사랑이 하나님 사랑으로 바뀌고, 교만이 겸손으로, 격정이 온유로, 미움과 시기와 증오가 평정과 친절과 온 인류에 대한 이타적 사랑으로 바뀝니다. 한 마디로 그것은 세상적이고 감각적이고 마귀적인 정신이 "그리스도 예수 안에 있는 정신"으로 바뀌는 변화입니다. 이것이 신생의 본질입니다: "성령으로 난 사람은 다 이러하니라."[19]

3주 뒤 웨슬리는 옥스퍼드에 있는 세인트 메리 교회에서 설교했다. 주제는 이신칭의였다.

행위로 구원을 받을 수 없다고 하는 것을 절망의 모략이라고 생각하는 사람들이 있습니다. 자기들이 할 수 있는 일에 의존하는 사람들에게는 그것이 과연 절망의 모략입니다. 그러나 그것은 자기를 정죄한 사람들에게는 매우 위로가 되는 말입니다. "저를 믿는 자는 부끄러움을 당치 아니하리라"는 말씀과 같습니다. 여기에 하늘처럼 높고 죽음보다 강한 위로가 있습니다! 뭐라고요? 만민을 위한 자비라고요? 공적인 강도 삭개오를 위한 자비라고요? 창녀 막달라 마리아를 위한 자비라고요? 내게는 이런 소리가 들립니다. "그렇다면 나 같은 사람도 자비를 받을 소망이 있군요! … 이 얼마나 기쁜 소식입니까!" "여러분의 죄가 주홍 같을찌라도 … 주께 돌아오십시오. 주께서 자비를 베풀어 주실 것입니다 … 풍성한 사죄를 베푸실 것입니다." 오직 이 복음만 홍수처럼 이 땅에 창궐하는 부도덕을 막을 수 있습니다. 깊은 죄악을 조금씩 조금씩 제거할 생각입니까? 그렇다면 특정 죄악들을 단념시킴으로써 스스로를 개혁할 수 있을 것입니다. 그러나 하나님께 속한 의를 끌어들여 그 교만한 파도가 그치도록 하십시오.[30]

이것은 개인의 회심을 통한 사회의 중생을 천명하는 선언이며, 사실상 웨슬리는 청교도 운동이 무력으로 한 것보다 사람들을 회심시키는 방법으로 영국을 더욱 청교도적으로 만들었다. 그의 방법은 설교였다. 그러나 곧 교회들은 그에게 문을 닫아걸었다. 그가 그리스도인들의 수준을 정직한 이교도들보다 낮게 평가한 것은 단지 언짢은 심정을 달래기 위함이 아니었다. 그는 아버지가 시무하던 엡웟스의 교회에서 강단에 설 권리를 박탈당했으며, 따라서 아버지의 묘지에 올라서서 예배당 뜰에 운집한 회중에게 설교할 수밖에 없었다. 그뒤로 야외 설교가 되살아났다. 중세의 탁발 수사들이 이 방법을 사용한 적이 있었고, 초기의 몇몇 개신교 종교개혁자들도 이 방법을 사용했으며, 다음 세기의 퀘이커 교도들도 그러했다.

웨슬리는 말을 타고 촌락과 광산을 찾아다녔다. 사람들은 야외 설교자를 조롱 거리로 삼았다. 군중이 회집하면 읍의 포고꾼이 고함을 지르고, 뿔나팔을 불어대고, 암소나 황소를 군중 속으로 풀어놓곤 했다. 돌을 던지기도 했다. 그런 공격을 가로막는 사람도 때로는 있었다. 누군가 돌을 던지려고 손을 들면 누군가 뒤에서 그의 손가락을 붙잡았다. 어떤 짓궂은 자는 큰 주머니들이 달린 옷을 입고 주머니들에 썩은 달걀을 잔뜩 집어넣고 군중들 틈에 들어왔다. 그러면 누군가 뒤에서 그의 등을 치면서 나가라고 했다. 웨슬리는 "저이의 냄새는 별로 향기롭지 못하군요" 하고 한 마디 했다. 그는 자신의 일기에 적기를, 자기가 마차를 타고 가노라면 군중이 마차에 돌팔매질을 시작했다고 한다. 그러면 함께 마차에 탄 풍채 놓은 귀부인이 그의 무릎에 앉아 방패가 되어 주었다. 웨슬리는 자주 용기를 내어 군중을 잠잠케 했다.

한번은 어느 집에 들어가 있다가 군중에게 포위되었다. 문들을 단단히 걸어 잠갔으나 폭도의 우두머리가 나머지 사람들을 밖에 놔둔채 방문을 뚫고 들어왔다. 그때 돌멩이가 창문을 뚫고 날아들어와 그 무법자의 머리를 후려쳤다. 그는 아파서 쩔쩔매면서 "저희가 어떻게 해야겠습니까?"하고 물었고, 웨슬리는 "기도하시오"라고 하자 그는 그 말대로 했다. 많은 깡패들이 웨슬리의 침착한 태도에 감화를 받고서 곧장 방해꾼들에게 돌아서서 누구든 그를 건드리면 가만두지 않겠다고 말했다. 그리고 이 깡패들 중 적지 않은 사람들이 대 전도집회의 지도자들이 되었다. 웨슬리는 적대적인 군중 앞에 섰던 일을 술회한다. "내 마음은 사랑으로, 내 눈은 눈물로, 내 입은 할 말로 가득찼다. 그들은 놀라고 부끄러워하고 녹아내렸고, 내 말을 한 마디도 떨어뜨리지 않고 받아 삼켰다. 얼마나 큰 반전이었던가!"[21]

웨슬리는 말을 타고 이 마을에서 저 마을로 다녔고, 가다가 쉴 때는 말의 고삐를 풀어 놓고는 고전 작품들과 당시의 시집들을 꺼내 읽었다. 잉글랜드의 습지, 스코틀랜드의 황야, 아일랜드의 늪지, 웨일즈의 산지 등 그가 지나가지 않은 곳이 없었다. 그 세기에 어느 누구도 그처럼 영국 제도(諸島)를 친숙히 알고 있던 사람은 없었으며, 그의 일기는 그 세기의 가장 중요한 사회 문서 중 한 권으로 남아 있다. 오랜 여행을 마치고 예전에 군중들에게 괴롭힘을 당하던 지역들을 들러보면 이제는 군중들이 그가 마치 조지 왕이라도 되는 듯이 환호하며 그를 영접했다.

웨슬리는 특히 광산촌을 찾아다녔다. 새벽 다섯 시면 광부들이 갱으로 들어갔는데, 웨슬리는 먼저 그곳에 가 있다가 복음을 전했으며, 그들이 이루 말할 수 없는 고생을 한 뒤 갱에서 올라올 때도 그는 그곳에 가 있다가 그들을 맞이했다. 그들은 구속의 말씀을 들으면서 흐르는 눈물이 검댕으로 얼룩진 두 볼에 흰 이랑을 내곤 했다. 그들에게는 신생(新生)이 고된 삶을 뜻했다. 웨슬리는 그들에게 생활을 고치고, 근신하고 정순하며 인정 있는 사람이 되라고 했다. 산업혁명으로 증류주가 도입되었기 때문에 술이 끼치는 해

악은 이전보다 훨씬 더 심각했다. 맥주와 포도주가 럼 주로 대체되었다. 남자들뿐 아니라 여자들과 아주 어린 아이들까지 포함하여 갱 속에서 말짱한 정신으로 일하던 사람들이 한주일 내내 일한 돈을 선술집에서 모두 날려버렸다. 그런 생활을 깨끗이 청산한다는 건 몹시 어려웠다. 한주일 내내 거듭나지 못한 동료 노동자들에게 시달리는 것은 더욱 어려웠다. 감리교도에게 억지로 술을 먹이는 것보다 더 재미있는 장난은 없었다. 「픽윅 페이퍼스」 (The Pickwick Papers, 찰스 디킨스의 소설)에서 "연합 대 에벤에셀 금주협회 브릭 레인 지부의 빨간코 스티긴스 씨"에 가해지는 희롱을 눈여겨 보라.

올곧은 길을 걷는 자들은 상호 지원이 필요했다. 속회(class)들이 결성되어 매주 모임을 갖고, 한 주간의 시험과 실패와 주께로부터 힘을 얻은 사례들을 간증했다. 이것이 한 조직의 핵이었다. 런던에서는 지붕이 날라가 버린 채 버려진 대포 공장이 차츰 감리교 예배당으로 개조되었다. 평신도 설교가 도입되었다. 웨슬리는 영국 전역의 감리교 집회를 감독했으며, 그로써 티아라(tiara, 교황의 삼중관)를 쓰지 않은 교황이 되었다. 그는 자기가 새로운 교회를 설립하고 있다고는 꿈에도 생각하지 않았으나, 국교회가 성 바울 대성당의 마루바닥에 징 박은 구두를 들이기를 원치 않는 한에는 분열이 불가피했다. 분열의 결정적인 수순은 웨슬리가 코크(Coke)를 북아메리카 감독(주교)으로 임명함으로써 이루어졌다. 웨슬리는 초대 교회에서 감독, 장로 혹은 사제가 동일 직분이었다고 믿었다. 자신은 사제였고 따라서 감독이었지만, 동일한 증표에 의해 코크도 감독이었고 따로 축성을 받을 필요가 없다고 생각했다. 웨슬리가 코크에게 수여한 것은 실은 행정권뿐이었지만, 그래도 그가 감독으로 축성되었다고 말하는 것은 영국 국교회의 교리와 어울리지 않았다. 웨슬리 자신은 영국 국교회를 떠난 적이 없었고 버림받은 적도 없지만, 시간이 흐르면서 감리교도들은 스스로를 비국교도들로 여기게 되었다. 이로써 새로운 교단이 존재하게 되었다.

그럼에도 불구하고 이것은 통합의 성격을 띤 분열이었다. 이는 감리교도들이 몇몇 점들에서는 국교회와 공통점을 갖고 있었고, 또 다른 점들에서는 비국교도들과 공통점을 갖고 있음으로 해서 그 간격을 줄여 놓았기 때문이다. 그들은 국교회 편에서는 대체로 토리당원으로서 가톨릭 해방에 반대했다. 영국 국교회 내의 복음주의자들 편에서는 노예제도를 격렬히 비판했다. 비국교도들에 대해서는 순교 사역을 전수했고, 교회 정치 면에서 지교회의 순수한 자율권보다 지교회들간의 일종의 "교단 관계"를 전수했다. 그들이 영국의 사회 생활에 끼친 영향은 대단히 컸다. 웨슬리 자신이 정치뿐 아니라 경제면에서도 토리당원이었고, 사회 개혁을 주장하는 데서도 귀족들을 위해 증류주 생산을 금지하고 말을 너무 많이 키우지 말아야 한다고 — 말과 독주는 가난한 백성에게 돌아갈 곡식을 많이 소비하기 때문에 — 주장한 것 이상의 급진적 제안을 하지 않았다.

그러나 웨슬리는 가난한 자들을 알았다. 그들에게 관심을 가졌다. 그들에게 절제와 근면과 절약을 권하여 생활이 펴게되고, 그로써 오히려 나태의 위험이 생길 정도가 된 것에 스스로도 놀랐다. 그는 가난한 자들을 회심시킴으로써 영국 프롤레타리아들을 복음의 범주 안으로 끌어들였다. 그것은 독일의 경건주의가 해내지 못한 일이었다. 다음 세기에 두 나라의 사회 구조에 큰 차이가 생기게 된 한 가지 요인은 아마 여기에 있는 듯하다.

뉴잉글랜드의 부흥운동

뉴잉글랜드에서 부흥운동에 해당하는 용어는 "각성운동"(awakening)이었다. 1730년대에 제1차 대각성운동이 있었고, 1800년 이후에 제2차 대각성운동이 있었는데, 그 중간에도 소소한 각성운동들이 많이 일어났다. 아메리카에서 일어난 운동들은 영국과 대륙에서 일어난 운동들과 긴밀한 관계가 있었다. 코튼 매더(Cotton Mather)는 독일 경건주의를 동경했다. 얼마 뒤에 뉴잉글랜드의 부흥운동와 감리교 사이에 맺어진 결합은 훨씬 더 친밀했다. 웨슬리의 동료 조지 휘트필드(George Whitfield)는 메소포타미아라는 단어만 가지고도 청중을 흐느끼게 할 수 있었던 동료 사역자로서, 대서양 연안을 휩쓸고 다니면서 많은 사람들을 회개시켰다. 그는 조나단 에드워즈를 방문했고, 에드워즈 부인의 경건에 깊은 감명을 받은 나머지 자기도 그러한 아브라함의 딸을 만나게 되기를 하나님께 기원했다. 그러나 아메리카의 부흥운동은 해외로부터 어떠한 자극도 필요치 않았다. 그것은 첫 이민 세대부터 빌리 그레이엄(Billy Graham)에 이르기까지 미국 기독교의 본질이었다. 곤핍한 세월을 지내오면서 부흥의, 대수확의 고동이 뛰고 있었다.

앞에서 살펴보았듯이, 뉴잉글랜드의 교회는 처음부터 각성한 자들로만 구성되어 있었다. 은혜 받은 뚜렷한 증거를 내놓을 수 있는 능력이 교회 가입의 선결 조건이었고, 교회 가입은 온전한 시민권의 선결 조건이었다. 교회와 국가는 하나였으나, 그 구성원들은 사회의 소수에 불과했다. 처음에는 이러한 현실에 별다른 저항이 없었다. 왜냐하면 이른바 객들은 영국에 있을 때 재산 자격 때문에 참정권을 누려본 적이 없던 사람들이었기 때문이다.

그러나 제2세대에 접어들어 성도들의 아들들이 영적인 증거를 내놓지 못했을 때, 그리고 그 결과 심지어 목사의 아들도 군대 장교 선출에 투표할 수 없게 되는 일이 발생했을 때, 새 이스라엘에는 불평의 소리가 들리기 시작했다. 한 가지 해결책은 참정권을 확대하는 것이었고, 1700년에 가서는 그것이 실현되기에 이르렀다. 그러나 이것으로는 충분치 않았다. 왜냐하면 비록 정서상의 회심을 내세울 수는 없어도 참정권뿐 아니라 교회의 삶에도 참여하기를 바라던 경건하고 건실한 사람들이 많이 있었기 때문이다. 그들을 수용하기 위해서 일시적 문제를 다루는 교회 기관들을 설치하는 방식으로 준회원 제도가 고안되었다.

조나단 에드워즈의 할아버지 솔로몬 스토다드(Solomon Stodard)는 심지어 회심치 않은 자들을 성찬에 참석하도록 허락하는 데까지 나갔다. 그들이 성찬에 참석함으로써 회심하기를 기대했던 것이다. 그러나 그러기보다 차라리 사회 전체를 회심시키는 편이 훨씬 더 나았을 것이다. 그렇게 되면 교회와 국가와 사회가 은혜의 띠로 묶였을 것이고, 신성 공화국은 실제로 존재해 본 적이 없는 실재가 되었을 것이다. 이것이 조나단 에드워즈의 소망이었다.

그러나 그의 주된 관심이 신성 공화국에 있었다고 생각해서는 안 된다. 그의 의도는 영혼들에게 장차 임할 진노에서 탈출하도록 경고하여 그들로 하나님 안에서 복된 삶을 누리게 하려는 데 있었다. 그는 자신이 몸소 알고 있던 것에 그들이 이르기를 바랐다.

하나님께 관한 일들을 생각하노라면 종종 마음에 즐거움이, 영혼의 향기가 불현듯 타올랐다 … 밖으로 나가 혼자 걸었다. 아버지의 목장에 있는 한적한 곳이었다. 그곳을 거닐면서 하늘과 구름을 쳐다보자니 하나님의 영광스러운 엄위와 자비에 대한 생각이 형언할 수 없이 가득 밀려왔다.

모든 게 다 달라 보였다. 사방에 조용하고 온화한 하나님의 영광과 그 뛰어나심과 지혜와 성결과 사랑이 드리운 듯했다. 해와 달과 … 모든 자연 … 전에도 나는 앉아서 하염없이 달을 바라보곤 했다. 그리고 그 날 오랫동안 구름과 하늘을 바라보고 있다가 거기서 하나님의 인자한 영광을 바라보고서, 나직한 소리로 창조주와 구주께 대한 묵상을 노래로 읊조렸다.[22]

에드워즈는 산문시인이었다. 계몽사상을 잘 알고 있었고, 로크와 뉴턴의 글을 인용했다. 칼빈의 전승에 서 있던 신학자였다. 신비주의자들의 전승을 이어받은 체험적 그리스도인이었다. 그를 단순히 지옥의 구덩이 위에서 죄인들을 감질나게 만든 사람으로 묘사하는 것은 역사를 곡해하는 것이다.

에드워즈는 사회 전체를 회심시키는 작업에 착수했다. 그가 늘 해낼 수 있다고 생각했던 것은 어리석은 짓으로 보일 수 있다. 그는 예정론을 믿었기 때문이다. 로저 윌리엄스는 이미 오래 전에 지적하기를, 만약 하나님이 이미 더러는 구원받도록 선택하시고, 더러는 멸망하도록 버리셨다면 전체 사회를 회심시킬 수 있는 가능성은 없는 셈이며, 그들 모두가 사회 안에서 살고 국가의 통치를 받으므로 모두가 국가에 참여해야 하되, 교회는 선택자들에게 국한되어야 한다고 했다.

에드워즈는 교회에 선택된 자들만 받아들이려고 했지만, 그는 모든 사람이 선택된 자이기를 바랐다. 어쨌든 설교자는 하나님의 은혜를 전해야 한다고 했다. 하나님은 설교라는 방법을 쓰셔서 선택자들을 드러내시기로 작정하셨는데, 설교자가 누구관대 자기 회중 안에서 누구를 가리켜 선택받지 않았다고 추정하겠느냐고 했다. 그가 행한 「진노하시는 하나님의 손아귀에 있는 죄인들」(Sinners in the Hands of an Angry God)은 각성하라는 설교였다. 그 설교자는 말하기를, 하나님은 과연 진노의 하나님이시며, 마치 사람이 독거미를 불에 털어넣듯이 하나님께서도 패역한 인간들을 지옥불에 던져 넣으실 충분한 이유가 있다고 했다. 그러나 하나님은 참으사 인간들에게 또 한번의 기회를 주신다. 인간들이 어느 순간에고 지옥불에 떨어지지 않은 것은 오직 그분의 손이 그들을 붙잡고 계시기 때문이다. "죄인들이여, 여러분이 처해 있는 위험한 처지를 생각하십시오. 지금 이 예배당에 건강한 몸으로 조용히 안전하게 앉아 있는 사람들이 내일 아침이 오기 전에 지옥에 가 있는다 해도 조금도 놀랄 일이 아닙니다."[23]

설교를 마치기 전에 "예배당 곳곳에서 큰 탄식과 절규가 터져나왔다 … 고함과 절규가 온 예배당 안에 사무쳤다 … 수많은 영혼들이 그날 밤 위로를 받아 얼굴에 기쁨과 환희가 가득했다!"[24] 대각성운동이 시작되고 있었던 것이다.

대각성운동은 교회들에, 즉 일부 교회에 생명력을 불어넣었지만, 신성공화국이라는 외형적 조직은 복원시키지 못했다. 오히려 그 운동으로 인해 교회들은 새빛파(the New Lights)와 옛빛파(the Old Lights)로 분열되었다. 오늘날까지 뉴잉글랜드에는 초지(草地)에 두 지교회가 서 있는 마을들이 심심치 않게 있어서 과거의 분열을 회상하게 한다.

제12장

19세기의 확장과 사회 개혁

역사를 세기별로 구분하는 것은 어느 시대가 됐든 인위적인 방법이다. 이것이 1800년대와 1900년대만큼 두드러지는 경우도 없다. 나폴레옹 전쟁으로 얼룩진 19세기의 20년대와, 제1차 세계대전이라는 기념비적 사건이 벌어진 20세기 20년대가 차라리 역사적 시대를 구분하는 데 훨씬 더 유용할 것이다.

두 세기 동안 이루어진 발전은 19세기에 기독교의 전례 없는 확장이 이루어진 반면에, 20세기에는 현저히 퇴보했다는 점에서 구분할 수 있다. 19세기는 분파 결성의 문화를 목격한 반면, 20세기는 재통일을 향한 운동들로 두드러졌다. 19세기가 저물 무렵 몇몇 나라들의 교회들은 국가를 대지도자(the Great White Father)로 바라보았으나, 20세기에 특정 지역들에서는 국가가 대리워야단(the Great Leviathan)임이 입증되었다. 사회적 관심과 신학적 분쟁이 두 세기 내내 지속되었다. 그런 이유에서 이 책은 어쩔 수 없이 연대기적 방법과 주제별 방법을 병행할 것이다.

세기의 전환은 당대인들에게 감지할 수 없는 이행(移行)으로 받아들여졌다. 뉴잉글랜드의 성직자들은 "100주년 설교"로써 그 사건을 인지했다. 그 중 한 성직자는 19세기를 맞이하면서 지난 100년을 되돌아 본 다음, 자신이 동일한 회중 — 비록 동일인들은 아니지만 — 을 대상으로 오래 행해온 사역을 되돌아 보았다. 그는 맨 처음 자신의 양무리를 구성했던 이들이 이제는 산허리에 잠들어 있지만, 머지 않아 자신과 지금 회중과 함께 재결합할 날이 올 것이라고 했다. 그리고는 청중에게 "복된 새해"를 기원했다.[1] 그리고 새해는 아무런 특이한 변화 없이 흘러갔다. 이신론자들도 여전히 살아 남아 모세의 실수와, 대평원을 복음으로 타오르게 하고 있던 부흥운동가들의 실수를 꼬집으면서 청중의 흥을 돋구고 있었다.

신세계의 부흥운동

부흥운동은 기세가 꺾이지 않은 채 지속되었다. 19세기 초에는 두 가지 두드러진 현상이 있었는데, 하나는 뉴잉글랜드 변경에서 발생했고, 다른 하나는 영국 옥스퍼드 대학교와 소교구 교회들에서 발생했다. 뉴잉글랜드에서는 제2차 대각성운동이 제1차 대각성운동의 무절제를 피해가며 조심스럽게 진행되고 있었다. 심지어 조나단 에드워즈의 회중에서조차 기절하는 사례들과 한 번의 자살 사건이 발생했었기 때문이었다. 당시 보스턴에서 대각성운동 자체를 비판하는 여론이 일자, 에드워즈는 신체적 현상들은 신앙 체험의 실재를 입증도 반증도 하지 않으며, 척도는 성령의 열매를 맺는 데 있다고 답변했다. 그의 후계자들 중 더러는 식별력이 뛰어나지 못했고, 따라서 다음 운동의 지도자들은 절제를 권고했다. 그러나 그들이 부당하게 절제를 권고했다고 생각해서는 안 된다.

헨리 워드 비처(Henry Ward Beecher)와 해리어트 비처 스토우(Harriet Beecher Stowe)의 아버지 라이먼 비처(Lyman Beecher)는 각성의 기운이 보스턴에 있는 자기 회중을 덮쳤을 때 그것을 "낙엽에 붙은 불"로 묘사했다. 그만큼 열정이 쉽게 식어버렸다는 뜻이다. 비처는 19세기 중반에 찰스 피니(Charles Finney)가 복음의 강풍을 뉴욕 주 북부 초원 지대에 불어넣었을 때 대각성 운동이 시작되었다고 생각했다. 그 지역은 '깡그리 타버린 땅'이라 불릴 정도로 뜨겁게 타올랐다.

서부 변경에서는 야영집회(camp meetings)가 대대적으로 일어났다. 많은 교단들이 참여했다. 그중에서 감리교도들보다 이 방식에 능통한 사람들은 없었다. 전도 대상이 되었던 변경 지대 사람들에는 두 부류가 있었다. 한 부류는 호전적이고 난폭하고 말 도둑질과 도박과 오입과 폭음과 신성모독을 일삼던 청년들이었고, 또 한 부류는 가족을 데리고 그 땅에 정착하느라 말할 수 없는 고생을 겪고 있던 농장인들이었다. 그들의 생활은 영국의 석탄 광부들만큼이나 고되고 단조로웠다. 야영집회는 사교장의 대안이었다. 다음 기사를 읽고나면 "성령에 취했다"라는 표현이 단순한 비유가 아니었다는 것을 이해하게 될 것이다. 훗날 전도자가 된 이 글의 저자는 당시에는 자유사상가였다. 그는 이렇게 썼다:

> 그 소음은 나이아가라 폭포 소리와 같았다. 인산인해를 이룬 사람들이 마치 폭풍에 휩쓸리듯 심하게 들먹였다. 목사의 수를 세어보니 일곱 명이었는데, 모두가 더러는 나무 그루터기에 올라서고, 더러는 마차에 올라서고, 더러는 다른 나무에 쓰러져 기대 있는 나무에 올라서서 동시에 설교하고 있었다. 청중 가운데 더러는 찬송을 했고, 더러는 기도를 했고, 더러는 아주 큰 소리로 외치고 있었다. 이 광경을 보고 있자니 전에 느낀 적이 없는 이상하고 독특한 느낌이 엄습해 왔다. 가슴이 심하게 뛰고 무릎이 후들거리고 입술이 떨렸으며, 마치 땅에 넘어져야 할 것만 같은 느낌이 들었다. 이상한 초자연적 권능이 그곳에 모인 큰 무리를 감싸고 있는 듯했다 … 나는 곧 그 자리를 떠나 숲으로 들어간 다음 용기를 수습하려고 애썼다.
> 얼마 뒤에 그 흥분의 장소로 돌아가보니 흥분의 물결은 훨씬 더 고조되어 있었다. 아까와 똑같은 두려운 감정이 엄습해 왔다. 통나무 위로 올라갔다. 그곳에서 보니 사람들로 물결치는 바다가 훨씬 더 잘 보였다. 그때 내 뇌리에 박힌 그 정경을 지금은 도저히 말로 표현할 수가 없다. 한번은 적어도 5백 명이 한꺼번에 쓰러졌다. 마치 수천 발의 총탄이 그들에게 퍼부어진 것처럼 말이다. 그리고는 하늘을 찌를 듯한 비명이 뒤를 이었다 … 나는 다시 한번 숲으로 도망쳤다. 여기 오지 않고 그냥 집에 있었더라면 하는 마음뿐이었다.[2]

그의 시간은 그것으로 끝나지 않았다.

어느 순회 설교자(circuit rider)는 설교 도중에 발생한 사건을 전한다. 어느 깡패 두목이 난봉꾼들을 끌고 집회장에 들이닥쳤다가, "뭔지 모를 신성한 권능 앞에 두려움을 느끼고는" 흠칫 멈추어 서더니 땅바닥에 쓰러졌다. 그 기사는 이렇게 결론짓는다: "집회장 정경을 둘러보고, 참회자들의 흐느낌과 신음과 절규를 듣자니 치열한 전투가 한바탕 휩쓸고 지나간 전쟁터가 생각났다. 그 전투는 밤새 계속되었다. 승리는 주님의 편에 있었다. 많은 사람들이 회심했고, 다음 날 새벽쯤에는 왕을 연호하는 함성이 집회장을 진동시켰다."[3]

야영집회는 흥이 식으면 다시 벌이는 그런 술잔치가 아니었다. 한번 무릎을 꿇은 사람들은 일어나 새 생활을 시작했고, 야영집회는 변경 지대 사람들을 순하게 길들였다.

옥스퍼드 운동

같은 시기에 영국에서도 국교회 내부에 부흥운동이 진행되고 있었다. 복음주의 진영 — 그 중심지가 된 마을의 지명을 따서 클래팜파(the Clapham)라고 함 — 은 신앙 열정과 사회에 대한 강렬한 관심에서 경건주의 노선을 따랐다. 그러나 영국 국교회의 장래뿐 아니라 개신교 전반의 장래에까지 더 깊은 영향을 끼친 부흥운동은 옥스퍼드 운동(the Oxford Movement)이었다(이 운동은 특히 1833-1841년에 왕성하게 진행되었다). 이 운동의 지도자들은 자기들의 부흥운동이 야영집회와 비교되는 것을 미리 알았다면 깜짝 놀랐을 것이다. 그들은 품위있는 지식인들이었기 때문이다. 그러나 두 운동의 차이는 실은 지도자들보다 그들이 이끌려고 했던 사람들 사이에 있었다. 야영집회는 변경 지대 사람들을 겨냥한 반면에, 옥스퍼드 운동은 우악스러운 사람들보다는 침체되고, 형식적이고, 새치름한 유서깊은 소교구 사람들을 겨냥했다.

이 운동을 일으킨 존 케블(John Keble)은 옥스퍼드 대학교 시학(詩學) 교수였지만 주로 시골의 외딴 소교구에서 지내느라 연구실에는 좀처럼 나타나지 않았다. 그의 진영에는 에드워드 퓨지(Edward Pusey), 윌프레드 워드(Wilfred Ward), 그리고 누구보다도 존 헨리 뉴먼(John Henry Newman) 같은 저명한 사람들이 들어 있었다. 그들은 소교구들에 부흥을 일으키려면 교회의 구조와 관점에 대대적인 변화가 있어야 한다고 깨달았다. 한 가지 중대한 장애는 교회가 국가에 종속되어 있던 현실이었다. 수상이 주교들을 임명했다. 그렇게 임명된 주교들은 자기를 괴롭히는 자들은 죽여버리겠다고 공언한 멜번 경(Lord Melbourne) 같이 경박한 사람일 수가 얼마든지 있었다.[4] 심지어 20세기에 들어서도 침례교도 수상 로이드 조지(Lloyd George)가 주변을 불안케 하던 헨슬리 헨슨(Hensley Henson)이란 사람을 주교로 임명하여 비판을 받은 적이 있다. 그리고 공동기도서도 격렬한 "반교황파" 비국교도들로 가득 찬 의회의 동의를 받지 않고는 개정할 수 없었다.

옥스퍼드 그룹은 교회를 탈국교화하는 방안까지 모색했으나, 그러면 어디서 권위를 찾아야 하는가 하는 문제에 부닥쳤다. 그것을 신도석에서는 찾을 수 없었다. 무신경한 회중들이 예수 그리스도의 교회일 수가 없기 때문이었다. 또한 영국인 전체에서도 찾을 수 없었다. 모든 사람들을 포괄하려는 광교회(the Broad Church)의 이상은 기독교를 미온적인 최소 상태로 축소시켜야만 성취될 수 있었기 때문이다. 오히려 교회는 최대 상태를, 모든 위대한 역사적 증거들과 신조들 — 옛 신조들 — 을 선포해야 한다. 교회는 사도들의 계승자들이 전수해온 유산을 회복해야 한다.

사도들의 계승자들을 당대의 영국 주교들 가운데서 발견하려는 시도는 인위적이고 대수롭지 않은 일처럼 비쳤겠지만, 진짜 관심은 외적인 정통성을 표어로 내세우려는 것보다 경외와 경건과 기도와 헌신을 다시 일으키려는 데 있었다. 존 헨리 뉴먼은 대학교에서 행한 설교에서, 진정한 자연 종교는 이신론의 낙관적 상투어에서 발견되지 않고 이교의 어둡고 피비린내 나는 미신들에서 발견된다고 주장했다.

> 참 종교의 견지에서 바라볼 때는 이 절망적이고 캄캄한 투쟁들을 미신이라 부르는 게 백번 옳습니다. 그리고 신적 통치의 구도가 내놓은 후하고 즐거운 결과를 익히 아는 우리로서는 그것들을 미신으로 일축해 버리기 쉽습니다. 그러나 복음이 그에게 비추기 전에는 그것이 그의 가장 진실하고 최선의 종교입니다. 만약 우리 민족이 여전히 타락하고 부패한 상태에 남아 있다면, 우리 종교는 하나님이 우리를 위로하시기 전까지 걱정과 후회가 아니고 무엇이겠습니까? 어둠 속에 있으면서 우리가 할 수 있는 모든 일을 하고, 그 이상의 일을 하려고 노력하는 것이, 동산의 수풀 속에 들어가 벗은 몸으로 벌벌 떨면서 그분이 오실 시간을 기다리며, 나뭇가지 흔들리는 소리에도 우리에게 쏟아질 저주의 음성을 연상하는 것이, 한 마디로 미신적인 상태에 있는 것이, 거룩하시되 침해를 받으신 하나님 앞에서 자연이 내놓을 수 있는 최고의 선물이며, 최고의 봉사이며, 가장 성숙하고 호방한 지혜입니다.[5]

옥스퍼드 그룹이 신성감, 신비감을 되찾기 위해 사용한 방법은 야영집회가 아니라 소교구 교회들의 예배였다. 예배를 초기 교회의 신성한 상태로 되살리는 것이 그들의 목표였다. 당시에는 비국교도들만 기독교력을 포기한 게 아니라, 국교도들도 그것을 소홀히했다. 케블은 「기독교력」(*The Christian Years*)이라 불린 시집을 펴냈다. 그중에서 성금요일에 관한 시를 소개한다:

> 제 마음의 주여, 당신의 마지막 외침으로
> 당신의 피가 땅에 스며버리지 않게 하소서.
> 이제 당신 발 앞에 내 지친 몸 엎드립니다.
> 주님의 상처를 바라봅니다.
> 피 흐르는 그 상처, 내 곤한 눈이 바라보며
> 메마른 땅 사월 하늘 바라보듯 주를 앙망합니다.[6]

낭만주의자들이 한적한 농촌을 온통 그을음으로 뒤덮는 흉물스런 공장들을 비판하고 있을 때 유서깊은 교회당과 유서깊은 전례(典禮)가 마술과 같은 힘을 발휘했다. 숲속 빈터에 오랫동안 폐허로 방치된 교회당과 수도원 성가가 사람들 가슴에 아름답게 다가왔다. 그 그룹에 참여한 시인 아이작 윌리엄스(Isaac Williams)는 이렇게 썼다:

> 그 터를 천천히 거닐었다.
> 무너진 담장, 반쯤 쓰러진 탑,
> 거기에 붙은 창살과 아치가
> 음울한 자태로 침입자를 위압한다.
> 적막한 측랑(側廊)을 지나자니
> 알 수 없는 긴장이 엄습한다.
> 공상의 빛깔을 입은 복된 지혜여!
> 그런 전설들은 설령 사실이 아닐지라도
> 여기 우리 자연이 신성한 묘지와 성소 사이에서
> 하는 예언을 밝히 말해 준다![7]
>
> [그런 망상 중에:]
> 마치 천사가 출몰하는 동굴 속을 지나는 듯하다.
> 그 동굴에는 햇빛이 아닌 천상의 빛이 비추어

저 먼 나라로 인도한다.[8]

존 메이슨 닐

옥스퍼드 개혁자들의 원칙을 받아들여 일어난 케임브리지 그룹(Cambridge group)은 대대적인 건축 및 전례 부흥운동을 일으켰다. 주된 인물은 존 메이슨 닐(John Mason Neale)로서, 소교구 교회당들을 면밀히 연구하여 그 교회당들의 본래 모습과 훼손된 내력을 밝혀냄으로써 고딕 양식의 부활에 불을 지폈다. 그는 옛적 대수도원 교회당 봉헌식 정경을 이렇게 묘사한다:

> 새로 장식된 대수도원 교회를 상상해 보라 … 십자가상이 붙은 화상간막이, 벽걸이 융단, 성가대석, 프레스코 벽화로 장식된 둥근 천장, 금박 입힌 기둥 머리, 원색을 잃지 않은 기둥 사이의 벽 … 본당 회중석에 꽉 들어찬 수천 명의 예배자들 … 금과 보석으로 빛나는 제의(祭衣)를 입고서 성가대석을 메운 당당한 사제들, 제단 곁의 주교들과 대수도원장들 … 그들 뒤에 서서 거룩한 깃발과 은장대와 주교장(主敎仗)을 든 부제들 … 실내는 향 내음으로 진동한다 … 스테인드 글라스를 통해 들어온 화사한 햇살이 실내를 은은하게 비춘다 … 차부제가 묵직한 책을 들고 앞으로 나온다. 은 손잡이에 금 걸쇠가 달리고, 자주색 벨벳으로 된 양면에 진주를 엮어 만든 끈으로 장식한 책이다. 차부제는 책을 펼친다. 송아지 가죽으로 만든 속지에는 기묘하고 화려하게 도안한 대문자들이 부각되고, 화관들과 금색 포도송이들이 커다란 지면에 치렁치렁 도안되어 있다 … 주교가 앞으로 나와 누구든 새로 건립된 전(殿)을 모독하면 벌을 받을 것이라는 포고문을 낭독한다 … 그의 날은 짧을 것이요, 그의 직위는 다른 사람이 차지할 것이요, 그의 산업은 파산될 것이며, 그의 이름은 지워져 다음 세대가 알지 못할 것이다.[9]

닐은 초기 그리스와 라틴 찬송가들을 많이 번역했다. 그중 15편이 오늘날 찬송가들에 공통으로 실려 있다. 대표적인 곡들을 소개하면 이와 같다: '선한 그리스도인들아 기뻐하라'(Good Christian Men Rejoice), '주께 영광과 존귀를 돌리세'(All Glory Laud and Honor), '너 지쳤는가?'(Art Thou Weary?), '그리스도인이여, 이제 보는가?'(Christian, Dost Thou See Then?),

'예루살렘 금성아'(Jerusalem, the Golden, 한글통일찬송가 538장).

존 헨리 뉴먼

옥스퍼드 그룹에서 가장 큰 영향을 끼친 사람은 존 헨리 뉴먼(John Henry Newman)이었을 것이다. 그의 영향력은 영국 국교회에 남아 있을 때뿐 아니라 로마 교회로 전향한 뒤에도 여전했다. 학생 시절에 그에게 매료되었다가 훗날 사뭇 다른 처지에서도 여전히 존경을 금할 수 없었던 두 사람의 증언을 들어보자. 한 사람은 제임스 앤서니 프루드(James Anthony Froude)로서, 그는 이렇게 썼다:

그는 언제나 다른 참석자들보다 공통된 대화 주제들을 더 잘 알고 있는 듯했다 … 화자(話者)로서 그의 특장은 짐짓 재치있는 말이나 인상적인 말을 하지 않은 데 있을 것이다. 그는 풍자는 해도 독설은 입밖에 내지 않았다. 악의가 담긴 일화를 그에게서 들어본 적이 없다. 그는 단조로움을 참지 못했다. 그는 빛 자체였다. 융통성 넘치는 빛 말이다. 그는 진지한 화제 거리를 갖고 있는 것 자체를 흥미로워했다 … 과장하는 법이 없었다. 비현실적인 생각과는 거리가 먼 사람이었다. 그의 설교는 독특한 착상을 바탕으로 한 시(詩)로서, 정교해서 마음이 끌리고, 진지해서 반갑고, 독창적이어서 흥미로웠다. 신앙에 무관심한 사람들조차 그의 설교에 매료되었다. 그리고 신앙적으로 살고 싶어하면서도 신앙이 메마르고 지루하다고 느끼던 사람들에게 그의 설교는 바위에서 솟는 샘과 같았다.[10]

두번째 증언은 매튜 아놀드(Matthew Arnold)의 펜에서 나온다:

성 메리 대성당의 측랑으로 비치는 희미한 오후 햇살을 타고 소리없이 들어와 강단에서 일어나, 정교하고 정결고 애처로운 종교 음악과 같은 말과 생각으로 침묵을 깨뜨리는 지극히 황홀한 음성으로 파문져 나가는 그 영적인 환영(幻影)의 매력을 누가 거절할 수 있었겠는가? 내 귓가에는 여전히 그의 음성이 쟁쟁하다: "세상살이의 열정이 식고, 고단함과 아픔도 접고, 투쟁과 낙심도 끝나고, 음울함과 성마름도 끝나고, 싸워 이기는 일도 끝나고, 이 고통스럽고 불건강한 상태에서 생기는 온갖 변화와 우연도 끝나면, 마침내 죽음이 찾아옵니다. 마침내 하나님의 흰 보좌 앞에 서게 됩니다. 마침내 지복직관(the beatific vision)에 이릅니다."[11]

뉴먼과 그의 몇몇 제자들은 로마 가톨릭으로 개종했다. 아마 지적으로 너무나 탁월한 사람이었던지라 자신의 불가항력적인 삼단논법을 거역할 수 없었던 모양이다. 반면에 케블과 퓨지는 자기들을 영국 소교구 교회로부터 단절시키려는 어떠한 논리도 관용할 수 없었다.

해외 선교

복음주의 부흥운동은 개신교권에 대대적인 선교 운동이 일어나게 하는 데 주된 역할을 했다. 그 선교 운동에 힘입어 기독교는 이전의 어떤 세기와도 비교할 수 없이 넓은 영역으로 확대될 수 있었다. "그린랜드의 얼음 산맥에서 인도의 산호 해안까지"(저 북방 얼음산과 또 대양 산호섬, 한글통일찬송가 273장), 갠지스 강에서 아프리카 림포포 강까지, 북극해의 피요로드에서 정글까지, 에스키모인들에게서 아프리카 줄루 족에게까지 뻗어나갔다. 이 위대한 열정을 타오르게 한 정신을 바첼 린지(Vachel Lindsay)는 다음과 같은 시로 포착했다:

> 저 끝없이 이어진 장엄한 행렬,
> 천성을 본향 삼은 이 군인들,
> 이들은 신조를 들고 스코틀랜드를 나서고,
> 향(香)을 가지고 로마를 나선다.
> 예수 그리스도의 이름으로
> 흑암의 신들을 대적하고,
> 용맹으로 땅을 두르며,
> 왕의 명령에 귀 기울인다.
>
> 행렬은 전진하면서
> 힘으로 산들을 뒤흔들고,
> 숨은 용들을 베며,

사나운 사자들을 찌른다.
이 싸움에는 한 방울 피 흐르지 않나니,
다만 영혼들이 새로 태어나 일어나며,
민족들은 갈수록 친절해지고,
유순한 마음이 갈수록 지혜로워질 뿐.

그 끝은 어디멘가?
그 결말은 무엇인가?
그리스도께서 마호메트를 정복하실 것인가?
칼리(Kali, 힌두교의 신)의 제단이 존속할 것인가?
우리의 거대한 신앙과,
우리의 호방한 소망은 이것이다.
누가 비웃을 것인가,
예수의 이름으로
세계가 거듭나리라는 것을.[12]

    20세기로 접어들면서 이 소망의 사절들은 "우리 세대에 세상을 그리스도께로"라는 문구를 구호로 삼았으며, 과연 중세 천년 동안 확보한 것보다 더 광활한 지역에 기독교 전초 기지를 세웠다. 그 결과 기독교는 비록 세계의 유일한 종교가 되지는 못했지만 다른 종교보다 지구를 더 많이 차지한 세계 종교가 되었다. 오늘날 세계에는 8억 5천만 명의 그리스도인들이 있으며 ─ 이것은 세계 인구의 3분의 1에 해당하는 숫자이다 ─ 그중 2억 명이 아프리카인들이다.
    19세기의 방대한 확장을 주도한 세력은 개신교도들이었다. 지난 세기들에 그들은 이 점에서 가톨릭 교회에 훨씬 처져 있었다. 종교개혁과 그에 따른 종교 전쟁들을 거치면서, 개신교도들은 가톨릭 교도들을 개종시키고 자체의 생존을 위해 투쟁하느라 이교도들에게 관심을 가질 여유가 없었다. 어떤 개신교도는 하나님이 천사를 시켜 인도인들을 회심케 하실 것이라는 말로 스스로를 달래었다. 사실상 하나님이 그 목적을 위해 쓰신 천사들은 주로 프란체스코회와 예수회 수사들이었다. 비록 식민지 개척 시대에도 존 엘리엇(John Eliot), 데이비드 브레이너드(David Brainerd), 로저 윌리엄스(Roger Williams), 조나단 에드워즈가 인디언들을 대상으로 사역을 벌이긴 했지만,

개신교가 선교에 본격적으로 눈 뜨기 시작한 것은 복음주의 부흥운동의 영향을 받은 18세기 후반의 일이다.

개신교의 초점이 가톨릭 교도 개종에서 개신교 선교로 전환된 데에는 한 가지 세속적 요인이 크게 작용했던 것 같다. 가톨릭 교회의 쇠퇴는 한편으로는 스페인과 포르투갈 식민지 제국들의 약화와, 다른 한편으로는 유럽 북부, 특히 영국과 네덜란드에서 일어난 대대적인 식민지 개척 세력들과 관련이 있다. 이 사실은 기독교 선교가 단지 서양 제국주의의 부산물이며, 선교사들이 본토인들에게 기도할 때 눈을 감으라고 시킨 것은 그들이 눈을 뜨고 고개를 들 때 그들 머리 위에 휘날리는 영국기를 발견하도록 함이었다는 잦은 비판이 사실이지 않은가 하는 질문을 제기한다. 그 비판은 19세기의 특정 시점에 서양 제국들이 중국과 일본의 문호를 강제로 개방하지 않았다면 기독교 선교사들이 그 나라들에 들어갈 수 없었을 것이라는 사실로 인해 더욱 그럴싸해진다. 그러나 그런 특정 사례를 가지고 전체를 싸잡아 비판할 수는 없는 일이다. 그 비판에 대해서는 16세기에 가톨릭 선교회들이 정치적 지원 없이도 일본에 들어가 폭넓은 수확을 거둔 사실로 논박할 수 있다.

분명한 사실은 선교사들이 국기를 따라 다녔다는 점이다. 만약 그것이 식민주의에 따르는 난폭함을 완화하려는 목적이었다면 참으로 잘한 일일 것이다. 물론 선교사들이 고집스럽게 자기 정부를 비판만 해가지고서는 본국 추방을 면할 수 없었을 것이다. 그러나 적지 않은 선교사들은 스페인이 처음 정복 사업에 나서서 카리브해 연안의 원주민들에게 자행한 야만적 행위를 격렬하게 비판한 바르톨로메 드 라스 카사스(Bartolomé de las Casas)의 전례를 따랐다. 선교사들은 식민지 정부의 한 부서로 남기를 한사코 거부했고, 그 이유로 때로 본국 정부로부터 원주민들의 머리에 너무 많은 사상을 주입하지 말도록 제재를 받았다.

반면에 식민지 총독들과 선교사들은 종종 협력할 수 있었다. 인도의 영국 정부는 교육과 어느 정도는 산업화까지 육성했다. 그리고 이런 사업에는 선교사들이 동조했다. 게다가 정부에 몸담은 많은 개인들이 진실한 복음주의적 그리스도인들로서, 일과가 끝난 뒤 선교사 역할을 했다. 선교사들도 정부의 그런 사업에는 기꺼이 참여했는데, 물론 그런 경우에는 대개 선교 사역을 포기했다. 적지 않은 선교사들이 대사로 활동했다.

좀더 미묘한 비판은 선교사들이 회심자들을 서구화하여, 속치마와 바지를 입히는 등 부패한 문명으로 순박한 정신을 훼손했다는 것이다. 물론 선교사들은 때로 부적합한 행동도 하긴 했지만, 의복에 관해서 기억해야 할 점은 원주민들이 심지어 장교의 정복과 자기들의 허리춤옷을 겹쳐 입는 정도까지 자기들과 어울리지 않는 유럽인들의 복장으로 멋을 내어 인기를 얻으려 했다는 사실이다. 정신을 훼손했다는 주장에 대해서도 하와이인들은 선교사들이 도착하기 전부터 감소하고 있었다는 점을 제시할 수 있다. 선교사들은 의술, 공중 위생, 교육, 운송, 과학 기술, 특히 영농법 등 자기들의 문화에서 좋다고 판단되는 것은 무엇이든 소개하려고 했을 것이 분명하다.

원주민의 관습에 관해서 선교사들은 인도에서 남편이 죽으면 아내를 산 채로 함께 화장하는 순장(殉葬) 제도에 반대했다. 이 제도를 영국 정부는 법으로 금했다. 선교사들은 유아 살해, 매춘, 일부다처제, 식인(食人), 인간 사냥에 반대했으나, 본토의 문학, 연극, 음악, 건축에 대해서는 배우고 보존하고 복원하려고 노력했다. 수많은 방언들에 문자를 만들어 주었고, 이 방언들에 사전과 문법을 제공했다. 물론 그렇게 한 직접적인 목적은 성경 번역에 있었다.

불과 서른한살의 나이를 살다 간 헨리 마틴(Henry Martyn)은 아랍어, 페르시아어, 힌두어로 성경을 번역할 수 있을 만큼 그 언어들을 충분히 배웠다. 그리고 선교사들은 본토 문학을 무시하지 않았다. 특히 중요한 것은 인쇄술을 소개한 일이다. 벵갈의 세람포어에서 덴마크의 국기하에 침례교 선교회 소속으로 사역한 윌리엄 케리(William Carey)는 그 땅에 최초의 인쇄소를 세웠는데, 이 인쇄소는 1832년까지 44개의 언어와 방언으로 부분적인 번역 성경들을 간행했다. 그와 동료들은 인도의 대서사시를 영어로 번역하기도 했다. 선교 운동은 인간의 존엄성과 기회 균등이라는 사상을 고취시킴으로써 많은 후진 민족들의 자치 정부와 민족성이 대두하는 데 간접적으로 이바지했다.

본토 문화를 수용하는 점에서 가톨릭 선교회와 개신교 선교회 사이에 차이가 있었다. 그 근본 이유는 가톨릭 선교회들이 집단(en masse) 개종으로 유럽을 얻은 전통을 지속한 데 있다. 그러나 개신교 선교회들은 대부흥운동에서 추진력을 얻었고, 따라서 개인의 회심 체험과, 일정 기간의 훈련과 시험 뒤의 교회 가입에 초점을 두었다. 그로 인한 불행한 결과는 회심자가 개인적으로 교회에 가입한 뒤에 동족에게서 단절되는 것이다. 그의 가정은 그를 버리고, 처가도 그를 아내와 이혼시킨다. 그로서는 고립된 유럽인 사회로 들어가는 수밖에 없다. 개신교 선교지에서는 이런 문제가 허다히 일어났다. 비록 개신교 선교회들도 인도에서 집단 개종을 주도한 몇몇 사례가 있긴 하지만 말이다.

공동체를 이룩하려고 노력한 가톨릭 교회는 이런 어려움을 비교적 덜 겪었으나, 예나 지금이나 또 다른 문제에 부닥치는데, 그것은 그렇게 개종한 집단이 이교 신앙과 의식을 가지고 들어오기 때문이다. 인도에서는 그것이 카스트 제도였고, 아프리카에서는 일부다처제였고, 중국에서는 조상 숭배였고, 일본에서는 최근까지도 국왕 숭배가 그 문제로 버티고 있다. 따라서 무엇이 타협할 수 없는 기독교의 본질이며, 무엇이 이교와 동화할 수 있는 융통성 있는 외연인가 하는 문제가 다시 한번 대두한다. 가톨릭 선교회들은 두 가지 큰 수용 사례를 보여 준다.

첫째는 예수회 선교사 노빌리(Nobili)의 경우인데, 16세기에 인도에서 사역한 그는 카스트 제도를 받아들이고 브라만처럼 생활함으로써 지도자들을 얻으려고 노력했다. 그는 한 면으로는 브라만 계층을 위한 교회가 있어야 하고, 다른 면으로는 하층민들을 위한 교회가 있어야 한다고 믿었다. 로마는 즉시 그 방법을 승인했다.

중국에서는 역시 이탈리아 예수회 선교사였던 리치(Ricci)가 하나님의 성호를 유교의 용어로 사용했고, 조상 숭배를 무해하다고 간주했으며, 교회당을 불교의 탑 형태로 짓도록 권장했다. 로마는 이 조치를 승인했으나, 후에는 유교식 하나님 성호와 조상 숭배를 금지했다. 개신교 선교회들도 이런 어려움을 면치 못했다. 케리는 벵갈어와 힌두어로 성경을 번역하면서 겪은 어려움을 글로 토로했다.

이 언어들은 어휘가 조금도 부족하지 않지만, 그 용어들은 이교 신앙에서 유래한 의미들로 가득하다. 힌두인들은 믿기를, 궁극적 선이란 최고의 본질(the Supreme Essence) 곧 "자연적이든 도덕적이든 적극적 속성들이 없는" 이상적 존재로 흡수됨으로써 개인의 정체를 잃는 것이라고 했다. 그렇다면 번역자는 새로운 단어들을 도입해야 하는가, 아니면 본토의 용어들에 새로운 함의들을 부과해도 되는가?[13]

　때로 기독교 사회에 이교의 관습을 허용하는 문제가 쟁점이 된다. 예를 들어, 한국의 주도적인 교단인 장로교는 일본왕 숭배에 반대한 반면에, 다른 교단들은 그것을 단순한 국가 의식으로 간주했다. 무해성의 문제는 대단히 어려운 경우가 많다. 예를 들면, 융단에 크리슈나(Krishna)의 형상을 수 놓는 경우를 생각해 볼 수 있다. 이것이 단순한 예술인가, 아니면 신앙인가? 그 대답은 어떤 사람도 더 이상 크리슈나를 신봉하지 않게 된 뒤에야 비로소 그것을 단순한 예술로 간주할 수 있다는 것이 될 것이다. 그러나 이교가 살아 있는 한 그것은 우상숭배이다.

　여기에 모든 교단들이 함께 겪는 딜레마가 있다. 1453년 투르크족이 콘스탄티노플을 점령했을 때 그들은 하기아 소피아 교회의 모자이크에 회칠을 했다. 이슬람교를 믿고 기독교를 믿지 않는다는 이유에서였다. 오늘날 터키 정부는 모자이크의 회칠을 벗겨낸 뒤 하기아 소피아 교회를 박물관으로 지정했다.

　기독교는 자연히 나라마다 색다른 상황에 부닥쳤다. 인도에서 힌두교도들은 다른 종교들과 이념들을 관용하고 거기서 새로운 점들을 받아들일 자세를 갖고 있지만, 힌두교를 버리고 다른 종교로 개종하는 것은 극히 혐오한다. 교회는 그들에게 접근하는 과정에서 주로 기독교의 이념을 전파하는 정책을 취했다. 간디(Gandhi)의 경우가 거기에 속하는데, 그는 예수를 대단히 존경하여 많은 그리스도인들보다 예수의 정신을 더 실천했으나, 기독교 교회에 가입할 뜻은 없었다. 터키 같은 몇몇 나라들에서는 교회가 그 외의 다른 접근법을 취할 여지가 없다. 정부가 정치적 이유에서 공식 개종을 불허하기 때문이다. 콘스탄티노플에 세워진 로버츠 대학은 비록 그리스도인들에 의해 운영되긴 하지만 기독교를 가르치지 못한다.

　인도에서 기독교를 받아들인 사람들은 주로 하층민들이었다. 그들에게는 종교의 변화가 사회 신분상의 이득을 뜻했기 때문이다. 교회 자체가 또 하나의 카스트를 구성한다는 인식이 널리 퍼졌기 때문에, 소외된 자들은 교회에 가입함으로써 적어도 그 카스트의 신분을 얻었다. 마찬가지로 중국에서도 기독교를 받아들인 주요 계층은 하층민들이었다. 교양있는 불교도들은 기독교의 행동주의를 기피하며, 교양있는 유교도들은 기독교의 종교적 확언들을 기피한다. 그러나 일본에서는 최근에 기독교를 받아들인 주요 계층이 지식인들인 반면에, 대중은 조금도 꿈쩍하지 않았다.

지도상으로는 기독교가 괄목할 만하게 퍼져 나갔지만, 그렇다고 해서 이 세대에 세계를 그리스도께 얻어 드렸다고 말할 수는 없다. 대종교들인 유대교, 이슬람교, 힌두교, 불교, 유교는 기독교 선교로 인해 어떤 심각한 타격도 입지 않았다. 기독교의 가장 큰 밭은 원시 종교들, 특히 물활론(animism)이었다. 막대한 선교 노력을 쏟아부은 나라들에서는 그리스도인들의 비율이 보잘것 없다. 양차 세계 대전 사이에 인도와 중국의 그리스도인들은 전체 인구의 2%에 불과했고, 일본에서는 1.5%에 불과했다. 물론 이것은 어림잡은 숫자이긴 하지만, 배로 잡는다 할지라도 여전히 소수이다. 기독교는 전 세계를 놓고 볼 때 소수의 종교이다.[14] 물론 언제나 그래왔지만, 그리스도인들이 세계의 나머지 부분에 관해서 아는 바가 없을 때 자기들이 수적으로 열등하다는 것을 의식하지 못했을 뿐이다. 그보다 더 중요한 것은 현대에 들어서 기독교가 문화를 형성한 것은 오직 한 가지 사례뿐이라는 점일 것이다. 이 일은 하와이에서 발생했다. 기독교는 중국에서 쑨원(孫文)과 장제스(蔣介石) 때에 국가 정책에 영향을 끼칠 기회를 잠깐 얻었으나, 이것은 일시적인 일화가 되고 말았다.

해외의 기독교 교회들

신생 교회들은 기독교 신학에 자기 나라의 배경과 상황의 독특성을 부과해오지 않았다. 다만 서양의 저서들을 번역하고, 서양 전승을 터득하는 데 주로 힘썼을 뿐이다. 일본의 기독교 지도자들은 서양의 언어들과 문학을 터득하는 데 놀라운 열정과 기량을 발전시켰다. 그것은 서양인들이 동양 문화에 대해서 보인 열정과 기량을 훨씬 뛰어넘는 것이었다. 고대에 영지주의권에서, 그리고 중세 초기의 서방의 야만 세계에서 발생한 것과 같은 기독교와 타 종교들간의 결합 같은 상호 교류는 오늘날까지 발생하지 않았다. 오늘날 그러한 교류는 오히려 기독교가 오랫동안 국교의 지위를 누려왔던 나라들과, 스위스의 루돌프 슈타이너(Rudolf Steiner)의 인지학(人知學, anthroposophy), 그리고 미국의 바하이교에서 발생해 왔다. 그러나 브라질의 '강신술' (spiritism)은 마술과 성인 숭배가 혼합된 산물이다.

신생 교회들이 주로 이바지한 점은 신선한 생명력이다. 어떤 종교든 일단 문화에 의해 보편적으로 받아들여진 뒤에는 가보처럼 몇 대에 걸쳐 전수되는 동안 점차 명목적으로 되기 십상이다. 복음이 눈을 멀게 하는 섬광으로 다가온 사람들이, 너무나 은은하여 나방이 낄 수 없는 빛 속에서 자라난 사람들보다 그 정신을 더 훌륭하게 증시하는 경우가 종종 있다. 어느 한국인의 이야기가 생각난다. 그의 아들은 어느 공산주의 '판사'에 의해 사형 선고를 받고 처형되었는데, 나중에 그 '판사'가 죽음의 궁지에 몰렸을 때 그는 그를 양자로 삼았다.

신생 교회들은 자기 나라에서 소수이며, 일반적으로 소수가 사회에 더 큰 영향을 끼치는 경우가 많다. 왜냐하면 소수이기 때문에 자기들의 이상을 설정하고 증시할 수 있기 때문이다. 헨리 반 듀센(Henry P. Van Dusen)은 최근에 세계의 선교부들을 방문한 뒤에 작성한 보고서에 두 소수 집단의 영향력에 관한 기록을 첨가한다. 한 집단은 아주 유서깊은 집단이고, 다른 한 집단은 비교적 최근에 발생한 집단이다. 전자는 시리아에서 유래한 두 개의 기독교 교단이 번성하고 있는 인도 트라반코어 케랄라에 자리잡고 있다:

> 누구든 케랄라로 접어들면 '전혀 다른 인도'에 와 있다는 느낌을 받는다. 40%가 넘는 그 지방의 문자해득률이 인도 전체에 비해 현저히 높다는 것을 굳이 듣지 않아도 알 수 있다 … 또한 인도에서 가장 인구 밀도가 높은 곳이면서도 위생 상태가 대단히 양호하다는 것은 굳이 말을 듣지 않아도 알 수 있다 … 감히 말하건대, 케랄라는 아시아에서 가장 믿을 만하고 확실한 기독교의 실험장이다. 이곳에는 하나의 교회, 혹은 두 개의 유관한 교회들이 수 세기 전, 그러니까 우리 북유럽의 이교적이고 야만적인 조상들이 통나무 오두막을 버리고 문화 곧 기독교 신앙을 배우기 수 세기 전에 생활과 문화에 뿌리를 내리고 있었기 때문이다. 기독교가 1500년이 넘도록 융성해 온 인도의 이 지역이 아울러 교

육과 위생과 공공 서비스에서도 가장 앞선 지역이라는 것은 우연의 일치일까?[15]

두번째 예는 인도네시아에 자리잡고 있다. 반 듀센은 토라댜(Toradja) 방언을 사용하는 교회의 예배에 참석했다가 성찬대에 둘러 모인 예배자들을 더 가까이서 관찰할 기회를 얻었다.

우리는 3백명 가량 되는 갈색 피부에 키가 작은 남자들과 여자들과 소년들과 소녀들을 유심히 보았다. 깨끗하고 눈빛들이 살아 있었다. 비록 맨발이었지만, 옷은 단정하고 잘 어울렸다. 깨끗하고 단순한 전통 복장이었다. 머리도 단정히 빗었고, 근실한 경외심과 확신에 찬 평온으로 표정들이 한결같이 밝고 호감을 주었다. 이곳에 오기 전 이틀 동안 누누이 보았던 너저분한 몰골에 겁에 질린 표정과는 사뭇 대조적이었다.[16]

그러나 기독교 선교 사역은 궁극적으로는 물질적이고 문화적인 기여의 잣대로나, 개종자의 숫자로도 평가할 수 없다. 중요한 것은 선교사들의 헌신이다. "하나님을 위해서 내 몸을 불사르겠다"고 하면서 선교를 시작했다가 서른한살의 나이에 죽은 헨리 마틴이나, 도저히 관통할 수 없는 아프리카 대륙을 관통한 데이비드 리빙스턴이 생각난다. 리빙스턴이 그 일을 한 것은 빅토리아 폭포를 발견하기 위함이 아니라, 그리스도를 들어본 적이 없는 수천 곳의 마을에서 솟아오르는 연기를 보았기 때문이다.

사회 개혁

19세기와 20세기에는 개신교와 가톨릭 교회를 막론하고 교회가 사회 개혁에 큰 힘을 쏟았다. 사회 정의에 일관된 관심을 쏟아온 그리스도인들은 유럽이 비교적 평화를 누린 나폴레옹 전쟁에서부터 제1차 세계대전 사이의 기간에 새로운 자극을 받았다. 이 기간에 사회 질서에 대한 가톨릭 교회의 전통적인 관심이 되살아남과 아울러, 계몽사상의 인도주의가 경건주의의 윤리의식과 맞물려 사회 악들을 경감하기 위한 여러 운동을 일으켰다. 이런 노선에서 가톨릭 주교 케텔러(Ketteler)는 19세기 말 독일에서 적극적인 활동을 벌였다. 개신교권에서는 스위스인 라가츠(Ragaz)와 독일인 파울 틸리히(Paul Tillich)가 20세기 초에 기독교 사회주의자들이라 부르는 집단을 결성했다. 프랑스에서는 최근에 노동자 사제들이 초기의 감리교도들처럼 주로 공장 노동자들의 영적 필요에 헌신했다.

영국과 미국에서는 개신교도들이 대대적인 사회 개혁 운동들을 지지했다. 대체적으로 영국의 국교회 주교들은 사회적으로 보수층이었다. 비국교도들은 정치적 제약들을 완화하기 위해서 투쟁했고, 아일랜드의 자치를 지지했으며, 영국의 제국주의에 윤리적 제재를 가하려고 노력했다. 그러나 이 시기에 개신교가 발휘한 영향력의 범위는 충분히 평가할 수 없다. 왜냐하면 신앙고백을 둘러싼 분열을 피하기 위해서 노예제도 반대 운동이나 생체 해부 반대 운동 같은 특별한 목적을 놓고 초교파적인 사회 단체들을 조직했기 때문이다.

19세기의 영어권 세계에서 폐지된 가장 큰 사회악은 **노예제도**였다. 영국의 경우에 이것은 식민지들에서 실행되던 노예제도를 뜻했으나, 노예 매매는 모국에 의해 주도되었다. 미국은 노예를 매매하고 소유하는 두 가지 죄를 다 범했다.

영국에서는 노예 매매 반대 운동이 감리교와 국교회에서 시작되었다. 존 웨슬리는 노예 매매를 강력히 비판했고, 아메리카 남부의 기후에서 노동할 수 있는 사람은 흑인뿐이라는 말을 들었을 때 자신이 조지아에 가서 경험한 바를 토대로 그 말을 거짓말로 일축했다(그의 생애에서 그 때의 일화가 전혀 무익하지만은 않은 셈이었다). 영국 의회에서 30년 동안 노예 매매 금지 법안을 통과시키려고 노력하고, 그뒤 영국령에서의 노예제도를 폐지하기 위해 투쟁한 사람은 영국 국교회 **윌리엄 윌버포스**(William Wilberforce)였다. 그는 이 소신이 너무 투철했기 때문에 수상인 윌리엄 피트(William Pitt)와의 우정에 큰 금이 가게 되었다. 왜냐하면 피트는 자신의 모든 정책을 위태롭게 하기보다 폐지를 연기하기를 바랐기 때문이었다. 윌버포스는 단호했다. 그는 언제나 영국의 양심에 호소했다. 윌버포스 때부터 처칠(Churchill) 때까지 영국 정치인들의 연설에는 항상 의(義)가 울려퍼진다. 윌버포스는 하원에서 이렇게 말했다:

노예제도는 악을 먹고 삽니다. 바르베시아(Barbesia) 왕이 브랜디를 원하겠습니까? 그는 야간에 군대를 보내 마을을 불태우고 쑥대밭을 만들 뿐입니다 … 리버풀에서 온 사절은 노예들의 대기 숙소가 "유향과 라임즙 향기로 진동한다"고 말합니다. 그러나 외과의사들은 흑인들이 짐짝처럼 빽빽히 들어차 있어서 그들 사이로 지나가기조차 힘들고 악취도 참을 수 없을 정도라고 합니다 … 적어도 죽음이 확실한 통관의 근거이며, 대체로 50%가 죽어나갑니다. 어떤 이는 "우리가 노예 매매를 중단하면 프랑스가 대신하여 이득을 볼 것이다"라고 주장합니다. 우리는 프랑스에게 더 큰 불행이 임하기를 바라서는 안 될 것입니다. 그러나 프랑스를 위해서, 그리고 인류를 위해서, 나는 프랑스가 그러지 않으리라고 확신, 아니 장담합니다.[17]

이 연설은 1779년에 행해졌다. 그뒤 프랑스 대혁명이 일어났고, 영국에서는 사회 혁신에 대한 큰 혐오감이 조성되었다. 1808년에야 비로소 영국은 노예 매매를 금지했다. 그런 뒤 노예제도 자체의 폐지를 위한 두번째 대대적인 운동이 일어났다. 승리는 1834년에야 비로소 찾아왔다. 그로 인한 전쟁이 없었고, 노예 소유자들이 낸 벌금은 2천만 파운드에 달했다. 윌버포스는 임종하면서 "하나님, 감사합니다!" 하고 말했다. 그의 시신이 웨스트민스터 대수도원에 안장될 때 8십만 명의 노예들이 해방 선언을 받았다.

식민지 아메리카에서는 남북이 모두 흑인 노예나 인디언 노예를 소유했다. 남부는 대규모 집단 농장에 주력했기 때문에 북부보다 더 많은 수의 노예를 소유했지만, 북부는 아프리카 해안을 기습하여 더 많은 노예들을 잡아와 남부에 팔았다. 이에 대한 저항은 퀘이커 교도들 사이에서 시작되었다. 아메리카 최초로 노예제도를 비판한 소책자는 1693년 조지 케이스(George Keith)라는 퀘이커 교도가 집필했다. 1757년 뉴저지의 퀘이커 교도 존 울먼(John Woolman)은 남부의 친우회를 방문할 때면 항상 노예 주인에게 노예들의 무보수 노동에 대해 대가를 지불하게 만듦으로써 많은 양심을 일깨웠다. 1800년에는 퀘이커 교도들이 이미 노예 소유를 중지하고 있었다. 뉴잉글랜드에서는 사무엘 홉킨스(Samuel Hopkins)가 남북전쟁의 전야에 로드 아일랜드의 뉴포트에 자리잡은 부유한 회중교회의 목사로 부임했다. 이곳은 영국에서 온 편지에 "뉴포트 근처의 뉴욕"이라는 주소가 기록될 만큼 당시에 유력한 도시였다. 그 도시의 부는 노예 매매에서 비롯되었다. 홉킨스는 자신의

교인들에게 냉정한 사실들과 가차없는 논리로 첫 설교를 했다:

> 우리는 아프리카인들에게 술을 마시워 서로 전쟁하게 하고, 포로들을 노예로 사옵니다. 그들을 가축처럼 함께 모아놓고, 건강 여부를 판단한 다음 달군 쇠로 낙인을 찍고, 족쇄를 채워 배에 가두고는 서인도제도로 운송합니다. 운송 도중 100명 당 30명 꼴로 죽는데, 그것은 하루에 30,000명이 죽는다는 뜻입니다. 가족은 뿔뿔이 흩어지고, 불구자와 허약자와 자식이 딸린 부녀자도 장정들과 함께 일해야 하며, 만약 뒤처지면 채찍질을 당합니다. 혹사가 너무 심하기에 그들의 수는 출산으로는 늘지 않고, 따라서 부족한 수가 새로운 수입으로 대체됩니다 … 즉각적인 노예 해방이 불가능하다고 반대하시겠습니까? … 우리 어린것들이 알제리에 끌려가 노예 생활을 하고 있다고 가정해 봅시다. 아메리카 식민지에 사는 가족치고 친척 중에 노예로 끌려간 한두 사람이 없는 가족이 없다고 가정해 봅시다. 그런데 어째서 우리는 흑인들을 노예로 부리면서도 가슴아파하지 않습니까? 만약 우리 꼬마들이 왕의 배에 노예로 실려갔다면 부모가 얼마나 슬프겠습니까! … 여러분은 "흑인들은 해방되면 생활이 더 비참해진다"고 말합니다 … 물론 그러면 노예들의 생활이 더 열악해지겠지요. 그러나 그들을 비참한 상태로 떨어뜨렸으니까 그 상태를 계속 유지해야 할까요?[18]

북부의 노예제도는 단계별로 폐지되었다. 예를 들어, 코네티컷에서는 1756년에 해방 노예가 한 명도 없고 3,634명의 노예가 있었지만, 1850년에는 7,693명의 해방 노예들이 있었을 뿐 노예는 한 명도 없었다.[19]

그러나 그렇다고 해서 남부 기독교의 양심이 모조리 죽었다는 말은 아닙니다. 1787년 버지니아의 침례교도들은 전도 열정에 제퍼슨(Jefferson)의 노선을 결합하여 노예제도를 "폭력에 의한 생득권 박탈이자 공화국 정부와 모순되는" 행위로 단죄하는 결의안을 채택했다. 실제로 1808년과 1831년 사이에 남부는 노예제도 반대 운동의 본산이었다. 그런데 어떻게 해서 남부가 그토록 결연하게 노예제도를 고집하게 되었을까?[20] 아마 자마이카에서 일어났던 것과 같은 노예 폭동이 일어날 것을 두려워했기 때문이기도 하고, 노예제도 반대 운동의 지도자들의 사망이나 이주 때문이기도 하고, "남부를 결속시키고 북부를 분열시킨" 북부 노예제도 폐지론자들의 주장에 대한 반발 때문이기도 했을 것이다. 지금까지는 그 주된 이유를 코네티컷의 양키 엘리 휘트니(Eli Whitney)가 목화 씨아(목화에서 실을 빼내는 기구)를 발견함으로써 노예제도를 남부의 막대한 경제적 자산으로 만들어 준 데서 찾아왔다. 그러나 최근에 이 가설은 의문시되어 왔다.

어쨌든 남부의 성직자들은 노예제도를 성경적인 행위로 옹호하기 시작했다. 그들은 성경이 실제로 노예제도를 금지하지 않는다는 논리를 폈다. 이에 대해서 노예제도 폐지론자들은 "일부다처제도 성경에 금지되어 있지 않는데, 그렇다면 그런 이유로 그 제도를 되살려야 한단 말인가?" 하고 반박했다. 주요 교단들 가운데 감리교, 장로교, 침례교 이렇게 세 교단이 북부와 남부로 분열되었다. 가톨릭 교회와 성공회는 교회의 통일에 충성한 덕에 분열을 면했다. 퀘이커교는 노예제도에 한 마음으로 반대했기 때문에 분열되지 않았고, 회중교회도 북부에만 분포되어 있었기 때문에 분열되지 않았다.

북부에서 노예제도 반대 운동은 제2차 대각성운동에서 직접 유래했다. 「톰 아저씨의 오두막」(Uncle Tom's Cabin)으로 미국을 분기하게 한 "크리놀린(옛날 부녀자들이 입던 부풀린 치마) 입은 운동가" 해리어트 비처 스토우(Harriet Beecher Stowe)는 부흥운동가 라이먼 비처(Lyman Beecher)의 딸이었다. 뉴잉글랜드인들은 점진적인 해방이냐 즉각적인 해방이냐라는 전략에 대해서만 달랐을 뿐이다. 점진론자들은 그 문제를 푸는 데는 세 가지 방법뿐이라고 주장했다. 하나는 북부가 남부로부터 갈라서는 것이었다. 그렇게 되면 남부에서는 노예제도가 방해받지 않은 채 시행된다는 문제가 남게 되었다. 둘째는 전쟁이었다. 그것은 생각할 수 없는 방법이었다. 셋째는 남부를 설득하는 방법이었다. 이것은 격렬한 비판으로는 성취할 수 없었다.

그러던 차에 도주 노예를 주인에게 돌려주게 하는 도주 노예 법(the Fugitive Slave Law)이 제정되었다. 북부의 폐지론자들은 '지하 철도'(underground railroad, 노예들을 자유 주⟨州⟩나 캐나다로 피신시키던 지하조직)를 통해서 그들의 도주를 부추기고 있었다. 다니엘 웹스터(Daniel Webster) 같은 몇몇 온건론자들은 소수의 도주를 돕다가 오히려 다수의 학대를 유발할 것이라고 지적했다. 궁극적 해방을 위해서는 도주 노예를 돌려보내야 한다고 했다. 이 논리는 퀘이커 교도 휘티어(Whittier)에게 강력한 비판을 받았다. 그러던 중 캔자스와 네브라스카 법안이 제정되었는데, 북부의 많은 사람들은 이 법안이 노예제도를 서부로 확대하려는 교활한 장치라고 믿었다. 남부가 이탈했고, 전쟁이 발생했으며, 하나님은 "그 두렵고 날렵한 칼로 치명적인 번개를 내리셨다." 그 전쟁은 일종의 성전(聖戰)이었다.

성전은 국경선을 조정하기 위한 전쟁보다 덜 인도적인 것이 보통이다. 그랜트(Grant) 장군은 리(Lee) 장군을 마치 중세의 원탁의 기사로 간주하긴 했지만, 18세기 전쟁에서는 기사도가 증발했고, 그 결과 남부는 초토화했으며, 그 끝은 아직도 오지 않았다.

기독교 반전주의

전쟁의 만연은 지난 한 세기 반 동안 교회들이 첨예하게 개입한 또 다른 사회 문제였다. 18세기는 퀘이커 교도 펜(Penn), 루터 교도 칸트(Kant), 모라비아 교도 코메니우스(Comenius), 그리고 대수도원장 생피에르(Saint-Pierre)와 장 자크 루소(Jean-Jacques Rouseau) 같은 가톨릭 교도들이 내놓은 평화안들로 무성했다. 퀘이커 교도들은 펜실베이니아의 거룩한 실험(the Holy Experiment)으로 그런 평화안을 실행할 기회를 가졌다. 이 작업에는 비슷한 정신을 가진 모라비아 교도들, 슈벤크펠트파, 메노파가 가담했다. 그곳에서는 인디언들과 우호 관계를 유지하기가 훨씬 수월했다. 왜냐하면 이웃해 있던 델라웨어족(Delawares) 인디언들은 이로쿼이족(Iroquoise) 같은 대부족들처럼 영국 편이든 프랑스 편이든 동맹에 휘말리고 싶어하지 않았기 때문이다.

그러나 결국 다른 인디언 부족들은 델라웨어족이 중립의 특권을 누리도록 놔두지 않았고, 퀘이커 교도들도 자유롭지 못했다. 영국 국왕의 통치를 받는 식민지 주민들이었던 그들은 프랑스가 영국을 대신해서 들어설 수 있는 균열을 일으키도록 가만 놔두지 않았던 것이다. 이곳의 퀘이커 교도들이 세력을 잃은 데에는 매사추세츠의 동료들과는 달리 자기들의 이상에 찬동하지 않는 자들을 영외로 추방하지 않은 점도 원인으로 작용했다. 스코틀랜드와 아일랜드계 장로교도들의 유입으로 펜실베이니아에서 퀘이커 교도들은 소수가 되었고, 1756년에는 프랑스와 인디언에 대한 전쟁에 가담하지 않기 위해 스스로 입법권을 포기했다.

뉴잉글랜드의 청교도들은 반전주의(反戰主義)에 오염되지 않았다. 그들은 인디언들에게 약간 선교 활동을 하긴 했으나, 대체로 여호수아가 가나안 족들을 대하듯이 그들을 대했고, 프랑스에 대해서는 가톨릭 적그리스도의 앞잡이들로 대했다. 뉴잉글랜드에서는 반전 운동이 1812년의 전쟁이 끝난 뒤에야 비로소 시작되었는데, 그전까지 이곳에서는 영국과의 교역이 단절되는 것을 원치 않았기 때문에 반전주의가 별로 인기가 없었다. 아메리카 특유의 행동주의가 반전주의를 위한 각종 단체 설립의 방식으로 반전을 위한 노력을 널리 퍼뜨리는 데 이바지했다.

뉴잉글랜드 무저항 협회(the New England Non-resistance Society)는 철저한 반전 단체였다. 아메리카 평화 협회(the American Peace Society)는 세계 정부와 국제법에 의해 전쟁을 억제하려고 했다. 남북전쟁은 이러한 추세를 크게 퇴보시켰다. 칼빈주의 전승을 물려받은 교회들, 회중교회, 유니테리언파, 장로교, 침례교, 감리교로서는 그것이 노예제도 폐지를 위한 성전이었다. 가톨릭 교회, 성공회, 루터교 같이 유럽의 옛 국교 전승을 물려받은 교회들로서는 그것이 반란 진압을 위한 전쟁이었다. 전쟁이 끝난 뒤 반전 단체들이 되살아나 국제적인 규모를 갖췄다. 그들의 국제 회의는 정부들간의 군축회담을 촉진했고, 그러한 흐름을 한동안 러시아가 주도했다. 그러나 제1차 세계대전이 일어나면서 반전 관련 문헌들은 고문서들이 되어 버렸다.

미국에서는 반전주의 교회들을 제외한 모든 교회가 "세계를 민주주의가 안전하게 정착되도록 만들고 모든 전쟁을 끝내기 위한" 성전을 치르기 위해 결집했다. 전쟁이 끝난 뒤 이상적인 목표를 성취하지 못하게 되자 큰 반동이 일어났고, 그뒤로 교회들은 전쟁을 불법화하기 위한 운동에 착수했다. 이것은 전쟁을 국가 정책의 수단으로 더 이상 삼지 않는다는 내용의 켈로그 브리앙 조약(the Kellog-Briand treaties)으로 실행되었다. 제2차 세계 대전은 절제된 분위기에서 치러졌다. 비록 배척해야 할 악이 훨씬 더 괴악했지만 말이다.

곧 이어 냉전 체제가 시작되면서 평화의 비둘기는 새장에 갇혔고, 양 진영에서 선전의 목적으로만 가끔씩 풀려났다. 세력 균형에 의해 평화를 유지하던 체제는 핵무기 사용과 집단 보복의 위협을 반대하던 그리스도인들과,

우주가 인류의 멸절로 황폐하게 될 것이라고 생각하는 일부 인본주의자들로부터 저항을 받았다.

알콜 중독

미국과 영국의 교회들을 연루시킨 또 다른 사회 문제는 알콜 중독이었다. 앞에서 본 대로, 이 악은 증류주의 도입으로 가속화해왔다. 악이 커질수록 치유책도 극단적인 형태를 띠는 법이다. 18세기 전에 기독교 교회들은 전면적인 금주를 요구한 적이 없었다. 심지어 수도회들조차 알콜성 음료들로 명성을 얻게 되었다. 베네딕투스회와 카르투지오회가 그 경우에 속한다. 감리교는 초창기에 술에 절어 살던 광부들에게 철저한 금주를 요구했다. 아메리카 식민지에서는 벤자민 러쉬(Benjamin Rush)라는 퀘이커교 내과의사가 과학적 정밀성을 살려 알콜이 독립전쟁에 참전한 군인들에게 끼친 영향들을 기록했다. 부흥운동가 라이먼 비처(Lyman Beecher)는 자신의 목사 안수식 피로연 때 사람들이 술을 홀짝거리는 것을 보고서 격노했다. 처음에는 독주를 금하라는 요구가 왔고, 알콜중독자들이 도수 낮은 술에도 쉽게 취하는 것이 확인된 뒤에는 서약서에 전체를 뜻하는 'T'가 추가되었다. 따라서 '절대 금주'(teetotle)라는 용어가 생겼다.

정부에 대해 주류의 판매 및 제조를 규제하도록 호소하는 조치는 신성공화국을 이상으로 삼았던 칼빈파 교회들에게서 나왔다. 마인 주에서는 퀘이커 교도 닐 다우(Neale Dow)의 영향하에 최초로 금주법이 도입되었다. 가톨릭 교도들, 성공회 교도들, 루터 교도들이 금주법을 지지한 것은 진심으로 동조해서가 아니라 오로지 그것이 법이었기 때문이었다. 가톨릭 교회의 윤리적 엄수주의는 성(性)에 적용되었지, 음주에는 적용되지 않았다. 성공회는 술이 성례에 쓰이는 한 전체로 금지될 수 없다고 느꼈고, 독일 루터교는 양조장들에서 기부금을 받는 데 조금도 가책을 느끼지 않았다. 금주는 지역적 선택으로 시작되었고, 그것을 바라던 지역들에서는 큰 효과를 거두었다. 그러나 제1차 세계대전 이후에 연방 정부가 대도시들에 금주를 강요했을 때 — 대도시들에는 포도주와 맥주를 일상 음식으로 사용하던 이민들이 꾸준히 유입되고 있었다 — 밀매의 성행으로 법이 철회되고 말았으며, 오늘날까지 알콜 중독은 커다란 사회 문제 중의 하나로 남아 있다. 철저한 금주는 시행하지 못할지라도 절제하도록 개인 양심을 교육하는 방법 외에 다른 방법은 분명히 남아 있지 않다.

형법 개혁

19세기에는 법으로 분쟁을 조정하고 죄수들을 인간적으로 대하는 점에서 괄목한 만한 성장을 기록했다. 아론 버(Aaron Burr)가 알렉산더 해밀턴(Alexander Hamilton)을 쏴 죽인 사건이 일어난 뒤 라이먼 비처는 결투 관습을 격렬히 비판했다. (말이 난 김에 해두는 말이지만, 해밀턴을 순교자로 간주할 하등의 이유가 없다. 그는 단지 시원찮은 총잡이였을 뿐이니까 말이다.)

교도소 개혁은 18세기 말 영국의 국교회 평신도 존 하워드(John Howard)에 의해 시작되었다. 그는 보안관이 된 뒤 직접 자기 관할 지역의 감옥들에 들어가 참혹한 환경을 경험한 뒤 영국 전역과 나중에는 대륙 전역을 돌아다니면서 감옥의 환경을 조사했다. 그는 생시에 8만km를 여행하면서 3만 파운드의 자기 경비를 사용했다. 19세기 초 여성 퀘이커 교도 엘리자베스 플라이(Elizabeth Fly)는 여성 죄수들을 돌보는 데 헌신했다. 수상 로버트 필(Robert Peel)은 1832년 정부의 주도로 5백 개의 죄목을 사형에서 제외하고, 1841년에는 범죄자 추방 제도를 폐지했다. 필은 임기 초기에 해당하는 1829년에 경찰 부대를 창설했는데, 그의 이름이 로버트였기 때문에 경찰들에게는 바비스(Bobbies, 로버트의 애칭)라는 별명이 붙었다. 그전까지는 보안관들이나 무역회사가 임시로 도둑을 체포하는 일을 맡았다.

아주 많은 분야에서 이렇게 뚜렷한 업적이 성취되었을지라도 완전한 사회 질서가 수립되지는 못했다. 전쟁 준비에 의해 전쟁을 억제하려는 시도는 큰 위험을 수반하고, 헐벗은 자들을 더 잘 입히는 데 드는 자원을 낭비케 한다. 노예 해방은 시민권을 보증해 주지 못했다. 금주법도 금주법 폐지도 알콜 중독을 뿌리뽑지 못했다. 그러나 이런 여러 분야에서 사회 문제가 전혀 해결 불가능하지만은 않다는 것을 입증할 만큼은 충분한 성과를 두었다.

인구 과잉과 산업화

그러나 그러는 동안 또 다른 문제가 대두했다. 그것은 전쟁에 버금갈 정도로 사회 질서의 기반을 뒤흔들고 있고, 기독교 진영에게 그 문제 자체에 깊은 관심을 갖도록, 그리고 사회에서 그리고 국가와의 관계에서 교회의 역할을 재고하도록 요구하고 있다. 이것은 인구 증가와 산업화로 제기된 문제이다. 19세기 동안 아메리카는 광활한 접경 덕택에 이 문제에 맞닥드리지 않았지만, 유럽은 이미 19세기 초반에 심각한 영향을 받고 있었다.

당시 유럽의 상황을 예시하는 데에는 영국이 적절할 것이다. 1811-1851년에 영국의 인구는 1천2백만 명에서 2천1백만 명으로 증가했다. 도시들이 증가했다. 쉐필드와 버밍엄은 주민의 수가 배나 늘었다. 리버풀과 리즈와 맨체스터는 거의 세 배나 늘었다. 대도시들에는 빈민가들이 생겼는데, 직장을 잃은 수공업자들도 이곳에 들어와 살았다. 1806년에 맨체스터에는 방적기가 한 대뿐이었다. 그러던 것이 1835년에는 영국 전역에 8만5천 대, 스코틀랜드에 1만5천 대의 방적기가 돌아가고 있었다. 그 변화를 과장해서는 안 된다. 빅토리아 여왕이 즉위할 당시에는 제분소에서보다 가내 공장에서 일하던 부녀자들의 수가 더 많았고, 노섬브리아의 광부 수보다 런던의 재단사와 구두 제조업자들의 수가 더 많았다. 그러나 그 당시에도 신기술로 인해 직장을 잃는 사람들이 허다했고, 공장에 고용되어 일하던 사람들도 임금은 박한 데 비해 근무 시간은 길었다. 장년 남녀들뿐 아니라 코흘리개 어린이들까지 공장에서 일했다.[21]

1833년에 도입된 법안이 9살 이하의 어린이는 공장에서 일할 수 없고, 13살 이하의 어린이는 9시간 이상 일해서는 안 되며, 18살 이하의 청소년은 12시간 이상 일해서는 안 된다고 명시했을 때 그 내용은 대단히 급진적인 것으로 비쳤다.[22] 노동 환경은 비위생적이었다. 그런 환경은 범죄를 자극했고, 범죄는 사형과 투옥으로 처벌되었다. 둘 중에서 대부분 사형이 선호되었다. 간수들은 죄수들에게서 갈취하는 액수가 유일한 급료였으므로 죄수들은 착취를 당했다. 미결수들과 기결수들이 병이 들었든 건강하든 함께 수용되었고, 적절한 위생 시설이란 없었다. 당시에는 '감옥 열'이라고 하는 발진티푸스 형태의 악질적인 열병이 있었다.

교회는 무슨 일을 해야 했을까? 그런 상황 앞에서 무슨 일을 할 수 있었을까? 무엇보다도 교회는 가난한 자들을 보살필 수 있었다. 이 사역은 처음에는 주로 **구세군**(the Salvation Army)이 맡았다. 영국 국교회는 주로 자기들의 교인들이 살고 있는 농촌 소교구들에 치중했고, 비국교회들은 도시 중산층을 상대로 사역을 했다. 구세군 창설자 윌리엄 부스(William Booth)는 육체뿐 아니라 영혼을 위한 프로그램을 가지고 빈민가에 들어갔다. 그의 책 「캄캄한 영국과 탈출구」(*In Darkest England and the Way Out*)에 실린 다음 단락에 귀 기울여 보라:

단테의 지옥과, 멸망된 자들이 고문실에서 겪는 온갖 공포와 학대는 생각만 해도 끔찍하다! 우리 문화의 도살장 속에서 두 눈 뜨고 피 흘리는 가슴을 움켜쥐고 걷는 사람은 시인의 그런 공상적인 이미지들을 몰라도 공포가 무엇인지를 잘 안다. 나는 어린이들과 가난한 자들과 기댈 데 없는 자들이 늪지로 걸어내려가 이 지역에 출몰하는 인간 형상을 지닌 야수들에게 마구 짓밟히는 모습을 종종 보면서, 과연 하나님이 당신의 세상에 계신지, 오히려 하나님 대신에 지옥처럼 잔인하고 무덤처럼 무자비한 마귀가 다스리는 것은 아닌지 하는 생각이 든다. 마을을 급습하여 주민들을 생포하고 저항하는 자들을 학살하고 모든 부녀자들을 겁탈하는 노예 상인들을 다룬 스탠리(Stanley)의 글은 편안한 마음으로 읽을 수 없다. 하지만 런던의 냉혹한 거리들이, 만약 입이 있어 말할 수 있다면, 마치 우리가 중앙 아프리카에 있는 것처럼 처절한 비극과 철저한 파괴와 공포스런 난동을 생생하게 전해줄 것이다. 다만 송장 같은 폐허가 현대 문명의 가식과 위선으로 덮여 있을 뿐이다.[23]

부스는 남녀를 불문하고 가난한 자들을 먹이고 재워줄 보호소들을 세웠다. 그의 말을 들어보자:

남자 보호소의 이삼백 명과 여자 보호소의 그만큼 많은 여자들이 대부분 서로 낯선 사람들인 채로 큰 방 하나에 들어가 지낸다. 모두 지독히 가난한 사람들이다. 여러분이라면 이들에게 무엇을 해주겠는가? 그것을 바로 우리는 그들에게 해준다.

　우리는 뜨거운 구원 집회를 연다 … 즐겁고 편하고 쉬운 사귐의 밤이다. 소녀들은 벤조와 템버린을 연주하고, 런던에서 보게 되는 활기찬 집회가 두어 시간 지속된다. 짧고 분명하게 드리는 기도 시간이 있고, 다음에 설교 시간이 오는데, 더러는 집회 지도자들이 맡지만, 대부분은 지난 번 집회에서 구원받은 사람들의 간증 … 개인 체험을 바탕으로 한 간단한 고백으로 진행된다 … 진심에서 우러나오는 찬송이 뒤를 잇는다. 집회의 지휘자가 마지막 설교자 혹은 간증자가 언급한 체험들에 해당하는 찬송을 한 두 편 다 함께 부르게 하거나, 직업 훈련소에서 온 소녀들 중 한 명이 악기를 연주하며 독창을 하는데, 도중에 회중은 쾌활하고 시끌벅적한 합창으로 가세한다 … 이부자리는 매일 세심히 검사하여 해충이 남아 있지 않도록 한다. 사람들은 밤 열시부터 아침 여섯시까지 잔다. 우리는 보호소들에서 어떤 종류의 방해라도 받은 적이 없다. 우리는 지금 런던에서 수천 명의 극빈자들을 수용하고 있는데, 그들 중 다수가 전과자, 거지, 떠돌이로서 만물의 찌끼에 해당하는 사람들이다.[24]

교육

　노동자들을 위한 교육은 또 하나의 가능성이었는데, 브라이튼의 영국국교회 주임사제 로버트슨(F. T. Robertson)이 이 분야에서 적극적인 사역을 벌였다. 협력 노동과 생활에 관한 다양한 형태의 실험이 모리스(F. D. Maurice)와 러들로(Ludlow)의 관심을 끌었다. 설교자들은 사업주들에게 청지기의 본분을 외쳤지만, 그들이 무엇을 할 수 있었을까? 직원들에게 적은 노동 시간과 후한 급여를 주고서야 어찌 몰인정한 다른 사업주들과 경쟁할 수 있겠는가? 찰스 킹슬리(Charles Kingsley)는 「값싸고 추악한 의류」(Cheap Clothes and Nasty)라는 소책자에서 노동자들을 착취하여 생산한 제품을 불매하고 그런 제품의 판매에 불이익을 주고 싶어하지만, 그런 값싼 제품에 대한 불매운동에 온 영국이 다 동참할 리가 없었다. 값싼 노동력에 기대지 않으려면 부유해져야 한다. 그렇다면 어떻게 해야 할 것인가?

노동

유일하게 가능한 대답은 국가에 해결책을 구하는 것이었다. 마치 루터가 제후를 비상시의 주교로 여겨 그에게 도움을 청했듯이 말이다. 국가는 노동 시간을 규제해야 한다. 국가는 임금 등급을 결정해야 한다. 국가는 노동 조건을 규정해야 한다. 국가에 압력을 가하기 위해서는 노동자가 조직을 갖춰야 하고, 노동자들이 국가의 정책 결정에 의사를 반영시키기 위해서는 참정권이 확대되어야 한다. 이런 조치들을 후원하는 데 다양한 성직자들이 개별적으로 적극성을 보였다. 두 명의 영국 국교회 평신도가 노동자의 권익을 위한 투쟁에서 두드러졌다. 요크셔의 행정관 리처드 오스틀러(Richard Oastler)는 아프리카 노예 사냥에 반대하는 운동에 주력하다가 자기 지역의 공장 노동자들이 노예만도 못한 생활을 하고 있는 모습을 발견하게 되었다. 그때부터 노동자들을 위해 노동 시간 단축과 노동 여건 개선을 얻어내는 데 주력했다.

    1846년에 통과된 열시간법(the Ten Hour's Bill)의 주창자는 샤프츠베리의 백작 앤서니 애쉴리 쿠퍼(Anthony Ashley Cooper)였다. 그의 운동은 한 가지 분야에 국한되지 않았다. 지하 노동자들, 어린이 노동자들, 굴뚝 청소부들, 정신이상자들을 보살피는 일을 후원했고, 노예제도 폐지, 동물 보호, 소년 범죄자 교화, 빈민 어린이 교육, 주거 환경 개선을 위해서 일했다.

    영국에서는 사회 개혁이 대부분 개인들의 사역으로 추진되었지만, 한 가지 예외가 되는 교회가 있었는데, 그것은 감리교였다. 감리교 중에서도 특히 수구파 감리교(the Primitive Methodists)가 두드러졌다. 웨슬리의 운동은 일찍부터 여러 갈래로 진행되었는데, 그런 현상은 작은 집단이 큰 집단보다 좀더 개혁적 자세를 취할 수 있다는 점에서 사회 개혁에 유익이 되었다. 수구파 감리교는 방적기 때문에 일터를 잃은 사람들을 각별히 보살폈다. 그 교단 교인들 중 많은 수가 그런 사람들이었다. 이른바 러다이트파(Luddites)는 방적기들을 때려부숨으로써 일터를 되찾으려고 하고 있었다. 감리교도들은 폭력에 의존하지 않은 대신에 노동자 협회들에 적극 가입하고 있었다. 그러나 노동조합은 그 세기 중반까지는 불법 단체였다. 감리교 지도자들은 불법 행위에 대해서는 눈살을 찌푸렸고, 따라서 1849년 이후로 5년 동안 감리교도의 3분의 1이 교회를 탈퇴하여 노동조합에 가입했다. 그들은 그렇다고 해서 복음주의의 입장을 버리지 않았다. 오히려 자기들의 열정과 기독교적 이념과 평신도 설교자로서 쌓은 체험을 노동 운동에 쏟아부었다. 많은 노동운동 지도자들은 감리교 평신도 설교자로서 수련을 쌓은 사람들이었다. 감리교는 노동 운동에 아더 헨더슨(Arthur Henderson), 램제이 맥도널드(Ramsay MacDonald), 필립 스노우든(Philip Snowdon) 같은 사람들을 배출해 주었다.[25]

감리교가 영국에 프랑스 대혁명 같은 사회적 격변을 막아주었다는 주장이 때때로 제기되어 왔다. 이것은 좀 지나친 주장이다. 영국이 프랑스 대혁명 같은 것을 겪지 않은 이유는 일정 기간을 두고 여러 차례의 혁명이 나눠 발생했기 때문이었다. 16세기에는 교회의 혁명이 일어났고, 17세기에는 민주주의 혁명이, 18세기에는 산업 혁명이, 19세기에는 도시 혁명이 일어났다.

프랑스 대혁명은 누적되었던 불만이 한꺼번에 폭발한 경우였다. 그러나 감리교가 20세기 영국에 파시스트적 혁명이 일어나지 않게 한 여러 이유 중 하나라고 말할 수는 있다. 파시즘은 국가의 손에 의해 노동과 자본간의 협력이 강요된다. 이것은 공장 프롤레타리아들이 마르크스주의자들이었던 독일과 이탈리아에서는 이해할 만한 일이었다. 하지만 노동과 자본이 여전히 기독교적 용어로 협상을 할 수 있었던 영국에서는 꼭 그렇지만은 않았다.

그러나 노동 시간과 임금 규제법은 신기술, 질병, 사고, 노령, 선천적 무능력으로 인한 실직 문제에는 도움이 되지 못했다. 국가가 아버지처럼 나서서 공공 복지 진흥의 책임을 맡지 않으면 안 되었다. 이것은 독일에서는 국가가 그다지 맡기 어려운 과제가 아니었다. 그곳에서는 루터교가 항상 빈민 문제 해결을 위해 군주를 쳐다보았고, 복음을 개인의 자유 증진을 위해 사용한 적이 없는 반면에, 경건주의가 이웃에 대한 관심을 일깨워 왔기 때문이었다. 비스마르크(Bismark)는 이런 태도에 편승하여 1880년대에 사회 문제 입법에 선례를 남겼다.

아울러 복지 국가는 오랜 협력의 전통을 갖고 있는 가톨릭 교도들을 받아들이기가 어렵지 않았다. 주교 케텔러(Ketteler)는 자유주의에 대해서 이렇게 비판했다: "[그것은] 고립된 개인들로 해체된 사람들 사이에서 무제한의 경쟁을 묵인했다 … 협력적 형태로 되돌아 가려는 우리 시대의 추세는 절대로 자유주의의 산물이 아니라, 그 자연 법칙의 역리성에 대한 반발이다."[26]

이런 추세를 이해하면 교황 레오 13세(Leo XIII)가 1891년에 노동 문제에 관해서 발행한 레룸 노바룸(Rerum novarum)이란 대 교서에서 복지국가와 노동 단체들을 승인할 수 있었던 이유를 기꺼이 이해할 수 있다.

개인의 자유를 존중한 청교도 전통에서 자라온 영국으로서는 그렇게 하기가 좀더 어려웠다. 영국은 왕정복고에도 불구하고 전반적으로 양심의 자유뿐 아니라 상업의 자유도 믿게 되었다. 벤덤(Bentham)과 아담 스미스(Adam Smith) 학파 출신의 공리주의자들은, 개인의 이익 추구에 의한 경쟁을 그대로 놔두면 상호 견제가 이루어지는 게 우주적 원칙이며, 그 원칙에 순응하면 평등이 이룩되고, 자신을 위한 노력이 결국 만민의 유익에 도움이 될 것이라고 주장했다.

이것은 분명히 실현되지 않았고, 영국 신자들은 맨체스터 학파의 자유방임주의(laissez faire) 철학을 버리기 시작했다. 국가의 통제에 의존하기 시작한 것은 유니테리언 교도인 조셉 챔벌레인(Joseph Chamberlain)이 시장으로 있을 때 버밍엄에서 시 차원으로 이루어졌다. 회중교회 목사 데일(R. W. Dale)이 그를 위해서 홍보 활동을 벌였다.

공공 복지의 관리자로서 국가의 역할이 가장 크게 발전한 곳은 루터교권 스웨덴과 가톨릭권 오스트리아였다. 미국에서도 그 방향으로 괄목할 만한 진보가 이루어졌다. 이곳에서는 인구 팽창과 산업화에 따른 모든 문제가 변경 개척 사업이 끝난 19세기 말에 가서야 비로소 발생하기 시작했다. 그 문제들에 대해서 교회들이 내놓은 대답은 주로 로체스터 침례교 신학교 교회사 교수인 월터 라우센부쉬(Walter Rauschenbusch)가 주창한 '사회 복음'(social gospel)이었다. 그뒤 강력한 노동조합들이 등장하여 라우센부쉬가 비판한 특정 악들을 바로잡아 왔다.

그러나 그러는 과정에서 국가는 뉴딜 정책과 뉴 프론티어 정책을 주창했다. 국가는 빈곤을 뿌리뽑고 노령층을 보호하는 문제에만 신경을 쓰지 않고, 천연자원 보존과 복원, 공중 위생 관리, 미(美)의 보존, 교육 보조, 각종 시민권들의 보호, '미국적 생활 방식'의 증진 같은 문제들에도 신경을 쓰게 되었다. 교회의 역할은 시민들에게 미국의 꿈(American dream)에 구현된 이상들을 고취시키는 것이었다. 청교도적 신정(神政) 형태가 되살아났다. 미국은 스스로를 하나님이 다스리는 나라, 하나님이 민족들에게 선한 삶을 전달하도록 선택하신 나라로 생각한다. 교회와 국가는 동일한 목표들을 위해 헌신하지만, 주도권과 실행을 국가가 쥐는 경우가 종종 있다.

제13장

기둥들의 붕괴와 묵시적 소망 : 20세기

20세기에는 특별히 '혁명의 시대'라는 표현이 적용되며, 이번 경우에는 과학·기술·정치적 혁명을 뜻한다. 이 표현은 19세기에도 적용되지만, 그 속도와 힘은 19세기에 비할 수 없을 만큼 비약적으로 증가해 왔다. 어느 때보다도 교회는 사회 문제에 정면으로 맞닥뜨리지 않을 수 없는 상황에 처했다. 몇몇 경우에는 사회의 기관들, 특히 국가와 밀접히 제휴해 왔고, 또 어떤 경우들에는 치열한 투쟁을 벌여 왔다. 어떤 지역들에서는 교회가 숫자와 영향력을 신장시켰고, 다른 지역들에서는 심각한 침체를 겪었다. 최근에는 교회들이 사역과 구조를 통합하는 방향으로 움직이고 있다.

현대의 교회와 국가

우리는 바로 앞에서 미국에서 기독교 교회들과 국가 사이에 이루어진 긴밀한 협력을 주목한 바 있다. 과거였다면 아마 그런 협력을 교회와 국가의 결합에서 찾으려 했을 것이다. 그럼에도 불구하고 오늘날은 미국만큼 교회와 국가의 분리가 교리로 굳어진 나라도 없다. 이런 이례적인 현상을 이해하려면 여러 나라에서 진행되어 온 교회와 국가의 분리를 위한 운동들을 개략해 볼 필요가 있다. 그 동기들은 다양했다. 때로는 교회들 자체가 국가의 통제로부터 벗어나기 위해서 분리에 앞장섰다. 이것은 스코틀랜드 장로교회의 일단에서 발생했다. 그들이 반대한 것은 국교회 자체가 아니라, 의회에 책임을 지는 평신도 후원자(patron)가 회중의 뜻과 무관하게 임의로 성직자를 임명하는 권한이었다. 1843년 이런 제도에 대하여 토머스 찰머스(Thomas Chalmers)는 항의 운동을 주도했는데, 이 때 1,203명의 목사들 중 451명이 국교회를 탈퇴하여 자유 교회(the Free Church)를 세웠다. 그들은 자기들이 담임하고 있던 교회와 목사관과 재산을 포기했다.

그러나 좀더 흔한 형태는 국가가 분리를 강요하는 것이었다. 특히 국가가 공화주의로든 사회주의로든 민주화한 반면에, 교회가 앙시앵 레짐(anciens régimes, 구체제) 곧 토지 귀족과 옛 왕조 — 권력을 유지하고 있든 폐위됐든 — 를 지지하던 가톨릭권 국가들에서 이런 형태가 현저했다. 남아메리카에서는 교회가 스페인과 포르투갈의 지배 계층과 결속했는데, 정교(政敎) 분리는 칠레를 제외하고는 정치권 측의 반감에서 비롯되었다.

유럽에서도 상황은 크게 다르지 않았다. 왜냐하면 교회가 스페인에서는 황제 칼가(家)를, 프랑스에서는 부르봉가를, 오스트리아에서는 합스부르크가를, 독일에서는 하노버가를 받들었기 때문이다. 프랑스에서 20세기 초에 발생한 분리는 수도회들의 추방과 더불어 진행되었다. 스페인에서의 상황은 프란치스코 프랑코(Francisco Franco)의 승리로 정교의 관계가 더욱 밀착함으로써 분리의 추세가 기복을 보였다.

이탈리아에서는 교회가 이탈리아의 통일에 반대했을 때 충돌이 발생했다. 교회가 통일을 반대한 이유는 그로써 교황령을 잃게 될 것을 우려했기 때문이었다. 1870년 통일이 이루어졌을 때 교황들은 스스로 바티칸의 수감자들이 되었다. 무솔리니(Mussolini)는 1929년 정교협약(Concordat)으로써 그 난국을 해결했는데, 그 협약으로 교회는 좁은 영역에 대한 정치적 주권을 되찾기는 했으나, 성직자들의 급여가 국가에 의해 지불되었기 때문에 국가에 의해 효과적으로 통제되었다.

독일은 바이마르 공화국 등장 전까지는 통일되지 않았기 때문에, 교회와 국가의 결합은 각 개신교권 영역에서 개별적으로 이루어질 수밖에 없었다. 영국에서는 성공회가 국교회로 남았고, 스웨덴에서는 루터교가 국교회로 남았다. 공산주의 혁명이 성공한 나라들에서는 당연히 정교 관계가 단절되었다.

미국의 상황은 좀 독특하다. 그것은 주로 종교적 다원주의에서 기인한 것인데, 심지어 식민지 시대에도 다양한 교단들이 각각 자기들의 지역을 중심으로 국교회 역할을 하던 대서양 연안은 그런 성격을 띠고 있었다. 회중교회주의자들은 뉴잉글랜드를 장악하고 비국교도들을 '강 건너로' 몰아냈다. 네덜란드 개혁교회는 뉴욕을 장악했고, 장로교는 뉴저지를, 스웨덴 루터교는 델라웨어를, 퀘이커교는 펜실베이니아를 장악했다. 성공회는 버지니아와 남북 캐롤라이나에서 국교회가 되었다. 메릴랜드는 가톨릭 교도가 프로테스탄트 왕에게 식민지 개척 허가서를 받아 세웠다. 로드 아일랜드는 침례교 개척지라고 할 수 있다. 비록 설립자 로저 윌리엄스(Roger Williams)가 잠시 이 교회의 신도이긴 했지만 말이다. 펜실베이니아, 로드 아일랜드, 메릴랜드에서는 특정 교파를 강요하지 않았지만, 그외의 다른 지역들에서는 국교회 준봉을 강요했다.

그러나 이런 체제는 점차 무너졌다. 때때로 정치 판도의 변화가 교세 판도의 변화를 불가피하게 만들었다. 예를 들면, 칼빈주의자들인 네덜란드 개혁교회는 처음에는 뉴욕에서 루터교도들에게 관용을 베풀지 않았지만, 이 네덜란드인들이 델라웨어에서 통제를 받게 되자, 스웨덴 루터교도들을 간섭하지 않겠다는 조약을 체결하지 않을 수 없었다. 그뒤로는 종교적 이유로 루터교도들을 뉴욕에서 추방하는 게 불가능하게 되었다. 그러던 중 영국이 뉴욕을 차지하게 되었고, 성공회를 국교회로 삼은 다음 네덜란드 칼빈주의자들과 조약을 맺고 그들에게 관용을 베풀었다. 이로써 뉴욕에서 아메리카 장로교 칼빈주의자들을 탄압하려는 시도는 급속히 사라졌다.

가장 중요한 요인은 새로운 이민이었다. 스코틀랜드와 아일랜드 이민들은 엄격한 장로교도들이었다. 퀘이커교도들은 그들에게 펜실베이니아로 이주하도록 허용했으나, 그 수가 워낙 많았던 까닭에 나중에는 그들이 그 식민주를 장악하게 되었다. 버지니아도 장로교 이민들이 서부 변경 지대로 이주하는 것을 환영했다. 그로써 성공회의 지배력이 약화되긴 했으나 인디언들에 대한 좋은 보루가 되어 주었기 때문이었다.

무역과 공동 방위의 필요가 식민주들을 결집시키고 인구 교환을 촉진했으며, 영국에서 관용령(Act of Toleration)이 내려진 뒤에는 비국교도에 대한 체벌도 사라졌다. 이와 동시에 교단들 간의 차이도 줄어들었다. 교회 정치의 면에서 모든 교단은 심지어 성공회와 로마 가톨릭까지도 회중교회적인 성격을 띠기 시작했다. 왜냐하면 식민주들이 워낙 멀리 떨어진 지역에 위치해 있었으므로 중앙 권력이 작용할 수 없었기 때문이다. 그러던 차에 대 부흥운동들이 사람들의 관심을 신조를 중심으로 한 머리의 신앙에서 신조를 무시하는 마음의 신앙으로 옮겨 놓았다. 그 결과 '부흥된' 사람들은 한데 결집하게 되었다. 그러나 앞에서 본 대로 신성 공화국은 부흥운동들로 회복되지 않았고, 회중교회적 성격을 띤 교회들은 분열되었다. 그러는 동안 감리교는 모든 연안 식민주들에서 교회를 설립했고, 그로써 어느 교단이든 국교회가 되는 교단에 도전을 주었다.

부흥운동의 논리는 교회와 국가의 분리를 요구했다. 만약 교회가 회심자들로만 구성되는 반면에 전체 인구가 다 회심할 수가 없다면, 그리고 국가가 전체 인구로 구성되어야 한다면, 교회와 국가는 구성 요원들이 서로 다르므로 서로에게서 풀려나야 한다. 그리고 교회는 국가의 비그리스도인들에게 간섭을 받지 않기 위해서는 그렇게 되기를 바라야 한다. 따라서 로저 윌리엄스와 침례교도들의 논리가 이전까지 국교회를 유지해오던 칼빈주의 교회들의 논리가 되었다.

그런 상황에서 계몽사상이 버지니아의 성공회 교도들 사이에서 큰 인기를 얻었다. 그중에서도 제퍼슨(Jefferson)이 두드러졌는데, 그는 국가가 자연 질서에 속하므로 계시에 의존하는 교회와 혼동해서는 안 된다고 주장했다. 이로써 점증하던 종교적 다원주의와 부흥운동의 논리가 계몽사상의 영향과 결합하여 미국 헌법 제정자들에게 어떠한 교파도 연방의 국교회가 되지 못하도록 금하게 만들었다. 주(州)들에 관해서는 언급이 없었고, 주들 사이에는 교회와 국가의 분리가 1830년대 전까지는 완료되지 않았다.

그뒤로 독특한 상황이 전개되었다. 교회와 분파(sect)의 구분이 사라졌다. 이전까지는 대개 교회가 국교회였고 분파가 비국교회였지만, 이제 미국에서는 모든 종교 단체가 비국교회가 되었다. 이런 관점에서 미국의 교회들은 분파라 불리지 않고 교단(denomination)이라 불린다. 또한 분파란 대개 문화로부터 등을 지는 게 보통이었지만, 이 나라의 교단들은 문화를 창달했다. 회중교회가 뉴잉글랜드에서, 성공회가 버지니아와 남북 캐롤라이나에서, 감리교가 중서부에서, 침례교가 남부에서, 루터교가 중북부에서, 그리고 가톨릭 교회가 5대호와 남부의 옛 스페인령에서 그 일을 했다.

이런 형태는 대체로 우리 시대에까지 지속된다. 1962년에 발행된 지도를 보면 단일 교단의 인구가 전체 인구의 50%가 넘는 주(州)와 25%가 넘는 주가 잘 나타난다. 침례교는 뉴멕시코 접경에 이르는 남부 전역을 장악하고 있고, 감리교가 드문드문 고립 지역을 이루고 있다. 감리교의 교세는 위도상으로 중간선 너머로 델라웨어에서 콜로라도까지 펼쳐지면서 오하이오, 인디애나, 일리노이, 아이오와, 캔자스, 네브래스카를 포함하고 있으며, 남부와 북서부, 북부 애리조나에 큰 고립 지대들이 분포해 있다. 스칸디나비아 루터교는 미네소타, 남북 다코타, 그리고 몬타나 일부분을 장악하고 있다. 모르몬교는 유타, 아이다호 남부, 네바다 동부, 와이오밍 서부를 장악하고 있다. 가톨릭 교도들은 5대호 연안, 뉴올리언즈 부근, 그리고 옛 스페인령(캘리포니아, 아리조나 남부, 뉴멕시코, 텍사스 남단〈나머지는 침례교가 장악하고 있다〉, 앨라배마, 플로리다 남단)에서 강세를 보인다. 이런 것은 누구나 예상할 수 있는 분포이다.

놀라운 것은 가톨릭 교회가 뉴잉글랜드와 비컨 힐의 중심부를 장악하고 있다는 점이다. 그 이유는 아일랜드, 이탈리아, 폴란드 이민들이 유입된 데서, 그리고 뉴잉글랜드 주민들이 서부로 이주한 데서 찾아야 한다. 그러나 가톨릭 교도들도 서부로 이주했고, 몬타나와 북서부의 다른 지역들에서 강세를 띠고 있는 듯하다. 이에 비해 회중교회, 장로교, 제자파(Disciples)가 소수의 몇몇 고립 지역들을 장악하고 있는 것은 의외의 현상으로 볼 수 있다. 하지만 그것 자체가 그 교단들의 총력의 지표인 것은 아니다. 왜냐하면 그 교단들은 앞서 말한 지도[1]에 나타나지 않은 많은 지역들에서 소수를 이루고 있기 때문이다. 1958년 미국 총인구 중에서 66%가 개신교였고, 26%가 가톨릭이었으며, 3.5%가 유대교였다. 신앙을 고백하는 인구는 109,557,741명으로서, 전체 인구의 63%에 해당하는 비율이다.[2]

미국의 종교

이런 모든 다양성에도 불구하고 '미국의 종교'(American religion)라는 것이 등장했다. 이것을 가리켜 유대 기독교(Judeo-Christian)라고 하며, 오늘날 개신교, 가톨릭 교회, 유대교라는 세 가지 종교 집단으로 이루어져 있다. 사실상 이 미국 종교는 유대교가 될 운명을 갖고 있다. 왜냐하면 세 집단이 한 목소리를 내려면 그들이 공유하고 있는 것, 즉 유대교를 내세우지 않을 수 없기 때문이다. 신성 공화국(the Holy Commonwealth)은 유대교적 요소를 적지 않게 갖고 있다. 청교도들은 스스로를 하나님이 모세와 맺으신 언약의 후사들이라고 믿었다. 모르몬 교도들도 바벨론 유수 직전에 예루살렘을 떠나 신세계에 정착한 이민들의 혈통적 후손으로 자처한다. 미국의 가톨릭 교도들은 자기들의 영적 선조를 볼티모어 경(Lord Baltimore)이 아닌 건국 조부들(the Pilgrim Fathers)로 추앙한다.

이 하나님의 새 이스라엘은, 국교회를 회중교회, 장로교, 침례교라는 세 기둥으로 떠받쳐지는 국가 종교로 대체한 크롬웰의 호국경 정치에 훨씬 가깝게 기능하는 미국이다. 오늘날 미국에서 그 세 기둥은 개신교, 로마 가톨릭, 유대교이다. 미국은 그 세 기둥의 통일의 현시로서, 그 통일을 지키기 위해서 전쟁이 치러졌으며, 이에 반해 교단을 떠나는 것은 더할 나위없이 훌륭한 일이다. 국가는 신앙고백의 터에서 가입하는, 교회와 같은 어떤 것이 되기에 이르렀다. 오늘날까지 미국 시민권 수여식 때는 판사가 미국의 이상들에 관해 짤막한 설교를 하는데, 그 이상들에 서명하지 않는 사람은 체류자로 남아야 한다는 암시가 그 설교에 깔려 있다. 미국은 여전히 청교도 공화국이다.

교회와 국가의 분리

그럼에도 불구하고 미국에서는 교회와 국가가 분리되어 있으며, 교회들은 그렇게 되기를 바란다. 교회들은 국가로부터 분리되어 있는 한에는 자유롭고, 그들의 회원들은 스스로의 존립을 위해 지불해야 할 때 더 열성을 보이는 법이다. 이 나라에서는 가톨릭 교도들이 오랫동안 분리를 옹호해 왔다. 어느 교회가 국교회가 되었든간에 그것이 가톨릭 교회가 아니었을 것임을 잘 알고 있기 때문이다. 그러나 그들도 부분적으로는 원칙상 국교회 형태를 유지해 왔다. 그들은 교황청이 정치 권력을 박탈당한 이래 수 세기 동안 지금과 같은 명성을 누려본 적이 없다는 것을 잘 알고 있다.

그러나 만약 교회와 국가가 그렇게 긴밀히 제휴하고 있으면서도 구조상으로는 엄격하게 분리되어 있다면, 공립학교는 어떻게 될까? 미국에서는 분리 교리가 점차 공립학교에서 종교 교육과 의식을 배제하는 방식으로 해석되어 왔다. 헌법은 항상 그런 식으로만 이해되지는 않았다. 초창기에는 신앙이 같은 사회의 공립학교들에서 성경 읽기와 기도가 부적당한 일이 아니었다. 그러나 사회마다 소수 집단이 증가함에 따라 기도 형태의 통일이 불가능하게 되었다. 어느 사회든 아예 기도를 원치 않는 불신자들이 있게 마련이고, 그들이 비록 소수일지라도 그들의 양심은 존중되어야 했다. 종교 자유를 실행하려 들면 항상 소수가 이기게 되어 있기 때문이다. 그 해결책은 아마 수업 시작 전에 잠시 묵상하는 시간을 두어 어린이가 부모의 신앙에 따라 기도나 묵상을 할 수 있게 하는 방안이었을 것이다.

그러나 교회들은 자녀들을 그렇게 최소한의 종교 활동에 방치하는 것으로 만족하지 않았다. 교회나 회당이나 가정에서 적절한 신앙 교육을 행하든지, 아니면 소교구 학교가 반드시 있어야 했다. 이런 학교들은 많은 교단에 의해 설립되었는데, 특히 가톨릭 교회의 학교 설립이 두드러졌다. 이런 조치가 교회들에 의해 보편적으로 채택된다면 공립학교들은 불신자들이나 회의론자들에게 맡겨질 것이었다. 국가는 이러한 결과를 무관심하게 바라볼 수 없었다. 왜냐하면 공립학교는 미국인의 생활 방식을 주입하고, 인종의 차이를 줄이고, 또한 당시로서는 인종 차별을 극복하는 데 유용한 수단이었기 때문이다. 국가에는 학교가 필요하다. 교회에도 학교가 필요하다. 그런데 교회와 국가가 분리되어 있다. 그렇다면 어떻게 해야 하나?

한 가지 제안이 제기되었다. 학부모들에게 한편으로는 공립학교를 위한 세금을 내고 다른 한편으로는 사립 내지 소교구 학교를 지원하는 이중 부담을 덜어주자는 것이었다. 이런 형태의 교육은 각기 다른 신앙을 가진 모든 학생들에게 과학과 수학 같은 과목들에 대해 공통된 내용의 교육을 받게 함으로써 성취될 수 있었다. 그런 과목들은 종교와 직접 관련되지 않기 때문이었다. 그러나 비용 말고도 다른 문제가 있었다. 그런 계획을 실천하려면 국가가 교육자의 역할을 회복해야 했다. 이 주제에 관한 모든 논의에서 간과해서는 안 될 한 가지 점은 국가와 교회가 별개의 사람들로 구성되지 않는다는 점이다. 동일한 사람들이 국가와 교회에 다 발을 디디고 있고, 다만 내면적으로만 분리될 뿐이다.

그 해결책이 무엇이든간에 국가가 반드시 정의의 구현이거나 이상들의 후견자라는 생각을 당연시해서는 안 된다. 이런 가정은 오늘날 미국, 즉 대법원이 국민의 양심 역할을 해왔고 민권 옹호 측면에서 교회들을 주도해온 미국에서는 보편적인 가정이 되어 있다. 통합론자들의 큰 외침은 "대법원에 순응하라"는 것이다. 그러나 만약 이 나라가 남아프리카 공화국이라면 그들이 과연 그런 말을 할까? 오늘날 많은 나라들에서는 국가가 인권을 무자비하게 짓밟아왔다. 이런 나라들에서는 교회가 단호히 아니오라고 말하지 않을 수 없었다.

러시아 교회

먼저 떠오르는 예가 러시아인데, 이 시점에서 러시아 교회사를 다시 되살펴 봄직하다. 우리는 앞에서 1547년에 이반 4세(Ivan IV)가 차르의 칭호를 취하고 수도를 옮김으로써 '키에프 시대'로 대표되는 러시아 교회사 초기를 마감하고 '모스크바 시대'라고 하는 제2기를 시작한 16세기로 끝을 맺은 바 있다. 러시아 교회는 독립 교회가 되었으나, 바로 그 이유 때문에 황제와 총대주교로 구성되는 비잔틴 형태를 거의 그대로 재현했다. 총대주교들은 비록 헛수고로 끝나긴 했으나 차르들과의 세력 균형을 유지하기 위해 노력했다. 교회는 국가의 부서가 되는 경향이 있었고, 사회에 더 깊은 영향력을 행사할 수 없게 되자, 수도원들에서의 명상과 교회의 정교한 전례(典禮)로써 신앙생활을 계발하는 데로 눈을 돌렸다. 17세기에 총대주교 니콘(Nikon)은 비잔틴 교회를 모델 삼아 전례 개혁에 착수했다가 슬라브계 보수주의자들에게 강력한 반발을 샀다. 그들이 특히 분노한 이유는 니콘이 사제에게 축복할 때 과거의 방식대로 두 손가락을 사용하지 말고, 비잔틴의 방식대로 성 삼위를 기려 세 손가락을 사용하도록 요구했기 때문이었다. 그 쟁점은 대단히 하찮은 것이지만, 눈에 보이는 하찮은 점들이 더 깊은 차이를 드러내는 상징인 경우가 종종 있는 법이다. '옛신자파'(the Old Belibers)는 비잔틴 식으로 예배하기보다 수백만 명이 교회를 탈퇴하는 쪽을 택했다.

18세기에 러시아는 비잔틴의 영향권에서 벗어나 서방의 영향권에 들어갔다. 수도는 더 북쪽에 자리잡은 상트 페테르부르크로 이전되었고, 그때로부터 공산주의 혁명 때까지를 가리켜 러시아 교회사의 '상트 페테르부르크 시대'라고 한다. 표트르 대제(Peter the Great)는 영국과 독일을 모델로 삼았고, 에카테리나 대제(Catherine the Great)는 프랑스를 모델로 삼았다. 이들 서양 나라들에서는 정치적 절대주의가 성행하고 있었는데, 표트르는 그 정신을 받아들여 1699년 총대주교직을 폐지하고 자신을 신자들의 아버지(the Father of the Faithful)로 삼았다.

1721년 교회 정치는 소보르(sobor)라고 하는 위원회에 위임되었고, 그 위원회는 공산주의 혁명 때까지 기능을 수행했다. 귀족들은 계몽사상을 받아들였고, 볼테르가 한때 체류하던 상트 페테르부르크에서는 그의 사상이 유행했다. 19세기 후반에 지식인 계층은 다윈(Darwin)의 생물학적 진화론 사상을 마르크스(Marx)가 표방한 계층 없는 사회라는 목표를 향한 사회적 진보 개념으로 확대 적용했다. 이 인텔리겐챠들 중 일부는 무신론을 성 프란체스코의 정신과 결합하여 재산을 버리고 농민들 속에 들어가 살았는데, 그럼으로써 얻은 것은 농민들의 지위를 향상시킨 게 아니라 자연으로 돌아감으로써 정신적 원기를 되찾은 것이었다.

20세기로 전환될 무렵 정교회(the Orthodox Church)는 1천9백만 에이커의 토지와 당시 화폐로 약 5천만 파운드의 은화에 해당하는 연간 수입을 거두는 등 크게 부유했다. 그러나 이 부는 소수에게 집중되어 있었고, 대다수 소교구 성직자들은 백성과 마찬가지로 가난했다. 사제들은 무학한 자들은 아니었으나, 비잔틴과 슬라브 유산의 신학적 전례적 문학만 배웠을 뿐 서양의 사조에 대해서는 제대로 알고 있지 못했다. 농민들은 사제들을 존경하지 않았지만 전례를 사랑했고, 차르를 신자들의 아버지로 간주하지 않았지만 성화상들을 여전히 숭배했다.

러시아에는 국교회인 정교(正敎) 외에도 각기 다른 정도의 관용을 누리던 종교 집단들이 여럿 있었다. 폴란드에는 가톨릭 교도들이, 발트해 연안에는 루터교도들이, 코카서스 지방에는 이슬람교도들이, 러시아 전역에는 유대인들과 아르메니아인들이 흩어져 있었다. 종교적 카스트 제도에서 최하층민의 자리는 러시아 분파들이 차지했다. 그들 중 가장 큰 집단은 17세기에 러시아 정교에서 탈퇴한 옛신자파(the Old Believers)였다. 그들은 공산주의 혁명이 일어날 당시 1천 3백만 명을 헤아렸다. 슈툰디파(Stundists)는 독일 경건주의의 영향을 받았다. 그들의 명칭은 그들의 기도 기간을 가리키는 시간이란 뜻의 독일어 슈툰데(Stunde)에서 유래했다.

몰로카니파(Molokani)와 듀코보르파(Dukhobors)는 러시아의 자생 분파들로서, 이들의 반전주의는 심지어 경작으로써 토지를 강압하지 않으려 할 정도로 극단적 성격을 띠었다. 메노파(Mennonites)는 서방으로부터 박해를 피해서 러시아로 들어왔다. 침례교는 서방인들이 만민에게 복음을 전하라는 대사명에 헌신한 결과로 들어왔다. 분파들의 신앙에는 활력이 있었으나, 그들의 영향력은 혁명에 방향을 제시할 만큼 충분하지는 못했다.

1900년 무렵 러시아의 혁명가들 가운데는 멘셰비키파(Mensheviks)와 볼셰비키파(Bolsheviks)의 두 유형이 있었다. 전자는 의회의 방식으로 개혁을 추구한 온건파였다. 이들이 1904년에 주도한 첫 혁명의 결과로 차르는 더 이상 교회의 수장이 아니게 되었고, 총대주교직이 부활되었다. 모든 국민에게 완전한 종교의 자유가 부여되었다.

공산주의

볼셰비키파는 공산주의라는 유대 기독교적 이단이라는 새 종교 집단이었다. 유대인들과 그리스도인들은 역사상 드물지 않게 사유 재산을 자발적으로 포기했다. 이제는 그 포기가 국민에게 강요되었다. 유대인들과 그리스도인들 모두 새 하늘과 새 땅을 꿈꾸어 왔다. 공산주의는 하늘을 누락시켰다.

유대인들과 그리스도인들은 모두 하나님이 역사의 주재이시라고 믿는다. 공산주의는 하나님을 변증법적 유물론의 불가항력적 역동성으로 대체한다. 유대인들과 그리스도인들은 모두 하나님이 비록 자신의 뜻을 이루실 것이지만, 선택된 자들이 그것을 실행하기 위해서 근면히 일해야 한다고 믿어 왔지만, 공산주의자들은 역사의 숙명성을 믿고서 그것을 실현하는 데 막대한 노력을 쏟아부었다. 유대인들과 그리스도인들은 신앙을 위해서라면 죽을 수도 죽일 수도 있었다. 공산주의자들은 철저히 헌신적이고 철저히 무자비하여, 종교재판소의 방법들을 되살리고 그것에 기술적인 세련됨을 보강했다. 그런 자들이 러시아를 한 세대 안에 봉건 사회에서 현대 산업 국가로 개조하려는 포부를 안고 1917년 공산주의 혁명을 일으킨 사람들이다.

그들은 이 목적을 성취하기 위해서 교회뿐 아니라 '인민의 아편'인 종교 자체를 말살해야 할 필요를 느꼈다. 1918-1919년에 28명의 주교들과 1215명의 사제들을 총살했다. 재산을 몰수했다. 1026개의 수도원들 중에서 687개의 수도원을 폐지했다. 분열을 조장하여 교회를 말살하려고 시도했다. 처음에는 옛 분파들을 덜 박해했고, 정교 내에서 혁명을 지지하는 혁신 교회(the Renovated Church)가 갈라져 나오도록 이간질했다. 그런 뒤 그 교회는 자취를 감추었다. 정교의 총대주교 티콘(Tikhon)은 투옥되어 학대를 당했다. 교회는 사실상 불로 연단을 당했다. 신앙 철회로써 목숨을 건질 수 있었던 수많은 사제들과 평신도들이 집단 수용소로 끌려갔다. 예배도 심지어 남편과 아내가 서로 신자임을 알리지 않을 정도로 비밀리에 드렸다.

전하는 바로는 아버지가 아들을 데리고 세례를 주러 갔으나 사제가 세례를 거부했는데, 이유인즉슨 이미 며칠 전에 어머니가 그 아기를 데려와 세례를 받게 했기 때문이라는 것이었다. 그런 정도라면 당국자들의 눈을 능히 피했을 것이다. 그러나 특정 지역에서 가장 큰 국립병원 원장이 죽어 정교 대주교의 성직복을 입고 장사되는 모습에 그들은 아연실색하지 않을 수 없었다.[3] 1927년 모스크바 인근의 여섯 개 학교를 대상으로 가정 환경 조사가 이루어졌는데, 조사 결과 77.9%의 소년들과 46.1%의 소녀들이 스스로를 무신론자라고 기재한 반면에, 22.1%의 소년들과 53.9%의 소녀들은 스스로를 신자라고 기재했다. 소년들 중에서 17%, 소녀들 중에서 40.5%가 교회에 다

녔다.[4]

　피의 십년이 비교적 실패로 끝난 뒤, 1929년 정부는 노선을 바꾸어 선전 강화를 통해 종교를 말살하려고 했다. 탄압 조치가 대중의 요구 수용에 자리를 내주었다. 주민들의 진정이 촉매가 되어 교회의 종들이 철거되고 성상(聖像)들이 소각되었다. 교회 건물들에 부과된 임대세가 120% 인상되었다. 그 결과 1937년에 1,900개의 예배당이 문을 닫았다. 분파들과 가톨릭 교회들에는 더욱 무거운 압박이 가해졌다. 그럼에도 불구하고 이 정책도 원래의 목표에 훨씬 못 미쳤다. 무신론자 투쟁 연맹(the Militant Atheists League) 위원장은 1937년에 장년 산업 노동자 3분의 1과 농민 3분의 2가 신자들일 것으로 추산했는데, 농촌 지역에 전체 인구의 67%가 분포해 있었으므로 이 수치대로라면 러시아 전체 인구의 약 절반이 신자들이었던 셈이다. 1940년에 어떤 무신론 계열의 간행물은 적어도 도시 노동자의 절반이 신자들이고, 농촌 지역에서는 불신자를 찾아보기 힘들다는 점을 인정했다.

　1939년 정부는 다시 새로운 정책을 채택했다. 지나친 임대세 정책을 포기하고, 차별정책을 도입했다. 기독교를 옛 러시아 형성에 크게 기여한 문화 세력으로 인정했다. 성상들을 예술품으로 높이 평가했고, 터키가 하기아 소피아 성당을 복원한 것처럼 대성당들을 박물관으로 보존했다. 제2차 세계대전 때 교회들이 국가를 충성스럽게 지원한 일이 교회와 국가간의 균열을 좁혔다. 오늘날 정교회(the Orthodox Church)대성당들은 신도들로 붐빈다고 한다. 반면에 분파들은 일괄적으로 침례교로 분류된다. 가톨릭 교회와 루터교는 도저히 이 범주에 들어갈 수 없는데도 말이다. 이 침례교회들도 신도들이 붐비고, 설교도 힘있게 행해지지만, 이렇게 문을 연 교회들에 신도들이 붐비는 것을 볼 때 과거에 폐쇄된 많은 교회들을 잊어서는 안된다. 공산주의 위성 국가들에서는 교회가 끊임없는 박해를 무릅쓰고 살아남아 있다.

　중국에서도 교회가 살아남았다. 이곳에서는 러시아의 경우와 같은 의미로 퇴보를 말할 수 없다. 왜냐하면 애당초 신자 수가 퇴보할 만큼 많지도 않았고, 교회가 부유한 적도 없었기 때문이다. 해외 선교회들이 학교들과 대학들과 병원들에 쏟아부은 막대한 투자는 고스란히 공산주의 정권의 손에 들어갔다. 공산주의 혁명의 가장 슬픈 측면은, '외국 제국주의'의 철회를 위해 제시된 모든 요구들을 받아들이기를 거부한 그리스도인들이, 양심에 따라 혁명에 동조한 동료 그리스도인들에게 반란자로 단죄되었다는 점이다. 그럼에도 불구하고 후자를 비굴한 앞잡이들로 매도해서는 안 된다. 그들은 만약 기독교 자체를 부정하기만 했다면 큰 압박을 피할 수 있었을 것이기 때문이다. 퀘이커 교도들이 독실한 청교도 올리버 크롬웰 치하에 투옥당한 것과 비슷한 상황이다.[5]

파시즘과 국가 사회주의

기독교를 진멸하지는 않았으나 적어도 억압하려고 한 또 다른 큰 운동은 파시즘(Fascism)과 국가 사회주의(National Socialism, 나치즘)이다. 그들이 사용한 많은 방법은 공산주의로부터 전수받은 것이었다. 그러나 파시즘과 국가 사회주의가 기독교와 공유한 부분은 공산주의가 기독교와 공유한 부분에 비해 작았다. 그들은 반유대적, 민족주의적 성격을 띠었고, 계급 구조 위에 사회를 건설했다. 비록 표현은 덜 공공연히 했으나, 기독교에 대해서 적지 않은 반감을 갖고 있었다.

파시즘은 분개한 중산층이 국가에 대해서 파업을 중단시키고 강제력을 써서라도 노동자와 자본가 사이의 협력을 끌어내라고 요구한 이탈리아에서 시작되었다. 무솔리니(Mussolini)는 모든 국민에게 노동의 열매를 서로 많이 차지하려고 싸우지 말고 다 함께 일하자고 설득했다. 입헌주의 옹호자들은 무자비하게 숙청되었다. 교회가 비판하는 행위는 국가에게 성직자 급여권을 준 1929년 정교협약에 의해 금지되었다. 그뒤 이탈리아는 아비시니아(에티오피아)를 정복함으로써 경제력을 벌충하려고 했다. 이 문제로 교회와 국가간의 공적인 갈등이 발생하지 않았다.

독일에서는 국가 사회주의가 더 오랜 뿌리에서 자라났고, 좀더 급진적인 조치에 의존했다. 민족 통일과 확장이라는 독일인들의 꿈은 16세기 이래로 번번히 가로막혔다. 비스마르크(Bismarck)조차 독일 제국(諸國)의 통일을 이룩하지 못했다. 그의 통일 노력을 가장 강력히 방해한 세력은 가톨릭 교회였는데, 그 교회는 개신교권 프러시아가 헤게모니를 장악하여 통일이 이룩되는 것을 원치 않았던 것이다. 가톨릭 교도들은 중앙당(the Center Party)이라는 정당을 결성한 뒤 개신교 왕가인 호헨촐레른가에 맞서 하노버가를 지지했고, 가톨릭권 오스트리아를 중심으로 한 독일 통일을 추구했다. 비스마르크는 그대신 개신교권인 슐레스비히-홀슈타인을 합병했다. 가톨릭 교회는 가톨릭 지역에서의 독재 체제를 늘 지지했으나, 독일의 중앙당은 입헌주의 편에 섰고, 무엇보다도 사회주의자들과는 달리 비스마르크와 협상하려고 하지 않았다. 중앙당 지도자 빈드호르스트(Windhorst)는 비스마르크를 황소처럼 고함치게 만들곤 했으나, 결국에는 굴복하지 않을 수 없었다. 오스트리아는 결국 히틀러(Hitler)에 의해 독일과 통합되었지만, 정작 독일은 내부의 지역 국가들을 통제하는 강력한 중앙 정부하에서도 통일되지 않고 있었다. 히틀러는 통일을 이루어내기로 결심했으나, 먼저 중앙당을 제거해야 했고, 그러자니 가톨릭 교회와 충돌하지 않을 수 없었다.

개신교도들과의 투쟁은 그정도로 불가피하지는 않았다. 독일을 베르사이유 조약의 올무에서 해방시키려던 히틀러의 시도는 국민들의 열광적인 지지를 받았다. 그는 이렇다 할 저항을 받지 않은 채 자르, 슈데텐란트, 심지어 폴란드까지 진격해 들어갔다. 그가 초기에 유대인들에게 가한 제재 조치는 그다지 큰 저항을 불러일으키지 않았고, 그의 철저한 야만성은 전쟁이 끝날 때까지는 독일에 널리 알려지지 않았다. 그러나 그가 모든 교회를 국가의 의지에 종속시키려 했을 때 강렬한 저항이 일어났다. 처음에 그는 유순하게 시작했다. 가톨릭 교회에 대해서는 1933년 정교협약을 체결하여 여러 가지 자유를 베풀었는데, 그 내용을 개략하자면 어떠한 정권하에서도 가톨릭 교회가 존립할 수 있게 해준다는 것, 즉 성사 집례의 자유, 자녀 교육의 자유, 수도회 존립의 자유, 재산 소유의 자유를 허용해 준다는 것이었다. 개신교에 대해서는 28개의 지역 교회들에게 하나의 국가 교회(National Church)를 결성하도록 요구했다. 개신교도들은 이전 시대였다면 기독교적 근거에서 얼마든지 했을 만한 그 일을 국가의 요청에 부응하여 하지 않을 이유를 발견하지 못했다. 그들은 교세가 강화되면 자체의 삶을 결정할 자유를 얻게 될 것이라고 단단히 기대했다. 그러나 히틀러는 그렇게 해놓고는 양보 조치들을 야금야금 철회하기 시작했다.

라이히슈타크에 있던 가톨릭 중앙당은 뿌리뽑혔고, 가톨릭 청년 조직들은 히틀러 청년당으로 흡수되었으며, 수도회들은 독일의 돈을 외국으로 빼돌렸다는 죄목으로 박해를 받았다. 추기경 파울하베르(Faulhaber)는 정교협약의 파기를 비판했고, 주교 갈렌(von Galen)은 좀더 광범위한 표현을 사용하여 정의의 요구를 짓밟는 국가는 오래 존속할 수 없다고 단언했다. 교황은 '타오르는 근심'(Mit brennender Sorge)이라는 교서를 발행했다.

개신교도들은 히틀러가 임의로 주교를 쫓아내고 자기들의 사람을 앉히는 것을 보고서 즉시 미망에서 깨었다. 히틀러는 개신교 교회들을 국가의 부서로 만들 뿐 아니라, 기독교 자체를 셈족(유대인)의 혈통이 없는 게르만족의 종교로 개조하고, 유대인 혈통을 지닌 자는 기독교 교회의 교인일지라도 추방한다는 정책을 세웠다. 그러자 4천 명의 개신교 목사들이 고백 교회(the Confessing Church)를 결성했고, 이 교회는 1934년 바르멘에서 어떠한 인간 총통(Führer)도 하나님의 말씀 위에 설 수 없다고 선언했다. 고백 교회에 속한 교회들은 재산을 몰수당했다. 그들의 신학교는 폐교되었고, 그들의 인쇄소도 폐쇄되었고, 입대 연령에 해당하는 그들의 성직자들은 가장 위험한 전방에 배치되었으며, 연로한 지도자들은 집단 수용소로 끌려갔다.

후자 가운데 제1차 세계대전 때 해군 제독을 지낸 마르틴 니묄러(Martin Niemöller)가 있었다. 그는 반년 이상 독방에 갇혀 있다가 히틀러의 법에 따라 "국가와 당에 반역적 타격을 입힌" 죄목으로 재판을 받게 되었다. 니묄러는 자신이 시범 케이스가 될 것임을 잘 알고 있었다. 그가 재판받을 장소는 독방에서 그리 멀지 않은 건물이었는데, 그곳까지는 캄캄한 통로로 이어져 있었다. 무표정한 교도관이 그를 데리러 왔다. 니묄러는 앞장서서 걸어야 했다. 그뒤에서 들리는 소리란 교도관의 발자국 소리와 그것이 돌벽에 부딪히며 내는 메아리뿐이었다. 어둠 속에서 불현듯 적막이 감돌았고 두려움이 엄습해 왔다. 뒤에서 무슨 소리가 들렸다. 몇 마디를 반복하는 낮은 음성이었는데, 메아리 때문에 잘 알아들을 수 없었다. 차츰 그게 무슨 소리인지 들리기 시작했다: "여호와의 이름은 견고한 망대라 … 여호와의 이름은 견고한 망대라"(잠 18:10). 교도관의 음성이었다. 복도가 끝났다. 문이 열렸다. 사람들이 빼곡히 들어찬 법정에 죄수는 두려워하지 않고 섰다.[6]

알버트 아인슈타인(Albert Einstein)은 종교와 인간성을 박해하던 나치에 대항하여 일어섰던 교회들에게 다음과 같은 찬사를 보냈다:

> 자유를 사랑하던 나는 독일에 혁명이 찾아왔을 때 항상 진리에 헌신한다고 자부해온 대학교들이 그것을 변호하기 위해 일어날 것을 기대했다. 그러나 한 대학교도 그러지 않았다. 모두가 즉시 입을 다물었다. 그런 뒤 나는 지난 날 열정적인 논설로 자유에 대한 사랑을 외치던 일간지들의 저명한 논설위원들을 바라보았다. 그러나 그들도 대학교들과 마찬가지로 불과 몇 주만에 입을 다물었다. 그런 뒤 나는 독일의 문학적 지표로서 현대의 삶에서 자유가 차지하는 위치에 관해 그토록 많이 그토록 자주 글을 써내던 개인 저자들을 바라보았다. 그러나 그들도 벙어리가 되었다. 오직 교회들만 진리를 짓밟기 위한 히틀러의 출정 길에 떡 버티고 섰다. 나는 전에는 교회에 그다지 관심이 없었으나, 지금은 큰 애정과 존경을 느낀다. 교회만 지적 진리와 도덕적 자유를 위해 일어설 수 있는 용기와 끈기를 갖고 있었기 때문이다. 따라서 나는 한때 내가 업신여겼던 것을 이제는 기쁘게 칭송한다고 고백하지 않을 수 없다.[7]

퇴보와 재통합

그리스도인들이 사회 개혁과 지적 탐구와 독재에 대한 항거에서 보여 준 용기에도 불구하고, 지난 100년은 큰 퇴보를 목격했다. 그것은 이슬람교도들 같은 불신자들이 기독교 영역을 정복했기 때문이 아니라, 내부의 침식 때문에 생긴 퇴보였다. 한때 정통 신앙을 자랑하던 신성 러시아, 신성 로마 제국, 기독교 국가 프랑스 같은 나라들이 강렬한 적대감이나 냉랭한 무관심을 겪었다. 가톨릭권과 개신교권이 다 마찬가지였다.[8] 명목상의 가톨릭 국가로 전락한 프랑스는 비록 탁월한 성직자들을 다수 배출하긴 했으나 이제는 교회에 의해 선교지로 간주된다. 교황들은 어떻게 해서든 남아메리카에서 신자를 얻으려고 하는데, 예를 들어 부에노스 아이레스에 가면 "당신은 가톨릭 신자입니다. 일년에 한 번은 미사에 참석합시다"라고 적힌 구호를 볼 수 있다. 스웨덴의 국교인 루터교는 박해를 받을 때의 러시아 교회보다 신앙적 활기가 덜하다고 한다. 영국에서는 국교도와 비국교도를 막론하고 자기들이 머물러온 교회의 이름을 기억하지 못하는 사람들이 많다고 한다. 한때 독일의 국교였고 지금도 재정적으로 국가와 연결되어 있는 교회들은 교인의 6%만 예배에 참석한다고 보고한다. 미국은 세계에서 가장 높은 예배 출석률을 자랑하지만, 이곳에서도 교회보다 컨트리 클럽에 가입한 사람들이 더 많다.

이러한 퇴보들은 현실 기독교 교회들이 재통합에 의해 힘을 결집하기 위해 쏟아붓는 노력에 나름대로 자극이 되어 왔다. 그러나 잘라 말해서 거기에는 다른 이유들이 있었다. 궁극적인 이유는 모두가 하나가 되게 해달라고 하는 주님의 기도의 관점에서 볼 때 분열이 부적합하다고 느끼게 된 데에 있다. 또한 역사적 리듬의 법칙도 작용할 수 있다. 기독교 역사를 통틀어 볼 때 분열의 시기 다음에는 반드시 결집의 시기가 왔다. 콘스탄티누스 전까지 교회는 80회 가량 분열했다. 중세 초기부터 서방에서는 거의 600년 동안 이렇다 할 분열이 없었다. 12세기에 접어들면서 분파주의가 되살아나는 것을 보는데, 16세기에는 개신교가 대대적이고도 항구적으로 이탈했다. 개신교 내에서 분열의 절정을 보여준 사람은 17세기에 자기 외에는 어떤 사람도 자기에게 세례를 줄 자격이 없다고 믿고서 스스로 세례를 받았다는 이유로 자세례파(自洗禮派, the Sebaptist)라고 불린 존 스미스(John Smyth)이다. 그뒤로는 분파 결성이 감소했다. 영국에서는 19세기에 가톨릭 사도 교회(the Catholic Apostolic Church)가 소수의 추종자를 거느렸던 데 반해, 구세군(the Salvation Army)과 기독청년회(Young Men's Christian Association)는 회원이 상당수에 달했으나 이 단체들을 교회로 분류할 수는 없을 것이다.

미국에서는 몇몇 기성 교단들이 몇 차례 더 분열을 겪었으나, 근본 형태에 변화를 일으킨 예는 거의 없었다. 오순절파 교회들이 오늘날까지 부흥운동을 지속시켜 북부보다 남부에서 많은 신도들을 끌어들이고 있다. 미국에서 기성 교단들과 대조되는 독특한 특성을 지닌 세 개의 신생 교단들은 신유(神癒)를 소생시킨 크리스천 사이언스파(the Christian Scientists), 아메리카 원주민들을 고대 이스라엘의 혈통과 관련짓는 모르몬교(the Mormons), 교회 재통합에 초점을 둔 그리스도 제자파(the Disciples of Christ)이다.

개신교 재통합이 맨 처음 추진된 곳은 인도 북부의 힌두교도들을 남침례교 신자로 개종시키는 데 부적절성이 노정된 선교지였다. 부흥운동은 신앙고백을 중시하던 영역들에도 영향을 끼쳤고, 영혼의 신생을 체험한 모든 사람들을 통합하는 경향을 띠었다. 물론 동시에 그들을 회심하지 않은 자들과 갈라놓은 경우도 종종 있었지만 말이다. 19세기의 신학적 운동들은 모든 진영에서 자유주의자들을 한데 끌어 모았으나, 이 경우도 때때로 보수주의자들과의 균열을 야기했다. 미국에서는 개신교 교단들이 신앙에서 머리보다 마음을 강조하는 경향에 힘입어 서로 반드시 신앙이 동일하지 않을지라도 함께 일할 수 있게 해준다.

이 나라에서는 인구의 다양한 민족적 기원에서 생기는 형태의 교회 분열이 감소하고 있다. 예를 들어, 덴마크, 스웨덴, 노르웨이, 핀란드, 독일의 루터교도들은 통합 과정에 있다. 다양한 감리교 교단들처럼 동일 군(群)에 속하는 교회들도 재통합해 오면서 그 과정에서 남북전쟁으로 생긴 균열을 치유해 왔다. 북침례교와 남침례교는 아직까지 통합되지 않았지만, 분열을 지속시키고 있는 원인은 사회학적이라기보다 신학적 성격을 띠어 왔다. 오늘날의 쟁점은 노예제도가 아니라 근본주의이다.

캐나다에서는 감리교, 회중교회, 장로교가 캐나다 연합교회(the United Church of Canada)를 결성했고, 북인도에서는 장로교와 회중교회가 단일 교회를, 남인도에서는 성공회, 감리교, 장로교, 회중교회가 남인도교회(the Church of South India)를 결성했다. 미국에서는 기존에 통합된 두 교단이 통합의 범위를 넓혔다. 즉, 복음주의(루터교) 개혁(츠빙글리파) 교회(the Evangelical and Reformed Church)가 회중 기독교 교회(the Congregational Christian Church)와 통합한 것이다. 미국 교회협의회(the National Council of Churches)는 다양한 협력 사역을 위해 많은 개신교 그룹들을 연방체로 끌어 모으고 있다. 세계 교회협의회(the World Council of Church)도 그러한데, 이 단체에는 그리스 정교와 러시아 정교도 가입해 있다. 러시아의 개신교 분파들도 곧 가입할 전망이다.

최근에 교황 요한 23세(John XIII)의 주창으로 열린 바티칸 공의회(the Vatican Council)는 가톨릭 교회와 개신교 간의 재접근에 문을 열어 놓았다. 그럼에도 불구하고 만약 양 진영이 전자는 시계 방향으로 후자는 역방향으로 돌아 신학과 학문과 전례와 정치에서 하나의 수렴점을 향해 진행하지 않았다면 성령의 권능도 교황의 온정도 양 진영에서 그렇게 진지한 반응을 끌어내지 못했을 것이다.

현대의 가톨릭 교회

지난 반 세기 동안 가톨릭권에는 괄목할 만한 변화가 있었다. 트렌트 공의회부터 19세기 말까지 가톨릭 교회는 시대의 조류들로부터 한발짝 물러서 있었다. 19세기의 전반에 정치적 압박이 교회에 경색된 분위기를 조성했다. 프랑스 대혁명은 프랑스 내의 교회 재산을 박탈했다. 나폴레옹은 교황들을 조종함으로써 교회를 좌우했다. 1801년 정교협약으로 교황은 재산 상실에 마지못해 동의했으나, 주교들을 폐위할 수 있는 권한은 고수했다. 그러나 주교들은 국가로부터 급여를 받았기 때문에 국가에 의존하게 되었다. 이처럼 많은 대립에 부닥치게 된 교황들은 갈수록 양보하지 않는 쪽으로 움츠러들었고, 교회가 정치적 자유를 옹호하기를 바라던 프랑스의 샤를 몽탈랑베르 백작(Count Charles Montalembert), 라코르데르 신부(Father J.-B. Lacordaire), 펠릭스 뒤팡루 주교(Félix Dupanloup) 같은 가톨릭 자유주의자들의 주장에 귀를 기울이지 않았다.

영국과 독일에서는 자유주의자들이 특별한 종교 자유를 강조했다. 1864년 교황 피우스 9세(Pius IX)는 '오류목록'(Syllabus of Errors, 유론표)이라는 교서에서 자유주의자들을 모두 단죄하면서, 합리주의, 사회주의, 공산주의, 자연주의, 정교 분리, 출판의 자유, 종교의 자유를 배척하고, "로마 교황은 진보, 자유주의, 현대 문화에 동조하고 타협할 수도 없고 그래서도 안 된다"고 결론내렸다. 뒤팡루는 이상적으로 이루어져야 할 것인 명제(thesis)와 사실상 특정 상황들에서 이루어질 것인 가설(hypothesis) 간의 차이를 구분함으로써 교황의 그 선언의 효력을 무디게 만들었다. 바꿔 말하자면 교황의 단죄들은 현실상 효력을 발휘하지 못할 것이라는 말이었다. 파리의 어느 익살꾼은 그 구분의 의미를 이렇게 표현했다: "교황대사가 유대인들을 화형에 처해야 한다고 말할 때 그것은 명제이지만, 그가 로트쉴트(M. de Rothschild, 유대인 대 은행가)와 만찬 회동을 가질 때 그것은 가설이다."[9] 현대 가톨릭 해석가들은 당시에 교황이 특정 부류의 자유주의, 자유 따위만 염두에 두고 있었다고 말하는 쪽으로 기운다.

　1870년에 이탈리아가 통일되고 교황의 세속 권력이 종식되었다. 군대가 로마 시를 점령하기 직전에 바티칸 공의회는 교황 무류설(無謬說)을 선포함으로써 모든 세속주의를 맹렬히 비판했다. 이것은 교황이 실수를 범할 수 없다는 뜻이 아니라 다만 다음과 같은 뜻이다. 즉, 엑스 카쎄드라(ex cathedra), 즉 공식적으로 신앙과 도덕에 관해서 말할 때 그의 말은 모든 신자들에게 구속력을 가지며, 그것을 어기는 자는 저주를 받게 되며, 오직 그 경우에만 성령께서 그로 하여금 양떼에게 오류를 부과하지 않도록 막아 주실 것이라는 뜻이다. 그리고 교황의 선언은 새로운 계시로 받아들여서는 안 되고, 이미 내려진 계시에 대한 해석으로만 받아들여야 한다는 뜻도 담겨 있다.

　20세기 첫 10년에 일군의 가톨릭 학자들이 개신교권에서 유행하던 성서학의 방법들을 받아들였다. 이들은 현대주의자들(Modernists)이라 불렸고, 1910년에 파문을 당했다. 왜냐하면 동정녀 탄생 같은 신조를 역사 사실로 인정하지 않고 대신 신화로 받아들일 수 있다고 주장했기 때문이다. 그들은 무류 교리를 신자들의 합의 이상의 것이 아니라는 쪽으로 재해석했다. 최근에 들어서는 그들이 내린 결론 중 일부와 그들의 성경학 방법 대부분이 가톨릭 학자들에 의해 채택되고 있다.

　현대주의자들에 대한 탄압으로 가톨릭 자유주의는 한동안 카타콤으로 쫓겨 들어갔다. 학자들은 자기들의 출판을 탄압하는 교황령들을 존중하면서도 연구를 계속해 갔다. 예를 들어, 페르 레그랑(Père Legrange)은 예루살렘에서 성경에 관한 연구를 계속하면서 탄압으로 주목을 받기 시작한 학자들을 훈련시켰다. 오늘날 가톨릭 교회는 더 이상 불가타가 유일하게 유효한 번역성경이라고 주장하지 않으며, 요한일서 5:7에 기록된 삼위일체에 관한 절을 레오 13세(Leo XIII)의 주장과는 달리 신빙성 있게 받아들이지 않는다. 구약성경 분야에서 가톨릭 학자들과 개신교 학자들간의 차이는 사라졌고, 신약성경 분야에서도 거의 남아 있지 않다. 개신교의 한 위원회가 내놓은 개정표준역(the Revised Standard Version)이라는 영역 성경이 약간의 수정을 거친 뒤 영어권 가톨릭 교도들에 의해 사용되고 있으며, 또 다른 영어권 성경 번역 작업이 개신교, 가톨릭, 유대교 학자들의 공동 참여하에 진행되고 있다.

제13장 기둥들의 붕괴와 묵시적 소망 : 20세기 *471*

신앙과 이성의 종합

그러는 동안 개신교도들은 현대의 지식과 사상과 조화를 이루기 위해서 진력했다. 과학과 종교의 투쟁은 19세기에 발생한 일이다. 코페르니쿠스(Copernicus)와 갈릴레오(Galileo)는 17세기까지 유럽에 이렇다 할 영향을 주지 못했고, 17세기부터 18세기가 끝날 때까지 새로운 천문학은 하나님을 더욱 장엄하게만 만드는 듯했다. 신앙이 안고 있던 유일한 문제는 물리적 세계의 자연법칙으로 기적을 설명하기 위해서는 신적 개입에 관한 특별한 이론이 필요하다는 것이었다. 19세기에는 지질학과 생물학적 진화론이 등장했고, 양자가 다 창세기와 상충되었다. 석기 시대들이 만세반석을 뒤흔들었다. 지구의 역사는 성경의 연대기가 허용하는 것보다 훨씬 더 오래되었다. 대주교 어셔(Usher)가 산출한 대로, 창조는 주전 4004년에 이루어졌을는지 모른다. 그러나 세계는 분명히 엿새 만에 창조되지 않았다.

어떤 과학자들은 창조의 날들을 여섯 시기로 확대함으로써 지질학과 창세기를 조화하려고 시도했지만, 엄격히 정직한 성경 학자들은 창세기에 날을 가리키는 데 쓰인 단어는 히브리어 욤으로서 성경 저자들이 24시간이라는 뜻으로 쓴 단어라고 주장했다. 지질학자들도 그 시기가 정확히 여섯 기였다는 견해에 어떠한 보증도 제공하지 않았다. 신학자들은 타협점을 찾아야 했으나 정확히 지질학의 어떤 이론과 타협해야 하는가 하는 것이 문제였다. 지표가 화산 활동의 결과로 생겼다고 설명하는 화산학자들(Vulcanists)과 지표가 수중의 퇴적물로 이루어졌다고 주장하는 수성론자(水成論者, Neptunists)들 사이에 논쟁이 있었다. 수성론은 노아 홍수에 적용할 수 있었기 때문에 신학자들은 수성론에 기울었다. 더욱 당황스러웠던 것은 일련의 재앙들이 지상의 모든 생명체를 멸종시켰고, 그때마다 새로운 시작과 새로운 형태들이 등장했다는 윌리엄 버클랜드(William Buckland)의 견해였다.[10]

그럼에도 불구하고 이런 견해로부터 자신의 절대 명령에 의해 자신의 장엄한 계획의 윤곽을 확장하기 위해 "흔들리는 산맥과 끓어오르는 바다를 건너 가는 영원한 선견(Eternal Forethought)"의 상(像)을 세울 수 있었다.[11] 이것은 무(無)로부터의 창조에 대한 새로운 각색이었고, 과학적으로도 이 이론을 무시할 수 없다. 우주는 확장되고 있는 듯 보이기 때문이다. 그럼에도 불구하고 아무리 이 독특한 지질학 이론이 수정을 겪게 되더라도, 그에 따라 아무리 신학적 해석이 더 필요하게 되더라도, 분명한 것은 창세기의 창조 기사가 과학이 아니라 영감받은 신화라는 점이다.

많은 사람들이 이미 이러한 조정을 사실로 받아들인 상황에서, 찰스 다윈(Charles Darwin)은 「인간의 하강」(Descent of Man)이란 책에서 인간은 단번의 신적 행위로 흙으로 지음을 받지 않고, 헤아릴 수 없이 오랜 기간 동안 유기적 유전에 의해 열등한 형태의 생명체에서 생성되었다고 주장함으로써 훨씬 더 철저한 충격을 주었다. 이 진화에서 주도적인 원칙은 환경에 적응하는 방식에 의한 생존 투쟁이었다. 가장 적응을 잘 한다는 의미에서 적자(適者)만 살아남았다고 했다. 이 이론에는 기존에 창세기의 과학적 정확성과 관련하여 생긴 것보다 더 큰 신앙상의 문제들이 결부되어 있었다. 인간의 기원은 무엇인가? 인간이 짐승들에서 진화되었다면 인간은 짐승인가? 자연은 "이빨과 발톱이 붉다." 이 경우에 인간은 살아남기 위해서 약자를 멸절시키는가?

영국 신학자 헨리 드러먼드(Henry Drummond)는 그의 책「인간의 상승」(Ascent of Man)[12]에서 진화의 가장 결정적인 원칙은 부적자(不適者) 말살에 의한 적자 생존이 아니라, 희생적인 모성애 원칙이라고 답변했다. 진화에서 이끌어낸 또 다른 추론은 진보가 생명의 법칙이라는 것이었다. 진보의 원칙은 우주의 구조 자체에 명백히 나타나 있으며, 인간은 불가피하게 더 고등한 상태로 진행해야 한다. 허버트 스펜서(Herbert Spencer)의 이런 지고한 낙관론이 기독교의 묵시적 꿈들을 대체했다. 그러나 만약 인간이 동물들로부터 진화했고 동물들이 죽을 운명을 갖고 있다면, 인간은 언제 불멸하게 되는가? 아니면 그도 역시 죽고 마는가? 혹은 동물들이 불멸하는가? 루터는 자기가 키우던 퇴펠이라는 개를 하늘에서 만날 것을 확신했다. 헨리 드러먼드는 생명은 환경에 따라 구성된다고 대답했다. 사후의 유일한 환경은 하나님이다. 따라서 하나님과 교통할 수 있는 자들만 살아남을 수 있다고 했다.[13] 이것은 조건적 불멸 이론이다. 뉴잉글랜드에서는 뉴먼 스미스(Newman Smyth)가 주장하기를, 진보란 생명의 법칙이고, 육체적 진화가 이제 그 한계에 도달했으므로, 육체에는 더 이상의 발전이 없을 것이며, 진화 과정은 무덤 저편에서 절정에 달할 것이라고 했다.[14]

기독교 교리가 이렇게 무참히 공격을 당하고 대범한 재평가를 겪고 있는 동안 신앙의 역사적 토대들이 정밀 검사를 당하고 있었다. 우리는 앞에서 라이마루스(Reimarus)가 부활을 사기로 일축하고 파울루스(Paulus)가 기적을 합리주의적으로 설명한 것을 살펴보았다. 그뒤에 프리드리히 슈트라우스 (David Friedrich Strauss)가 등장하여 파울루스의 설명들은 기적들보다 더 기적이라고 주장했다. 슈트라우스는 그 열쇠를 신화에서 찾았다. 만약 창세기가 영감된 신화라면 복음서들이 그렇지 않다는 보장이 어디 있는가? 신화란 영원한 진리를 감싸고 있는, 종종 이야기 형태로 된 상징이다. 복음의 영원한 진리는 하나님이 인간이 되실 수 있고 인간이 하나님이 될 수 있다는 것이다. 그리스도는 가장 완전한 모범자이시다. 이 진리를 전달하기 위해서 구약성경의 자료들을 사용하여 이야기들이 구성되었다. 예를 들어, 요한복음은 예수께서 수천 명을 먹이신 떡이 보리떡이었다고 기록한다. 그런데 엘리사도 보리떡을 여러 배로 늘렸다. 엘리사벳이 노년에 세례 요한을 낳은 이야기는 이삭의 어머니 사라와 사무엘의 어머니 한나의 이야기를 모델로 삼은 것이다. 이러한 접근 자체가 반드시 역사성을 말살하지는 않는다. 역사에는 하나님이 인류 안에 개입하시는 일이 발생하지만, 역사적인 어떠한 한 사건이 최고의 중요성을 지니지는 않는다.

역사로부터의 후퇴는 종교가 절대 의존감으로 이루어진다는 베를린 궁정 설교가 슐라이어마허(F. E. D. Schleiermacher)의 확언으로부터도 뒷받침을 받을 수 있었다. 게오르크 빌헬름 헤겔(Georg Wilhelm Hegel)은 그런 경우라면 모든 피조물 중에서 개가 가장 신앙이 뛰어날 것이라고 하며 콧방귀를 뀌었는데, 이것은 추상적인 용어를 사용해야 하는 철학자에 대한 다소 부적절한 언급이자 본의를 크게 왜곡한 말이었다. 왜냐하면 슐라이어마허는 다른 종류의 의존감을 말한 게 아니라 그리스도 안에 계시된 하나님께 대한 의존감을 말했을 뿐이기 때문이다. 실제로 슐라이어마허는 당시의 세속화한 지식인들에게 낭만주의자들의 언어로 루터의 신학을 전하고 있었다. 인간은 사실상 의존적이고, 육체와 정신이 약하고 부패하여 사죄와 힘을 받을 필요가 있다. 도움을 받으려면 통회와 고백으로 자신의 상태와 자신의 철저한 의존감을 인정해야 한다. 이것은 루터가 감정을 불신한 것을 빼놓는다면 루터적인 생각이다. 물론 루터는 하나님의 은혜에 감정으로 반응해야 하지만, 감정이 있든 없든 은혜는 존재한다는 데 동의했고, 물론 슐라이어마허도 감정이 은혜를 가져다 준다고는 말하지 않았다. 그의 주된 논지는, 인간이 의존감을 갖고 있으므로 어쩔 수 없이 종교적 존재라는 것과, 신앙이 과학과 철학과 타협점을 찾아야 하는 것과 마찬가지로 과학과 철학이 타협점을 찾아야 하는 점이 바로 이 사실이라는 것이었다.

호레이스 부쉬넬(Horace Bushnell)뿐 아니라 영국 낭만주의자들과 미국 초월주의자들(Transcendentalists)이 감정을 크게 강조하는 것을 볼 수 있다. 사무엘 테일러 콜리지(Samuel Taylor Coleridge)는 종교에 입문하려면 자신을 "마치 많은 현이 달린 현악기처럼 왕실 하프 연주자의 능숙한 손에" 맡겨야 하며, 성경에서 발견하는 것은 무엇이든 참되다고 인정해야 한다고 했다. "성경에서 발견하게 되는 것은 무엇이든 성령께로서 나온 것임을 자증하기" 때문이라고 했다.[15] 부쉬넬은 뉴잉글랜드에서 성경의 열쇠는 논리가 아니라 상상과 열정과 감정이라고 주장했다. "논리를 운운하는 신학자들은 모세처럼 타오르는 가시 덤불 앞에 서게 되면 그 불꽃을 분석하고 불을 꺼 버릴 것이다"라고 말했다.[16] 그러므로 시인들이야말로 참된 신학자들이라고 했다. 그러나 만약 시인들이 이러한 분별력을 갖고 있다면 과연 과거의 어떤 역사 사건에 의존할까?

시인들이 어느 정도나 나갈 수 있었고 얼마나 정착하기 어려웠던가 하는 것은 시인들이 신학자들이었던 19세기 영국에서 잘 드러난다. 윌리엄 워즈워스(William Wordsworth)는 범신론에 기운 자연 신비주의를 신봉했다.

> 그리고 고양된 생각으로
> 기쁘게 들뜨게 하는 임재를
> 나는 느꼈다: 훨씬 더 깊이 스며있는
> 어떤 이에 대한 숭엄한 느낌을.
> 그의 거주는 석양 빛이요
> 둥근 대양이요 활기찬 대기요

파란 하늘이다; 그러므로 인간 마음에는
운동이 있고 정신이 있다.
그것이 모든 뜻있는 것들,
모든 사유의 대상을 일으키며
모든 것을 헤집으며 굴러간다.

로버트 브라우닝(Robert Browning)은 "하나님이 하늘에 계시니 세상에는 아무 문제가 없다"는 확고한 신앙을 갖고 있었다. 알프레드 테니슨(Alfred Tennyson)에 관해서는 그가 때로 "우주에게 그럭저럭 잘 돼갈 것이라고 안심을 시키는 천사장처럼" 말했다고 전해진다. 이것보다 그를 더 잘 묘사한 것은, 아무도 알 수 없는 것을 믿음으로 쥐고 있는 고뇌하는 구도자의 모습이다.

하나님의 능하신 아들, 불멸의 사랑을,
얼굴로 뵙지 못한 우리는
믿음으로, 믿음으로만 영접합니다.
증명할 수 없을 때는 믿음으로써.

당신은 저희를 진토에 버려두지 않으실 것입니다.
당신은 인간을 지으셨으나, 인간은 왜 지음을 받았는지 모릅니다.
그는 자기가 죽게끔 지음을 받지 않았다고 생각합니다.
그리고 당신은 그를 지으셨고, 당신은 공의로우십니다.

우리는 믿음만 갖고 있습니다. 저희는 알 수 없습니다.
지식은 저희가 보는 것들에 관한 것이기 때문입니다.
그럼에도 저희는 그것이 당신께로서 온다고 믿습니다.
어둠 속의 빛이여, 밝히 비추소서.

그러나 매튜 아놀드(Matthew Arnold)는 우울한 포효를 내뱉으며 도버 해변의 자갈들을 깊이 덮으며 돌아오는 파도에서 신앙의 퇴행을 보았고, 아더 휴 클러프(Arthur Hugh Clough)는 나폴리에서 부활절을 맞았을 때 깊은 고뇌 끝에 펜을 들어 "그분은 살아나지 않았다"고 적었다.

시(詩)는 시대의 모든 대답을 반영했으나, 신앙에서는 느낌 외에는 어떤 적절할 수 없음을 입증하는 점에서만 대답을 주었다. 그러나 시와 느낌은 역사 사실에 관한 의문을 해결해 줄 수 없었고, 알브레히트 리츨(Albrecht Ritschl)은 형이상학과 궁극적 대답들의 가능성에 절망한 뒤 역사로, 그리스도의 지상 생애에 관해 우리가 알 수 있는 것으로 돌아가자고 요구했다. 리츨의 영향하에 학자들은 사료들을 다시 깊이 파기 시작했다. 아돌프 하르낙(Adolph Harnack)은 정확한 비평으로 신빙성 있는 핵으로부터 전설적인 첨가들을 벗겨낼 수 있고, 그렇게 벗겨내고 나면 역사의 예수를 회복할 수 있을 것이라고 믿었다.

20세기 초에 해당하는 그 무렵에 파울 슈미델(Paul Schmiedel)은 예수의 존재 자체를 부정할 정도로 신약성경의 신화적 설명을 극대화한 자들의 주장을 논박했다. 슈미델은 확실한 기둥들, 즉 복음서들에서 복음서들을 기록한 초기 그리스도인들의 신앙과 대립된다는 점에서 창안되었을 리가 없는 점들의 목록을 작성했다. 이 기둥들 가운데 하나는 예수님이 세례 요한에게 세례를 받으셨다는 내용이었다. 요한의 세례는 죄 사함의 세례였는 데 반해, 초기 그리스도인들은 예수께서 죄가 없으시다고 믿었다. 또한 세례 요한은 초기 교회와 경쟁 관계에 있던 추종자들을 두고 있었다. 그런 정황을 감안할 때 그리스도인들은 여자에게서 난 자 중 요한보다 큰 자가 없다는 예수님의 말씀을 결코 창안하지 않았을 것이다.

그들은 예수께서 죄가 없으시다고 믿었기 때문에, 어느 복음서 저자는 "네가 어찌하여 나를 선하다 일컫느냐. 하나님 한분 외에는 선한 이가 없느니라"(막 10:18)는 말을 마치 예수님이 하신 것처럼 꾸몄을 리가 없다. 이런 예들과 그밖의 유사한 예들은 다른 어록들과 일화들을 검증할 수 있는 논박할 수 없는 자료의 핵을 구성한다. 이런 노선의 견해에서는, 초기 교회의 관점에서 접근이 이루어졌다는 것을 간파하게 된다. 신약성경은 예수님 다음 세대의 기독교 공동체의 삶과 사상을 풍성하게 그려놓고 있으며, 이런 자료를 근거로 역으로 연구해 갈 수 있다.

그 다음에는 무엇이 등장했을까? 자유주의 개신교는 예수께서 계시하신 사랑 많으신 하늘 아버지께 대한 신앙과, 아버지의 뜻에 순종하여 목숨을 버리시고 제자들을 부르사 자신을 좇게 하신 무흠한 인간이신 예수님 자신에 대한 신앙이라는 관점에서 기독교를 요약했다.

묘하게도 아마 이런 상(像)에 대한 최초의 비판은 아일랜드의 가톨릭 현대주의자들인 조지 티렐(George Tyrrel)과 프랑스의 알프레드 르와지(Alfred Loisy)에게서 나온 듯하다. 이들은 개신교 자유주의자들이 복음서들을 다루는 면에서 대단히 선별적이었고, 이 세대가 다 지나가기 전에 인자가 영광의 구름을 타고서 오실 것이라는 예수님의 예언을 완전히 간과했다고 지적했다. 그 예언은 신빙성이 있음에 틀림없다. 왜냐하면 예언이 실현되지 않은 것을 다 아는 터에서 그것을 고안해 내려는 자가 없었을 것이기 때문이다. 그러나 만약 예수님이 그러한 확신을 갖고 계셨다면, 그분은 자유주의 개신교 합리주의자들과 얼마나 멀리 떨어져 계신 셈인가! 개신교 진영에서는 알베르트 슈바이처(Albert Schweitzer)가 동일한 질문을 하게 된다.

그러던 중 자유주의가 그려낸 인간상을 통째로 산산조각 내는 사건이 발생했다. 그것은 하나님의 형상으로 창조된 인간이 짐승만도 못한 수준으로 저락할 수 있음을 여실히 보여준 제1차 세계대전이었다. 사실상 이것은 새로운 통찰이 아니었다. 성경이 인간에 관해서 말하는 바가 정확히 이것이기 때문이다. 인간은 타락했고 부패했고 사악하다. 그 상태를 치유받으려면 그것을 자백하고 통회하는 태도로 그리스도 안에 계시된 하나님의 사죄와 쇄신의 은혜를 구하고 찾아야 한다. '계시된'이라는 말이 중요하다! 그것이 칼 바르트(Karl Barth)의 주장이었다. 그의 주된 기여는 개신교에 계시 곧 하나님의 자기 현시에 관한 신앙을 되돌려 준 것이었다. 바르트는 자신을, 비행기가 발명된 초창기에 2층 발코니에 서서, 자기가 보지 않고 있는 어떤 것을 한결같이 열심히 올려다 보고 있는 사람들을 내려다 보고 있는 사람에 비유했다. 성경의 모든 등장 인물들 속에서 그는 어떤 것을 올려다 보는 이런 태도를 위에서 내려다 보는 시각에서 파악했다.

바르트는 계시가 책을 통해서 우리에게 온다는 것과, 그 책이 실수에서 완전히 해방되어 있지 않다는 것을 인정했다. 지난 세기의 성경 비평학에 대해 등을 돌리지 않았다. 아울러 역사적 확실성에 관한 질문들을 가지고 계속해서 씨름하지도 않았다. 이 과제는 루돌프 불트만(Rudolf Bultmann)에게 떨어졌다. 그는 20세기가 과학 이전 시대인 1세기 그리스도인들의 사고의 틀을 그대로 사용할 수 없다는 새로운 주장을 펼쳤다. 복음는 비신화화(非神話化)해야 한다고 했다. 하늘 구름을 타고 오신다는 것은 신화이고, 기적들도 신화이고, 동정녀 탄생, 육체적 부활, 승천도 모두 신화라고 했다. 기독교 복음에서는 원시적인 외투를 벗기고 현대인에게 지각 가능하고 의미있는 용어로 다시 옷 입혀야 한다고 했다.

그렇다면 기독교가 인간 역사상의 한 종교로 전락했을 때 거기서 남는 것은 무엇일까? 예수님의 말씀과 행위에는 절대 확실성이라는 게 없어진다. 불트만은, 그러나 기독교를 역사와 분리해서는 안 된다고 했다. 기독교 교회는 역사의 사실이며, 교회는 어떤 비류없는 사건이 없이는 결코 존재하지 않았을 것이라고 했다. 기독교의 핵심은 그리스도 사건(the Christ event)이며, 그 사건이 이끌어낸 신앙과 삶의 질(quality)이라고 했다. 그것은 당시나 지금이나 절대 헌신을 요구하는 사건이며, 그렇게 헌신하는 자들에게만 그 사건은 충분한 의미를 맺어줄 것이라고 했다. 신앙을 갖기 위해서 먼저 자신을 신앙에 헌신하는 모험을 해야 한다는 데 파라독스가 있다고 했다.

그러나 기독교를 현대 세계와 양립할 수 있는 용어로 개조하려는 시점에서, 과거에 독일인이었다가 지금은 미국인이 된 폴 틸리히(Paul Tillich)는 기독교를 비신화화할 수 없다고 지적한다. 특정 신화를 버릴 수는 있어도 그것을 다른 신화와 대체하지 않을 수 없게 될 것이라고 했다. 왜냐하면 상징의 의미에서 신화를 사용하지 않고서는 하나님께 관해서 그분이 계신다는 점 외에는 아무런 내용도 말할 수 없기 때문이라고 했다. 문자적으로 말하자면 하나님은 아버지도, 주재도, 주(主)도, 왕도, 창조주도 아니시다. 이런 단어들은 그 모든 것들을 초월하는 분을 가리키는 상징이나 유추인데, 칼 바르트는 어떠한 유추도 하나님이 그리스도 안에서 자신을 나타내시기 전까지는 유효하지 않다고 말한다. 마치 소 지나간 자리를 보고 지나간 것이 소라는 것을 아는 사람은 소를 본 적이 있는 사람뿐이라고 한 어거스틴의 말과 같다. 이런 모든 파라독스들은 기독교가 어떤 유추와 어떤 경험으로도 무릎쓸 일도 없고 모험도 남아 있지 않을 정도로 증명하거나 확인할 수 없는 그런 신앙의 도약을 요구한다는 점을 덧붙인다.

그러나 상징들은 여전히 사용해야 하며, 현대인이 처한 상황의 관점에서 그에게 의미를 전달하는 종류의 것이 되어야 한다. 그리스도인이든 아니든 실존주의자들은 사람이 자신의 상황을 평가할 때 자신이 처한 위치에서 시작해야 한다고 한다. 그 위치란 무(無)와 무 사이, 즉 전의 것을 하나도 기억하지 못하는 탄생과 우주의 한복판에서 소외된 채 후의 것을 하나도 볼 수 없는 죽음 사이라고 한다. 우주의 광활함은 사람을 왜소감에 질리게 한다. 3천만 년 전에 잡힌 곤충이 들어있는 호박(琥珀) 조각을 바라볼 때 자신의 육칠십 인생이란 게 무엇인가? 자신이 얼마나 취약한 존재인가! 파스칼이 말한 대로 "그를 짜부라뜨리는 데에는 우주를 동원할 필요가 없다. 약간의 수증기, 물 한 방울이면 충분하다."[17] 그런 다음 인간은 비록 우주가 자신을 짜부라뜨리더라도 자신은 자신이 죽는다는 것을 알므로 자신을 죽이는 것보다 더 고귀할 것이라고 생각하고서, 스스로 존엄성을 입으려고 한다. 생각하는 능력에 인간의 존엄성이 있다고 파스칼은 말했다.

버트랜드 러셀(Bertrand Russell)은 젊을 때, 인류를 얼어붙은 호수 — 어떤 기슭으로도 뭍으로 기어 오를 수 없는 — 에 서서 결연하고 존엄한 태도로 해빙을 기다리는 사람들에 비유했다. 또한 인간은 인간으로부터 소외된다. 전체주의 사회는 체제에 순응치 않는 자의 육체를 고문함으로써 그의 의지를 꺾으려고 시도한다. 그의 존엄성은 신념을 철회하거나 동료를 배반하는 데 있지 않고, 고문을 견디는 데 있다. 이것이 장 폴 사르트르(Jean-Paul Sartre)의 궁극적 목표이다.

또한 인간은 자기 손으로 만든 것에 의해 소외된다. 과학은 과학기술에 몸을 팔았고, 과학기술은 인류를 멸절시키겠다고 위협한다. 인간은 자기 자신으로부터 더욱 소외된다. 내시경 검사 기록은 인간을 "창자에 내전이 일어난" 청교도 상(像)으로 보고했다. 이렇게 다양한 긴장들에 눌린 상태에서 어떤 사람들은 영웅적인 저항의 자세를 유지하고, 다른 사람들은 붕괴된다. 정신과 의사들은 이해의 방법으로 상처받은 정신을 회복시키려고 한다. 정신분열증이 있는 사람에게 잠재의식에서 솟아오르는 죄책감을 떨쳐버리고 당당하게 삶에 임하라고 한다.

기독교는 이런 진단을 인정하지만, 인간의 궁지에 대한 그러한 처방까지도 인정하는 것은 아니다. 영웅적 태도는 고귀하되 처절하다. 어쩔 수 없었던 일에 대한 죄책감을 도려내는 것은 건강한 일이지만, 사람마다 직시하고 인정하고 자백하여 사죄를 받아야 하는 — 그러면서도 종종 의식하지 못하고 지나가는 — 실질적인 죄책감도 있다. 기독교의 대답은 사람이 자기에게는 하등 잘못이 없다고 느껴야 한다는 게 아니라, 무언가 아주 잘못되었다고 느껴야 한다는 것이다. 그럼에도 불구하고 하나님은 그를 받으시고 용서하시고, 실제로는 의롭지 않은데 의로운 것처럼 대해 주실 수 있다. 이것이 루터의 표현이었다. 틸리히는 그 생각을 현대적 용어로 바꾸어, 하나님은 도무지 받을 수 없는 자를 받으시며, 따라서 사람이 이것을 믿는다면 그는 자신을 받아들일 수 있다고 말한다. 틸리히는 이 과정을 역사에서 분리시키지 않는다. 왜냐하면 하나님의 은혜는 역사의 어느 시점에 그리스도를 통해서 중재되었으면서도 영원히 시간을 초월하기 때문이다.

교회의 재통합

기독교 사조에서 최근에 이루어진 이러한 전개들은 개신교도들 사이에 자리를 잡았으나, 그것을 개신교만 밟아온 독특한 과정이라고 볼 수는 없다. 가톨릭 교도들도 동일한 문제들을 가지고 씨름하고 있다. 또한 다음에 소개할 가톨릭 자유주의자의 사상도 오로지 가톨릭 교도의 것만도 아니다. 테야르 드 샤르댕(Teilhard de Chardin)은 생물학자, 철학자, 신비주의자로서, 그가 인간의 본질과 운명에 관해 내린 결론은 몇몇 개신교도들을 포함한 과거의 기독교 사상가들이 내린 결론과 비슷한 점이 많다. 헨리 드러먼드와 마찬가지로, 그는 투쟁보다는 사랑이 생명의 법칙이며, 그 기원은 분자의 인력에 최초의 예기(豫期)를 두고 있다고 보았다. 스미스(Smyth)와 마찬가지로, 그는 진화 과정이 육체의 차원을 초월하는 더 고상한 삶의 형태를 향해 솟아나는 것을 본다. 그는 온 우주에서 중세 르네상스 인문주의자들이 종종 내놓은 활력론(vitalism)이나 근대 프랑스 철학자 앙리 베르그송(Henri Bergson)이 주장한 생명의 약동(élan vital)을 생각나게 하는 신적 역동을 느낀다. 피에르 테야르 드 샤르댕은 우주 자체를 일종의 성사(聖事)로, 즉 보이지 않는 은혜의 보이는 상징으로 해석하고, 그 해석에 힘입어 다음과 같이 기도했을 때, 그것은 루터가 주장한 그리스도의 편재(偏在) 교리와 크게 다르지 않았다:

> 주여, 저는 — 이번에는 엔 강 유역의 삼림이 아니라 아시아의 대평원에서 — 빵도, 포도주도, 제단도 갖고 있지 않지만, 다시 한번 이런 상징물들을 넘어서서 제 자신을 실재 자체이신 정순한 엄위께 바치렵니다. 당신의 사제인 저는 온 땅을 제단 삼고 그 위에 세상의 온갖 수고와 고통을 놓아 당신께 드리렵니다.
> 그 위로, 지평선 위로, 태양은 이제 막 동쪽 하늘 언저리를 빛으로 어루만졌습니다. 이 살아 꿈틀대는 불 이불 아래로 다시 한번 지각(地殼)은 깨어나 진동하며, 다시 한번 그 두려운 수고를 시작합니다. 하나님, 저는 다시 한번 제 성반(聖盤)에 이 새로운 수고로 얻을 수확을 얹으렵니다. 제 성배(聖杯)에 오늘 땅의 과실들에서 짜낼 모든 즙액을 부으렵니다.[18]

여기서는 과학과 신앙의 갈등이 온데간데 없다. 왜냐하면 우주를 더 이상 기계론적인 용어로 인식하지 않기 때문이다. 마찬가지로 유대인 철학자 마틴 부버(Martin Buber)는 우주를 단지 객체로, 즉 인간 정신이 대화를 나눌 수 있는 너(thou)가 아닌 그것(it)으로 보는 종류의 과학에 저항했다. 많은 과학자들이 이해하게 된 이 우주관은 감각들에 접하는 것을 조사할 것을 요구할 뿐 아니라 직관, 통찰, 조명으로 해석할 것까지도 요구한다. 신앙 용어로 말하자면 이것은 계시이다. 따라서 개신교도, 가톨릭 교도, 유대인들의 종교적 사고는 자연 과학과 성경학의 발견들을 기꺼이 받아들이는 태도로, 그리고 친히 지으신 만물에 담아 놓으신 하나님의 자기 계시를 기꺼이 인식하려는 태도로 한 점에 수렴되는 것이 두드러진다.

마찬가지로 전례와 정치의 면에서도 개신교와 가톨릭은 서로 더욱 가까워졌다. 청교도 전승을 지닌 개신교가 기독교력을 되살리고 예배당 구조를 강단보다 제단에 중심을 두는 쪽으로 재구성해온 데 반해, 가톨릭은 몇몇 경우에 제단을 사귐의 식탁으로 간주하여 성단소(chancel)에서 회중쪽으로 더 가까이 옮겨 놓는다. 오늘날은 미사의 상당 부분을 자국어로 진행하며, 회중의 참여폭도 상당히 늘려놓았다. 심지어 루터의 "내주는 강한 성이요"를 사용할 정도로 회중 찬송을 권장한다. 교회 음악 면에서 가톨릭 교회는 요한 세바스찬 바하(Johnann Sebastian Bach)와 개신교도 조반니 팔레스트리나 (Giovanni Palestrina)의 곡들을 사용하고 있다.

이 모든 수렴 현상들은 교황 요한 23세(John XXIII)의 선창에 대한 열정적인 반응으로 해석할 수 있다. 가장 의미심장한 것은 분위기의 변화이다. 오늘날 가톨릭 교도들은 개신교도들을 '갈라져 나간 형제들', 심지어 카리시미 프라트레스(carissimi fratres)라고 부르며, 개신교도들은 교황을 적그리스도라고 비판하기를 그쳤다. 대화가 가능하게 되었다. 유기적 통일이 이루어지기 전에 해결해야 할 점들이 많이 남아 있지만, 이제는 해결을 모색할 수 있는 상황이 되었다. 성직자 독신주의가 장애물이 될 이유가 없다. 왜냐하면 로마는 동방 가톨릭 교회(the Eastern Uniat churches)에게 그들의 독자적인 의식을 유지할 수 있도록 베푼 것과 똑같은 자유를 개신교에게도 얼마든지 확대할 수 있기 때문이다. 지금까지 개신교의 입장에서 받아들일 수 없었던 특정 교리들은 재정의되고 있거나 적어도 재고되고 있는 중이다. 화체설이 그 대표적인 예다. 가톨릭 신학자들의 논지는 우유성(偶有性, accidents)과 실체(substance)간의 학문적 차이는 물질을 에너지의 형태로 보는 현대 물리학에 의해 더 이상 지탱할 수 없게 되었다는 것이다. 만약 이 교리가 한 형태의 에너지가 다른 형태의 에너지를 대체하며, 육체를 위한 음식이 영혼을 위한 음식도 될 수 있다는 것을 뜻한다면, 대다수 개신교도들이 납득할 만한 해석으로 교리를 변화하는 게 적합해 보인다.

가장 무거운 교리 쟁점은 교황 무류설이다. 개신교도들은 어떠한 인간도 무류하지 않으며, 인간이 작성한 신앙공식들은 언제나 시험적 성격을 띠고 있고, 새로운 빛과 재서술에 열려 있다고 주장한다. 더욱이 특정인이 특정 직위에 선출되었다는 이유로 무류하다고 주장하는 것은 성령의 사역을 지나치게 제약하고 지나치게 기계화하는 것이다. 이에 대해 가톨릭 교도들은 개신교도들이 그 쟁점을 지나치게 부풀린다고 대답한다. 언어의 모호성을 감안할 때 무류한 사고를 전달할 만한 어떠한 무류한 매체도 없기 때문에, 교황 무류설이란 사실상 작용 불가능하기 때문이라고 한다. 개신교도들이 그러면 왜 그 교리를 포기하지 않느냐고 물으면, 가톨릭 교도들은 큰 제도들은 철회에 의해서보다는 재해석에 의해서 변한다고 대답한다.

제13장 기둥들의 붕괴와 묵시적 소망 : 20세기 *483*

가톨릭 신앙과 개신교 신앙간의 가장 근본적인 차이는 아마 순종에 대한 태도에 있는 듯하다. 가톨릭 교도들은 금세기 초기에 가톨릭 자유주의 학자들이 자기들의 저서들에 대한 공식적 불승인에 순종한 사례를 높이 평가한다. 출판을 삼가고 예루살렘으로 가서 연구와 학자 양성에 몰두한 페르 레그랑(Pere Legrange)의 사례를 지적한다. 그가 양성한 학자들이 오늘날은 자유를 누리고 있지 않느냐고 한다. 하지만 개신교도일지라도 연구와 교육 활동이 보장을 받는다면 누구라도 그렇게 할 수 있었을 것이다. 그러나 만약 레그랑이 연구와 교육 활동마저 금지당했다면 그런 경우라도 하나님이 자기에게 주신 진리를 묻어 두었겠는가? 진리는 제도적 통일보다 우위에 있으며, 가장 신랄한 논쟁과도 양립 불가능하지 않다. 그보다 더 바람직한 것은 상호 존중, 자비, 형제애, 평화를 띠로 한 정신의 통일이다. 그리고 이것은 놀랄 만큼 큰 범위로 이미 존재한다.

이 책은 기독교가 서양 문화 형성에 끼친 영향에 자주 초점을 맞췄다. 책을 마감하는 시점에서, 기독교가 과연 문화와 양립하는 것 자체가 가능한지를 묻는 게 좋겠다. 먼 과거에 켈수스와 배교자 율리아누스는 — 그리고 훗날 마키아벨리와 레닌(Lenin)이 그들의 주장을 답습하여 — 기독교가 고상한 덕목들에 너무 치중하기 때문에 국가의 구조를 제대로 이해할 수 없다고 주장했다. 기독교 진영에서는 19세기 초에 덴마크 철학자 쇠렌 키에르케고르(Sören Kierkegaard)가 어떤 문화에 대해서도 기독교적이라고 부르는 것에 신랄한 비판을 퍼부었다. "덴마크에서는 모든 것을 기독교적이라고 해야 할 판국이다. 심지어 사창가 주인들도 그리스도인으로 자처한다. 그러나 그리스도께서 요구하신 수준이 얼마나 엄격한지를 알고 나면 덴마크 인구를 통틀어도 그 요구에 부응할 사람이 하나도 없다는 것을 알 것이다. 그리스도께서는 '생명으로 인도하는 문은 좁고 길이 협착하여 찾는 이가 적음이니라'고 하셨다."[19] 기독교는 절대 헌신을 요구한다. 스포츠와 극장 중간 쯤에 있는 관심 종목으로 간주해서는 안 된다. 기독교 신앙은 단순한 호기심의 대상도 아니고, 아즈텍인들의 종교만큼 매력적이지도 않다. 기독교는 문화의 한 종목이 아니고, 오히려 그것이 형성되도록 기여한 문화들을 포함한 모든 문화들을 심판하는 자리에 좌정한다.

앞에서 살펴본 대로 이러한 확신은 몇몇 집단들에게 사회를 등지게 했지만, 이것보다 훨씬 더 유행한 견해는 어거스틴의 견해이다. 그는 지상에는 완전한 사회란 존재할 수 없다고 보았으나, 그럼에도 불구하고 그 사회에 근접하도록 노력해야한다고 믿었다. 그는 기독교 군주들이 비록 순수한 의도를 가지고 있을지라도 인간의 오류 가능성을 감안할 때 불공평을 피할 수 없다고 말했다. 그럼에도 불구하고 그들은 자기들의 순수성을 지킬 목적으로 노력 자체를 회피해서는 안 된다고 했다. 반면에 주어진 상황에서 어떤 일을 이루기 위해서는 현실의 다급한 문제들에 양보해서는 안 된다고 했다. 그리스도인에게는 오로지 '아니오'라고 말할 수밖에 없는 상황이 있는 것이라고 했다.

그렇다면 미래를 대하는 태도는 어떠해야 할까? 리듬의 법칙이란 게 있어서 기독교의 어떤 정당한 요소가 한 세대에서는 모호해져도 다음 세대에서는 회복될 것을 기대하게끔 된다. 첫 세대의 열정과, 둘째 세대의 무관심과, 셋째 세대의 소생으로 이루어지는 곡선이 있다. 기독교의 확장사에는 선포와 적응과 동화와 부패와 개혁으로 이루어진 곡선이 있다. 신앙이 근면을 낳고, 근면이 부를 낳고, 부가 신앙을 타락시키고, 신앙이 타락하면서 부를 탕진한다는 것은 수사들이 몸소 보여준 법칙이다. 선교 노력도 기복으로 얼룩졌다. 우리는 앞에서 분파의 형성과 재통합의 순환을 살펴 보았다. 기독교 미술에서도 단순성이 복잡성으로 진행했고, 복잡성이 단순성으로 진행했다. 시토회는 어지러운 로마네스크 양식의 장식들을 제거하고 채색창을 일절 두지 않았지만, 그뒤에는 납 테두리의 격자 틀에 투명 유리를 끼우는 식으로 창문을 장식했다. 음악도 그레고리 성가에서 정교한 미사곡으로 발전하더니 다시 그레고리 성가로 회귀했다. 신학에서도 단순한 믿음이 복잡한 스콜라주의 체계로 발전하더니 결국「그리스도를 본받아」(*Imitation of Christ*)의 단순함으로 돌아왔다. 이런 리듬들 가운데 더러는 순수, 부패, 개혁으로 순환되는 리듬들이다. 더러는 기독교 사상과 예배에서 똑같이 정당한 면들에 대한 취향의 변화에 해당한다. 그리스도인은 네 개 이상의 공을 다루지 못하는 마술사와 같다. 공 하나를 떨어뜨리면 그것을 줍는 동안 다른 공을 떨어뜨리게 된다.

이런 생각들을 토대로 교회사란 시소일 뿐이라고 추론할 수도 있겠지만, 부흥이란 단순한 반복이 아니라는 점을 잊어서는 안 된다. 쇄신은 재창조이기도 하며, 지그재그식 운동으로도 전진이 가능하다. 그러나 어디로 전진하는가? 모든 기독교 교회들이 과연 통일될 것인가? 추정컨대 과거의 차이점들은 해결되겠지만, 새로운 차이점들이 생길 것이다. 교회의 어느 지류가 불의를 묵인하면 그것은 분열의 좋은 이유가 될 것이다. 또한 온 세계가 그리스도 앞에 무릎 꿇고 그분을 주로 고백하게 될 것인가? 단순히 무릎만 꿇고 옷을 찢지 않는다면 세상에는 아무런 득도 되지 않을 것이다. 영국 성 바울 대성당 수석사제 잉게(Inge)는, 신앙에서는 성공처럼 큰 실패도 없으며, 흑암의 권세와 전투를 벌일 때처럼 기독교 자체가 진실하게 나타날 때도 없다는 적확한 논평을 남겼다.

하나님 나라에 대한 소망

그러나 기독교는 소망의 종교이다. 방언도 그치고 지식도 사라질 때, 소망은 그대로 남아 있을 세 가지 것 중의 하나이다. 기독교의 소망은 지상에 의가 거하는 하나님 나라의 도래를 지향한다. 그러나 그 소망은 아울러 역사가 더 이상 존재하지 않는 궁극적 접경 저 너머에 있는 도성을 지향한다. 그 성은 하나님의 영광이 찬란히 비추므로 낮의 해도 밤의 달도 필요 없으며, 그 중간에 수정같이 맑은 강이 하나님과 어린양의 보좌로부터 발원하여 흐르고, 양쪽 둑에는 그 잎으로 열국을 치유하는 생명나무가 자란다.

주(註)

제1장 기독교의 배경

1) Martin Noth, *The History of Israel* (New York, 1960), p. 82. 그의 주장은 여러 편의 논문으로 성경 기록의 본질적 역사성을 변호하는 W. F. Albright의 견해와 대치된다.
2) Steward Perowine, *The Later Herods* (New York, 1958), p. 33.
3) Elias Bickemann, *Der Gott der Makkabäer* (Berlin, 1937).

제2장 그리스도의 사역과 교회의 등장

1) Günter Bornkamm, *Jesus of Nazareth* (New York, 1956), p. 36.
2) Seneca, *Epistulae morales* 95.

제3장 가이사에 맞선 그리스도

1) Tacitus, *Annals* xv, 44, tr. R. H. Bainton.
2) Pliny, *Epistulae* 96, tr. H. T. Bainton.
3) Epistle of Diognetus v in Apostolic Fathers II (New York, Loeb Library, 1914).
4) Bernhard Schopf, *Das Tötungsrecht bei den frühchristlichen Schriftstellern* (Regensburg, 1958).
5) Roland H. Bainton, *Christian Attitudes toward War and Peace* (New York, 1960).
6) Bernhard Schopf, *Das Tötungsrecht bei den frühchristlichen Schriftstellern* (Regensburg, 1958).
7) 위에 소개한 박해에 관한 기록들은 다음 책에 번역되어 있다: E. C. E. Owen, *Some Authentic Acts of the Early Martyrs* (Oxford, 1927).
8) Tertullian, *Apology*, 50.
9) Eusebius, *Ecclesiastical History*, VI, xii, 3-6.
10) Smyrnaeans viii in *Apostolic Fathers* I (New York, Loeb Library, 1914).
11) Irenaeus, *Against Heresies*, III, 1-4.
12) "Pseudo-Clement" I, 463-72, J.-P. Migne, ed., *Patrologiae Cursus Completus*, Series Graeca (Paris, 1857-66), tr. Shotwell and Loomis, *See of Peter* (New

York, 1927), p. 163.
13) 번역된 기록을 보려면 다음을 참조하라. E. C. E. Owen, op. cit.
14) Tertullian, *Prescription against Heretics*, vii.
15) Clement of Alexandria, *Exhortation to the Heathen*, xii, tr. R. H. Bainton.
16) Ibid., xi, tr. R. H. Bainton.
17) Ignatius, *Ephesians*, xx.
18) Irenaeus, *Against Heresies*, IV, xviii, 5.
19) Cyprian of Carthage, *Ep.* lxxii and *On the Unity of the Catholic Church*, vi.
20) Ibid., li, 20.
21) Athanasius, *On the Incarnation of the Word*, xxx.

제4장 기독교 로마 제국

1) Socrates Scholasticus, *Ecclesastical History*, V.
2) St. Jerome, *Against the Luciferians*, XIX.

제5장 야만족들의 회심

1) George Misch, *Geschichte der Autobiographie*, I Altertum (Leipzig, 1907).
2) Gustave Combès, *La Pensé Politique de St. Augustin* (Paris, 1927).
3) Sartell Prentice, *The Voices of the Cathedral* (New York, 1938), p. 54.
4) Carl Stephenson, *Medieval History* (Rev. ed.; New York, 1961), p. 64.
5) Salvian, *On the Government of God*, tr. Sanford (New York, 1930), VII, 20, p. 216.
6) Albert Hauck, *Kirchengeschichte Deutschlands*, I, p. 171 (Cf. Bibliography).
7) Robert L. Reynolds, *Europe Emerges* (Madison, Wisc., 1961), p. 66.
8) F. H. Crossley, *The English Abbey* (New York, 1936), p. 20.
9) Jean Leclercq, *The Love of Learning and the Desire for God* (New York, Mentor Omega Paperback, 1961), pp. 128-29.
10) Gregory I, *Epistulae* vii, 13; viii, 6 and 21.
11) Ibid., v. 53.
12) Gregory of Tours, *History of the Franks* (New York, 1927), II, pp. 30-31.
13) *Heliand*, German translation K. L. Kannegiesser (Berlin, 1847), pp. 145-46.
14) 이런 자세한 내용들은 Gregory of Tours의 *History of the Franks*에서 따온 것으로, Hauck의 op. cit(Vol. I)에 풍성이 수록되어 있다.
15) Emile Mâle, *The Gothic Image* (New York, 1958), p. 228.
16) Pius Bonifacius Gams, *Die Kirchengeschichte von Spanien* (Regensburg, 1862-79).

제6장 질서에 대한 갈망

1) Walter Ullmann, *The Growth of Papal Government in the Middle Ages*

(London, 1955), p. 97, and the Bibliography to this Chapter.
2) Gregory Dix, *The Shape of the Liturgy* (London, 1952), p. 581.
3) Sartell Prentice, *Voices of the Cathedral* (New York, 1938), p. 96.
4) 완역은 다음 책에 실려 있다: R. H. Bainton, The Medieval Church (Princeton, 1962), pp. 115-17.
5) Lynn White, *Medieval Technology and Social Change* (Oxford, 1962).
6) Sartell Prentice, op. cit., p. 91.
7) J. -P. Migne, *Patrologiae Cursus Completus*, Series Latina (Paris, 1844-65), CXIV, 1130, tr. R. H. Bainton.

제7장 중세 기독교 세계

1) Ernst Mauer, *Zunft und Handwerker der alten Zeit* (Nuremberg, 1940), p. 145.
2) "Vita Prima" II, 6, 38, J.-P. Migne, ed., op. cit., CLXXXV, 290, tr. R. H. Bainton.
3) Ibid., II, 7, 45, p. 294, tr. R. H. Bainton.
4) "Liber ad Milites Templi" III, J.-P. Migne, ed., op. cit., CLXXXII, 924, tr. R. H. Bainton.
5) "Sermons in Canticas" I, i, ibid., CLXXXIII, 807, tr. R. H. Bainton.
6) Ibid., CXLV, 971, tr. R. H. Bainton.
7) *Ep.* 5, ibid., CLXXVIII, 2030, tr. R. H. Bainton.
8) Sartell Prentice, *The Hertitage of the Cathedral* (New York, 1936), p. 119.
9) *Speculum Perfectionis*, ed. P. Sabatier (Paris, 1898), tr. R. H. Bainton.

제8장 교황권의 쇠퇴

1) Bibite ex hoc omnes, 마 26:27.

제9장 종교개혁 시대

1) Desiderius Erasmus, *Enchiridion Militis Christiani*, 5th rule. 영역본은 *Christian Classics* (Philadelphia, 1953, XIV, 338)에 실려 있다.
2) R. H. Bainton의 번역본은 Otto Scheel의 *Dokumente zu Luthers Entwicklung*(Tübingen, 1929)에 실린 루터의 세 가지 기록을 합성한 것이다. 참조. Index sub Primitz.
3) Deutsche Reichstagsakten, *Jüngere Reihe* (Gotha, 1893-), II. 555.
4) Martin Luther, *Werke* (Weimar, 1883-1960), XLII, 158.
5) Beatus Rhenanus, *Briefwechsel*, eds. A. Horowitz and K. Hartfelder (Leipzig, 1886), p. 319.
6) 라틴어: Decretum quidem horribile, fateor. 프랑스어: Je confesse que ce decret nous doit epouventer. 참조. J. Calvin, *Institutes*, III., xxiii, 7.
7) Edmund Sears Morgan, *Visible Saints* (New York, 1963).

8) Samuel Butler, *Hudibras*, ed. A. R. Waller (Cambridge, Eng., 1905), part II, Canto I, p. 215.

제10장 신앙고백의 시대

1) Blaise Pascal, *Pensées*, chap. xxii, abridged, tr. R. H. Bainton.
2) A. J. Grant, *The Huguenots*, (London, 1934).
3) Richard Mather, *Church-Government and Church-Covenant Discussed, in an Answer of the Elders....Together with an Apogie...in the yeare 1639...*(N. p., 1643), p. 3.
4) William Haller, *The Rise of Puritanism* (New York, 1957), p. 263.
5) *The Journal of George Fox*, ed. John L. Nickalls (Cambridge, Eng., 1952), p. 27.
6) George Fox, *Cambridge Journal*, i, 11-12. 다음 책에 인용됨: M. E. Hirst, *Quakers in Peace and War* (London, 1923), p. 43.
7) *The Works of John Milton* (New York, Columbia University Press, 1931-38), IV, 347-48.
8) "An Admonition to Parliament" in *Puritan Manifestoes*, ed. W. H. Free (London, 1954).
9) C. V. Wedgewood, *The King's Peace* (New York, 1956), p. 198.
10) Ibid., p. 328.
11) Robert S. Paul, *The Lord Protector* (London, 1955), p. 88.
12) Ibid., p. 63.
13) Ibid., p. 65.
14) Ibid., p. 408.
14) Ibid., p. 409.
15) Ibid., p. 409.
16) Ibid., p. 187.
17) Ibid., p. 192,3
18) Ibid., p. 215.
19) Ibid., p. 210.
20) Rainborough in the Putney Debates, *Puritanism and Liberty*, ed. A. S. P. Woodhouse (London, 1938), p. 53.
21) R. S. Paul, op. cit., p. 329, note 5.
22) Ibid., p. 330, note 4.
23) Ibid., p. 379.
24) Henry Gee and William John Hardy, *Documents Illustrative of English Church History* (London, 1914), pp. 641-42.
25) Sources cited in R. H. Bainton, "The Puritan Theocracy and the Cambridge Platform," *Collected Papers* (Boston, 1964), Vol. III.
26) E. Winslow, *Good News from New England* (London, 1624), end of Dedication.
27) John Cotton, *The Way of Congregational Churches Cleared* (London, 1648), p. 102.

28) Wilbur Kitchener Jordan, *Philanthrophy in England 1480-1660* (London, 1950).
29) R. S. Paul, op. cit., p. 229.
30) *The Works of John Milton* (New York, Columbia University ress, 1931-38), IV, 85-86.

제11장 계몽사상과 부흥운동

1) John Locke, *On Enthusiasm, appended after 1700 to the Essay concerning Humane Understanding*, Book IV, chap. xix, excerps in John M. Creed and John S. B. Smith, *Religious Thought in the Eighteenth Century* (Cambridge, Eng., 1934), pp. 10-16, 특히 p. 13.
2) Samuel Butler, *Hudibras*, ed. A. R. Walter (Cambridge, Eng., 1905), Part III, Canto I, p. 234; Part III, Canto II, p. 239, 257.
3) Denis de Rougemont, *Love in the Western World* (New York, 1940), p. 239.
4) Hugo Grotius, *De Lvre Belli ac Pacis* (Amsterdam, 1642), Prolog, xx.
5) Max Farrand, *The Records of the Federal Convention* (New Haven, 1911), I, 451-52.
6) 그 매입은 비록 요행 덕을 보긴 했지만 어쨌든 철학을 실현했다. 참조. Gertrud Phillipi, "Imperialistische und pazifistische Strömungen in der Politik der Vereinigten Staaten von Amerika 1776-1815," *Heidelberger Abhandlungen zur mittleren und neueren Geschichte,* XLV (1914).
7) Alexander Pope, *Works*, Twickenham Edition (London, 1939-61), Vol. VI, "Minor Poems," eds. Norman Ault and John Butt, p. 317.
8) 참조. "Religion" in *Questions sur l'Encyclopédie,* translated in Paul Hazard, *European Thought in the Eighteenth Century* (New Haven, 1954), p. 116.
9) 다음 책에 실린 본문을 요약함: J. M. Creed and J. S. B. Smith, op. cit., p. 34 ff.
10) Alexander Pope, *Essay on Man*, ed. Maynard Mack (New Haven, 1958), Epistle II, lines 193-94 and 294.
11) Voltaire, *Toleration and Other Essays*, tr. Joseph McCabe (New York, 1912), pp. 255-63.
12) 그 단락은 다음 책에 프랑스어로 실려 있다: Norman Torrey, *Voltaire and the English Deists* (New Haven, 1930), p. 64.
13) Albert Schweitzer, *The Quest of the Historical Jesus* (New York, 1922).
14) G. R. Cragg, *The Church and the Age of Reason* (Baltimore, 1960), pp. 90, 100.
15) Jane Bortwick의 번역(1853). 다음 책으로 재출간됨: *The Hymnal* (St. Louis, Mo., Eden Publishing House, 1941).
16) R. H. Bainton이 다음 책에서 번역함: Hans Günter Huober, "Zinzendorf Kirchenliederdichtung," Germanische Studien (Berlin, 1934), p. 150.
17) William Holden Hutton, *John Wesley* (London, 1927), p. 106.
18) Ibid., p. 110.

19) *John Wesley's Sermons* (Philadelphia, 1826-27), Vol. I, Sermon XLV, Sections 4-5, pp. 402-03.
20) J. M. Creed and J. S. B. Smith, op. cit., p. 153 ff.
21) *The Heart of Wesley's Journal*, ed. Percy L. Parker (New York, n. d.), p. 176, entry for Oct. 18, 1749.
22) Jonathan Edwards, "Memoirs of Mr. Edwards' Life," *Works* (Worcester, 1808-09), I, 34-36.
23) Ibid., p. VII, 501-02.
24) 다음 책에 인용됨: Ola Winslow, *Jonathan Edwards* (New York, 1940), p. 192.

제12장 19세기의 확장과 사회 개혁

1) Benjamin Trumbull, *A Century Sermon* (New Haven, 1801).
2) Charles A. Johnson, *The Frontier Camp Meeting* (Dallas, 1955), p. 64.
3) Ibid., p. 103.
4) Herbert Leslie Stewart, *A Century of Anglo-Catholicism* (London, 1929), p. 87.
5) John Henry Newman, *Sermon chiefly on the Theory of Religious Belief, preached before the University of Oxford* (London, 1843), pp. 105-06.
6) John Keble, *The Christian Year* (Oxford, 1827).
7) Isaac Williams, *The Baptistry* (Oxford, 1848), pp. 194-95.
8) _____ , *The Cathedral* (8th ed.; Oxford, 1858), p. 124.
9) John Mason Neale, *Hietologus, or the Church Tourists* (London, 1843), pp. 19-20. 이 단락을 제공할 수 있는 것은 윌리엄 바(William Baar) 목사 덕분이다.
10) James Anthony Froude, *Short Studies on Great Subjects* (New York, 1883), Letter III.
11) Matthew Arnold, *Discourses in America* (New York, 1896), pp. 138-39.
12) *Collected Poems of Vachel Lindsay* (New York, 1913).
13) 다음 책에서 여러 내용을 인용함: William Carey's journal in Clyde Manschreck, *A History of Christianity* (Englewood Cliffs, N. J., 1964), pp. 474-75.
14) Alec R. Vidler, *The Church in an Age of Revolution* (Baltimore, 1961), p. 251.
15) *Christianity on the March*, ed. Henry P. Van Dusen (New York, 1963), p. 90.
16) Ibid., p. 82.
17) R. Coupland, *Wilberforce* (Oxford, 1923), p. 119.
18) Samuel Hopkins, *Works* (Boston, 1852), II, 553-81. 축약함.
19) Bernard C. Steiner, "History of Slavery in Connecticut," in *Labor, Slavery and Self-Government*, Johns Hopkins University Sudies, XI (Baltimore, 1893), p. 84.
20) H. Shelton Smith, Robert T. Handy and Lefferts A. Loetscher, *American Christianity* (New York, 1963), II, p. 167 and chapter xv.
21) E. L. Woodward, *The Age of Reform* (Oxford, 1938), p. 145.
22) Robert F. Wearmouth, *Methodism and the Workingclass Movements of England 1800-1860* (London, 1957).

23) Clyde Manschreck, *A History of Christianity* (Englewood Cliffs, N.J., 1964), pp. 419-23.
24) Ibidem.
25) Robert F. Wearmouth, *Social and Political Influence of Methodism in the Twentieth Century* (London, 1957).
26) 다음 책에 인용됨: V. A. Demant, *Religion and the Decline of Capitalism* (London, 1952), p. 44.

제13장 기둥들의 붕괴와 묵시적 소망

1) Edwin Scott Gaustad, *Historical Atlas of Religion in America* (New York, 1962).
2) Will Herberg, *Protestant, Catholic, Jew* (Garden City, 1955), p. 47.
3) N. S. Timasheff, *Religion in Soviet Russia 1917-1942* (New York, 1942), chapter iii and p. 81.
4) Paul Miliukov, "Religion and the Church," in *Outlines of Russian Culture*, ed. Michael Karpovich (Philadelphia, 1942), p. 200.
5) Francis Price Jones, *The Church in Communist China* (New York, 1962).
6) Detmar Schmidt, *Pastor Niemoeller* (New York, 1959), pp. 110-11.
7) Henry P. Van Dusen, *What the Church is Doing* (New York, 1943), p. 53.
8) "Catholicism around the World," *Life* (Oct. 18, 1963).
9) A. R. Vidler, op. cit., p. 152.
10) William Buckland, *Gregory and Mineralogy Considered with Reference to Natural Theology* (London, 1858).
11) Horace Bushnell, *Nature and the Supernatural* (New York, 1858), p. 206.
12) Henry Drummond, *Lowell Lectures on the Ascent of Man* (New York, 1894).
13) _____, *Natural Law in the Spiritual World* (New York, 1884).
14) Newman Smyth, *The Meaning of Personal Life* (New York, 1916).
15) Samuel Taylor Coleridge, *Confessions of an Inquiring Spirit* (London, 1849), pp. 11 and 38.
16) Horace Bushnell, *God on Christ* (Hartford, 1859), pp. 158-59.
17) Blaise Pascal, *Pensées*, chap. II, section x.
18) Pierre Teilhard de Chardin, *Hymn of the Universe* (New York, 1965).
19) *Selections from the Writings of Kierkegaard*, tr. Lee M. Hollander (Garden City, N. Y., 1960), p. 228.

● **독자 여러분들께 알립니다!**
'CH북스'는 기존 '**크리스천다이제스트**'의 영문명 앞 2글자와
도서를 의미하는 '**북스**'를 결합한 출판사의 새로운 이름입니다.

세계교회사

1판 1쇄 발행 1997년 3월 25일
1판 중쇄 발행 2025년 3월 12일

지은이 롤란트 베인턴
옮긴이 이길상
발행인 박명곤 **CEO** 박지성 **CFO** 김영은
기획편집1팀 채대광, 이정미, 백환희, 이상지
기획편집2팀 박일귀, 이은빈, 강민형, 박고은
기획편집3팀 이승미, 김윤아, 이지은
디자인팀 구경표, 유채민, 윤신혜, 임지선
마케팅팀 임우열, 김은지, 전상미, 이호, 최고은

펴낸곳 CH북스
출판등록 제406-1999-000038호
전화 070-4917-2074 **팩스** 0303-3444-2136
주소 서울시 강서구 마곡중앙6로 40, 장흥빌딩 10층
홈페이지 www.hdjisung.com **이메일** support@hdjisung.com
제작처 영신사

ⓒ CH북스 1997

※ 이 책은 저작권법에 따라 보호받는 저작물이므로 무단 전재와 복제를 금합니다.
※ 잘못 만들어진 책은 구입하신 서점에서 교환해드립니다.
※ CH북스는 (주)현대지성의 기독교 출판 브랜드입니다.